近代ドイツ国家形成と社会統計

19世紀ドイツ営業統計とエンゲル

長屋政勝 著

京都大学学術出版会

序　文

　1．本書の課題は19世紀初頭から80年代にかけて，ドイツを舞台にして展開された社会統計の形成過程を究明することにある。19世紀80年代のドイツにおいて，他国を圧倒する質量をもった社会経済統計の作成体制，ならびにその理論的根拠づけとしての社会統計理論が構築され，「ドイツ社会統計」として世界をリードする機構と理論が産み出されている。ドイツ帝国統計とドイツ社会統計学である。しかし，それまでの約70年に及ぶその成立過程には，ドイツの発展にとって桎梏となる大小さまざまな国家の分断・併立状況と統一的社会経済圏の欠落，その下での官僚機構の保守性，旧い統計観と硬直した資料収集方式，これらの諸制約を克服し統一ドイツの全体像を直接の統計調査を介した具体的数量でもって描き出す，こうした大きな変革が必要であった。この変革を経て，社会経済と国民生活の全面的数量把握に到達するまでの統計の展開過程が横たわっており，この過程を歴史的背景ならびに社会的条件との関連において分析すること，これが社会統計学研究の大きな課題となる。いわばドイツにおける統計近代化の歩みを内在的に追跡することである。

　本書では以下の3つの論題との取り組みを通じてこの課題の解決を試みている。まず，プロイセンとザクセンの両王国における公的調査機関の成立経緯とそこにおける初期の統計表作成と調査事例が検討される。次に，近代化達成のためには，それら調査機関が単なる資料収集・整理編纂機関から脱皮して主体的に統計調査を企画・実施する機関へと変革される必要があるが，そのための構想と試行が追求される。そして最後に，当時の経済統計の集約として営業統計があるが，それが営業表段階からどのような試行と経過を辿って近代的な直接調査＝営業センサスへと展開しえたかが究明される。大きくこの3つの論題の検討を通じて，近代ドイツにおける社会統計の形成にみられる特質を解明してみる。

　本書でいう近代ドイツの範囲は，フランス革命の影響とナポレオンによる圧制の下で，西南ドイツ諸邦やプロイセン王国を先駆けとしたドイツ諸領邦国家の体制改革に始まり，関税同盟結成，三月革命とフランクフルト国民議会，北

ドイツ連邦成立,そしてドイツ帝国形成,これらを経て統一ドイツが国際政治と世界経済の中で独自の地位を確立した80年代までを指す。19世紀初頭のドイツ圏では,30年戦争の終焉を告げる1648年のウェストファーレン条約以降,300にも及ぶ大小さまざまな領域群が併存する状態が続き,その下で政治的な統合と統一的経済圏の成立が阻まれていた。ドイツ圏を包摂した統一的国民国家への展望はみえてこない。すでに統一国家を形成していたイギリス・フランスとドイツ諸邦の国力の差はあまりにも大きく,その近代化の遅れは数世紀にも及ぶとされた。ナポレオン軍に蹂躙され,その強圧の下で神聖ローマ帝国が瓦解し(1806年),ナポレオン没落後のウィーン会議以降にはドイツ連邦体制(1815-66年)が出現するも,4自由都市を含んだ38もの領邦国家の分断・併存状態に変りはなく,ドイツ統一の気運の高揚することはなかった。そうした中で,各国の近代化とやがてドイツ統一問題が懸案事項となる。政治的には絶対王政から立憲国家への転換,経済的には資本主義的経済運営の促進と拡大を計りつつ,オーストリアを軸にした統一ドイツ(大ドイツ主義)か,それとも新興国家プロイセンを中心にした帝国形成(小ドイツ主義)かが問題となる。対オーストリア戦争での勝利を受けて,ドイツ統一のヘゲモニーを握ったのがプロイセンであり,それを中核にした北ドイツ連邦が結成され(1867年),その後のドイツ国制の礎石が定められる。さらに,対フランス戦争での勝利を目前にした1871年1月にドイツ帝国の形成をみる。以降,第二帝政時代として皇帝ヴィルヘルム(I世)の支持を受けた国家宰相ビスマルクの強権的施策の下で,ドイツはヨーロッパ列強に伍しうる,さらにはそれらを凌駕する国力を備えた国家・社会体制の構築に邁進する。この19世紀初頭から1880年代までが本書のテーマを提供する近代ドイツの期間設定となる。

　そうした時期にあって,統計作成面からヨーロッパの他国家と比較すれば,ドイツにおける社会統計の当初の立ち遅れは歴然としていた。近代的統計調査成立の証左とされる総人口の直接全数調査(センサス)の実施年をみてみると,合衆国憲法(1788年)第1条第2項に規定されている州人口に応じた下院議員数と直接税額の査定のために実施された1790年のアメリカの事例を端緒にして,イギリス・フランス1801年,オランダ1829年,デンマーク1835年,ベルギー1846年,オーストリア1857年,イタリア1861年,ドイツ1871年,ロシア1897年,日本1920年となっている。この中で,フランスでは革命達成後

の中央集権化の進展の中で，ナポレオンの弟ルシアンとその後継者シャプタルによる内務行政下，1800年に統計局が創設され，1801年に全フランスの人口調査が行なわれ，かつ内務省の指揮下で各県知事にその所轄事項の定期的報告提出が指令され，これがフランス国家統計として整理・総括されてゆく。イギリスにおいては当時の食糧危機に対処すべく人口総数の把握が1801年に行なわれ，爾来10年おきの人口センサスとして定期化され，1841年には世帯個票を介したセンサスが実現している。また1832年創設の商務省統計局（局長ポーター）における人口・経済統計の収集，1837年の人口登録局の設立とその人口統計部長のファーの主導による人口動態・衛生・職業統計の整備が進む。それらは30年代の各主要都市における統計協会の設立とその下での社会踏査の展開と共に，いわゆるヴィクトリア朝統計運動の一環をなす。オランダにはウィレムⅠ世統治下の1826年に統計局と統計委員会が設立されている。スミッツ，ロバト，ケトレーらが新たな国家統計構築を目指して活躍し，その努力が29年の人口センサス実施に結実する。ベルギーでは，オランダからの独立（1830年）の翌年に統計局が創設され，かつ41年設立の統計中央委員会（議長ケトレー・書記フシュラン）の主導で46年に全般的センサス（人口・農業・工業センサス）が実現し，これは近代的調査の嚆矢とされ，以後，各国における統計調査の模範例とみなされる。ケトレーの主唱による国際統計会議が53年にブリュッセルで開催されてもいる。

　2．このように，ヨーロッパの先進国にあっては，19世紀前半にすでに調査にもとづく国家統計作成が始動し，人口センサスが実施され，各種の統計資料が直接間接に統計中央機関主導の形で作成されている。これに反し，ドイツ圏では，当然のことながらその全体を包括した調査など成立しようもなかった。まずは先進的な領邦国家内における近代化の一環に統計中央部署の開設とその下での資料収集が組み込まれ，社会統計の作成が始動する。しかし，先頭を走っていたプロイセン王国の統計においてすら直接調査方式による資料獲得の開始はみられない。それ以前にも時の官僚機構の事務処理から膨大な記録・資料・報告が集積され，この中から一部数値資料が統計として表形式で集計化されることはあった。しかし，それはあくまでも断片的で一過的なものに終始し，体系性・継続性を備えた統計資料とはなりえず，公開されることもなかった。こうした資料収集を可能な限り組織化し継続化し，さらには体系化し，数量表

示をもって国家と国土の現況を正確に描写すること，これがプロイセン統計局の任務とされた。とはいえ，そこでは統計局が主体となって積極的に調査活動を展開し包括的な統計表を作成するところまでには達していない。

そうした受身の活動ではあったが，それはこれまでのドイツの社会認識を制約してきた旧い官房学にもとづく国家基本制度の特徴記述，すなわち国状記述＝国状論とそれに依拠した政策立案を拒否し，広義の政治算術でもって国家の現状を正確かつ包括的に数量把握することであった。これは近代的レベルでの統計作成の前段階のものではあるが，こうした統計中央部署＝統計局の設立とその活動を待って，統計近代化の幕が切って落されることになる。従い，このような統計局の成立事情を明らかにすることによって，ドイツ社会統計の始動段階の特徴が把握されると考えられる。

この統計局設立に関して，本書ではプロイセンとザクセンの両王国の事例を検討する。社会統計の公的作成機関としてドイツ圏で最初に設立されたのがプロイセン王国の統計局であるが，その成立経過にはどのような社会経済的契機が絡んでいたのか，これがまず問題とされる。さらに，これと対比する形でザクセン王国での統計協会の設立とその統計局への昇格を検討事例に取り上げる。前者は強大な官僚機構を背景にして，中央官庁に集まってくる統計報告が統計局によって国土記述を目的にした一連の国家統計表に集約される点で特徴的である。後者はまずは全土にまたがる統計に対する理解者＝「統計の友」の協力による統計協会から出発し，一方で国家統計作成の下請作業に従事しながらも，他方で可能な限り国土各地の現状を詳細報告しようとする点に独自性がある。しかし，より有効な統計獲得のために結局は国家権力傘下の統計局への転化を計らねばならなかった。こうした相違に留意しながら2つの統計局の形成過程をみてみる。

他のそれぞれの領邦国家においても，公的統計の作成を目指した統計中央部署の設立をめぐってさまざまな進行過程がみられる。従い，ドイツ圏全体の統計近代化を解明するためには，本来ならばバイエルン，ヴュルテンベルク，オーストリアといった他国家の統計成立にも研究の枠を拡げなくてはならない。しかし，これは著者の力量を越える作業であり，検討対象を先の2国家における事例に限定せざるをえなかった。一方の政治と経済の面でドイツ圏で圧倒的な力をもち，かつ統計作成の面でも先頭を走っていた巨大国家プロイセンとそ

れに引きずられた関税同盟での統計，他方の暗にプロイセン統計批判を含みながら，市民のエネルギーを汲み上げた形で資料収集に当たった弱小国家ザクセンの統計，この2つの国家での統計成立史をフォローすることによって統計近代化の始発状態を探ってみる。

　3．設立された国家統計中央部署ではあるが，上で述べたように，それら中央部署が主体となった統計作成体制を築くまでには至らなかった。すなわち，調査企画，調査規定・実施要綱作成と調査書式設計，実査指導，結果の集約・点検，整理・公表までの一連の業務を主導するまでには届いていない。つまり，19世紀前半にみられた統計作成は主として内務省や財務省の経常的行財政業務から出てきた資料と報告の整理要約作業として営まれていた。統計が行財政の附随物であるこうした段階を乗り越え，統計そのものを前面に押し出し，統計局を軸とする主体的調査業務が確立しない限り統計の前近代性は克服されえない。統計局主導の統計作成，この面での改革の必要性が大である。

　ザクセンではこれを統計協会から国家統計局への昇格，ならびに人口調査と営業調査の抜本的改革を通じて行なおうとする。プロイセンの場合は，統計中央委員会の設立，その下での国家統計表体系の見直しと人口調査での直接調査の導入，業務統計の整理拡充によって実行しようとする。そうしたいずれの場面においても，エンゲルが主役を演じ，その果した役割が浮び上がってくる。一般的にはエンゲルはその「係数」や「法則」で知られているように，家計調査や消費統計の分野で残した業績が統計学史上で高く評価されている。確かに，これはエンゲルの大きな仕事のひとつではある。また，そこには終生に渡り労働者階級の経済的自立と「自助」の必要性を主張し続けてきた労働問題研究家，また社会政策家としてのエンゲルの側面が出てきている。しかし，エンゲルの本務は官庁統計家としてまずはザクセン，次いでプロイセン，関税同盟，そして帝国形成後のドイツにおける社会経済統計のより以上の近代化を推進することにある。イギリス・フランス・アメリカ，とりわけベルギーのレベルに追いつき，さらにそれを凌駕する統計体制を構築することがその本来の課題であった。こうした中で，エンゲルはザクセンにおいて，全人口を対象にした就業統計を作成し，人口センサスを成功させ，さらには営業調査までをもセンサス様式で実行しようとする。この作業は途中で挫折し，結局はザクセン王国統計局を引責辞任することになる。しかし，その統計改革の志は次のプロイセン王国

の統計局時代においても継承され、さらに拡大され、実際面でもいくつかの成功例を収めている。すなわち、統計中央委員会設置、統計専門官養成（統計学ゼミナール）、人口センサスの実施、各種業務統計の整備、統計公開、等々である。さらには営業統計における経済センサスの構想を練り上げている。この営業調査に関しては、関税同盟統計拡充委員会を舞台にしてその長年の課題を解決するために示されたエンゲルの活躍は注目に値するものである。その営業統計企画によってその後のドイツ営業統計の骨格が築かれることになる。営業統計は当時の生産面での資料、すなわち職業統計と経営統計の集約物であり、この面からみてエンゲルをドイツにおける経済統計の産みの親といっても過言ではない。

　本書ではこのザクセンとプロイセンの両王国での統計改革をめぐるさまざまな動きと審議を追跡し、その中でエンゲルの果した役割を明らかにし、しかしエンゲルの積極的提言があったにもかかわらず、それが十全には実現されえなかった背景について考察する。

　4．最後に、営業統計の近代化を取り上げてみる。センサス様式の統計調査は人口調査で開拓される。これは各国にみられる共通の道筋である。そして、この人口センサスの実施を待って、近代的統計作成が確立したメルクマールとされる。次いで問題となるのは、この人口センサスが敷いたレールの上でいかにして経済統計調査を、しかもセンサスとして実施してゆくかである。当時の最も重要な経済統計としてあるのが営業統計である。ドイツにおける営業統計は営業表として出発するが、その欠陥を克服すべく、いかにしてセンサス様式の営業調査を実行するかが問題となる。しかし、いずれの領邦国家にあっても、この営業調査では大きな壁に突き当る。人口局面を越えて社会経済の縦断的構造面に切迫することになるこの統計には調査方法上の理論的技術的困難に加え、営業経営内容への国家調査の進入に対する国民各層、ことに当事者たる営業経営者（農業経営者と商工業経営者）からの大きな抵抗と反発があったからである。しかし、生産局面における物的設備（生産力）と人的就業構成（生産関係）を映し出し、この点で人口総体という表層を越えて社会経済の基底に達するこの統計を欠いては、一国の社会統計は十全なものにはなりえない。従って、この営業調査が全数調査として実現しえたことをもって、社会統計における近代化達成の実質的な契機になるとみなすことができる。

本書ではエンゲルによるザクセンでの営業調査の失敗，またプロイセンでの新機軸にもとづく営業調査構想の挫折をみた後，ドイツ統一を見越した関税同盟統計拡充委員会での営業統計に関する審議とそこで立てられた72年構想を論じ，次いで最初のドイツ営業調査とされる75年調査の特徴を探り，それが実質的には最初の営業センサスとはなりえなかった理由を解明する。そして最後に，72年構想時から10年後に満を持して実施された82年調査を取り上げ，それをドイツにおける営業センサスの成立として位置づける。またこれは，ドイツ社会統計の実質的な確立を告げる調査ともいえるわけである。

　この72年調査の構想にはエンゲルの営業統計観が色濃く反映されている。その実施規定や調査書式，また集約方式にはそれまでの各国各時代の営業と職業に関する統計や資料の収集・吟味を通じて，当人が最上と考えた営業調査のあり方が映し出されている。しかし，これは構想止まりに終わった。続く75年調査はエンゲルが中心となった委員会の検討を通じて72年構想が大幅に簡略化され実行可能な形に修正された。だが，人口調査と抱き合わせの形で実施されたため，営業調査面での萎縮が生じ，結果として成功したとはいい難い。ここでもエンゲルは営業調査の試行を成功裡に収めることができなかった。いくつかの難点を含みながらも，最初の営業センサスの成功例とみなしうるのが82年6月の調査である。これにはすでに同年4月に統計局長を辞職していたエンゲルが直接に関与することはなかった。しかし，この調査の軸になった帝国統計庁の担当者にはエンゲルの精神が継承されており，またその調査様式には当人がこれまで主張してきた観点が活かされている。82年ドイツ帝国職業＝営業調査をエンゲルの遺産としてみなすことが許されよう。

　5．以上を通じて，19世紀のドイツ社会統計の形成と展開を統計の生産史，あるいは生産体制史という側面から解明することを試みた。これまでわが国のドイツ社会統計に関する研究は長い歴史をもち，その成果には大きなものがあるが，そこではその理論的構成に主たる関心が向けられてきた。それはアカデミーにおける統計学研究の基礎づけが，マイヤーのいうところの「精密社会理論としての統計学」に求められてきたからである。これに反し，人口調査，また本書の取り上げる職業調査や営業調査を含めた代表的調査事例については，決して少なくはない個別研究はあったものの，それぞれを歴史過程の中で位置づけ，それら全体を統計の生産史という角度から系統的に論じた研究はみられ

なかった。これまでの研究史にあったこの暗部に一光を投じてみたいとするのが著者の意図である。

著者がドイツ社会統計学の研究に取り組むことになった契機は，社会統計的認識の独自性を探るべく，斯学にあって19世紀後半から「論理学派」，あるいは「方法論派」とよばれてきた論者の理論を検討することにあった。それはリューメリンやジグワルトの理論に始まり，現在のフランクフルト学派統計学に通じる問題，すなわち社会科学方法論に占める統計方法の意義と役割をめぐっての理論的展開を明らかにすることであった。ここでの検討をまとめ，『ドイツ社会統計方法論史研究』（梓出版社，1992年）とする著作を刊行した。そこでは，論者と学派の理論構成と方法論を一個の独立した対象として受け止め，それぞれの理論的特徴と関連をあとづけた。しかし，こうした理論・方法論の背後にある統計作成のあり方までは追求が及ばなかった。そうした理論構成の土台としてある統計の生産と利用がどのような社会的歴史的経緯の下で成立しえたのかという問題，つまりは統計形成史への論究は不十分であった。この不足を補うべく，その後，ドイツにおける営業統計の形成史研究に向かうことになった。営業統計こそは当時の経済統計の集約物であり，その作成にまつわる理論的実務的困難の克服の中に，ドイツ社会統計展開の筋道が隠されていると考えられたからである。具体的には1810年代以降のプロイセン王国，さらに2度に渡る関税同盟における営業表の作成に始まり，関税同盟統計拡充委員会での検討を踏まえ，1882年にセンサス様式でドイツ帝国職=営業調査が成立するまでの過程を追跡した。10年余にまたがり書き留めてきた論文を集め，それを京都大学の停年退職の直前に，『ドイツ社会統計形成史研究——19世紀ドイツ営業統計の展開を中心にして——』（京都大学大学院人間・環境学研究科社会統計学研究室，2006年）としてまとめることができた。

営業統計史を追求する中で，その展開にあってエンゲルの果した役割が明確になってくる。実は，エンゲルこそドイツにおける営業統計近代化の担い手であった。上記拙著では関連する箇所ごとにその点については言及してきたが，さらにエンゲルに焦点を当てて，営業統計の作成史をまとめることの必要性を再認識することができた。また，エンゲルとドイツ営業統計との関連を追跡する中で，その起源はザクセン王国統計局時代にまで遡ることが判明する。ザクセン時代の営業調査での苦い経験こそがその後のエンゲルの活躍の起点になる

のではないかとも考えられた。さらに，この関心はザクセン王国における公的統計そのものの発生にまで伸長することになる。このザクセンでの社会統計作成の開始を，すでに調べがついていたプロイセンのそれと比較考察するという新たな論点もそこから得ることができた。こうしてプロイセンの統計局とザクセンの統計協会・統計局の形成と改革の過程を対比し，とくにそこで営業統計作成にどのような試行がみられ，残された課題が帝国統計段階でいかにして解決されえたかという面に焦点を当てながら，ドイツにおける統計近代化の経過を辿るという本書の主題が出てきた。

　6．本書をまとめるまでの間，著者は多くの方々のご助力を受けてきた。北海道大学経済学部の故内海庫一郎先生門下の研究者諸兄にはこれまでさまざまな面で研究上の便宜をいただいてきている。また，著者の所属する「経済統計学会」の総会と機関誌『統計学』，およびその関西支部の例会からは現下の統計学研究の動向に関する知識・情報を得ている。さらに，「統計史研究会」において，吉田忠（京都大学名誉教授），藪内武司（岐阜経済大学名誉教授），金子治平（神戸大学教授），田中力（立命館大学教授），上藤一郎（静岡大学教授）の諸先生には数度に渡り本書にかかわる報告をお聴きいただき，貴重なご教示を受けてきた。共に感謝させていただく。

　さらにまた，本書の原稿作りでは，法政大学・日本統計研究所の刊行物での数度に及ぶ執筆の機会を提供して下さった同大学教授の森博美先生には厚くお礼を述べさせていただく。

　本書の公刊に際しては，京都大学学術出版会の編集長・鈴木哲也氏，および編集担当の高垣重和氏からいろいろとご配慮をいただいた。また，鈴木氏をご紹介下さった，かつて京都大学学術出版会の理事を務められていた渡邉尚先生（京都大学名誉教授）にもお礼を申し上げなくてはならない。

2014 年 4 月

長屋政勝

近代ドイツ国家形成と社会統計
──19世紀ドイツ営業統計とエンゲル──
◎目　次

序　文
第1章　プロイセン王国統計局の設立 ……………………………………1
　　　　はじめに　1
　　　Ⅰ．財政委員会と統計問題　2
　　　Ⅱ．クルークの国富研究と統計局開設　12
　　　Ⅲ．ホフマンの下での統計局再建　20
　　　　おわりに　27
第2章　プロイセン王国および関税同盟における統計表 ……………35
　　　　はじめに　35
　　　Ⅰ．ホフマンによる1810年統計表　36
　　　Ⅱ．国家統計表への途　42
　　　Ⅲ．関税同盟統計　51
　　　Ⅳ．営業表　59
　　　　おわりに　73
　　　　附表　ホフマンの起草による1810年統計表　81
第3章　ザクセン王国統計協会（1831-50年） ………………………83
　　　　はじめに　83
　　　Ⅰ．統計協会の創設　84
　　　Ⅱ．協会構成員と『統計協会報知』　97
　　　Ⅲ．統計協会の終焉　106
　　　　おわりに　114
第4章　ザクセン王国における初期人口・営業統計 …………………119
　　　　はじめに　119
　　　Ⅰ．人口調査改革　120
　　　Ⅱ．営業統計　132
　　　Ⅲ．営業表批判　150
　　　　おわりに　158
第5章　レーデンと「ドイツ統計協会」 ………………………………165
　　　　はじめに　165

　　　　　Ⅰ　ドイツ統計協会　166
　　　　　Ⅱ　レーデンの統計観　174
　　　　　Ⅲ　フランクフルト国民議会と統計問題　184
　　　　　おわりに　195
　　　　　附表　ドイツ連邦全統計体系　202

第 6 章　エンゲルとザクセン王国統計改革 …………………………… 205
　　　　　はじめに　205
　　　　　Ⅰ　ザクセン王国統計局　206
　　　　　Ⅱ　1852 年人口センサス　217
　　　　　Ⅲ　1855 年営業調査　226
　　　　　Ⅳ　エンゲルの退陣劇　247
　　　　　おわりに　258
　　　　　附表　ザクセン王国社会的クラス別人口構成（1849 年）
　　　　　　　　263

附　論　ザクセン王国における生産と消費の均衡問題 ………………… 265
　　　　　――エンゲル法則の起源をめぐって――
　　　　　はじめに　265
　　　　　Ⅰ　エンゲル法則　266
　　　　　Ⅱ　ザクセン王国における生産と消費　270
　　　　　おわりに　275

第 7 章　エンゲルとプロイセン王国統計改革 …………………………… 279
　　　　　はじめに　279
　　　　　Ⅰ　プロイセン王国統計局とエンゲル　280
　　　　　Ⅱ　プロイセン王国統計改革　295
　　　　　Ⅲ　営業調査の新機軸　312
　　　　　Ⅳ　改革案をめぐって　323
　　　　　おわりに　334

第 8 章　営業統計の近代化 ………………………………………………… 341
　　　　　――営業表から営業センサスまで――
　　　　　はじめに　341

　　　　　Ⅰ. 関税同盟統計拡充委員会と営業統計　　342
　　　　　Ⅱ. 営業統計改定委員会　　358
　　　　　Ⅲ. 1875年営業調査用紙　　368
　　　　　Ⅳ. 1875年営業調査の諸問題　　374
　　　　　Ⅴ. 1875年営業調査の補充　　382
　　　　　Ⅵ. 1882年ドイツ帝国職業＝営業調査　　390
　　　　　　　──エンゲルの遺産──
　　　　　　おわりに　　402
　　　　　　附録　ドイツ帝国における営業統計調査に関する規定
　　　　　　　　　（1875年）　　415
　　　　　　附表　ドイツ帝国総人口の職業区分と職業地位
　　　　　　　　　（1882年）　　417

終　章　19世紀ドイツ社会統計形成の特質 ……………………… 419
　　　　　　はじめに　　419
　　　　　Ⅰ. 国家統計と国土記述　　420
　　　　　Ⅱ. 統計改革　　431
　　　　　Ⅲ. 営業統計の近代化　　442
　　　　　　おわりに　　453

　索　引　459

第1章

プロイセン王国統計局の設立

はじめに

　本章では18世紀末から19世紀10年代までのプロイセン王国での統計調査機関の創設ならびに再建に関する歴史的経過を追跡し，この中で統計資料の収集と報告の様式にどのような検討が加えられたかを解明する。

　ここでいうプロイセンの国家統計調査機関とは，いうまでもなく王立プロイセン統計局（Königlich Preussisches Statistisches Bureau）を指す（これをプロイセン王国統計局とよぶ）。1805年5月28日，時の国王フリードリヒ・ヴィルヘルムⅢ世の勅令をもって設立されることになったのがプロイセン王国統計局である。当初は国家行財政のための資料収集に当たる補助的機関，文字通り行政の末端部局として出発しながら，次第に社会経済の構造と動態に関する他では得られない資料を提供する独立の調査機関へと拡充してゆく。だが，この展開過程は決してスムースなものではなく，その時々の社会情勢や政局，また行政課題に左右されながらも，地道な調査活動を通じ，その成果を公にすることによって60年代以降は国家運営に不可欠な公の調査機関として自立してゆく，こうした困難な途であった。

　19世紀前半，他の先進ヨーロッパ諸国に較べ統計後進国といわざるをえなかったのがドイツである。しかし，抱える社会的制度的制約を克服し，同世紀80年代には質量両面においてヨーロッパで最も抜きん出た統計資料を産み出

しうる体制を備えることになったのがドイツ社会統計といえる。その先導を務めるのがエンゲルに主導された60年代以降のプロイセン王国統計局とその活動であり、これに誘導された形で他領邦での統計作成の進展があり、ドイツ圏での社会経済統計の基盤が形成されてゆく。少なくとも帝国統計の作成が開始する70年までの時期にあっては、プロイセン統計局のあり方と活動にドイツ社会統計の姿が集約して表示されているといえる。こうした中で、まずはプロイセン統計局の設立経過を検討することにより、統計作成の後進国から先進国へと脱皮する動きを引き出し、また後のドイツ社会統計体制と統計理論の形成を可能にした契機のひとつを解明することが可能となろう。[1]

I. 財政委員会と統計問題

1. 財政委員会

1. プロイセンにおける社会統計の萌芽といわれるものを辿ってゆけば、1701年の王国昇格以前、ブランデンブルク選帝候国時代の17世紀80年代まで遡るともいわれている。1682年のペスト流行を受けて人口減少に関心が集まり、1689年の勅令により選帝候国の全土にまたがって1688年以降の人口動態調査が命じられ、それが事実資料として残されている。これは当時の地方官庁が当該地区の教会記録からまとめた出生と死亡、婚姻に関する数量=人口目録を集成したものである。しかし、資料収集と編集の定期化と組織化が進むのは18世紀中葉以降のことである。それは、国家行財政の基礎資料として各地の現状報告が中央官庁から下位官庁に命じられ、これを受けて在地官庁の経常的営為の一枠に人口リストを越えて国家と社会の諸分野に関する数量的資料の編纂作業が組み入れられることによる。すなわち、1723年設立の総監理府（General=Directorium）が最高行財政機関として機能し、その中で各省は自己の統括する業務に各種資料を必要とし、これを各地方官庁に定期的に報告させるシステムが準備されてゆく。このことによって、全土の現状を伝える資料が自動的に中央に集まってくる体制が構築された。

18世紀プロイセンにおける国家行財政の中心は総監理府にあった。[2] ここに集結する行政報告の中には各地からの数値資料が含まれ、これが当時の最大の統計の資料源となっていた。プロイセン文書主義といわれるものの結果とされ

る膨大な業務資料が備蓄されてゆく。この中に各地の人口，人口動態，国民生活や経済状態についての情報が含まれている。従い，旧プロイセンでの統計は数値資料獲得を直接目的にした活動の成果といえるものではなく，文字通りの行財政業務の副産物であり，各地からの行政報告資料の集計・分類，整理・報告作成という形を取って出てくるものであった。これを主業務とする中央機関としてあったのがベルリンの総監理府であり，これが統計局創設以前の行政統計管轄官庁として機能することになる。また，その中で資料収集を直接担当したのはその内局（Kabinett）であり，そこには統計部門の統轄者が配置されていた。

　この総監理府というのは23年設立の財務-軍事-御料地総監理府（General-Ober-Finanz-Kriegs-und Domänendirektorium）の略称である。これはフリードリヒ・ヴィルヘルムⅠ世による絶対王政下，国王親政を目指した官僚組織の強化を計る中，これまでの財務と軍事の二方向に分かれていた行政権限を統合したところに産まれた最高政務官庁であり，近代的行政機構の前段階に出てきた統治機関といえるものであった。それは内部の各部署責任者の任務分担が明確でなく国王ひとりに一切の権限が集中する専制に留まっていること，また各部署の業務分担が地域別と実務別とにまたがり，異質な業務系統が混在していることに表われている。総監理府は当初5つの省（Department）からなり，その第1省はプロイセン・ポンメルン・ノイマルク問題を扱い，所轄専門事項として国境，沢地干拓・整理がある。以下，第2省，ミンデン・ラーヴェンスベルク・テックレンブルク・リンゲン問題，会計・食糧事項。第3省，クールマルク・マグデブルク・ハルバーシュテット問題，行軍と救貧事項。第4省，ゲルデルン・クレーヴェ・メールス・ノイシャテル問題，オラニエ（家）相続，郵便と造幣事項。第5省，司法担当，しかしこれは担当大臣の死去後，39年に廃止。その後，フリードリヒⅡ世の下，40年6月に改めて本来の実務担当省として再生し，ここには各地の商業・流通業，手工業やマニュファクチャー，また工場経営の実態を伝える経済資料が収集されることになる。旧プロイセンでの商工業担当の中央機関である。46年2月，第6省＝市民軍事省（Civil-kriegsministerium），行軍・糧秣，宿営，弾薬庫，給付事項担当。最後に，68年5月，採鉱・製錬事項担当の第7省の設立。以上，約半世紀をかけてプロイセン絶対王政を支える中央官僚機構が編成された。

総監理府設立時の前後を通じて情報収集の基礎を築いたのが国王側近の財務官僚で後に総監理府第3省大臣となったJ. A. クラウトであり，その業務を引き継ぎ総監理府の統計部門を担当したのが枢密秘書官で後に枢密財務参事官となるマンケとされる。また，ここで収集された資料は王国の消費税金庫（Accise-kasse）に保管され，統計作成が租税関連業務と強い結びつきの下におかれていたことが窺える。

　このことは，各地方における報告作成の実際のあり方からも裏づけられる。中央の総監理府に連なる地方行財政の担い手は州の軍事＝御料地庁（Kriegs= und Domänenkammer）とその長官であった。御料地，軍事，警察，租税事項について当地での行政監督に当たり，18世紀を通じこの庁を介した国家権力による地方行政支配が計られてゆく。そして，この軍事＝御料地庁の下部にある末端地方行政当局が都市での税務官（Steuerrat）であり，農村部での郡（Kreis）と郡長（Landrat）であった。都市税務官は所轄区における消費税・関税徴収を主業務とはしながらも，軍事，警察・治安，商工業育成など，都市行政全般に監督権をもっていた。この税務官の特別任務に一切の種類の統計報告作成，その各年比較が指令されている。同じように，農村部の領主（騎士）領の行政は郡と郡長が握り，当地領主層からの等族代表として地域の利益を代弁し，なおかつ国家行財政（軍事，警察，租税，救貧，道路，等々）を末端で執行・監督するという二重機能を負っていた。この郡長に，後者の任務の一環として郡内部の状態について定期的な報告と表作成が課せられていた。このため1766年6月17日，その補助作業員として郡会計官（Kreiskalkulator）が添えられることにもなった。

　これらが，中央から州，そして軍事＝御料地庁を介して下命されてきた報告作成に対し，多くの場合，既存の行政記録や税務資料にもとづいて報告書式欄に数量を記入する任務を負っていた。そして，これらの膨大な個別の報告資料を取りまとめ，統計表の形に編集する作業は総監理府の内局（＝官房）が当たった。内局が王国の統計中央部署として機能し，そこから中央官庁の内部資料として人口，商工業，財政，軍事，学校・教会，等々に関する統計報告が作成されてゆく。

　とはいえ，こうした資料作成作業が実に煩雑で，地方官庁と末端の担当職員に過度の負担をかけるものであり，中央の指令通りには地方の資料作成活動は

進まなかったとされる。この場合，資料作成を担当する職員とは地方官庁の下級官吏，また郡書記や郡会計官であり，もともと統計報告書作成が本来の業務とは異質のものであり，また統計業務に修養を積んでいない者が多かったといわれる。こうした中，フリードリヒⅡ世の治世も後半になると，総監理府の各省間に自己中心主義がはびこり，自省の目的のみを追求することで全体に対する無関心が覆い，一国全体の行財政に向けての協働が妨げられてゆく。これが統計収集にも及び，その弊が各省の要請に応じて提出される報告の多種多様さに表われてくる。地方当局にこれらすべてに対し十全な対応を期待することは無理であり，この結果，提出された報告の信憑性には大きな疑問がついて廻ることになる。

　2．総監理府制度の疲弊を前にして，98年3月，前年即位したフィリードリヒ・ヴィルヘルムⅢ世の命で，財政委員会（Finanzkommission）が発足する。これは危機に瀕したプロイセン国家財政の立て直しと疲弊した行政組織の見直しを審議する委員会である。[3] その目的は，財政での新たな秩序と息吹，より確かな結びつきをもたらすべく過去との対比の中で現状の総括と点検，細目に渡る比較を行ない，もって祖国を強固な礎石の上に再建し，国家体制を完成させることを狙ったものである。委員会は4名の国務大臣（ホイム，シューレンブルク，ハイニッツ，シュトルエンゼー）と5名の枢密財務参事官，その他3名の計12人から構成されている。国家安寧のため一切の他の思惑に囚われることなく，「神と国王と祖国」のために検討審議に当たるべきとされ，国王自らの「全般的指令」でもって32項目の検討課題が指示されている。これらは，財務行政の円滑化と冗漫な行政手続きの簡略化，業務遂行の合理化と経費削減，官僚機構の見直し，省庁内部と省庁間での意思疎通，こうした行財政改革の一般問題から始まり，兵士の生活改善や替馬調達，孤児院や授産所のあり方といった細かな問題，そして消費税・関税，貨幣流通，商品製造，会計収支や商品価格などの経済問題にまたがる，実に多様なものとなっている。

　フリードリヒ・ヴィルヘルムⅠ世とフリードリヒⅡ世の2代に渡り確立された絶対王政の財政基盤もプロイセン国家の宿痾ともいうべき過度の軍事負担により侵食され，現王即位時には国庫金が枯渇していたといわれる。財政委員会設置の目的は出費項目を点検し，行財政の合理化を計ることにある。要は全般的行財政改革というものである。

問題はこの指令の中で行財政改革上の一般問題と並んで統計問題に再三言及されていることである。国土ならびに国家制度に対して明確な状態描写を行なうものが統計であり、これは簡潔な表形式でもって提示されねばならない。これまでこの類の表が多く作成されてはきたが、信頼性と明示性の点では多くの欠陥をもつ。国王自らが国家全体の状況について信頼に足りうる報告を望み、正確な表と報告作成を命ずることになる。これは、全般的指令の1項目（第30項）に次のような要望が盛り込まれていることにも現われている。

> 私が望むものは、国民の数、都市、町、村、管区、分農場、耕地、播種、森林、生産高を伴なった製塩場と採鉱場、それらの数、家畜頭数、等々に関するすべての州からの前年5月末までの表である。さらに望みたいのは、1786年から1797年までの旧州の収支決算であり、これは国家の真の進歩についての全般的展望を獲得するためのものである。

　さらに、こうした改革に当たり国王の期待する人物像とは、以下のようなものである。

> 最上かつ最も熟達した様式を私に提供してくれる者であり、その図式にのっとり私はいわば簡単な表による摘要の中で、全国土、とくにまた会計制度、同時にそれに関する決算の最も明確な全体的展望を手に入れることになり、その結果、最も適切な分類に従ってそれらについてこれまでもってきた私の理念との比較が可能になるのである。

とあり、ここでも明確な現状描写と比較を可能にする統計表への期待が表明されている。
　以上の国王の要請に応え、表形式によって国土の現状ならびに歴史的報告を首尾よく編纂できる人物として選ばれたのが先述の枢密財務参事官のひとりA. H. ボルクシュテーデであった。当人は総監理府内でこれまで統計問題の取りまとめ役をこなしてきた経験、かつてクールマルク・ブランデンブルクの地誌についての研究（『クールマルク・ブランデンブルクの統計的‑地誌的記述』1788年）をまとめ上げた実績をもっている。このボルクシュテーデ自身による軍事＝御料地庁への告示が同月に出されている。それは、これまでの統計表が、対象とする事柄のもつ重要性に見合った形で作成されておらず、「旧い習慣の産物」にすぎないとしてその作業の不全さを衝く。その理由には、①作成され

るべき統計表の数が著しく増加し，作成担当者の負担増となっている，②地域住民に責任感が欠如している（統計表のもつ目的と効用への不理解，信頼できる申告に対する義務感の欠如），この2つがあるとみる。ここから，①に関しては表の簡略化が不可欠であり，②では地方官庁による地域住民への啓蒙が必要とされている。つまり，住民に対し調査のもつ意義を説明し，それが国家経済の最重要課題を考える基礎となるものであり，不正確な申告によっては行政上の配慮と基準に誤りが生じること，また正確な申告は臣民（Untertan）たる者の義務であることを理解させる，ということである。さらに，在地当局（表作成を担当する郡や都市税務官，ならびに編纂作業に当たる軍事=御料地庁）に対しては，これまでの形式主義を排し，記入や編集時の十全な点検が不可欠なことを説いている。また，送られてきた表が杜撰な場合には地方官庁自らの費用による再調査が命じられ，優れた実績を挙げた者には国王の顕彰があるとする。

　こうして，これまでの申告の不正確さを正し統計表作成の弊害を除去し，国王の信に応えうる報告を提示しようとする動きの第一歩が始まった。

2. 統計問題

　1．では，財政委員会を通じて当時の国家統計として地方官庁に報告の求められたものはどのような内容のものか。まず，統計報告の前に以下の10項目に及ぶ全体的報告の作成が指示されている。これが1798年末までに各州の責任において集約・提出されるべきものとされた。

1. 郡別面積
2. 土地と耕作の状態
3. 州面積に対する森林の広さ
4. 主たる河川，運河，海，およびそれらの維持基金についての報告
5. 人口
    a) 郡別人口密度
    b) 都市／農村人口割合
    c) 都市・農村ごとの軍人々口／市民人口割合
       市民身分と軍人身分に属する人口，徴兵区連隊に登録されている人数
    d) 対人口年平均婚姻比率，夫婦として計上される人数

e) 年間死亡数・出生数，人口減少と増大の関係
   f) 嫡子／庶子の割合
   g) 夫婦の平均子供数
   h) 年間死亡児数
6. 州での生業と営業ならびに商業にとって最重要天然産物，その耕作・販売・加工・自己消費と輸出に関する報告
   a) 植物界での天然産物
      豊作（1740年）・並作（1763年）・凶作（1796年）の全穀物種の播種・収穫量，州の消費需要と都市・農村別の余剰あるいは需要不足，市場価格とその1740・63・96年比較，王国・都市・個人森林の広さ
      建築材と燃料材の収穫，国王居住地ベルリンとポツダムでの燃料材需要量（この内，クールマルク・他州・外国からの調達分），狩猟区と肥飼税からの収益
   b) 家畜表を利用した動物界での天然産物
      州ごとの肥満雄牛・去勢雄羊・豚の数量とその過去年との比較
   c) 鉱物界での産物（国務大臣ハイニッツからの別途報告がある）
7. 都市と農村における営業，生業，および商業についての全般的注釈
   a) 田畑耕作と牧草地耕作，領地価格と領地利用
   b) 村落の行政状態，農耕と牧畜に従事している臣民の暮向きと国民全体とのその比較
   c) 都市金庫制度，営業・マニュファクチャー・工場制度，またそれと結びついた泥炭・石炭採掘場の状況；収穫原材料の量とその内の外国からの分；生産物の価値と就業者数
   d) 輸入・輸出・通過取引の状況
   e) 船舶運輸，運輸量と就業者数
   f) 州内での流通貨幣量
8. 公的国家収入総額の算定
   a) 御料地
   b) 直接税（レガーリエン）
   c) 公課
9. 税体系の全般的記述ならびに以下の算定
   a) 農村納税臣民の営業収益から税に向けられる割合
   b) 都市営業経営者の場合の営業収益から税に向けられる割合
10. 国の内的行政制度の簡潔かつ可能な限り完全な全般的記述

a）徴兵区の配置；連隊の保有している州内での徴兵区，各連隊で兵舎の設けられている郡とその数
 b）都市と農村それぞれにおける学校制度とその状態
 c）建築とそこに向けられる資金
 d）医療・保健・助産婦制度，鉱泉浴場
 e）火災保険会社
 f）堤防組合と防波堤金庫組合，堤防検査と排水溝検査
 g）兵士扶養・舎営割当制度
 h）道路改修と国道
 i）（行政で）実施中の，あるいは計画中の有効かつ必要な改善

　ここには，統計として数量表示が可能なものと文章記述をもってするものとが混在しており，これらは国土誌（Landeskunde）の要素を含んだ全般的行財政報告であり，いわば国土記述（Landesbeschreibung）のはしりともいうべきものである。実に広範囲なものであり，これらすべてに関し短期間に中央省庁を満足させる完全さと正確さをもって回答することは至難の業であり，当然のことに州や行政区（郡・都市）ごとに，また項目やその細目ごとに精粗のばらつきも大きかった。ことに生産量（額）についての正確な申告を獲得することは難しかったとされる。例えば，6のaには「植物界での天然産物」があり，そこには当該地での農業生産物の収穫量を報告する項があるが，この面での正確な資料入手は難しく，技術的には播種量と秋の試験脱穀からの推計という手続きによるとしているが，申告者が土地所有者であることから，供給割当や課税への懸念が絡み結果の信憑性には問題が残るとされている。

　上でいわれる統計表とは，これらの中から表形式で報告・編集可能な項目を選別し配列したものである。これは，①都市の統計表（都市の状態表ともいわれる），②農村の統計表（歴史表ともいわれる），③生産物表，④家畜表，この4表に集約されるべきとある。これらは，これまでさまざまな行政系統を通じて集まってきていた統計表を財政委員会の下で改めて4分野に集約するということである。

　さらに，こうした表作成に関しては長老の国務大臣 F. A. v. ハイニッツの後ろ押しもあった。当人は国家行政にとり毎年の統計報告がいかに重要かつ有用かを力説している。それはまず，地主層に全体を概括すること，また地方長官

をして管轄分野での収支状況をチェックし修正を加えることを可能にする。また，貿易での収支決算のみならず，さまざまな時点と地域ごとの産業の総生産額と貨幣流通量を知り，それらの比較検討によって国家全体の財政収支を，さらに国富の増減とその割合を算定可能にする。これらにより国民福祉の向上ならびに統治のあり方が依拠する国家財政の基準を明確化することが可能となる。ハイニッツはこれまでの表作成の簡略化を訴えながら，このように統計表の意義と効用を強調している。

　1799年1月5日，改めて総監理府に対する勅令が下り，ここで各州ごとに人口・農耕・手工業・工場・商業・住民福祉に関する報告が新領土（新東プロイセンとフランケン侯国）を含めて作成されるべきとされる。これは，国王をして全体の概括，全体と部分・部分相互の比較を可能にし，大臣をして全般的配慮の中で行政を司ることを可能にするものであり，このためには毎年の「報告」が必要であり，すべての省庁において大臣の責任によって概括が作成され国王へ提示されねばならないとされている。

　2．以上のように，財政委員会が主導する行政改革の中，数度に渡り統計表作成の指示や命令が下されている。これらは数が多く雑多で統一性の欠けていた各行政省庁ごとのこれまでの表報告を簡略化し，一元化を推し進めようとするものである。だが，同類の指令がくり返し下達されているということは，中央の意気込みにもかかわらず，現地当局にはその意思が必ずしも十全には伝わらず実績が上がらなかったということであろう。

　地方官庁の側からすると，住民管理や税徴収に関する本来的業務，また戦時体制の下での駐留や行進する軍隊のための宿舎設営や馬匹・糧秣調達といった緊迫した業務があり，これらに較べると報告書や統計表の作成は重要性の劣る末端の作業でしかなかったろう。実際にも不十分な報告が遅れながら入ってきたとされる。「貴方のところでは，州の状態や内部について必要な概括と知識が欠落したままである」という一地方官庁宛のボルクシュテーデの叱責の手紙がこの間の事情を示している。西プロイセン州からのものを除いて，各州からの報告は不十分であった。これは州それぞれのもつ特異性への配慮が不足していた，また報告されるべきものへの期待が大きすぎたためである。さらに地方官庁から届いた報告資料を点検し，統一的に編纂する部署と職員の不在も問題とされた。

最後の欠陥を埋めるため，1799 年 2 月 14 日，財政委員会委員で国務大臣の F. v. シューレンブルクによる「統計表作成に対する指令」が下り，それは国王の決定の下で国家全体の状態に関する正確な報告をまとめた表作成を枢密国家記帳署（Geheime Staats-Buchhälterei）に委託するというものであった。州の表が作成されると，これは原資料と共にボルクシュテーデの下に送付され，そこで検査を受けた後，記帳署によって編纂されることになった。その際，報告は以下の 3 様の表にまとめられるべきとされた。

　　I. 個別表（Specialtabelle）　これは州ごとに以下の項目を表示する
　　　1. 都市に関する統計表
　　　2. 農村に関する統計表（郡別）
　　　3. 家畜表
　　　4. 生産表
　　　5. 出生・死亡・婚姻表
　　　6. 工場表
　　　7. 輸出入表
　　II. 総括表（General-Tableaux）　先の 7 つの項目ごとに，それぞれを州別にまとめたもの
　　III. 全体表（Universal-Tabelle）　プロイセン王国全体の状態を 1 枚の表にまとめたもの

　財政委員会における統計表作成の以上の試みは必ずしも実りある成果を残したとはいえない。[4] とくに簡略化という当初の企てが成功裡に達成されたとはいえず，また原資料と記録を収集・保管し，要求された数字を表書式の欄に記入する実務を担う地方行政当局に国家統計表作成に対する理解と協力が果してどの程度浸透していったのか，これも疑問とされるところである。やはり，この段階では統計作成はあくまで国王と中央省庁の要請によるものであり，結果も内部資料として利用されるだけのものに留まっている。地方当局や住民の利益とどのように結びつくのか，この点はまったく不明のままである。従い，ベックの指摘にあるように，資料収集や表作成に当たる現場には煩雑で多量の事務処理に対して「嫌悪」の情が出てくることが容易に予想される。[5]

　こうしてみると，この段階の試みは雑多な統計報告の簡易化と統一化を望みながらもいまだそれを達成できず，同様の指示が数度に渡り下されており，報

告作成の受皿となる地方官庁の消極的姿勢に対する中央のいらだちが感じられる。社会統計が中央官庁の必要とし利用する私物という性格を脱し切れず，行政報告・資料の統計化の枠に留まっている。いまだ国家統計表への模索段階にあると考えることができる。

II. クルークの国富研究と統計局開設

1. クルークの国富研究

1. 1804年10月27日，K. v. シュタインが前大臣 K. F. v. シュトルエンゼー死去の後を受けて総監理府の商工業担当省（第5省）の後身である消費税＝関税＝工場＝商業省の長に任命される。任されたミュンスターでの仕事を終え国務大臣に就任し，プロイセン国政に直接携わることになる。プロイセンにおける統計局の設立はこのシュタインの国家改革思考と密接に結びついている。[6]

シュタイン自身，18世紀中葉以降のイギリスにおける経済発展の実態を直接に見聞し，ウェストファーレンでの地方行政を担当する中で自由経済政策の実践を積み，またイギリスにおける実証的な経済学や政治学の影響力ならびに統計がもつ国家の状態と力を認識する上での効用を認めている。この上に立って，プロイセン改革のための一連の構想を提示し，この中でこれまで内局統治に偏っていた官僚機構の弊を説き内閣責任制度を導入し，また隷農制からの農民の解放，さらに都市自治制を発進させることになる。こうした問題に較べると統計問題は重要性においては劣るが，統計が内局の専有物ではなく行政全般に広く有効な資料であり，その収集と編纂に当たる独立の調査機関が必要であるとして，統計局の設立を提唱する。プロイセン統計局はこうしたシュタイン改革構想との関連から産まれえたといえる。

シュタインは1805年5月7日づけの枢密参事官 K. F. v. ベイメ宛の書簡の中で統計局設立の必要を表明している。国家機構の中に統計官庁を設け，それに確固たる地位を与えねばならない。フランスは数年来，官庁統計にとってのひとつの中央部署をもっているがドイツもこれに遅れを取ってはならない，というものである。[7] 統計に関する中央部署，すなわち統計局（statistisches Bureau）を，自分の省内の記録掛で抱える余分な職員を廻すことで国家の負担増なく創設することができるとしている。ここでは，これまで個々の省や局によってば

らばらに作成されてきた統計表を統一的に編纂し，各州の福祉と富の程度を算定・比較し，「算術的形式」の中で表示することが任務とされている。ここで算術的形式というのは，単なる総量＝絶対数の提示ではなく，平均や比率，指数の計算を取り入れることで全体の要約や相互比較，また発展傾向の概括表示を容易にするということである。

　この構想が実現する上ではさらにもうひとつの契機が絡んでくる。L. クルークの仕事である。[8] 先にプロイセン国家の地誌・統計辞典を編纂しつつ，『プロイセン国家における隷属制および世襲隷農制について』(1798 年) を著わし，これが国王の注目するところとなる。というのは，そこに盛られている農民解放の考えが，当時，王国御料地で農民の世襲隷属状態からの解放を推し進めていた国王の考えに合致するものであり，クルークをしてさらにこの分野での研究を推進せしめたいという考えをもたせ，すでに総監理府にその旨が伝えられていた。クルークは 1800 年 12 月に領地省 (Lehnsdepartment) の枢密書記官 (Geheimer Registrator) に任命され，総監理府や先の財政委員会に収集されていた資料の利用を許される。これを通じ，『プロイセン国家の最新統計の概括』(1804 年) では各州の現状を統計的に概括し，また『プロイセン国家の国富とその住民の福祉についての考察』(1805 年，2 巻本) を公刊できることになる。この『考察』において，農耕を基本的生産活動とみなし，全耕地面積を推計し各耕作種 (8 種類) ごとにその播種量から耕地の肥沃度別の収穫量を計算し，それと平均価格から生産総額を算定する。ここから播種分と家畜飼料分を控除し総所得を割り出し，さらに耕作者の生活維持費と生産施設 (建物や道路) や生産手段 (道具や役畜) の維持・購入費用を取り除くことによって純所得を算定しようと試みる。同じく伐木や果実栽培，狩猟や漁獲での収益，牧草地と牧場からの収益，採鉱・製錬・製塩業での利潤，また工業での労働賃金と資本利潤の算定，外国貿易による工場生産への追加利潤，これらを当時利用できた資料 (統計表) を駆使し，また推計を取り入れながら算出し，それらを合算することでプロイセン国家における国民所得総額の推定を試みる。また，資本還元された土地，建物や道具，また家畜，金銀と鋳貨，これらの評価額を集計することにより国民資産 (＝国民資本) の総額を計算する。加えて国民所得が社会階級と身分の間でどのように配分されているかを検討し，農民と農村居住者の純収益に対する分前が過少なことを明らかにする。これらを通じ，当時のプロ

イセン国家経済の停滞状況を衝き，農業を犠牲にしたそれまでの重商主義政策の誤りを批判し，国家経済の振興と福祉向上には農業生産者の封建的束縛からの解放，かれらの活発な活動ならびにその成果の自由な取引，こういったものを容れた経済政策の必要なことを説こうとするのである。[9]

　シュタインの意向を受けクルークの研究を評価する中で，国王自らによって統計局設立の勅令が下される。1805 年 5 月 28 日のことである。それはケルベリッツ滞在の国王名による総監理府とシュレージエン州担当大臣 C. v. ホイムへの次の下命となっている。

> 枢密書記官クルークにより近時公刊されたプロイセンの国富についての著作は，官庁によって作成されたさまざまな統計表から国民の富の状態を表示するものである。プロイセン国王陛下はこれらの統計表から得られた表示を整理し毎年継続し，これらによって変化をあるがままに概括することを重要とみなされている。この目的のため，陛下は商業＝工場および消費税省の下に，最も合理的かつ出費を続けることなく僅かな一時的追加によってのみ可能な場合には，ひとつの局（Bureau）を設立させたいと考えておられるが，そこでは総監理府とシュレージエン財務省の各部局の下に，同じく個別省の下に集まってきた一切の統計表が統合され，ひとつの全体（Ganze）に仕上げられるべきものとする。陛下はこの局の下に枢密書記官クルークを配置させたいと望まれ，また陛下にはそのために必要なことをすでに命じられておられるので，陛下としてはいまはただ総監理府，国務大臣伯爵 v. ホイム，およびその他の当該省長に，上記の表をそれが到着したままに国務大臣男爵 v. シュタインの下に先に定められた目的のために渡すよう命ずることに留めておく。

　この勅令によって統計局がただちに設立され業務開始というわけにはゆかなかった。夏にはシュタインとクルークのプロイセンとポンメルンへの視察旅行が挟まり，始動は 1805 年秋まで延びる。また，ここではクルークを中心にした局活動が想定されているが，この点では国王とシュタインの間に意見の相違があり，決着は後日のことになる。というのは，クルーク個人の行政官としての経験と知識不足を危ぶんだシュタインは，当人を国家行政の全分野とのかかわりを有する統計局の長とすることには疑問をもっていたからである。クルークを管理者としてではなく，国家経済と政策に修養があり，かつ実務的な業務

に通じたより適切な人物の下で働かせるべきというものである。そこで，シュタインは配下の枢密財務参事官でプロイセン税制度史研究で実績を有する H. v. ベグエリンを局の指導者に就かせようとする。しかし，クルークをある者の下位に就けることには内局（国王）の反対があり，11月初旬の国王とシュタインとのやり取りをもってしても結論が出ず，結局，統計局の主管（Chef）をシュタインとし，その下でクルークならびにベグエリンを同一地位にある職員として協働させるということになった。[10]

2．1805年後半に統計局の任務に関する9項からなる「王立統計局に対する指令」がクルークの手によって起草され，11月1日，国王とシュタインの連名で告示されている。なお，統計局開設と同時にクルークの地位が先の枢密書記官から軍事参事官（Kriegsrath）に昇っている（5月28日の国務大臣 F. v. d. レックとシュタインへの国王の指令による）。9項目の要旨は以下の通りである。

1. 統計局の目的はプロイセン国家の国富ならびに各種階級の臣民の福祉を可能な限り正確に規定することにある。局はこのための一切の手段を点検しなければならない。また利用可能なことと実行可能なことを局の長の認可を得るべく提案し，国富とそれを規定するすべての生産物について最も確実なものを手にするためにできうることを行なわなくてはならない。
2. 主要表が毎月あるいは毎4半期ごとに統計局の長に提示され，年末には国王へ報告されるものとする。その範囲は耕地面積と住民数から始まり，農林漁業や畜産業，採鉱業での収益額，工場・マニュファクチャー・造船業・製錬業，等々での生産額，商業からの利益，さらに消費量，生産量とのその比較，輸入出とその決算，手形流通や割引率の変動，各産業の増減と相互関係，農村・都市関係，資本量，抵当債務額，農業信用機関，また穀物価格，等々に及ぶ。要するに国家に関し最も正確な統計的報知をもたらしうるもの一切を取りまとめ，これを表形式の中で数量をもって表示することである。
3. この主要表とは別に毎年末に国家全体に関する歴史的概括（historische Uebersicht）を作成する。これは気象観測と気象の穀物・植物・樹木，等々への影響から始まり，収穫と生活手段・燃料価格，人口・夫婦とその生殖力・婚姻・嫡出児と庶出児，就業・賃金・労働需要，犯罪や福祉，医療施設・健康状態と伝染病，公教育，農耕・植林・工場・商業の進展，さらに文芸と発見の面での進展にまたがる。

4. これまで個々の国家官庁の作成してきた統計表を点検する必要がある。可及的速やかに表示様式の統一化が計られねばならない。
5. 統計局は総監理府に附属し、総監理府はシュタインの下に統括される。総監理府下にある各州財務省は統計局の要請に応じ、随時、資料・記録を提出しなければならない。また、統計局の方はこの資料を収集整理することによって総監理府の各省長の要請に応じて、随時、問題への回答を提供しなくてはならない。
6. 統計局の国富に関する統計的記述以外の作業として、さらに進んだ学問的研究ならびに結果の政治算術（politische Arithmetik）にのっとった表示がある。そこで明らかにされた結果は、局の長に提出され吟味を受けなければならない。
7. 統計局に入ってきた記録と報告から統計地理文書が継続して作成されねばならない。これは都市別や郡別、また生産・加工別や取引別に最新の、かつ年々より確実になる報知を提供するものである。
8. 時間的余裕のある場合には、国家経済上の問題（争点）に対し統計的計算にもとづく回答をも準備しなくてはならない。つまり、政策の功罪を算術的に表示し、政策実施にとって障害となるものをできうるなら数量をもって明示しなくてはならない。
9. 国家の福祉にとって望ましい方針をみい出した場合には、それを提言として数量的裏づけを添えて、より高度な判断のために局の長の下に提示しなくてはならない。

ここには、現状の描写と報告に終わることなく、政策面への積極的参加が盛り込まれている。これは当時の時代状況を受けてのことと思われる。プロイセンでの改革を実現してゆく、つまり身分的制約の解除、土地所有の自由化、営業活動の自由化、租税負担の平等化、等々を推進してゆく上での阻害要因（ことに東部地方において多く、また堅固でもあった）となっているものを明らかにし、近代化への道筋を示すことが国家行財政を任されていた者に要請されていたのである。それに直属する統計局には各地方当局が所轄する多くの事項について、資料収集のみならずそれらが国民経済や社会福祉の進展に対してどのようなかかわりをもつかについての判断提示もその任務に加えられている。

統計局の最初の仕事は、それまでに収集された資料にもとづき年報告『1804/5 年に対するプロイセン君主国の統計的表示』[11]を編集し、1806 年 5 月に提示することであった。ここには、気象観測記録に始まる 8 つの主要項目に

ついて，内容報告とそれに関した 24 枚の統計表が収められている。この年報告は地方官庁から総監理府や先の財政委員会に送られてきた定期報告，消費税省の税務記録，医療＝保険委員会報告，火災保険会社の資料，都市からの穀物・生活必需品価格の報告，等々を整理編纂したものであり，表形式に新機軸をもたらすものとはいえず，資料収集ではこれまでの様式を踏襲したものであり，従い，多くの不備を残した試作ともいうべきものであった。ただ，そこで取り上げられた広範囲に渡る項目は，将来統計局の資料収集活動が向かう方向を提示したものとみなすことができる。

　この年報告はとりあえず国王の歓心を満たすことができたが，編集作業はこの 1 号で終わる。フランス軍のプロイセン占領という非常事態により継続作業が中断されたためである。加えて，1806 年 10 月にはフランス軍のベルリン侵入を前にして統計局資料の疎開が始まる。まずシュタインと共にシュテッティンからケーニヒスベルクへ，さらにベグエリンの手によってメーメルを経てコペンハーゲンまで移された。資料がベルリンに戻るのは 11 年 5 月のことである。また，統計局の長シュタインも 07 年 1 月 4 日に国務大臣を免職となり，統計表改善の作業も頓挫せざるをえなくなる。この間，クルークの方はベルリンに残りながら都市行政に関する仕事に従事し，経済学の著作（『国家経済学あるいは国家経済理論概要』[12] 1808 年）執筆に当たっていたという。

　シュタインの構想とクルークの実績，また国王の要請，この 3 つの要因が合体したところに統計局開設が実現しえたのであるが，しかしその活動は僅か 1 年余にして停止を余儀なくされている。従い，プロイセン王国統計局設立を 1805 年とすることには実際と合わない面もある。[13] ともあれ，この間の統計局の活動を，統計作成が内局内の細分された個別的作業から国家行財政にとってより開かれた統一的業務へと転換してゆく，そのための橋頭堡を築いたものと位置づけることができよう。

2. 統計表素案

　クルークの最も重要な仕事は，先に財政委員会によって提示され再三に渡り試みられた統計表の簡易化という問題を解決することである。これは，局設立後の間もない時期にクルークの手によって改革提言としてまとめられることになる。

クルークは経常的に作成されるべきものとして以下の統計表を提示する。すなわち，①都市および農村についての統計表，②人口表，③生産物と家畜表，この3主要表である。また，この主要表には多くの個別表の中で関心の大きい項目を選別抽出しそれを追加するとあり，これによって地方官庁の表作成ならびに定期的報告の労を軽減できるとする。それぞれの内容は以下の通りである。

① 　都市の統計表は建物の状態に関する報知が中心になっている。その用途・建築資材・屋根の状態別分類がなされている。その他，家屋に対する保険や抵当債務，消火設備，街灯，また自治体収支決算，市場数，さらに工場の種類と数量，等々が記載される。
　　　農村の統計表。基本的には都市統計表に同じ。追加されるものとして，地所について，その農地（フーフェ）数別・法的属性別分類，共同所有地面積の報知がある。

② 　都市の人口表は市民の家族と世帯の数，また市民の性・年齢・家族身分・家族関係別分類を表示する。さらに都市々民の就業分野別分類を記載し，その中でとくに手工業分野では親方／職人／徒弟の地位区分が採用されている。軍人々口数を別途計上する。
　　　農村人口表は大枠では都市人口表に類似するが，農村に独自の身分（土地所有者・借地人・隠居分所有者・アインリーガー，等々の7種類）にもとづいた分類を取り入れる。
　　　これら人口表の資料源は行政名簿（Polizeirolle）に求められる。このためには家屋番号別にすべての住民が登録され，そこでの変化を逐次記載したリスト（住民名簿のこと）が行政当局によって作成される必要がある。

③ 　これは農業生産における主要穀物（14種）の播種量と収穫量，その他のタバコやホップ，亜麻や麻，等々の播種量や収穫量，耕作地・森林・牧草地・農耕可能地の広さ，果実樹・野生木数，さらに家畜（12種）数に関する報知である。

　これらの統計表を作成する中での困難は，やはり③の生産表の作成にあるとされた。農耕生産物の収穫量について正確な申告を望むことは依然として実行不可能とされていたためである。クルークはこれを農業生産当事者からの直接申告によって実施可能と考えた。だが，統計局の主管シュタインはこの点に関し，クルーク式の調査ではなく間接的な方法を採用すべきとした。すなわち，

既存資料——耕地総面積と耕地別（御料地・永借地農場・農民農地，等々）の収穫見積額，また農業税記録——を用いて収穫量を「推量」(Schliessen) することであり，この方が（虚偽申告による）偽りを表示するよりは良しとするものであった。クルークとベグエリン両者共に生産物表の効用を訴え，また御料地や個別土地所有者の協力，地方官庁の努力によって申告が時と共に正確なものになってゆくことが期待できるとした。また，統計局の仕事は推論することではなく，あくまで直接の調査（申告獲得）にあるとして提案の正しさを訴えた。しかし，作業量の多さと作業員の不足，また申告者の秘密隠匿性向の根強さを考え，提案をいま実行に移すことは不可能とみるシュタインの同意を得ることはできなかった。[14]

こうしたクルークの提案は，06年1月7日，その実効性に関しシュタインによってケーニヒスベルクとブロック，ミンデンとミュンスターの4地方長官への諮問に出された。結果的には否定的な回答が多かった。地方官庁のこれまでの経験に照らして播種や収穫，また私有地面積，等々についての正しい申告を獲得することは至難と思われたのであろう。とくにケーニヒスベルクの地方長官 H. J. アウエルスワルトからは，8月9日に強い批判的鑑定が提示された。またその鑑定こそは当時東プロイセン州の軍事＝御料地庁で上級官吏職 (Bauassesor) にあった J. G. ホフマンとの協議によって作成されたものである。

この鑑定が批判的なわけは，クルーク提案にあった個人申告による生産物調査が信頼性に劣るものとし，そのような統計表を利用することができないとするところにあった。鑑定はいう，「私見では，私的個人の申告にもとづくすべての統計表はまったく誤っており，まったく利用に耐えないものであり，かれらはこのような表がいつか新たな課税の基準として利用されることになるかもしれないことを常に危惧している」。また，営業分類が極めて広範であるにもかかわらず，その分類基準に明敏性が欠けている。さらに，人口表では提案にあった住民名簿の利用というやり方も実行不能とする。というのは，在地当局にとって正確な名簿作成はあまりにも労を要する仕事であり，実現の見通しが立たないからである。それよりも，調査用紙を印刷し，それを地方官庁の下で調査員に委託し，かれらが1軒ごとまた1地所（農場）ごとに住民を記載してゆく方法が取られるべきである。加工においても各地方官庁で特別の報酬を与えることで有能な会計官を確保し，かれらをして表の整理・点検に当たらせ，

常に省参事官の監視がゆき届くような状態にもってゆくべきである。

シュタイン自身は人口調査においては家屋リストを用意し、居住者自らがそれに名前を記入する方式を考えていたとされるが、この鑑定に大体のところ賛同の意を表わしている。鑑定書とシュタインいずれもが当時の都市と農村での調査に対する住民意識と反応の格差を勘案し、より現実的な調査様式を模索していたといえる。

この鑑定に附随して、ホフマンは統計表の図式に関する代替案を提示している。これは農村／都市別に記載項目すべてを計352欄に及ぶ1枚の表に盛り込んだものであり、その項目は、①居住地と住居、②建物、③人口、④公的施設・設備、⑤営業、⑥税の6分野にまたがっている。先にみたクルークの表に較べ、分類基準が明確であると評価されている。これは、①と②、③、そして⑤に関しては市と郡当局（軍人については軍当局）から、④はそれらの責任者から、⑥は各在地当局の出納掛からの報告提供をもって、毎年作成されるべきとしている。しかし、これもまた試案の域を越えるものではない。

鑑定に添えられた覚書の執筆者としてホフマンの名が統計史上に初めて登場する。この後、当人はケーニヒスベルク大学を経てベルリンで経済問題——ことに税と営業関係——の専門家、自由主義経済政策の推進者として活躍する。このホフマンにプロイセン統計局再建の担い手としての役割が負わされることになる。

III. ホフマンの下での統計局再建

1. 再建案

統計局再建の動きは1808年末から始まる。[15] 12月16日に布告された「最高行政官庁の変革に関する勅令」の中に、内務省に属する統計収集と編成のための部署の設立が盛られている。内局政治に替り中央省庁として内務・財務・司法・外務・軍務の5省が設けられ内閣合議制が発足し、またこれまでの地方行政制度が改められ、軍事＝御料地庁が廃止され県制が敷かれ、内務省と県庁の行政ルートに沿って統計報告が収集されることになり、県知事に報告作成の指示が与えられることになった。

1809年に入り政情が比較的安定し、秋にはベルリンに首都機能が戻りつつ

ある中，再建の動きも加速する。この動きは，2月21日ホフマンの手によって再建のための覚書が執筆され，統計局の課題と新たな構成についての具体案が提示されたことに始まる。

　ホフマンはハレ大学とライプツィヒ大学に学び，1803年，東プロイセンの軍事＝御料地庁において官職に就いている。07年，スミス主義者C. J. クラウスの後任としてケーニヒスベルク大学の実践哲学と官房学の教授に就任する。08年には内務省における営業部門の内閣参事官となる。後述するように，10年，創設されたベルリン大学の国家科学教授，同時にプロイセン統計局長に就任する。16-21年には外務省参事官を兼務している（この間パリ，ロンドン，ウィーンの会議に列席する）。26年，ベルリン大学に戻り，34年まで教授職を務める。44年統計局長の席をW. ディーテリチに譲り退任する。既述のように，先にクルークの統計表案に対するアウエルスワルト鑑定書でその国家統計に関する理解の深さが知られることになった。[16)] この当人に2月13日に内務担当国務大臣A. v. ドーナから統計局再建案の起草が委嘱されていた。この案にもとづいて，同年10月6日になって，ドーナから財政担当国務大臣K. v. アルテンシュタインへの統計局再建のための書簡が送られることになる。その内容は要約すると以下のようになる。

　まず，統計局の目的は，「プロイセン国家の諸力を認識するための資料を可能な限り完全に収集し，上位官庁がそこからいつでも簡単に個々の出来事や指令が国力の現状ならびにその増減に及ぼす作用に関する明確な概括を入手できるように配列する」ことにある。

　国力とは土地と人間からなる。土地（＝自然）から与えられる原材料とは何か，この材料から資本と人間（＝労働）によって産み出されるものは何か，これが問題とされねばならない。従い，資料収集は①地理学的部分と②人類学的部分の2つにまたがり，①では土地の認識に関する一切の資料，また②では国家経済的関係の中で住民の状態を認識するために算定されるものを考えに入れて，同じく一切の資料の収集・配列・保管に当たるものとし，それぞれに収集官として専門委員（Mitglied）1名を配置する。さらに③として，収集された資料を言葉の広い意味での政治算術を援けにしてまとめ上げ概括し，それを最上位官庁に提供する作業に当たる第3の委員が要る。こうして統計局は3名の委員から構成されるべきとある。

次に3委員に次のような具体的な業務内容が指定されている。

第1委員には，全土の地図と地誌の収集・保管が任務となる。これは各地所面積から始まり，高度（水準）測定，河川・水路，海岸・湖，山脈・丘陵の配置，地質状況，さらに資源分布，気象観測といった国家を取りまく自然条件・環境に関する詳細事の報告収集である。

第2委員は社会経済統計の収集に当たる。これは以下の3大項目にまたがる。

a) 人口目録の収集と秩序づけ
   新たな図式による年齢構成と出生・死亡結果，ならびに身分と営業の人数構成，この人口についての自然的関係と国民経済的関係にかかわる2類の資料を収集・整理する
b) 国民の生業手段（Mittel zum Erwerb）
   1. 農業　家畜表，播種・収穫量推計，造林収穫推計，その他の小規模農業での収穫推計
   2. 製造　最重要とされる営業での資本と利子，営業での隆盛・平衡・沈滞状況，それら変化の事情と原因・結果
   3. 商業　消費税・関税記録，価格一覧・相場表，船舶・荷馬車出入記録による商業活動とその成果の評価
   4. 国富　資本，保険額，流通証券，流通貨幣，利子率・割引率，国庫や公共団体の財産状態
c) 知的道徳的文化状態
   1. 宗派別教会・聖職者・洗礼者・聖体拝領者・信者数
   2. 修養施設（施設数・出席頻度・寄附）
   3. 出版状況（稼動印刷機・書籍商・発刊雑誌・新聞）
   4. 救貧制度（施設数・基金・管理・収容者数）
   5. 破産数と額
   6. 訴訟件数，名誉毀損と離婚についての訴訟
   7. 犯罪リスト

さらに第3委員は収集され秩序づけられた資料から，広義の政治算術と必要な予備知識をもって有効な概要を引き出し，事柄間の依存関係や因果的関連を確証する，こうした総括的な作業に当たる任務が想定されている。[17]

第1・2委員の下には別に各1名の補助者が記録・発送掛として配置され，また不規則な作業量に対処するためには下級職員を臨時職員として採用し，単

純な官房書記作業は内務省内で処理するとある。加えて3分野に渡る統一性を確保するためには委員の上に座る,すなわち局長（Director）の職に就くひとりの人物も必要である。もともとのホフマン案では先の第3委員にこの役割を任せるというものであった。

統計局の委員によって報告作成・提出の指令が作成されるが,これは省の検査を受けなければならない。この中で各省庁から統計局へ送られるべきものが規定され,そのための書式と指示が局によって用意され,提出期日が決められる。逆に,統計局は各省に対し定期的に全般表と概括を提出し,その他にも要請に応じて省や局の長へ報告・総括・諮問を提示することを責務とする。

最後に,上記3委員の具体的指名があり,第1委員にはこれまでプロイセンの地図作成で実績のある軍事参事官 F. B. エンゲルハルトを,第2委員に同じく軍事参事官クルークをそれぞれ政務参事官（Regierungsrath）に昇格させて任用し,そして第3委員に寡婦年金問題の数学的処理に功績を示した数学者のホーベルト教授を就かせたいとある。

附随して予算案の提示もあり,局長職には年 1,800 ターレル,2人の委員にはそれぞれ 1,500 ターレル,2人の補助者（枢密書記官）それぞれに 800 ターレル,地図・書籍購入や製本費,また照明・暖房費として 600 ターレル,給仕人に 200 ターレル,この合計 7,200 ターレルを計上したいとしている。

以上の再建プランをアルテンシュタインの同意を得た上で,両者の連名で国王に提出したいが,いかがなものか。これがドーナ書簡の趣旨である。

2. 再建

1．ホフマンの原案を下敷きにしたのがこのドーナ案であるが,これに関しその後約8ヶ月間に渡る財務大臣との折衝が挟まる。新たな統計局をどのような性格の組織にもってゆくか,この点について内務と財務の筋には見解の相違がみられる。

1809年10月27日の財務大臣アルテンシュタインの返答は,ドーナ案では統計局の活動が必要以上に広範すぎるというものであった。ここでは徹底して実務的考えにもとづいた統計局のあり方が示されている。すなわち,統計局設立は諒とするも,必要以上の詳細事の報告は不要であり,これまでの基本的項目でこと足りている。従い,局の拡張を含んだ提案には躊躇せざるをえない。

ましてや，現下は国土が蒙った傷の回復のため，多くのさし迫った仕事に追われているのが地方官庁であり，そこにこれ以上の負担をかけることはできない。

こうした上でアルテンシュタインは次のような縮小案をもち出す。すなわち，すでに工兵隊と科学アカデミーでの測地作業が進んでいる以上，ドーナ案にあった統計局に独自の地理的部門を設置することは不要である。クルークの任用に関しては，そのプロイセン国家統計研究の功績を認めるにしても，「独立した思考をもった研究者（Arbeiter）としての地位を与えることはできない」とし，その仕事は「国家経済についての，また統計学と政治算術の本質と目的についての狭い考え方を表わす」ものにすぎず，独立研究者としてではなく理解ある人物の手中にある有能な補助者として留めておくべきである。また，ホーベルト教授は，政策的問題の数学的処理に関するその高い力量は否定できないが，統計局の管理を任せることには反対せざるをえない。なぜならば，そもそも専門学者には国家の原則を理解することは無理であり，「国家経済はホーベルトにとってはまったく専門外の領域である」からである。かかる人物に局運営に関し十全なものを期待することはできない。両者を共に局の委託に応じる政策上の計算者（politischer Rechner）として，官庁ではなくむしろアカデミーないし大学にふさわしい場所を手当てすることの方が適策であろう。

財務省の考えは新たな企画や業務拡大，そのための人員を抱えることで国庫に負担増となるような構成と人選をあくまで避けることにある。統計局は単に基本報告の収集・配列を経常業務とし，その他に通常外の委託作業に適時従事すべきものであって，それを独自の権限を有した独立官庁に仕立て上げることには賛成しかねる。これまで以上の経費を要する統計局の構成は不必要であり得策ではない。また，仮にクルークを局委員とすることを認めるにせよ，その給与増額ならびに参事官という身分も不要とする。その監督下に2名の補助者をおき，それにはマルク・ブランデンブルクの地誌編纂で実績あるF. ブラートリングと外務省の仕事を通じW. v. フンボルトの評価を得ていた枢密軍事参事官デュボイスを配置することで十分とする。また，ホーベルトの方は，アカデミーか大学に本籍をもたせ，クルークと同格者として局の委託に応じた問題の処理に当たらせる（給与としては300-400ターレルの追加支給分のみとする），こうしたものに留まった。

シュタイン引退後，共に国政を担当することになったドーナとアルテンシュ

タインではあるが,両者の間には国家統計と統計局構成に関する見解に相違があることが明らかになり,局の再建は遅れることになる。前者の構想にはこれまでの反省の上に立った統計局の新たな飛躍への希望が込められ,後者には統計収集に対する冷めた考えと現実の財政事情からする,拡大への動きを牽制する姿勢が露骨である。

　財務省の意図を知らされたドーナは妥協案を準備せざるをえない。1809年11月5日づけのアルテンシュタイン宛の書簡がある。この中で,統計的観察によって恣意や漠然とした私見,慣習,先入観や無批判的追従を排し,見解の相違を克服し,国家運営を規定する必然性,また立法と国家行政が及ぼす社会福祉や道徳への影響,これらを認識する手段を獲得することができる。これまで作成されてきた多くの統計表の無意味さを認めるのにやぶさかではないが,しかし反面,事実収集を然るべき人物に任せることができれば大きな実際的効用を発揮できるし,これまで先代が怠ってきた,優れた資料を次世代に残すという義務を果すことができよう。[18] このように,以前同様に統計報告に対する期待を表明する。しかし,局の設立を遅らせることは得策ではないとして,アルテンシュタイン案を受け入れることにする。すなわち,地理部門は放棄し地図と地誌編集作業はA. v. フンボルトの科学アカデミーと少将G. v. シャルンホルストの率いる陸軍測地部に任せる,人員構成でも提案された2名をクルークの助手として任用することを認め,ホーベルトも示された形での任務（給与400ターレル）に就かせるというものあり,財務省案にほぼ全面的に屈服したものとなっている。また翌年3月,財務省からその案に沿った予算額として4,200ターレルが提示されている。

　2. このまま進めば,統計局再建は萎縮した形でしか実現しないことになる。ところが,1810年に入り,ベルリンが首都としての機能を取り戻し,同年6月4日,K. v. ハルデンベルクが国務大臣に復職し,さらに国家宰相として国家行財政のさらなる改革を推進させることになり,同時にアルテンシュタインは閣外へ去ることになる。この政局変化によってドーナ案が復活することになる。

　8月7日,ハルデンベルクからドーナに対して統計局構成プランの提示が求められ,13日にこれに答えるドーナの書簡が提出される。そこでは先の妥協案を撤回し,ほぼ当初のものに近い構想に立ち戻っている。ハルデンベルクへ

Ⅲ. ホフマンの下での統計局再建　｜　25

財務省との間に見解に相違のあることを伝えながらも最初の計画へ戻りたいと述べ，局長に 1,500 ターレル，2 名の委員それぞれに 1,200 ターレル，1 名の書記官に 800 ターレル，局経費として 600 ターレル，以上総額 5,300 ターレルの予算をもって臨むというものであった。そこには「目的に合うよう組織された統計局のさし迫った必要」を感ずるとあり，ドーナの意気込みがみえている。さらに，9 月 27 日にはドーナの督促状も出され，統計表作成のために早急に資料収集と加工が行なわれねばならなく，このためにこれまでとは違った形での書式と指示が時をおかず地方官庁に提示される必要があるとし，ハルデンベルクの決断を迫っている。

こうして 1810 年 10 月 4 日，「営業政策部局の下にいる国家参事官ホフマンは当地の大学での国家科学正教授として，ならびに統計局での局長として配置される」とする勅命が下りる。これを受けて 21 日，ドーナによって統計局の内部組織についての報告が国王に示され，局長ホフマン，地理関係部門委員エンゲルハルトならびに人口関係部門委員クルーク，書記官 1 名とし，以上 4 名の局職員と計 5,300 ターレルの予算で臨むとされた。その内訳は次の通りである。[19] 局長ホフマン 1,200 ターレル（他に従前からの給与 800 ターレルと大学基金から 700 ターレルが加わる），委員（人口部門）クルーク 1,500 ターレル，委員（地理部門）エンゲルハルト 1,350 ターレル，書記官 800 ターレル，諸経費 450 ターレル，総計 5,300 ターレル。

2 人の委員に対し，ただちに局長の指揮の下で必要な作業に着手するようにとの指示が下された。25 日には，内務省の各部局書記官に対し，保管されていた資料一式の統計局への移管が大臣訓令として下達された。こうして，10 年 10 月末に，新たにホフマンの下で統計局の活動が再開されることになった。

以上の紆余曲折を経て再建された統計局であるが，そこには一貫して内務省筋の統計報告改善への意思と希望が働いていた。そしてまた，財務省との粘り強い交渉を続けてきたドーナを支えていたものはホフマンの再建プランであったといえよう。一時は財務省との妥協を覚悟しながらも，このプランをなんらかの形で現実化したいとする意向が根底にあった。実に規模弱小な組織ではあり，これが果して国家統計局といえるかどうか疑問もあるが，ともあれ独自の構成員と予算をもった独立機関として内務省内の一部局に組み入れられることになった。

このように，ホフマンの強力なイニシャティブの下で再建され実質的な活動を開始したのがプロイセン統計局であった。以降，その引退までのホフマンの統括下にあって，資料収集活動を営々と継続してゆくのが統計局であった。

　この間，1815-26年までは戦後のヨーロッパ社会のあり方をめぐる国際会議への出席，またハルデンベルクの顧問格での財政問題や立法のため活動が挟まり，ホフマンの統計局での指導者としての活動は比較的手薄になりがちであったという。また27-34年は財政緊縮のあおりをくらい，予算削減と活動縮小といった停滞期を挟む。とはいえ，次章で説明するような3年おきの国家統計表の作成，省庁の要請に応じてのさまざまな個別問題に関する報告資料の作成提示，ホフマン自身の著作における局資料の利用と報知，また局資料を利用した退役官僚によるプロイセン経済の研究，等々を通じて，必ずしも脚光を浴びる仕事とはみなされなかったものの，統計局による国土記述の作業が続けられてゆくことになる。

　1834年10月にホフマンは後任者として枢密参事官ディーテリチを指名し，当人は同年12月ベルリン大学教授に任命され，翌年7月には統計局の補助研究者（Hilfsarbeiter）に就きホフマンを援助することになる。その後1844年6月7日，統計局が内務省から商務庁へ移管されるのを機にホフマンは局長を辞任する。こうしてホフマンに指導され，その個性と強く結びついていたプロイセン統計局の活動もディーテリチの指揮の下に新たな段階を迎えることになる。

おわりに

　プロイセン統計局は，系統が別々でしかも多分野にまたがり有機的関連のないままに総監理府に集まってきた雑多な資料収集を整理し，それに整合性をもたせ，その報告結果に現状把握と政策提言のための有効性を確保する，こうした意図の下で設立された。ホフマンの下で，統計局にとっては，報告形式に整合性・統一性をもたせ，報告内容に国家経済と国民生活の概括を可能にさせる要素を盛り込んだ書式を準備することが最大の任務となった。とはいえ，これはあくまで既成の記録資料を前提にした書式様式と分類項目の設定に限られ，それを越えて独自に調査を企画し実施するというものではなかった。従い，報告作成における全体網羅性（悉皆性）と信頼性，統一性，また報告表示におけ

る整合性と体系性，これらを統計に独自の問題として検討・吟味するところまでは進んでいない。

統計作成において統計局が主導権を握るまでには至っていない段階にあり，所与の資料の収集と編纂という制約された枠の中での統計作成業務であった。組織的にも局長と2名の委員，その他数名の補助者の構成であった。これは，局の業務が専ら報告資料の収集・編纂に限られており，自ら調査を企画・実行する必要のないことの裏面である。また，内務省といった強力官庁，また内閣や宰相に附属・寄生することでしか存続できなく，その上位官庁も再三変ることになった。官庁機構としての統計局の力量は弱小であり，その要請や指令に対する地方官庁の反応は鈍い。これは行政機構全体の中でもつ統計局の地位の低さと権限の弱さの反映に他ならない。

さらに考えねばならない点は，19世紀前半においては統計がいまだ社会の公器とはなりえていない，ということである。当初はあくまで国王親政のための私的情報として要請されていたものであり，次いで中央省庁の，さらには行政全般の基礎資料として，それを利用する行政機構の範囲は拡められてゆくが，主目的はあくまでも最上位官庁の所轄業務遂行のための道具，つまり一方的に地方から中央に汲み上げられ，中央権限の周りにいる者だけが利用できる私物に留まっていた。統計報告書として公表され，国家・自治体機関全般および社会各層からの要請に応える汎用的資料ではなかった。これがいわれるのはやはり40年代後半の社会動乱を経た世紀後半のことである。当時のドイツ社会では，世論形成や政策審議，また実証研究のために統計資料を必要とし，そのために信頼のおける統計作成を国家当局に迫るという動きまだ出てきていない。あくまで官僚による国家統治のための道具に終始し，統計作成と利用に関する市民参加がみられない。ここから，統計報告の信頼性についての議論も官庁内部での不満や批判に留まり開かれた形での統計吟味はなく，社会各層からの期待に応え，また批判に耐えうる資料作成・公表までは進んでいない。収集され整理された資料の中から，個別官庁の必要に応じてその一部分を抜粋して提供することがこの段階における統計利用の基本形式であった。報告がさらに整理され要領よく配列され，国民各層が利用できる体裁を整えることができなかった。こうした活動段階に留まっていたのが創設から19世紀40年代までのプロイセン統計局であった。

ホフマンの活動はアッヘンワール=シュレーツァーの段階を越えるものと評価されている。[20] その意味は，単に国家基本制度の比較描写＝国状記述のための資料収集・整理に終わることなく，経済理論と財政・経済政策の基準の有効性を判断すべくその成果を統計表から引き出そうとし，この点で政策的により積極的な面が含まれている点にある。また，この積極性は国家宰相に経済官僚として密着していたホフマンの特殊な立場によっても強化され，国家経済と社会生活に関する可能な限り多面的包括的な把握が利用可能な既存資料を駆使して試みられている。これは経済を軸に国家内諸事項の悉皆把握を目指すものであり，国状記述の段階を越えた国土記述という新たな局面を開くものといえる。
　19世紀に入って早々，対ナポレオン戦争における大敗北を経験する中でプロイセン国家の非力さが赤裸々にされる。それと共に伝統的な国状論へのこれまでの信奉も崩れてゆく。国家基本制度の記述に終始することなく，その中に経済活動や国民生活を規定する要因，しかもそれらに関する数量表示を可能な限り多く取り込んだ国土記述ともいうべきものが要請される。これは国状記述の枠をとび越えた国力と社会関係を実証的に知悉しようとする方向への展開である。とはいえ，こうした国土記述もその資料獲得と作成様式の面ではこれまでのやり方に変革をもたらすことはできなかった。つまり，直接の統計調査ではなく，既存の行財政資料の事後的な編纂から作成されるという点では，これまでの様式となんら変りはなかった。
　1840年代後半以降，国家制度の枠を越える広範なしかも動態的な社会経済現象が現出してゆく中，国土記述の様式をもってしても把握不可能な事態が大量に現出してゆく。ここから，積極的に調査を企画・主導し，国家と社会の形成要因の大きさ（規模），内部構成，変化をその現状のあるがままに把握する必要が出てくる。この作業が統計局に任される。統計表にあった分類項目を統計調査用紙の調査項目へと転化する，つまり調査主体と調査客体（被調査者）との関係を勘案しながら必要な調査項目を選別し，直接質問が可能な項目に編成するという課題が生ずる。この中から社会統計的認識の独自性は何かという問題が意識され，その角度から調査用紙に映し出す対象（社会的集団）と調査用紙の設計と運用に関する理論的実際的問題（組織的集団観察）を考察する条件が出てくる。とりもなおさず，これがドイツ社会統計学の成立条件ということになる。とはいえ，これは19世紀中葉以降の社会激動を前にして，統計局

が受身の資料収集ではなく積極的に調査を企画し主導してゆく60年代以降の段階まで待たねばならなかった。

このように考えてゆくと，統計局の設立とホフマンによる再建の歴史的意義は，社会統計を国状論の呪縛から解放し，国土記述という形で社会経済と国民生活の全体的数量像を描写しようとする試みを提示したことにある。1860年代以降，包括的な統計調査を介して自ら資料を収集し，それを用いて社会的諸集団の規模，構成と変化を捉え，これをもってドイツ社会の全体的数量像獲得を目指したところにドイツ社会統計が成立してゆく。国状論を克服してそのような社会統計が登場してくるまでの過渡的段階にあったのが，シュタインやクルーク，とりわけホフマンの名と結びついた統計局であったといえよう。

注────────────────────

1) 以下，プロイセン統計局の展開をめぐっては，R.Boeckh, *Die geschichtliche Entwickelung der amtlichen Statistik des Preussischen Staates*, Berlin, 1863, を典拠にする。著者のベックは1852年から75年まで（途中，55-61年の6年間の中断を挟むが）プロイセン統計局員として活動し，また62-81年に渡り統計学ゼミナールの講師をも務めた経歴をもつ。1875-1903年の長期間，ベルリン市統計局長としてドイツ官庁統計の発展に寄与した。L. Bernhard, Böckh, Richard, *Handwörterbuch der Staatswissenschaften*, 4. Aufl., Bd. 2, 1924, SS. 989-90, H. Silbergleit, *Das Statistische Amt der Stadt Berlin 1862-1912*, Berlin, 1912, S. 32ff. 上の『発達史』は1863年に第5回国際統計会議がベルリンで開催されるのを機に，統計局長のエンゲルの委託を受けて執筆されたものである。また，資料的な面で設立と再建時の事情を伝えるものとして，O. Behre, *Geschichte der Statistik in Brandenburg-Preussen*, Berlin, 1905, E. Engel, Zur Geschichte des Königl. Preussischen Statistischen Bureaus, *Zeitschrift des Königlich Preussischen Statistischen Bureaus*, Jg. 1, 1861, が参考になる。さらに，L. Puslowski, *Das Königlich Preussische Statistische Bureau und seine Dependentien, Geschichte, Organisation und Verwaltung*, Berlin, 1872, E. Blenck, *Das Königliche statistische Bureau in Berlin beim Eintritte in sein neuntes Jahrzehnt*, Berlin, 1885, *Festschrift des Königlich Preussischen Statistischen Bureaus zur Jahrhundertfeier seines Bestehens*, Berlin, 1905, A. Günther, Geschichte der deutschen Statistik, *Die Statistik in Deutschland nach ihrem heutigen Stand*, hrsg. von F. Zahn, Bd. 1, München und Berlin, 1911, F. Zahn, Statistik, *Handw. d. Staatswiss.*, 4. Aufl., Bd. 7, 1926, K. Saenger, Das Preussische Statistische Landesamt 1805-1934, *Allgemeines Statistisches Archiv*, Bd. 24, 1934/35, F. Hoffmann, „Ein den thatsächlichen Verhältnissen entsprechendes Bild nicht zu gewinnen", *Quellenkritische Untersuchungen zur preussischen Gewerbestatistik zwischen Wiener Kongress und Reichsgründung*, Stuttgart, 2012, Teil 1. (以下，本書での引用に際しては，F. Hoffmann, *Quellenkritische Untersuchungen*, と略記す

る）をも参照。

2) 旧プロイセン時代の総監理府を中心にした中央行財政体制，および地方行政システムについては，C. Bornhak, *Geschichte des Preussischen Verwaltungsrechts*, Bd. 2, 1885, Berlin, S. 59ff., による。さらに，F. Hartung, *Deutsche Verfassugsgeschichte vom 15. Jahrhundert bis zur Gegenwart*, 9. Aufl., Stuttgart, 1969, 成瀬治・坂井栄八郎訳『ドイツ国制史』岩波書店，1980 年，第 7 章，を参照のこと。

3) 以下，財政委員会での審議については，R. Boeckh, *a. a. O*, SS. 12-15, O. Behre, *a. a. O.*, SS. 364-78, を参照。

4) この中で，唯一の成果とみなされるのは人口目録の第 1 分冊（1789-98 年分）が 1799 年に総監理府会計官 K.ミュラーの手によって編纂されたことである。これは教区別に同じ様式で人口動態記録を取りまとめたものであるが，抜粋や解説用としてではなく資料そのものとして公刊され，この点で画期的なものといわれている。R. Boeckh, *a. a. O.*, S. 14.

5) R. Boeckh, *a. a. O.*, S. 15. また，この前後，これまでの統計表がどのように評価されていたかは，長年に渡り国政に携わってきたドーナによる，後年の次の書簡（1809 年 11 月 9 日づけ）にある言葉によっても知られる。「統計報告を収集するというあつかましい口実の下で，地方官庁が時折大量の詳細事の調査で負担を強いられるが，その一部は直接には国家経済的価値をほとんどもたず，一部は望まれる完全さと確実さを手にすることがまったく不可能なために無価値になるであろう，このことにわたくしとしても気づかないわけではありません。われわれの以前の表体系はその大部分において，目的にそぐわない手法のやっかいな例であります」(E. Engel, Zur Geschichte, *a. a. O.*, S. 7.)。

6) 以下，統計局の創設をめぐる経緯については，L. H. v. Jacob, Errichtung eines besonderen statistischen Bureau's für die preussischen Staaten, *Annalen der preussischen Staatswirtschaft und Statistik*, Bd 2, 1805, SS. 362-67, R. Boeckh, *a. a. O.*, SS. 12-15, O. Behre, *a. a. O.*, SS. 364-8, E. Engel, Zur Geschichte, *a. a. O.*, SS. 3-4, A. Günther, Geschichte, *a. a. O.*, S. 33ff., F. Zahn, Statistik, *a. a. O.*, S. 902ff., E. Blenck, *a. a. O.*, S. 3ff., *Festschrift*, S. 5ff., K. Saenger, Das Preussische Statistische Landesamt, *a. a. O.*, S. 445ff., を参照。

7) シュタインの統計局の構想については，M. Lehmann, *Freiherr vom Stein*, 3. Aufl., Göttingen, 1928, SS. 103-05, を参照。なお，シュタインとプロイセン改革に関しては，石川澄雄『シュタインと市民社会』御茶の水書房，1972 年，が詳しい。ここで，シュタインのいうフランスの例とは，1800 年ナポレオン統治下のフランスにおいて内務省内に統計局（bureau de statistique）が創設され，内務行政の一環として内相 J. A. シャプタルにより県知事に当該地の報告提出が指示されていたことを指す。M-N. Bourguet, Décrire, Compter, Calculer : The Debate over Statistics during the Napoleonic Period, L. Krüger et al(eds.), *The Probabilistic Revolution*, Vol. 1, Cambridge and oths, 1987, p. 306, 近昭夫・木村和範・長屋政勝・伊藤陽一・杉森滉一訳『確率革命』梓出版社，1991 年，217 ページ。

8) クルーク（Leopold Krug）は 1770 年 7 月 7 日ハレに生れ，ハレ大学において神学を

学び，1792 年，ベルンベルクにてルター派の教理牧師に就いている。しかし，クラウゼ（ハレ大学の歴史学と統計学の教授）の影響下で統計地誌研究に乗り出す。その後プロイセン国家の官房で役人生活を送ることになる。隷農制に関するその著書（*Ueber Leibeigenschaft und Erbuntertänigkeit im preussischen Staate*, Halle, 1798）によって国王の関心を惹き，1800 年 12 月，領地省枢密国家記録署において枢密書記官に任命される。1805-34 年，プロイセン統計局員として勤務。43 年 4 月 16 日ベルリン郊外のミューレンベックの自宅で 72 歳をもって死去。重農主義とスミス経済学がドイツで隆盛した時期に活動し，クルーク自身も重農主義者に数えられる。クルークの略歴については，*Allgemeine Deutsche Biographie*, Bd. 17, 1883. SS. 216-19, *Handw. d. Staatswiss.*, 4. Aufl., Bd. 6, 1925, SS. 91-92, を参照。

9) L. Krug, *Betrachtungen über den Nationalreichthum des preussischen Staats und über den Wohlstand seiner Bewohner*, 2 Theile, Berlin, 1805. これが下の勅令にも触れられているプロイセンの国民所得・国富ならびに住民の階層構成を扱ったクルークの主著である。これについては，浦田昌計『初期社会統計思想研究』御茶の水書房，1997 年，第 6 章，に詳しい解説と論評がある。

10) この他に地理部門に 2 名の地図管理官（Planinspektor），ならびに公刊された文書や著作にある統計記録の収集・点検作業に会計官 K. ミュラーが配置された。つごう職員 6 名をもっての発足である。

11) Statistische Darstellung der Preussischen Monarchie für das Jahr 1804/5. この報告は内部資料として利用されただけで，公刊されてはいない。19 世紀当初の統計局資料（Archiv des Statistischen Bureaus, I.Gen. Nr. 4）として残されていたものと考えられる。ここで主要 8 項目というのは，①気象観測記録，②医療，③人口，④生産，⑤消費，⑥商業，⑦道徳と文化，そして，⑧隣接国家の経済情勢からの影響，以上である。

12) L. Krug, *Abriss der Staatsökonomie oder Staatswirtschaftslehre*, Berlin, 1808. 本書は国王に献呈され，国王をしてクルークを再び統計局の中軸に据えさせたいという意向をもたせるに至ったとされている。E. Engel, Zur Geschichte, *a. a. O.*, S. 4.

13) 「これまでは単に観念の中だけにあって，実際に活動することの少なかった統計官庁」（E. Engel, Zur Geschichte, *a. a. O.*, S. 8.）というのが，1810 年までの統計局であった。

14) この提案には組織面での改革案も盛られている。クルークの考えは，各地方官庁の中に国家経済と国民経済に通じた専門委員を職員として配置すべきとするものであった。統計業務を機械的な作業として受け止めるのではなく，情熱と愛情をもって表作成に当たり，高度の地方行政を担っているという自覚をもたせるべきとする。かれらは統計局と直接交信しながら，現地の統計表作成に当たり，また然るべき給与をも請求できるとする。しかし，これに対しては，行政と離れた特殊な表作成部門はありえなく，地方長官の指示の下にあってあくまでも官庁の経常業務の一環であるべきとするのがシュタインであった。妥協案として，統計表作成に当たる職員には特別手当をもって報いるということになった。R. Boeckh, *a. a. O.*, SS. 24-25.

15) 以下，統計局再建の経過については，R. Boeckh, *a. a. O.*, SS. 12-15, O. Behre, *a. a. O.*, SS.

364-78, E. Engel, Zur Geschichte, *a. a. O.*, SS. 4-9, を参照。

16) なお，ホフマン（Johann Gottfried Hoffmann）は 1765 年 7 月 19 日にブレスラウで生れ，1847 年 11 月 12 日，ベルリンにて 81 歳で死去している。その活動によって，プロイセン統計局を「全ヨーロッパにとり模範施設」(O. Behre, *a. a. O.*, S. 391.) となる優れた機関に仕立てたとされる。経済学者としてのホフマンの立場は自由主義経済政策の推進者のそれであって，1813 年 12 月から国家宰相ハルデンベルクの経済顧問を務めながら，プロイセンにおける営業の自由化を推し進め，関税と税の新システム設立のために尽力した。国家貨幣制度の確立でも活躍し，当人は金本位制度の擁護者として知られている。その略歴については，*Allg. Dt. Bg.*, Bd. 12, 1880, SS. 598-604, *Handw. d. Staatswiss.*, 4. Aufl., Bd. 5, 1923, SS. 274-75, を参照のこと。また，統計局とのかかわりについては，G. Hanssen, Das statistische Büreau der preussischen Monarchie unter Hoffmann und Dieterici, *Archiv der politischen Oekonomie und Polizeiwissenschaft*, N. F., Bd. 4, 1846, S. 329ff., H. Loening, *Johann Gottfried Hoffmann und sein Anteil an der staatswirtschaftlichen Gesetzgebung Preussens*, Teil 1, Halle, 1914, SS, 47-51, F. Hoffmann, *a. a. O.*, SS. 118-33, をも参照。

17) すでにみたように，1805 年後半にクルークの手で起草された統計局の任務にも，収集した資料の「政治算術」に依拠した表示ということがいわれていた。「……，統計局は統計的加工可能なものすべてを自己のところに取り入れ，プロイセン国家の統計学をさらに一層拡充し，そのことによって国家とその個別領域をあらゆる関連の中で知悉し，政治算術にのっとり記述し，さらなる点検を受けるべく，みい出された結果をその主管に提出する自由ならびに義務をももつことになる」(L. H. v. Jacob, Errichtung, *a. a. O.*, SS. 364-65.)。ここでも，統計局の作業に「言葉の最も包括的な意味での政治算術」(E. Engel, Zur Geschichte, *a. a. O.*, S. 4.) を援けにした研究ということが要請されている。これはこれまでの国状論にあった国家諸制度を主対象にした記述様式から，重点を経済活動と国民生活の数量的描写（国土記述）に移し，しかも単に総数表示に終始することなく加工を施すことによって全体の水準や構成，関連や変化を明確に概括・要約し，かつ傾向性や規則性を導出するという意味が込められている。

18) 同じ書簡の中でドーナは次のようにもいう。「予備知識をもたず，精神をもたず，また真に必要なものを感受することなしには，金塊を集めることができるところでもくずを拾い集めることになりましょうから，……それだけ一層，資料を収集することを有能な人物の手に任せる必要が出てくるのです」(E. Engel, Zur Geschichte, *a. a. O.*, S. 7.)。これはとりもなおさず，ホフマンの考えそのものでもあった。

19) E. Engel, Zur Geschichte, *a. a. O.*, S. 9. ついでに，後にプロイセン新体制下での国家統計表作成に乗り出した 1816 年度の予算も示しておく。R. Boeckh, *a. a. O.*, S. 42. また，L. Puslowski, *a. a. O.*, SS. 98-99, をも参照。

局長ホフマン	4,000 ターレル
委員（人口部門）クルーク	1,800 ターレル
委員（地理部門）エンゲルハルト	1,800 ターレル

職員	枢密書記官 E. シュトックフィッシュ	
	地図管理官 A. シュレーダー	
	地図管理官 O. シュミット	
	枢密会計官 F. シュマウヒ	
用人 H. プリーデマン		
以上の職員・用人 5 人分計		2,400 ターレル
地図・報告作成費		3,000 ターレル
計		13,000 ターレル

いずれにしても人件費が全体の圧倒的部分を占めており、資料作成費が極端に少ない。すでに各地方官庁で作成済みの報告資料を収集し、整理・編纂することに統計局の作業が限定されていたためである。

20) O. Behre, *a. a. O.*, S. 389.

第2章

プロイセン王国および関税同盟における統計表

はじめに

　統計学の名の下で，国家基本制度にある顕著事項に関する分類記述・比較＝国状記述から，社会経済と国民生活の現状描写へとする方向転換が出てくる。前章で述べたように，これが統計局の資料収集結果を総括的に概括する中から成立した国土記述ともいうべきものであり，具体的には統計局の作成する統計表（statistische Tabelle）となって現われる。すなわち，再建された統計局にまず要請されたことは，「包括的な地誌的－統計的な国土記述，すなわち国土の特性，国民と国家の諸関係，および経済的状態の描写」[1]であり，その成果が統計表といえるものである。

　国状論がドイツの諸大学でまだ隆盛していた19世紀10年代に，プロイセン統計局はその活動の中心に包括的な国土記述を目的にした統計表作成をおく。こうした統計表はゲッチンゲン学派からは表派統計学のものであり，魂を欠いた数量と計算に拘泥する卑俗な統計学として強い批判に曝されていた。しかし，そのようなアカデミーからの批判とは関係なく，時代は国勢を的確に表示する項目を選び，それを数量でもって正確に表示する知識体系を要請していた。また，そうした表示を可能にする数値資料そのものが行政機構の整備・拡充に伴ない，これまでに較べてより豊富化してきたという事情もある。本章ではこのような統計表作成の試みを，まずプロイセン王国統計，次いで関税同盟統計を

例に取ってみてみる。初めにホフマンによる1810年表を取り上げ，その構成上の特徴を探る。さらにそれがその後に複数の統計表からなるプロイセン国家統計表体系へと分岐・発展していった経過を追跡する。そして，広域ドイツにおける通商ならびに人口統計を編集・整理した関税同盟における統計表と統計報告の特徴を検討する。また，統計表の中に特異な地位を占める営業表がプロイセン王国と関税同盟全域で作成されてゆく経緯をあとづける。これらを通じ，近代的レベル以前の統計報告としての統計表の性格，それがもつ意義と歴史的役割，さらにはその限界がどこにあったのかを解明する。

I. ホフマンによる1810年統計表

1. ホフマン表

　ホフマンの下で統計局の活動が再開した。1810年10月27日にハルデンベルクの改革案「最高国家官庁に関する改革令」が下り，統計局は内務省から内閣部門に属することになり，そこでは行政全般とかかわり，改めて国土の全般的統計を作成する官庁と規定された。その統計局の最初の仕事はまず地図収集と地誌編纂から始まる。前者はこれまでアカデミーの地理学者や軍測地部によって作成され内局に保管されていた地図の改定作業であり，これにはエンゲルハルトが従事し，またA. シュレーダーが地図管理官として採用されることになる。後者は市町村目録の編集であり，地方官庁に管区内の市町村の目録やそこに生じた変化を報告させ，それを編集する作業である。この地理関係部門の作業のため新たにO. シュミットが管理官に採用されている。

　次に，クルークが責任者となった人口関係部門の仕事があるが，これは①人口リストと②統計表の2つに集中する。人口リストの方は各地方官庁の宗教担当者に作成形式・送付期日を指示して，当該管区での出生児・死亡者・婚姻者数を報告させるものである。とくに，死亡事例では性・年齢区分の他に死因別分類も試みられている。

　統計表の作業は1810年の統計報告を作成することであった。そのための書式が10月初めにホフマン自らの手によって起草されるが，これは，I. 建物，II. 人口，III. 住民の宗教関係，IV. 教育施設，V. 行政施設，VI. 生業手段，この6大項目・計625欄からなる膨大な統計表であった（章末の附表「ホフマ

ンの起草による1810年統計表」[2] を参照のこと）。これが各地方官庁に送付され年末時の調査が委託された。地方官庁の表作成責任者には内容点検と定められた期日までの返送が指示され（それに反した場合には罰則が課せられる），不正確な点については当該職員に対し再調査が命じられることとされた。

　この1810年表はこれまで各省庁とそれに関連した行政機関の下で分散されて作成されてきた統計報告が1枚の連結した統計表にまとめられたという点に意義をもつ。統計局において統一した表作成の初めての試みであり，これまでの国土記述に関する資料の集大成という側面をもつ。つまり，統計局の下で基本統計の収集と編纂が一元化する上での第一歩が記されたということである。この統計表によって国民生活を規定するすべての基本的力と基本的関係の包括的概括を試みるのである。ここで考えられている「力」とは国民生活と経済活動を支えている物的諸設備や手段であり，また「関係」とは社会経済にみられる人間関係のことである。

　この中では，分類項目の拡充という面での前進もみられる。対象の特性に応じて可能な限り多くの分類標識を盛り込み，その結果が記載欄の多さになって表われている。また，分類項目を設定する際には当時の社会構成を映し出そうという意欲が窺える。一例を人口をその市民関係別分類にかける場面から取ってみよう。そこでは，以下のような項目が設定されている。これは附表の統計表にあるⅡの3-1の全記載項目である（右端の数字は全625欄中の欄番号）。

　　官職，営業あるいは勤務に就いている15歳以上男性
　　　官吏
　　　　文官　現役　　　　　　　上級公務員 下級公務員　　　　50-51
　　　　　　　退役あるいは待命中　上級公務員 下級公務員　　　　52-53
　　　　武官　現役　　　　　　　上級将校 下級将校・兵
　　　　　　　　　　　　　　　　卒・軍楽隊員　　　　　　　　　54-55
　　　　　　　退役あるいは待命中　上級将校 下級将校・兵
　　　　　　　　　　　　　　　　卒・軍楽隊員　　　　　　　　　56-57
　　　自分の地所で生活している土地所有者，永小作人あるい
　　　は永借地人貴族領所有者　　　　　　　　　　　　　　　　　58
　　　　市民・農民領地所有者（301以上／300-15／14以下，
　　　　単位・モルゲン）　　　　　　　　　　　　　　　　　　59-61
　　　市民権をもった都市居住市民　　　　　　　　　　　　　　　62

Ⅰ．ホフマンによる1810年統計表　| 37

分限借地人（301 以上／300-15／14 以下，単位・モルゲン）	63-65
小作農	66
公民権なしの居留民（都市・農村）	
利子，学問や芸術上の仕事からの収入，大取引で暮らしている者	67
機械工芸，手工業，小売業，旅館業の経営，等々で暮らしている者	68
手仕事で暮らしている者	69
学生	70
営業での補助人と徒弟	
管理者・監視人・書記，等々として農業の下で	71
大取引，学問や芸術上の就業の下で	72
機械工芸，手工業，小売業，等々の下で	73
奉公人	
主人に対する奉仕で	74
農業または他営業の下で	75

　15歳以上女性の場合には，上から官職に就いている者と学生を除いてほぼ同じ分類項目が設定されている。これには当時の就業者職業分類というものが盛り込まれ，かつ身分構成表としての側面も窺える。人口総数と地域分布，その性・年齢別，家族関係（縁事）別，宗派別区分といった一般的な類別から社会階層構成へと一歩進んだ分類標識といえる。

　この表のもうひとつの特徴は生業手段（Erwerbsmittel）に414欄が当てられ，これが全体の2/3に及ぶスペースを占め，他を圧倒する重きがおかれていることである（章末の附表「ホフマンの起草による1810年統計表」のVIを参照のこと）。経済官僚でもあったホフマンの意向が強く反映されているところである。ここでは，製品別分類を基礎にしながら畜産，穀物生産，食糧製造，織物業・附属する準備と仕上，金属製造・加工，装飾品加工，運輸・販売・流通，サーヴィス，等々の計19分野にまたがる220営業種が取り上げられている。当時の手工業やマニュファクチャー，工場，問屋や商店といった経営単位に配置されている物的生産設備（施設と機械・装置），ならびにそこにおける人的構成（就業者身分区分）を可能な限り網羅的に表示しようとする意図が読み取れる。施設では工場や製造所，店舗・帳場，また機械・装置・手段では炉や碾臼，織

機，紡績機・紡錘，捺染机・印刷機や製紙用桶，船舶，馬匹，等々が挙げられている。他方の就業者では親方や自前で（für eigene Rechnung）働く者，職人・徒弟，補助的被雇用者，工場主・工場所有者・工場企業家，労働者，商人や店員，等々が記載されている。これら実に多様な分類標識がそれぞれの業種の物的人的特徴に合わせて取り上げられている。紙幅の関係でそれらすべてを示すことができないが，その一例としてⅥの8にある織物業分野（「織物業，附属する準備と仕上；さらに類似営業」）を取ってみると，以下のような表示項目となっている（右端の数字は欄番号）。

紡績業	羊毛・木綿の機械紡績での紡績機・紡錘		458-465
	撚糸取引での商人／補助人・糸収集人		466-467
織物業と編物業	稼動織機	絹・半絹	468-469
		各種羊毛商品	470-477
		各種木綿布地	478-480
		ヘルンフート布地	481
		各種亜麻布	482-484
		靴下編物	485
		絨毯・敷物	486
		馬毛布地	487
リボン	歯車装置	羊毛・亜麻リボン	488
		絹・半絹リボン	489
レース	縁取レース・ボビンレース製造での労働者		490-491
装飾品製造者	親方／職人・徒弟		492-493
詰綿製造者			494
帽子製造者	親方／職人・徒弟		495-496
晒布工場	工場・搗晒機		497-498
布地調製者と布地裁断者	親方／職人・徒弟		499-500
漂白場	工場・労働者		501-502
染色場	工場・労働者		503-504
布地捺染場	木綿・亜麻・羊毛捺染での工場・捺染机		505-508

Ⅰ．ホフマンによる1810年統計表　39

圧縮仕立場	水力圧縮場・馬力圧縮場	509-510
シリンダー圧縮・織物圧縮場	施設・労働者	511-512
梳篠者	親方／職人・徒弟	513-514
筬製造者	親方／職人・徒弟	515-516
織物業での他の補助労働者		517
織物製品取引	卸売商での商人／補助人・労働者	518-519
	切布商での商人／補助人	520-521
仕立屋	親方／職人・徒弟・労働者	522-523
経師屋・袋物師・テント屋		524

　みられるように，さまざまな繊維関連19業種が枚挙されているが，手工業段階の業種では親方／職人・徒弟の就業者構成，また問屋制システムや独立工場での工場生産では物的構成（施設・機械・装置）といくつかの業種での労働者の表示がある。後のプロイセン営業表に特徴的な二分法，すなわち手工業での就業者構成／工場生産での物的設備配置の表示という方式（これを「プロイセン方式」ということができる）の原型がみられる。

　この生業手段部門全体をみて，そこには業種ごとに必ずしも一貫性があるとはいえない形の分類方式が取られているが，これは当時の新旧さまざまな経営形態の混在を反映した結果であり，それらを営業経営という大枠の中で強引に連結したために余儀なくされたものであろう。こうした欠陥を抱えつつも，要は農林業以降の物的製造・加工・精製，運輸・流通・販売，またサーヴィス提供の各分野における経営体の物的人的構成をその外延量（総数）で把握しようとするものであり，後の営業表の原基形態ともいえるものである。当時の社会経済を支えていた生産諸力とその下での生産関係を窺う貴重な経済統計へと展開してゆく可能性を秘めた統計表であるとはいえよう。

　こうした統計表が，この後1811, 12, 14年について作成されている。とはいえ，この膨大な欄に記入と点検を任された地方官庁ならびに自治体当事者の労苦は想像に絶する。それぞれの地方から記入項目全体にまたがり満足のゆく結果が届いたとはとうてい考えられない。年を追うごとに，無記入欄の増加していたことが伝えられている。従い，想定された図式（書式）の豊富さとは別に，結果として出てきた統計表は内容的には多くの欠陥を抱えたものであった

といえる。一方のホフマンの目論見と，他方の地方行政官庁の統計作成への関心，ならびに力量との間には大きなずれがあったためである。これまでの雑多な統計報告を概略化するという課題を図式の一様化によって解決しようとしたものといえようが，記載項目の多様さと分量の大きさのためにその実際的解決には届かないままに終わっている。

2. エンゲルの批判

半世紀後，プロイセン統計局の運営を担うことになったのがエンゲルであるが（60年4月1日，統計局長に就任），当人はこの1810年表の歴史的意義について次のように論評している。[3] この表の包括さをまずは指摘した上で，「疑いもなく，非常な明敏さをもって起草された1枚の表の中で，国家の状態描写を完全なものにする」試みとみる。それは事柄の単なる数え挙げに終わらず因果関係を表示することを目指し，「国家と社会の物理学」(Physik des Staats und der Gesellschaft) として統計学を構築する新たな試みのひとつと評価する。しかし，この図式にもとづいた調査には実際的無理があるとする。すなわち，管理困難な「紙の束」を取り扱わなくてはならず，1欄の幅を1インチとしても，全体を繋げば50フィート（15メートル）以上の長さになり，表作成を任された者にとってはこの作業は苛酷すぎ，できれば避けたい業務以外の何物でもないということになる。この「紙の堤防」によって，プロイセン官庁統計に望まれた発展の流れは堰き止められてしまった。「もし，ホフマンにより，1枚の表の替りに独自の体系的に並べられた一連の表が取り入れられ，その作業に応じて特定の領域に配分されていたならば，プロイセン統計の発展は初めからまったく別のもの，より多面的なものになっていたことであろう」と評している。

事実はエンゲルの指摘する通り，その後プロイセンの統計表は連続形式ではなく，その中の同質なものをまとめ，それぞれを分離独立させるという方向を取り，複数の表から構成される国家統計表体系へと進んでゆく。ホフマン自身もこの流れを認めざるをえなかった。従って，ホフマン表は含まれている項目の豊富さをもって，全体として後の国家統計表を組み立てるための素材を提供し，連結表が個別表へ分岐してゆく上での出発点となっている。この意味で，ホフマン表はその後のプロイセン国家統計表の母胎といえるものであった。

上のエンゲルによる論評には，ホフマン表に対するもうひとつの批判がある。

すなわち，調査リストと報告表とは本来その書式が相互に独立したものであるにもかかわらず，両者の間にはなんらの区別も設けられていない，と。これは60年代までのプロイセン官庁統計の特徴といえるものであるが，これが「有害な要素」をもち込んだとしている。[4] 60年代に入って，人口調査を皮切りに調査員を介し世帯個票を用いた直接調査が実施されるまで，調査というのは既存記録・資料にある数量を書式欄に記入する作業を指していた。家畜登録，教会・住民名簿，地誌・市町村目録，土地台帳，手工業者目録，関税・消費税，また階級税・土地税・営業税記録，等々の在地当局によって収集され保管されている行財政資料が統計報告に転用され，この中から結果としてさまざまな統計表が作成されていた。従い，そこには特別の調査用紙は不要であり，中央から下りてきた報告書式に既存数量を転記することが調査とみなされていた。調査書式と報告形式に区別がないというエンゲルの指摘はそれを衝いている。当時は一般的には調査用紙をもたない統計作成であった。これがために，報告書式は既存資料の性格によって規制され，統計表は報告書式そのままの形式を伝えなくてはならないという関係が出てくる。ここでいう統計とは地方在地官庁の記録資料の総括なのである。従い，そこには調査の目的をどこにおき，何を汲み上げるか（つまり調査書式の設計），およびそれに連なる一連の運用問題（実査，集計・分類，整理・公表）をどう処理するか，また結果の信憑性をいかに確保するか，すなわち統計調査に固有の課題に関する検討が省略されている。上でエンゲルのいう「有害な要素」とは，調査に独自のこれら問題を消失させることをいうのである。これが60年代までのプロイセン統計を制約する。

II. 国家統計表への途

1. 統計局と郡統計

では，こうした統計表の原資料はどのような経路を辿って中央官庁や統計局自体に定期的に集約されえたのか。この問題をプロイセン王国の場合にそくして検討してみると，以下のようになる。

プロイセンには16世紀来国家行財政の一環として，在地行政機関からの現状報告が中央に集約される体制があった。[5] さらに絶対王政確立期の1720年代以降には各地からの目録や図表が郡長と都市税務監督官，また各州の軍事=御

料地庁を経て最高の財務行政省庁であるベルリンの総監理府に集約されるシステムができ上がっていた。

 既述のように，プロイセン改革によって総監理府制に替り省庁制が敷かれるが，地方官庁からの定期的報告提出は継続する。19紀中葉（1843年），既存の行政組織として中央に内閣と枢密院および9省庁があり，他方で全国に8州 - 25県 - 325郡 - 979市および多数の町村，こういった内務省との関係が強い地方自治機構があった。この中で，統計作成に関しては中央では内務省と当の統計局が，また地方では郡と郡長が深く関与してくる。郡単位で作成される報告資料が国家統計の基軸を構成する。というのは，資料作成には地域の歴史と現状，住民生活の特徴を知悉していることが必須となるが，このためには県や州では規模が大きすぎ，これら地域や国民に接する機構としては不適格であり，自治体としての緊密さが最も強いとされ，その多くが3-4万人規模の人口を抱えた郡と郡長に定期的な報告が依頼され，後には義務づけられることになるからである。ここから上がってくる，そして県でまとめられる報告，ならびに郡統計（Kreisstatistik）こそ当時最大の社会統計の資料源であった。[6]

 ナポレオン戦役終了後の新体制にあって，1816年11月11日に下された郡長業務令においても，郡長は県庁の監督の下で公安・警察・営業・徴税などと並び統計業務を所轄するものとされている。後述する1816年来のプロイセン国家統計表の資料源もここにあった。このシステムをさらに堅固にすべく，38年9月2日に州長官と全地方官庁（県庁）に内務・警察大臣G. v. ロコフ名で廻状訓令を下し，当該管区の各郡長が郡議会に対し当該郡の統計的関係・その他諸関係・郡行政結果につき報告し，時間的変化をあとづけ，それを印刷・複製するよう県が鼓舞することを命じている。これを県を通じて中央に集約し，全土の国状・民勢を徹底掌握しようとするのが内務当局の意図であり，この集約を任されたのが他ならぬ統計局であった。その際，報告項目として挙げられているのは以下の16である。

1. 郡面積，土地の利用種類
2. 都市-，農村-，教区ゲマインデの数。宗教用建物と教区聖職者数
3. 人口数，性別と都市／農村別，また平方マイルでの分布
4. 公的・私的建物数，後者での住居と工場，製造所，家畜小屋と納屋の数量

5. 種類別家畜頭数
6. 営業の数と状態
7. 軍隊関係，常備軍勤務中の，また後備軍や予備軍に属する郡からの兵員数
8. 公的直接税の額（地租，階級税，営業税）
9. ゲマインデ税の総額と自治体会計の状態
10. 高等および初等学校，また他の学問上の施設の数，そこに勤務する教師数，児童数，学校全般の状況
11. 完成した自治体の建物とそれへの支出総額
12. 火災保険会社のあり方，保険加入建物の表示，保険総額とそこからの支払総額，実際に起こった火災事故，その都市・農村別分布
13. 道路建設とその費用
14. 犯罪
15. 農業の状態，種々の耕作分野ごとに
16. 共有地の分割

　郡長はこの情報収集のためさらに下位の市町村当局に報告提出を求めることになり，ここでは市長や町村長が自ら計算する公衆＝回答者で，郡長が調査者の役割を演じ，県がコントロール機関として機能する。県には統計担当部門が常置され，県知事には統計業務遂行の義務が課せられていた。ここに集まった報告は然るべき時期までに上位官庁に送られ，これがまた統計局に伝達されるレールが敷かれている。

　さらにこの訓令を徹底させ郡記述（Kreisbeschreibung）を十全な形で確保すべく，59年4月11日に再度の訓令が時の内相 E. H. v. フロットウェルにより下され，各地方官庁が38年訓令を想起し，以前の依頼から今度は指令する形で報告を提出するよう郡に働きかけることを指示している。さらにこの報告を少なくとも3年おきに，その時の（人口）統計調査と関連して行ない，結果を印刷物の形で提出すべきとする。62年6月27日には内務相 G. v. ヤゴフが同様な訓令を地方官庁に廻し，報告項目が25に増えた郡記述を県がまとめ，定期的に内務省と統計局へ提出するよう命じている。

　以上のことは，少なくとも19世紀60年代までの社会統計作成は基本的には内務省を軸にした行政業務の一環に位置づけられ，そこからの副産物としての統計情報であったことを意味する。現存する社会的集団の規模や構成，また変

化を統一的な直接調査によって正確に把握するという動機に促されたものではなく，国民が被調査者として現われることはなかった。つまり業務統計が統計作成の主軸であり，統計そのものの獲得を目的にした調査活動はみられなかった。従い，調査方式としては表式報告が取られることになる。このため，この段階では住民や世帯，農家や工場が直接の調査対象として登場することはない。地方当局の行政記録に記載された限りでの調査事項・事象であった。従い，事例すべてが報告に汲み上げられる，またすべての郡から報告が提出される保証はなかった。ここから記録に出てくる集団と，事実として現存する集団の乖離を防ぐことができなくなる。加えて，当時の報告作成担当者（下級行政官吏）の統計作成に関する力量は疑問とされ，統計の信頼性・正確性には大きな問題が残ることになる。

こうした事情はプロイセン以外の他国の統計作成でも同じといえ，社会統計にはまだ本来的調査は現われず業務統計が軸になっていた。このことが19世紀前半のドイツ統計史の特徴をなす。

2．プロイセン国家統計表

1．19世紀前半ドイツの社会統計を代表するものに，いわゆるプロイセン国家統計表がある。この統計表こそプロイセン各地で作成された郡統計の直接の延長線上にあって，それら郡統計の統計局による整理・集大成以外の何物でもなかった。後の1840年代に，時の統計局長ディーテリチが，「プロイセン国では，毎3年ごとにこの表に必要な数え挙げ（Zählung）が行なわれている；君主の行政当局，すなわち王国の県政庁，およびその機関として，王国の郡長と市長，市町村当局は実際の数え挙げにもとづき，人口，等々に対するさまざまな欄をもった書式用紙（Formular）に結果を記入する義務を負っている」[7]と述べているのは，まさにそのことを指している。プロイセンではこうした報告にもとづく統計表作成作業が1822年来，3年おきに実施されていた。

1812年4月24日，ハルデンベルクの指令によって国家宰相の直属機関として会計検査院，国家記帳署，そして統計局が配置される。しかし，戦時下での時代状況は厳しく統計局の活動も制約を受けざるをえなく，次の4つの業務に制約されていた。すなわち，①人口リストと統計表の作成，②価格調査—重要市場を抱えた都市において穀物と生活必需品の価格が毎月末に調べられ，当該

市長から翌月14日までに返送され，毎月・年の概要としてまとめられる，③定期発刊文書・雑誌の収集—省庁の要請に応じ，その内容の抜粋が作成され報告される，④その他，省庁の求めに応じた国家力の判断に役立つ一切の事柄についての情報提供，以上である。

この中で，統計局の作業の中心はやはり①の人口目録と統計表の作成にある。前者の人口目録は婚姻，出生と死亡に関する教会記録を原資料にして地方政庁の宗教事項責任者が作成したものである。後者の統計表は県ごとの住民数，その性・年齢（14以下／15-60／61以上の3区分），宗派，婚姻，軍人・市民別区分，また建物や家畜数，営業の状態についての総括である。これを当初のホフマン表と区別して「簡易統計表」という。この統計表と人口目録の2つが1816年までのプロイセン国家統計の軸となる。[8] もちろん，地方からの県庁を通じた資料収集は続けられていたわけで，これは未公開の記録資料として行政当局と統計局の文庫に備蓄されてゆくことになる。問題はこれをいかに選別，整理・要約して国家統計表の形にまとめ上げるかということになる。

こうした資料収集の統一性を保ち簡潔な概括を行なうべく，ベルリンで書式用紙が印刷され，毎年12月に地方政庁を通じて当該地の下位官庁へ配布される。これを受けて翌年の1月か2月に調査が実施される。地方政庁はこの結果を受け取り県の全般表を編成し，人口目録は3月1日に，統計表は4月1日にベルリンへ送付される。統計局で各県の表の点検が済まされ国家概括用にまとめられる。この他に中央省庁のため特別の抜粋も作成される（例，営業担当省への工場表や医療行政部門への保健表など）。

そうした作業を継続してゆくためにはとくに統計表の記載内容の簡易化が必要となり，分類項目が削減され記載欄が減少してゆく（1811年表590欄，12年表478欄，14年表では420欄）。ここから，先にみた人口の市民関係別分類といった報告作成の難しい部分では細分類項目が減らされ，ついには分類全体が省略され，性・年齢別と宗派別分類だけが残るということにもなる。これは信頼に値する報告提示の期待できる項目に限定していった結果でもあるが，簡易化が統計表の表示内容の平板化を伴ないつつ進行する。

ベルリンから県庁を介して下位行政当局に降りてきた書式への記入は，プロイセン改革後は市当局と郡長の役割となっていた。これまでの軍事=御料地庁が廃止され，1808年以降は県制（25県）が敷かれ，司法と行政が分離し一般

行財政が県庁に任された。県庁は国家行政を担う地方機関，国家と地方社会の最も重要な媒介環であり，地方行政の結節点となった。県知事は内閣において選ばれ国王の任命を受け，専門行政官として地方官僚機構の中心に位置づけられた。この県庁の指導の下，郡長は領主領と御料地，ならびに小都市の行財政を担当する。これは，徴税，軍事，公安・警察，農・商工業振興，救貧といった広い領域にまたがり，地方行政官としての権限拡大が計られた。都市においても，すでに1808年のシュタイン市制改革により，都市の自治が認められ市長と市参事会，そして市議会という機構の下，市民主体の都市運営が拡まっていった。こうした郡長や市長に統計表の基礎資料収集が任されることになったわけである。

　1815年，対ナポレオン戦争（「解放戦争」）が終結するが，これによってもたらされた領土拡大（ラインラントとウェストファーレンの併合），ならびに行政組織の再編成の中から，ライン河周辺の西部地域を含んだ新たなプロイセン国家に対する統計表が望まれることになる。統計局はこれまで通りの人口リストと統計表（434欄）からなる16年表の作成をすべての県庁に要請した。ところが，これに対し新たにプロイセンに編入された西部の地方当局から，報告があまりにも広範にすぎるとの非難が出てくる。とりわけ，ウェストファーレン州長官のF. v. ヴィンケ（かつてシュタインの下で国制改革に参与し，イギリス自治制度に詳しかった）などからは報告作成を実行不可能とする回答があり，後の17年6月には西部の3地方長官とホフマンとの協議がもたれたりもする。事実，16年表作成は遅々として進まず，また西部地域からの報告は極めて不満足なものであった。これを踏まえ，さらなる簡易化の方向が探られ統計表が大幅に縮小される。17年表では，①建物（公的・私的），②住民（性別，年齢14以下／15-60／61以上の3区分），③婚姻者，④軍務服役者，⑤宗派，⑥家畜となり，分類部門数では変らないものの，ホフマン表にあった住民の市民関係別区分や生業手段分野が省かれ，欄数33への大幅な減少を伴なった「小統計表」となる。それ以降も同じような統計表が作成されたが，中央の要請に応えるには地方官庁の力量に問題があり，その記載内容は貧弱化の一途を辿ったとされる。

　2．こうした統計表の作成作業ではあったが，19年調査時にかつての統計表の中の営業関係が別に取り出され，それが営業表として独立する。さらに

22年には教会=学校表と保健表が加えられる。一時停滞した報告作成作業も国内政治経済の安定化と共に次第に活性化してゆく。こうして22年に至り，1. 統計表，2. 教会=学校表，3. 保健表，4. 営業表，5. 人口目録，この5表からなる国家統計表ができ上がり，[9] 以降3年ごと60年代までその作成が継続される（5の人口目録だけは毎年作成）。いわば，もともとホフマン統計表にあった項目が簡易化を含んで分離独立した形で，複数の表から構成される国家統計表体系が産まれてくる。

では，具体的にそれぞれの表にはどのような内容が盛り込まれていたのか。

1. 統計表（Statistische Tabelle）
   郡それぞれに対する，個々の都市と農村全体別の建物数，住民数（年齢・性・婚姻・宗派別，盲人・聾唖者）
   家畜頭数（馬・牛・羊・山羊・豚）
2. 教会=学校表（Kirchen= und Schultabelle）
   さまざまな宗教団体別の礼拝用建物（本教会・支教会別）
   福音派とローマカトリック派教会の聖職者数
   学校，教師，学童数（初等学校，中等学校，高等市民学校，下級ギムナジュウム，ギムナジュウム，ゼミナールに対して）
3. 保健表（Sanitätstabelle）
   さまざまなカテゴリーの医者の数，薬局・有資格助産婦・獣医・公的病院数
4. 営業表（Gewerbetabelle）
   県と郡ごとに，さまざまな機械技工と手工業者（親方／被雇用者別）
   同じく，独立工場施設　独立の製錬所，製糖工場，ガラス製造所，陶磁器工場，石灰焼工場，レンガ工場，タール窯，製粉所。さらに羊毛・絹・亜麻・綿織物での織機数が別に記入されること
5. 人口目録（Bevölkerungsliste）
   出生児数　性別，嫡出・庶出別
   婚姻数　　結婚した者の（適切な区分での）年齢別
   死亡者数　年齢・性別，時期別，病気・死因別

これは，プロイセン国家における社会経済と国民生活の現状描写＝国土記述を目指したものであり，当時のプロイセンの社会構造に関する数量表示として貴重な資料とはいえる。しかし，1840年代までは一般への公開はなされず，

1817, 20, 31, 37年表にある数量の一部分が『国家時報』などの雑誌でのホフマン自身の論文や他の私的著作の中で利用紹介されるに留まっていた。統計が一部特権官僚の占有物という性格を帯びている。ディーテリチが局長に就任して，1843年表が統計局の印刷物として出版されることから，国民全般への公表が始まる。[10)]

　上述の数度に渡る廻状訓令は統計獲得そのものを目的にしたわけではないが，それによって郡からの報告が周知徹底するほどに統計表も充実するという関係にあった。この間，5本立てという基本構成に変りはないが，変更や新たな表の追加がみられる。例えば，統計表に家族数が附加される，同じく居住平面の表が設けられ，各郡にある都市・農村・集落・居住地が記入され，平方キロでの人口密度が計上される，さらに人口目録には出生児の双児・三児などの区別が加わる。営業表には，ライン州という工業地帯が併合され，また蒸気力がこれまでの工場に取り入れられた結果，製造のあり方が変容したことを受けて工場表が追加される，また農業での規模別土地所有状況や土地利用形態，主業・副業別農業従事者数がつけ加えられる，等々である。

　これら5本の表のすべての内容をここに紹介する余裕はないが，最初の基本表（統計表）の掲載項目を1845年に公表されたディーテリチ編『1843年の官庁調査によるプロイセン国家統計表』からみてみると，表1（「建物・国民数・家畜現在数を含んだ1843年全プロイセン国家統計表」）のように多種に渡る（右端欄の数字は欄番号）。

　建物・人間・家畜の3大項目，これがさらに72欄に細分されたものを表頭に並べ，ケーニヒスベルクからアーヘンまでの全25県ととくにベルリン市を加えたもの（計26地域区分）を表側においたのが統計表である。ここには先にみた郡報告項目3，4，5がそのまま伝えられ，行政報告の概括という性格が明らかである。それは，表が行政管区（県）別分布という場所的構成系列に終始し，それを越えた意味あるクロス統計表になっていないこと，従い，計測結果はみられずほとんどが計数調査であり，単純な枚挙結果に終わっていること，以上の中に表われている。この性格は他の表にも共通している。また，公表物では県レベルの分類が基本であるため，表からは地域（個々の都市や郡）の特殊性に応じたより詳しい報知を望むことができない，こうした制約を抱えている。

表1　建物・国民数・家畜現在数を含んだ1843年全プロイセン国家統計表

建物	公的建物	公的な礼拝用集会家屋，例，礼拝堂・教会	1
		公的教育のための学校	2
		孤児・病人・老齢者・孤独者の収容・扶養用建物	3
		地方議会，司法・行政・税当局の会議や業務遂行用建物，市長・町村長の建物	4
		宗教・非宗教上の他の目的，民間や自治体当局や施設のための建物	5
		軍事建物（含，一切の軍備建物，衛戍病院）	6
	私的建物	個人住宅	7
		工場・製造所・個人商店	8
		家畜小屋・納屋・物置	9
人間	年齢・性別	年齢14以下・4区分（5以下/6-7/8-14/14以下合計）×性別	10-17
		年齢15から16×性別	18-19
		年齢17以上男性・7区分（17-20/21-25/26-32/33-39/40-45/46-60/61以上）	20-26
		年齢17以上男性合計	27
		年齢17以上女性・3区分（17-45/46-60/61以上）	28-30
		年齢17以上女性合計	31
		全住民数×性別＋合計	32-34
		結婚している者×性別	35-36
	宗教関係別	福音派	37
		ローマカトリック教	38
		ギリシャ正教	39
		メンノー派	40
		ユダヤ教（有市民権者・無市民権者）	41a, b
		イスラム教	42
聾唖者		年齢4区分（4以下/5-14/15-29/30以上）×性別＋合計	43-51
盲人		年齢3区分（14以下/15-29/30以上）×性別＋合計	52-58
家畜頭数	馬	馬齢3区分（3以下/4-10/11以上）	59-61
	騾馬		62
	驢馬		63
	牛	種類4区分（雄牛・去勢牛・雌牛・子牛）	64-67
	羊	種類3区分（メリノー種および改良種・半改良種・未改良種）	68-70
	山羊		71
	豚		72

出所）　*Die statistischen Tabellen des Preussischen Staats nach der amtlichen Aufnahme des Jahres 1843*, hrsg. von W. Dieterici, Berlin, 1845, SS. 13-20.

これら資料が領邦国家の内政の副産物に留まっている限り，それを本来の社会経済統計とみなすことはできない。なによりも，本来の観察対象たるべき国民や国民生活，社会経済が直接の調査対象に据えられ，その生きた現状が調査用紙の中に映し出されることがない。また，統計局は調査の企画から実査，結果の整理・公表までを一貫して指導することもなく，その必要も出てこない。統計局が主体の調査とはなりえていないからである。また，このような行政資料が豊富であるほど，逆に直接調査への動機づけが出てこない。確かに，ドイツ圏の諸国家，とりわけプロイセンほどこうした内部資料の豊かなところは他にみられなく，これが先の統計表体系の提示を可能にしたとはいえよう。しかし，ここでいう統計とはあくまで内政業務からの数量報告を指すのであり，内部行政報告とそこに含まれる数値情報が充実するほど，統計作成の近代化が遅れるという事態がみられる。

III. 関税同盟統計

1. いわゆる「商業報告」

19世紀前半の社会統計を代表するもうひとつの例として取り上げられるべきものに関税同盟の作成した商業統計ならびに人口統計がある。これもまた，国状記述から社会統計への移行期に現われた国土記述の一形態とみなされ，既存報告の集約からなる現状描写である。

ドイツの資本主義的発展を阻害していた要因のひとつに，領邦国家内外に張りめぐらされていた関税障壁があった。資本主義的商品経済の拡大・国内市場形成にとり，かかる障壁は桎梏となり，それを撤廃することが急務になる。1818年のプロイセン関税法による同国内の関税廃止に始まる一連の動きが徐々に拡大し，33年3月に至り，一方のプロイセン=ヘッセン関税同盟と他方のバイエルン=ヴュルテンベルク関税同盟の間に統合が進み，34年1月にドイツ関税同盟が発足する。15領邦国家+3都市，人口23,478,120人，面積434,193.75平方キロメートルを有し，ドイツ北・中・南部を縦貫した一大交易圏が出現する。ドイツ統一の足場が築かれる。

この関税同盟にあって，同盟国間の会計を明確にするため，独自の役所を設けることが当初から決められていた。すなわち，33年3月22日の関税同盟化

条約（Zollvereinigungs=Vertrag）の第29条に，同盟各国からの報告は関税同盟中央局において集約・整理されるものとある。[11]

それぞれ四半期内また会計年間に満期となった関税収益に関する，関税=調査当局から毎四半期後また年・会計決算後に送られてくる四半期概要および最終決算は，当該の関税監督局（Zolldirektion）によって先に点検を済ませ主要概括にまとめられ，その後に中央局（Centralbüreau）に送付される。中央局にはどの同盟国家もひとりの役員（Beamte）を任命する権限を有する。

中央局はこの提出されたものをもとにして，同盟国間の3ヶ月ごとの暫定決算を行ない，それを同盟国の財務中央庁に送り年次確定決算を準備する。

プロイセン財務省の一画におかれた中央局が，この規定から明らかなように，とりわけ計算局として機能し関税決算や商品流通についての記録や報告の集計・分類に当たることになっていた。ここでまとめられた統計がいわゆる「商業報告」（Kommerzialnachweisungen）とよばれるものであり，最初は草稿形式の概括で，41年からは毎年20-30冊からなる大部の印刷物の形で作成される。44年から59年までその主要部分が中央局により『ドイツ関税同盟内での商品流通と関税収益に関する統計的概括』[12]として公刊されることになる。これはこれまでになかった広域ドイツでの交易をあとづけた統計報告であり，全ドイツにまたがる統一的統計書の嚆矢となる印刷物でもあった。また，中央局に集まってきた資料を駆使した形で，局会計職員A. ビーネングレーバーによる国内流通と消費に関する，さらにプロイセンの行政官で営業統計に詳しいG. v. フィーバーンによるドイツの現状についての浩瀚な個別研究も産み出される。[13]

とはいえ，中央局が独自の調査権限をもち調査活動をくり拡げたわけではない。局には課長1名に若干の職員，また規約にあったように同盟各国に派遣する権限が与えられていた1名の役員——実際にはプロイセンとバイエルンからのみ——がことに当たっていたにすぎず，自ずから調査活動には制約があり，ここでは専ら計算と編纂が主要業務とされていた。

中央局に集まる基礎資料そのものは，同盟各国から年1回送られてくる報告である。この報告は各国にある商品流通を扱う複数の関税調査所，すなわち税

関 (Abfertigungsstelle) において，その経常業務を通じて作成されるものである。[14)] ここには当該国の関税監督局の指揮下にある補助員が張りつけられ，商品輸出入を記録するため前もって個々の商品々目を税率の順位別に表示した徴税台帳（Register）が用意されていた。そして該当する事例をそこに記入することで報告が作成され，それが関税書類として4半期ごとにまとめられて監督局に送られてくる。こうしたシステムが成立していた。監督局の本務は関税行政をめぐる中央局との交渉・財務省を通じた関税決算の執行にあるが，他に関税統計のための独自の部門が設けられており，関税書類は商業記録掛（関税統計官）の手で点検され，毎暦年ごとの主要概括表に仕上げられ，これが毎年5月にベルリンの中央局へ送付されるのである。

こうしたプロセスを経て中央に集められた報告がさらに，大きく次の3つの領分にまたがり総括・出版されることになる。

1. 商品流通　　関税領域外からの商品輸入
　　　　　　　　関税領域外への商品輸出
　　　　　　　　関税領域内での商品通過
　　　　　　　　税関格納庫での商品在庫
　　　　　　　　大市での商品取引
2. 関税・税　　関税率，関税軽減・優遇・免除
　　　　　　　　関税行政経費
　　　　　　　　関税納付・収入，ならびに決算
　　　　　　　　特定産業での課税（甜菜糖，塩，タバコ，等々）
3. 人口　　　　関税決算の基準としての3年ごとの各国人口数

これら項目の統計数値が関税領域別（12領域と5大市）に表示されているのが既述の商業報告なのである。確かに広大な領域を包摂した初めての統計報告ではあるが，その性格はまさしく業務記録の整理・総括から出てくる業務統計以外の何物でもなかった。各国の税関－関税監督局－関税同盟中央局（計算局）－関税会議というラインを辿って自動的に作成される業務報告の総括であった。

2. 人口調査

1. 関税同盟国においては，共通の関税収入の配分をめぐって，出発時から

ひとつの規定が設けられていた。これまでの関税同盟の中で採用されてきた配分基準を踏襲する形で，関税同盟化条約の第22条において，以下のように規定されている。[15]

　　共通圏に入ってくる税収益は，1）関税業務にかかわる費用，2）調べの誤りに対する返済，3）特別の申し合せにもとづいて行なわれた税優遇と割引を控除した後，同盟内の国家の中にいる人口に比例して同盟国間で配分される。……
　　個々の同盟国家での人口の状態は毎3年ごとに，これから取り決められることになっている期日から調べられ，その報告は個々の国家によって相互に伝えられるものとする。

収益の配分基準を人口数におき，そのために各国における3年ごとの同時で一様な人口調査が要請されることになる。この人口調査についてのさらなる規定が翌34年1月31日の関税会議で取り決められる。それによると，関税同盟での人口調査は以下の基本命題にのっとり遂行すべきとされている。[16]

1. 調査期日。すべての同盟国家において3年ごとに同時に実施する。その期日は家族の者が他の時期よりも故郷に滞在することの多い12月とする。従い，最初の調査は1834年12月1日に行なわれ，遅くとも12月末には終了する。
2. 調査された人口はその後の調査までの間，継続して関税収入の決算の基準とされる。その間の人口変動は考慮されない。
3. 調査の一般原則として以下のことが承認された。
    a. 調査を実施するのは各地方行政当局であり，地方当局は上位官庁の監督・統轄の下におかれる。
    b. 調査時に一時滞在者として当地にいるすべての者はその場所の住民とみなされる。ただし，旅行者や現役軍人（含，家族）は除く。外からその地に来ている奉公人，親方の下で就労している職人，学業や修養のため当地で大学や学校にいる者，一般に教育施設や寄宿舎にいる者はそこの住民に計上される。
    c. ほんの一時期の不在とか国内外旅行中の国籍保持者はその者の住所で，あるいはその者の身内と一緒に計上される。
    d. なんらかの生業に就いているか，そこで土地を所有している外国人，すでに1年以上そこに居住している外国人や旅行者は当地の

　　　　人口に算入される。
　　e. 後備軍に編入されている者は市民と同様に当該地方当局において調べられる。
　　f. すべての軍人はその家族共々，また軍務に服する役人や下級軍属はその地方の調査からは除外され，人口調査をまとめる上級官庁によって各国陸軍省の身分・職務表から別に調べられ，別枠の中で他の人口と共に提示される。
　　g. 地方当局の調べた人口リストはそれぞれの国で一括し，比較的大きな行政区ごとに同じ様式でまとめられる。[17]
 4. 作成された人口表はベルリンの関税同盟中央局へ送付される。そこで全関税領域の人口状態の主総括が作成され，完成表が各同盟国へ伝えられる。
 5. 1834年の4半期の暫定決算はそれまでの各国の最新の調査結果を，最終決算は34年12月の最初の全般的人口調査結果を基準とする。

　このような基本命題に従って行なわれた調査結果は共通の人口目録のための書式用紙に記入されることになる。すなわち，その様式が関税会議において表2（「18　年12月の王国（大公国）人口目録のための書式用紙」）のように用意されている。これによると，各国の地方行政区（県）ごとに，家族数・15歳以上住民×性別・14歳以下住民×性別・住民総数が，市民と軍人それぞれに分けて計上され，最終的にその国の総人口が示されることになっている。文字通りの人口目録といってよく，極めて単純かつ平板な調査であり，人口が関税決算に必要な数量としてのみ計上されていることが歴然としている。ここでは人口把握は目的ではなく，手段に終わっている。

　ここで重要なことは，関税同盟での調査はあくまで当地に居住し消費生活を送っている人口の把握を目指していたことである。上記の基本命題3では，当地での一時滞在者，そこで働いている職人や奉公人，学生や修養中の者，仕事や土地をもっている外国人，これらは国籍や地籍の有無にかかわりなくその土地の人口に算入されるとされていた。逆に，国籍・地籍だけを残した長期不在の者，またその他の目的・理由でそこで生活していない者はその地の住民から除外されるということになる。すなわち，現住人口（ortsanwesende Bevölkerung）の把握が目的とされている。これを徹底して実施するためには，これまでのような家族名簿（Familien Registern）に頼った調査では済まされず，1軒ごとに個

表2　18　年12月の王国（大公国）人口目録のための書式用紙

地方区(県)	A. 市民についての現地調査					B. 軍人についての現地調査					総人口
	家族数	15歳以上男性	15歳以上女性	14歳以下児童		市民身分住民数	家族数	15歳以上男性	15歳以上女性	14歳以下児童		軍人身分住民数	
				男	女					男	女		
	人数						人数						
王国（大公国）人口合計													

18　年　月　日　　署名

出所）*Verträge und Verhandlungen über die Bildung und Ausführung des deutschen Zoll= und Handels=Vereins*, Bd. 1, Berlin, 1845, S. 324.

票を用いた実際調査が必要になる。

　問題はこれが果して同盟参加諸国において，どの程度に実行されえたかにある。1836-63年間に計15回を数えた関税同盟の総会において，その議事にこの問題が何回か上程され，実際調査の実施が申し合わされている。[18]ということは，この基本命題にのっとった調査が不十分にしか実施されなかったことを物語る。例えば，43年11月11日の第6回ベルリン総会では，人口調査は個々人すべての調査として1軒ごとに実施されねばならず，住民記録や他の記録などによって代替されてはならないことが取り決められている。さらに後の63年7月17日のミュンヘンでの第15回総会においてすら，調査は調査リストにもとづいた実際人口の調査であること，記載は個人一人ひとりを挙げて行なわれ，居住リストなどの他資料でもって代替してはならなく，また1年以上の不在者は決して当地の人口に算入されてはならないとされている。基本命題の実行が不徹底であったことが窺える。

　さらに，その間の45年10月23日のカールスルーエでの第7回総会では，

調査期日を 12 月 3 日（日曜・祝日の場合は 4 日）とし，遅くとも 3 日以内に終了する（ただし，人口 3 万以上の都市は延長可），実施地方当局の指定は個々の国に任せられる，帰休兵は当地の地方当局によって調べられる，家庭内客人や旅館宿泊者は当地人口には含められない，また複数の居住地をもつ者は調査時に滞在する場所の住民とする，以上のことが議決されている。54 年 2 月 20 日のベルリンにおける第 10 回総会では駐在軍隊の取り扱いが議論され，58 年 12 月 3 日のハノーヴァーでの第 13 回総会では事後調査や修正も 12 月 3 日の状態による，等々が決められている。

　2．このように現実には調査の一様性（Gleichmässigkeit）をいかにして確保するかをめぐって模索が続けられていた。この中で最大の難点は現住人口調査として調査様式を徹底統一することである。というのは，多くの国では人口調査を直接調査として実施するための体制や組織，力量をまだ備えておらず，旧来からの行政記録（住民名簿，貧民名簿，税記録，等々）からの地籍人口（ortsangehörige Bevölkerung）をもって現在人口としなくてはならなかったからである。しかし，現住人口と地籍人口が一致することはなく，社会経済圏の流動性が高まり，その中で人の移動や物の交易が盛んになるほど両者の乖離は大きくなる。しかも，関税収益の配分基準に人口がおかれるため，「どの国家も一方では調査時には不在でも国籍所有者を，他方では国家に帰属していなくともその国の下で経常的に消費しているすべての者を，関税収入を規定するその国の人口数に算入しようとする」。[19] この内の前段の要素は算定された人口と現住人口のずれを大きくする誘因ともなる。関税決算人口（Zollabrechnungsbevölkerung）は現住人口を原則としながら，現実には多くの国々では地籍人口でもって計上され，それが中央局に提出されていたのである。一様性は最後まで確保されなかったとみることができる。

　現住人口を正確に捕捉するためには地区住民，さらには家屋居住者ないしは世帯構成員の一人ひとりの姓名を挙げた記名式調査（namentliche Zählung）が必須となる。プロイセンでは住民に対するその記名式調査が 40 年調査時に比較的広範囲に初めて導入されている。それ以前の人口調査にあっては，その不正確さが租税記録などにある人口との対照を行なった財務省から問題視され，その検討が統計局長ホフマンに託されていた。その改善のために，記名式による住民リスト作成が実施されている。40 年調査終了後，今後の人口調査では行

政管区長の責任の下で任意の調査員（市民）による直接調査を行なうことでさらなる正確性を確保したいとするのがホフマンであり（これは調査員による世帯ごとの聴き取り調査の導入を想定してのことと考えられる），家主と借家人からの家屋リスト提出をもって調査に当たるというのが財務省の提案であった。[20] いずれにおいても実際調査が不可欠とされている。こうして43年調査では可能な限り実際調査をもって臨まねばならないとされ，また現実にも記名式住民リストによる調査の範囲は拡大した。しかし，調査員を介した直接調査は全体からみるとまだ一部分に限られていた。それ以前の問題として，とくにプロイセン東部地方ではいまだ住民名簿すら整っておらず，調査のためにも市町村組織の改善と適切な職員配置の必要なことが指摘されている。こうして60年代に至るまで，52年に人口センサスを実施したザクセン王国と55年のオルデンブルク大公国を除いて，多くの国では直接調査を指示されながらも，それを実現しえないまま，一部分に記名式調査を挟んだものに留まらざるをえなかった。プロイセン全土においては，61年の家屋リスト方式または世帯リスト方式の採用を経て，世帯リストで統一された直接調査の完全実施は1864年調査まで待たねばならなかった。

　関税同盟の発足によって2,300万の人口を擁した社会経済圏（これは西ヨーロッパではフランスの3,300万，イギリスの2,500万に次ぐ）が成立する。これに関する統計作成の試みは広域ドイツに対する鳥瞰図を初めて提示することになり，また各国・地域の特殊性比較を可能にし，その多相性を踏まえた上での国家統一への展望を与えることにもなった。しかし，関税同盟統計は各国がこれまで取ってきた調査様式の上に成立しており，それらを抜本的に変革するものとはなりえなかった。とくに人口調査において一様な方式による調査の実施が難しく，現住人口の正確な捕捉にはやはり独自の調査書式と直接調査をもって臨むしかないことを明らかにし，改革への方向づけを与えることになる。また，国家の連合という体制は統計作成の一元化をも阻み，質のばらばらな各国統計を集成・編纂する中から関税同盟統計が出てこざるをえなかった。統計の近代化を推進するためにはかかる不統一さを除去し，各国統計局との連携の下で中央統計局が中軸となって全ドイツ規模の資料作成に当たることの必要性が，他ならぬこの関税同盟統計から意識されるようになる。後の1870年1月から開始される関税同盟統計拡充委員会がそれを集中的に検討する場となる。

IV. 営業表

1. プロイセン王国営業表

1. 19世紀以前に，商工業振興政策の基礎資料獲得のためにいくつかの領邦国家で営業実態に関する統計作成が試みられている。そうした事例の中にあって，後のドイツ営業統計への道筋を切り開いていったのはプロイセン王国での営業表作成である。プロイセン絶対王政下，1723年創設の総監理府には各地方官庁から行財政に関する報告・数値資料が集結するシステムが構築され，そうした資料の中に各地の営業実態についての報知も含まれていた。これらは総監理府第5省（＝商業とマニュファクチャー，工業問題担当省）に集まってきた主要産物（鉄・木材，皮革，羊毛・亜麻・綿・絹，等々）の生産状況，また特定地域（シュレージエン，ポンメルン，クールマルク，プロイセン，等々）での手工業や工場の経営振興に関する数量であり，内局によって行政の内部資料として「手工業者表」と「工場表」に集約されることになる。旧プロイセン時代における統計中央部署としての総監理府内局の下で，重商主義政策の商工業育成と輸出拡大を計る財務行政の一環に営業統計収集が組み込まれていた。

このように国内の営業実態への関心は旧プロイセン時代から根強いものであった。こうした伝統を継承したものが営業表である。[21] 国家統計表の一枠として営業表の定期的作成が軌道に乗るのは19世紀に入ってのプロイセン改革以降のことである。再建された統計局の下で，ホフマンの1810年統計表が構想される。上でみたように，5部門からなるこの膨大な統計表の最後の部門＝生業手段部門に当時の営業実態が表示され，そこには19分野にまたがる220業種につき，それらの経営形態（手工業／マニュファクチャー／工場，問屋／商店）ごとの業種数，それぞれにおける身分別就業者数，物的営業手段の種類と数量，これらが記載された414欄がセットされていた。その後の数年間，こうした生業部門を含んだ統計表作成の試みが続く。

とはいえ，これが下位地方官庁の資料作成・提出者（多くは地方当局の会計官）に過大な負担をかけ不備な報告を余儀なくさせ，また出てきた統計表そのものも実用性に欠け，関心のもたれた一部分が当該中央官庁によって断片的に利用されたにすぎない。あまりにも煩雑すぎ，統計表に要求される概括性と明

示性をもたず，その意味で統計表としての有用性をもちえない数量羅列に終始したものといわざるをえない。

　ホフマン自身も認めるように，このような統計表には簡略化が必要である。簡略化は一連の数量欄を同類なものごとにまとめ，それぞれを独立の統計表に分化させる方向を取る。こうして，ウィーン会議後の領土拡大を機に新たな国家統計表が構想される。建物・人口・施設・生業手段に関する数量表示を統計表とし，これに従前からの人口動態を示す人口目録を添え，これが16年までの国家統計表とされた。特記すべきは，16年表の人口表示では国民の性・年齢・家族関係・宗派といった一般的属性による分類の他に，さらに36種の機械技工と手工業者を取り上げ，その就業身分（親方と「自前で働く者」／職人と徒弟）別分布が加えられていることである。これが新たな国家統計表における営業表作成の端緒となる。

　1819年，国家統計表の中で営業表が独立する。しかも，16年時の手工業者の身分別構成という，いわば職業統計の枠を越え，さらに製造工場・稼動織機，商業・運輸業，サーヴィス分野を追加させることによって当時の商工業の実態をその就業者と使用設備の面から捉えようとする。さらに22年に至り，先のホフマン表にあった教会と学校，また医療と保健に関連する欄がそれぞれ単独の表にまとめられ，それらが教会=学校表および保健表としてつけ加えられることになる。その結果，プロイセンにおける国家統計表は5つの統計表から構成され，この5本立ての構成がその後の国家統計表の枠組みとなる。

　22年営業表では，手工業部門分門や工場部門，また運輸分野にいくつかの業種の増加がみられた。[22] さらに37年営業表でも業種の追加や特別表の添付があり，同じ枠組みを残しながらその記載項目の拡張が計られる。こうして3年おきの作成を維持しながら，報告書『1843年の官庁調査によるプロイセン国家統計表』[23]（1845年）によって初めて一般に公開された1843年営業表にゆき着く。

　2．以下，この43年表にそくしてプロイセン王国営業表の特徴づけと歴史的位置づけを行なってみる。43年国家統計表の整理・公表は，44年7月に統計局長に就任したディーテリチの主導するところとなる。5本立ての枠組みは不変であり，その最後に「1843年に対する全プロイセン国家の営業表」が報告書の11ページにまたがり表示されている。この営業表は記載欄の連結方式

を取り，表頭の欄数は 165 に及ぶ。表側は 25 県＋ベルリン市の計 26 地域区分である。連結されている表頭欄ではあるが，それは内容的には，①手工業者，②工場，③商業・運輸業・その他の 3 部門に分かれる。

　①の手工業者部門は 45 業種（1 分野・78 欄）の手工業ならびに機械技工について，そこに就業している者を親方と「自前で働く者」／職人・徒弟という職業身分構成で表示している。前者は業主層，あるいは独立営業経営者層とよばれ，その数はまた営業（＝経営）施設数に一致するとされることから，この部門では手工業の営業経営数と就業者身分別構成が映し出されることになる。そもそも営業表の出発点は都市手工業を対象にした手工業者表にあるといえるが，これはツンフト制が堅固であった時期には，親方とその下で働く職人・徒弟による都市圏での小規模経営の実態をほぼ正確に伝えうるものであった。その資料源として都市住民名簿やツンフト記録，また営業税台帳が利用可能であった。しかし，19 世紀中葉，先にプロイセン改革の一環として打ち出された営業の自由化がさらに進展する中では，旧い図式はその妥当性をますます失ってゆく。親方身分をもたない業主層に対して「自前で働く者」というカテゴリーがすでに最初の 19 年表から用意されている。また一部の業種には労働者というカテゴリーも挿入されている。こうしたことは手工業の中で進行しつつある構造的変化を反映したものであり，伝統的手工業の衰退，そうした中でも根強く残り続ける業種，叢生する零細な独立経営（者），いくつかの業種で現われてきた手工業から工場制への移行，親方から工場企業主へ転身，資本と労働の対極分化，これら資本主義経済の浸透から引き起こされる新たな事態がこの部門の数量の背後に隠されている。

　②の工場部門は明らかに手工業者部門と記載項目を別にし，内容的には別種のものとみなさなくてはならない。そこでは営業体の人的構成ではなく物的構成，すなわち生産施設数，ならびに機械・装置という物的生産手段の種類と数量の分布を捕捉することに主眼が向けられている。営業経営の物的設備面を主たる記載項目にすることから，これは手工業者部門の職業統計とは性格を異にし，経営面に力点をおいた統計表というべきである。手工業者表から出発したのが営業表ではあるが，その後それを押しのけて大きく拡充してゆくのがこの工場部門の統計表である。43 年営業表では，鉄工場・銅工場・製錬場に始まり，陶磁器工場・レンガ工場，また製粉工場・製材工場・製紙工場，さらには

繊維工業（紡績工場・紡錘と稼動織機）に至る当時の工業生産の基幹をなす24業種（19分野・57欄）が取り上げられている。加えて，附表として大規模工場施設，醸造場・火酒蒸溜場，採鉱・製錬業，蒸気機関についての4表が添えられている。

　工場部門の統計数量を辿ることによって，物的生産力の担い手としての営業設備（工場施設と機械・装置）の地域（県）別分布とそれを通じて国全体の生産力レベルが推量可能となる。かかる意味で工場部門の統計数量は工業生産力を規制する物的設備に関する貴重な経済統計といえるものである。しかし反面，工場生産に従事する就業者の表示はまったく貧弱である。それは僅か数業種における労働者数と工場に附属する織物関連業と染色・染物業の就業者数の記載に留まる。後に述べるように，これは当時の営業税資料には施設と機械・装置は記録されても，そこにおける就業者数は課税の査定対象外であるために表示を欠いていたことによる。従い，先に経営統計としての性格を帯びているとはしたが，営業経営内の人的構成が不明という大きな欠陥をもっている。

　ここで注意しなくてはならないことは工場という概念である。そこで工場というのは経済的に独立した機械制生産施設のみならず，具体的にはマニュファクチャーや問屋制の下にある家内工業，さらには家内作業就業者をも包摂したものである。手工業が特定顧客の注文あるいは局所的需要をまかなう生産主体（単位）であったのに反し，工場とは大市と市場販売を通じて遠隔地取引に従事する大規模経営体とされ，問屋商人や仲介業者によってその経営体に組み入れられた小生産者とその物的生産設備・手段（例，織機や紡錘）も工場部門に含められているのである。機械制工場生産が未熟な段階で，生産力レベルよりも交易（流通）レベルに重点をおいた結果，こうしたものも当時は工場として包括されていたのである。[24] 従い，木綿や亜麻の織物生産では家内工場や家内労働者によるものが圧倒的であったが，これらは問屋制下に組み込まれて遠隔地販売にかかわるという点のみから，生産力レベルでは手工業に属するにもかかわらず営業表では工場部門に配列されるという捩れをもつことになる。

　①と②では物的財貨の製造・加工・精製にかかわる営業体が取り上げられたのに反し，③商業・運輸業・その他部門では財貨の販売と運輸（船舶運輸と荷馬車運輸），旅館経営・酒場経営といったサーヴィス営業をも含んだ不生産的営業が現われてくる（8分野・18業種・30欄）。ここでは記載項目が，ある業

種では施設や営業手段，別の業種では就業者（営業主）といったように不統一であり，さらには「楽師」や「(家事と農業での) 奉公人」といった職業従事者も入っており，その他の雑多な業種と職種のいわば「避難所」ともいえる部門であり，営業表の性格に不透明さをもち込むもとになっている。

　以上，28分野にまたがる87業種が記載項目をさまざまに交錯させながら165欄で連結されているのが営業表である。総括的にいえば，営業表とは，現在からみれば分類コードに概念的不明瞭さを多分に含みながらも，とにかく商工業経営の外延的拡がりを利用可能な資料にもとづいて描写しようとする試みであり，結果として当時のプロイセン国家における生産・流通・サーヴィス局面での人的ならびに物的構成に可能な限り切迫した資料であり，かかる意味では当時の最も包括的な経済統計ともいえるものである。

　外延的拡がりというのは営業表にある営業体が経済組織的単位としてではなく，あくまで技術的単位・点的存在として捉えられていることを意味する。ある営業内でいくつもの作業場が併存する場合——例，繊維工場にある紡績場・染色場・光沢仕上場——，それぞれが独立の営業体として計上されることになる。経営内にある有機的関連は不問にされ，関連する製造場所それぞれが独立営業施設として分解表示されている。これは，営業表が経営形態や経営内容の特徴よりも，営業経営体の全体的な伸張＝外延的拡張を把握することを目的にしていたためである。[25] 手工業的な小規模生産主体に対する狭い観方が工場部門をも制約し，資本主義的経済発展の下で進行する経営内分業や重層化・複合化，さらには系列化を汲み上げる図式を営業表は用意することができなかった。この観方は後々まで営業統計をも制約することになるが，またその欠陥として批判されるところでもある。

　3．さて，このような営業表のデータ源はどこにあったのか。もちろん直接調査の結果として営業統計が作成されたわけではない。従い，いくつかの既存資料・記録にもとづいて営業表の欄を埋めてゆかざるをえない。その中でも，最も有効な資料として利用されたのは営業税台帳にある記録である。プロイセンでは1820年に，国王（フリードリヒ・ヴィルヘルムⅢ世），ならびにハルデンベルクとアルテンシュタインの下で税制改革が行なわれ，そのひとつの柱として5月30日に「営業税納付のための法律」[26] が発布されている。この新営業税はこれまでのような事前の納税による営業鑑札取得を営業開始の条件にす

るのではなく，事後の営業成果に対する収益税の性格をもつことになり，納税可能な営業体すべてに課せられるものとなった。これは1810年来の営業の自由化をさらに推し進めるべく取られた税制であり，ハルデンベルクに密着した財務官僚ホフマン自身がその立案者でもあった。すでに17年には，営業表作成に当たり，西部の州長官に対して最も信頼できる資料として営業税記録を使用すべきとするホフマンによる廻状が出されている。22年営業表以降，この新たな営業税記録が資料源の中心に据えられることになる。営業税の課税対象として取り上げられる営業経営は11区分され（A-L，ただし，Iはなし），各クラスの経営体が営業表の各部門・分野の中に現われ，納税額の査定基準に採用されたさまざまな標識がそのまま営業表の表示項目にリンクしてゆくのである。営業表作成に当たっては，営業税の枠組み（納税者区分）に規制され，営業税台帳に記載された項目や数量が営業表の欄の中に現われてくる。

　まず，営業表の手工業者部門の資料源。営業税記録ではこれには課税対象クラスの内のD.パン製造業とE.屠畜業，そしてH.手工業が関係してくる。ところが，後述するように，零細手工業者は免税とされ，この部分の税記録による捕捉は十全なものとはなりえない。従い，ここでは営業税記録と共に住民記録や後述の階級税記録，さらに後には営業表作成に先行する人口調査の結果が利用されている。

　次に，工場部門の資料源。紡績業での紡錘，織物業での織機についての資料収集は，営業表作成を任された現地の市町村当局による当該地の家内織物業主，また紡績場主，さらに問屋制の下で織匠を傘下においている問屋や商人への直接調査，ないしは聴き取りによる。しかし，それ以外の工場部門はほぼ営業税のクラス分けでのJ.製造工場にある記録に依拠している。それは，製粉業での動力源別（風力／水力／畜力）工場施設と使用物的設備としての碾臼，蒸気力による製粉工場であればその馬力，また製材業でのドイツ式／オランダ式工場施設と利用している鋸，搾油工場とそこでの圧縮機，等々である。碾臼・蒸気馬力・鋸・圧縮機，これらはいずれも税率査定のための外的標識とされ，その数量が税台帳に記載されている。それがそのまま営業表の物的装置面の表示内容に転化されている。

　さらに，商業・その他部門の資料源。ここでは営業税クラスのA.商人権もちの商業とB.商人権なしの商業，C.旅館・飲食店経営，またK.船舶運輸

業，荷馬車駄賃運輸業・貸馬業，これらにある記録がそのまま利用されている。営業表では船舶運輸業において利用船舶とその積載能力（単位，ラスト＝2トン）が表示項目に挙げられているが，これは税査定標識に船舶数とその積荷能力があるからであり，荷馬車運輸業での馬匹数はそれを基準にして税額が定められるためである。ここでも同じく，これら課税単位とその税査定のための標識が営業表の記載内容となっている。

　また，商業・その他部門の最後にあった奉公人に関する数量は，同じ税制改革の下で「階級税導入のための法律」によって設置された小都市と農村の住民に対する直接税＝階級税の記録から引き出されている（大都市住民には屠畜・穀粉税という間接税）。5段階の階級税の最低クラスに属する層として賃労働者・奉公人・日雇労働者が挙げられている。その他，営業税クラスのF．ビール醸造業，G．火酒蒸溜業の記録が附録表作成に利用されている。

　このように，営業税の枠組みに大きく依存しているのが営業表の体系と内容である。だが，営業税台帳作成は統計調査を目的にするものではなく，営業体すべての悉皆把握＝全体網羅性，さらには営業の内部構成に関する項目設定という点で，統計表の資料源としては多くの不備を抱えざるをえない。全体網羅性が問題となるのは，営業税法には多くの免税規定があり，それに該当する営業経営は税資料に上ってこないからである。それは，①賃金あるいは注文のためにだけ仕事をし，完成品在庫をもたず，単独または成人職人1人・徒弟1人の手工業者，②副就業としての，または織機2台以下の織物業・編物業，③自家消費用の製造場，④馬1頭での荷馬車運送業・貸馬業，⑤積載量2ラスト以下の船舶での運輸業，といったものである。[27] 営業表にある営業経営体と就業者（とくに手工業者部門での）の網羅性を補うためには，別途に住民記録や階級税資料，また人口調査結果に依拠しなくてはならない。次に，営業税法に挙げられた課税査定標識は営業表を経営統計として構成するためにはまったく不十分なものでしかない。ここから，物的設備面の表示が工場部門のいくつかの業種と運輸業に限られ，手工業者部門にはそれが欠落するという不統一な結果が出てくる。同じ営業表の中にありながら，手工業部門では就業者構成が軸となり，その物的設備面の表示が最後まで欠落し，他方の工場部門では当初から物的設備面に重点がおかれ，その就業者についての性・年齢別表示欄は後の46年調査になって初めて企業主からの回答や人口調査の結果を利用して設定

されている。このように，営業表の枠組みと内容は終始この税記録によって規制され，統計的観点からみて十全な統計表を作成する上での桎梏となる。当初から統計調査としての一貫性をもたず，職業統計と経営統計の2要素を混在させ，基本資料源を営業税記録に求めたことの制約がついて廻る。

　こうしてみてくると，プロイセン王国営業表とはもともとは都市手工業者層の捕捉に始まりながらも，マニュファクチャーや問屋制家内工業と家内労働，工場制生産，さらには販売・流通，サーヴィス分野の営業体を加えてゆくことによって，結果的には多様で異種的要素を一枚の統計表に混在させた寄木細工ともいうべきものである。それは，同種的単位をまとめ比較可能性を保証する標識を盛り込んだ調査用紙によって獲得される統計ではなく，各種行政記録から該当する数量を営業表記載欄に転記し，それをそのまま連結することで成立する業務資料の集大成という性格のものであった。統計局という独立機関によって作成され公開されはしたものの，それは調査用紙をもたない統計であり，近代的レベルにはまだ達しえない統計でもある。こうした営業表が1861年に至るまでプロイセン統計局によって3年おきに継続作成されていたのである。

2. 関税同盟営業表

　1．政治的にも，またとくに経済的に後のドイツ統一の母胎となるものが関税同盟であるが，それは同時に統計近代化で一役を果すことにもなった。先にみた商業統計と人口統計とは別に，関税同盟では同盟国全体にまたがった営業表の作成が46年と61年の2度に渡って試みられている。この関税同盟での営業表作成への動きを引き起こしたのは1843年11月の第6回関税同盟総会でのバーデン大公国関税大使の提案である。[28] その趣旨は関税率の合理的な査定に際して各国の営業関係の現状についての正確な知識が不可欠ということにあった。これが多くの参加国の支持を受け，関税同盟全体で共通の様式にのっとった営業表が構想されることになる。しかも，当初の提案では営業の範囲は手工業を除き，大規模取引用の営業施設（工場），ならびに規模的には比較的小さいながら工場様式で経営されている営業体に限定するとされた。これを受けた審議の結果，調査では①稼動蒸気機関，②工場と「工場様式」の経営が取り上げられ，②に関しては調査項目として，工場数・就業労働者（性別＋年齢別）・営業手段（機械・装置）の種類と数量が設定され，44年中に各国から関税同盟

中央局に送付されるものとされた。ここで工場様式というのは，規模の小さく分散した手工業や家内工業であっても，それが仲介人や工場問屋の支配下におかれ，結果的に遠隔地取引にかかわることを指す。前貸問屋商人による手工業者や農村家内工業の支配形態，すなわち典型的には織物業にみられる問屋制生産のことである。それを含んで，当初は「大取引をこととする重要な営業」の捕捉が目標に掲げられていた。

　この提案は各国政府の検討を待つことになるが，その中でプロイセンの否定的反応が原案の変更を余儀なくさせる。プロイセン統計局は手工業を除外した営業表には賛成できないとし，それはこれまでのプロイセン営業表との継続性（＝過去の数量との比較可能性）が絶たれる，営業実態の把握は小営業体の捕捉なしにありえない，とする理由からであった。あくまで関税同盟案を支持する財務省筋とそれに反対の統計局とその上位官庁の商務庁の間の綱引きが続く。プロイセンの同意なしに関税同盟での営業表作成が始動することはありえない。こうして，44年営業表の作成は見送られ，関税同盟における次回の人口調査時期である1846年まで延期されることになる。こうした中，最終的には統計局長ディーテリチの提案した以下の2本立ての統計表による提案が多くの地方（州）長官の支持を受け，新たなプロイセン案として財務省を通じて提出され，関税同盟営業表として承認されることになる。こうして，関税同盟での営業表はプロイセンの方式を踏襲した形で作成されることになった。

　1. 手工業者・その他表（「一切の機械技工と手工業者，書物取引に属する施設と企業，商業，船舶航行，荷馬車駄賃運輸，旅館と酒場経営に関する営業表」）
　2. 工場表（「製造施設と工場企業」）

　妥協の産物ではあるが，内容的にはプロイセン統計局の意を大きく汲んだ，従って，これまでのプロイセン営業表に引きずられた形での営業表となる。[29]手工業者表は旧来のプロイセン営業表における手工業者部門と商業・運輸業・その他部門を連結したもの，工場表は工場部門をそのまま独立化させたものである。従い，手工業者表には狭義の手工業者層に加え，書物取引施設・商業・運輸業・旅館と酒場経営といったさまざまな業種，また奉公人と手労働者といった職種が6分野にまたがって記載表示されることになる。しかも，分類標識

も就業者とその身分構成，また施設や営業手段というように混然としており，統計表としては統一性を欠いたものに終わっている。確かに，手工業種は63に増え，就業者身分構成も業主層（親方・自前で働く者・免許取得者）／職人・徒弟で統一され，その限りで手工業者表としての純化がみられる。しかし，その他の分野では異質な営業種の羅列が明らかであり，もともとプロイセン営業表が職業統計と経営統計を未分化のまま混在させていた弊害がもち込まれ，全体としていびつな統計表が提示されることになった。

工場表は46年営業表の本命であり，最も力の入れられた統計表である。これまでの営業表の拡充を計り，関税同盟総会では37業種が取り上げられ，業種ごとに工場施設，機械・装置，就業労働者の表示を可能な限り拡大しようとしたものである。とはいえ，「通常の手工業の範囲を越えて大規模取引に従事する営業設備」というのが工場の定義であり，具体的に手工業と工場の線引きをどのように行なうかは各国政府の裁量に任されるとある。この対象規定のあいまいさはプロイセン営業表の場合と同様である。プロイセンの場合，そこで取り上げられたものは3類の繊維業（紡績業・織物業・織物業類似の工場），製造工場，蒸気機関，金属工場，その他工場の556欄にまたがった計7分野である。多くの業種では施設・工場，特徴的な使用機械・装置，就業労働者（性別＋年齢別）に関する数量表示があり，これが基本的な分類標識となっている。しかし，織物業では施設・工場の記載はなく（営業用・副業用）織機数が表示され，就業者もそこでは手工業制の身分構成で分けられるだけの部分がある。先に述べたように，ここには工場施設に包括されていない，いまだ手工業段階の織匠の下で使用されている織機が多数あることを反映したものである。また，蒸気機関分野ではプロイセン営業表において別表として添付されていた稼動蒸気機関の数量が，統計表の単位である個々の工場種に振り分けられないまま，用途別分類で工場表に挿入されている。こうした不統一性を挟んだまま，当時の基幹的な工業生産力の物的設備（工場施設と機械・装置）ならびに人的担い手（労働者と一部業種での親方・職人・徒弟）が外延的にどのように拡がっているかをみようとするのが工場表である。

しかしながら，この営業表ではまずその全体網羅性に問題があったとされる。これは事前の対象照査や統一的な調査様式の指示とその周知徹底もなく，単なる業務報告（税務資料）からの事後的計上によるため，とくに小規模の営業体

に脱漏が多かったからである。また，内容的にも手工業と工場の区分があいまいで，その境界設定はそれぞれの政府の判断に任された。もともと局所的需要に応じるか／大規模（遠隔地）取引をこととするか，これで両者を区分する二分方式は工場生産への移行・農村手工業の進展・手工業での多角的経営といった手工業の中に芽生えつつある新たな事態に対応できない。また工場部門には独立の大規模生産施設としての製造場のみならず，問屋制の下で広域交易に組み込まれてはいるが生産力レベルでは手工業に属する小経営体も含まれ，記載欄には工場と手工業に関する標識が混在し，工場表全体の統一性が著しく損なわれることになった。これは工業分野全体で経営形態別分類を前面に押し出し同種単位をそこにまとめ，物的設備の配置と就業者の構成に同一分類標識を設定するという方式によってしか解決されない。つまり，統一的経営統計としての方向を追求することである。

　46年関税同盟営業表は広域ドイツ交易圏を範囲にした最初の営業統計であり，連結方式に替えて2本立ての営業表作成に踏み切り，業種数の増加を含み，また工場表に力点をおき，物的製造・加工・精製部門での労働者数を性別と年齢別を加味して表示した。こうした点での進歩はあったものの，しかし業務記録の集大成からくる全体把握の不完全さ，手工業／工場という二分法の狭隘さから脱却し切れないままに終わり，この点でプロイセン方式による営業表作成の限界を顕在化させたのもこの営業表といえる。

　2. 15年後の1861年12月に再度，関税同盟営業表が作成される。[30] 結局，ドイツ帝国営業調査以前には関税同盟において2度の営業表作成が経験されることになる。この間の社会経済にみられる構造変化を受けて，営業表作成に関しても新たな方向が探られた。しかし，結果的にはまたしてもプロイセン営業表に引き戻された形での作成に終わった。

　1852年から関税同盟での営業表再編の動きが始まる。54年2月のベルリンでの第10回関税同盟総会の際に，ザクセンとバーデンの関税大使から46年営業調査の経験を踏まえ，営業表の抜本的改革が必要とされ，実施時期と基礎命題ですべての国家が遵守すべき方針を確定することが提案された。総会後にはそのための検討委員会が設けられる。5ヶ国代表によるその検討委員会で中心的役割を演じたのがプロイセン代表の商務庁官僚フィーバーンであり，その手によって3部門分割——農業・手工業者表，工場と大取引用施設（含，蒸気機

関）表，商業・その他表——の営業表が提案された。54年8月22-27日，ミュンヘンでそれをめぐって集中的審議が行なわれる（審議参加国はプロイセン・バイエルン・ザクセン・ヴュルテンベルク・テューリンゲン。なおザクセン王国代表は第3章で取り上げられる同国統計局長の C. A. ワインリヒである）。そこから農業や家畜，また採鉱・製錬・製塩分野への調査範囲の拡大，就業者構成の詳述などを盛り込んだ新たな提案（ミュンヘン案）が示された。これをめぐり各国内部，また各国間の議論が引き起こされる。またしてもプロイセンからの反応は否定的であった。あくまでも旧来からの営業表の枠組みに固執するのが統計局と内務省であり，上のミュンヘン案に沿って新たな営業表に進もうとするのは商務庁と財務省であった。プロイセン内部で見解の統一がないままにはことは進まない。予定されていた55年関税同盟営業表の作成は見送りとなった。この後の57年9月，ウィーンでの第3回国際統計会議時を利用して最初のドイツ諸国からの統計家の集まりが設けられ，ザクセン代表エンゲルの手によって各国統計の統一化（=統計の同形性と比較可能性の確保）のためのプログラムが起草される。これが実現に向けて実行力をもっていれば，関税同盟営業表もプロイセン営業表というくびきから放たれることも可能であったろう。しかし，事態はそのようには進まなかった。

　プロイセン内部での種々の折衝から統計局はミュンヘン案に対して原則同意に傾かざるをえない。しかしながら，翌年，統計局は独自のプロイセン修正案を提出し，これを大幅に取り入れた形で営業表作成が再開される。59年，実施案が関税同盟総会で承認され，61年末には各国に書式が送付された。18の関税同盟参加国・都市にまたがった報告書が64年に公刊されるが，その中で『プロイセン統計』から読み取れる61年営業表の特徴は以下の通りである。[31]表はミュンヘン案にのっとり，次の3本立てとなっている。

1. 手工業者表（「手工業者および主として局所的需要にために就業している営業経営者と技工」の表）
2. 工場表（「工場および主として大取引のために活動している営業施設」の表）
3. 商業・その他表（「商業，運輸業，旅館・酒場経営，書物取引のための施設と企業」の表）

まずは異質な営業単位を 3 部門分割にかけ，それぞれを独立表にまとめた点での前進はあるが，これはプロイセン営業表の二分法を踏襲した上での分割であり基本性格での変化とはいえない。手工業者表では初めて採用された分野区分（16）によって同種的営業体の区分けが試みられ，新たな手工業種の出現や既存手工業の多岐化といった事態を背景に総数 91 業種（228 欄）へと膨らみ，その就業者身分構成ではこれまでの業主層に新たに「店主」が加えられ，また業種全体の約半分で職人と徒弟の一括ではなく両者が初めて区別されている。総じて，職業統計としての側面での前進はみられるが，しかし当時あった職種の全体網羅には届いてはいない。

　工場表は手工業者表を越えて審議に時間がかけられ，作成に最大精力が注がれた部門である。ミュンヘン案にあった当初構想では工場施設を軸に表示内容と表示量で膨大な統計表となっていた。これがプロイセン側からの修正案を容れ 46 年表に近いものに戻り，結局は 9 分野・517 欄の統計表に収まった。取り上げられた業種は紡績業，織物業，金属生産，金属商品工場，鉱物・混合素材調整，動植物素材調整，木材・紙・小間物商品，消費物資，その他の地域的工場，以上の 9 つである。さらに，労働者 50 人以上を有する大規模工場約 2,000 を別途に取り上げた大工場表と蒸気機関（数量と馬力）の使途別分類を載せた蒸気機関表が附録に添えられている。この中で金属生産や金属商品工場，消費物資といった分野で大幅な業種増がみられるが，これはこの間の工業生産の進展や消費財生産のための営業経営の輩出を反映したものである。分野の再編と業種数の増加を別にすれば，これまでの工場表との違いはない。61 年工場表の最大の特色はその就業者表示にある。これまでの工場部門ないしは工場表がその物的設備（施設・工場と機械・装置）面の数量記載に偏っていたのに反し，61 年表ではそれと並んで就業者の身分構成表示がこれまでになく拡充されている。そのために管理者／監督者／労働者（性別）／親方／職人・徒弟の 5 欄が用意され，全体的統一性は欠くが該当する分野また業種ごとそれぞれの人数が計上されている。雇用主／被雇用者の関係を捉える点での進展とはいえよう。だが，監督者ととくに管理者が経営主層と被雇用者層のいずれに属するのか，この点の明確な規定がなく，また 19 世紀後半に経営の複雑化に伴って現われてきた多様な中間管理職員や専門的技術者をも汲み上げる分類標識とはなっていない。

商業・その他表が今回初めて独立の統計表として作成されている。先の2つの統計表がそれぞれの枠内で可能な限り同種的営業経営をまとめようとしたのに反し，ここでは商業と仲介取引や運輸（船舶・陸上）から書物取引用の施設と企業に至る雑多な5営業分野が連結記載されており，もともとプロイセン営業表のもっていた悪弊をそのまま引き継いでいる。従い，分類標識もまちまちであり，施設・物的営業手段，さまざまな名称をもった就業者層（所有者・店主，監督者・支配人・帳簿掛，車夫・店員・労働者・徒弟・奉公人）にまたがっており，そこに統一性をみることはできない。

営業統計を広く産業統計として捉え直そうとする観点がミュンヘン案にはあった。しかし，61年関税同盟営業表もプロイセン営業表の枠組みに縛られ，そこに統計表としての発展を窺うことはできない。営業という下で手工業から工場生産を経て商業やサーヴィス業までを一括することの妥当性が問われねばならないし，たとえ3本立ての統計表であっても営業表全体が異質な要素の寄木細工であるという歪みは解消されはしない。合理的な産業分類が要請されるところである。また，とくに手工業／工場の二分法が工業生産の態様を把握する上で限界にきていること，これに替えて生産主体（営業経営）全体に対する経営形態・規模別分類を軸にした統一的様式にもとづく調査＝経営調査が必要なこと，これらが再確認されることになった。[32]

3．営業税の課税対象と査定項目がそのまま統計表示の内容を構成するところに，プロイセンならびに関税同盟での営業表の核心があった。直接調査として営業統計が作成されえない19世紀70-80年代までの段階では，営業税記録が最大有効な資料源であった。その意味で，営業表という形で営業統計が作成されるのは，統計の近代化が通過しなくてはならない歴史的一過程でもあった。問題はその総括の上に立ってこの段階をどのように克服しうるかである。営業表の作成され出した19世紀10年代後半は自由主義的経済政策の隆盛した時期である。プロイセンを初めとする領邦国家の当時の統計業務の主導者や指導的経済官僚はその多くが自由主義的経済政策の推進者であった。営業表作成には営業の自由化がドイツ経済の発展にどのような好ましい効果を与えているかを実証しようとする意図が隠されていた。工場施設と使用営業手段の拡張，また就業者の増加，蒸気機関の伝播，これらの概括的表示を通して望まれている経済発展の兆候を掴めるとしたのである。この概括的表示が営業表であり，そこ

では旧プロイセン時代とは異なり営業経営内容への立ち入った調査そのものが忌避され，また不必要ともされた。その後も一貫して税務記録をもって営業統計の主たる原資料とすることで満足し，またその方式を積極的に推し進めていった。19世紀後半に入ってからの経営形態の多様化，経営内容の複雑化という事態を前にしながらも，そうした営業経営の内面に立ち入る統計作成の必要性は認められていない。人口調査ではすでに1840年代以降，直接調査による人口集団に対する多面的把握の必要性が主張されるようになり，60年代にはその実現に向けて歩み始めたこととの違いである。

　粗生産部門と非営利的部門を除き，物的財貨の製造・加工・精製分野，さらにその後の販売・仲介分野，運輸分野，そしてサーヴィス分野に属するいわゆる商工業の営業経営を単位にして，まずその地域的分布の中で業種ごとの就業者数・身分構成ならびに営業設備の配置を可能な限り詳細表示しようとしたのがプロイセンと関税同盟での営業表であった。関税同盟での審議ではプロイセン営業表の欠陥を補い産業統計への拡張という気運もみられはしたが，同盟諸国の中で突出するプロイセンの経済的政治的力量はそうした新たな動きを封じ込め，旧来からの営業表を下敷きにした形での統計表作成に終わった。なるほど，それぞれの時期の一国商工業における生産力と生産関係のあり様を既存資料を最大限利用して映し出そうとする点では貴重な経済統計であり，後の職業統計・産業統計・経営統計へと発展してゆく萌芽を含んだものが営業表ではある。しかし，同じ工業生産の担い手でありながら一方の手工業と他方の工場へのあいまいな分断とそれぞれにおいて力点のおかれた表示内容（分類標識）の違いから，職業，工業，経営，このいずれの統計としても十全な形で展開しえなかった。営業表の限界であり，関税同盟における2度に渡る営業表作成の経験は営業表がその歴史的役割を終えつつあることを知らしめるものとなった。[33]

おわりに

　ホフマンの統計表の構想とほぼ同時期に，国状記述の考えにもとづいた統計表がA.ニーマン（キール大学哲学教授）によって提示されている。その下では地理・風土に関する事項から国家基本制度，社会経済事項，さらに生活様式

や教育・宗教上の状態にまで及ぶ全246項目からなる包括的で詳細な国状記述が構想されている。これは論者によって，旧来の国状記述の枠を一歩越えて，国民生活と経済に表示枠を拡めたものとして高く評価されてもいる（例，A.ワグナーによる評価）。とはいえ，そこでは統計表とはいわれながらも，やはり国家基本制度の特徴づけを軸にした国状論が下敷きになっており，統計表というよりは国家制度概括表ともいうべきものである。その目的は，「国家における権力と秩序，ならびにそれらの下での市民生活および活動に関する的確な映像」を獲得することにある。このニーマンにとって，国状記述に際しては，「唯一正しい観点から資料を収集するために，同じくより高次な目的へ資料を利用するためには規則（Regel）があり，これら規則の総体が統計学とよばれる」[34]とされている。いうところの規則とは，取り上げられるべき項目の選別基準とその配列秩序のことであろう。このニーマン表に旧い統計表の残滓をみることが可能である。そこに挙げられている表示項目の大枠は以下のようになっている。

ニーマンの統計表（1807年）

統計的国土論（国家領域の記述）
　　　　歴史記述　地理的概要　自然記述
国状論（現状からする国家統合の記述）
　本来の国状論
　　　制度論　国家制度
　　　　　　　市民制度　世襲身分・自治体・団体制度／官吏身分制度
　　　　　　　教会制度　主要教会／認可教会
　　　　　　　学校制度
　　　統治論　統治秩序・官庁組織　立法・統治最高官庁／分野別統治官庁／地方官庁／末端官庁
　　　　　　　統治行政　市民立法・行政（司法　警察　内務　教育　宗教）／政治行政（軍務　外務）／経済行政（国家需要　国家財政）
　　対外関係論
　　国民論
　　　国民経済記述
　　　　　　　営業論　土地改良／主要営業分野経営状況（粗生産　手工業・

マニュファクチャー 商業）
国民経済状態論 財構成（人・畜力 土地所有 家畜頭数 貨幣量）／国民裕福度
道徳論と文化論
国民道徳論（国民の生活様式と倫理）
文化論 知的文化／道徳的宗教的文化

19世紀初頭ではいまだこのようなものが統計表として語られていたのである。その後，国状論との訣別を宣言せざるをえなかったリューダーの悲劇（1812年），また政治算術的方向をもって統計学の本流とするクニースの論断（1850年）があったにもかかわらず，こうしたドイツの思想的風土と強く結びついた国状記述の考えは，その後19世紀60年代まで残り続ける。[35)]

同じ統計表といわれながらも，ニーマンの統計表をホフマンのそれと同じ性格のものとみなすことはできない。ニーマン表は国状論を下敷きにした旧来からの国家顕著事項の網羅であり，ホフマン表は新たな方向＝国土記述に沿った統計表である。前者では国家の制度と行財政機構の特徴描写が主目的にされ，現状からみた国家の特徴描写＝国状論，わけても本来の国状論とされる制度論と統治論に関する事項が表の主柱を構成し（133項目），国民の社会経済生活に関する状態描写＝国民経済の描写のもつ役割は低い（40項目）。そうした中では，数量でもって国民生活と経済活動が表示される部分は自ずから限定されることになる。これは統計局の目指す統計表作成とは相容れない考えである。

ホフマン表では経済関係についての数量表示に圧倒的比重がおかれている。その表示欄を埋めるには既存資料からの的確で迅速な数量抽出が要求される。それは制度的特徴づけや状況叙述，また歴史的記述とは別様の資料収集と整理を要請する。従い，統計局によって作成される統計表はその底流ですでに国状記述とは異なった指針にもとづいていた。国状論を背景にした国家基本制度の特徴づけと比較を目的にした資料収集では，社会経済や国民生活の新たな動きに対応できない。これを確認した上で，生業関係という下で物的経済的側面に視野を拡め，かつそれを主軸にして統計表示の方向を国状記述から国土記述に大きく転換させようとしたのがホフマン表であり，その後のプロイセン統計局による国家統計表作成の試みであったといえる。また，関税同盟統計表も狭い範囲の事物関係と表面的な人口の把握ながらも，数量をもってする統一的表示

の枠組みを用意した。関税同盟統計は制約を抱えつつも、ドイツ諸国家の統計作成に共通軸を提供することにもなった。

　こうした新たな気運を象徴的に表わした統計表が営業表である。それは一国経済の人的就業関係と物的生産手段構成を可能な限り網羅的に数量描写しようとする試みであった。そこでは、経済局面での人的構成と物的配置の包括的数量把握が課題とされていた。しかし、プロイセン営業表、またその作成方式を踏襲した関税同盟営業表は職業統計と営業経営統計を混在させ、内容的に統一した形の統計表としては作成されえなかった。営業表が手工業経営への注視から出てきたという歴史的痕跡を払拭することができず、また税記録を主たる資料源にせざるをえなかったところに、営業表の歪んだ表示形式が出てくる原因があった。とはいえ、それは当時の社会経済における生産関係と生産力の現状に触れる数値資料を提供するという点で、他にない貴重な経済統計といえるものであった。こうした営業表が国家統計表の一方の軸になること自体、国状記述を目的にした統計表段階の終焉を告げるものであった。さらに、この営業表の欠陥が独自の調査書式による営業調査によって克服されてゆく中に、その後のドイツ社会統計の発展経過が集約的に現われてくる。後に、エンゲルが精力的に取り組んだ課題のひとつともなる。

注

1) A. Meitzen, *Geschichte, Theorie und Technik der Statistik*, Berlin, 1886, S. 34.
2) この1810年表の書式は後にエンゲルにより、その論文の中で全項目が紹介されている。E. Engel, Die Methoden der Volkszählung, mit besonderer Berücksichtigung der im preussischen Staate angewandten, *Zeitschrift des Königlich Preussischen Statistischen Bureaus*, Jg. 1, 1861, SS. 151-55. エンゲル論文ではこの1810年表がホフマンひとりによって起草されたとなっているが、別の資料によればその素案はホフマンに促されてクルークによって作成されていたとされる。クルーク案では同じ6部門分割の下で合計590欄が設定されていた。その中で生業手段には380欄が当てられていたが、これがホフマンの手によって414欄に拡大されている。*Tabellen und amtliche Nachrichten über den Preussischen Staat für das Jahr 1849*, Bd. VI, Abt. B, Berlin, 1855, SS. 998-1000.
3) E. Engel, Die Methoden, *a. a. O.*, S. 151.
4) E. Engel, Die Methoden, *a. a. O.*, S. 155.
5) 以下、プロイセンでの統計局と地方行政報告との関連については次の文献による。

W. Dieterici, Ueber den Begriff der Statistik, deren Bedeutung für die Wissenschaft und für die praktische Anwendung auf das Leben, *Mittheilungen des statistischen Bureau's in Berlin*, Jg. 4, 1851, SS. 113-28, E. Engel, Ueber die neuesten Fortschritte in der Organisation der amtlichen Statistik in Preussen, *Ztsch. d. Könl. Pr. St. Bur.*, Jg. 2, 1862, S. 161ff., R, Boeckh, *Die geschichtliche Entwickelung der amtlichen Statistik des preussischen Staates*, Berlin, 1863, R. Jaeckel, *Statistik und Verwaltung mit besonderer Berücksichtigung der preussischen Verwaltungsreform*, Jena, 1913.

6) 19世紀前半のドイツ地方自治の中心は郡にあり，郡長はその統轄者としての役割を担う。郡長は当該地方の土地所有者あるいは都市の家屋所有者の中から郡議会において選出され，国王の承認を得る。住民との家父長的関係を保つ中で，「郡の父」として国家行政執行ならびに郡利益代表という二重の機能を果すことになる。北住炯一『近代ドイツ官僚国家と自治』成文社，1990年，39-41ページ，を参照。このような郡長に郡報告の提出が初めは依頼され，後には命令されることになるのである。

7) *Die statistischen Tabellen des preussischen Staats nach der amtlichen Aufnahme des Jahres 1843*, hrsg. von W. Dieterici, Berlin, 1845, S. 4.

8) 1810年代のプロイセン統計局の作業については，R, Boeckh, *a. a. O.*, S. 35ff., を参照のこと。

9) W. Dieterici, Ueber den Begriff der Statistik, *a. a. O.*, SS. 119-20. また，拙稿「国家・社会・統計——近代ドイツにおける社会統計の形成——」，長屋政勝・金子治平・上藤一郎編著『統計と統計理論の社会的形成』北海道大学図書刊行会，1999年，第6章，拙著『ドイツ社会統計形成史研究——19世紀ドイツ営業統計の展開を中心にして——』京都大学大学院人間・環境学研究科 社会統計学研究室，2006年，第2章，をも参照のこと。

10) ホフマンが局長時代には統計局で編纂された資料は統計報告書としては公刊されてはいなく，その多くがホフマンの個人著作の中で利用されるに留まっていた。ホフマンの旺盛な執筆活動についてはベックが先の『発達史』の中で1節を割いて紹介しているので参照のこと。R. Boeckh, *a. a. O.*, SS. 58-63. 国家統計表が統計局の公刊物として出版されるのは注7にある1843年調査の報告書『プロイセン国家統計表』を嚆矢とする。また，1848年からはディーテリチの責任の下で定期報告書として，『統計局報知』（*Mittheilungen des statistischen Bureau's in Berlin*）が公刊され，1860年まで継続する。これは統計局の機関誌としてエンゲルの局長就任の下で1860年10月から発刊されることになる『統計局雑誌』（*Zeitschrift des Königlich Preussischen Statistischen Bureaus*）に連なる。この後はエンゲルの下で統計局の資料公刊活動が全面化する。

11) *Verträge und Verhandlungen über die Bildung und Ausführung des deutschen Zoll= und Handels=Vereins*, Bd. 1, Berlin, 1845, S. 10. その詳しい業務規定（Dienstordnung）が34年6月に作成されている。*Verträge und Verhandlungen*, Bd. 2, 1845, SS. 118-19.

12) *Die statistischen Uebersichten über Waarenverkehr und Zollertrag im deutschen Zollvereine*, Berlin, 1844-1859.

13) A. Bienengräber, *Statistik des Verkehrs und Verbrauchs im Zollverein für die Jahre 1842-1864*, Berlin,

1868, G. v. Viebahn, *Statistik des zollvereinten und nördlichen Deutschlands*, Berlin, 3 Bde, 1858, 1862, 1868.

14) 以下，関税同盟統計のあり方については次の文献による。J. Fallati, Stand der administrativen Statistik in Deutschland im Jahre 1848-49, *Zeitschrift für die gesammte Staatswissenschaft*, Bd. 6, 1850, S. 776ff., A. Meitzen, *a. a. O*, SS. 39-40, Die Statistik des Deutschen Reiches, *Jahrbuch für Gesetzgebung, Verwaltung und Rechtspflege des Deutschen Reichs*, Jg. 1, 1871, S. 539ff., Die Statistik des Deutschen Reichs im Jahre 1897, *Statistik des Deutschen Reichs*, N. F., Bd. 101, 1897, SS. I-II.

15) *Verträge und Verhandlungen*, Bd. 1, SS. 8-9.

16) *Verträge und Verhandlungen*, Bd. 1, SS. 321-23.

17) ここで比較的大きな行政区というのは，具体的にはプロイセンの Provinzial = Regierung, バイエルンとヴュルテンベルクの Kreisregierung, ザクセンの Kreishauptmannschaft, ヘッセンの Provinz, テューリンゲンその他の国々の Amt, ならびに他の比較的大きな管区（Distrikt）とされ，プロイセンの県に相当する地方区が場所基準とされている。

18) 関税同盟での人口調査をめぐる議論については，Die Volkszahl der Deutschen Staaten nach den Zählungen seit 1816, *St. d. D. R.*, Bd. 37, Teil 2, 1879, SS. 8-9, A. Meitzen, Die Statistik des Deutschen Reiches, *a. a. O.*, S. 540ff., を参照のこと。出発時から正確な人口把握には困難があり，後に「こうした全般的指令は，これにより関税同盟に属するすべての国家や国家領域における人口調査の完全に一様な実施が確保されるほどには決して正確なものではなかった」（Die Volkszahl der Deutschen Staaten, *a. a. O.*, S. 8.）と指摘されるように，その実行可能性には問題があった。

19) A. Meitzen, Die Statistik des Deutschen Reiches, *a. a. O.*, S. 542.

20) R. Boeckh, *a. a. O.*, S. 50.

21) 以下，プロイセン王国での営業表の作成経過については次の文献による。*Tabellen und amtliche Nachrichten über den Preussischen Staat*, SS. 997-1003, R. Boeckh, *a. a. O.*, SS. 3-15, O. Behre, *Geschichte der Statistik in Brandenburg-Preussen*, Berlin, 1905, SS. 325-61, H. Klinkmüller, *Die amtliche Statistik Preussens im vorigen Jahrhundert*, Jena, 1880, SS. 30-32, K. H. Kaufhold, Inhalt und Probleme einer preussischen Gewerbestatistik vor 1860, *Wirtschaftliche und soziale Strukturen im saekularen Wandel*, Bd. 3, hrsg. von I. Bog u. a., Hannover, 1974, SS. 707-19, *Quellen zur Berufs- und Gewerbestatistik Deutschlands 1816-1875 : Preussische Provinzen*, bearb. von A. Kraus, Boppard a. R., 1989, SS. 1-25, F. Hoffmann, *Quellenkritische Untersuchungen*, Stuttgart, 2012, Teil 1, 2.

22) 1822年のプロイセン営業表については，拙稿「ドイツ社会統計における国家営業表の成立——1822年プロイセン営業表について——」『社会システム研究』（京都大学），第3号，2000年2月，前掲拙著，第5章・III, を参照のこと。

23) 上の注7にある報告書であり，プロイセン国家統計表の最初の公刊物である。これについての説明と論評には，G. Hanssen, Das statistische Büreau der preussischen Monarchie unter Hoffmann und Dieterici, *Archiv der politischen Oekonomie und Polizeiwissenschaft*, N. F., Bd. 4, 1846, S. 329ff., がある。さらに，拙稿「ドイツ社会統計と営業調査——1843年プロイセン営業表について——」『経済学研究』（九州大学），第66巻第3号，

1999 年 12 月，前掲拙著，第 5 章・IV，をも参照のこと。

24) 18 世紀と同様に当時も，工場（Fabrik）というのは独立した機械制生産施設であるよりは，遠隔地販売をこととする大規模営業経営を指す言葉として用いられていた。O. Behre, *a. a. O.*, S. 345. 工場とは「主に商業を介した販売のため，専ら遠隔販売のために活動している大営業」のことであり，「局所的市場，また直接的消費のために就労する者は手工業者として計上された；遠隔販売，取引，小売商人のために活動している者が工場主（Fabrikant）として計上された」。結局，手工業と工場を区分する基準は「販売の到達距離」にあった。K. H. Kaufhold, Inhalt und Probleme, *a. a. O.*, SS. 711-12. 工場（＝大経営）を局所・地域を越えた販売に従事する経営体とする観方は，外国製品との市場競争に耐えうる遠隔販売力をもった営業経営の所在を把握する必要から出てきたと推察される。後の関税同盟営業表でもこのプロイセン営業表作成にある工場概念がそのまま踏襲されている。この点については，F. Hoffmann, *a. a. O.*, SS. 392-93, を参照。

25) こうした観方はプロイセン営業表の作成当初からのものであり，さらに後に 1846 年関税同盟営業表作成に大きな影響力を与えたプロイセンの商務官僚デルブリュックによっても追認されている。R. Boeckh, *a. a. O.*, S. 79. さらには，これは全体経営の部分経営への分解方式として帝国形成後の営業調査でも保持される様式となる。こうした生産技術的観点に偏った単位構成は，生産設備配置の外的拡張を測ることに加え，さらに後には調製段階ごとの個々の製品・商品（例，撚糸，粗織物，捺染織物）に対する適切な関税率を設定する上での資料獲得の必要性からも要請されたものと思われる。従い，この考えはそのまま 1846・61 年の関税同盟での営業表作成の根拠に据えられている。これについては，F. Hoffmann, *a. a. O.*, S. 353, をも参照。

26) Gesetz wegen Entrichtung der Gewerbesteuer, *Gesetz=Sammlung für die Königlichen Preussisichen Staaten, 1820*, SS. 147-62.

27) Gesetz wegen Entrichtung der Gewerbesteuer, *a. a. O.*, SS. 149-50.

28) 以下，1846 年関税同盟営業表の作成をめぐる経過については以下の文献を参照のこと。Die gewerbestatistischen Erhebungen des Zollvereins und ihre Vergleichbarkeit mit Aufnahme von 1875, *St. d. D. R.*, Bd. 34, Theil 1, 1879, SS.（75）-（86）, E. Engel, Die Nothwendigkeit einer Reform der volkswirthschaftlichen Statistik insbesondere der Gewerbestatistik, *Ztsch. d. Könl. Pr. St. Bur.*, Jg. 10, 1870, S. 159ff.

29) 1846 年関税同盟営業表のプロイセン王国での作成結果は，Die Gewerbetabelle der Preussischen Monarchie für das Jahr 1846, *Handels-Archiv : Wochenschrift für Handel, Gewerbe und Verkehrsanstalten*, Jg. 1848, Ht. 5, SS. 426-59, Gewerbetabelle für die Preussische Monarchie im Jahre 1846, *Handels-Archiv*, 1848, Ht. 6, SS. 541-94, に分けて公表されている。これについては，拙稿「1846 年ドイツ関税同盟営業表について」『調査と研究』（京都大学），第 21 号，2001 年 4 月，前掲拙著，第 6 章，を参照のこと。

30) 以下，1861 年関税同盟営業表の作成をめぐる経過については以下の文献を参照のこと。R. Boeckh, *a. a. O.*, S. 80ff, E. Engel, Die Nothwendigkeit einer Reform, *a. a. O.*, S. 159ff., Die gewerbestatistischen Erhebungen des Zollvereins, *a. a. O.*, S.（75）ff.

31) *Tabellen der Handwerker, der Fabriken, sowie der Handels- und Transportgewerbe im Zollverein, nach der Aufnahme vom Jahre 1861*, Berlin, 1864.プロイセン王国のそれは，Die Ergebnisse der Volkszählung und Volksbeschreibung nach der Aufnahme vom 3. December 1861 resp. Anfang 1862, *Preussische Statistik*, Ht. 5, 1864, SS. 1-50，として公刊されている。これについては，拙稿「1861年ドイツ関税同盟営業表について」『調査と研究』（京都大学），第24号，2002年4月，前掲拙著，第7章，を参照のこと。
32) E. Engel, Land und Leute des preussischen Staats und seiner Provinzen, nach den statistischen Aufnahmen Ende 1861 und Anfang 1862, *Ztsch. d. Könl. Pr. St. Bur.*, Jg. 3, 1863, SS. 79-80, Die Methoden, *a. a. O.*, S. 207.
33) 後に，ドイツ営業統計史を総括したモルゲンロートもこの2度の関税同盟営業表の成果は，「どちらかというと貧弱であった」(W. Morgenroth, Gewerbestatistik, *Die Statistik in Deutschland nach ihrem heutigen Stand*, hrsg. von F. Zahn, Bd. 2, München u. Berlin, 1911, S. 218.) とみなしている。また，拙稿「ドイツ社会統計と関税同盟営業表」『統計学』（経済統計学会），第80号，2001年3月，をも参照のこと。
34) A. Niemann, *Abris der Statistik und der Statenkunde*, Altona, 1807, SS. 7-8. このニーマンの理論については，V. John, *Geschichte der Statistik*, Stuttgart, 1884, S. 114ff., 足利末男訳『統計学史』有斐閣，1956年，119ページ以下，に詳しい解説がある。
35) ディーテリヒの後，しばらくプロイセン統計局の機関誌『統計局報知』の編集に当たっていたヘルヴィングでさえ，地方当局が提出すべき報告を作成するに際しては，「純粋な表形式や死んだ数量結果（todtes Zahlenwerk）」に制約されるのではなく，詳しい説明を盛り込み，当地の現状のみならず「歴史的要素」をこれまで以上に汲み上げたものを目指すべきとしているくらいである。E. Helwing, Die statistischen und Verwaltungs-Berichte der Landräthe der Preussischen Monarchie über die ihrer Obhuth anvertrauten Kreise, *Mitthl. d. st. Bur.*, Jg. 13, 1860, S. 285.

附表　ホフマンの起草による1810年統計表

I. 建物			
1. 用途	教会・修道院，宮殿，集会場，軍事施設，教育施設，病院，刑務所，行政施設，個人住宅，工場・製造所・商品倉庫，家畜小屋・納屋・物置の11区分		2-12
2. 特性	建方と屋根の葺方別に建物の6区分		13-18
3. 建物総数			19
4. 火災保険	公的保険会社の保険総額，私的保険業者の保険総額，火災損害の査定額，等々の7項目		20-26
II. 人口			
1. 性・年齢別	男性　年齢（6以下/7-14/15-18/19-45/46-60/61以上/合計）		27-33
	女性　年齢（6以下/7-14/15-45/46-60/61以上/合計）		34-39
	人口総数		40
2. 婚姻関係別	19歳以上男性　未婚者，死別者，離別者，既婚者		41-44
	15歳以上女性　未婚者，死別者，離別者，既婚者		45-48
	共棲している夫婦		49
3. 市民関係別			
	1）官職，営業あるいは勤務に就いている15歳以上男性		
	官吏，土地所有者・借地人，市民，分限借地人，小作農，居留民，学生，営業での補助人と徒弟，奉公人		50-75
	2）15歳以上未婚婦人，自前の営業あるいは勤務に就いている婦人と寡婦		
	土地所有者・相続者，市民，分限借地人，小作農，居留民，営業での補助人と徒弟，奉公人		76-92
	3）政府の特別監視下にある者		
	困窮のため	公的扶助を受けて個人住宅に暮らす者，公的施設に収容されている者，精神錯乱で施設に収容されている者，それらの総数	93-107
	犯罪のため	不法な放浪と犯罪傾向のため行政監察下にある者，更正施設収容者，逮捕者，被告として収監されている者，判決を受けて刑務所や要塞に収容されている犯罪者，それらの総数	108-122
III. 住民の宗教関係			
1. ルター派	教区教会，礼拝堂，牧師，教理教師，宗派住民		123-127
2. 改革派	教区教会，礼拝堂，牧師，教理教師，宗派住民		128-132
3. ローマカトリック派	教区教会，礼拝堂，司祭，修道院と修道士・修道女，宗派住民		133-146
4. メンノー派	礼拝堂，宗派住民		147=148
5. ユダヤ教	礼拝堂，保護ユダヤ人家族と人数，許容外来ユダヤ人，ユダヤ教信者		149-153
IV. 教育施設			
1. 初等学校	公立学校，認可私立学校，教師と生徒		154-161
2. 市民・中等学校	一般市民学校，私立学校，下級特殊学校（例，手工業者製図学校），教師と生徒		162-176
3. 高等修養施設	ギムナジュウム，高等特殊学校，教師と生徒，大学教師，専攻分野別学生		177-191
4. 学問・美術・工芸・農業促進のための公的に認可された団体			192, 193

V. 行政施設			
1. 公安		下級警察官, 夜警, 公安違反での昨年度拘束者	194-196
2. 清掃と便宜		街燈, 噴水, 街路清掃荷車	197-199
3. 消防施設		各種の消火器, 防火桶	200-202
4. 保健施設		認可医者・認定民間外科医とそれらの補助人・徒弟, 薬師とその補助人・徒弟, 有資格助産婦, 獣医	203-209
5. 救貧施設		自治体基金によるもの, 他の公的機関・団体によるもの	210=211
VI. 生業手段			
1. 家畜・肉・脂肪商品（家畜5種類と14業種）			212-255
2. 皮革調製と加工（5業種）			256-277
3. 木材作業（13業種）			278-303
4. 穀物と穀物製品（11業種）			304-342
5. 他植物での生業（8業種）			343-360
6. 金属取得・精製施設（30業種）		それぞれの業種の特性に合わせて, 就業者（所有者・商人・親方, 職人・補助人・徒弟, 労働者）面と物的設備（工場施設, 機械・道具・装置）面で, さまざまな表示項目が挙げられている	361-419
7. 他採掘物取得・精製施設（20業種）			420-457
8. 織物業（19業種）			458-524
9. 製紙と紙加工（7業種）			525-535
10. 封蝋工場（1業種）			536
11. 羽毛加工（1業種）			537-539
12. ブラシ製造工場（1業種）			540
13. コルク裁断工場（1業種）			541
14. 角・鯨鬚・鼈甲・螺鈿・象牙加工（1業種）			542-546
15. 藁・靭皮加工（1業種）			547-549
16. 鬘製造者（1業種）			550-551
17. 装飾品（1業種）			552-555
18. 学術・美術および公的娯楽に関連するもの（18業種）			556-593
19. 商業・運輸業全般に関連するもの（14業種）			594-625

右端の数字は欄番号を表わす。
出所）E. Engel, Die Methoden der Volkszählung, mit besonderer Berücksichtigung der im preussischen Staate angewandten, *Zeitschrift des Königlich Preussischen Statistischen Bureaus*, Jg. 1, 1861, SS. 151-55.

第3章

ザクセン王国統計協会（1831-50年）

はじめに

　これまで，統計作成の体系的組織化の開始についてプロイセン王国を対象にして検討してきた。以下の2章ではそれをザクセ王国を事例にして考察してみる。隣接の大国プロイセンに比較して，政治力・経済力に格段の差をもたされ，国家行財政面での制度改革の遅れも歴然としていた19世紀前半の小国家ザクセンにおいて，社会統計の作成はどのような形を取って実現しえたのか。プロイセンとの比較においてザクセン王国での社会統計成立の特色を探ってみる。まず，本章ではザクセン王国における統計中央部署としての統計協会の成立とその活動を取り上げる。統計協会は1831年に政府令をもって設立され，以降，50年の統計局への発展的解消までの間，ザクセンの社会経済状況を可能な限り包括的で正確な資料収集・公表を通じて明らかにすることを任務とする。ザクセンにおける統計近代化はこの統計協会の設立をもって開始する。

　社会統計史において，統計協会の活動についてはイギリスの1830年代のいわゆる「統計運動」におけるマンチェスターやロンドンでの事例がつとに知られている。これらの都市統計協会は，当地の開明的市民階級（企業家・銀行家・医師・法律家，等々）が当時の都市労働者階級の社会的経済的窮状を自らの実態調査やアンケート調査を通じて捕捉し，その改善策を模索したものと性格づけることができる。これに反して，市民階級の成熟が立ち遅れていたドイ

ツでは，統計協会においても啓蒙的官僚層の活躍に期待せざるをえなかった。ザクセンでも旧体制（身分制社会）から立憲君主制への移行の中で，さまざまな社会的・経済的問題が浮上してくる。これを前にして，国家行財政，社会経済，国民生活の現状の解明を急務とした進歩的官僚が統計協会を立ち上げ，その活動の主役を務める。これら官僚を軸に広範な市民層の任意参加によって成立したのが統計協会である。その組織は当初から半官的機構であり，長官には政府高官をおき，中央委員会はさまざまな職務をもった官僚から構成され，経費も国費からの支弁であり，やがて国家運営の統計局へと昇格する。そのような統計協会であるが，国家統計局として昇格するまでの20年間に渡り，市民社会の形成過程にあったザクセン王国を対象に，可能な限り国民各層の要請に応える統計作成・公表のあり方を模索することになる。

　ドイツにおける統計協会の例としては，ハンザ都市リューベックでの38年創設の統計協会（後の71年に統計局に昇格）や後の第5章で取り上げるプロイセンの啓蒙的官僚F.v.レーデンの発意によるドイツ連邦を対象範囲にした46年設立のドイツ統計協会（これは48年革命の余波を受けて直に消滅）がある。それらの先例としてあるのがザクセン王国統計協会であり，直接調査を企画・実行する段階での統計中央部署ではなかったが，包括的な統計資料の収集と公表を通じて統計が市民権を獲得する上での牽引車の役割を務めることになる。

　プロイセン，またバイエルンやオーストリアに較べ，出だしの遅れたザクセンの統計作成ではある。しかし，統計協会の活動を通じ，「祖国」の国土状勢と社会経済の現況をいち早く国民に報知したのがザクセンの統計といえる。ドイツの領邦国家内で，統計協会による統計作成の事例として検討に値するのが19世紀30-50年代のザクセン王国の統計である。

I. 統計協会の創設

1. 時代背景

　1．統計協会の創設と活動が問題となる1830年から50年代にかけて，ドイツ連邦にあってザクセンの国位は5王国のひとつながら，北・東方のプロイセンや南方のオーストリアやバイエルンという強大国に取り囲まれ，それらに較べて領土・人口共に大きな格差をもたされた中規模国家といえるものであった。

かつての選帝候国時代のザクセンはドイツ連邦時代に較べて領土と人口で倍近くの規模をもっていた。また，ナポレオンによるライン連邦に参加することによって選帝候国から王国へ昇格している（1806年12月12日）。しかし，対ナポレオン戦争にあってはナポレオン陣営から離れず，ついにはドイツ諸邦での数少ない敗戦国として戦後処分の対象となる。ウィーン会議ではザクセン王国の処分が重要問題のひとつになったが，結局，王国としての存続は認められるも，その北半分をプロイセンに割譲し，また西方の一部をザクセン＝ワイマール＝アイゼナハに対して失うはめになる。領土と人口の大幅な縮小を余儀なくされる。領土を57％，人口では42％を喪失し，その結果，15年時点で，面積271.7平方マイル（＝1.496万平方キロメートル）／人口1,178,802人の国家に縮小されている。これはドイツ連邦の5王国中，面積・人口共に最小規模である。ところが，プロイセンに譲渡した地域は農業地域であり，人口密度の高い多くの工業地域が新生ザクセン王国に残されることになる。このことは後に工業国としてのザクセンを支える要因のひとつになる。しかし他方で，農業生産物（食糧品）の供給に関しては，その後の急速な人口増加に対応できず，それを輸入に依存せざるをえない経済事情をもたらすことにもなる。後にエンゲルの論じたザクセンの経済問題（＝生産と消費の均衡問題）もそこに源をもっている。

　1815年にドイツ連邦が成立し，これが以降67年の北ドイツ連邦結成時まで継続する神聖ローマ帝国以後のドイツ圏での諸国家併存体制となる（図「ドイツ連邦（1815-66年）」，および表3「ドイツ連邦における主要国家の面積と人口数（1834年）」を参照）。列強に挟まれ，その中での存続を計るべく，ザクセンもかつてのプロイセンのシュタインとハルデンベルクの改革などにみられたような近代化の途を模索せざるをえないはずであった。だが，頑迷で保守的な時の国王（フリードリヒ・アウグストⅠ世）とその後継者（アントン）の下での支配体制が続く中では，旧体制からの脱却がなかなか進まず，沈滞した社会状況が続く。

　ザクセンは工業立国としての条件に恵まれていた。すなわち，18世紀後半には繊維（亜麻・木綿・羊毛製品），採鉱・製錬，機械・時計製造，陶磁器製造，活字鋳造と書籍出版，等々の分野で，ドイツ圏内でも屈指の工業地帯を擁していた。例えば，東部のオーバーラウジッツ地域や中部のマイスナー地域，

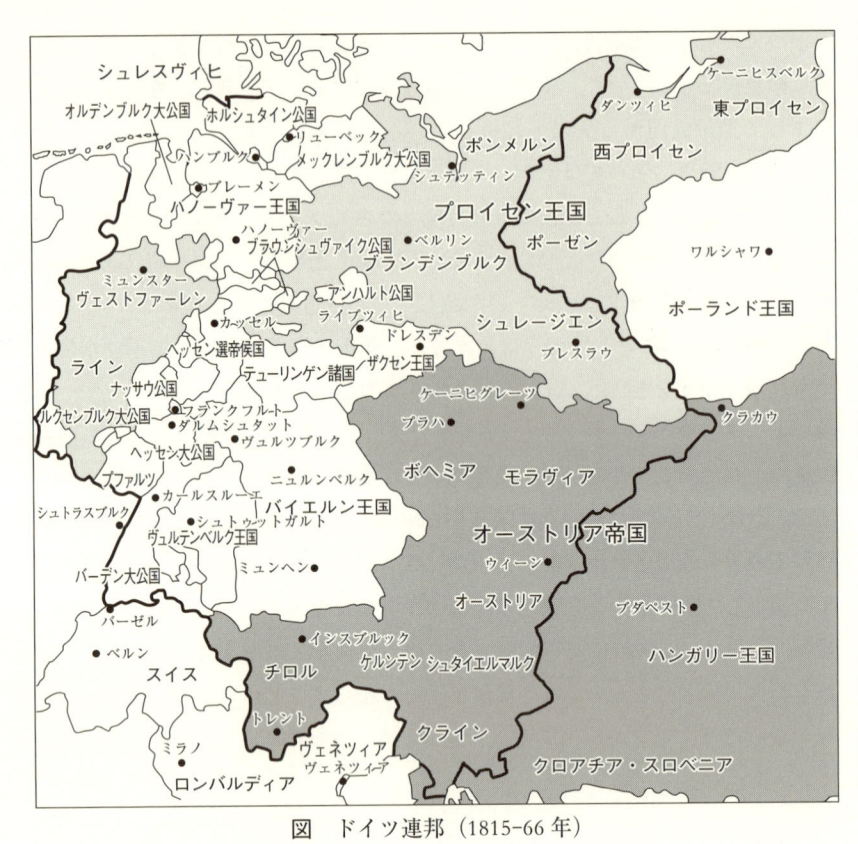

図　ドイツ連邦（1815-66 年）
出所）　M. Hubert, *Deutschland im Wandel*, Stuttgart, 1998, S. 20, より作成。

　南西部のエルツゲビルゲ地域では繊維業でのマニュファクチャーや工場経営がすでに軌道に乗り，また南部のエルツ山地は以前からの鉱山資源の宝庫であり，早くも 14 世紀頃から採鉱・製錬業の発展がみられている。後の 1766 年には，そこに全世界に先駆けてフライベルク鉱山アカデミー（エンゲルの出身校）も創設されている。国の東部を縦貫するエルベ河は国内のみならず，外国との交易を担う重要な流通経路として機能していた。そうした中で，一大交易拠点としてのライプツィヒ，またケムニッツ（後に「ザクセンのマンチェスター」ともいわれる）・ドレスデン・マイセン・ツィッタウ・ツヴィッカウ・フライベルクといった工業都市を擁し，18 世紀末にはドイツにおいて経済的に最も進んだ領邦国家に発展する可能性をもっていた。しかし，19 世紀 20 年代末まで

表3 ドイツ連邦における主要国家の面積と人口数（1834年）

国名	面積	人口数	人口密度
オーストリア帝国	3595.09	11242678	3127
プロイセン王国	3365.94	10315981	3065
バイエルン王国	1394.58	4246778	3045
ハノーヴァー王国	698.65	1662629	2380
ヴュルテンベルク王国	354.66	1569714	4426
ザクセン王国	271.68	1595668	5873
バーデン大公国	278.50	1231319	4421
ヘッセン選帝候国	176.00	648047	3682
ヘッセン大公国	152.86	760694	4976
メックレンブルク＝シュヴェリン大公国	228.00	463362	2032

ハノーヴァー王国の数量のみは1833年時のもの。面積の単位は平方マイル。
出所）F. v. Reden, Vergleichende Statistik der Bevölkerungs=Verhältnisse Deutschlands und der übrigen Staaten Europa's, *Zeitschrift des Vereins für deutsche Statistik*, Jg. 1, 1847, SS. 1057-59, より作成。

は，身分制社会と硬直した官僚制の下にあって，社会進展への展望はまだみえてこない。18世紀中葉までプロイセンと肩を並べ，ドイツ圏での覇権を競ったかつての姿はない。

　改革の気運は外部からもたらされる。[1] パリの七月革命の余波を受けた1830年の革命的動乱（いわゆる「九月騒乱」）の勃発，すなわちライプツィヒやドレスデンの都市，また農村での既成権力機構（官僚層，市参事会，警察署，荘園）への襲撃があり，旧体制の打破を目指した民衆運動が高揚したことを契機に，遅ればせながらザクセンの国内改革が開始する。これまで枢密内局を主導してきた保守派のD.v. アインジーデルが去り，31年に入って旧い身分制国家体制から立憲的国家への移行が決議され，自由派の国務（内務）大臣で後の12月には閣僚会議々長に就き43年まで内閣を組織したB.A.v. リンデナウの主導下，31年後半から改革が進行する。すなわち，最初の5年の間ですら，以下のような一連の法発令や改革が行なわれる。

　31年9月　　憲法制定ならびに選挙法
　31年11月　 省庁設置令
　31年12月　 リンデナウ内閣発足
　32年2月　　都市条例
　32年3月　　償却法と共有地分割法，地代償還銀行設立法
　33年1月　　国会開会

33年 6月	農業子弟4年間奉公強制廃止法	
33年12月	関税同盟契約公表と関税率法・間接税法,等々の税改革法	
34年 2月	封地・騎士領規制改正法	
34年 6月	土地統合法	
34年10月	兵役法	
34年11月	営業税・対人税法	
34年11月	本籍法	
35年 1月	奉公人規制法	
35年 4月	県設置法	
35年 6月	初等学校制度法	

　その後も，37年5月のユダヤ人宗教施行法，37年6月の（非農民身分の）農地収得法，38年1月の婦人後見制廃止法，同8月のユダヤ人市民権一部改正法，同11月の農村自治体条例，40年10月の農村営業経営法と救貧条例，等々を経ながら，ザクセンにおける国家体制，中央と地方の行政組織，財政・税体系，土地所有や農業，学校制度，軍隊での改革が進展する。まさに，30-40年代はザクセンにとって国家と社会の一大変革期であった。この間，34年1月1日発足のドイツ関税同盟への加盟や37年のライプツィヒを起点とする鉄道敷設の開始は一層の工業化や都市化を促し，ザクセンにおける産業革命を誘引することになる。このように，立憲制への移行に伴ない，あらゆる分野で改革が推進され，ザクセンは旧体制から資本主義体制への発展を一気に開始することになる。これら一連の改革は当時の他のドイツ諸邦のそれを凌駕したともいわれている。

　2．こうした動きに先立つ31年4月に，「ザクセン王国統計協会」が設立されている。すでに国家改革期に入りつつある祖国に関して，その現状を伝える情報の欠落を憂慮した者にとって，国土に関する資料と統計情報の収集・整理・集約は必須のものに思われた。従い，プロイセン同様，ザクセンにおいても近代化へ向けての国制改革の一環に統計中央部署の創設が位置づけられよう。だが，ザクセンの場合，中央官庁の一角に配置された国家統計局としてではなく，統計協会という半官的性格の部署に留まった。このことの制約は以下に詳述するが，ともあれ，統計協会という形ながら，ザクセン王国において統計中央部署が設立されている。

ザクセンでは18世紀中葉以降，断片的ながら国家機関による選帝候国内での現状把握を目指した記録作成や概要作成が行なわれている。また，啓発的識者の自発的活動を通じた統計報知の収集と国土記述の試みもあった。そうしたものには，K. G. レスィッヒの『ザクセン選帝候国の国状論』(1787年)，F. G. レオンハルディの『ザクセン選帝候国とザクセン公国の土地記述』(1788年)やD. F. メルケルの『ザクセン選帝候国と現在そこに属する国土の土地記述』(1796年)，またK. H. L. ペリッツの『ザクセン王国の歴史と統計』(1809年)，等々が挙げられる。しかし，これらは統計資料に社会的公器として独立した意義が認められていない段階のものであり，またドイツに伝統的な国状記述様式による現状描写の域を越えるものではなかった。

　ザクセンには，すでに1735年に経済問題処理のための独自官庁として「商業委員会」が設立され，7年戦争後の64年にそれが拡張されて「国土－経済－マニュファクチャー－商業委員会」(Landes-Ökonomie-Manufactur- und Commerziendeputation，つまりは国家経済委員会であり，委員会代表と各中央官庁からの参事官によって構成されていた)となり，これが国家行財政のための資料収集機関としても機能していた。そこには課税，新兵徴集，馬匹需要，消費人口，種痘普及，農業収穫，営業やマニュファクチャー，等々に関する資料が集積されている。しかし，これはあくまで重商主義的政策遂行のための行政記録の収集であった。それによって国家の経済力(財政力)を測り，農業恐慌などに際しての危機的状況を回避するための検討材料として利用されはしたが，あくまで狭い範囲の行政資料に留まり，社会に向けて公にされ，多面的利用に供される統計資料とはなっていない。

　ザクセン分割後のドイツ連邦時代に入った1818年以降には，「公的通告」の形で各地官庁から，当該管区での出生・死亡，洗礼・聖体拝領，果物収穫・落下，亜麻・タバコ・羊毛収穫，マニュファクチャーや工場生産，農村と都市の生計状態，等々の報告が先の委員会に集められた。しかし，重商主義的政策に制約された，従って，枠の狭い対象の偏った旧態依然とした資料収集が継続したとされる。またさらに，政府側からプロイセン国家統計表に類似した統計表の作成，後には「祖国情報」収集のための商業委員会に替るより効率的な機関の創設——例えば，ちょうどその時分に創設されたヴュルテンベルク王国の「統計－地誌局」に倣って——，こうした提案もあったが，委員会の保守的姿

勢を崩すことはできなかった。

しかしながら,社会動乱をよび込んだ30年代に入ると,国民各層から国土と人民,農業と商工業,また自治体機構に関する統計情報に対する切迫した要請が出てくる。それは,国土と国民,また国家経済の現況についての包括的で正確な把握を目的とし,さまざまな国家機関に現存するこれまでの資料・記録を整理・加工する独自機関の創設を不可避とするものであった。

この動きは,30年の終わりに,上記委員会の廃止,ならびに「祖国々家情報協会」(Verein für vaterländische Staatskunde) の設立に関する政府案が提示されたことに始まる。これは,それぞれの地方当局に対して,建物とその用途から始まり,人口(性・年齢・宗派別),営業(農業,採鉱・製錬業,手工業,工場・マニュファクチャー,水運業)での就業関係,生産高や価格,商取引,こうした項目に対する詳細な報告提出を要請し,情報協会がそれを集約するというものであり,その書式も用意された。この政府案に応じる形で,翌31年1月になって任意の有志による発意で情報協会の設立がよびかけられる。これがさらに国王からの紋章授与を受けて国家容認の統計協会へと繋がってゆく。

2. ザクセン王国統計協会

1. 1831年4月に,時の国王の「命令」による半官的調査機関として「ザクセン王国統計協会」(Statistischer Verein für das Königreich Sachsen) が設立される。[2] その下で,地誌・気象,人口・家畜,収穫・価格,商業,犯罪,教会・学校,福祉・医療,等々に関する統計,また市町村目録がまとめられ,公的調査活動の軌道が敷かれる。従い,ザクセン王国での国家統計の作成開始は19世紀30年代に入ってからとなり,これは他領邦国家に較べ時期的には遅い部類に属する。それは,例えば,プロイセン1805年,バイエルン08年,ヴュルテンベルク20年,またオーストリア29年,それぞれにおいて統計中央部署が開設され組織的な資料収集が始まっていたことと比較すれば明白である。統計協会の活動はそうした先進国の統計作成に追いつき追い越すべく,これまでの行財政記録の偏った編纂作業を越えて,経常的組織的に祖国情報の収集と整理に当たることを目的にする。

協会設立の経緯を辿ってみよう。まず最初に,4人の開明的官僚,すなわちF. ブロイエル(枢密公使館参事官),W. v. シュリーベン(財政局参事官),F. v.

シンドラー（枢密試補見習），W. ロールマン（官房測量所監督官）の名で，31年1月6日の「ライプツィヒ新聞」紙上で，「祖国々家情報促進のよびかけ」とそのための協会の設立が報知される。中心人物はシュリーベンである。当人は自身の見聞からザクセンにも国家統計局が必要なことを早くも20年代当初から政府に訴えてきていた。またさらに，1830年の著作『統計収集あるいは統計局の目的と設立に関する観点』では，文明化された国家にとっての統計の収集・整理・利用（比較）とそのための統計局の重要性を説き，統計学の課題を信頼性のある資料にもとづいて国土と国民（住民）の以前と現在の状態を表示し比較することにあるとする。そのための統計表示の対象項目を挙げ，公的ならびに私的な資料源泉の特徴を明らかにし，集約結果の表示と利用の様式を考察している。そして最後に，統計局の任務として，①諸官庁の要請に応じて国土と人民の状態解明のための情報を提供し，最も真実に近い関係数量を提示すること，②国の諸地域の現況を判断するための概括（＝「統計レジメ」）を，生起した顕著事象に言及し個別的関係の変化傾向を挙げながら毎年提供・公表すること（ただし，全部を公表するか，一部抜粋を報知するかは国家当局の判断による），③現今の統計的著作にいかに誤謬が多いかに鑑み，真実に立脚した統計学のために必要な基礎資料を作り出すこと，そして④に，こうした統計情報と特定様式にのっとった比較統計報知をもとに「全般統計」を作成し諸国家間の比較を行ない，誤った国家数量表示があればそれを訂正する，この4点が挙げられている。[3]　しかし，シュリーベンの意気込みにもかかわらず，国家統計局実現の見通しは出てこなかった。そこで，有志を募り「祖国々家情報協会」を結成し，直後にそれを「ザクセン王国統計協会」として，統計中央部署設立に向かうことになった。また，かれらは地理学者K. A. エンゲルハルトによる「祖国に関する知識を通じて祖国愛を喚起する」という提唱に共鳴したともされている。水面下での折衝があったと思われるが，この統計協会設立へのよびかけは国王（アントン）と摂政（皇太子で後のフリードリヒ・アウグストⅡ世）の認めるところとなり，31年1月20日の官報で両名による祖国情報のための協会創設の裁可が降りたことが告知され，27日にこれが「ライプツィヒ新聞」に公表される。そして，4月11日には「ザクセン王国のための統計協会に関する命令」が下され，ザクセン王国統計協会の名称をもった団体の設立が公的に承認される。この命令の中で，国王と皇太子は祖国々家情報協会から

求められた設立認可と「ザクセン王国統計協会」の徽章を用いることの要請に許可を与えるとし，さらに続けて次の指示を与えている。[4]

　……当協会が国のすべての中央官庁から，官庁を通じて獲得され，概括的な国家情報の促進にとって不可欠な記録をもって適切に支援されることが望まれる。
　協会はその時の構想をそのつど当該中央官庁に伝えなくてはならない；また県と郡のすべての職員，同じくすべての役所は，朕の上の意図に従い，上述された協会へ伝えるのに適している一切の事柄を，この目的のために，要請に応じて，あるいはそれぞれの考えに従って自発的に上位官庁に送付するよう指示される。

協会は国のすべての中央官庁からそこで獲得された国家情報促進に必要な記録の提供を受けること，また，協会はその構想を中央官庁に伝えること，各地の在地行政当局はその上位官庁に必要な報知情報を伝達すること，この3点が指示されている。すなわち，資料の獲得と提供で協会と行政機関との連携が謳われているわけである。これに続いて，ザクセンの各地に支部協会の設立があり，ドレスデンの本部にその支部と構成員名およびその地位・職業が届け出されてゆく。

上の命令には，すでに1月に起草されていた全10項目からの「祖国々家情報統合化の概要」が添付されており，そこに協会の目的・運営方針が表示されている。それによれば，協会の構成員は自由意思参加によること，協会の目的は祖国情報の促進であり，「国家経済的観点からみて重要なあらゆる関係において，国土とその住民の状態に関する信頼できる報告を収集すること」[5]にあるとされる。報告収集に際しては，資料源とその信頼性に留意し，また官庁に身をおく構成員ならば自己の立場を利用して，協会目的の促進に努めなくてはならない。構成員は4半期ごとに中央委員会の指定した表様式で調査結果を伝達しなくてはならない。中央委員会はそれらを整理し，望ましい形での報告・概括・総括作成に当たる。また，中央委員会は国家中央諸官庁と恒常的な連絡を維持し，必要な資料・記録を取り寄せるための指示を与えることができるとされた。最後に，中央委員会は協会活動結果を時に応じて公開するとしている。

それ以前の3月12日には協会の最初の会合がもたれ，協会の議長（後には

長官とよばれる）にはH. A. v. ツェッシャウ（枢密参事官，31年12月からリンデナウ内閣の財務大臣，後の35年からは外務大臣を兼務する）が就き，また本部をドレスデンにおき，そこに中央委員会を設け，その代表にはシュリーベンが任命される。やがて全土に数多くの支部協会と現地構成員からなる組織網が張られる。各地の行政官庁や裁判所の公務関係者，教師と聖職者，領主，教授，商人，軍人といった各社会階層からの者が名を連ね，さらには医者や弁護士，また工場主や手工業親方からの協力も得られた。協会経費は当初400ターレルとされ，これは国家支出となり，協会は委員の自発的参加という形を取りながら半官的組織という性格をもつことになる。こうして，シュリーベンの主導下，協会の作業が始動する。

　31年5月12日に最初の総会が開かれ，続いて協会の資料収集活動が始まる。その結果は年末に公刊された機関誌『ザクセン王国統計協会報知』（以下，『協会報知』とする）にある各種報告となって現われる。この機関誌の輸送代は国王訓令を受けて無料とされたが，協会発足初年の経費はこの機関誌公刊を含めて，当初の予算額を越えて900ターレルとなった。協会の最初の大規模編纂作業は翌32年に新たな方式によって実施された人口調査の結果の点検と整理であった。これは内務省からの委託を受けて行なわれたもので，その結果は機関誌の第4号（1833年）に公表されている。以降，3年おきにこの作業が続く。他に家畜，穀物収穫，価格，また教育，災害，自殺，医療，司法，市場取引，営業と商業，市町村目録，これらの分野にまたがる資料報告が支部協会報告を含めてその後の『協会報知』誌上を飾ることになる。この機関誌の編集については後述される。

　2．1833年11月30日，中央委員会によってその責任と業務遂行を整理する目的で10項目からなる「規程」（Regulativ）がまとめられ，組織運営の明文化が計られている。[6] その要点は次のようにまとめられる。1) 中央委員会の責務。長官の指導の下，あらゆる有効資料を収集・点検し，行政目的と公的（場合によっては私的）利用のために加工・整理すること。その作業に必要な措置一切を規定・命令すること。支部協会や関連官庁との通信と連携を保ち，後者からの委託を審議・実行すること。結果の公刊を手配すること。また，内務省から下る経費について会計決算を処置すること。2) 中央委員会の構成。委員会は9名の正規委員から構成され（必要な場合には適切な正規外委員を加える

ことも可とされる),全作業に責任をもつ。委員会では互選によって毎年1名の代表が選出され,代表は委員会招集から職員配置,記録,統計表作成,文献公刊に至る協会業務に関して責任をもつ。3) その他の規程。正規委員による議事録作成,書類整理のための人員配置,作業要員の採用と給与,正規委員による会計管理。

これは組織としての統計協会とその作業を軌道に乗せるための要件を列記したものといえる。また,34年4月には全フランス統計協会から協会の活動を賞与するメダルの授与があったとされる。国際的にも注目を浴びることになる。

シュリーベンのまとめによると,34年の時点で統計協会がかかわった資料収集と整理は以下の14項目に及んでいる。[7]

人口	公教育	裁判（民事・刑事）
医療	災害	市場価格
大市と市場での取引	慈善・福祉施設	公的団体の財産と負債
家畜	選挙	駅逓馬車運送
燃料価格	外国統計抜粋	

しかし,シュリーベンの考えでは統計収集はもっと幅の広いものでなくてはならない。祖国情報としてまだ欠けているものがある。それらは,マニュファクチャー・工場・営業,土地・耕地,建物,地租,警察・軍隊,軍務服役者,土地配分,等々に関する資料である。また,国家福祉にはより幅広い医事統計が欠かせなく,収穫統計や生活必需品に対する需要統計も将来的には確保されるべきとしている。さらに,資料が現存しても,その標識区分において不十分なものがあり（例,上の災害統計）,その点のさらなる改善を必要としている。偏った一面的な資料収集ではなく,国家と社会に関するより包括的で詳細な統計表示を志向していたわけである。

34年10月に,シュリーベンは統計協会の組織に関するコメントを提示し,さらに組織の引き締めを計っている。[8] そこでは統計協会創設の当初の目的,中央委員会とその代表の任務が再確認され,作業結果の公表（一部は統計表で,一部は機関誌で公表され,それらは協会構成員と関連国家部署に無料配布されるとある）が明記されている。そして最後に,ザクセンの統計はそれのみで孤立するわけではなく,政府と外交機関を通じて外国との資料交換を確保し,一様

な書式による各国の国土表示を追求し，全般的比較統計を可能にし，それを通じて実際的で普遍的な国民経済学を構築する機会をもつべきとしている。これが統計協会の目指す最高の目標に掲げられている。ところが，そうしたシュリーベンと中央委員会の意図は必ずしもスムースに現実化されることはなかった。協会の業務がすべて順調に進んだわけではない。それは資料収集の面に隘路があったからである。当初の国王命令では，協会にはその構想を関連する国家中央官庁へ伝える義務があり，また逆に協会が必要とする記録報告は中央官庁を通じて獲得することが可能とされていた。そして，中央官庁に対してはその下位官庁から経常的に報告資料が届くことになっていた。すなわち，地方（県，郡，司法・裁判所管轄区，また市町村）の行政当局には統計協会へ伝えるべきもの一切を上位官庁へ送ることが指示されていた。31年以降，中央行政改革によって，これまでの枢密内局とその下での内務・外務・軍務の3部門制に替り，法務・財務・内務・陸軍・宗教および公的教育，そして外務の6専門省が設けられ，それぞれに専任大臣が任命され，その合議の下に国家運営がなされることになった。その合議の場が閣僚会議であり，その議長は最高位の大臣として国政の中心に位置することになり，それが前記のリンデナウであり，当人は内務相を本務としていた。しかしながら，内務省を軸にしたこうした中央（上位）官庁に各地当局から報告資料が届いたとしても，統計表示に適う簡略化を済ませていないなど，それらは必ずしも統計協会にとって望ましい資料とはいえず，また望んだ報知が含まれていないこともあった。協会が直接に中・下級官庁と折衝する権限はなかったので，統計収集に関しては結果的にそれら官庁との十全な協力体制を築くことができなかった。下部官庁機構での統計の意義と重要性への理解，資料獲得のための助力はいまだ不十分であり，またそれらにとっては統計報告作成が不愉快な仕事であり，経常業務への不当な干渉と映っていたということである。下部行政機関の不理解と非協力が統計協会の仕事にとっての壁となり，協会が直接下部官庁に要請する権限が保証されない限り，その壁を破ることができない。この問題が5年の間に明らかになっていた。そこで，シュリーベンはその代表再任を承諾するに当たり，その点を長官に報告し改善を求めている（35年11月末）。

　この改善要求の効果は即位早々の国王（フルードリヒ・アウグストⅡ世）の1836年11月1日の「統計協会と諸官庁の関係に関する指令」[9)]に現われてくる。

指令では，まず，統計協会のこれまでの活動は当初の期待に十分応えてきており，「朕はこれまでの賞賛に値する統計協会の業績を承認する」とされる。次に，さらなる公益的活動を期待する上で，これまで障碍となってきた困難を軽減でき，また官庁自体にとっても業務の軽減化をもたらすことになる「地位」を統計協会に与えるとある。そのことによって協会と官庁との業務遂行の短縮化が可能になるとされる。そして，翌年出される規定によって，統計協会の監理府（中央委員会内部の業務執行部のこと）に対し，次のような「権限」を授与するとしている。すなわち，それは「統計協会の必要とする報告を伝達するよう，官庁全体，団体代表，公的立場にある他のすべての個人と直接に渡り合う権限」である。またさらに，「かれら（官庁，団体，公的個人）の側には，申し出に応えることが義務づけられる」とある。加えて，情報提供を忌避する，あるいはそれが不十分な場合には，統計協会の訴えにもとづき当該官庁や個人に対する懲罰（罰金と秩序罰）が定められることになるとする。従い，これによって協会には資料請求に関してより強力な権限が附与され，これまでのような中央官庁のみならず，必要に応じてすべての官庁や官僚，団体や個々人に情報提供を要請することができるようになった。これは協会の地位の上昇ということでもあり，半官的組織ながら，統計獲得に関しては既存官庁と対等に交渉できる地位と権限が与えられたことになる。とはいえ，これは協会独自の調査権といえるものではなく，あくまで資料獲得のための交渉権限というに留まっている。その後の経過から示されるように，必要とされる資料入手の点で，それがどの程度の実効性をもったものかは疑問であり，後々にまで中央官庁や現場当局と統計協会の不調和は続く。[10]

　また，シュリーベンには協会内に統計学ゼミナールを開設する構想があった。ザクセン王国の最高学府としてライプツィヒ大学があったが，そこでの統計学の知識伝授はいかにも不十分であり，将来的に国家行財政を担う者が統計の本質・方法・効用の理解を欠落させたまま課程修了ということになっている。このことを憂慮し，その欠陥を補うべく，毎冬学期に試補や司法幹部候補者といった若手に統計の理論と実務を修得させる統計コースを協会内部に開設するというプランである。だが，これは実現にまでは至らなかった。しかし，発足当初からさまざまな若年層が統計協会と関係をもつようになり，この中から後に国政の重要ポストを担う人物が輩出することにもなる（そうした者のひとりに

40年代末から60年代にかけて国務大臣として国政の中心にあって，58-66年には内閣を主導したF. v. ボイストがいる)。

II. 協会構成員と『統計協会報知』

1. 協会構成員

1．協会の組織はドレスデンにおかれた本部（その事務局の所在地は市内の射撃小路664番地にあった建物の1階とされる），および全国42にまたがった支部から構成される。本部には8名からなる中央委員会が設置され，事務局には記録掛と職員それぞれ1名が勤務する。支部にはその多くで代表と書記がおかれており，また記録掛が挙げられている支部もある。支部構成員は最大のところで151名，少ないところでは1名となっている。31年12月1日までに支部の設立を申告してきた順に，支部名とその構成員名が『協会報知』の第1号に記載されている[11]（さらに，第2・3・5号にはその追加分が附加されている）。

それによると，まず中央委員会がある。代表はシュリーベン，書記はロールマン。先に示されたその他の2名も中央委員に就いている。これに，C. コールシュッター（内務委員会試補見習），R. v. レーマー（ノイマルクの領主），L. v. ワグナー（宮廷顧問官），E. ツァハリアス（内務委員会局長）の4名が加わり，計8名から構成されている。他に4名の試補（その1名は侍従で上述のボイスト，3名は学士号取得者）と記録掛1名（測量監督官）の名が列記されている。さらに直後の32年には，中央委員としてJ. H. ティーリオト（財政局参事官）とL. v. ツァーン（財務参事官）の2名が増員されている。また，33年に中央委員ブロイエルが死去し，替りにF. A. マイスナー（枢密政務参事官）が就任。また2名の学士号取得者が試補として採用されている。

代表のシュリーベンの経歴とその統計観をみてみよう。[12] 1781年7月24日，ザクセンの控訴裁判所参事官の息子としてドレスデンで出生。1793-99年，ドレスデン貴族幼年学校生徒隊で修養を受けた後，軍務に就く。1800年以降，将校としてテューリンゲンでの土地測量に従事し，さまざまな地理学的調査を実施する。1807年には軍籍を離れ，上級測量官，さらに15年には官房測量所の所長職に就く。各種の測定と地図作成を通じてザクセンという祖国の地理的地質学的特質や地誌・風土状態に関する知見を得ることになる。23年，王国

財政局参事官の肩書きで市民地図室の総監督官に就く。その間，国内外への旅行を通じ単に専門の地理測定方法について研修するのみならず，さらに諸国家の国民経済的状態を学ぶことになる。とくに，政府命による 22 年の南ドイツへの視察旅行の中で，20 年 11 月に創設されたヴュルテンベルク王国統計-地誌局の意義と有用性を実得し，翌年にその目的・組織・活動内容についての詳しい報告を作成・提出し，その中でザクセンにおいても同類の国家調査機関の必要なことを訴えている。[13] これは「祖国情報のための機関」創設の提案として汲み上げられはしたが，既成組織の国家経済委員会の反対にあって実現は見送られている。

上述のように，シュリーベンは 1831 年に統計協会を立ち上げ，その活動の主軸を担い，当初から「統計協会の精神」と目されることになる。その中で，統計協会の目的を，統計報告を国家財政のための利用に，また時代状況に対応した国民経済の基礎づけのために収集・整理することにおいた。さらに，こうした国家行財政目的に対してのみならず，統計学の科学的性格，統計による比較，歴史研究に対する統計の意義を早くも理解していたとされる。シュリーベンは地理学と地理測定法，軍事学，数学についての著作と並んで，統計学について 3 つの著作を残している。すなわち，上述の『統計収集あるいは統計局の目的と設立に関する観点』(1830 年)，そして『国民経済学の観点からみた一般統計学の概要』(1834 年)，ならびに『国民経済学と国状論との関係における統計的格言』(1837 年) である。

その『概要』において，統計学の主要課題として，1) 統計的探求の対象，2) 探求の様式，3) 獲得資料の利用，この 3 点の解明が挙げられ，この課題追求を通じて，「それぞれの国家連合において国民経済を，従って，さらに国民福祉を促進あるいは妨害する実際に現存する状態を科学的に表示する」ものが統計学と定義されている。また，利用では統計による比較を重視し，「ある国で，生産者に対する消費者の，商業や土地利用の営業に対する正しい関係を示すこと，さまざまな段階の福祉を示すこと；また多くの国家に対するその結果を，比較考量しながら相互に示すこと，これらを解決することが統計学の最も困難な課題となる」[14] とする。さらに『統計的格言』では，歴史と現在との結びつきを重視し，国家の状態はその最も基本的な関係に照らして過去と現在に属する帰結として提示されなくてならず，その双方を報知する限りで科学とし

ての資格が統計学に与えられるとしている。そして統計学の下で目的として考えられるべきものは,「状態を明確に記載することを通じて,すべての最も有利なものと合目的々なもの,同じくすべての不完全なものと不利なものを提示すること,そして全体の福祉を通じて個々人の幸福を促進すること」とされる。国民経済と国民福祉の状態解明とその促進に究極の目標をおいている。[15] この点で,フランスのJ. B. セイがその『実践経済学全教程』（パリ,1828・29年）の中で示した,事柄の法則究明は経済学に任せ,統計学には単に生起した現象の報告のみが指示されるとする見解には与しない。それよりもより高い段階に位置するのが統計学であるとする。後の1846年に,レーデンがドイツ統計協会を立ち上げた際に「統計の効用」として,さらには55年にエンゲルが統計の「意義」として主張したのとほぼ同じことをいち早く表明したものといえよう。

　また,この『格言』では,国民の福祉状態を概括するに際して,その重点項目として出生,死亡から軍務服役,気象観測に至るまでの計29項目を取り上げ,それぞれにおける留意点を説明している。例えば,その第21項目の「工場」では,いまや一国の生産では旧来のツンフト制が崩れ工場様式での生産が隆盛しつつあり,やがて,これが一般的なものになると考えられるが,その現状を捉えるためにはそれぞれの工場経営に対して以下の8項目について調べられる必要があるとしている。[16]

　　1）就業者（性別成人就業者・特定年齢以下就業児童）数
　　2）製造場所（独立建物／労働者住居）
　　3）労働者の副生計源（例,家畜飼育・園芸）の有無
　　4）就業期間（通年／非就業期間あり）
　　5）工場の使用原材料種
　　6）その使用原材料は国内産か外国産か
　　7）工場生産物は完成品か半完成品か
　　8）生産物の販売方法

　極めて単純な形ながら,工場労働者の就業状態と工場生産の特徴を把握する営業調査を企画しているわけである。国家顕著事項や国家基本制度ではなく,国民経済と国民福祉の現状描写に統計学の目標をおくこうしたシュリーベンの

考えは，統計学をめぐってさまざまな見解が交錯していた当時にあって，「状態科学としての統計学」を構想するものとして位置づけられることになる。[17]

1839年9月11日，シュリーベンはドレスデンにて58歳をもって逝去している。同年の機関誌（第13号）には，その巻頭に当人に対する追悼文が載せられている。その中で，「統計協会が官庁の関係と学問の奉仕の中で引き受け遂行した作業は，その成立部分と実行部分で，故フォン・シュリーベンの鼓舞と提案の恩恵を蒙っている。印刷を通じて公刊された統計報知は，国土の行政にとって重要なすべての数量表示の正確な知識に大きく貢献し，倦むことのないかれの活動とその公益的な働きをいつまでも心から記念するものとして残り続けるであろう」[18] と顕記されている。

次に，シュリーベンと並んで当初から協会の活動を支え，その地誌や気象学に関する記録資料を『協会報知』に公表し，シュリーベンの死去を受けて協会を短期間ながら主導することになるのがロールマンである。[19] 当人はもともとは測地学を専門とする自然科学者であった。1796年1月31日，ドレスデンで裕福とはいえないレンガ製造親方の家に産まれた。1802-10年にドレスデンの衛成学校で学んだ後，11-14年にドレスデンの造形芸術アカデミーの建設学校で建築術を修得した。19歳の時，測地学に転向し，17年にはザクセンの土地測量に際しては監督官を勤め，官房測量所の終身共同作業員となった。また，27年からドレスデン数学サロンの監督主任を務めた。さらに気象観測と天体（流星）観測にも従事した。28年には，当人の提唱の下で技術教育施設が開設され（これは現在のドレスデン工科大学の前身となる），その代表に就いている。既述のように，31年の統計協会設立に際しては中央委員のひとりとして参画し，書記役として代表シュリーベンを補佐している。また，自身の専門領域である土地測量や気象観測に関する報告を機関誌に寄稿している。測地学・地図学・気象学の領域での活動がその軸であるが，さらに先の流星観測や月表面の全般的地図の最初の提示を含めて天文学者としての科学的活動も残されている（それを顕彰して，ドレスデン工科大学の観測所にはその名前がつけられている）。また，36年には政府からの委託でイギリスの鉄道について現地での視察研究を行ない，ザクセンでの鉄道敷設（例，オーバーラウジッツ線）に際しては，その顧問役を務めてもいる。シュリーベンの死後，39年11月19日に統計協会代表に就いている。40年1月17日，官房測量所長に招聘される。しかし，

その直後の40年2月20日,チフスのためドレスデンで44歳をもって死亡している。

上記の両者は共に国家科学や統計学とは無縁な専門領域から出発し統計に向かっている。地租改定に必要な正確な測地結果獲得を目的とした測量施設（Cameralvermessungsanstalt, 官房測量所）に勤務した経験を共有し，シュリーベンはロールマンの先輩という関係にある。当時，ザクセンでは2方向から国土測量が進行していた。ひとつは軍事目的からの測量と地図作成である。しかし，これはことの性格上，秘密情報とされ公開されることはなかった。他のひとつはそれと併行して政府が推進した測地であり，これは土地所有とそれに対する課税（地租）査定のために正確な土地測量結果が必要とされたことによる。その実施機関が両者の勤務した官房測量所である。国土の地質的地理的調査，さらには地誌・風土上の特徴把握を通じ，それらの上で営まれている国民の社会的経済的生活の特質を調査（＝記録の収集・整理）する必要性を感受したものと思われる。とくにシュリーベンはすでに1820年代にこれを実感し，報告や著作で統計収集とそのための機関（統計局）の意義を主張し続けてきた。

2．統計協会の特徴は「統計の友」を擁したその広範な支部協会組織である。では，どのような支部でいかなる人物が支部組織を構成したものか。いくつかの例を取り上げてその特徴を探ってみる。[20] 最初に支部設立を届け出てきたのがライプツィヒ市支部である。ここには計12名の構成員の名が挙げられている。代表は大学教授（歴史学），書記は貨物計量所長，その他は領主・教授2・商人（兼商業裁判所陪審員）・上級郵便局員・騎兵大尉・都市評議員・局長・書籍商（兼市会議員）・商業委員会職員となっている。33年にはさらに2名（宮廷・法律顧問官と法学講師）の増加がある。ザクセンの主要都市のひとつライプツィヒでは知識層や上層市民階級，いわゆる教養市民の参加が多いことが分かる。逆に，いまだ農業や林業が色濃く残っている地域では土地所有者や牧師，教師，裁判官，森林官などの職業従事者が多い。例えば，タラント地区では森林役人，教授，森林アカデミー教師，牧師といった職業名がみえる。また多くの採鉱・製錬場を抱えたエルツゲビルゲ地域のフライベルク支部では鉱山財政局員，鉱山監督官，製錬所監督官，鉱山職員，多くの鉱山アカデミー教授が登場している。さらに同じエルツゲビルゲ地域にあって繊維業を中心に営業活動が最も盛んであったケムニッツ支部では県知事や市参事会員，消費税監督

官，機械製造業者といった他に，当地の工業協会が団体として参加している。また後には，手工業者協会の代表として10名もの手工業者（パン屋親方，金細工師，銅鍛冶師，指物親方，織物親方，錠前親方，等々）が加わり，さらに後には工場主や商人も多数参加している（支部構成員は計41名に上っている）。小区ながら3名の構成員がすべて商業従事者（仲買人2名と商人1名）というところもみえる（シェーンヘイダ・アイゼンシュトック支部のウンターブラウエンタール区）。

　それぞれの地域の社会的特徴を反映した人的構成がみられるが，やはり全体的には多数の当該地の役人と学校教師，聖職者が関係していることが明らかである。これらの地方役人には郡庁や市役所，税務署や会計当局，また裁判所，さらに森林監督庁や鉱山監督所の関係者が多いが，これはそれぞれの支部にあった当該行政機関の関係者が率先して協会に賛同した，あるいは協力者に駆り立てられたということを示していよう。軍隊の駐屯地であれば，そこの将校が協会員になっている例もみられる。教師と聖職者は地方の知識階級を代表する層であり，それらの参加が顕著である。構成員8名がみな聖職者といった支部もあるし（グローセンハイン支部のニーダーエルブ地区），また構成員18名中，学校教師が8名（レータ支部ツェビィクケル地区）や32名の構成員中，11名が教師（同じレータ支部のリンデナウ地区）といったところもある。

　またいくつかの支部ではその下に下部々会や下部地区も設けられている。それはシュワルツェンベルク支部の14下部々会，グローセンハイン支部の5地区，レータ支部の3地区などである。また，上記のケムニッツ支部の工業協会やツヴィッカウ支部の諮問・実行協会のように，団体としての参加例が2つある。

　こうして，34年段階までに加盟支部は42（下部々会を支部とみなせば，その数は56），構成員総数は実に912人に達している。この4年間に，全土にまたがり支部協会が陸続と設立され，このような多くの参加者が出てきたことは注目に値する。その要因には，旧体制からの脱皮と新たな国制の構築の中で，広範な市民層に祖国ザクセンの現状についての包括的で正確な認識への強い願望があったと考えられる。[21] 正確な認識とは，国土とその気候風土，地下資源に始まり，住民規模とその構成，教会や学校，地方自治体，裁判所，医療・福祉施設，犯罪，刑務所・更生施設，軍隊，さらには農業と生産物，商業と市場，

マニュファクチャーや問屋制家内工業，工場，これらの項目に関する現状を数量的に表示した結果である。国家と社会に関する具体的な最新知識を渇望していた広範な市民層があったということであり，統計協会はそれに応える数少ない機関として期待されていたことを物語る。

2. 機関誌『ザクセン王国統計協会報知』

上述のように，機関誌の『協会報知』創刊号が 1831 年末に出ている。以降，49 年の最終号までに計 18 号を数えている。創刊号の序文では，中央委員会に送られてきた大量の資料の中から，一方で完全性，他方で全般的関心に応じることができるものだけが印刷に廻されたこと，また，機関誌の刊行継続を通じて，広く統計学の要請に応え，「祖国情報の友」に対して，かれらが国家の中での生活と活動に注意を払うことのできるよう，その手段の提供を目指すこと，この 2 点が強調されている。従い，取り上げられた報告には，資料批判に耐えうるものと当時の社会的関心の高かったものが優先して選択されており，結果的には必ずしも体系性をもった報告にはなっていない。この創刊号の記載項目は以下の 12 である。

1. 地誌（中央委員ロールマンによるザクセン王国の国境線と領土・山地・河川に関する資料提示）
2. 人口（1815-30 年間の消費者目録による年齢・性別人口，1815・30 年の都市・農村別人口，1830 年の人口動態，その他）
3. 刑務所・扶養施設収容者（1831 年初頭の犯罪種・年齢・性別の刑務所収容者数，同じく年齢・性別更正施設収容者数）
4. 兵役義務（1826-30 年間のクラス別徴集新兵数）
5. 軍事義務（1825-30 年間の都市別軍宿営負担額，1822 年の騎兵駐屯都市目録，1818-29 年の県別軍馬提供数）
6. 教会・学校関係（宗派別・監督局別の教区・支部・編入市町村数と教会関係者数，国民学校教師数）
7. 穀物価格（1829・30 年の 4 主要穀物の市場別平均・最高・最低価格，1830 年の穀物最高最低価格比較，ドレスデン市とツヴィッカウ市での 17 世紀以降の 4 主要穀物の平均価格趨勢）
8. 雹害（1824-31 年間の雹害補償への申請件数と補償額）
9. ビール醸造（1829・30 年の都市・農村別醸造場数・麦芽消費量，1830

年の麦芽・ビール税額，その他）
10. 火災損害（1830年の火災発生数と補償額）
11. 種痘（1829・30年の種痘を受けた児童数）
12. 保健（1830年の医者・薬局数，そのプロイセン王国ライン州およびヴュルテンベルク王国との比較）

　12項目中，執筆者名が添えられているのはロールマンの第1項目のみであり，他は無記名の資料報告である。多くの資料はその出所が明記されていないが，それらは既存官庁（内務省，法務省，等々）の集約記録であることは間違いない。また，1のロールマン報告は1826-28年の官房測量所による調査結果であり，3は刑務所・扶養施設委員会，4と5は軍務管理局からの資料提供による。また，7の2都市での穀物価格の長期記録は市当局に保管されていた資料であろうと思われる。

　以下，最終号までの内容を概括してみよう。[22]第2号（1832年）は特集号として，首都ドレスデンに関する包括的資料を集成している。それは市の地理的関係に始まり，裁判関係，人口や建物，保健・救貧，職人就業状況，教育施設，貯蓄金庫，婦人協会，都市財産，給水，さらには火災補償や火災金庫，等々にまたがる総計39の記録資料である。ドレスデン市当局に保持されてきた資料の一挙公開という性格のものである。第3号（33年）には広範な主題が記載されている。第1号と同じく，各行政機関からの報告を集約提示したものである。それらの題目は第1号の続編としての地誌・気象，修養施設と就学状況，鉱山業での職員と労働者の年齢・家族関係，人的災害，火災とその補償，軍隊での疾病，旅客移動，出版状況，オーバーラウジッツ地域（とくにチッタウ周辺）の織物業である。そして最後に支部協会からの報知結果のまとめとして全国28地区（都市・騎士領・貴族領・農村）の現況を住民・建物・営業・施設，等々の数量で捉えた概括を表示している。これは支部構成員の積極的な協力活動を窺わせるものとなっている。

　第4号（33年）には，32年7月3日に実施された人口調査の結果が載せられている。これはこれまでの消費者目録による住民把握に替って採用された家屋リスト方式による最初の調査結果である。その意味で，この人口調査結果の公表の意義は大きい。第5号（34年）では，民事・刑事訴訟，その他の犯罪に関する報告が載っている。これにはさまざまな裁判所からの協力があったと記

されている。第6号（35年）には34年12月1日の人口調査の帰結が収録されている。これは関税同盟加盟国での人口調査と併せて実施された最初の調査の結果である。第7号（35年）はザクセン王国と隣接関税同盟国家での大市と雑貨・家畜・羊毛市の開催日に関する目録をまとめている。これは商業（流通と販売）にかかわる層にとっては有益な経済資料であったとされる（全18号中，関心をもつ読者層を想定してか，この号のみはラテン文字ではなくドッ文字による印刷となっている）。[23] 36年には機関誌は発行されていない。

　第8号（37年）と第9号（38年）では再び広範なテーマが挙げられている。それらは15鉱山区の現況，オランダ商人を介して収集された日本館の陶磁器，マイセンの磁器マニュファクチャー，木材商品製造，蛇紋岩砕石・旋盤細工，真珠採取，砂岩砕石，また4主要穀物（小麦・ライ麦・大麦・カラス麦）やその他の生活必需品の市場価格，穀物価格の近隣国家との比較，羊毛価格，火酒・ビール製造，穀物収穫，屠畜税収入，肉消費，等々に関する多様な報告である。また，第8号には36・37年の営業税をもとにしたザクセンにおける最初の営業資料の公開がある。第10号（38年）は37年12月1日の人口調査結果を載せ，併せて教会資料からの人口動態統計，すなわち出生児・死産児・死亡者・婚姻，また聖体拝領者（聖餐参加者のこと）の数量をも収録している。第11号（39年）は第1号と同じくロールマンによる1828年から10年間の気象観測の詳細な記録がまとめられている。それは当人の監督するドレスデン数学サロンやフライベルク鉱山アカデミーで収集されたザクセン各地の気圧・温度・雨量・天気・風向，またエルベ河水位についての詳細な観測結果である。第12号（38年）には38年前半期の医事統計の包括的な集約がある。これはザクセン各地の住民の健康状態の全般的特徴と季節別の罹病に関する管区と都市の59名の医師団による精力的な作業の結果とされている。また，38年の人口動態統計も掲載されている。第13号（39年）は先の医事統計の38年後半期に関する続編である。また，この号には31-37年の出生児・種痘児・1歳未満死亡児，ドレスデンとライプツィヒの助産学校の報告，軍隊での疾病者，2治療・療養施設での収容患者の報告，ドレスデン獣医学校の報告，出生・死亡の外国記録，これらが併せて掲載されている。第14号（39年）には先の第9号と同じように主要穀物や生活必需品の価格，税（パン・小麦・肉・灯火・石鹸に対する），近隣諸国との穀物価格比較，穀物収穫，羊毛価格や近隣諸国の羊

毛市場，火酒蒸溜とビール醸造，屠畜税収入，肉消費に関する資料が載せられている。38年と39年にはそれぞれ3号を発刊しており，また第11号が第12号よりも遅く出るという変則的な刊行になっている。さらに協会が編纂した公刊物として36・37年に出されたザクセン王国のアルファベット順の『市町村目録』があり，これはその後の同類の目録作成の嚆矢となっている。

　国土に関する信頼性のある包括的資料を掲示するという当初の方針が現われているのはこの第14号までである。シュリーベンとロールマンという中心人物を失った後の協会活動は明らかに沈滞している。それを反映して，その後の機関誌発刊も定期性を失い，第15号以降の4号はすべて3年おきの人口調査結果を集約した結果を公表するだけに終わっている。すなわち，第15号（42年）は40年12月1日の，第16号（44年）は43年12月1日の，そして4年後の第17号（48年）は46年12月3日の人口調査結果の公表に向けられている。この46年調査では関税同盟加盟国で最初の営業調査が併行して行なわれている。その集約が最終号となる第18号（49年）に，ザクセン王国営業表（「1846年12月3日の調査によるザクセン王国における営業概括」）として別途に公表されている。

　従い，42年以降に刊行された4号すべては，専ら内務省からの委託作業として行なわれた人口・営業調査結果の集約・公表用のものとなっている。第14号までにはみられた，支部協会や各種団体からの資料提供とその吟味を経た資料の表示はなくなり，統計協会の独自姿勢はまったく影を失ってしまっている。

III. 統計協会の終焉

1. 統計協会の後半期

　統計協会の最初の10年間の活動はシュリーベンの熱意と尽力によって導かれている。かれは協会の創設者であり，業務主導者として協会作業を牽引し，また統計協会の「精神」とも目されている。1835年には国土統計への貢献に対して国王から市民功労章を授与され，38年には長年の業務指導に対して内務省から特別賞与を与えられている（300ターレル，さらに翌39年に300ターレル）。39年9月，その死去によって協会の前期の活動を支えた柱が失われる

ことになる。しかし，36年により強い資料請求権が附与されたこともあって，それまでには協会の作業も大幅に拡大され，39年は協会の活動が最も高揚した時期といえる。同年の協会の統計作業は次の2つに大別される。[24] 上にみた34年当時の収集範囲に較べ，大幅な枠の拡大となっている。

a) 協会監理府が中央官庁からの委託を受けて行なわれる調査結果の集約・整理。これには以下の4つの調査が含まれる。

 3年おきの人口調査（内務省からの委託）
 3年おきの家畜調査（同上）
 刑事・民事・破産・後見問題統計（法務省に控訴審裁判所と下級司法当局から毎年提出される概要の整理）
 出生・死亡・聖体拝領・堅神受領・婚姻統計，および学校・教師・生徒統計（宗教・公的教育省に各地から毎年送られてくる教会票の整理）

b) 統計協会に送付された資料から，協会によって整理・公刊される報告。これは以下の38項目に及んでいる。

国内外の穀物価格	食糧税
燃料価格	
教育（ライプツィヒ大学，各種アカデミーや学校での教師・生徒）	
病院医療	
医療関係者，種痘児童・人工分娩	
保険金庫（雹・家畜・生命・火災など）	大市と雑貨・家畜・羊毛市
大市と市場での取引	貸付機関と貯蓄金庫
資格試験を受けた医学生・神学生	災害（事故・自殺・火災・雹）
栽培（ブドウ・タバコ）	羊毛市場
警察業務（ドレスデン・ライプツィヒ）	刑務所
精神病院と療養・扶養施設	駅逓馬車運送
雑誌・週刊誌発刊	軍事
貨幣鋳造（金・銀・銅貨）	
福祉（孤児・貧民・病人）施設	離婚
ユダヤ人の営業と家族関係	死刑
塩管理	気象観測
国家辞典への資料	

気候と疾病の関連に対する医療役人報告　　異常自然現象
　　　外国統計　　　　　　　　　　　　　　　　裁判所管区関係の変動
　　　穀物収穫　　　　　　　　　　　　　　　　裁判管轄の変動
　　　教区・学校所有地　　　　　　　　　　　　慈善基金
　　　都市自治体債務　　　　　　　　　　　　　営業関係

　実に多岐に渡る調査報告であるが，ザクセン国内における社会生活と国民経済の特徴的事項が列挙されていることが分かる。これらはシュリーベンを中心にした協会幹部（監理府）が中央官庁や地方官庁と折衝し，場合によっては嘆願して獲得した収集分，また地方支部から送られてきた報告分の一覧表ともなっている。シュリーベンの努力の結晶ともいえるものである。
　シュリーベン死後の協会代表にはロールマンが就いたが，既述のように直後に死去。次いで，当初から中央委員を務めたコールシュッターがその役に就いたが，本務のために代表としての任務に専心することができず，その代表期間は短かった。こうして，代表不在の状態が続き，ようやく42年9月になって陸軍中佐（後に大佐）レオンハルディが新たに代表に任命される。
　しかし，後半10年間の協会活動は停滞状況にあったとされる。先にみたように数多い支部とその構成員ではあり，当初には地方での情報獲得と中央委員会への報告という活動がみられはした。しかし，これは必ずしも最後まで一貫してはいなかったといえる。当初の規定では支部や構成員に定期的な報告提出が定められ，最初の10年間の機関誌の記載事項にはこうした下部からの情報提供とその報知があった。そうした中で，いくつかの支部協会から当該地域の国土報告や営業資料が提示され，また医師の構成員からの報告にもとづいて詳細な医事統計が編纂されたことは注目に値する。しかし，そうした動きは次第に消極化してゆく。支部の姿勢は機関誌を含めて中央からの情報授与という受身の形に偏ってゆく。やがて40年代に入ると，支部活動は沈滞し，多くの支部が姿を消していったとされる。『協会報知』も39年の第14号の後では数年間隔でしか発刊されず，定期的な人口調査以外の報告はなくなり，支部協会は眠りにつき，下部行政機関からの報告伝達も滞るようになった。こうして，「協会は1840-50年の全10年間，より大きないかなる創造的活動にも立ち上がることはなかった」[25]とされる。
　協会の活動低下と表裏一体の関係にあるが，下部行政官庁の協力姿勢にもか

げりが出てきている。それは中央官庁の依頼に対する下部の反応が鈍く，多く
はそれを過重負担であり，自分たちの行政分野への不当な干渉と受け取ったた
めとされる。こうして下部からの報告提出は滞りがちになり，再三の要請の後
でようやく情報が入手可能となる事態が頻発する。

　上述したように，1846年3月にレーデンによってドイツ連邦全体にまたが
る統計協会の設立がよびかけられた。これに対して，ザクセン王国統計協会は
それに連帯することに賛同し，支部協会として名を連ねることになった。しか
しながら，緊迫した問題としてレーデンから要請された各国における手労働者
階級の経済状況の報告提出に関しては，ザクセンではそのような資料が不在と
いうことで，それに応えることができなかった。このことは，統計協会ではな
くより強力な資料収集活動を実行しうる国家統計局の設立を内務省に訴える契
機のひとつになった。

　46年12月は定期的な人口調査の実施時期でもあり，かつまた関税同盟総会
で決められた最初の営業調査の実施年でもあった。それら資料の整理・加工を
任されたが，これは統計協会にとっては明らかに過重負担であり，そのための
臨時職員を15名採用している。47年に入って，その人口・営業調査，さらに
同年3月の家畜調査の整理作業を開始することになるが，この膨大な作業処理
のためにはより広い作業場所とさらなる臨時職員が必要であるとし，5月31
日，協会監理府は内務省に対して，作業処理の面で然るべき措置を取られたい
とする要請を提出している。そしてこの中で，監理府は既存官庁の統計作業で
の怠慢や上位官庁指令に対する不服従を批判すると共に，さらに重要なことと
して，「国土の統計作成は将来的には内務省自体の下で——従って，統計局の
設立を通じて——行なわれる」ことが望ましく，国土記述のための資料収集・
加工作業はそのことによってのみ首尾よく達成される，こうした意見具申を行
なっていることである。[26] 協会の現在の人員構成や予算・調査権限をもってし
ては，ますます増大する統計懸案事項の処理を十全に行ないえないことを訴え
ているわけである。これにより，作業場所（新事務所）と経費面（2,000ター
レル追加）・作業員（さらに12名の臨時雇員の採用）での改善は実現している。
営業調査結果の整理作業も48年末までに終了している。しかし，制度改革＝
統計局設立問題では，内務省の返答（6月19日）は協会提案を尊重し，今後こ
の問題に真剣に取り組む用意があるとするだけに留まり，その実現は先送られ

ている。

2. 統計局への発展的解消

 1. 1847年には高齢を理由にしてレオンハルディが代表を辞任している。さらに加えて，これまでの協会長官職の廃棄も決定される（長くその任にあったツェッシャウの兼務が無理なことがその原因と思われる）。そこで協会の実務主導が公使館書記官のv.エーレンシュタインに任されることになる。しかし，これはあくまで臨時的な措置であり，内務省は近い内に協会の根本的再編に着手し，その案を次回の議会に提案する意図をもっているので，統計に関する明確な制度化は提示できないとしている。内務省では47年に枢密政務参事官に就任したワインリヒの下で，ザクセンにおける国家統計のあり方と統計局設立について新たな構想が練られていたが，この段階ではそれがまだ提示されることがなかった。48年から49年前半にかけての国内動乱の中で，既存資料の加工だけで，新たな資料収集や整理作業はほとんど停止した。49年5月の手工業者・労働者，さらに一般市民も加わった「ドレスデン蜂起」とそれに対するプロイセン軍の弾圧によって引き起こされた社会的混乱状況にあって，統計協会の活動は頓挫する。僅かに，エーレンシュタインの編纂したザクセンの地図（「エーレンシュタイ地図」とよばれる）の作成，および48年の機関誌（第17号）で46年人口調査結果，および翌49年の最終号（第18号）で46年営業調査結果を委託作業として集約し公表しているだけである。

 49年12月にはまた定期的人口調査が実施され，その結果は内務省に送られている。それは近々内務省の下での統計局設立が見込まれていたからである。だが，議会での承認がまだ得られなかったため，49年12月27日の政府指令で人口（家屋）リストの整理・加工作業はやはり統計協会に委託されている。加えて，50年4月の家畜調査の整理作業も指示される。これに際して，協会監理府は再度，統計懸案事項の主導は内務省が直接行なうべきであり，協会がこうした定期調査の整理作業や他の統計報告作成を今後も継続して行なうことには無理があるとする意見を提出している。協会が自らの力量の限界を認識し，より強力な組織への再編を再三に渡り要請するには，一方で支部協会がさらに消滅していったこと，他方に既存行政官庁からの支援不足に悩まされ続けたこと，この2つの要因があるとされている。[27] 協会という半官的性格の組織は専

門の統計官僚から構成されるのではなく,さまざまな階層と職種の市民層の任意参加によるものであり,国民や団体,農家や営業経営者に対して法的権限に裏づけられた調査権をもつわけではない。また弱体な事務局組織と乏しい経費の下で,祖国情報を編纂し公に報知するという活動は自力ではなり立たず,既存官庁の協力なしには不可能であった。結局,内務省からの委託作業という一面にしか統計協会の仕事は残されないことになる。官僚機構の外部に取り残され,たえず官庁組織との軋轢を抱える下では,有効な資料獲得体制を築くことができなかった。

　資料獲得の中でも,とくに困難を抱えていたのは営業関係の資料であった。早くから国内各地の営業事情を正確に知る必要性がさけばれていたにもかかわらず,資料収集の前進はなかった。これには,全般的に営業経営者の側からの公的調査に対する根強い反発があったこと,また調査に応えるために必要な帳簿記録を経営者自身が作成していないこと,さらに協会の情報収集もこと営業面では弱体であったこと（それは手工業者や工場主,また商人の抵抗にあって,多くの地方支部において営業関係資料の獲得は困難であったことによる）,こうした点に原因がある。加えて,国家当局自体にも国内の営業事情を調査し公開することには,対外的に自国経済の弱点を曝け出すという点での恐れと逡巡があった。従い,46年の関税同盟営業調査時に,ザクセン政府には営業統計（営業表）を作成する有効な手立てがなかった。人口調査資料と一緒に営業記録が収集されはしたが,それは内務省内に留めおかれ,関税同盟中央局への提出期限（47年8月）が過ぎてもその整理・総括作業には未着手という状態であった。結局,既述したように,その作業を委託されたのが統計協会であった。だが,これが統計協会にとっては任に耐えかねる過重な仕事であり,臨時雇員による杜撰な作業結果に終わり,後に大きな問題を残すことになる。

　2.こうした中で,ザクセンの営業実態に関する資料をアンケート方式で獲得する動きが出てくる。48年に内務省局長（第2局）の上述のワインリヒの主導の下で「ザクセン王国営業および労働関係検討委員会」(Kommission zur Erörterung der Gewerbs- und Arbeitsverhältnisse im Königreich Sachsen) が設けられ,営業関連の精力的な資料収集活動が展開される。[28] それは営業自由の実現とそのための営業条例の改定を目的に,営業の実態を把握すべく,各地における営業の全般的振興状態,営業種ごとの進展・下降状態,営業従事者の移出状態,等々

を問うた計384項目からの調査票を用意し，それを全国にまたがって設けられた1,975地区委員会（49年7月末），および専門家に配布し，その結果を集約・整理する作業であった。しかし，これはあまりにも煩雑すぎるアンケートであり，この調査自体は成功したとはみなされなかった。だが，それを通じて部分的ながら明らかになった営業権，営業経営内容，大市制度，職人遍歴に関する問題は，そのさらなる究明に国家統計としての営業統計の作成を不可欠とすることになる。ワインリヒの行なったこのアンケート調査は政府を動かし，時のA. ブラウン内閣の実権者であったL. v. d. プフォルテン（外務大臣兼宗教大臣）をして，1849年1月10日に開催された国会において，その17日に次のように声明させることになった。[29]

> 営業統計の促進のために，幅広い作業が統計協会の協働の下で行なわれるのは確かである；そうした中で確信するに至ったことは，営業統計の重要な目的は，独立した公的な統計局の設立を通じてのみ達成可能になるということである。この場合の計画は予算審議の際に提起されることになろう。

こうして，統計局の設立が国政の場で日程化されることになった。しかし，49年時の動乱のため，1年半の遅れを余儀なくされる。統計協会から再三に渡り内務省下の統計局の必要性が訴えられていたが，最終的に国家当局の重い腰を上げさせたのは営業統計の必要性であった。[30] 一国の経済統計の軸としての営業（手工業，マニュファクチャー，工場経営，そして商業）の実情に関する資料は，経営体の内部にかかわる資料＝営業税記録にもとづくものであり，それらの全体的で統一的な収集と整理に関する作業は国家強権を背景にした独立機関によってしか実施しえない，これを国家当局（内務省）と議会もついに認めざるをえなかったということである。

50年7月8日，内務大臣R. F. v. フリーゼンの名で次のような指令が下されている。すなわち，統計作業の統計協会から内務省への移管提案を根拠のあるものと認め，8月1日以降，統計協会は活動を停止し，内務省が統計懸案事項に関して直接指導に当たることを決議した。これに替って，いずれ統計局がその業務を担当することになるが，しかし，まだそのための明確な予算措置が取られていないため，とりあえずは内務省の部局担当官の監督下，（統計）局の特別指導を書記官エンゲルに委託し，当人に対して協会の在庫品目録と文献を

引き渡すとの指示が下される。統計局設置が明文化され，そこにその実務統轄者としてエンゲルの名が浮上してくる。[31]

　先のシュリーベンやロールマンと同じく，エンゲルも国家科学や統計学とは無縁な専門領域の出身である。1842-45年のフライベルク鉱山アカデミーでの修養を済ませた後，5年して統計局の仕事に就いている。それは次のような事情による。鉱山アカデミーでの修業後，ヨーロッパ諸国での研修旅行を挟み，帰国後にドレスデンでガラス製造工場の設立を企画していた。47年には『ザクセンにおけるガラス製造に関する若干の考察』[32]を公刊している。しかし，工場設立は資金調達がうまくゆかず，不首尾に終わった。その間，ドレスデンの製錬業志願者としてのそのかれに，ワインリヒの上記アンケートが送られ，それへの回答を通じて工業問題の精通者としてその見識が評価される。そして，検討委員会事務局の補助作業員に採用される。49年2月には事務局の主導を任され，さらに委員会委員に就任している。50年にはライプツィヒ工業博覧会がワインリヒの指導で開催されることになるが，その補助者としてエンゲルが任用される。そこでその抜群の事務処理と組織面での能力が評価されることになる。その後，予定されていた8月の統計局設立を迎え，内務大臣に対しその業務指導者としてエンゲルが推薦される。ここに，以後8年間のワインリヒとエンゲルのコンビが築かれ，エンゲルがザクセン王国統計局という舞台に登場することになる。

　こうして，1850年7月末に統計協会は終焉を迎える。ヨーロッパにおいて統計協会の名称をもった最初の機関として成立したのがザクセン王国統計協会であるが，その活動は20年間で終了した。最初の10年は，シュリーベンの弛まない活動を通じて，王国の現状把握に不可欠な報知を提供する機関として，統計と協会が市民権を獲得・拡大してゆく過程であった。しかし後半の10年は，下部官僚機構の統計に対する無理解と抵抗に遭う中で，最低限の編纂作業を継続しながら，協会の限界を徐々に感受させられてゆく過程でもあった。3年おきに実施される人口調査や家畜調査，また教会記録の集約，さらに関税同盟の要請による営業調査といった大規模調査を前にして，それら収集された資料・報告の整理・概括を経常的にこなしてゆくには，自発的参加による協会構成員，内務省の関連外郭団体という統計協会の位置づけ，またその人的予算的枠組み，これらをもってしては対処困難になることが判明する。中央官庁から

の委託業務をこととする半官的組織ではなく，正規の官庁機構に位置づけされた独立の統計局が必須のものとなってゆく。

おわりに

ドイツにおいて，国状記述を越えて数量表示をもって国土の現状を解明する動き，つまりは統計近代化の幕開けは他に先駆けて国家改革を遂行したプロイセンから始まる。05年にシュタインによりプロイセン王国統計局が設立され，その下で国土記述を目標にした組織的体系的な資料収集と整理が開始されている。ナポレオン軍の侵略によってその業務は中断されたが，10年の再建時から，統計局によるさらなる資料収集と国家統計表作成への取り組みが展開されている。しかし，経済構造の異なった東部地域と西部地域を抱え，多様な地域的特異性をもち，社会的文化的に異質な部分から構成されることになったのが大国プロイセンである。その全土にまたがる統一的な統計作成では大きな困難に突き当たり，また旧来からの資料獲得様式に固執するあまり，統計作成方法の近代化という面では決して他の領邦国家にとって模範例を示すことはできなかった。その点では関税同盟統計も同じであった。

それに較べると，ザクセンは小国でありながら社会構造はより集約的であり，都市人口の比重や人口密度も高く，住民の開明度も一歩進んでいた。国家としての統一性を確保しやすい環境をもっていた。そこに，統計協会の立ち上げと同時に，多くの支部と構成員を獲得できた要因もあった。30年代早々に家屋リスト方式による人口調査を実施し，さらに後の50年代に入って，ベルギーの先例に倣った統計調査をいち早く導入する条件もあった。統計の公開も協会設立と同時に実現している。

ザクセン王国統計協会はプロイセン統計局に26年の遅れをもった出発ではあるが，その遅れは新生ザクセン王国の改革気運とその国土現状に対する広範な市民層の知的渇望によって取り戻されるかのようにみえた。少なくとも最初の10年間には，統計協会には包括的で正確な事実資料でもって自らの生活圏の現状を捕捉し，それを全国民の前に明らかにするという積極的姿勢がみて取れる。統計によって社会を映し出しそれを公開することによって統計の市民権を確立する，この点で統計協会のザクセン統計史で果した歴史的役割は大きい。

統計資料が中央官庁と一部特権官僚・学識者の独占物という，これまで多くの国家でみられた隠匿傾向を乗り越えたのが統計協会といえる。[33] この協会の中軸にあったのがシュリーベンを中心とするドレスデン在住の進歩的官僚であり，またこの少数の啓蒙的官僚層に地方の多くの行政官と知識人層が結びつき，かれらの自発的活動に依拠したのが統計協会であった。

しかし，その半官的性格は既存官庁との絶え間ない縄張り争いのもとになった。中央官庁は国王指令を前にして，統計協会への協力と支援を表立っては拒否することはできない。しかし，その下部官庁は末端に及ぶほど，具体的には郡庁や市町村当局にゆくほどに統計情報の表式形式での作成・提出は経常業務の妨げとなる煩雑な作業となった。こうした下部官庁の抵抗は統計協会の情報源の枯渇という結果をもたらす。中央委員会にも地方支部にも独自の調査権がないことからの制約である。統計協会自らそのことを認め，その力量の限界を告白せざるをえなかった。協会末期のその作業には，後代に批判される多くの欠陥が含まれている。シュリーベンと統計協会によって示された祖国情報に対する意気と活動の高まりも39年を頂点にし，その後は沈滞状況に陥り，最終的局面では統計協会の力も尽きたといわざるをえない。

1848-49年の「嵐の年」を経験し，50年代に入ってドイツにおける中小領邦国家でも統計中央部署の創設が展開する。さらには都市での統計局の設立も続く。社会的危機状態を経験する中で，国家と自治機構の責任下での情報収集機関の立ち上げを不可避と受け止めざるをえなかったためである。ドイツにおける統計局開設の後期段階の開幕である。[34] そうした中で，50年のザクセン王国統計局の設立はその先頭を切るものであった。いうまでもなく，これは統計協会という前史があったからに他ならない。統計協会はその20年間の活動，とくにその前半10年間の資料収集と公開を通じて，ザクセンにおける統計近代化の牽引車の役割を果し，50年以降の統計局の展開のための飛躍台となった。

注

1) 以下，ザクセンでのこの期の政治的および経済的動向に関しては，以下の文献による。G. Schmidt, *Die Staatsreform in Sachsen in der ersten Hälfte des 19. Jahrhunderts*, Weimar, 1966, S. 94ff., Die Zentralverwaltung Sachsens von 1831 bis 1918, *Lětopis*, Reihe B, Bd. 27, 1980, SS.

19-42，松尾展成編訳『近代ザクセン国制史』九州大学出版会，1995年，第Ｉ章第1・2節．H. Kiesewetter, *Industrialisierung und Landwirtschaft*, Köln und Wien, 1988, Kap. III。

2) 以下，1830-50年代のザクセンの統計史については次の２つの文献による。*Das Statistische Bureau für das Königreich Sachsen in den ersten fünfzig Jahren seines Bestehens*, hrsg. von der Direction des Statistischen Bureaus, Leipzig, 1881, A. Pfütze, *Die Entwicklung der amtlichen Landesstatistik in Sachsen*, Dresden, 1931。前著は統計協会創設50年を，後著はその100年を記念したものである。また，協会設立175年を記念して，自由国家ザクセン国家統計庁刊の『ザクセン統計』（2006年・第１分冊）に特集が組まれているが，そこに掲載された，J. Teschner, Zur Geschichte der amtlichen sächsischen Statistik 1831 bis 1950, *Statistik in Sachsen*, 2006, Ht. 1, SS. 7-10，さらに，H. Kiesewetter, Quellen zur historischen Statistik des Königreichs Sachsen im Industriezeitalter（1750-1914），*Grundlagen der Historischen Statistik von Deutschland*, hrsg. von W. Fischer und A. Kunz, Opladen, 1991, SS. 145-74，をも参照のこと。

3) W. E. A. v. Schlieben, *Ansichten über Zweck und Einrichtung statistischer Sammlungen oder Bureau's*, Halle, 1830, SS. 55-56.

4) Mandat, den statistischen Verein für das Königreich Sachsen betreffend, *Gesetzsammlung für das Königreich Sachsen vom Jahre 1831*, S. 85.

5) Mandat, den statistischen Verein für das Königreich Sachsen betreffend, a. a. O., S. 87.

6) *Das Statistische Bureau*, SS. 10-11.

7) *Das Statistische Bureau*, SS. 11-12.

8) *Das Statistische Bureau*, SS. 13-14.

9) Verordnung, das Verhältniss des statistischen Vereins zu den Behörden beteffend, *Gesetz- und Verordnungsblatt für das Königreich Sachsen vom Jahre 1836*, SS. 303-04.

10) ザクセン統計史に詳しいキーゼヴェターによれば，「この役所の半官的性格からもたらされたものは，より優れた統計調査にとってはいつも厄介な位置を占めている上位国家部署との絶え間のない権限争いであった」（H. Kiesewetter, Quellen zur historischen Statistik, a. a. O., S. 153.）とされている。

11) *Mittheilungen des statistischen Vereins für das Königreich Sachsen*, Lf. 1, 1831, SS. V-XIV.

12) シュリーベン（Wilhelm Ernst August v. Schlieben）については，*Allgemeine Deutsche Biographie*, Bd. 31, 1890, SS. 510-12, J. Teschner, Zur Geschichte, a. a. O., SS. 13-14, を参照。

13) H. Kiesewetter, Quellen zur historischen Statistik, a. a. O., SS. 148-49.

14) W. E. A. v. Schlieben, *Grundzüge einer allgemeinen Statistik aus dem Gesichtspunkte der Nationalökonomie*, Wien, 1834, SS. III-IV, S. 144.

15) W. E. A. v. Schlieben, *Statistische Aphorismen in Beziehung auf Nationalökonomie und Staatenkunde*, Leipzig, 1837, S. IV.

16) W. E. A. v. Schlieben, a. a. O., S. 62. また，同様の趣旨が，「マニュファクチャーと工場」に関する調査項目としてすでに1830年の時点でも表明されている。W. E. A. v. Schlieben, *Ansichten*, S. 34.

17) モールによれば，これまで統計学の概念と目的をめぐる見解には，①国家顕著事項

についての学問，②国家制度についての学問，③国家諸力についての学問，④所与の時期の状態の描写，⑤全般的福祉促進のための学問，⑥数理的科学，⑦地理学と歴史学の媒介，この7つがあるとされ，その中の④状態科学としての統計学を主張する論者のひとりにシュリーベンを挙げている．R. v. Mohl, *Die Geschichte und Literatur der Staatswissenschaften*, Bd. 3, Erlangen, 1858, S. 657. また，これについては，V. John, *Geschichte der Statistik*, Stuttgart, 1884, SS. 141-42. 足利末男訳『統計学史』有斐閣，1956年，145-46 ページ，を参照．

18) Necrolog, *Mittheilungen des statistischen Vereins*, Lf. 13, 1839, SS. I-II.
19) ロールマン（Wilhelm Gotthelf Lohrmann）については，*Allg. Dt. Bg.*, Bd. 19, 1884, S. 138, J. Teschner, Zur Geschichte, a. a. O., S. 14, を参照。
20) 機関誌の第 1・2・3・5 号に掲載された協会構成員すべてについて，その官位・職種が示されている．その中で多数を占めているのが各地の教師と聖職者（プロテスタントの牧師）である．協会に提出される報告書式への記入がかれらに期待されていたといえる．
21) その著作でザクセンを例証に取り上げ，M. フーコーの見解に依拠しながら，統計と国家・社会の関連を論じた D. シュミット（ライプツィヒ大学）は，これまでの国王対臣民に替る国家対市民の関係を構築する中で，ザクセンの市民層には国家の一体性とその中での自己確認（Identität）を，祖国を正確に識ることの中に求めようとする願望があったと指摘している．正確な知識とは，国土，人民，気候，地下資源，蒸気機関，射撃協会（これは当時の有力な市民団体であった）に関する具体的数値である．D. Schmidt, *Statistik und Staatlichkeit*, Wiesbaden, 2005, S. 27ff.
22) 全 18 号のごく簡単な内容紹介は次の論文にもある．A. Oettel, Zur Geschichte der amtlichen Statistik in Sachsen-dargestellt anhand der Statistischen Mitteilungen aus dem Königreich Sachsen 1831-1849 und 1851-1855, *St. i. Sach.*, 2006, Ht. 1, SS. 31-33.
23) エッテルによれば，当時はラテン文字を読むことのできた人口層はそれほど広くなかったとされている．A. Oettel, Zur Geschichte der amtlichen Statistik, *a. a. O.*, S. 32. 大市・市場目録を最も必要とした商人階層を想定して，この号のみがドイツ文字による印刷になったのではないかと推察される．
24) *Das Statistische Bureau*, SS. 18-20.
25) *Das Statistische Bureau*, S. 21.
26) *Das Statistische Bureau*, SS. 21-22.
27) J. Teschner, Zur Geschichte, *a. a. O.*, S. 9.
28) H. Kiesewetter, *Industrialisierung und Landwirtschaft*, S. 181, D. Schmidt, *a. a. O.*, SS. 101-02.
29) D. Schmidt, *a. a. O.*, S. 110.
30) 統計局の創設まで長い時間がかかったことには経費問題が絡んでいたとされる．統計協会に替えて国家統計局を設立するにはそのための予算措置を考慮しなくてはならず，これが内務省や財務当局をして統計協会の維持に固執させた一因であった．1840 年の国会上院での審議々事録の検討を通じて，このことがシュミットによって明らかにされている．しかし，営業問題の捕捉のためには，経費増大を覚悟の上で，

国家統計局の設立に踏み切らざるをえなかったということである。ちなみに，48年の協会経費は 2,000 ターレルであった。統計局の初年度の予算は 3,000 ターレル，52年度には 6,000 ターレルに増加した。D. Schmidt, *a. a. O.*, SS. 110-11.

31) *Das Statistische Bureau*, S. 24.
32) E. Engel, *Einige Betrachtungen über die Glasfabrikation in Sachsen*, Dresden, 1847.
33) 統計の公表は市民社会の成立と軌を一にする。それ以前の段階では，地方から収集された資料は中央官庁や特権官僚の秘匿事項に留まっていた。このことはプロイセンに典型的に現われており，資料は内務省・財務省や統計局の専有物であり，行財政の内部資料として利用される，または統計局幹部 (L. クルーク，J. G. ホフマン) がその著書で単独利用する，あるいは統計局や関税同盟中央局と特別の関係をもった一部官僚 (C. W. フェルバーや G. v. フィーバーン) のみに使用が許されるといった状態が続いた。ザクセンでも事情は同じであり，「……最も豊かな資料を唯一保有する官庁は，最も厳しい資料秘密保持を義務づけられていた。国家の決算のみならず，自治体の決算も注意深く秘匿された」(*Das Statistische Bureau*, S. 5.)。国家と自治体の懸案事項を公にすることに対する恐れと躊躇は 19 世紀に入ってもしばらく続いたとされる。そうした中で，公表が『1843 年プロイセン国家統計表』として 45 年に，さらに統計局の機関誌『ベルリンの統計局報知』の刊行が 48 年に始まったプロイセンに較べ，31 年の統計協会設立と同時に公表に踏み切ったザクセンの事例は前進的といえる。
34) 1850 年のザクセンに続いて中小領邦国家にも陸続と統計局が設立されてゆく。すなわち，メックレンブルク゠シュヴェリン (51 年)，バーデン (52 年)，ブラウンシュヴァイク (54 年)，オルデンブルク (55 年)，ザクセン゠コブルク゠ゴータ (58 年)，ヘッセン (61 年)，テューリンゲン (64 年)，アンハルト (66 年) である。これは，40 年代に入って活発になり，48 年に頂点に達した政治的運動を背景にした国家情報機関の設立である。「急速に大きくなった出版の力に代表される世論，同じく議会は国家の状態の解明を必要とした。政府にとっても，政治闘争においてその解明が要請された。統計官庁の数多くの設立が続いた」(G. Seibt, Statistik, *Die Entwicklung der deutschen Volkswirtschaftslehre im neunzehnten Jahrhundert*, 2. Teil, Leipzig, 1908, XXXVII, S. 15.)。

第4章

ザクセン王国における初期人口・営業統計

はじめに

　前章ではザクセン王国統計協会の成立からその終焉までの20年間の経緯を明らかにした。統計協会は国家統計を直接に企画し作成する機関ではない。あくまでも既存官庁の実施した調査結果，およびその収集した行政記録・資料，また地方支部からの現地報告を整理・要約し，それらを機関誌で公表する，こうした編纂作業を主たる業務としてきた。とはいえ，そこには国民諸階層に国土の現状を可能な限り包括的かつ正確に報知しようとする意気込みがみられた。『ザクセン王国統計協会報知』には，当時の王国の社会経済と国民生活のさまざまな様相を伝える統計数値が掲載されている。しかし，それは必ずしも体系的組織的な掲示とはなっていなく，断片的で一過的な報知に留まっているものもあった。組織的な資料収集には法的強制と強力な調査権限をもった統計中央部署（＝国家統計局），および専任統計官僚の配置が不可欠であるが，統計協会にはそのいずれの要素もが欠けていた。従い，既存行政機構の経常業務の外枠にあって，その業務報告ルートに依拠した資料収集に終始せざるをえなかった。調査権をもった独立の官庁とはなりえなかったのが統計協会であり，それが1850年までのザクセンの社会統計を制約する原因となった。

　そうした中でも，統計協会が整理・集約・公表作業に精力的に取り組んだ統計としてあるのが，やはり人口統計である。1832年にこれまでの調査方式に

替えて，家屋リスト方式を採用することで大きな転機を迎えることになったのがザクセンの人口調査である。統計協会は内務省から地方概括表の点検，および全国レベルでの総括・公表作業を任され，これが協会にとっての大規模調査を相手にした最初の委託業務となる。32年に続き34年以降の毎3年ごとに実施された人口調査であるが，その整理・公表作業は協会終焉時まで継続される。他方で，その重要性は衆目の認めるところながら，その実行に大きな困難を抱えていたのが営業統計である。この営業統計作成の必要性を国家当局が認めたところに，統計協会が統計局へと発展することのできた大きな契機があった。営業調査は一国経済の根底に迫る情報収集という点に他にはない意義をもち，反面でその実施に際して被調査者側からの不信と抵抗を引き起こすという困難を抱えていた。協会はその最終局面で，この営業統計の整理・公表作業にかかわることになる。

　本章では統計協会時代の20年間にこの人口調査と営業調査がどのような形で成立し，そこでどのような問題を克服し，また課題として何を残したか検討する。国家統計において，前者は最も基本的な調査，後者は最も困難な調査といえるものであり，この双方の調査の性格，ならびにそれと統計協会との関連の検討を通じて，19世紀前半のザクセン王国統計の特質とその歴史的位置を明らかにすることが可能になると考えられる。

I. 人口調査改革

1. 消費者目録による住民数把握

　統計の近代化に当たり，中心となる問題はやはり人口調査である。[1] 記録に残されているところでは，ザクセンでは1474年に国家命令で国内の財産（家屋地所）と居住々民についての調査が行なわれている。その後にはドレスデン，ライプツィヒ，フライベルクにおける都市人口の調査もあったとされる。17世紀末までは，納税能力と戦闘能力のある男子人口把握のための断片的な国家調査が挟まれる。さらに，1700年12月7日には選帝侯国通則を通じて，都市・市町村当局に対して管区内の農地・家族・人数の把握が義務づけられ，送られてきた数量が統計表にまとめられている。これは当時の選帝侯統治下のザクセンにおける絶対主義と重商主義政策にあって，国是として取られた「住民

増大政策」(Peuplierungspolitik) の下で，国民を国土の最大資源とみなし，その規模を確定する試みであった。しかし，そこでは数量獲得に統一した基準がなく，結果の信頼性は低く，この調査は継続しなかったとされている。他方で，1753 年からはプロテスタントの教会が国家行政とは別に独自の人口統計収集に当たっている。すなわち，国に張りめぐらされている広範な教会組織と約 200 年の伝統をもつ出生・婚姻・死亡・聖体拝領者の記録＝教会簿の作成をもとにして，その数量を毎年それぞれの教区から中央部署としての宗教局に報告させることになった。とはいえ，これは教区における人口変動記録ではあっても，全土の総人口を把握する資料とはなりえない。その他には軍事目的用の調査が行なわれている。すなわち，1748 年と 64 年に枢密軍事参事官委員会によって，軍隊駐屯に対する各地の舎営能力を測るべく，農村部での農民・ゲルトナー・ホイスラーの人数，また都市部での世帯数が調べられ，その結果が「フーフェ記録」(Hufenregister)，また「フーフェ目録」(Hufenverzeichnisse) としてまとめられている。77 年にはオーバーラウジッツに対しても同様の調査が実施されたとのことである。世帯における平均居住者数が分かれば，人口総数の近似値に関する推計が可能となる。しかしながら，以上の例は人口の現在数そのものの捕捉を直接目的とした調査といえるものではない。

　人口統計作成の新たな動きは 18 世紀後半の経済的危機に対処する国家行政の中から生まれてくる。すなわち，1735 年に経済専門官庁として商業委員会が設立され，後の 64 年には拡大されて国家経済委員会となるが，これは営業とマニュファクチャーの振興に責任をもち，かつその重要任務のひとつにザクセン選帝候国の人口数把握を抱えていた。まず，その商業委員会の下で 1755 年に全土にまたがる「消費者目録」(Konsumentenverzeichnis) の作成があった。その後，71 年にも地方当局への政府の全般指令にもとづく同じ調査が実施され，72 年からは指令された図式にのっとった統計表での提出が命じられている。これが国家経済委員会によって各管区ごとの消費者目録としてまとめられている。この消費者目録というのは穀物供託分に関する調査結果の附録として作成されたものであるが，それが選帝候国の当時の人口総数についての近似値を表示するものとみなされることになる。穀物供託分の調査とは 18 世紀後半の穀物・ジャガイモの不足状況と穀物価格騰貴を前にして，食糧供給量と国民の食料需要量を算定し両者のバランスを計り，危機的状況（飢餓・伝染病・社

会騒乱)を回避しようという政策意図にもとづいて実施されたものである。当該年の11月に耕作者からの申告にもとづく収穫量と予備量の調査(=「収穫量と予備量の供託」の記録化)を各行政管区が政府指令に従って行なったものである。90年7月23日と91年8月19日にも同様な全般指令が下され,以降毎年こうした調査が継続されることになる。

　後のいくつかの論文には91年時の調査に際しての地方当局に対する国家指令が収録されているが,[2] ここにある趣旨は55年時,また71・72年時の指令においてもほぼ同様であったと思われる。それによると,選帝侯の命を受け,地方当局は前もって行政管区職員と住民(臣民)に調査の意図を説明し,ライ麦・小麦・大麦・カラス麦・えんどう豆・扁豆・きび・そば・やはずえんどう,これら穀物9種,それに混合栽培物とジャガイモを加えた計11種目の農作物の収穫・予備量に関し,耕作者からの申告を受け,それを点検し,必要な場合には再計算した上で正確な集計結果を中央へ送るべしとされている。申告の正しいことを宣誓させられ,申告拒否や隠匿分をもった不正申告,同じく地方当局の報告遅滞に対しては罰金刑が課せられるとある。これは生産側の統計である。

　同じ指令には,これと同時に当該地区の消費者数が年齢別(14以下／15-59／60以上)・性別区分と滞在区分(持続的／一時的／通過)を伴なった市町村リストで調べられるとある。この性・年齢区分はその違いから消費量にも多寡があるため,全消費量をより正確に算定するために取り入れられた区分である。この消費者調査では地方当局から実際の調査を委託されたのは多くが当該地の教師と聖職者であった。この消費者数が人口数を表わすものとみなされる。これは消費側の統計である。また,都市部では財務省の下での塩管理の必要から,10歳以上の住民数を把握した資料が作成されており,これが消費者リストの正確性をチェックする機能をもったという。この生産高統計と消費者統計を基礎資料にして,輸出制限や予備分供出などを通じて食糧危機への対応を検討することになる。[3]

　こうした消費者目録による人口数把握が1790年までには散発的に,それ以降は毎年実施されている。しかしながら,消費者数と住民数は異なった範疇の数量である。前者は後者の近似値,あるいは最小値としかみなされない。たとえ先の滞在区分を採用したとしても,都市部での貧困流浪層や農村部での土地

なし農民，季節労働者，等々，これら調査リストから漏れる住民が多かったことが予想される。また，ここから上がってきた人口は現住人口ではなく，住居人口であった。さらに調査時も実施機関に一任され，同時調査とはならなかった。ともあれ，これが消費者目録による人口数把握として，1831年まで継続される調査方式となる。従い，ザクセンでは1790年代以降の選帝侯国と1806年からの王国の時代，さらにドイツ連邦での王国時代に入った1815年以降の31年まで，解放戦争の一時期を除いて，毎年その「人口数」の把握は可能ということになる。

2. 家屋リスト方式

1．ザクセン王国の人口調査に転機がもたらされるのは1832年に入ってからである。すなわち，32年5月15日の内務省の「人口リストによる調査に関する指令」によって，これまでの収穫量と予備量の供託についての調査，およびそれに附随した消費者目録作成に関する1791年8月19日の全般指令を撤廃すること，また消費者目録からする住民数把握に替えて新たな方式による人口調査を導入することが命じられた。収穫量・予備量供託の調査が望まれた効果を発揮せず，また消費者目録がその構成と作成手続の不備のために有用かつ確実な帰結を提供してこなかった。しかしながら，正確な人口数把握は行政，ことに選挙区の調整，地方官庁設置，また自治体・学校・営業などの制度改革にとって不可欠な基礎資料であり，このために人口調査に新たな機軸が必要である。これが時の国王（アントン）と共同統治者（後のフリードリヒ・アウグストⅡ世）の考えであり，その意を受けて，内務省（大臣v.リンデナウ）は全13項からなる指令を出し，新たな調査方法の採用とそれにもとづく人口リストの作成を各地方官庁に命ずることになる。[4] 指令から窺える32年調査の特徴は以下のように整理されよう。

調査日　　　　　1832年7月3日
調査関係機関　　内務省と国土内務委員会（Landesdirection），郡長および市町村当局。ただし，人口密集地のドレスデン（6.4万人）とライプツィヒ（4.3万人）の2都市のみは市警察委員会が調査実施機関となる
調査員　　　　　市町村当局の責任下で選任された，①地方裁判所職員，②

	自発的市民（統計協会の地方支部構成員が望ましい）
調査方式	調査リストによる記名式全数調査
調査単位	台帳に記入されている家屋
被調査者	各家屋の家主，あるいはその代理人
調査対象	各家屋に居住する全個人
	内国人　当人の属する本籍や裁判区にかかわりなく，調査日に当該市町村に居住している個人（軍人は軍当局の作成する特別人口リストによる）
	外国人　居住期間の長短に関係なく，一時通過のものを除いた外国人
調査項目	1. 住民数（性別）　2. 世帯数・夫婦数　3. 住民名 4. 既婚者　5. 鰥夫・寡婦　6. 独身者 7. 聾唖者　8. 盲人　9. 年齢 10. 宗教（5区分）　11. 身分あるいは営業 12. 外国人（手工業職人／奉公人／その他）
記入方式	①調査員が家主（あるいはその代理人）からの口頭申告を調査リストに記入する，②家主（代理人）が直接調査リストに記入する。当該地の事情を勘案して，そのいずれかを採用する
集約方式	調査リストから市町村ごとに「全体表」がまとめられ，それが郡全体で集約され，その管区順に整理された「全地方表」が作成される。全地方表はドレスデンの国土内務委員会に送られ，統計協会中央委員会にその総括が委託される

　この32年調査では調査リストの標題は「消費者現在数」(Bestand der Consumenten) とされ，まだ消費者目録のなごりを残しているが，別途に内容に適した「家屋リスト」(Haus Liste) という名称が用いられている。次回の34年調査からは標題は「住民現在数」(Bestand der Einwohner) に変更されているが，内実は1軒ごとの建物家屋に居住する全住民を挙げるための調査用紙であり，まさに家屋リストそのものである。しかも，全住民の記名式記載 (namentliche Aufzeichnung) が望まれている。32年段階では，この方式は「絶対的に必須のものではない」とされているが，信頼性のある調査結果を獲得できる，また各市町村当局にとって行政全般に有用な住民目録をこれから作成するに際してその基礎資料として利用できる，この2点の効用をもって，その採用が望ましい

とされるに留まっている。32年調査では記名式は全国で統一的に適用されてはいない。従い，個人記名のないリストも少なからずあった。また，ライプツィヒ市では業務軽減のため43年調査までは記名計上が免除され，総数表示のみで可とされていた。

　ここでいう人口はあくまでも現住人口である。法的住所や所属裁判区に関係なく，調査日に個々人が居住している市町村で調べられ，そこの住民として計上される。従い，外から来ている学生，また職人・奉公人としてそこで就労している者，これらはいずれも当該市町村人口に帰属する。また複数の住居をもっている者の場合には，調査日に滞在している場所の住民となる。ザクセンでは他国家に先がけて32年から地籍人口ではなく，現住人口の把握に着手している。

　調査の実施と監督は郡長（地域によっては行政機関を兼ねていた地方裁判所や司法管轄部局）と市町村当局に任せられている。郡長はその管区全体での調査業務の円滑な進行のために，業務配分についての企画を立て実施を指導する。その下で市町村当局は家屋リストを手配し，その配付・記入・回収に当たる調査員を選任し，実査を管理・統括し，かつ市町村全体の結果表を作成し郡長に提出する。

　こうした家屋リスト方式による人口調査は，センサス様式による人口計上が実現するまでの間に現われた過渡的方式といえるものであり，32年調査に始まり，関税同盟全体での人口調査に合わせるために，次回予定の35年から1年早めた2年後の34年に第2回目の調査が実施される。関税同盟人口調査は単独国家を越えた広域ドイツ圏での人口調査であるが，ザクセンも同盟加盟国としてこれに従ったわけである。それ以降は毎3年ごとに定期化され，49年までの間に計7回に渡りザクセンの人口調査で採用される方式となる。国王の意を受けて，これを提案したのは，ザクセンの近代化を推進する中心人物のひとりで，かつ国家行政と法立案に対する統計の意義を強調していた時の内務大臣であり内閣を主宰していた上記のリンデナウである。そして，前年に設立されていた統計協会には，その各地方支部構成員に当該地での調査員が委嘱され，また協会中央委員会は調査結果の点検と整理・公表作業が委託されることになる。これが協会にとっては最初の大規模調査の委託整理作業となる。また，34年には，その作業の中で誤りや疑問のある申告がみつかった場合，中央委員会

が地方官庁に直接尋問することが許され（34年指令・第6項），さらに前章でみた36年11月1日の国王指令による統計協会の資料請求権限の強化を通じて，37年からは協会監理府に疑問・欠陥についての地方当局への直接質問権が与えられている（37年指令・第5項）。また，その公表を通じて統計の意義を打ち出し，協会の活動を認知させてゆくことにもなる（ちなみに，32年の統計協会の年予算は1,000ターレルであったが，この人口調査結果の整理作業が加わり200ターレルの出超となり，これは内務省の事後承認を受けている）。

　過渡的方式ではあるが，住民の総括的把握から個別的把握への前進であり，消費者目録と較べ信頼性の点ではるかに優れた調査方式といえる。この結果，消費者目録による30年調査と比較して大幅な人口増（1,402,066人から1,558,153人。15年以降のザクセン王国での人口数とその増加数については下記の注にある表を参照）[5]となったが，その増加分15.6万人の内の5/6ほどが人口の自然増よりもこの調査方法の改善によるとされている。[6]

　32年調査の結果は協会機関誌『ザクセン王国統計協会報知』の第4号（1833年）に公表されることになるが，そこには上の調査項目の内，11と12を除き，居住家屋数を取り入れた計12項目についての数量表示がある。これを当時の県（マイスナー・エルツゲビルゲ・ライプツィヒ・ホイグトランド・オーバーラウジッツの5県）とそれぞれに属する地方管区（計56の郡，司法管区，裁判所-都市管区）ごとに都市／農村別を加えて表示し，さらにその中の141の都市人口を独立に表示したのが統計表「1832年7月3日のザクセン王国人口」である。また，地方管区ごとにそこに居住するウェンド人の数量が掲載されているが，これは地方当局の住民記録から転載されたと思われる。ウェンド人というのはザクセン東部に居住するスラブ系の少数住民（ゾルブ人）であるが，結果表ではオーバーラウジッツ県に37,722人，また全国で40,482人（都市部1,647人，農村部38,835人）が計上されている。

　34年以降の調査には基本的な点での変更はないが，いくつかの点で調査様式や調査項目の変更がある。それを簡単にみてみると次のようになる。まず，調査様式について。既述のように，リスト標題が34年から「消費者現在数」に替えて「住民現在数」に変更となる。また，そのつどの調査指令文の中では，家屋リストや家屋票（Hauszettel）という用語も併用されている。調査単位が，32年では家屋とされていたが，34年からは「火災保険台帳に記入されている

建物」と明記されている。34年からは，前回では望ましいものとされていた記名式が原則的な指示となり，また家主（その代理人）によるリストへの自己記入方式が指示されている。従い，この34年調査からザクセンの人口調査はセンサス様式の調査に大きく近づいたとみることができる。46年からは軍人も特別リストではなく家屋リストで調べられる。調査日が34年からは，関税同盟人口調査に合わせて12月1日，さらに45年のカールスルーエでの関税同盟第7回総会の審議を受けて，46年からは12月3日に変更となる。全国統計表の作成を任されたのが統計協会であったが，地方当局からの人口リストは32年は国土内務委員会を経て届けられた。これが34年には地方当局から直接に協会中央委員会に，37年からは協会監理府へ送付されることになった。しかし，最終の49年調査では，統計局設立が予定されていたため内務省への送付が指示されている。

　次に，調査項目について。家族関係に関して，[7] 単身者についての鰥夫・寡婦／独身者という最初の区分から，37年には鰥夫・寡婦／離別者／別居者／未婚者というより詳しい家族関係区分が取り入れられている。年齢欄では37・40・43年調査の3回に限り，「寄宿児および他からの預子としての6歳以下児童（性別）」数が別途に調べられている。宗教欄にあるカトリック派が46年からローマ派とドイツ派に2分される。「身分あるいは営業」という調査項目が最初から設定されていた。ここには，住民個々人の社会的経済的属性が記載されることになっていた（32年調査では，石鹸製造親方，女縫工，女中，手労働者，商人，学童，等々の例示がある）。ただ，この項目の記載結果が全体集計され，全国レベルでの就業統計にまとめられることはなかった。37年から，この項目が「身分あるいは営業，生計分野および他の個人的事情の申告」とされ，詳しい記入注記が添えられている。これに関しては，次項でより詳しく検討する。「外国人」の中に，49年には工場労働者という細分項目が加えられる。46年調査から，調査項目に「精神病者」と「ウェンド人」が追加され，計16項目となり，これが最終の49年調査でも踏襲される。また，46年調査に限って，家屋リストの末尾に営業関連に関する記入枠が添えられている。46年関税同盟営業調査に対応するためである。これに関しては，下の営業統計のところで取り上げる。

　2．このリスト方式による最後の調査，すなわち49年調査では46年調査と

同じく 16 調査項目からなる以下のような書式が使用されている。[8] この 49 年調査では，調査用紙に「家屋リスト」という標題が採用され，34 年から 46 年までの間の標題「住民現在数」は副題に廻されている。

家屋リスト

市町村名　　所属自治連合
火災保険台帳第　　号に記入された 1849 年 12 月 3 日の建物内住民現在数
 1. 住民合計　　　　　性別
 2. 世帯
 3. 住民名
 4. 既婚者　　　　　　性別
 5. 鰥夫・寡婦　　　　性別
 6. 離婚者　　　　　　性別
 7. 別居者　　　　　　性別
 8. 未婚者　　　　　　性別
 9. 年齢　　　　　　　性別
10. 宗教　　　　　　　性別
11. 身分あるいは営業，生計分野および他の個人的事情の申告
12. 聾唖者　　　　　　性別
13. 盲人　　　　　　　性別
14. 精神病　　　　　　性別
15. ウェンド人　　　　性別
16. 外国人　手工業職人／工場労働者（性別）／奉公人（性別）／他外国人（性別）

これを材料に家屋リストの性格をより詳しくみてみよう。このリストに添えられた「注記」には以下のような指示がある。まず，リストに記入されるべき者は当該市町村所在の家屋内にいる家族構成員（身内）であるが，それ以外の者，具体的例としては，雇用されている召使，就業あるいは求職中の職人・営業補助人（含，手工業宿泊所居住者）・徒弟，工場労働者や日雇労働者，修養・学校・教育・修練・年金施設居住者，あるいは修養か教育のための滞在者，病院・産院・労働施設，刑務所・更正施設，等々の収容者，さらに賃貸個人住居の外国人居住者，これらはその滞在市町村においてリストに記入される。これに対し，ある家族に客として滞在する者，あるいは手工業宿泊所以外の旅館で

の宿泊者は当該地での調査には引き出されない。また，調査時に旅行中，あるいは行商中の世帯不在者はかれらの居住地でその身内の下で記入される。逆に，遍歴中で不在の職人・営業補助人はその故郷の市町村での調査からは除外される。軍人も服務中か帰休中かにかかわりなくその居住場所（私宅，兵舎）で身内や使用人と一緒に計上される。複数の居住箇所をもっている者は当人が調査時に滞在している住所でリストに挙げられる。要するに，これらは，旅行中で当該地に一時滞在する者（客人や行商人）を別にして，調査地区に現住する住民を可能な限り正確に把握することからの指示である。地籍人口ではなく，現住人口の把握を目的にした調査方式である。34年からこの調査は関税同盟全域での人口調査として実施されているが，関税同盟総会では関税収益配分の基準をより合理的なものにするために，加盟国で現住人口の調査を行なうことが再三に渡り申し合わされている。ということは，その実行が困難ということであり，その背景には多くの国では個別リストを用いた現住人口把握にまで進みえず，住民名簿などの既存資料による机上計算で人口数を計上せざるをえないという事情があった。関税同盟人口調査の書式はザクセンの家屋リストに較べてより単純である。市民／軍人別に，年齢14以下／15以上区分の性別人口が計上されるだけであるからである。住民のその他の属性には触れることがないために，ザクセンの家屋リストによる調査結果から関税同盟に報告する人口数を計算することは容易であった。関税同盟調査の意図，また本来の人口調査の趣旨に沿う形で，ザクセンでは他国に先がけて現住人口の把握を推し進めようとしている。

　欄の4から8までは家族関係の表示である。欄9では満年齢が記入される。欄10の「宗教」では記号表示とされる（L. ルター派，D. ドイツカトリック派，K. カトリック派，G. ギリシャ派，R. 改革派，I. イスラエル派）。32年時の5分類に46年からはDのドイツカトリック派がつけ加えられた6分類となっている。

　問題は欄11の「身分あるいは営業，生計分野および他の個人的事情の申告」である。これは国民の社会的経済的属性に関係する項目である。ここでは取り上げられる個々人について次のことが指示されている。

　1）すべての個人は，当人が営業（Gewerbe）を営んでいる，また独自の身

分に属するか否かに応じて，当人の営業種，当人の身分，その他の関係を表示する。例，地主，家主，木綿商品製造者，聖職者，文筆家，仕立親方，仕立寡婦（本職として営んでいる），靴製造職人，指物徒弟，鉱山・製錬場労働者，日雇労働者，工場労働者，御者，料理人，下僕，果実商女，小間物造女，編物女，レース編女，工場女工，料理女，女中，等々。

2) 自立した営業を営んでいなくいまだ両親の家で生活している若者（男・女）でも，職人・手工業徒弟，ギムナジウム生徒，技術的施設あるいは他施設の生徒であれば，あるいは農業などで親の手助けをしていれば，あるいはなんらの就業にない場合でも，そのことを表示する。

3) 既婚女性が，例えば，洗濯女，給仕女，裁縫女，等々の副業に就いていれば，それを表示する。

4) 地主であれば，当人がその土地を独自に経営しているか否かを表示する。

5) 複数の営業あるいは生計源をもっている場合，それらを別々に表示する。その際には主営業・主生計源が先に記される。例，旅館主で肉屋親方，工場労働者で日雇労働者，地主で酒場主人，運送屋で家主。

もともと営業という概念には，経営組織としての営業体と個々人の属性としての職業，この双方の意味が混在している。手工業従事者の場合には，この双方は統合している。しかし，営業経営の拡大に伴ない，営業に含まれていた2つの意味が分離してゆく。調査リストでは個人属性としての営業種を記入させることになっているわけで，ここでは後者の職業の意味と解釈することができる。しかしながら，職業従事者としては自立していない家族身内としての就労者や下僕・女中が挙げられ，さらに地主・家主といった分限者も含まれる。従い，職業を軸にしながらも，それを越えて身分・生計分野・個人的事情を記入させることによって，生業（Erwerb）というより広い枠内での個々人の就業状態の把握を目指したものと解釈できよう。ともあれ，これによって就業者と非就業者が分けられ，前者であればその就業分野とそこでの地位が表示されることになる。個々人の社会的経済的属性を抑え人口の就業構成をみるという点で，全項目中最も意味ある調査項目となっている。しかしながら，46年調査まではこの項目が全国集計され，国民全体の就業構成が明らかにされることはなかった。後に，エンゲルによって統計局の最初の作業として，49年調査結果か

ら初めてザクセン人口の就業統計が作成されることになる。その原資料となったのがこの項目にある申告である。

欄15のウェンド人に関する調査項目は46年調査時から採用されている。上記のように，それまでは行政記録からの転用であった。ザクセン政府が他の少数民族（ベーメン人やポーランド人）を措いて，なぜこのウェンド人に特別の注意を払うのかが問題となる。ウェンド人は6世紀頃にスラブ圏から移住してきてプロイセンやザクセンに居住し，独自言語をもち，そのほとんどがカトリック派に属する種族である。これをとくに調査項目に掲げることの意味は，この種族を特定規模をもったザクセン人とは異なった分子とみなし，監視もしくは統治の対象としてその所在を明確化するということであったとされる。民族性を明らかにすることの不利益を感じたウェンド人は少なくなく，そうした層には自己申告を忌避する，あるいはウェンド人であることを隠蔽する傾向があったといわれる。[9]

この家屋リスト方式による人口調査が32年に始まり，上述のように34年調査以降は関税同盟での3年おきの人口調査に合わせ，49年まで継続されている。しかも，この34年調査からは32年調査では必ずしも徹底していなかった個人記名が，ごく一部の特例（例，ライプツィヒ市）を除いて原則指令されることになり，正確性をより高めることができた。また，被調査者（家主，あるいはその代理人）の自己記入方式（＝自計式）の採用も推し進められた。調査項目の枠も拡められ，センサス様式の調査書式に大きく近づいている。そして，49年家屋リストの末尾に，「注意：1852年12月3日の調査には，より拡張された書式が使用される」[10]とある。統計局の設立がいよいよ現実化することに対応して，次回調査から拡張書式を使用することを予告している。しかし，これが世帯個票による直接調査であるとはまだ明記されてはいない。この時点では，まだその見込みは立っていなかったと考えられる。しかし，調査のあり方としてはこの家屋リスト方式が世帯リスト方式の一歩手前まで進んでいることは明らかである。調査単位を家屋から世帯に，また被調査者を家主から世帯主に切り替えることで，世帯個票による全数調査への途が比較的容易に開かれる。

II. 営業統計

1. 1836・37年営業目録

1. 手工業やマニュファクチャー，また問屋制生産や工場生産，さらに商業における営業活動に関して，他国に較べより高い水準にあったザクセン王国では営業資料への関心は大きかったとされる。かつての国家経済委員会時代でも，エルツゲビルゲ地方のマニュファクチャーや工場での製造品の概要，都市ケムニッツとその周辺における木綿マニュファクチャーの状況などに関する報告資料が不定期ながら収集されている。統計協会段階に入っても，特徴的地域での営業報告が支部協会から寄せられている。機関誌『統計協会報知』には，例えば，オーバーラウジッツでの亜麻と木綿の織物業（第3号），[11] マイセンの磁器マニュファクチャー（第8号）[12] に関する報告などが掲載されている。

さらに，機関誌の同じ第3号には支部協会からの報告として28地区の国土記述が表形式で一括掲載されているが，そのすべてに当該地における営業経営の現況報告が含まれている。[13] 例えば，繊維業や機械製造業を軸にザクセンの工業中心地であり，「ザクセンのマンチェスター」ともよばれたケムニッツ市からの報告では，当市の住民や建物に関する報知と並んで，営業関係として，商業（26業種とそこでの経営，主人・補助人・徒弟の数）／特殊工芸品経営者（彫刻家・書籍印刷業・石版印刷業での作業場，主人・徒弟，印刷機の数）／工場施設（繊維業5業種とそこでの工場，就業者，紡錘・捺染机の数）／工場主と他営業経営者（5業種とそこでの主人・親方と補助人・徒弟の数）／運送業（荷馬車運送・貸馬での主人・車夫，馬匹の数）／手工業者（61業種とそこでの作業場，寡婦経営，職人・徒弟・一人親方の数）／織物業（4業種とそこでの親方・寡婦親方，職人・徒弟・一人親方，織機の数）／製造場（水力製粉業・畜力製粉業・晒布業・製材業とそこでの工場，親方・職人・徒弟，碾臼・搗砕器・鋸の数），これらの資料が載っている。また，ザクセン南西部にあって木綿繊維業の盛んなプラウエン市の報告では，同じく営業関係報告として，商業（12業種とそこでの経営，主人および補助人・徒弟の数）／技工と手工業者（57営業種とそこでの作業場，職人・徒弟・一人親方・営業停止親方の数）／工場（3業種とそこでの工場，機械・紡錘，労働者の数）／特殊営業（書籍印刷・荷馬車運

送・貸馬での主人・職人・徒弟・車夫，印刷機・馬匹の数）／製造場（水力製粉業・麦碾割業・製紙業・製材業での施設，親方・職人・徒弟，碾臼・鋸の数）が記載されている。この2つの事例は最も詳細な報告に属する。他方で，農村地域からの報告では，営業に関しては単に10前後の手工業の種類とその従事者数しか記載されていないものもある。

　こうした営業関係の報告が28地区のすべてにおいて行なわれている。それぞれの地区での営業状況の概要が示されることにはなる。統計協会中央委員会の要請に応じて，当該地区の支部協会が税台帳や住民記録をもとにして作成した数量報告であるが，一部の都市と農村の営業報告に留まり，また表示様式にも統一性がない。従って，これらは一国規模はもちろんのこと，地域全体を包摂した営業統計という段階にも達していない。営業事情への関心の高さが窺えるが，これらはあくまでも限られた局所的営業報告に終始したものといわざるをえない。

　2．ザクセン全土にまたがる最初の営業資料の公開は1837年まで待たねばならなかった。全国の財務関連の管区委員会の手によって，36・37年の2年に渡る税台帳からの包括的な報告が初めて作成された。これはザクセン王国における行財政改革の一環として行なわれた34年11月の営業税・対人税の改正とそこから出てきた新たな税記録に立脚した資料である。それは37年の『協会報知』（第8号）で「1836・1837年の営業税台帳と対人税台帳からの統計記録」として公表されている。[14] これがザクセンにおける最初の営業統計の表示といわれることもある。

　ザクセンでは33-34年にかけ，財務省主導の下でこれまで国内の商工業の進展にとって障壁となっていた旧税制に替えて，新たな税制を敷いている。これは関税同盟契約締結に伴ない，プロイセンの税制に倣い同盟契約との調和を計ったより合理的な租税体系とされている。そうした新税法のひとつに国王アントン，共同統治者フリードリヒ・アウグスト（II世），および財務大臣ツェッシャウの名で発令された33年11年22日の「営業税と対人税法」[15] があり，35年1月1日から施行されるとされた。この中で，問題の営業税では以下の12の部門分けがなされ，それぞれの部門内に特徴的な事情を勘案して営業経営者各人への税額が定められている。

1. 商人
2. 小売商人
3. 工場主（A. 工場主・企業家／B. 仲買人・中間商人）
4. 旅館・飲食店経営者，等々
5. パン屋・肉屋
6. 火酒蒸溜者・ビール醸造者
7. 製造場
8. 船舶運輸業者
9. 陸上運輸業者・貸馬業者
10. 行商営業経営者
11. 地所賃借人
12. 技工，手工業者，その他の営業経営者

　特徴的な事情を勘案した査定というのは，例えば，7 の製造場において，製粉・搾油・製材の3業種の営業経営者を対象に，まず水力製粉場で，それが常時満水状態の水力利用にある場合には碾臼1台につき年6ターレル，満水9ヶ月の場合には碾臼1台に年3ターレル，5-6ヶ月間満水状態にない場合では碾臼1台に年1ターレル12グロッシェン，風力製粉場ではオランダ式製粉場には年6ターレル，移動建物による製粉場には経営の規模に応じて年2-6ターレル，その他の原動力（蒸気力・畜力）で稼動する製粉場では1馬力につき年1ターレルとなっている。また，搾油経営では圧縮機1台が碾臼1台，製材場での鋸が碾臼1/2台と等価とされている。このように，営業内容にもとづいたきめ細かい税額の査定基準が定められていることである。

　この税徴収のために，財務・内務省の指名委員と当該地区の代表（都市参事会員や市会議員，また農村自治体代表）から構成される管区委員会（Districts-Commission）が全国の税管区ごとに設けられ，その下で税額の査定が行なわれる。税査定の基本資料として，同委員会に営業税台帳の作成が義務づけられている。そこでは，各納税者に営業申告が義務づけられ，管区委員会にその営業の規模（Umfang）について報告しなくてはならない。これは第3者からみても妥当とされる外的標識——例，営業補助人数，織匠の下での織機数，紡績場での紡錘数，工場労働者数，建物規模，動産・不動産金庫の保険額，賃借額，等々——を申告することであり，それらの内容が台帳に記録され，しかもそれは委員会の責任の下で毎年修正されることになる。

　この台帳記録にある12部門から6部門が引き出され，36・37年現在のザクセン王国における営業部門・業種別の営業経営の数量が以下のように提示されている。

I. 商業（営業税・第 1 部門 17 業種 3,544 と第 2 部門 10 業種 16,854）計 20,398
II. 工場業務，工場問屋業務，仲買人業務　計 2,899
    1. 機械紡績場（羊毛・木綿・編糸と撚糸紡績工場 229 と紡錘 448,819）
    2. 漂白場（38）
    3. 染色場（30）
    4. 織物場（羊毛・亜麻・木綿・絹織物場 1,559）
    5. 靴下編場（278）
    6. リボン・装飾商品製造（125）
    7. 光沢仕上（副業務のため数量は不明）
    8. 捺染場（工場 45 と捺染机 997・輪転印刷機 2）
    9. レース・縫商品製造（322）
    10. 絨毯製造（2）
    11. 油布製造（10）
    12. 皮革商品製造（6）
    13. 木材商品製造（14）
    14. 藁商品製造（8）
    15. タバコ製造（19）
    16. 砂糖製造（7）
    17. 金属製造（製鉄場 48 と他金属製造場 9）
    18. 粘土商品製造（5）
    19. 鉱産物での製造（6）
    20. 化学製造（19）
    21. 機械製造（18）
    22. 器具製造（17）
    23. 紙製造（66）
    24. その他（小間物品・食糧品・ガラス製品製造場 19）
III. 手工業者と機械技工（94 業種）計 75,549
IV. 製造工場（除，家庭必需品用・国庫勘定用製造工場）計 5,181
    1. 製粉工場（水力・風力・蒸気力・畜力製粉工場 3,381 と前 2 者での碾臼 5,791，および後 2 者での馬力 16）
    2. 搾油工場（工場 653 と圧縮機 744）
    3. 製材工場（工場 1,043 と鋸 1,169）
    4. 他工場（穿孔・仕上・研磨・搗砕工場・その他 102）
V. 飲食および宿泊施設　計 7,223
    1. 大規模ホテル（26）
    2. その他の旅館（1,391）
    3. 宿泊なしの飲食店（1,285）
    4. 喫茶店・飲酒店（4,386）
    5. 接客菓子・パン屋（135）

第 I 部門の商業部門では取引業務に属する営業税・第 1 部門と販売業務に属する第 2 部門に分けられ，総計で 20,398 という数量が提示されているが，こ

れは店舗数と個別商人（行商人や露天商人，食糧品商人や小物商人）数を合算したものである。第II部門では紡績業からその他製造業までの24分野において，工場施設・工場問屋・仲買人業務の数が計上されている。これは営業税の第3部門に記録された営業経営体の数量である。当時は工場部門という枠には，単に独立の物的生産施設としての工場のみならず，織物業での問屋制家内工業の広範な拡がりの中で，小営業経営者を傘下においた問屋やそれらの間を仲介する仲買業も含められていた。ここではさらに，A. 大工場業務／B. 仲買人業務・小工場に亜分類されてそれぞれの経営数が示されている業種がある（IIの4・6・9）。また，この部門では経営数の他に，特定業種で物的生産手段（紡績業での紡錘，捺染業での捺染机・印刷機）が掲示されている。これは上述の営業税の査定対象となる外的標識を示すものである。しかし，当然のことに他業種にも備えられているはずの各種生産手段（機械・装置・道具）についての報知はまったくない。また，不可解なことに織物業に固有の織機についての表示も欠落している。

　第III部門（営業税・第12部門）には手工業者と機械技工の人数を表わす数量が掲示されている。従い，ここには業主＝営業経営者の数量が記載され，これは職業統計に属するものといえる。そこには理髪師から大工親方まで94業種が挙げられており，その内で業主数の多いものとして裁断師・修繕屋 10,410，製靴屋・修繕屋 10,085，織匠 9,950，屋台パン屋 3,543，靴下編屋 3,315，鍛冶屋 3,244 などが注目される。少ない方には羽根細工師 4，団扇製作者 7，拍車製作者 10，馬具屋 10 などがある。しかし，この36・37年表では本来の手工業者・機械技工の正確な総数を示すことができないとされる。それは，かなりの数の別種営業経営者がここに含まれているからである。というのは，営業税・第12部門は最低税率部門であるために，他部門（とくに2の工場部門）の零細経営者が手工業者として申告し，それらがこの中に紛れ込んでいるためと推察される。これらを一緒にして総数で 75,549 人が営業経営者として計上されている。ただし，ここではこの数量を経営主・親方の総数とみなすことができるにしても，その下にいる就業者（職人・補助人・徒弟）の数は出てきていない。従い，職業統計としては不完全なものに終わっている。

　第IV部門の製造工場（営業税・第7部門，第3部門の1部）では，製粉・搾油・製材・その他（穿孔・仕上・研磨・搗砕，等々）の4分野が計上されてい

る。ここでは専ら物的製造にかかわる業種が取り上げられ，先に示したように各々の工場施設と生産手段の数量提示がある。従い，この部門では物的設備・生産手段のみが現われることになり，人的就業関係は不明である。

　最後の第Ⅴ部門はいわゆるサーヴィス業（営業税・第4部門）であり，宿泊業・飲食業での営業経営数（小経営の場合には経営主数）が記載されている。

　いうまでもなく，上の表示は営業の現況を調べるための独自書式にのっとって作成されたものではない。当該地の税台帳の記載事項がそのまま転記されたものである。従い，そこにはあるべき国土統計として必要とされる要素が欠落している。国内の営業経営の外延量を表示したものであり，その内部構成（地域分布や人的構成，規模の大小）にはまったく触れていない。従い，これを営業統計ということはできない。営業統計は一国の工業生産（手工業・マニュファクチャー・家内工業・独立工場での製造）を軸に，販売・流通，運送，そしてサーヴィス部門での経済構造を映し出す当時最も重要な経済統計というべきものであった。この場合の経済構造の解明というのは，営業（経営体）の生産設備・生産手段と就業者，つまりは物的側面と人的側面の双方から当該経済部門の特徴を明らかにすることである。プロイセンではこれを1819年から国家統計表における営業表の作成で試みてきた。十全な営業統計には達してはいないが，その趣旨は農業部門を除いた商工業と流通・サーヴィス業の実態をこの営業表で掴もうとすることにあった。この点から考えると，ザクセンの36・37年営業表示はプロイセン営業表にも届いていないといわざるをえない。いずれの部門においても，物的および人的側面での表示が不十分だからである。とくに，物的生産・加工・精製にかかわる業種にあってはその生産設備・機械・装置の表示はごく少数業種に限定され，また全部門において就業者の人的側面（職位・性・年齢構成別の数量）が不明のままに残されている。ここから大きな欠陥として出てくるのは，手工業部門に特徴的な親方／職人・徒弟，工場部門での企業主／労働者の構成にはまったく触れられていないことである。従い，37年段階では，ザクセン王国にはいまだ営業統計は不在であったといわなくてはならない。36・37年表は営業統計ではなく，あくまでも営業経営目録とでもいうべきものに留まっている。プロイセン西部に匹敵する工業地帯を擁し，営業活動がドイツでも最も盛んであったザクセンにしては不可解なことといわねばならない。

2. 1846年営業表

1. 第2章で述べたように，関税同盟において，1846年に加盟国での営業調査が実施されている。工場生産を軸に営業統計を集約するという当初の企画とは異なり，プロイセン統計局が固執する二分法にのっとった営業表作成方式が採用された。プロイセンの統計局と財務省の起草した見本書式が46年10月に各国に送られ，同年12月の人口調査と併せて営業調査が実施されることになった。見本書式では，1. 工場表（製造施設と工場企業），2. 手工業者・その他表（機械技工と手工業者／書籍取引施設・企業／商業／運輸業／旅館・酒場経営／手労働者と奉公人，これら6部門を連結した統計表），そして工場表の附録として，3. 工場設備総括表，この3様の統計表が作成されるべきとされた。

関税同盟加盟国のザクセンも当然のことに大枠ではこの見本に沿った形で資料収集に当たっている。しかし，見本書式とは異なった7本立ての統計表を作成することになった。[16] すなわち，1. 手工業様式の営業と機械工芸，2. 書籍取引，3. 商業，4. 交易営業，5. 工場，6. さまざまな他の仕事に就いている個人，7. 私的サーヴィスを行なっている個人，この7表である。部門が細分され，それぞれが独立した統計表になっていることが特徴的である。関税同盟営業表の見本では5の工場を除いた6部門を連結した書式であったが，ザクセンではそれをそれぞれ独立した統計表にしている。その理由としては，関税同盟の図式は全体を概括するという点では有効ではあるが，それぞれの部門に固有の営業状態に関し十全な配慮を欠くことになるとされ，これに反し，ザクセンの図式は部門を細分しているが，ありうる変更に関してそれらを統合・再編することで対応可能であり，他の関税同盟国家の統計表との間の統一性を損なうこともないとしている。それを「最も目的に合ったと思われる開示様式」であるとし，暗に関税同盟方式への批判を込めて，可能な限り各統計表の独自性を確保しようとするのである。

それぞれの統計表の性格をみてみよう。ただし，5の工場は詳細かつ問題が多いところなので，それについては項を改めて論じることにする。

1. 手工業様式の営業と機械工芸。いわゆる手工業者表である。ここではパン屋・菓子職人から自転車・道具鍛冶屋に至る計92業種が取り上げられている。その表示標識には，作業場，親方・業務指導者・自前で働く者，補助人あ

るいは職人，徒弟，それらの総数，および営業装置が設けられている。すべてに渡り，4県（ドレスデン・ライプツィヒ・ツビィッカウ・ブディジン）別と都市／農村別の地域区分がある。この地域区分は以下のすべての統計表に共通するものである。特徴は営業装置欄にあり，それぞれの業種に特徴的な機械・装置が示されていることである。例えば，パン製造での窯，銃器製造での炉，縁飾製造での織機，真鍮・黄銅鋳造での溶鉱炉，錠前での螺旋万力といったものである。プロイセンとは異なり，ザクセンではこの統計表をただ就業者統計としてのみならず，物的生産手段をも容れた経営統計として作成しようとしている。

2. 書籍取引。ここには古書販売，書籍・美術品・楽譜取引，書籍・楽譜印刷，銅版印刷と銅・鋼・木版画製造，貸出文庫，活字鋳造，石版印刷の計7業種が記載されている。書籍・楽譜・版画に関する物的生産業種と非生産業種が混在している。表示標識は施設，所有者・業務所有者，補助人，徒弟，それらの総数，および営業装置である。営業装置ではその印刷にかかわる業種で手動印刷機と機械印刷機が挙げられ，またとくに書籍・楽譜印刷での蒸気機関，石版印刷での電気装置が特徴的といえる。

3. 商業。繊維商品小売商から始まり羊毛商までの計61業種が取り上げられている。表示項目は施設，所有者・業務所有者，仲買人・帳簿掛・店員・補助人，徒弟，それらの総数である。この部門では営業装置に関する表示はない。

4. 交易営業。Verkehrsgewerbe とされた分野である。本来であれば仲介業や運輸業（荷馬車・船舶運輸業）が専一的に取り上げられる場所であるが，それに加えて宿泊業や飲食業などを含めて13業種が一括されている。またそこには，貸店舗業や富籤販売場といった業種も含まれており，全7統計表の中で分野設定基準の最も不明なところであり，異質な業種の混在という感じが免れない。表示項目には施設，所有者・業務所有者，補助人，徒弟，人数合計がある。営業装置面では，荷馬車運輸業と貸馬車業・貸馬業における馬匹数，船舶運輸業の水上運送手段7種（荷船・河川用荷船・帆船・蒸気船・ゴンドラ，等々）の数量の表示がある。

6. さまざまな他の仕事に就いている個人。給仕，配達人から森林労働者，ブドウ園労働者までの計16職種が記載されている。地域区分の他に性別区分と土地所有の有無区分が加えられている。この部門は完全に職業統計であり，

日銭・日当を稼ぐ単独の職人（箒職人，編物職人）やさまざまな労働者（先の労働者以外にも日雇労働者，道路労働者や鉄道労働者がある）が配列されている。土地所有の有無を問うたことは，それが農業での副就業かどうかを表示する意図によるものと思われる。

　7. 私的サーヴィスを行なっている個人。これも6と同様に経営体ではなく，個々人の生業についての表示であり，乳母，召使，保母から羊牧場管理人，馬具掛までの計22種類が計上されている。上の6が日銭や賃金収入を目的にする職業従事者をまとめているのに対して，このグループの個々人は特定個人（主人や雇用主）に奉仕する，必ずしも職業従事者として自立していない私的サーヴィス提供者という点で同種的といえよう。ここでは，地域区分と性別区分があるだけであり，7統計表の内で最も単純な表頭表示となっている。

　以上の6表と後述の第5表が「1846年12月3日の調査によるザクセン王国における営業概括」として『協会報知』の最終号となる第18号（1849年）に公表されている。関税同盟の見本書式，従って，プロイセンの書式と較べて，このザクセンの営業表は可能な限り同種的なグループをまとめ，それぞれを独立させ，そこに特徴的な要素を拾い上げていることに特色がある。人員配置のみならず物的側面においても，工場部門以外でもできうる限り固有の機械・装置・道具の表示を取り入れている。手工業や書籍取引での使用物的手段の表示はプロイセン営業表にはないものである。これが，上に述べたそれぞれの部門に特徴的な営業状態に配慮した表示ということの意味であり，2本ではなく7本の統計表となった原因である。プロイセン様式では，商業や運輸業，サーヴィス業といった異質な部門・業種が手工業者表の中で機械的に繋げられている。従い，機械技工と手工業者／書籍取引施設・企業／商業／船舶運輸／荷馬車運輸／旅館・酒場経営，この6部門にまたがる134業種が総計181欄で連結されている。このために，結果的には全6部門に共通する表示項目しか記載できないという制約があった。部門や分野の分割，つまりはグループ分けに際しては，同種性を確保し，それぞれに特有な属性を枚挙するというのが統計加工方法上の原則である。それからみて，ザクセンの営業表はプロイセンのそれよりより原則的であり，その統計表としての明敏さの点ではより優れている。

　しかしながら，工業生産における手工業者と工場への二分法が果して妥当か。また，1から7までの部門配列順序が適切か。こうした点での疑問は残される。

前者に関しては，同じ工業生産に属する経営体を一方の手工業，他方の工場に分ける基準をどこに求めるかという問題がついて廻る。客観的基準としては就業者規模なり資本額，生産高なり販売高が考えられるが，当時は両者に対しては，局所的需要に応じる営業／「工場様式で（fabrikmässig）営まれる」，あるいは大規模取引に従事する営業，こうしたあいまいな分類基準しかなく，その解釈には，それぞれの国とそこでの統計表作成者の恣意的判断が入り込む余地が多分にあった。資本制経済への進展過程の中で，手工業の親方層から工場主や工場企業家ともよばれる層が輩出してきている。逆に，親方層から零落して労働者と変らない状況に陥った者も存在する。こうした事態を前にして，ツンフト制の名残ともいえる手工業者・機械技工いう範疇に固執し，それを同じ工業生産分野にありながら工場とは別枠の中で取り上げることの妥当性が問題とされる。後者については，物的財貨の製造・加工・精製から始まり，取引・流通・販売を経て，最後の消費へと繋がる物財・サーヴィスの流れに添って個々の表も配列されるべきであろう。この点で，プロイセンの営業表と同じく，ザクセンのそれも手工業生産と工場生産を分断し，その間に書籍製作・取引，商業，運輸といった部門を配置しており，その順序づけの合理性が問われなくてはならない。

　ともあれ，関税同盟加盟国から集まってきた各国の営業表は中央局でまとめられ，12地区大分類を伴なった3部の報告書となって印刷・公刊されている。だが，すべての国家から上の3様の統計表が送られてきたかというと，そうはならなく，ヴュルテンベルク王国からの報告はなかった。また，工場表のみしか送ってこなかったところも3つあった。その内のひとつがザクセン王国であった（他にはブラウンシュヴァイク公国と都市フランクフルト・アム・マイン）。ザクセンの場合，関税同盟書式に沿った統計表は工場表だけであったことがその理由と推測される。さらに，公刊された報告書には序言，また歴史と課題を説明すべき序文が欠け，分類標題や索引もなく，利用には極めて不便であると後代には酷評されている。[17] 集成された関税同盟営業表ではあるが，その作成結果は必ずしも成功したとはいい難い。

　2．さて，問題は5の工場表である。ザクセン王国の工場表は6分野から構成されている。すなわち，I. 紡績（機械紡績場），II. 織物，III. 製造工場，IV. 蒸気機関，V. 金属工場および鉱山関連企業，VI. その他の工場，この6

つである。その表示項目は，営業設備（施設・工場と機械・装置の2欄）と就業者（親方・職人・徒弟と14以下／15以上の年齢区分および性別区分を伴なった通常就業労働者とそれらの合計の計6欄），総計8欄にまたがって構成されている（この工場表の枠組みについては，表4「1846年ザクセン王国工場表」を参照のこと）。

IとIIの分野では繊維業が取り上げられ，Iの機械紡績場では素材の羊毛・木綿・亜麻の3種別にそれぞれ工場施設と紡錘が計上され，すべてに渡り性・年齢別の就業労働者構成が示されている。この分野は工場経営の最も進んだ分野のひとつといえ，企業と労働者の地域分布によって工業生産における展開度の地域格差が鮮明に現われることになる。IIの織物では，1で7業種ごとに稼動織機が挙げられ，そこでの就業者（親方・職人・徒弟）が計上されている。ということは，この分野ではいまだに手工業段階の人的構成をもち，問屋制下で家内工業としてある織物業の広範な存在を反映している。2以下には11の織物業とそれに関連した各種工場が列記され，ここでは工場施設数，および年齢・性別の就業労働者数とその合計がすべての業種に渡って表示されている。また，機械装置に関しては，その内の織物業の4業種で使用織機（力織機・手織機），また捺染工場での捺染机・捺染機が計上されているが，他の業種での機械装置の表示はない。

IIIの分野は製造工場であり，製粉（水力・風力・畜力・蒸気力）・搾油・晒布・皮鞣・製材・その他の6業種に分けられている。すべての業種で施設数が示されている。機械装置では，水力・畜力・蒸気力製粉工場での碾臼数の表示がある。就業者に関しては，水力・風力製粉工場で親方・職人・徒弟が計上され，他の2つの製粉工場と他業種の工場ではすべてにおいて性・年齢区分のない労働者総数が示されている。このことは水力と風力の製粉業ではまだ旧来の徒弟制が残っており，他の業種では工場制が進展しつつあることの表われとみることができるが，労働者の性・年齢区分がないことの説明はない。

IVの分野では鉄道を除いた11業種別に蒸気機関を設置している施設・工場が示され，それぞれで使用されている蒸気機関の馬力総数が記載されている。ただ鉄道業では施設・工場ではなく使用蒸気機関車・蒸気機関数とその馬力が計上されている。もともと関税同盟での営業表作成の力点のひとつに，この蒸気機関の用途別使用とその馬力についての調査があった。各国の工業化の進展

表4　1846年ザクセン王国工場表

分野・業種	営業設備		親方職人徒弟	就業者					欄番号
	施設工場	機械装置		通常就業労働者				計	
				14歳以下		15歳以上			
				男	女	男	女		
I. 紡績　機械紡績場									
1. 羊毛									
a) 紡毛糸	○	○		○	○	○	○	○	1-7
b) 梳毛糸	○	○		○	○	○	○	○	8-14
2. 木綿	○	○		○	○	○	○	○	15-21
3. 亜麻	○	○		○	○	○	○	○	22-28
II. 織物									
1. 自前・賃金用稼動織機すべての種類の布・織地の営業用									
a) 絹・半絹		○	○						29-30
b) 木綿・半木綿		○	○						31-32
c) 亜麻・半亜麻		○	○						33-34
d) 羊毛・半羊毛		○	○						35-36
e) 靴下織・編		○	○						37-38
f) リボン織		○	○						39-40
g) その他		○	○						41-42
2. 羊毛・木綿・亜麻からの撚糸・編物糸・刺繍糸・縫糸用工場	○			○	○	○	○	○	43-48
3. 羊毛・半羊毛布地用工場（布地製造）	○	◎		○	○	○	○	○	49-56
4. 木綿・半木綿布地用工場	○	◎		○	○	○	○	○	57-64
5. 絹・半絹布地用工場	○	◎		○	○	○	○	○	65-72
6. 絨毯工場	○	◎		○	○	○	○	○	73-80
7. レース編とレース縫	○			○	○	○	○	○	81-86
8. 天然および化学漂白工場									
a) 布地漂白工場	○			○	○	○	○	○	87-92
b) 撚糸漂白工場	○			○	○	○	○	○	93-98
9. トルコ赤染色工場	○			○	○	○	○	○	99-104
10. 絹染色工場	○			○	○	○	○	○	105-110
11. その他の染色工場	○			○	○	○	○	○	111-116
12. すべての種類の布地捺染工場	○	◎		○	○	○	○	○	117-124
III. 製造工場									
1. 製粉工場									
a) 水力製粉工場	○	○	○						125-127
b) 風力製粉工場	○		○						128-129
c) 畜力製粉工場	○							○	130-132
d) 蒸気力製粉工場	○							○	133-135
2. 搾油工場	○	○						○	136-137

項目									頁
3. 晒布工場	○							○	138-139
4. 皮鞣工場	○							○	140-141
5. 製材工場	○							○	142-143
6. 他の工場	○							○	144-145
IV. 蒸気機関									
1. 機械紡績工場用	○	⊙							146-147
2. 織物工場用	○	⊙							148-149
3. 晒布工場用	○	⊙							150-151
4. 機械工場用	○	⊙							152-153
5. 製粉工場用	○	⊙							154-155
6. 製材工場用	○	⊙							156-157
7. すべての種類のその他の製造工場用	○	⊙							158-159
8. 採鉱業用	○	⊙							160-161
9. 水運業用	○	⊙							162-163
10. すべての種類の金属製造用		⊙							164-165
11. 鉄道用（蒸気機関車・常設蒸気機関）		⊕							166-167
12. その他用	○	⊙							168-169
V. 金属工場および鉱山関係企業									
1. 鉄工場	○	◎		○	○	○	○	○	170-181
2. 針金工場	○			○	○	○	○	○	182-187
3. 鉄商品・ブリキ商品工場（4種類別）	◎			○	○	○	○	○	188-197
4. 鋼鉄商品工場	○			○	○	○	○	○	198-203
5. 銅工場	○			○	○	○	○	○	204-209
6. 黄銅工場	○			○	○	○	○	○	210-215
7. 製錬工場（鉛から硫黄生産に至る計8種）	○			○	○	○	○	○	216-221
8. 青銅商品工場	○			○	○	○	○	○	222-227
9. 機械工場	○			○	○	○	○	○	228-233
10. ガラス工場	○	○		○	○	○	○	○	234-240
11. ガラス研磨工場	○			○	○	○	○	○	241-246
12. 陶磁器工場	○			○	○	○	○	○	247-252
13. 粘土商品工場	○			○	○	○	○	○	253-258
14. 医療用および営業用化学製品工場				○	○	○	○	○	259-264
15. 炭酸カリウム・青色染料煮沸工場	○							○	265-266
16. 石灰焼工場	○							○	267-268
17. レンガ工場	○							○	269-270
18. タール窯	○							○	271-272
VI. その他の工場									
1. 光沢仕上・裁断・晒施設	○			○	○	○	○	○	273-278
2. 管楽器・弦楽器製造	○			○	○	○	○	○	279-284
3. ビール醸造場	○							○	285-286
4. 火酒蒸溜場	○							○	287-288
5. 代用コーヒ工場	○			○	○	○	○	○	289-294

6.	チョコレート工場	○			○	○	○	○	○	295-300
7.	蒸溜施設	○							○	301-302
8.	芳香水および石鹸製造工場	○							○	303-304
9.	金・銀マニュファクチャー(レオン商品)	○			○	○	○	○	○	305-310
10.	毛髪紡績場, 羊毛梳場, 織縁紡績場	○			○	○	○	○	○	311-316
11.	木遊具商品工場	○			○	○	○	○	○	317-322
12.	木材商品・屋根薄板製造	○			○	○	○	○	○	323-328
13.	煤・骨炭・黒玉工場	○			○	○	○	○	○	329-334
14.	人造羊毛・人造花・麦藁帽子工場	○			○	○	○	○	○	335-340
15.	すべての種類の塗物工場	○			○	○	○	○	○	341-346
16.	皮革・皮革商品工場	○			○	○	○	○	○	347-352
17.	膠工場	○			○	○	○	○	○	353-358
18.	芥子工場	○			○	○	○	○	○	359-364
19.	新金・洋銀・電気版製造工場	○			○	○	○	○	○	365-370
20.	製紙工場	○	◎		○	○	○	○	○	371-378
21.	壁紙工場	○			○	○	○	○	○	379-384
22.	板紙・硬厚紙・紙軟塊工場	○			○	○	○	○	○	385-390
23.	ピアノ製造	○			○	○	○	○	○	391-396
24.	火薬工場	○			○	○	○	○	○	397-402
25.	甜菜糖工場	○			○	○	○	○	○	403-408
26.	トランプ工場	○			○	○	○	○	○	409-414
27.	封蝋・封糊・羽茎・鉛筆・鋼ペン工場	○			○	○	○	○	○	415-420
28.	石鹸・蝋燭工場	○			○	○	○	○	○	421-426
29.	日傘・雨傘工場	○			○	○	○	○	○	427-432
30.	澱粉・糊工場	○			○	○	○	○	○	433-438
31.	採石場経営	○			○	○	○	○	○	439-444
32.	石炭産出	○			○	○	○	○	○	445-450
33.	タバコ・巻タバコ工場	○			○	○	○	○	○	451-456
34.	泥炭・褐炭産出	○			○	○	○	○	○	457-462
35.	油布・油絹工場	○			○	○	○	○	○	463-468
36.	織機筬製造	○			○	○	○	○	○	469-474
37.	可燃商品工場	○			○	○	○	○	○	475-480
38.	製糖工場	○			○	○	○	○	○	481-486

○は数量表示欄あり，◎は複数種の施設・機械・装置数の表示あり，①は馬力数の表示あり，⊕は蒸気機関車・常設蒸気機関とその馬力の数量表示あり。地域区分では4県(ドレスデン・ライプツィヒ・ツヴィッカウ・ブディジン)別とそれぞれに都市／農村別が施されている。

右端の欄番号は原表には記載されていない。

出所) Uebersicht der Gewerbe im Königreich Sachsen nach der Zählung am 3. December 1846, *Mittheilungen des Statistischen Vereins für das Königreich Sachsen*, Lf. 18, 1849, SS. 48-71.

を測定する尺度として，この蒸気機関の数量とその能力の表示が求められていたからである。このことを最も強く意識し，営業表に早くから蒸気機関の表示を取り入れてきたのがプロイセン統計局であった。37年営業表の附録としてその提示が開始されている。関税同盟もこの趣旨に沿い，蒸気機関をそれぞれの分野・業種での機械・装置欄に挿入させるのではなく，あえて独立した分野に設定して，その伝播状況を明示しようとするわけである。しかし，蒸気機関はあくまで生産手段のひとつであり，独自の営業経営分野を構成しているわけではない。これを他の経営分野と同格のものとして併記することによって，統計表としての一貫性が損なわれていることは否めない。従い，ここでは物的施設・装置だけが問題となり，就業者についての表示はない。

　Vの分野では金属工場および鉱山関連企業が取り上げられ，鉄工場からタール窯までの計18業種が並べられている。ザクセンでは繊維業と並んで最も隆盛している営業部門といえるところである。施設・工場の表示では，その3の鉄製品・ブリキ商品工場で，大鎌鍛冶工場，鎖・錨鍛冶工場，螺旋・釘・針工場／他の鍛冶工場（小物鉄商品工場・鋳鉄工場・ブリキ商品工場）／棒鉄圧延工場／ブリキ圧延工場，この4亜業種別の施設数とそれらの合計が示されている。機械・装置では，鉄工場で用いられる炉の6種類（溶鉱炉・製錬火床・攪錬鉄炉・鍛接炉・溶銑炉・反射炉）とガラス工場での炉の枚挙しかない。この分野のそれぞれの業種ではそこに特徴的な機械・装置が多様に利用されているのだが，それらについての表示はない。容易には整理・集約できないほどの多様性をもち，営業税台帳にもその記載がないからであろう。従い，統計表に上ってくることはない。就業者では最後の4業種を除いたすべてに性・年齢別の労働者数とその合計，最後の4業種ではその区分なしの労働者合計が表示されている。

　最後のⅥの分野では光沢仕上・裁断・晒施設から製糖工場までのさまざまな工場種が計38に渡って掲示されている。一瞥して，その中には先のⅡ・Ⅲ・Vといった分野に帰属すべき業種が混在していることが分かる。例えば，光沢仕上・裁断・晒施設はⅡ分野，また採石場経営や採炭場，また採泥炭・褐炭場などはV分野，さらに製紙工場や壁紙工場などはⅢ分野に配置されて然るべき業種と考えられる。こうした不自然な結果が出てきた原因は，関税同盟から示された工場表見本に縛られ，ⅠからVまでの分野には見本に挙げられ

た業種を配置し，それから外れた業種をこのⅥ分野に一括して並べたことにある。従い，そこには生産面からみて同種的な営業種を可能な限りまとめ，統一した均質的グループ分けを施すという点での考慮が欠けることになる。この部門では全業種について施設・工場の計上があるが，機械・装置の表示は製紙工場での紙漉用桶・巻紙用機械だけに留まっている。その理由は，Ⅴ分野と同じく，各業種に固有の機械・装置があまりにも多種多様すぎ，営業税台帳には載らず，統計表示も不可能ということであろう。就業者については，4業種で性・年齢区別のない労働者合計数のみが示されているが，他の業種すべてにおいて性・年齢別の労働者数とその合計が計上されている。

　以上が，46年営業表の核心部分であり，最大のスペースを取る工場表の概略である。この工場表に限っていえば，その枠組みはプロイセンのそれとほぼ同じといえる。プロイセン工場表では，紡績／織物／織物業に類似の工場／製造工場／蒸気機関／金属工場と採鉱企業／その他の工場，この7分野分割が取られているが，違いは織物部門を織物業そのものとそれに連携する漂白や捺染などの関連工場に分けた点だけである。取り上げられた業種には当然に違いが出てきており，欄総数は556となり，ザクセンのものより70欄多くなっている。しかし，分野と業種での分類には大きな類似性がみられる。こと工場表に関してはザクセンの表作成は関税同盟の見本に忠実に従った結果といえよう。

　この46年営業表の後，統計協会による営業統計の作成はない。ザクセン全土にまたがるさらなる営業統計調査は次の統計局時代の重要課題のひとつになってゆく。[18]

　3．さて最後に，工場表を含めてすべての統計表の資料源が問題とされなければならない。プロイセンにみられるように，各国での営業表の作成は個別営業経営に直接当たる独立調査からの結果に依拠したものではない。既存資料の机上での集計作業から出てきたものである。各国各地の行政当局が集める営業税記録を軸にして作成されたのが営業表である。19世紀中葉のドイツにあって，営業調査を個票を用いた直接調査として実施する段階までにはほど遠く，既存の税資料から営業表の作成に当たらざるをえなかった。

　ところがそうした中で，ザクセンの場合，他の国家より一歩進んだ資料獲得方式を取っている。すなわち，46年調査の家屋リストに営業統計作成を目的にした特別の記入枠を設け，営業での物的設備に関する資料を集めようとして

いることである。46年人口調査の指令・第6項には,「ザクセン王国に対して将来作成されることになる営業統計の基礎にとっての開始として,営業統計記録の収集が今回の人口調査と結びつけられることになる。このために,表（家屋リストのこと——引用者）の最後に必要な欄が添えられており,その慎重かつ完全な記入は家主あるいはその代理者にとって同じく義務となる」とある。具体的には,家屋リストの最後に「営業=装置,およびそこに属する物件」を標題とする特別枠を設け,建物内に存在する,またそこに属する装置・機械・物件を記入するとされる（いわゆる開放式の書式）[19]。これは全体的に必要とされている営業統計（46年関税同盟営業統計のこと）を作成するためであり,その記入を家主（あるいはその代理者）に義務づけている。そして,それを受けて市町村当局は独立の書式でもって該当対象物の詳細な表示を行なうとある。上述した手工業者表や書籍関連企業・施設表に単に就業者のみならず物的装置に関する欄に数量表示があるのはこれによる。

しかし,結果的にはこの営業関連の数量にはかなりの欠落があり,補完・修正の必要があったとされる。[20] その原因は容易に想定される。第1に,手工業や家内工業,また他の営業での小経営の場合を除いて,一般的にみて家主と経営当事者が一致するとは限らず,そうした際に家主に営業経営の内容を報告させることには無理がある。第2に,被調査者側には経営内実に触れるこうした調査への不信や恐怖が大きかった。結果的には不完全回答が多かった。独立した営業調査用の枠ではあるが,これが十全には機能しえなかった。家屋リストではその調査項目11に「身分あるいは営業,生計分野および他の個人的事情の申告」があり,営業表の就業者に関する表示欄（=職業統計部分）はそれによって埋めることが可能であったろう。しかし,とくに工場表の物的設備面に関する数量は家屋リスト資料からは出てこない。その記入のための材料としてはやはり営業税記録しかない。ここではザクセン営業表も他の国家と同様,既存の営業税記録に戻り,そこにある記載数値に頼らざるをえなかったと推察される。上述した34年営業税法の規定では,製造場部門での税額査定基準に営業経営での稼動物的設備や利用馬力が採用され,管区委員会の作成する税台帳には経営体のそれら外的標識に関する記録があり,さらに工場経営部門に関しては,各管区で統一性を保つために,管区委員会の財務・内務省指名委員による税額査定の監査を受け,管区委員会は「査定に際して基準に使われた契機を

表示する下で,個々人の税の目録を財務省に送付しなければならない」[21]とある。それら税記録として残された査定基準の諸契機に関する数量表示が,物的設備面の欄を埋めるための資料源として役立ったものであろう。しかし,その内容は決して十全とはいえなかった。

　一般的にいって,営業表作成の資料源を営業税記録におくことには以下のような問題点がついて廻る。第1に,営業税記録による対象捕捉の悉皆性である。営業税が免税された部分[22]――ザクセンの場合,補助人1人以下で,工場問屋あるいは卸売商人（Grossist）に雇われている織物業や編物業,その他の工場営業を営む者,また農業での副業として織物業・編物業・工場営業を営む者,これらはいずれも営業税を免除されている――は統計表で果して漏れなく把握されるかという問題である。第2に,表示欄の多くに欠落部分が出てくる。営業税台帳に記載されない数量は,いかにそれが統計表示にとって重要であっても営業表には上がってこない。とくに,営業設備にある機械・装置欄にはその点での欠落が多く,営業税の査定対象となる物的設備のみしか計上されないという結果になる。工場表において,各業種にあるはずのさまざまな物的生産手段についての表示が不十分であったが,これはそれらが営業税の対象範囲外の項目だからである。第3に,税記録にある業種・職種分布と実際の分布との乖離である。というのは,より低い税率クラスへ自己の業種や職種を虚偽申告する経営者や就業者の存在を否定できないからである。例えば,家畜取引商は商人としての申告によって高い営業税がかけられることを避けるために,製肉職人として届け出る。また,織物女という職種には大量の就業者数が記録されているが,これはそこでの税率が最低であるため,繊維加工分野にある多くの就業者がそれを隠れ場にしている。税記録による統計作成にはこうした欠陥と歪みがつきまとう。

　これらは先の第2章で取り上げられたプロイセン王国と関税同盟での営業表の合理性を制約する要因となるものであった。ザクセン王国営業表の場合,基本資料を家屋リストにある調査項目「身分あるいは営業」の記載内容に求めている。従い,課税問題と関係なく個々人の就業状況が把握されることになり,上の制約要因の第1と第3のものから免れることはできる。しかしながら,第2の制約,つまり税記録からは個々の経営の物的状況の把握が難しいという制約を回避することができない。家屋リストに別枠を設定して,家屋内の,ある

いはそれに附属する物的設備を取り上げるというのが46年調査の趣旨であったが，これは十全に機能しなかった。やはり，制約はありながらも，税記録に戻るしか術がなかった。工場表の営業設備欄にみられる表示の不完全性（例えば，工場表の「その他工場分野」では，製紙工場での2機種のみが計上されていたが，それは課税の査定項目であるためであり，それ以外の工場ではその物的側面の表示がほとんど欠けている）はそこに原因がある。これは個々の営業体への直接経営調査をもってしか解決できない問題である。

46年調査は関税同盟営業調査を含むことになり，ザクセンは家屋リストの調査項目「身分あるいは営業」によって個々人の職種と地位，また別途に営業調査用枠を用意し経営体の物的設備内容を把握し，営業表作成に対処しようとした。しかし，後者の営業調査書式はその役割を果しえず，工場表の作成では制約は多いが営業税資料に依拠せざるをえなかった。やはり，独自の営業調査には大きな壁が立ち塞がっていたということになる。

III. 営業表批判

1. 1846年営業表の欠陥

1．46年営業表はザクセン王国にとって最初の全国規模の営業統計作成の試みであった。それまでには上でみた統計協会での支部協会による局所的な営業状況報告はあった。また，工業博覧会資料による，とくに繊維業を対象にした統計報告などがあったし，さらには営業統計を利用したF. G. ヴィーク『ザクセンの工業状態』（1840年）や同じく『ザクセン王国のマニュファクチャーと工場工業』（1845年）などの個人研究もあった。しかし，これら個人研究では対象範囲が偏り，また多分に推計にもとづく数量表示が含まれ，全般的営業統計といえるものではなかった。46年調査は営業経営そのものの全体的捕捉を目的にした本格的な表式調査といえるものであった。にもかかわらず，この営業表に盛られた数量が正確性において多くの不明さをもったものであったことが後に判明する。整理作業を委託された統計協会での作業に大きな欠陥のあったことが暴かれる。

ことの発端は，統計局時代に入った1850年代早々に，統計局の最初の作業として49年人口調査結果の整理・編纂が行なわれたことにあった。この作業

の中で局の業務指導者エンゲルはザクセン人口の 49 年就業構成表を組み立てることになるが，その結果を 46 年営業表にある人口の就業実態と比較した際，両者の数量のずれがあまりにも大きすぎ，これは 3 年の時差をもってしてもとうてい説明不可能であり，46 年営業表の作成作業の不完全さが明らかになったことである。このことの意味は大きく，後にエンゲルをして執拗に思えるほど関税同盟方式（＝プロイセン方式）による営業表の欠陥を追求させその克服を説かせることになる要因は，ベルギーの 46 年工業調査の模範例と比較した場合のこの 46 年営業表の不透明さ，および 49 年職業統計と 46 年営業表にある対応箇所でのこうした数量のギャップにあったと考えられる。後に，エンゲルは 46 年営業表について次のように批判している。[23]

> 官庁統計の産物そのものは統計協会報知の第 18 号の内容をなす「1846 年 12 月 3 日の人口調査時のザクセン王国の営業概括」である。この作業も非常に限定された価値しかもたないということは，専門的知識をまったく欠いたその処理，同じくまた次の事情によるものといえる。すなわち，——それが関税同盟工業統計の一部をなすことになっていたために——指示された統計表の図式にのっとった調査と整理の必要があったが，この図式はザクセンの工業関係にはほとんどまったく適用されえないものであった。この後の方の事情には，例えば，個々の織物業分野は別々に分けて表示することができないということであり，また最初の事情には，例えば，撚糸紡績業の下では 78,953 の紡錘に対して 10,257 人が就業することになっている，というものがあった。

事情に通暁していない者に統計表の作成作業が任されたこと，関税同盟から指示された書式がザクセンでの事情にそぐわないこと，この 2 点を指摘している。この前者の欠陥から，撚糸紡績業では通常ありえない数量が表示されることになったとする。就業者数に対してあまりにも紡錘数が少ないのである（ちなみに，プロイセンでは就業者 15,927 ／紡錘 419,523）。常識外のこうした数量が出てくる事情として，粗雑な集計作業のあったことを衝いている。また後者では，後述されるように，指示された関税同盟書式がとくにザクセンの繊維業の現状に合わないことを批判している。

　2．エンゲルはこの 46 年と 49 年の調査結果を比較考量する中で，同一職種間の就業人口に関して常識では考えられないほどの大きな乖離に突き当たる。

当人は49年営業分類での5部門(農林業／工業／商業・交易業／科学・工芸・軍隊／個人的サーヴィス)の中から計201職種を取り上げ，その調査結果と46年営業表にある対応職種での就業者数とその構成について比較を行ない，数量の相違についてそのよって出てくる原因を説明している。[24] その数は膨大なので，以下ではその数例をみてみる。

49年営業分類での第1部門(農林業)にある職種「園芸業者」において，46年調査では雇主658，補助人(含，個人邸宅の庭師)842とあった。49年調査ではそれらが1,205と761となっている。補助人だけが49年に81減少である。これは園芸業で多数雇われている日雇労働者が49年の家屋リストでは日雇労働者そのものとして記入されたことによると解説されている。また，第2部門(工業)にある分野「食糧の製造と調達」の職種「パン屋，ケーキ屋，砂糖パン屋，等々」では46年には親方3,314，職人2,351，徒弟963であった。それが49年調査ではそれぞれ3,334，2,294，1,155となっている。親方と徒弟の増加は理解できるにしても，職人の減少には問題がある。これは46年調査では職人の内の224が技術的修養を受けていない層であったが，これが49年調査では正しく日雇労働者に計上されたことで説明がつく。

以上の2つの場合には差の出てくる根拠が明瞭であり，訂正後には46年と49年の比較可能性を確保することが可能な例である。また，次にみるような事例もある。

第2部門の分野「その他の工場営業とマニュファクチャー営業」の職種「木綿紡績者」では，46年調査において工場132，労働者8,320とあり，それが49年調査では企業家120，労働者6,466となっている。経済発展の筋道から考えて，この3年間に木綿紡績業で工場数や労働者数が減少するという事態は不自然であり，これは現実の経過では決してなく，集計方法のあり方に問題が潜んでいよう。労働者数の違いは49年調査では14歳以下の児童就業者が欠落しており，これが46年調査では1,962人であったことから説明がつく。工場(工場主，あるいは企業家)の方は49年調査では指示の徹底と集中加工によって，企業者が複数工場を所有している場合，その重複計算が避けられたのに反し，46年調査ではこの重複計上が起こったことによるとされている。

同じ第2部門の「原材料獲得」分野の職種「褐炭・泥炭採掘」では，46年に労働者1,338，49年にはそれが199とある。ここでは，まず46年の数量その

ものが集計ミスによって過大になっており，原リストに当たってこれが 715 に訂正される。しかし，両年の労働者数の差 516 が残る。その理由は 46 年にはすべての褐炭・泥炭採掘場での労働者が計上されたのに反し，49 年には褐炭採掘場の鉱夫のみが挙げられたことにある。泥炭採掘場はすべて露天掘であり，そこには鉱夫ではなく日雇労働者が多く就業している。その層が 516 人の中に含まれている。ここでは集計によるミスと分類基準の違いからくる計上結果が重なっている。こうした集計時の単純な計算違いが 46 年表には頻発しており，エンゲルはこれを統計協会内部での作業には「無責任な投げやりが支配していた」とし，それが 46 年調査結果を「非常に信頼できないものにみせている」と批判している。[25]

さらに数量の差の説明が不可能な事例も多々出てきている。例えば，第 2 部門の分野「その他の工場営業とマニュファクチャー営業」にある職種「タバコ・巻タバコ工場主」では，46 年では工場 174 と労働者 2,246 が計上されていた。ところが，49 年にはそれらが企業家 159 と労働者 1,493 に減っている。この間に巻タバコ製造は大きく増大したとみられるので，この減少は不可解である。これは次の事情による。比較的大規模な巻タバコ工場は商人の所有になっており，かれらは本業として商品販売や運送業を営み，タバコ製造を副営業とみなしている。家屋リストでは副経営をもっている場合には，それをも記入することになっていた。しかし，これが周知徹底しない場合には，調査書式には商人とだけ記入され，タバコ工場主としては現われてこないためである。これは商人の副営業を悉皆的に調べ上げることによってしか解決できない問題であり，不徹底部分は脱落部分として不明のまま残される。

同じく，同部門・同分野の職種「羊毛紡績業者」（紡績分野の工場とその他分野にある紡績関連工場，およびそれらの就業者）において，46 年調査では工場 439，労働者 16,268 とあり，それが 49 年調査では企業家 94，労働者 6,355 となっている。どうしてこのような「身の毛もよだつ差」[26] (haarsträubende Differenze) が起こったのか。まずは，46 年の原資料そのもののチェックから始め，それを工場 396，労働者 8,309 に修正する。これは集計作業を指導した者の配慮不足と無理解に原因がある。例えば，バウツェン郡では農村部の 3 紡毛糸工場（紡錘 422）に就業労働者数 5,759 とあり，他方で同県の都市部では 26 工場（紡錘 2,418）に労働者 62 とある。前者は労働者数の過多，後者は過少という点で，

いずれもが事実を疑わしめる数量である。そして県全体の集計に際して農村部と都市部の区分なしに両者を合算したとある。こうした常識では不可解な数量については、もとの資料に当たって再計算し、上のように修正したという。しかし、訂正後の数量をもってしても49年調査結果との大きな乖離はなお不明のまま残される。工場の数字の違いは、比較的大規模な繊維商品のマニュファクチャー工場主は独自の紡績工場を所有しているのに反し、小営業経営者は共同の紡績場を使用している。これら小経営者の数をそのまま工場数とした重複計算がその原因と考えられる。

重複計算が生じた先の2例では、重複の度合いが不明なために実数が判明せず、2つの調査結果の比較可能性は失われる。このような例が他にも頻発している。もちろん、46年調査の結果すべてが信頼に耐えないものというわけではない。中には46年から49年の経済推移を事実にそくして映し出したと思われる数量もある。例えば、第2部門の分野「家庭・工業・多目的用営業」にある職種「車大工・鞍製作者」において、46年には親方1,912、職人839、徒弟325とあり、それが49年にはそれぞれ2,077、735、403とある。ここでは親方数の増大と職人数の減少がみられるが、それはその間にツンフト制の枷から抜け出し親方昇任の自由を獲得した職人層の存在を反映しているものであろう。また、第3部門(商業・交易業)の分野「その他の交易」にある職種「貸馬車御者・配達運送御者」では、46年には総数1,578であり、49年には1,907とある。この増大は鉄道路線の完成後に、その拠点周辺にある小都市で蒸気機関車運送と結びついた配達業務が増加したことによるとされる。

しかし、両年の数量差を合理的に説明できるこうした事例の方が少なく、多くの場合に説明困難といってよいほどの数量差が出てきている。もちろん、46年調査は家屋リストとその末尾の営業調査枠、および税記録からの集計、49年調査では家屋リスト1本からの集計という表作成方式の違いがあり、また職業の分類基準にも違いがあった。しかし、それらを調整して可能な限り同一基準に立たせ、同一範疇に組み入れた数量を比較しても、3年の時間的変動によるものとは考えられないほどの差が多くみられるのである。46年調査にこうした粗雑な作業結果の出てきたことには、エンゲルの批判するように臨時雇用の作業員とその指導者の作業態度に問題があったのであろう。さらに、その背景に組織的な問題もあったと考えられる。調査終了後、内務省に回送されてき

た書式一式はその整理作業に着手されないまま省内に留めおかれていた。関税同盟中央局への報告提出期限（47年8月）までにザクセン営業表を完成させる見通しは立っていない状況であった。結局，人口調査同様，営業表作成も統計協会へ委託業務として廻されることになる。内務省からの委託を受けて，統計協会が整理作業に着手したのは47年12月になってからである。しかし，この時期は統計協会自らが統計局への移行の必要性を説き，政府（内務省）の考えもその方向に傾きつつありながら，統計局設立の決断まではゆかず，協会の立場が不安定な時期であった。かつてのシュリーベンのような適切な指導者も不在であり，この時期の統計協会の力量は底をついた状態にあった。人口調査に続いて営業調査，さらに47年家畜調査，この3つの調査結果の整理作業を十全に処理する上で，その力は不足していた。協会はとりあえず，臨時雇人12名を増員して作業に臨んでいる。作業が終了したのは48年末であった。しかし，これが慎重さと正確性の確保を二の次にし，とにかく営業表としてまとめ，それを関税同盟中央局に提出することを優先した杜撰な作業に終わったという感は否めない。終局面での統計協会の窮状が46年営業表の作成作業に影響したと考えられる。

2. 関税同盟方式批判

1．以上，いくつかの例でみたように，49年調査と較べた46年調査の結果は3年の時間差を原因にはできない説明不能な乖離を多く含んでいる。その基本的な原因は，調査と分類に際しての確固とした方針の欠落，ならびに点検と集計の場での熟達した専門家の不在にあるとみるのがエンゲルである。重複計上や誤った転記事例が頻発した原因もそこにある。後に，ドイツ営業統計史に関する論評の中で，エンゲルは再度次のように批判している。[27] 46年調査はこれまでのプロイセン営業表の枠組みを基礎にして，関税同盟中央部署が作成した統計表の書式と作成指令に従い実施されている。「ザクセン王国も営業統計をプロイセンの書式様式と指令にのっとり調査し，その指令に従い1849年に結果の公表までも行なった」。ところが，「この帰結が公表されてすぐ後に，調査された数量の正確性に極めて重大な疑問のあることが明らかになった」。それを具体的に示すのが，先にいくつか引用した46/49年調査結果の比較対照であった。こうして，「1846年調査の価値は極めて大きな減少を蒙り，ほとんど

無に帰したということを最も明瞭に教えるのがザクセン王国の統計である」としている。

　調査方法や集中加工の点で正確度を高め，その「国民経済的価値」では49年調査がより優れていることは明らかなので，問題は46年調査のあり方にある。46年調査は関税同盟から指示された様式でもって実施されねばならなかった。そこには，何が調べられるべきかについてはそこそこ正確な指示があったが，しかし，どのような時期にいかにして調査を実施すべきか，この調査方法に関する基本命題の提示が欠落していた。また，関税同盟とエンゲルとでは営業統計に対する観点にそもそもの違いがある。次に，指示された統計表の図式自体がザクセンの国状には適切とはいえない。さらに，ザクセン側の担当者にも国土の営業関係に通暁した者が欠けていた。こうした事情が働いていたとするのがエンゲルである。観点の相違とは，ベルギーでの営業調査を模範とするエンゲルからすれば，プロイセン営業表が経営統計と職業統計を混同させ，従って，営業経営の物的構成と就業構造を的確に捉えるための項目を欠くとみえた。また，統計表がザクセンの国状に合わないということは，例えば，営業の名称がプロイセンのそれとは一致しない事例がある他に，織物業での細かな分類は，複数の織物製品が同一箇所で生産されているために，それらを別々に分けて表示することは不可能であり，ザクセンではほとんど意味をなさない。こういったことと推察される。これらは統計表の図式と作成指示を提供した関税同盟の責任であるが，しかしまた，ザクセン王国の当事者側にみられた営業事情への不理解，また書式処理や集計でのミスもあった。こうしたことを通じて，関税同盟方式による46年調査を否定し，新様式による営業調査の実施が必要なことを確認している。

　２．観点の相違についてもう少し考えてみよう。46年関税同盟営業表は基本的にはプロイセン営業表の図式に従って作成されている。既述のように，プロイセン営業表はもともと手工業者層の職業統計として出発した。後にこれに工場と商業・運輸業・サーヴィス部門をつけ加え，国家統計表の独立した部門となった。そこに特徴的なのは，同じ工業生産の担い手を手工業と工場に2分し，前者では人的側面（就業者の規模と構成），後者では物的側面（生産設備の配置）の把握を目的にした統計表を作成したことである（プロイセン工場表では46年表までその就業者の表示はまったく不十分であり，力点は物的側面に偏っ

ていた)。そして, 両者の区分の基準を, 一方の局所的需要に対応する小経営, 他方の大取引（あるいは遠隔地取引）をこととする工場ないし工場様式の経営においた。いわば, 生産ではなく流通局面に分類基準を設定している。しかし, こうしたあいまいな基準が時代的状況にもはや適応できなくなったことが46年営業表から判明する。手工業親方とされながら実態は賃労働者と変らない層も出ている。逆に, 手工業者の中からいくつも業種で工場生産者（＝ファブリカント, また工場企業家）ともいえる層が輩出してくる。他方で, 生産力レベルでは手工業段階に留まる織物家内経営が問屋制に組み込まれ市場販売用経営にかかわることによって, 工場生産の中に配属される。だが, そこにはまだ親方／職人・徒弟という職制の支配している零細な手工業経営が広範に残存している。両者の間の境界は流動的であり, その間の移動が生じつつある。こうした手工業, マニュファクチャー, 問屋制家内工業, そして機械制工場生産が入り組んだ現実を前にして, 旧来からの二分法では対処不可能となる。それらすべてを同じ工業部門に属する生産単位とみなし, それぞれを生産分野ごとに経営形態・組織別分類にかけ, その従業者規模, 雇用関係（就業者の地位別構成), 使用物的生産手段（機械・装置）を枚挙する方式, つまりは経営調査として一元化する必要がある。もちろん, この段階では経営の内実そのものに迫る標識, 例えていえば, 資本額, 生産額や販売額, 支払賃金額といった項目を容れた調査用紙を立てることはできまい。しかし, 営業表にあっても, 経営体の人的・物的側面に関して, すべてに共通した統一的表示標識の設定は不可欠である。エンゲルは後にいう。「工業を大経営と小経営に分けることは一般的に薦められない。なんらかの原則にのっとった分割がいつかは当を得ることができる以上に, 境界と移行のみならず, 変動も極めて頻繁であり, また非常に微妙である。工業全体をまとめ, 雇用主と被雇用者の数量別に労働-勤務関係を考えてゆくことによってのみ, 然るべき映像を手にすることになる」。[28] これは第2回目の61年関税同盟営業調査への批判であるが, 趣旨は46年営業表にも当てはまる。プロイセン営業表に由来する二分法は46・61年営業表に共通した作成方式だからである。工業生産の担い手を取引量の多寡を別にして, まず全体を悉皆網羅し, 次いで製造分野別に営業形態別分類にかけ, 全体をより同質的部分に分割し, それぞれの部分集団に特徴的な就業者構成と物的設備配置に関する分類標識を盛り込む。こうした営業統計に独自の調査書式を設計

することが必要になる。しかし，このことを19世紀中葉のドイツ社会統計に望むことは不可能といえた。

エンゲルの頭の中にあったのは，工業経営調査用として起草された46年のベルギーでの営業調査用紙であったことは疑いない。しかしながら，関税同盟加盟国では直接調査として営業調査を企画・実施する段階にはまだ達していない。従い，営業税記録を主とした既存資料による書式集計によらざるをえなかった。しかし，一国経済が資本制生産に移行しつつある中で，旧来のツンフト制に拘束された図式をもってしては営業の実態を描写することは不可能になってきている。手工業と工場生産の区分を統計表の部門設定にもち込むことの意味は薄弱であり，逆に混乱のもととなる。営業表段階の営業統計が歴史的役割を終え，その限界に達していることを示すのが46年営業表であった。

46年営業表に対しては，ドイツ営業統計史研究にあっても評価は低い。関税同盟側からの統一的指示がなく，調査実施の細目規定は各国の当事者の判断に委ねられ，そこにはカテゴリー設定に恣意的判断が入り込み，同一様式で調査が行なわれる保証がなかった。また，全体網羅性に欠け，取り上げられた単位は比較的規模の大きい経営体に偏ったとされている。[29] 要するに，これは統一的設計を欠いた近代以前の統計ということである。

おわりに

統計協会時代のザクセン王国統計の特質を探るべく，人口統計と営業統計の展開を取り上げた。前者は一国統計の中で最も基本的な統計であり，後者はその重要性の点では前者に劣らないが，その作成に大きな困難がついて廻る統計である。この2つの統計の作成経緯を辿ることによって，近代化の途についたザクセンの社会統計の特徴が解明されよう。

人口統計に関しては，1832年の家屋リスト方式の採用によって，ザクセンの人口統計調査は大きく前進し，人口センサスの一歩手前の段階まで達したということができよう。当該家屋に単独の世帯しか居住していない場合には，家屋リストはそのまま世帯リストとなりうるし，また複数世帯が同居し家屋リストにそれが連記されていても，それぞれを切り離せば世帯個票とみなすこともできるのである。これによって現住人口の把握も可能となる。多くの国ではい

まだ住民名簿による机上集計に頼っていた中で，30年代早々にこのような方式で人口調査を実施した国家はザクセンのみであり，この点ではドイツ諸邦中，最も進んだ調査様式を取っていた。しかも，その最後の49年調査時に次回の52年調査では拡大された書式によることを予告し，さらに進んだ方式の採用を暗示している。これが家屋リストにある調査項目の拡大なのか，さらに進んで世帯リストによる直接全数調査なのかは不明であるとしても，後者への道程はさほど遠いものとは思われない。

　49年調査の家屋リストでみた項目11の「身分あるいは営業」は注目されるべきものといえる。営業概念に組織としての経営体と個人属性としての職業の二面性が残されていた当時，この調査項目への返答には不明瞭さがつきまとうが，これを職業調査欄として，個々人の職種と従業上の地位を調べる欄として徹底し，そこから当該個人が営業経営者であることが割り出されれば，別途に営業調査用紙を用意するという方向が開けてくる。人口総体の社会経済的属性別構成の表示もここから始まる。その意味でこの家屋リストはその後のセンサス段階の人口調査用紙の原型ともいえると評価できよう。

　人口調査に較べ，営業調査の進展は大きな壁に突き当たる。ドイツ全体を見渡して営業調査に独立経営体を対象にした個票を使用するという段階ではなかった。この中にあって，ザクセンでは46年人口調査用リストの末尾に営業調査用の枠を添付する方法を取った。これが成功していれば，営業関連項目が調査リストに直接に取り上げられるという点で先駆的事例となりえたであろう。しかし，この試みは失敗に終わり，資料源としては家屋リストの職業調査項目と営業税記録事項に依拠せざるをえなかった。既存資料による調査では営業経営体の全体網羅性（悉皆性）の保証がなく，統計表の表示項目も偏ったものとなる。これが営業表から本来の経営統計としての営業統計へと進む上での制約となる。さらに関税同盟方式に従う限り，調査対象の規定に際して現実の経済活動に沿った営業経営体の分類が出てこない。その表われが客観的にも理論的にも意味のない工業生産における手工業者生産と工場生産の二分法であった。ザクセンの46年営業表もこの二分法の採用を余儀なくされているが，関税同盟方式の無理な2本立ての営業表ではなく，7本立ての体系を作成し，個々の統計表の質的統一性を高めようと努力し，そこに他国家の営業表にはない特色もみられる。しかし，営業表ではなく，そこにある2側面を職業統計と経営統

計に分け，それを統合した営業統計として展開する面での前進はみられなかった。関税同盟，従って，プロイセンの様式による限り，この問題の克服は不可能となる。続く61年の第2回目の関税同盟営業表においても同様の難問がつきまとい，46年営業表の弱点が拡大されて露呈している。結局，この営業表から営業経営統計への進展は1870-71年の関税同盟統計拡充委員会での審議まで待たねばならなかった。また，本来の営業統計の作成はドイツ帝国形成後の1872年調査の構想，および75年調査での試行を経て，さらに後の82年の職業=営業調査までの長い期間を要することになる。

　1830-50年のザクセン王国の社会統計は，その開始の遅れを取り戻すべく，とくにその最初の10年間は統計協会の精力的な資料収集・整理作業を通じて大きく前進した。しかし，王国の社会経済と国民生活の現状を包括的に伝える統計体系の構築という点では，半官的な統計協会という組織的制約があり，必要な統計作成を自ら企画・実行することはできなかった。また，中央官庁に集まってきた行政資料を理論的に裏づけられた体系に沿って整理・公表する点での立ち遅れも否定できなかった。しかし，32年と34年以降の毎3年おきの家屋リスト方式による人口調査結果をそのつど『統計協会報知』を通じて公表することによって，ザクセンの人口総体とその内部構成に関するこれまでになかった数量像を国民の前に示すことができた。家屋リスト方式による7回の人口調査は統計協会の成立と共に開始し，また協会の活動停止と共に終了する。これは，統計の効用を社会的に認知させる上で大きな意義をもった。だが，経済統計の集約ともいえる営業統計に関しては，その方法論的難点を解決することができず，それを後代の課題として残すことになった。『統計協会報知』もザクセン各地からの局所的な営業報告を記載し，また営業税資料からの全土にまたがる営業体目録を一括掲載した。しかし，これらはいずれも営業統計としては不完全，不十分なものであった。そして，統計協会最後の仕事として営業表の整理・公表に当たったが，それは無残な結果に終わった。評価に値する営業統計の作成と統計協会の接点をみつけることはついにできなかった。

注
1) 以下，ザクセンにおける人口調査の成立に関しては次の文献による。*Das Statistische*

Bureau für das Königreich Sachsen in den ersten fünfzig Jahren seines Bestehens, Leipzig, 1881, S. 59ff., E. Engel, Ueber die Bedeutung der Bevölkerungs゠Statistik mit besonderer Beziehung auf die diesjährige Volkszählung und Productions゠ und Consumtions゠Statistik im Königreiche Sachsen, *Zeitschrift des Statistischen Büreaus des Königlich Sächsischen Ministeriums des Innern*, Jg. 1, 1855, S. 148ff., K. Blaschke, Zur Bevölkerungsgeschichte Sachsens vor der industriellen Revolution, *Beiträge zur deutschen Wirtschafts- und Sozialgeschichte des 18. und 19. Jahrhunderts*, Berlin, 1962, S. 133f., *Quellen zur Bevölkerungsstatistik Deutschlands 1815-1875*, bearb. von A. Kraus, Boppard a. R., 1980, SS. 19-20, A. Puschmann, Volkszählung in Sachsen-gestern und heute, *Statistik in Sachsen*, 2006, Ht. 1, S. 99ff.

2) E. Engel, Ueber die Bedeutung der Bevölkerungs゠Statistik, *a. a. O*, SS. 148-49, G. Wächter, Die Sächsische Volkszählung am 1. Dezember 1900, *Zeitschrift des K. Sächsichen Statistischen Büreaus*, Jg. 48, Beilage, 1902, S. 1.

3) 「重商主義的な形をもった啓蒙絶対主義は，この報告を国家の経済指導，その経済力と財政力の確定のために必要とし，それを通じて場合によっては（農業）恐慌に際して穀物の輸出禁止あるいは在庫確保によって最悪の結果，とくに飢餓と悪疫，同じく革命的蜂起を防ぎ，あるいは少なくとも沈静化させることができたのである」(H. Kiesewetter, Quellen zur historischen Statistik des Königreichs Sachsen im Industriezeitalter (1750-1914), *Grundlagen der historischen Statistik von Deutschland*, hrsg. von W. Fischer und A, Kunz, Opladen, 1991, S. 147.)。

4) Verordnung, die Aufnahme von Bevölkerungslisten betreffend, *Sammulung der Gesetze und Verordnungen für das Königreich Sachsen vom Jahre 1832*, SS. 309-19.

5) 1815年以降，49年までの3年おきにみたザクセンにおける人口数とその増加は次のようになる。E. Engel, Ueber die Bedeutung der Bevölkerungs゠Statistik, *a. a. O.*, S. 149.

調査年	住民数	増加数	調査方式
1815	1178802		消費者目録
1818	1216833	38031	同上
1821	1261602	44769	同上
1824	1311483	49881	同上
1827	1358003	46520	同上
1830	1402066	44063	同上
1832	1558153	156087	家屋リスト
1834	1595668	37515	同上
1837	1652114	56446	同上
1840	1706276	54162	同上
1843	1757800	51524	同上
1846	1836433	78633	同上
1849	1894431	57998	同上

6) E. Engel, Ueber die Bedeutung der Bevölkerungs゠Statistik, *a. a. O*, S. 149, A. Pfütze, *Die Entwicklung der amtlichen Landesstatistik in Sachsen*, Dresden, 1931, S. 6.

7) もともとの仏語 etat civil のドイツ語訳として，当初は Civilstand という用語が使用さ

れていた。しかし，「市民身分」とすると個々人の社会的地位が想定され，後に Familienstand が当てられるようになる。独身・既婚・離別・鰥夫・寡婦などのことを指す。従い，より妥当な表現としては，本書で用いる「家族関係」，または「家族状況」ということになろう。わが国の統計では「縁事」という用語が使用されてきた。

8) Verordnung, die Aufnahme von Bevölkerungslisten betreffend, *Gesetz- und Verordnungsbalatt für das Königreich Sachsen vom Jahre 1849*, SS. 211-16, Die Bevölkerung des Königreichs nach Berufs- und Erwerbsclassen und Resultate der Gewerbs-Geographie und Gewerbs-Statistik von Sachsen, *Statistische Mittheilungen aus dem Königreich Sachsen*, Lf. 3, 1854, SS. 54-55.

9) 46年人口調査では4.4万人のウェンド人の申告があったが，これは実際人口とは大きくかけ離れたものであり，約2万人のウェンド人がその出自を隠して申告したとするウェンド人国会議員の発言もあった。D. Schmidt, *Statistik und Staatlichkeit*, Wiesbaden, 2005, SS. 139-40.

10) Die Bevölkerung des Königreichs, *a. a. O.*, S. 55.

11) Einiges über den dermaligen Stand der Leinen- und Baumwoll-Webereien in der königlich sächsischen Oberlausitz, insbesondere in der Umgegend von Zittau, *Mittheilungen des statistischen Vereins für das Königreich Sachsen*, Lf. 3, 1833, SS. 77-82.

12) Die Porzellanmanufactur zu Meissen, *Mitthl. d. st. Ver. f. d. Könr. Sach.*, Lf. 8, 1837, SS. 9-15.

13) Beiträge zur Statistik einzelner Ortschaften des Königreichs, *Mitthl. d. st. Ver. f. d. Könr. Sach.*, Lf. 3, 1833, S. 83ff.

14) Statistische Notizen, aus den Gewerbe- und Personalsteuer-Katastern der Jahre 1836 und 1837, *Mitthl. d. st. Ver. f. d. Könr. Sach.*, Lf. 8, 1837, SS. 34-40.

15) Gewerbe= und Personalsteuer=Gesetz, *Saml. d. Gt. u. Verod. f. d. Könr. Sach. v. J. 1834*, SS. 349-417.

16) Uebersicht der Gewerbe im Königreich Sachsen nach der Zählung am 3. December 1846, *Mitthl. d. st. Ver. f. d. Könr. Sach.*, Lf. 18, 1849.

17) E. Engel, Die Nothwendigkeit einer Reform der volkswirthschaftlichen Statistik insbesondere der Gewerbestatistik, *Zeitschrift des Königlich Preussischen Statistischen Bureaus*, Jg. 10, 1870, S. 163.

18) ただ，統計協会時代のザクセンの営業資料として49年人口調査結果から「営業表と身分表」を作成する構想があったのは事実である。これは家屋リストにあった調査項目11の「身分あるいは営業」の記載から，「生計源」として自立経営土地所有者・借地人に始まり救貧受給者・施設収容者に至る26種の枠を設け，それぞれに該当する個々人とその家族構成員の数量をまとめようとしたものである。例えば，そこにある「9. 工場労働者」では，その性・年齢別（14以下／15-20／21-24／25以上）の人数，21歳以上の者の家族構成員数，これらに関する表示枠がある。Verordnung, die Aufnahme von Bevölkerungslisten betreffend, *a. a. O.*, SS. 221-25, Die Bevölkerung des Königreichs, *a. a. O.*, SS. 58-59. しかし，「営業表」とはあるが，これはあくまで家屋（人口）リストの事後集計による生業・職業構成の表示であり，独立した営業統計といえるものではない。また，その結果の公表もない。

19) Verordnung, die Aufnahme von Bevölkerungslisten betreffend, *Gt.- u. Verodbl. f. d. Könr. Sach. v. J. 1846*, S. 200, S. 204.
20) G. Wächter, Die Sächsische Volkszählung, *a. a. O.*, S. 3.
21) Gewerbe= und Personalsteuer=Gesetz, *a. a. O.*, S. 369.
22) Gewerbe= und Personalsteuer=Gesetz, *a. a. O.*, S. 354, *Quellen zur Berufs- und Gewerbestatistik Deutschlands 1816-1875 : Mitteldeutsche Staaten*, bearb. von A. Kraus, Boppard a. R., 1995, S. 62.
23) E. Engel, Beiträge zur Gewerbegeographie und Gewerbestatistik, II, *Ztsch. d. St. Bür. d. Könl. Säch. Min. d. Inn.*, Jg. 3, 1857, SS. 26-27. また,「これは多くの点で，その結果の信頼性を疑うのに重要な根拠があった」,「統計協会報知の第18号の内容をなすいわゆる1846年営業統計が多くの点で不正確さに苦しみ，その不正確性は調査に使用されたリストのまったく不適切な把握と処理から出てきている」(Die Bevölkerung des Königreichs, *a. a. O.*, S. 2, S. 13.) ともされる。
24) Erläuterungen in Betreff der Differenzen, Die Bevölkerung des Königreichs, *a. a. O.*, SS. 14-33.
25) Erläuterungen, *a. a. O.*, SS. 24-25.
26) Erläuterungen, *a. a. O.*, S. 24.
27) E. Engel, Die Nothwendigkeit einer Reform, *a. a. O*, S. 163.
28) E. Engel, Die Methoden der Volkszählung, mit besonderer Berücksichtigung der im preussischen Staate angewandten, *Ztsch. d. Könl. Pr. St. Bur.*, Jg. 1, 1861, S. 207.
29) W. Morgenroth, Gewerbestatistik, *Die Statistik in Deutschland nach ihrem heutigen Stand*, hrsg. von F. Zahn, Bd. 2, München und Berlin, 1911, SS. 218-19.

第5章

レーデンと「ドイツ統計協会」

はじめに

　社会経済統計の歴史的展開は政府行政統計（＝官庁統計）を軸にする。それと併行して，私的統計の形を取って現われてくるさまざまな種類の数値資料があり，それは政府統計の補完物，あるいはその代替物として特定の役割を果してきたという歴史的事実がある。その代表例が統計協会の活動から産まれてくる統計である。その典型として挙げることができるのが1830年代のイギリスにおける都市統計協会を主役にした統計運動であり，その社会踏査結果である。統計協会の資料獲得活動は政府統計の及ばない社会的暗部を協会員が自らの手によって明るみに出し，問題の規模と深刻さを探るという目的をもったものであった。それはまた，当時の先進的都市ブルジョアジーを主体にした自発的かつ組織的な調査活動でもあった。ここでは統計協会の資料収集が政府統計の不足・不備を補完するものとして機能している。
　こうした動きは多様な形を取りながらも各国の統計発達史にみられる現象といってよい。つまり，公的部分としての政府諸機関による統計報告作成，私的部分としての都市統計協会などによる資料調達活動，この相互補完関係である。以下において，この問題を19世紀中葉のドイツを対象にして検討してみるが，そこでの論点は近代化と都市々民層形成の立ち遅れたドイツにおいて，イギリスにみられたような統計運動はありえたのか，あったとすればその特徴はどこ

165

にあり，統計の歴史的発展に果したその役割はどのようなものであったのか，ということになる。19世紀前半には統計後進国といわざるをえなかったドイツでも，1831-50年には先にみたザクセン王国統計協会の活動があった。さらに当時のドイツ連邦全体にまたがった統計協会の結成があり，啓蒙的市民階級の自発的協働による統計作成の組織化が計られている。46-48年の「ドイツ統計協会」(Verein für deutsche Statistik) である。ザクセン王国統計協会の方は当初から半官的組織であったのに対し，このドイツ統計協会は各国各地の市民層や団体・組織の自発的参加によって成立している。さらに，この動きは48-49年のフランクフルト国民議会にも引き継がれ，ドイツにおける統計の統一化を目指した努力となって現われる。イギリスの統計協会と統計運動に較べて，その活動は短命に終わったとはいえ，ドイツ統計協会は統計後進国ドイツにあっても市民階級の手による統計の自主的獲得の試みがあったことの証となっている。この経過を追求し，ドイツ社会統計形成史の中でのその意義づけを試みる。

I. ドイツ統計協会

1. 成立背景

　1830年代に入っての社会的激動とそれに促された国家改革を背景にして，ザクセン王国統計協会が誕生した。同じように，40年代半ばの経済危機と社会不安の兆候をみながら，その解決案を模索する中で全ドイツにまたがる信頼に値する統計情報収集の必要性が感受される。そこにドイツ統計協会成立の契機がある。これはまた，既存の国家調査機関（＝統計局）の硬直した統計作成体制に対する批判を含むものでもあった。

　ドイツ統計協会は46年3月のF. v. レーデンの提唱を発足の契機にしている。プロイセンの官僚ながら一市民としてドイツ各地の市民や学術団体によびかけ，それらと連携して統計協会を立ち上げ，統計資料をもってドイツの現状把握を志向したのがレーデンである。そのレーデンを動かしたものは何だったのか。提唱を促した契機として以下の点が考えられる。

　40年代に入って，現状変革を目指した政治的運動が活発化する。立憲制・出版の自由・陪臣裁判制，等々の民主的要求の実現を迫る議会と，これに反して旧態依然の体制保持に固執する政府との間の対立が激化する。その背後には，

30年代以降のそうした民主的要求を掲げた産業ブルジョアジーの抬頭と市民階級の形成がある。多くの領邦国家において旧体制を揺さぶる政治的動きが活発になる。

　プロイセンの場合，19世紀10年代に始まった自由主義的経済政策の下での社会構造の変化があり，土地所有の自由化・隷農制からの農民解放・営業の自由化が推し進められてゆく中から，資本主義的経済発展に伴なう負の部分が顕在化してゆく。土地をもたない零細農民や農業労働者，ツンフト制からは自由になったものの激化する競争から脱落し実質的には労働者と変らない手工業親方，寄る辺を失った職人・徒弟，劣悪な労働条件下の工場労働者，こういった大衆の貧困化という問題である。1840年代に入って，これは「社会的貧困」(Pauperismus) 問題として，全社会的な関心を惹き，その対策が求められたものである。加えて，45年に始まるドイツ全体の農業凶作と食糧危機は後に食糧一揆を引き起こすまでになる。

　しかし，こうした事態に対し，政府当局は有効な対処手段をもたず，またこの危機的状況を正確な事実資料でもって伝えることを怠っているのが国家調査部署であるとされる。プロイセン統計局こそはこうした状況を正確な事実資料と数値資料（統計）でもって伝えることを任務としているはずであるが，作成された報告や統計表の中には現在の困難事を反映させようとする姿勢が欠けている。ホフマン，ディーテリチに率いられたプロイセン統計局は先の自由主義的経済政策を推進・擁護する側にあっても，統計数量の背後に隠された社会の軋轢や矛盾をあえて摘出しようとする意思に不足している。30年代から統計局の仕事に加わり，44年から統計局長職に就いたディーテリチの眼には，営業の自由によって促された競争から旧市民やツンフト親方の中に多くの工場主が産まれ，工場様式による営業の発展がみられたとし，これが自由主義的経済政策からの好ましい成果としか映らない。こうした楽観論に与しえないのがレーデンや統計協会結成に賛同した人々の考えであった。プロイセン統計局の体制擁護的姿勢に対する統計協会側からの批判には強いものがあった。[1] 時代状況にすばやく反応し，問題解決の術を探ろうとしていた開明的論者のひとりがレーデンであり，その意欲を体現したものが統計協会であった。

　このような状況にあって，レーデンは国家統計局に頼ることなく，自ら統計協会を立ち上げ，ドイツの抱える困難を事実資料と統計をもって直視する必要

I. ドイツ統計協会

が大であるとする。統計協会発足直後の講演で，それら困難が次のように列挙されている。[2] ①政治的対立。現下の不和や対立の時代にあって，さまざまな見解や願望が交錯している。それらを事実にもとづいて友好的に調整する必要がある。②過当競争。過度の競争が経済的に不安定な状況の元凶のひとつとみなされている。これに対しては，不安定状況にある生活の糧と生計の源の細部についての正確な知識をもち，適切な補助手段をみい出すことによって対処すべきである。③失業と救貧問題。失業や大衆貧困，また大衆零落（プロレタリアート化）はわれわれの時代の悲惨な結果といえるが，その克服にはそれが生じる根源を突きとめることが必須である。④食糧不安。進行中の食糧危機に関しても，食糧不足の虚と実を見分け，すべての人々の眼に事実を網羅的に開示し，そうした不安の除去に努めなくてはならない。以上，いずれの問題にせよ，事実を見極め，そのよって出てくる原因を明らかにするためには統計調査（statistische Forschung）と統計資料をもってするしかない。

　レーデンその人はゲッチンゲン大学での修学後，1824年から37年までハノーヴァー王国での，その後43年からはプロイセン王国での官僚として勤務している。[3] その間，関税同盟加入問題，営業政策や鉄道経営，ドイツ営業博覧会開催，等々との取り組みを通じて経済問題の実際に通暁した専門家として知られるようになっていた。さらに，ドイツにおける穀物取引や亜麻布・撚糸取引，また鉄道問題，ヨーロッパ列強の現況に関する実証的著作をものにし，また17年に及んで私費をはたいてのドイツ内外での諸国家・地域に関する膨大な資料収集に努めている（これが当人の大部の国際比較統計の資料源となり，かつは後述するフランクフルト国民議会におかれた統計局の材料として提出されることになる）。

　レーデンをしてこうした統計協会設立という実際的活動に駆り立てたもうひとつの契機に，同時代人で以前より統計協会の重要性を訴えてきたテュービンゲン大学のJ. ファラッティの見解がある。ファラッティは国家顕著事項ではなく，特定国制下に現存する人間社会の悉皆把握を統計学の目標とし，数量的認識を含んだより広い状態描写の学問として統計学＝状態科学としての統計学を提起している。[4] 人間社会の諸事象の時間的生成と経過をあとづける歴史的年代記的知識と並んで，静止せる事実（＝現存）を網羅的に叙述するのが統計的知識であり，この両者は相併行して歴史科学を構成する。そして，統計的知

識の資料源として一方の国家行政統計,他方の私的統計協会などのアンケート調査や実態調査の結果を挙げる。1830年代のイギリスの都市統計協会の活動を自ら実地見聞した経験を通じて,私的な統計獲得活動の意義と役割を確認している。レーデンの統計協会構想はこのファラッティの見解に触発されてもいる。当時,他にも全ドイツにまたがる統計協会の構想があったとされるが,[5] 実際に実現したのはレーデンの統計協会だけであった。以前から統計協会の意義を認め,その実現を誰よりも切望し,「結集された力をドイツ統計の開花のために有効に利用する,この長いこと掲げられてきた願望」[6] がレーデンの統計協会によって実現されたとし,それを高く評価したのがファラッティでもあった。

ドイツにおいて統計協会の名をもった既存の組織として,先の第3章で取り上げたザクセン王国統計協会 (31年発足),またリューベック統計協会 (38年発足) がある。これらはいずれもが行政統計部署の代役機能を担った半官的組織であり,後に官制の国家統計局に昇格している。これに反し,レーデンの構想する統計協会は,各国政府の認知と財政支援を期待はするが,あくまでも各国各地の統計理解者の力を結集した市民の自発的組織というべきものであった。しかも,限られた国家や都市に留まらず,それをドイツ連邦に属する全領域にまたがって拡げようとする。

2. 協会発足

1. 1846年3月26日,協会設立に関するレーデンの署名入り趣意書が作成され,ドイツ連邦議会・各国政府・議会 (等族議会)・各地学術団体・個人宛に約500通が送付された。そこには,「数量は国家経済の諸関係にある多くの対立における仮借なき究極の審判者となる」というA.v.フンボルトの言葉を引き合いに出して,国家生活と国民生活,また私的経済活動に対して統計は本来大きな有効性をもつはずであり,このことはいくつかの近隣国家ではすでに証明済みのこととされる。だが,統計学の揺籃の地であるにもかかわらず,ドイツでは統計の有効利用の例はごく僅かであり,こうした状態を克服するべく設立されるのが統計協会であるとし,それに対する連邦議会と各国政府の理解と協力を訴えている。

この趣意書に対しては,各層から全体的に好意的反応があった。新聞報道も

あった。連邦議会はこの提言を各国政府に周知させ，それへの協力をそれぞれの内政に委ねるとする決議を行なっている。連邦加盟 38 国中，9ヶ国の政府から協会を重要とする返答があった。しかし，財政的援助を約束した政府は僅か 1 に留まった。むしろ，協会に積極的協力を申し出てきたのは各国各地の既存学術研究団体であり，「統計の友」（Freund der Statistik）たる個々人であった。その内の積極的会員は当該地の通信員（Korrespondent）として現地情報を提供する仕事に就くことになる。

　趣意書には，同時に起草された「ドイツ統計協会の制度と管理の基本命題に関する指示」[7]が添付されている。さらに，10 月には協会活動に関するより詳しい提言が示されている。それらからこの協会の性格を看取できる。

　1）目的。統計協会の目的は，「ドイツ国土，同じくドイツの国家と国民生活の諸関係を統計的に認識するために，散在している資料を収集・整理，加工・公表すること」にある。この目的達成のためには，会員の活動・各国政府からの援助・雑誌発刊がその手段となる。とりわけ雑誌は研究作業の有効利用を目的とした会員と協会との間の絆ともされている。レーデンの真意は，「わがドイツ祖国の多くの傷の原因，特性，治療手段は統計を手にして初めて認識される」というところにあり，これまで各国各地で統一性なしに作成され，有効に利用されないままに残されている報告・資料・文書・記録を集中し，そこから価値ある統計資料を選別し，社会全体に向けて公表する。このことを通じて，ドイツが抱える社会経済問題の解決方法を考えてゆこうというところにある。協会のモットーは，「調べ－確かめ－述べ－援けよ」（forsche-prüfe-rede-hilf）にあるとされ，それがやがて発刊される機関誌の表紙に掲げられることになる。

　2）組織。全ドイツにまたがった会員から構成される。会員資格は入会を申告し入会金を納め，当該地域幹部の承認をもって獲得される。また，今後の財政状況に応じて，基金拠出が義務化されることもある。さらに，会員は当該地域の現状を定められた質問様式・書式でもって調べ上げ，回答する任務をもつ。会員は幹部の選出，刊行物や機関誌の受領に関する権利をもつ。

　協会の指導には最高幹部と地域幹部（管区幹部と地区幹部）が当たる。ドイツ連邦の国家それぞれは，それが小規模の場合には地区，また大規模であれば複数地区をもった管区を構成する。それら幹部にはひとりの長／複数委員（報酬なし）／ひとりの書記（報酬あり）が配置される。地域幹部は 3 年おきに当

該地域の会員による記名投票によって選出され，また最高幹部は管区幹部（あるいは地区幹部）の多数意見にもとづき，同じく3年おきに指名される。

　地域幹部は毎年3月1日までに当該地域に関する前年の報告を最高幹部まで送り，それをもとに年次報告が作成され，全会員と連邦を構成する各国政府へ送付される。最高幹部は協会の印刷物と機関誌発行，また協会々計管理に責任をもつ。機関誌刊行のためには，書記と共に編纂・計算職員の監督に当たる特別の編集者がおかれる。会計処理結果は年次報告で公示される。

　組織の原則は地区に分かれた会員制にあるが，協会の強く望むところは，これらに対する連邦議会と各国政府（あるいはその特定官庁）からのできれば財政支援を含んだ支援であり，さらに既存の学術研究団体との連携と協働である。

　3）活動。協会の当面の活動目標として次の3つが掲げられる。

　a）機関誌刊行。ドイツ統計協会の『報知』（Mittheilungen）をベルリンに構成される協会委員会により月刊誌の形で刊行することが予定される（出版元はA.ドゥンカー社）。これは上述されたように，協会の願望・要求・獲得成果を広く伝えるため，また会員や外部団体との結合のために不可欠な機関誌となる。さらに，その財政的基盤が固まらない現況にあって，可能な限り機関誌購読会員を募ることも必要となる。その希望者には出版元への申込書が用意される。

　b）連邦統計表作成とそれに向けての資料収集。当面の最大課題はドイツ連邦全体にまたがる統計体系を最高幹部の責任で作成することである。これはレーデンのプランにのっとり，次の5大項目からなっている。すなわち，A. 国土領域・地誌，B. 住民（人口静態・動態と種族・言語・宗教別分布，住民の特徴や生活様式），C. 国家制度（統治体制と身分構成，議会・市町村・教会制度），D. 国家行政（行財政・軍事・外交制度），E. 精神的な文明状態（Kulturstände，具体的には教育・学問芸術・出版事情），ならびに物質的な文明状態である。この物質的文明状態の項目には農林漁業から製造・加工業（含，採鉱業），そして商業（販売・取引・運輸・貿易）に至る大量の産業種と営業種についての情報が含まれている。その内容は経済報知であり，それが分量的（項目数）に統計体系の半分以上を占めている（章末の附表「ドイツ連邦全統計体系」を参照）。

　この統計体系では，ドイツ連邦に属している国々を対象にして，その現状把握と比較を目的にすることから，国家制度と国家行政に関する項目が入らざるをえない。また，数量表示が可能な部分と文章記述による部分とが混在してい

る。内容的特徴や制度・施設・方策といったものの特徴づけには文章記述をもって臨むしかないが，こうした箇所が随所に挟まっている。従い，ここには国状記述の残滓があり，国土記述への移行は完了していない。レーデン自身の『ヨーロッパ列強の比較文明統計』[8] (2巻本，1846年) で，こうした資料収集の範例が示されており，そこにある記載項目を推奨するとされているが，各項目でどのような単位を取り上げ，どの属性（標識）を表示するのかが明記されておらず，統計表なり統計体系としての性格を十全に備えたものとはなっていない。ただ，表示の重点が生産・交易局面にシフトしていることには注目する必要がある。

c) 手労働国民階級（handarbeitende Volksklasse）に関する詳細報告の収集。当時，社会底辺部の窮乏階級としてあるのが手労働者（Handarbeiter）とされ，その実態把握と生活状態改善が緊急課題になっていた。プロイセン統計局もその46年国家統計表にある営業表の中で，この手労働者の数量把握を初めて試みている。社会問題として無視できない重要性を帯びてきたためである。手労働者とは手工業での職人・徒弟，また工場労働者とは区別され，「独立に手仕事によって生活している者」[9] と定義され，具体的職種として日雇労働者・樵・道路工事人夫・鉄道工夫・女縫工・洗濯女が挙げられている。協会にとって，これら手労働者の経済状況調査が急務とされ，7項目（産業・性・年齢別日雇賃金額，その貨幣・現物別構成割合，日労働時間・年間労働日数，副業収入，国家・教会・学校・自治体への賦課金支出，衣料・住居などへの家計支出，他者から購入する生活必需品への支払額）の質問が設定されている。一歩間違えば，より底辺のプロレタリアートへの零落，さらには暴民（Pöbel）へと転化する危険性をもった層が手労働者である。48年公表のプロイセン営業表では，単にこれら手労働者の県別と性別の数量表示に終わっていたが，レーデンの場合には一歩先に進み，その層の実態把握と状況改善の途を探ろうとしている。そのための調査書式を支部協会や関連協会へ配布し協力を依頼している。

2．協会が力を入れるのは会員と機関誌購読者の獲得の他に，各国各地の学術研究団体との連携体制を築き支部協会（Zweigverein）として協働してもらうことである。また，連帯協会（verbündeter Verein）としての協力も必要とする。46年3月，シュテッティンにポンメルン統計協会，47年1月，ベルリン支部協会が設立されている。後者では，協会目的に賛同した者は年間1ターレルの

会費で自由加入が認められ，5名の代表と90名の会員からなり，月2回の会合がもたれることになる。[10] また，既述のように，ハンザ都市リューベックでは公益活動促進団体の一委員会として以前から統計協会が設けられていたが，これが支部協会として協力することになる。さらに，シュレージエン祖国文化団体・統計学国民経済学部会（ブレスラウ），ヘッセン歴史・国土情報協会（カッセル），さらにフランクフルト・アム・マイン地理学協会，等々の既存5学術団体がドイツ統計協会との連携を受け入れ，支部協会として活動することに同意している。

47年に入っても，こうした学術研究団体との連携枠が拡められ，ハノーヴァー王国営業協会やザクセン王国統計協会，オルデンブルク営業=商業協会，またメックレンブルク=シュヴェリンにある既成団体との協力関係も築かれている。また，上述した手労働者の生活実態調査にはこうした団体の協力があり，とくにポンメルン統計協会やかつてレーデン自身がその創設者のひとりで，1834-40年に渡りその総書記役を務めた上のハノーヴァー王国営業協会からは貴重な報告が送られてきたとある。

その後，統計協会の組織化と活動にどのように展開がみられたか。レーデンの提唱から約1年9ヶ月後の47年末報告はその間の推移を伝えている。[11] それによると，会員総数／2,680人，機関誌への定期通信員・共働者／272人（47年2月には78人），機関誌販売数／498冊（この内，外国分23冊，47年2月には209冊），経費（1846-47年）／4,401ターレル，見込収入／2,860ターレル，不足分／1,542ターレル（これは協会幹部が自弁）となっている。協会運営は決して平坦な道を歩んでいるとはいえない。

確かに会員獲得面では大きく前進しており，ドイツ各地の現況を伝えるこのような情報・資料への市民各層の渇望と期待が読み取れる。だが反面，協会が期待し続けてきた各国政府からの経済援助は皆無であった。なるほど連邦諸国家は2国家を除き協会の目的を理解し活動を奨励し，協会への自国住民の参加を認めるなど，好意的姿勢を示しはしたが，それで終わり実際的な金銭補助の申出はなかった。従い，協会財政は窮地に追い込まれる。さらに機関誌購読者が予想していたほどには伸びないという事情も加わる。

機関誌は当初考えられていた『ドイツ統計協会報知』ではなく，『ドイツ統計協会雑誌』の誌名で，月刊分冊の形で47年当初から刊行開始となる。[12] 内

容的には，協会懸案事項／理論的考察／（通信員からの）現状報告／資料・文献調査に分かれるが，その内の現状報告にはドイツの各国各地における社会経済と国民生活の事実報知が盛られることになる。しかし，その印刷費をまかなうだけの販売数が獲得できず，加えて設立に関する文書交換で郵送費が嵩んだ。その赤字分は機関誌編集者が負担している。こういう状態が長続きするはずがなく，協会としては見込み薄ながらも，政府援助を引き続き切望してゆかざるをえない。

雑誌購買者の国別分布が示されている。上の498冊の内，プロイセン216（全体の43％，その内，ベルリン75，ラインラント67），オーストリア41（8％，その内，ウィーン24），ザクセン35（7％，その内，ドレスデン20），ハノーヴァー22（4％），バイエルン21（4％），等々となっており，プロイセンの比重が突出している。このことは雑誌への通信員の数でも同じであり，当初の78人から47年末までに272人に増加しているが，その内訳ではプロイセン83人，オーストリア27人，バイエルン22人，ザクセン18人，ハノーヴァー15人，等々となっている。雑誌にはドイツ各国各地からの通信員や協働者による多種多様現地報告が掲載されているが，これに強い関心を示したのは，やはりベルリンを中心にしたプロイセンの知識市民層と政府関係者であったということになろう。

II. レーデンの統計観

1. 統計の効用

では，当のレーデンはどのような統計と統計学に関する見解の下で統計協会を主宰しようとしていたのだろうか。それを直接に示したレーデン自身による統計学に関する理論的著作といったものは残されていない。機関誌『ドイツ統計協会雑誌』に載った種々の講演や論説の中で示された見解から，その統計と統計学に対する考え方を探ることになる。

レーデンは統計学を定義して，「主に数量的基礎を支えにして，国家生活ならびに国民生活の関係全体を描写する（Darstellung）」[13]ものとする。それは，①全体統計学——国家と国民の統計的関係の描写，②地域統計学——国家内各領域の諸関係の描写，③部門統計学——国家生活ないし国民生活の一部

(例,産業や人口関係)の統計的処理,この3部門に分かれる。いずれにおいても,調査された事実と数量を体系的に配列・整理し,さらに比較を加え国家間・国家内部,あるいは異なった時期における同種と類似の諸関係を描写し(＝統計的説明),そこにみられる一致,さらには相違の種類と程度を明らかにする(＝統計的比較)。この説明と比較が国家生活と社会生活に不可欠であり,こうした作業に当たるものを「比較統計学」[14] (vergleichende Statistik) とし,その重要性と効用を強調している。

　土地所有についての法令,営業自由や同業組合に関する法律,商業活動や課税のあり方,各国間の取引契約の締結,移民の基準規定,自治体活動の規制,市民の権利や貧民救済に関する法令,こういった一連の立法や行政処置に対し,それらに有効性をもたせるためには関連事項に関する可能な限り明瞭かつ具体的な数量描写が前提になるが,これこそ統計の提供してきたものに他ならない。統計は政府にとって必須の指導者となりうる。さらに,農業経営者,企業家や商人,また証券・株所有者であれ,その合理的な経済活動のためには商品目録や価格表,需要供給量,企業利潤の大きさ,等々の数量表示が不可欠である。さらには,失業や社会的貧困,大衆のプロレタリアート化に対して適切な救済手段を講じるためにはその現状把握のための資料が必須となる。いずれにおいても現下の国家行財政と社会経済問題の検討素材に統計資料が不可欠とし,その意義を強調する。

　だが,ドイツでは必ずしも立法や行政に十分な統計的基礎の裏づけがなく,またイギリス・フランス・ベルギーに較べ,いまだに統計にまつわる誤用,すなわち資料源泉を明示・吟味することなく統計を無分別に受け取る,あるいは他の出版物へ剽窃・転用する,こうしたことが多くみられる。先進国に比し,信頼性 (Glaubwürdigkeit) の高い統計の作成・報告・利用の点での立ち遅れは歴然としている。いま高まりつつある社会不安と不和,深刻化しつつある経済的困窮を解決し,ドイツ全土に友好的関係を復活させるためには種々の施策・行政的措置が取られる必要がある。しかし,これはだれの眼にも明らかな事実と数量にもとづき,確固たる基準に依拠して行なわれなくてはならない。統計を援けとすることにより,「現にあるものを,その原因と結果において,すべての方向に渡って根本的に調査し,みい出された事実を公表すること。このことを通じ,統治する側も統治される側も自分たちの真の利益と時代の要請する

もの，および可能なことと不可能なこと，これらについていま部分的に優勢にみえるものとはまったく別の観点を得ることになるであろう」。[15)]こうレーデンは述べている。

　ドイツ連邦の統計体系表示にもみられたように，レーデンの下では国家基本制度の特徴づけが一方の柱となっている。そこでは数量的表示によるよりも，内容的特性の質的描写が重きをなす。この点では国状論的見地からいまだ完全に脱却していない。これが後のクニースによる，レーデンの下には国状論派と政治算術派との識別をまったく欠いた不徹底な考え方があるとして辛辣な批判の対象となる。[16)]だが，その国状論的残滓にもかかわらず，そこでは国家とその下での社会的諸事象に関する正確な数量描写＝統計的映像（statistisches Bild）を獲得するための知的実際的活動が主軸となっている。しかも，立法や行財政の枠を越え，一方の企業経営や商業活動，他方の失業や大衆貧困，プロレタリアート化，こういった社会の深部に及ぶ統計調査の必要性を訴えている。これは国状論からは出てこない観点である。

2．統計作業（官庁統計と私的統計）

　1．レーデンはこうした統計的映像を得るための活動を「統計作業」（statistische Arbeiten）とし，それは調査－収集－整理－有効利用の4行程から構成されているとする。そうした統計作業には公的と私的なものの2つの形態があるとし，双方は目的からすれば同種であるが，手段と帰結の異なった統計作業とし，それぞれの特徴づけを試みる。[17)]

　まず，官庁統計（amtliche Statistik）がある。これは既存の行政機構を通じた上位の命令にもとづき，国民と直接に接する末端官僚（地方当局）から定期的に出てくるものである。この統計報告の収集は事前に指定された書式にのっとり，数量申告に限定されるのが原則である。ところで，そこでの書式変更や拡張には大きな作業負担が伴なうために，規定された書式は長期に渡りそのまま継続されるのがふつうである。また，収集作業を担当する官庁職員が進んでその仕事を引き受けることは少ないが，それは経常業務を越えた過重負担となるからである。従って，統計収集の形式や種類をめぐってかれらの関心が喚起されることはまずありえない。さらに加えて，官庁の統計所轄部署においても，政府や当該省庁のトップの判断で統計にさほどの重要性が認められない場合には，

職員削除のあることも稀ではない。そうした中では，統計が現状の抱える難問にすばやく対応することは無理となる。国家の指導者が統計に少しも注意を払わない，あるいは利用することを識らないといった遺憾な事態もある。こうしたことはドイツの少なからざる国家について妥当することなのである。官庁統計の硬直性とそれを担う官僚の熱意不足・無気力が問題となる。

　統計資料の整理は中央官庁によって行なわれるが，そこには機構のトップにある政治家の力量・認識・愛好，等々が反映され，そこから同一資料の統計的処理にも大きな多様性が出てくることになる。最後に，統計の有効利用に際して，官庁統計は本来的困難に突き当たり，現状の正確な把握での成功例は僅かである。その理由は，①統計体系を構成するための基礎を十全に確立する上で，現存の官庁報告ではまったく不十分である（統計報告の不備），②現存する報告の価値を的確に判断するのに必要であるにもかかわらず，報告を構成する個々の要因と要素の表示が欠落していることがほとんどである（資料源泉の不明示），③官庁的なやり方の上では当然のごとく過ちが出てくるが，それが訂正されることはごく稀である（誤謬の隠蔽），そして，④官庁の関心が分散しており，このためにすべての方向での統計の有効利用が必ずしも許されない（官庁の関心の不統一性），以上にある。

　このような性格をもった官庁統計では，その調査と収集の全体をいまの時代要求に対応させて利用することはできない。こうして例えば，網羅的で信頼できる報告が国民生活，生業と交易，労働と賃金，出版とその効果に関して獲得可能となることは稀である。レーデンは官庁統計での統計作業の現状に対して，硬直的で時代の要請するものに応え切れていないとして厳しい評価を下す。これは先進的な近隣国家での統計のあり方と比較した，当時のドイツ諸国家における資料調達と利用の実際に対する厳しい批判となっている。

　2．次に，私的統計（Privat=Statistik）がある。官庁統計が不満足な現状にあって，この私的統計へのレーデンの期待は大きい。私的統計の担い手は全ドイツにまたがった統計家＝「統計の友」である。私的統計は，統計家の個性や立場に応じて，はるかに多様な様式で獲得可能である。

　まず，統計家の素養と資格が問われなければならない。統計家はかかわる問題についての理論と業務領域（これは統計の理論と実際のことである）に十分に通暁する必要がある。その後，その業務遂行に不可欠の補助手段として歴史

学，国家経済論と国民経済論の知識，最重要な新言語を修得する。さらに，いま（国民生活にとって）最重要な生業分野，すなわち商業（Handel）の本質について直接観察や多面的吟味を通じて精通し，それに関する補助科学（これは商業論や貿易論，関税理論のことであろう）を身につける。こうした後に初めて，その本来の統計作業が開始される。

　私的統計の作業領域には，大きく分けて，①統計網構築と②文献資料収集の2つの作業がある。まず，①については，可能な限り広範な統計網を構築することである。それは，自国，多数の国家，ヨーロッパの大部分，最後におそらくは地球の他領域にもまたがった「統計の友」を通信員として確保し，それらとの間に統計報告・資料の相互提供のルートを作り上げることである。これを通じて統計家の下には，それら個別通信員からの直接報告，他協働者から提供された資料，さらにはそれぞれの地域地方で発刊されている定期刊行物（雑誌や新聞）が収集される。

　資料獲得はこれだけには終わらない。統計網の利用をもってしても資料不足は埋まらないことが多々ある。統計家は不足する資料を得るために自ら質問を作成し，通信員に調査を依頼する。また，地方当局にも自ら出向いて回答獲得に努めることも必要である。こうした形での資料獲得は，もしそれぞれの地に統計協会があればはるかに容易かつ完全に達成される。

　次に，②について，調査と収集のもう一方の様式は既存出版物が提供するものを最大限に利用することである。従い，統計家はまず定期的に利用できるあらゆる文書と定期冊子について全般的な知識をもつ必要がある。当然，そこでは官庁公刊物が大きな資料源になる。さらに，枠を拡げ図書館や読書サークルの利用，刊行物編集者との交友を介して資料収集に努める。この作業は，そのような印刷文書に有用かつ使用可能な資料が保有されているかを吟味するために，まずそれを読み込むことから始まる。次に，重要事実は後の研究のために，とりあえずは報告・概要，あるいは切抜きとして適切な収集ファイルに分納される。これらは単に個別印刷文書の標題別に分けられるのみならず，内容別分類にもかけられる。そこでは，経常的に入ってくる大量の印刷物から，どれが資料として記録されるべきかについての判断が必要となるが，これは自ら長年の修養を通じてその選別能力を身につけた統計家だけにできることである。また，統計資料の整理に際しては，どの統計家も自分の考えに沿った満足のゆく

統計表示体系（システム）を構成することが必要になる。

　こうした任務に耐えうるのは，ただこの統計という知識分野に関する「熱狂的支持者」(Enthusiast)といったような人々だけであろう。従い，有為な統計の営みには根気強さと強い精神力，さらにはかなりの科学的熱狂さが要請され，そのような資質をもった人物だけが統計家になりうる。

　統計家の調査と収集の有効利用に際しては，官庁統計と違って外部圧力や業務評価が加えられることもなく，数量から数量，事実から事実へと段階を追って進み，現状の正確な描写に努め，その後の論究や説明は読者個々人に任せられることになる。とはいえ，多種多様な統計利用があり，それにまつわる悪用や誤用を避けるために，統計家には数学的正確性と明確な批判でもって数量や事実のもつそれぞれの価値を比較考量する任務がある。従い，「真の統計家はその判断に際して，心地よく響くかどうかといったことにでは決してなく，正当であるかどうかということに注意を払わなくてはならない；真の統計家は前もってどこに行こうとしているのかを打算してはならず，入念な調査と誠実な判断それ自体がかれをして導くところへ到達しなくてはならない」[18]とし，暗にプロイセン国家統計局の現状容認的な姿勢に対する批判を込めて，あるべき統計家像を描いている。

　確かに，官庁統計は多くの研究や総括にとり不可欠の資料であり，官庁統計による統計的作業は効果的な行政のために必須である。しかし，残念ながら官庁統計をいまの時代要求に対応させて利用することはできない。目下，急務とされている社会的諸問題解決のため，細部に及ぶ基礎資料を積極的に獲得・提示しようとする意欲に欠けているからである。官庁統計はただ統計的映像の概略を提供できたとしても，細部は隠されたままであり，これが官庁統計の弱点となっている。また，官庁から提供された資料を利用する者たちは，資料源泉に直接当たることが難しいために，その内容に対して独自の判断を下すことができない。そうした中では，官庁統計家は私的統計のあり方から学び，また私的統計に援けを求めることも必要となろう。官庁統計と私的統計の相互補完的な関係を確立することが急務となる。公的統計のみを正当とし，私的統計を弾劾する意見もあるが，こうした考えはやがて歴史的に清算されてゆくであろう。こうして，レーデンの考え（あるいは願望）は，双方が相携えて自己の途を進み，一方が他方にとって必要なことのあるごとに兄弟として手を差し延べるこ

とである。

　レーデンにも公的統計が一国統計の軸になることに異論はない。しかし、その責任を果しえていないのが実際のドイツ官庁統計であるとみる。こうした現状に対しては、私的統計家の活動とその情報網をもって活路をみい出すしかない。レーデンがドイツ全土に渡る統計網を構想した理由であった。

3. 統計報告局

　みたように、私的統計に対するレーデンの期待は大きい。この期待を実現し、先述の統計網を現在の国家行政のために有効に利用する組織として「統計報告局」(Bureau für statistische Nachweise) が構想されている。[19]

　ドイツでは官庁統計そのものが時代の要請に応える形で作成されていない。とすれば、私的統計がその補完と補正のために助力しなくてはならない。統計は本来は国家運営にとって大きな力を発揮するものである。例えば、イギリス・アメリカ・ベルギーにおける重大な国家変革や経済改革が統計を援けにして遂行されたという事実をみただけでも、統計は現在においてはひとつの力になっていること、それが正しく利用された場合にはその影響に逆らえないこと、このことが十分に証明されたといってよい。政府には「統計的戦力」があり、それは内容に優れた統計の定期刊行物を味方にして、自らの政策を世に伝えることである。政府の外国との外交政策、取引契約や航海契約、また国内での企業家（ファブリカント）や商人の会計や業務処理、そうしたことの基礎に統計をおいた場合にも測り知れない有利さが期待されよう。

　そこでまず必要なことは、ドイツの諸政府が現在行なっている統計への援助を大きく拡張させ、統計作業に抜本的改善を施すことである。それが統計報告を主業務にする独立組織＝統計報告局の設立である。

　国家の内政や外交問題から出てくるどのような問題にも、政府は適宜に対応しなくてはならない。問題の幅はさらに国家生活や社会生活にも及んでいる。これに応えるためには特別の技術的研究、あるいは国民経済ないし個別経済の個別分野についての詳しい知識を前提にする。これは極めて高度な要請であり、いままでのところこの種の要請を満たす制度をもった国家はない。しかし、レーデンは自分自身のこれまで17年間の経験からそれが可能とみる。当人が私的統計の形で実行したことを政府援助を受けることでより完全に達成できると

し，そのための組織が統計報告局であるとする。

　統計家の仕事は調査，収集，整理，利用の4種の活動からなるが，統計報告局が主としてかかわるのは前二者であり，しかもその目的からして調査と収集は一体化した活動となり，自ら作成した質問を局組織を介して調査し，その結果の収集に当たる。

　あらゆる階層と分野に及ぶ通信員を通して，統計報告局は国土，近隣国家，ヨーロッパ全体，最後に他の地球部分の最重要地点にまたがった統計網を構成する。その際，政府の援助は当然としても，それだけで報告局が機能することはない。報告局には優れた活動能力が要求されるが，それは通信員の統計に集中された英知，問題への愛から出てくる仕事への喜び，そして根気に依拠している。これは統計報告作成を職務上の義務としているが，そこには専門知識も情熱も欠いた官庁系列での統計作業とは別種のものがある。

　各国各地の私的通信員はこの統計報告局と文書を通じて経常的な結びつきをもち，その中で通信員はそれぞれの地における事実調査に努め，かれの下に届いた統計的に価値ある資料を報告局に送る。また，かれら通信員の主要活動は報告局が提起したさまざまな種類の質問に対する回答を作成する中にある。報告局は問題提起と質問作成で休みなく活動し，通信員から返ってきた報告を収集整理する。

　合理的ですべてを汲み上げた質問作成のためには，報告局の統計家はまずもって該当問題を正確に研究し，「統計的解剖学」[20] (statistische Anatomie) ともいうべきものを習得していなくてはならない。次に，統計家は自分の知りたいことをつねに的確に聞き知る形で質問を設定することになろうし，そのためにはかれはそれぞれの場合に必要とされる専門知識をもっていることが必要となる。こうした点で先行しているのがイギリスであり，議会の諸委員会が作成した調査報告の実例が貴重な参考事例となる。だが，ドイツでは統計的アンケート体系が，主に質問の技法がいまだ未熟なために，十分に発達していない。報告局の局員は自らの観察（Anschauung）と問合せ（Erkundigung）を通じて，必要とされるさらなる調査と資料収集に当たらなくてはならない。これは実地調査・見聞というものであろうが，それは局員の修養と局活動の活性化にとっても不可欠である。局員には毎年その機会が与えられ，またそれを通じて通信員網の拡大と完全化も計られる。

統計の源泉としてとくに重要なのはさまざまな形の印刷物である。従い，統計報告局の下には一切の種類の官庁による，また半官庁的な印刷物（国家辞典，都市公文書集，法令集，等々）が集積されねばならない。次に，統計的目的のために重要なあらゆる言語での定期刊行物（135-140種類に上るとされる）を保管することも必要になる。こうして，報告局の文庫ないしは図書館が設置されることになろうが，そこには統計のために重要な内外の全印刷物（そこには地図と重要都市の平面図，港の図面なども含まれる）の収集，加えて資料収集体系の展望と合目的々な利用のための収集物の合理的整理と問題別配列が不可欠となる。そのためには「統計収集整理体系」なるものが必要となる。レーデンは自らの経験にもとづきそのための詳細な体系を参考として示している。[21] これは先の連邦統計体系のさらなる拡張である。こうした文献資料収集の維持には費用面での政府援助があって然るべきであり，それは政府にとっても，そうした資料を利用することで，難問に対する後手の対応ではなく事前に有効な対応策を編み出すことが可能となる，こうした恩恵を受けることになるからである。

国家当局の援助を受けながら，しかし既存の行財政組織とは別に統計調査と収集を主目的にした独立組織＝統計報告局が必要とされている。おそらく，これを統計協会内部に設置し，局の中軸には（ベルリンを中心にした）協会幹部をおき，熱意ある協会員を全ドイツ（さらには外国の重要拠点）にまたがって通信員として登用・配置し，それら人的繋がりにもとづいた統計ネットワークを築こうとしたものである。

だが，これはあくまで構想に終わってしまった。翌48年の社会動乱はこうした構想を実現させる間を奪い，統計協会そのものの活動を停止させてしまうからである。

4. 連邦議会への提言

以上は1815年来のドイツ連邦体制を前提にしたレーデンの見解と提言である。48年3月中旬以降，ドイツ全土に渡ってこの体制を揺るがす急激な情勢変化が現われる。連邦を構成する国家内部での騒乱，また連邦体制そのものの動揺が始まった。この三月革命の機会を捉えて，レーデンの統計報告局構想はさらに飛躍し，「新官庁の下での統計の位置と課題」と題した意見書を作成し，

その中でドイツ連邦の新規の官庁機構の一枠に統計局を設立すること，これを急務とする見解をまとめ，3月23日にそれを連邦議会へ送っている。[22]

　レーデンはいう。これまでのドイツ君主同盟が崩壊し，替って新たなドイツ連邦国家が登場しようとしている。いまや，長い間の願望であったすべてのドイツ民族の統合，団結，そして力の結集が実現しようとしている。こうした新たな連邦政府の新たな行政にあって，それを欠いては政府の姿勢は旧態以前のままであり，社会的混乱を前にしてなんら有効な手立てを打つことのできない要素がある。すなわち統計である。いままでドイツ連邦議会はドイツの発展になんらの好ましい影響を及ぼすことも，人々の信頼を得ることもできなかった。その理由は，議会がドイツの実際，ドイツ国家の要望とドイツ民族の願望について知識をもたなかったからである。例えば，議会はかつて一度も全ドイツにまたがる信頼できる人口調査結果をもつことはなかった。[23] 旧い連邦当局には自らの活動領域を概括するための手引きがなかった。それこそが，「国家生活と国民生活の関係全体の知識」たる統計なのである。新たな連邦官庁はそれが存続する条件と抱える課題を正確に把握する必要があり，そのための知識をもたねばならない。この知識こそ，新たな官庁組織の中の一機関として設置されるべき統計局が提供するものなのである。新たな官庁は早速，次のような懸案事項についての審議を開始し，判断を下すことを迫られるであろう。

　　議会と身分代表制度
　　国家と教会の関係
　　法制・行政の共通基礎命題
　　さまざまな警察行政分野に関する統一した基礎命題
　　連邦軍とドイツ連邦艦隊
　　外交（大使・領事制度，条約）
　　修養と教育の統一した基礎命題
　　団結権と集会権
　　生業のための共通方策（例，博覧会，雇用主と労働者間の関係に関する立法，株式制度，偽造に対する保護，個別交易分野に関する立法，蒸気船航行，検疫所，水路・鉄道による国内交易・郵便・電信・銀行・取引所・大市・行商・貨幣制度・度量制度・重量制度に関する立法）
　　ドイツ商業連盟と航海連盟の懸案事項

すなわち，国制と社会経済・国民生活の全体にまたがる問題が提起されるが，その審議と判断に不可欠の基礎を提供するのが統計である。統計を拡充することはこれまでのドイツにおいてはなおざりにされてきた。こうした事態を克服すべく，ドイツ連邦の新たな上級官庁の下に統計のための中央局を設立することが必須となり，かつそれは最初の組織作業のひとつとならなければならない。

ここでは，政局転換を背景にして，先にみた私的統計家の連携網を統計報告局に組み入れ組織化する考えが，さらに連邦官庁機構としての統計局構想へと拡大されている。しかし，レーデンによるこの提言は連邦議会では真摯に受け止められなかった。事態は統計問題を越えて，ドイツ連邦体制そのものの見直しをめぐって新たな局面を迎えようとしていた。フランクフルトでは国民議会のために準備委員会が議論を開始していた。こうした中，レーデン自身も5月初旬に選挙人，さらに国民議会議員に選ばれ，5月中旬以降，舞台をフランクフルト・アム・マインに移し，経済（営業と関税）問題と統計問題について精力的に活動することになる。

III. フランクフルト国民議会と統計問題

1. リューベックでのゲルマニスト会議

ハノーヴァー王国第10選挙区（＝ハルツ選挙区）から，フランクフルト・アム・マインのパウロ教会を舞台にしたドイツ憲法制定議会の議員に選出されたレーデンは，最初は立憲自由主義派の中道右派フラクションであるヴュルテンベルク・ホーフ・クラブ，次いで中道左派のヴェストエントハル・クラブに属し，主に「国民経済委員会」（Volkswirtschaftsausschuss）で活躍する。同委員会の出版物として『オーストリア・関税同盟・北ドイツ税同盟・シュレスヴィヒ・ホルシュタイン公国における国境輸入税の比較総括』[24]をまとめ，また『商業・海運の帰結，およびドイツの営業立法』[25]を出版し，委員会での検討材料に提供している。総会では営業立法に関する報告を行なってもいる。レーデンは国民経済委員会を背負う主要メンバーあった。国民議会では，その当初からドイツにおける行政統計の立ち遅れが問題にされ，その改革要求が掲げられることになった。このために，国民経済委員会の中に統計専門家の集まりがレーデンのよびかけによって設けられている。

こうした動きが議会開始直後に出てきた契機は前年にあった。すなわち，1847年9月26日から30日にかけてリューベックで開催された第2回ゲルマニスト（＝ゲルマン学者）会議における統計問題の検討である。これは，46年にファラッティが，ドイツの統計家は来たるべきリューベックにおけるゲルマニスト会議に結集し，そこで独自の部門を構成することが望ましいとしたことが発端である。[26] その提案は多くの専門仲間の賛同を得ることになり，9月26日にはハンザ同盟とドイツ人移住問題を統計的に論じた2つの講演が行なわれ，また同日の暫定協議では28日の第2回総会でドイツ統計家委員会の設置に関する提言を行なうことが取り決められた（参加者は，ケーニヒスベルク大学のF. W. シューベルト，テュービンゲン大学の上記ファラッティ，キール大学のL. シュタイン，等々）。そして，総会でシューベルトがゲルマニストの歴史・国法・言語の研究にあっては統計との結びつきを欠くことはできないとし，これを支持したファラッティは統計学の研究もゲルマニストの研究の一翼を担うものとし，これが全般的承認を得ている。[27]

　会議には歴史・法・言語の3つの部会があったが，それとは別に9月30日にシューベルトを議長にして統計家による特別会議が設けられ，そこで当人はドイツにおける統計の遅れを直視し，その克服のためには既存官庁の活動だけでは不十分であり，統計の研究者や統計の友のより活発な参加と協議が必要であるとしている。そして，現下の統計問題として，ドイツ各国の現況を考慮したあるべき所得税制度の研究，ドイツにおける貨幣制度の研究，またドイツ移民に関する包括的な資料収集，この3つが取り上げられ，それぞれについての報告が参加者からあった。また，こうした統計家の議論を深めるべく資料収集ではレーデンの『ドイツ統計協会雑誌』が，理論的検討ではテュービンゲン大学国家経済学部スタッフ編の『全国家科学雑誌』が共同の雑誌として利用されるべきとした。このゲルマニスト会議は次回をニュルンベルクで開催するとし，その準備を開始することになる（しかし，これは実際には開催されなかった）。

　ドイツ固有の伝統に根ざした研究を歴史・法・言語の3分野で構築するというのがこのゲルマニスト会議の趣旨であった。これに統計特別部会が加設され，ドイツにおける統計的努力の統一化を目指した統計専門家の集まりが初めてもたれた。中心人物はファラッティとシューベルトであったが，この両人はレーデンのドイツ統計協会の賛同者であり，またフランクフルト国民議会にも議員

として参加し，リューベックで実現した統計家独自の会合をフランクフルト・アム・マインにおいても設け，その活動をさらに拡大すべく尽力するのである。

2. 国民議会の統計局

　国民議会には先の国民経済委員会，また憲法委員会や財政委員会，等々の17恒常的委員会が設けられた。国民経済委員会の下に，レーデンのこれまでの文献・資料収集成果をもとにした統計局が設けられ，それが議会構成員の利用に供されることになった。[28]　これは，国民参加の下での新たな国家とその行政のあり方を審議するために，現存諸関係や諸制度に関する基本的で包括的知識が必要とされたためである。この統計局開設によって，議会構成員は必要とあらば，市内の獅子角路（Löweneckgasse）にある Weydtsche ハウスを訪れ，そこに設けられた統計局の文献資料を自由に利用することが可能になった。統計資料は言葉に較べ事実報知面での確実さと迅速さの点で勝っている。議会で独自活動を志す者であれば，統計局へ出向きそこの文献資料に当たらざるをえない。統計家の仕事が立法議会で不可欠なことは，イギリス議会の例をみても明白である。事前の正確な統計的準備と，また必要な場合には専門家による新たな調査とその結果をもつことなしには，個々の法律の意義についていかなる実りある議論も成立しない。統計局開設についてのレーデンの考えである。

　レーデンは長年に渡り広範囲な資料収集・整理に努めてきたが，それを供出して統計局を設置したのである。この文献資料には未公表で，また書籍商にも現われない重要な原資料も収められている。とくに貴重なのは，ドイツのみならずイギリス・フランス・ベルギー・イタリアで発刊された雑誌であり，そこには長期間に渡る広範囲な報告が収納され，それらは商業・営業・農耕，また人口関係・国家行政，等々に関する統計情報を含んでいる。しかも，利用の便を考えて，雑誌が年号順に並べられるのではなく，報知内容に応じて個別の冊子に分けられ，ファイル化されている。ここから，ある事柄について詳しい情報を得ようとすれば，望んだものが即座に入手できるようになる。例えば，「コンスタンティノープル港の船舶移動」という問題について知りたいとすれば，「コンスタンティノープル」という部門を選び，その中の小区分「船舶交易」を探し，そこにあるオーストリア・ロシア・フランス・イタリア，等々の国の雑誌に掲載された関連資料をまとめて眼にすることができる。

こうした統計局資料のカヴァーする個別問題報告は 23 冊からなる部厚い資料集として整理されている。この報告は以下の 4 つの主要区分に分かれ，さらにいくつかの下位区分が続いている。

　　主要区分　I．統計学・地理学・経済学・営業活動と交易に関する全般的文献
　　主要区分　II．個別地域と諸国家の統計
　　主要区分 III．最広義の営業活動の個々の対象（農業・精製業・商業を軸にした営業の個別活動）
　　主要区分 IV．生業と交易，国家目的と社会目的のための施設と制度（ここではさらに 40 細区分がある。例，農業博覧会・祝祭，土地所有の自由化，農業保険，国家における精製業の利益代表，職業評議会，株式立法，貯蓄金庫，肉・塩・皮革，汽船航行，等々）

　このように系統的に配列された記録文書と資料は，フランクフルトの国民代表にとって，いま転換されつつある諸関係について正しい知識をもち，新たな国造りに参加する上で貴重な手引きになる，こうレーデンは考えた。しかも，レーデンはそれら資料の含む題目に関する詳細な索引を作成し議員に配布している。議会と議員がこのレーデンの統計局を自由に利用することが多いほど，全体の利益のために貢献したことの証になるとされている。

3．統計の統一化への努力（中央統計局・調査権）

　国民議会が開会され暫定的中央権力（中央政府）が構成された時すでに，解決されるべき緊急課題の検討には現下の状況に対する正確な知識，ことに統計数量が不可欠であるとされた。しかし，この点でのドイツ行政統計の不備と欠陥がだれの眼にも明白であった。

　まず，議会開催早々に（5 月 23 日），B. ヒルデブラントが議会は速やかに国民統計局（statistisches Nationalbüreau）を設立されたいとする提案を行なっている。[29)] その統計局は各国における交易・営業上の状況，労働階級の状態に関する資料を編集し，欠落があれば新たな調査を通じてそれを補完する。そのことによって，新たなドイツ関税同盟の設立，物的窮乏状態の除去，そして労働階級の保護，これらに関して国民議会がこれから審議し決議するための基礎資料

が獲得されうるとした。この提案は議会の初日（5月18日）に設けられた国民経済委員会の内部で前もって賛同を得ている。

既述したように，レーデンの私的資料収集をもとに国民経済委員会に統計局が設立されている。そこで，レーデンの指導の下にドイツのさまざまな関税領域での関税率の便覧，ドイツの営業立法に関する概括，ドイツの郵便関係の概要が作成された。さらに，国民経済委員会の主要課題とされた帝国関税率を起草するために，ドイツのすべての領域に対して経済関係に関する20項目（農耕，採鉱・製錬，製造・加工・精製，消費，税・関税，海運，等々）に及ぶ質問が送付され，資料拡充が計られた。とはいえ，これに対する回答は必ずしも満足のゆくものではなく，結果として極めて不揃いな内容のものが返ってきた。多くの場合，補完と調整が必要であったし，その後に初めて委員会や専門家による部分的利用が可能になるというものであった。

このように国民議会開催の端緒から統計問題に注意が注がれることになった。国制や憲法を議論するにせよ，関税問題や営業制度，郵便制度を再検討するにせよ，全ドイツにまたがる信頼に値する統計資料が欠落していては，審議も決断も砂上の楼閣に終わってしまうというのが識者の考えであり，合理的資料収集体制の確立が急務とされたのである。議会開催中，最重要の問題ではなかったとはいえ，終始，懸案事項として残り解決の迫られたのが統計問題であった。関税率の見直し，船舶航行税や船舶測量の統一基準のための統計収集といった細かな問題と併行して，国民議会で主たる統計問題として取り上げられたのは中央統計局，議会調査権，人口調査の3つである。最後の人口調査は問題が大きいので，項を改めて論ずることにして，まず前2者について何が検討されたかをみてみよう。

1）中央統計局。1848年6月，オーストリアのヨハン大公が帝国摂政に選ばれ，K. ライニンゲンを首相にした新たなドイツ帝国中央権力の陣容が組まれた。それに続いて省庁の設立があり，大臣と次官の指名も8月に終了した。そうした中，まず初めに（9月2日），帝国の商務省・財務省・内務省の訓令を通じ，G. ハンセン（ゲッチンゲン大学教授）に「ドイツ行政統計のために取られるべき方策」に関する鑑定作成が命じられている。9月下旬に入り，先の3省が共同して中央統計局としての帝国統計局（statistisches Reichsbüreau）を設立するための準備に着手することになった（後には，法務省も加わる）。以降，これ

に関連した一切の仕事は，そこに関与した全大臣の名の下で商務省次官（ファラッティが就任）が所轄することになる。

　続いて，上記のハンセンに加えて，さらに国民議会議員のC.F.v.ツェルニヒ（オーストリア統計局長），そして同じく国民議会議員のシューベルトの3者に，ドイツにおける行政統計の作成体制を首尾よく確立するための方式に関する専門的所見が要請された。その際，このような所見作成に関して問題となるのは次の3点であるとされた。①これまでのドイツ国家それぞれにおける行政統計のあり方に関する認識と判断，②これまでの欠陥を改善し，欠落を埋める方策，③個別国家の活動と制度に立脚した包括的な帝国行政統計の獲得様式，これである。その問題設定の前提には，帝国統計の中央局は個別諸国家の然るべき行政組織と連合して設立される必要があるという考えがおかれている。つまり，これは連邦体制に立っての中央局であり，各国の行政機構を横断して統一的全体調査を実施する強権をもった機関ではないということである。ともあれ，これら3人の共同協議から見識ある所見書の出てくることが期待された。

　さらに，この帝国統計局設立に向けての最初の一歩は全般的人口調査を主眼にして開始したものであるが，これに加えドイツ農業者協会からの正確な農林業統計作成に関する要請も中央局設置を後押しすることになった。

　48年11月下旬に，ドイツ農業者協会特別委員会により内務省と商務省に次のような願望と見解が提示された。ドイツにおける統計の欠陥は資料不足ではなく，それを作成・利用するための原則に欠陥がある。質問の作成が十分な専門知識に裏づけられていなく，関心のもたれようもない回答が引き出されてくる。とくに，ドイツ農業・林業統計に関していえば，理論と実践で修養を積んだ農業家や林業家の協働なしには正しい質問の設定は不可能である。帝国統計局の構成に当たっては，営業や商業分野と並んで，さらに農業専門家の採用も不可欠である。さらに，農業報告，ことに収穫結果の資料獲得のためには，官庁機構の他に主として農業協会が利用されるべきである。

　中央権力が予想もしなかった農業分野からの後押しがあったものの，その後，統計中央局設立の懸案問題は進展しなかった。そのために，中央局設立の下で行なわれることになる全般的人口調査の企画にも進展がみられない。さらに，政治局面での変化によって，上記3人の協議が許されないことになる。48年12月に大ドイツ主義の主唱者A.v.シュメアリングが退陣し，小ドイツ主義者

のH. v. ガーゲルンが首相に選ばれた。オーストリアからのツェルニヒはフランクフルトを去り，ウィーンへ戻った。シューベルトは議会の内外で多忙を極めた。ハンセンがフランクフルトに来て協議に加わることも実現しなかった。1849年に入ってから，ドイツの国家体制に関し，プロイセンを主導とした国家統一の動きに対するオーストリア政府の反発があり，ここから惹起された諸党派の利害対立と駆け引きにより政治的混迷状態が出来し，帝国建設の基礎となるはずの憲法成立すら危ぶまれる状態になった。こうした状況にあって，帝国統計局設立と全般的人口調査実施の問題ははるか背後に押しやられ，それに関する議論が活性化することもありえなかった。ハンセンが3月末に帝国統計に関する鑑定書の最初の部分として人口調査に関する自身の詳細なプランを送り届けただけに終わり，中央統計局構想は立ち消えとなる。[30]

結局，中央統計局の任を担うはずの帝国統計局の具体的構想は出ずじまいに終わった。中央統計局の実現にはその後20年余の期間が必要であった。それが71年のドイツ帝国成立を待って，翌72年7月に創設された帝国内務省管轄下の帝国統計庁である。

2) 調査権。統一される新たな帝国において，国家の調査権はどうあるべきかが問題となる。これは，中央権力（政府）の統計調査権と議会の調査権の2つの問題に分かれる。まず，政府統計調査権に関しては，当初（48年10月）提示された憲法委員会の草案と報告には，統計調査に対する帝国権力の権利と義務についての言及はなかった。国民経済委員会はそこに欠陥がありとし，まず，ヒルデブラントが憲法草案の§.39の後に，「帝国権力は定期的にくり返される人口調査（Volkszählung）を実施しなくてはならない」，さらにM.モールが人口調査だけでなく，「諸統計調査（statistische Erhebungen）を実施しなくてはならない」とする文言を挿入することを提言している。[31] しかしながら，この提案は国民議会においては議論もなく拒否されている。議会は政府の統計調査の権利と義務を明示しようとはせず，憲法に統計調査そのものの実施を規定した条文が載ることはなかった。

次に，議会調査権について，帝国議会に関する憲法委員会の草案の§.17には，議会の両院（上院としての国家院と下院としての国民院）に審問権（Recht der Untersuchung）が附与されており，その権利とは，「証人と専門家を召喚する，尋問する，また尋問させる，同じく諸官庁と連絡を取る」というものであ

り，これが議会で承認されている。しかし，翌49年に入ってプロイセンを先頭に28政府からこの規定には反対であるとする共同文書が提出されている。そこでは，帝国の審問権は放棄されるべきであり，それは国家の内的懸案事項へ干渉する権限に通じる可能性があるからとしている。しかし，憲法委員会はそれに屈せず，議会によってそのような干渉を防ぐために必要な保証が与えられる，実際の審問を実施し専門家に聴き，またなんらかのやり方で全体的に重要な関係に関した情報を獲得する権利を帝国権力から奪うことができないとする。そこでは，とくにイギリス下院でのそうした事例が有益なものとして引き合いに出されている。ここから，文章表現の訂正だけで諒とされる。すなわち，誤解を招きかねない表現「審問」を「事実に関する調査」(Erhebung von Thatsachen) へと変更するよう提案した。最終的には，49年3月28日に成立した帝国憲法の§.99（法案提出権等）で，「法案を提出し，嘆願し，事実を伝達および調査する権利，ならびに大臣を訴追する権利は，両院に属する」[32]として成文化された。

　こうした形で文章化された帝国議会の調査権ではある。議会はその調査権限内に統計調査が含まれるのは当然で，そのために帝国統計局が設立されるべきとみなしていたとされる。しかし，そこでいう事実調査に統計調査が含まれるのか，さらに経常的組織的な政府統計がどのように関連してくるかについての明確な規定は欠落している。こうした調査の実際的実施に当たっては，個別国家の抵抗，場合によっては妨害が予想される。例えば，48年11月にハンセンが当時の中央政府・商務相（A. ドゥクヴィッツ）に対して，やがて設立される帝国統計局はこの点で大きな困難に出会うだろうと指摘している。各国政府の善意によって統計表がフランクフルトに送られてくるにせよ，数量の信頼性，統計の質と正確度についての保証はない。さらに，37のそれぞれの国家では立法や行政制度，国民経済状態が極めて多様であり，これに行政統計が大きく左右され，個々の関係について各国から獲得できる報告は非常にさまざまなものになる。帝国統計局の送った調査書式に対しては，さまざまな理由を挙げて調査を実施不能とする抵抗や批判が掲げられることも予想される。それを避けるためには，帝国統計局の調査書式一切が事前に個々の政府の諮問に出されなくてはならない。そうしなければ，多くの調査書式が出回り，結果が無駄になってしまうであろう。ハンセンはこのように危惧している。統一的な調査が必

要とされながらも，各国の国制や社会経済構造の違いがその実施を阻む障壁となっているということである。

帝国統一化への気運は確かに高揚しているが，しかしこれまでの領邦併立体制が統計作成の統一化を阻害する要因となっている。おそらく，この時点で全ドイツにまたがる調査が指令されたとしても，実際にはハンセンの述べるように，統一的な全体調査とはなりえなかったであろう。全邦国レベルでの統計調査の展望はみえてこない。

4. 全般的人口調査

さて，国民議会の統計問題の最大論題は全ドイツにまたがった統一的人口調査の実行であった。人口調査に関して，国民議会では既述のヒルデブラントに続いて，シューベルトが新たな帝国住民台帳を起草するための特別委員会を設けられたいとする第2の提案を行なっている。これまでドイツ連邦の議論では1817年作成の住民台帳を基礎にしてきたが，これは不確かで欠陥の多い資料でしかない。今後の審議にはより正確な各国人口数の情報が必要とされたためである。この提案は国民議会そのものでは直接の議論とはならなかったが，その後に暫定中央権力によって取り上げられている。

さらに48年6月初旬には，同年7月1日にこれまで調査の行なわれていない国々で，また遅くとも8月1日までに全ドイツにまたがって，個々人の性・年齢・宗教・種族を項目に挙げた人口調査を実施し，結果を8月15日までに国民議会に提出し，これによって新規の住民台帳を作成すべきとする提案が続いた。だが，これは時間的にも実効不可能な提案に終わった。

10月に，レーデンおよび他の多数が再び全ドイツにおける人口調査の実施を提案している。これを受けて，11月に入って，国民議会の財政委員会が人口調査に関し新たな提案を行なった。そこでは，ドイツの人口関係の正確な知識は，ただ単に将来の帝国憲法の規定を適用する上で不可欠な基礎資料としてのみならず，それ以前に各国の陸軍分担金の増額，海軍分担金の支払い，中央権力全般の経費調達といった懸案事項を解決するためにも必須のものとされた。こうして，財政委員会は帝国内閣に次のことを委託する旨の提案を行なった。それは，「12月後半に，全ドイツを通じて，あまねく同一で目的に合った様式にのっとった人数・家族数・性・年齢段階・住所についての可能な限り正確な

人口の調査と目録作成を実施させ，その結果をその後に公表する」というものである。しかし，この提案には日程的な無理があり，ドイツの現状からみて不適切であり，先に示された当面の目的には不要であるとする意見が出たりする（ファラッティから）。結局，12月後半という時期に替えて，ただ「できるだけ速やかに」ということにし，その他の点では委員会提案が受容され，11月6日に国民議会で決議されている。

　11月中旬に，中央政府の財務相と商務相が共同廻状を出し，すべてのドイツの政府にこの決議を知らせた。他方で，全ドイツに対する全般的人口調査が実現するまで，少なくとも計算によってでも全ドイツの個別国家の人口状態を把握する必要があるとした。それは帝国金庫への各国分担金と帝国陸軍への配属兵員を住民数をもとにして算定するためには，これまでの住民台帳に較べてより正確な基礎資料が要請されたからである。また，廻状は各政府に1818年来の各年の人口数，ならびに人口に関する過去30年間の実際調査事例と最新の実際調査結果をできるだけ早急に知らせるよう求めている。大部分の政府から数ヶ月内に多少なりとも包括的な回答が送られ，それにもとづき商務省は陸軍関連事項処理のための個々の国家の暫定的住民台帳を作成し，翌年3月に国防省へ伝達している。

　だが，これはあくまでも既存行政資料による机上計算である。中央権力はこれに留まろうとはしない。実際的人口調査が必要であり，その準備に取りかからねばならなかった。人口情報はすべての実際的統計を結びつける軸となり，人口調査の組織は統計作成全体の基礎となる。中央権力ができるだけ速やかな人口調査の実施を指示することは，それを突破口にして中央統計局実現の契機にしようとするからである。しかしながら，「できるだけ速やかに」調査を実施するという規定があいまいで，専門家からは調査の大幅な遅延が予想された。とまれ，調査実行のために必要な資料を得るために，11月下旬にはドイツの政府全体に対し商務省次官から，内務・法務・商務・財務の4大臣の委託を受けて，次の2系列の質問が送られた。

　　I. 行政統計全般の組織に関して
　　　1. 統計のための中央官庁の有無とそのあり方
　　　2. 職員配置と給与関係

    3. 経常業務としての統計的活動の種類
    4. 統計に関する指令，調査書式と統計表図式
    5. 統計的公刊物
    6. 行政統計用支出額
    7. 私的統計協会との関係
  II. 人口調査に関して
    1. 人口調査の関連法規・命令・指令
    2. 調査・加工・公表用の統計表とその他の書式
    3. 最新人口調査の経費（職員用，調査資料用，公表用）
    4. 市民身分記録，出生・婚姻・死亡簿記入に関する法規・命令・指令・書式
    5. 人口調査・身分記録制度のこれまでの成功・失敗事例

　加えて，ドイツ圏内のみならず外国の諸事例にも学ぶ必要もあるとされ，外務省を通じてイギリス・フランス・ベルギー・オランダ・スウェーデン・デンマーク・北アメリカ合衆国に対し，それぞれの統計制度についての質問が送付されている。

　翌49年に入って，各国政府からの回答報告が漸次的に届けられ，来たるべき日のために収集・整理されることになった。しかし，すべての国家が帝国内閣の願望に応えることはなかった。ドイツの38政府の内，バイエルン，ヘッセン選帝候国とヘッセン大公国，ザクセン=アルテンブルクとザクセン=コブルク=ゴータなどの9政府からは無反応であった。ブラウンシュヴァイクやフランクフルト，またザクセン=ワイマールからは答えるべきものはなしという返答であった。オーストリアからはツェルニヒの個人的尽力によってようやく回答が送られてきた。従って，この質問は成功したとはいい難い。ただ，多くのドイツ国家では人口統計が行政統計の主要分野をなし，ほとんど唯一の最狭義の政府統計活動であることが確認された。外国の制度に関しては，返答はイギリス・北アメリカ・ベルギーからに留まり，他の4ヶ国からの回答はなかった。

　48年後半からの各地での革命運動の退潮と共に，国民議会での審議と決議の正当性も揺らいでゆく。議会での統計についての審議によってドイツ全体の統計に影響を及ぼし，統計制度改善を推進させようとする気運は失われてゆく。成立した憲法にのっとり，49年4月，議会から世襲帝位の申し出を受けたプ

ロイセン国王フリードリヒ・ヴィルヘルムⅣ世であるが，それを拒絶する。プロイセンを主軸にしたドイツ帝国の構想も頓挫する。49年5月末にフランクフルトからシュトゥットガルトへ移転した議会の余命も僅か20日ほどしか残っていなかった。6月18日，国民議会の活動は停止する。従い，国民議会における中央統計局や人口調査，また議会調査権に関する審議や提案が実を結ぶこともなかった。

再三に渡りその必要性と緊急性がさけばれたにもかかわらず，中央統計局の創設は実現せず，またそれを欠いてはセンサス様式の人口調査をドイツ全体にまたがって実施することは不可能であった。その後も人口調査が多くの領邦国家ではそれぞれの内政の一枠で処理される状態が続く。

おわりに

ドイツにおいて，直接全数調査が実施され結果の原則公開の行なわれる統計近代化のより一層の進展は1860-70年代まで待たねばならなかった。関税同盟圏の拡大，北ドイツ連邦の結成，さらにはドイツ帝国の形成という諸国家・地域・住民の統合を可能にする客観的基盤の上でそれは可能となる。こう考えると，そのような条件がまだ整っていなかった40年代に成立した統計協会の活動はどのような意味をもちうるのか。

近代的レベルの統計は組織性・継続性，また体系性・公表性を備えた資料であり，それを作り出すためには統計独自の官庁組織と法的財政的裏づけが条件となる。従い，三月革命による動乱に巻き込まれなかったとしても，会員や理解者の熱意と協力に依拠した統計協会の活動がどこまで展開しえたかは疑問である。あくまでも国家官僚機構に依拠し，国家行政の枠内でしか展開しえないのが社会経済統計である。統計協会はその補完としてしか機能しえない。逆の関係はありえない。統計協会がいかに貴重で重要な貢献をなしうるとしても，国家統計に取って替ることはできない。もともと，統計協会の活動にはそのような限界があった。このことはすでにザクセン王国統計協会の経緯にみられたことである。

社会経済と国民生活の危機的状況が迫っている。だが，その状況を映し出す基本資料となるべき政府統計の不備と欠陥は否定できない事実であった。こう

した中では，市民の自発的協働を支えにした統計収集体制を考えるしかない。これが，レーデンを動かし，統計協会を立ち上がらせた契機である。広範囲な統計の友との連携によって統計網を構築し，各国各地の統計資料を集中化し，客観情勢の把握に努めることが目的であった。2,700人に近い会員と通信員を獲得し，支部協会の結成や連帯協会の確保まで進み，機関誌の発刊も実現した。こうしてまずは順調に軌道に乗ったかにみえた統計協会の活動であったが，48年に入ってからの政治情勢の激変は活動のさらなる拡大を困難にする。協会そのものは48年で活動停止となり，機関誌も1847・48年号の僅か2巻の発刊に終わった。レーデン自身もその後ベルリンに戻ることなく，フランクフルト，そしてウィーンで文筆活動に従事することになった。成立から終焉まで3年にも満たない短命な統計協会の活動ではあった。

しかしながら，その活動は社会問題と国民生活の正確な状況把握と判断にとって統計が最大の手引きとなり，また統計が一部国家組織の内部資料に留まることなく公開を通じて共有され，社会の公器として利用されねばならないことを万人の前に訴えた。それぞれの国家行政の片隅で副次的業務として営まれていたのが官庁統計の作成であり，それが必要とされた報知内容を十全に提供しえていなかった40年代に，統計の効用を訴えその社会的認知を求めた統計協会の主張と活動はドイツにおける統計近代化プロセスにおいて一役を務めたとはいえよう。

「レーデンは，旧い，いわゆる大学派統計学者のグループに属する」[33]という評価が一般的である。しかし，レーデンが求めた統計体系は旧来の国家記述に終始するものではなく，国家記述から社会統計への移行段階に現われた国土記述という性格を帯びたものといえる。ファラッティの状態科学としての統計学を受け継ぎ，国家基本制度の概括と比較に領分を残しながらも，その統計体系では一国の生産（農耕・製造・加工）と交易（商業・運輸）分野に関する表示項目が大きな比重を占めている。国家顕著事項ではなく，国民経済と国民生活を構成する要素が統計表示の主要対象となっている。これは，国家記述・比較を越えた国土記述を目標にした統計表というものである。だが，主として既存資料・報告・記録を集約したところに出てくるのがこの統計表であり，直接調査による数量結果はごくごく限られていたことで，社会経済統計としてはいまだ近代以前の段階のものに留まるといわざるをえない。レーデンの統計表は

統計数量をも含んだ百科全書的国土記述ともいうべきものであり，数量表示可能な要素と事実・制度・施設・方策に関する文章説明による要素が混在している。こうした点では，国土記述を目指した統計表としても未成熟なものに終わっている。

　三月革命によって引き起こされた連邦体制の見直しと新たな帝国体制の模索の中に，ドイツ統計の遅れた現状への批判とそれを克服しようとする動きが出てきた。さらなる統計近代化への足掛かりが築かれそうにもみえた。フランクフルト国民議会では，まずドイツにおける官庁統計の不備が公然と指摘され，レーデンを初めとする識者が中央統計部署と全般的人口調査の必要性を提唱し，旧い体制に縛られない統計作成と収集制度を模索している。実際，それを構想する検討委員会も設けられた。しかし，国民議会は統計問題を審議するために開催されたものではない以上，その解決が議会にとって死活を制するということもなかった。国民基本権，国制，憲法，軍組織，裁判制度といった問題に較べ，あくまで副次的な懸案事項であり，余力の残された限りでその検討が続けられたという感じを免れえない。また，基礎資料の調達・確保の必要性については確認されながらも，そのための組織・様式・手順について具体的プランと指針を提供するところまでは進みえなかった。

　しかし，19世紀前半には強力領邦5ヶ国に限られていた統計中央部署が，50年代以降になって他の中小領邦国家や都市で陸続と創設された動きは，やはり革命の産物ともいうべきものであろう。統計作成の面で，これまでの旧態依然とした業務記録の事後整理ではなく，積極的な資料収集を目的にした特別機関＝統計局の設置へと国家当局を動かした。この点で，フランクフルトでの議論は決して無駄ではなかった。また，その精神は20年後の1870年1月に始まる関税同盟統計拡充委員会に継承され，改めて個別国家の枠を越えた全ドイツにまたがる統一的統計作成体制・中央統計局創設問題として取り上げられ，集中的に審議されることになったともいえる。

注
1)　レーデンを初めとして，統計協会に参加した論者にはプロイセン統計局の体制擁護的な姿勢に対する強い反発があった。例えば，ベルリン在住の会員ベルゲンロート

は，「それほど好ましくない現象を無視し，比較的好ましい効果をあまりにも強く強調することで，当の統計の分野では数量が誤った結果を与えることもある。またこうした例がプロイセンでみられるのは稀ではない。ここから，これまで確かなものとして受け入れられた多くの事実はもう一度点検されるべきであろう」(G. Bergenroth, Bemerkungen über die gegenwärtige Aufgabe der Statistik, *Zeitschrift des Vereins für deutsche Statistik*, Jg. 2, 1848, S. 387.) とし，さらにプロイセン統計局の機関誌『ベルリン統計局報知』に掲載された一連の論文の論調を批判して，「政府の弁護という目的に較べ，科学的論究という目的をもつことが少ないようにみえる。……政府に向けられた批判を統計局が拒絶することで，統計局は自ら政府与党機関と化しており，このことによって無党派の証人としての信頼性を自ら失うのである」(*Ztsch. d. Ver. f. dt. St*, Jg. 2, 1848, S. 1053.) とする厳しい批判を示している。

2) F. v. Reden, Vom Nutzen der Statistik für Staat und Volk, *Ztsch. d. Ver. f. dt. St.*, Jg. 1, 1847, SS. 21-23.

3) レーデン（Friedrich Wilhelm Otto Ludwig Freiherr von Reden）の経歴をやや詳しく紹介すると，以下のようになる。1804年2月に退役軍人の子としてリッペ゠デトモルトのウェンドリングハウゼンに生まれる。ゲッチンゲン大学で法学を修め，さらに官房学と外交学を学び，国家試験を経て24年にハノーヴァー王国の官職に就く。32年にはハノーヴァー国会（等族会議）上院議員に選ばれ，関税同盟参加問題や王国営業協会創設で活躍する。37年，国王エルンスト・アウグストの33年憲法破棄に対する反対表明のかどで懲戒処分を受け，やがて国家勤務から退く。その後，執筆活動に従事し，経済問題と統計の専門家として知られるようになる。41-43年には，ベルリン゠シュテッティン鉄道会社の特別監督者。43年，プロイセン外務省に勤務することになり，工業・商業問題の専門家として大臣の補佐役となり，ベルリンでの営業博覧会の指導に当たり，またウィーンでの営業博覧会でプロイセン政府委員を務めた。46年，ドイツ統計協会を設立。48年5月，フランクフルト国民議会議員に選出される。そこでの活動は本章で紹介されている通りである。49年2月にはハノーヴァー国会下院議員に選ばれ，帝国憲法承認のために尽力したが，やがてそれを辞し，再びフランクフルトでの審議に戻る。49年5月10日，ザクセンの革命運動鎮圧へのプロイセン軍介入に，「帝国平和の重大な破壊」として議会は反対すべしとする提案を行ない，プロイセン政府から停職処分を受ける。国民議会終焉後はフランクフルト，次いでウィーンに住み，統計に関する多くの著作を著わし，57年にはウィーンで開催された第3回国際統計会議に出席している。同年12月12日，ウィーンで死去。レーデンの伝記については，次のものを参照。*Allgemeine Deutsche Biographie*, Bd. 27, 1888, SS. 513-15, *Handwörterbuch der Staatswissenschaften*, 3. Aufl., Bd. 7, 1911, SS. 54-56, 4. Aufl., Bd. 6, 1925, SS, 1207-08, *Neue Deutsche Biographie*, Bd. 21, 2003, SS. 241-42. こうしたレーデンの活動は現在，次のように評価されている。「1847年にドイツ全土からの公共心ある人々からなる統計協会がフォン・レーデン男爵によって設立された。かれはかつて，ドイツの労働者と職人に関する諸問題を解決することに従事したことのあるハノーヴァーの官僚であった。かれの統計協会は，1848年の出来事

の後まで生き延びることはなかったが，しかし，この協会の体現した主義は生き残った。というのは，この協会を鼓舞した関心事は大きくなる一方だったからである」(T. M. Porter, *The Rise of Statistical Thinking 1820-1900*, Princeton, 1986, pp. 38-39, 長屋政勝・木村和範・近昭夫・杉森滉一訳『統計学と社会認識』梓出版社, 1995年, 41ページ)。

4) ファラッティの統計学観は次の主著に収められている。J. Fallati, *Einleitung in die Wissenschaft der Statistik*, Tübingen, 1834. また，1840年代早々からイギリスにおける統計協会の活動，イギリス・フランス・ベルギーでのアンケート調査の実例を紹介し，その役割を評価しているのがファラッティである。J. Fallati, *Die statistischen Vereine der Engländer*, Tübingen, 1840, Einige Mittheilungen über die Einrichtung statistischer Enquêten, *Zeitschrift für die gesammte Staatswissenschaft*, Bd. 3, 1846, SS. 724-52. このファラッティの統計学に関しては，足利末男『社会統計学史』三一書房，1966年，245ページ以下，を参照のこと。

5) こうした動きは次の文献によって明らかにされている。J. E. Wappäus, Die Errichtung statistischer Büreaus und statistischer Privatvereine, *Deutsche Vierteljahrs Schrift*, 1846, Ht. 3, Nr. 35, S. 95ff.

6) F. Fallati, Gedanken über Mittel und Wege zu Hebung der praktischen Statistik, mit besonderer Rücksicht auf Deutschland, *Ztsch. f. d. g. Staatswiss.*, Bd. 3, 1846, S. 553.

7) Die wichtigsten auf die Entstehung und bisherige Ausbildung des Vereins bezüglichen Aktenstücke, *Ztsch. d. Ver. f. dt. St.*, Jg. 1, 1847, SS. 1-3.

8) F. v. Reden, *Vergleichende Kulturstatistik der Grossmächte Europas*, 2 Bde, Berlin, 1846.

9) Gewerbetabelle für die Preussische Monarchie im Jahre 1846, *Handels-Archiv : Wochenschrift für Handel, Gewerbe und Verkehrsanstalten*, Jg. 1848, Ht. 6, SS. 593-94.

10) Verhandlungen des Berliner Zweigvereins für deutsche Statistik, *Ztsch. d. Ver. f. dt. St*, Jg. 2, 1848, SS. 289-90.

11) Nachrichten vom Vereine für deutsche Statistik am Schlusse des J. 1847, *Ztsch. d. Ver. f. dt. St.*, Jg. 2, 1848, SS. 1-16.

12) 出版社はベルリンのF. Schneider und Comp社であるが，月刊分冊は後に1年分がまとめられて1,000ページを越える大部な雑誌となっている。その内容は以下の8部門に分かれている。

  I. ドイツ統計協会懸案事項
  II. 統計理論と一般的科学的論究
  III. ドイツあるいはドイツ複数国家の全般統計と比較統計
  IV. 個別ドイツ国家あるいは地方の統計
  V. 国家生活・国民生活の個別的関係の統計
  VI. 統計にかかわる協会と雑誌
  VII. 統計記録・報告，印刷物・定期冊子からの抜粋
  VIII. 文献と論評

ことに，III, IV, Vに盛られた多種多様な（また局所的でもあるが）現地報告・統

計・資料・記録はドイツ各地の現況を知らしめる情報源になっている。その寄稿者は官僚，大学教授，学校教師，商人，軍人，司法関係者，聖職者，医者と多岐に渡るが，当該地の市民階級上層部であったことは明らかである。レーデンを別にして，ファラッティやワッポイス，ラウやシューベルトといった当時を代表する経済学者や統計学者も寄稿者としてある。後に，エンゲルはこの雑誌を，「今日においてもなお最も注目に値する資料の宝庫であり，とくに現在との比較にとってまったく測り知れない重要性をもつ」(E. Engel, Die Nothwendigkeit einer Reform der volkswirthschaftlichen Statistik, *Zeitschrift des Königlich Preussischen Statistischen Bureaus*, Jg. 10, 1870, S. 175.) として高く評価している。

13) F. v. Reden, Vom Nutzen der Statistik, *a. a. O.*, S. 20.
14) この「比較統計学」はレーデンの終生のモットーであった。晩年の著作，F. v. Reden, *Die jetzige Aufgabe der Statistik in Beziehung zur Staatsverwaltung*, Wien, 1853, の「序文」においてもこの比較統計学の意義を強調している。
15) F. v. Reden, Vom Nutzen der Statistik, *a. a. O.*, S. 22.
16) C. Knies, *Die Statistik als selbstständige Wissenschaft*, Kassel, 1850, SS. 93-95，高野岩三郎訳『独立の学問としての統計学』(統計学古典選集・第2巻)，栗田書店，1942年，196-98ページ。
17) F. v. Reden, Ueber statistische Forschung, Sammlung, Ordnung und Nutzbarmachung, *Ztsch. d. Ver. f. dt. St.*, Jg. 1, 1847, SS. 16-18.
18) F. v. Reden, Ueber statistische Forschung, *a, a, O.*, S. 19.
19) F. v. Reden, Bureau für statistische Nachweise, eine Nothwendigkeit für die jetzige Staatsverwaltung, *Ztsch. d. Ver. f. dt. St.*, Jg. 2, 1848, SS. 16-22.
20) ここでいわれる「統計的解剖学」とは，上述されている，「数学的正確性と明確な批判でもって数量や事実のもつそれぞれの価値を比較考量し」，「入念な調査と誠実な判断それ自体」から結果を導き出す作業を指していると思われる。
21) F. v. Reden, Bureau für statistische Nachweise, *a. a. O.*, SS. 19-22.
22) F. v. Reden, Die Aufgabe und Stellung der Statistik bei den neuen Behörden des deutschen Bundes, *Ztsch. d. Ver. f. dt. St.*, Jg. 2, 1848, SS. 290-91.
23) レーデンは自身の論文，F. v. Reden, Vergleichende Statistik der Bevölkerungs=Verhältnisse Deutschlands und der übrigen Staaten Europa's, *Ztsch. d. Ver. f. dt. St*, Jg. 1, 1847, SS. 1057-71，によってドイツ全体の人口数が初めて報知されたとしている。
24) F. v. Reden, *Vergleichende Zusammenstellung der Grenzeneingangsabgaben in Oesterreich, dem Zollverein, dem norddeutschen Steuerverein und dem Herzogtum Schleswig-Holstein*, Frankfurt am Main, 1848.
25) F. v. Reden, *Die Ergebnisse des Handels, der Schiffahrt und die Gewerbegesetzgebungen Deutschlands*, Frankfurt am Main, 1848.
26) J. Fallati, Gedanken über Mittel und Wege, *a. a. O.*, S. 555.
27) 以上の会議の審議内容に関しては，以下のものを参照。Die Germanisten=Versammlung zu Lübeck vom 26.-30. Septbr. 1847, *Ztsch. d. Ver. f. dt. St.*, Jg. 1, 1847, SS. 861-62, Die Statistik auf der Germanisten-Versammlung zu Lübeck, *Ztsch. f. d. g. Staatswiss.*, Bd. 5, 1848, SS.

230-35, E. Engel, Die Nothwengdigkeit einer Reform, *a. a. O.*, SS. 174-75.

28) Statistisches Bureau der deutschen konstituirenden Versammlung in Frankfurt a. M., *Ztsch. d. Ver. f. dt. St.*, Jg. 2, 1848, SS. 666-67.

29) 以下，国民議会での統計問題の審議については，以下の文献による。J. Fallati, Stand der administrativen Statistik in Deutschland im Jahre 1848-49, *Ztsch. f. d. g. Staatswiss.*, Bd. 6, 1850, SS. 727-40.

30) これは後に，G. Hanssen, Über die beabsichtigte allgemeine deutsche Volkszählung, *Archiv der politischen Oekonomie und Polizeiwissenschaft*, N. F., Bd. 8, 1849, SS. 337-84，として公表されている。その中で，ハンセンはドイツ諸国と外国におけるこれまでの人口調査の実例を詳細に検討し，来たるべき帝国人口調査の構想を練っている。しかし，その論文の後記（49 年 7 月）には，こうした人口調査を実施するための帝国統計局をできるだけ短期間に設立するという企画も，「現下の政治的混迷のために，その実現ははるか遠くに退いたようにみえる」（384 ページ）とあり，中央統計局も全般的人口調査もあくまで構想に留まった。

31) *Die Protokolle des Volkswirtschaftlichen Ausschusses der deutschen Nationalversammlung 1849/49*, hrsg. von W. Conze und W. Zorn, Boppard a. R., 1992, S. 109, S. 164.

32) *Dokumente zur deutschen Verfassungsgeschichte*, hrsg. von E. R. Huber, Bd. 1, Stuttgart, 1961, S. 314, 初宿正典・高田篤訳「フランクフルト憲法――1849 年 3 月 28 日ドイツ・ライヒ憲法――」『法学論叢』（京都大学），第 131 巻第 6 号，1992 年 9 月，114 ページ。

33) *Handw. d. Staatswiss.*, 4. Aufl., Bd. 6, 1925, S. 1207.

附表　ドイツ連邦全統計体系

A．領域
　I．位置，広さ，土地状態
　II．現在の政治的区分，個別部分の存立とその歴史
　III．自然的特性
　　　A．耕地特性　1．陸地　2．河川　B．風土状況　C．耕地収穫物全体

B．住民
　I．住民の拡がりと数・その増減（居住地，住居場所，家族，婚姻，出生，死亡，年齢階梯，都市人口と農村人口）
　II．種族区分，言葉の相違　　　　III．宗教の相違
　IV．肉体的・精神的特徴，生活様式，健康状態
　V．就業様式全般（就業のあり方に対する土地特性，等々の影響）

C．国家制度
　I．基本法（歴史）
　II．国家元首の状況（統治家，爵位，紋章，宮廷，勲位）
　III．国家市民の状況
　　　A．身分の相違，個別人口階級の状況　　B．議会，身分制度
　　　C．市町村制度　　　　　　　　　　　　D．教会組織制度と教会対国家関係

D．国家行政
　I．全般（歴史）　　　　　　　　　　　II．最高国家行政とその分岐
　III．州行政と地方行政　　　　　　　　IV．法行政（立法，業務経過）
　V．警察行政（公安，衛生，貧民救助，風紀）　VI．財政（税とその使用，負債）
　VII．軍政（軍隊と艦隊）
　VIII．国家行政の外部への働き（大使・領事制度，条約）

E．精神的・物質的文明状態
　I．精神的文明
　　　A．教育制度（システム，施設，募集）
　　　B．学問的成果
　　　　　1．学問と芸術のための協会
　　　　　2．新聞，雑誌，書籍出版（出版状況）
　II．物質的文明の状況
　　　A．全般
　　　B．農業分野
　　　　　1．全般　　　　　2．農耕，園芸　　　　3．林業
　　　　　4．畜産　　　　　5．狩猟と漁猟
　　　　　6．農業就業への社会生活と国家生活の影響（農業のための制度と方策）
　　　　　　　a．農業（林業・園芸・獣医学）修養用制度
　　　　　　　b．農業協会，一般的に国家の下での農業利益の代表
　　　　　　　c．土地所有の自由化
　　　　　　　d．農業信用施設，他施設，倉庫制度
　　　　　　　e．農業保険制度
　　　C．原材料加工用営業経営（および採鉱業）
　　　　　1．全般　　　　　2．金属と金属商品　　　3．石炭
　　　　　4．塩　　　　　　5．木材加工　　　　　　6．紙製造と紙製品
　　　　　7．皮革製造・加工　8．陶器製造
　　　　　9．ガラス・ガラス商品製造
　　　　　10．木綿紡績業・木綿織物業

11. 亜麻紡績業・亜麻織物業
12. 羊毛紡績業・羊毛織物業
13. 絹製出・絹加工　14. 他営業分野　　15. 手工業経営
16. 精製工業への社会生活と国家生活の影響（精製工業のための制度と方策）
   a．工業修養用制度
   b．工業協会，一般的に国家の下での製造工業利益の代表
   c．営業生産物の博覧会
   d．精製工業産物の模造に対する保護（登記・特許・製造工場票）
   e．職業評議会（労使協調会，専門仲裁人）
   f．株式制度とそれに関する立法
   g．災害保険（火災保険・生命保険，さらに年金施設と養老院）
   h．貸金取扱所，質屋，過失救援基金
   i．国家監視（良好製造・労働者安寧・機械・公安・直接支援のための）

D. 商業
  1. 全般（歴史）
  2. 数量結果（個別物件別・個々の国々との取引別・年別の輸入・輸出・通過）
  3. 商業政策（関税制度，貯蔵所組織，保税倉庫，税関倉庫，自由港，航海法）
  4. 地上取引（取引先，経営方式）
  5. 海上・河川取引（海運業，船舶事情）
  6. 国内交易
  7. 交易に対する社会生活と国家生活の影響（交易のための制度と方策）
    a．商業と航海用教育施設，一般にこの営業分野のための修養
    b．国家の下での商業の利益の代表（商務省，その他の中央官庁，商業会議所）
    c．未決着商事訴訟事件のための立法（商事裁判所）
    d．蒸気船航行　　　　　　　　　　e．検疫所
    f．労務不能船員とその遺族の扶養制度　g．海難・河川災害保険
    h．水先案内人制度
    i．燈台，燈浮標，船燈，樽型ブイ，ブイ，航路標識
    k．難破に際しての保全施設と救済施設
    l．自然水路改修，人工河川路，運河，港，造船所
    m．国道と街道　　　　　　　　　　n．鉄道
    o．郵便　　　　　　　　　　　　　p．電信
    q．銀行
    r．証券取引所（取引所，ロイド社）とその業務
    s．商業従事者（仲買人，貨物運送業者，番頭，徒弟，労働者）
    t．大市，市場，行商　　　　　　　u．公的商事会社
    v．貨幣事情，貨幣制度　aa．全般
    　　　　　　　　　　　bb．最重要刻印金属鋳貨の価値と割合
    　　　　　　　　　　　cc．紙幣

出所）Die wichtigsten auf die Entstehung und bisherige Ausbildung des Vereins bezüglichen Aktenstücke, *Zeitschrift des Vereins für deutsche Statistik,* Jg. 1, 1847, SS. 5-6.

第6章

エンゲルとザクセン王国統計改革

はじめに

　エンゲルの名はドイツ社会統計の近代化と分かち難く結びついている。19世紀50年代以降，統計後進国ドイツが先進諸国に追いつき，やがてそれを凌駕する過程にあって，2つの領邦国家の統計局を主宰する中で官庁統計（＝政府行政統計）作成の改革に尽力し，社会統計近代化の牽引役を努めたのがエンゲルであった。近代化の中で，領邦国家統計局の形成と展開，関税同盟統計の開始，フランクフルト国民議会での統計問題審議，関税同盟統計拡充委員会での検討，そしてドイツ統一を受けての帝国統計庁の設立，全ドイツにまたがるセンサス様式での人口・営業・農業調査の実施，こういった一連の展開事例がみられる。そうした中で，エンゲルは初めザクセン王国統計局，さらにプロイセン王国統計局を舞台にして，ドイツ統計の前近代性の批判的克服を志し，市民社会に対応した統計作成制度を模索・構築してゆく。こうした動きに先導されながら，僅か30年後の1880年代にはヨーロッパで最も充実した統計作成体制をもつに至ったのがドイツ社会統計である。官庁統計の改革と拡充を軸にしながら，エンゲルは他にも労働者世帯の生計費研究とエンゲル法則の導出，労働価格と人間価値の研究，統計学ゼミナールでの人材養成，国際統計会議における国際交流の推進，さらにそのデモロギー体系の提示，等々の局面で，統計が国家行財政と社会経済・国民生活の合理的運営にとって不可欠な要素であり，

205

その作成は国家統計局の全責任下にあり，またその結果は社会の公器として国民の眼の前に公然化されねばならない，このことを明らかにする多様な活動を展開している。エンゲルを抜きにして，19世紀後半ドイツにおける社会統計の展開を語ることは不可能である。

こうしたエンゲルの多面的な活動の原点としてあるのが，1850年からの8年間に渡るザクセン王国統計局での経験である。その中で，社会統計の意義を確認できると共に，それにまつわる独自の困難を実体験することにもなる。そこでの実績を踏まえた次のプロイセン王国統計局や関税同盟統計拡充委員会での主導を通じて，エンゲルはドイツ社会統計をヨーロッパでも屈指のレベルのものに飛躍させることに大きく寄与している。ザクセンでの8年間こそは，エンゲルがドイツ社会統計の構築において主役を演じることになるための修養時期であったといえよう。では，エンゲルはザクセン王国統計局を舞台にして，ザクセンの社会統計の現状をどのように捉え，いかなる弱点をみい出し，それをいかに改革しようとしたのか。本章ではこのザクセン時代のエンゲルの仕事を整理し，ドイツ社会統計史でのその位置づけを試みる。

I. ザクセン王国統計局

1. 統計局設立とエンゲルの就任

1．統計協会は1850年8月2日に，国家官庁としての「内務省統計局」(Statistisches Büreau des Ministeriums des Innern) へと発展的に解消している（これをザクセン王国統計局とよぶ）。前日の8月1日に，枢密政務参事官のC. A. ワインリヒを通じて協会事務局の引継ぎと職員の業務引受けが行なわれ，2日に国王（フリードリヒ・アウグストⅡ世）名による引継ぎに関する「統計局に関する指令」[1] が出ている。すなわち，31年4月11日と36年11月1日に与えられた統計協会の権限は廃棄される。新たな統計局は内務省統計局の名称で，その第2局に附属し，内務省専門部局担当官がそれを指導する。協会から撤廃された先の権限は統計局に移譲され，統計作業に関する質問・報告・発送すべては統計局に向けられる。以上の3点が命じられている。同じく，同日には内務省と統計局との関係，統計局の人員配置と業務内容をより細かく規定した以下の9項目からなる「統計局代表の規定」[2] が出ている。その骨子は以下の通り

である。

1. 統計局は「内務省統計局」として同省第2局に属する。
2. 統計局は代表の第2局専門担当官、現在のところ枢密参事官で局長のワインリヒ博士の指導下に入る（代表に支障のある場合の代理は政務参事官シュテルツナーが務める）。
3. 定員として配置されるのは書記のエンゲルとトレガー（記録掛）である。その他には発送掛と臨時雇人がおかれる。
4. 統計局に独立の記録帳簿が設けられ、書類などの受け入れがチェックされ、その記入は発送掛の仕事になる。
5. 統計作業に関する発送物は直接統計局から代表名でもって官庁や個人に送られる。
6. 統計作業の新企画、他省庁とのやり取り、諸官庁に対する服務規定に関する全般的指令は内務省自体（ないしはその第2局）から下される。
7. 統計局には独自の金庫はない。統計協会の残高は内務省金庫に移され、統計目的用支出はそこからまかなわれ、その払底後は一般会計からの支出となる。
8. 統計局の業務場所には城内街16番にある公共建物の3階が当てられ、その管理は統計局自体が行なう。
9. 統計局の内的枠組みに関するさらなる指令は内務大臣の諒承の下、統計局長から下される。

ここで、統計局が内務省下の直属機関として機能することが明記されている。指導者としてその初代局長が就いたのは第2項にあるように枢密参事官で内務省第2局（経済担当部局）の局長ワインリヒである。当人を統計局の代表とし、その下でエンゲルが書記として実際的業務に当たるとされている。

さて、統計局設立の立役者はワインリヒであるが、[3)] 当人は1812年4月9日に、ドレスデンで当地の十字教会、さらに後の23-42年にはライプツィヒ・トーマス教会の合唱指揮者を勤めた音楽家の家に生まれ、ライプツィヒのギムナジウム修了後、ライプツィヒ大学で自然科学と医学を修めている。33年には医学博士を取得し、外科医として登録したが、実務には就かなかったといわれる。さらにそれ以降、鉱山学・工学関連の分野で特殊研究に従事し、40年代当初には化学・物理学・工学、さらに国民経済学の教師をライプツィヒ商学施設で勤めている。43年にはライプツィヒ大学で教授資格を取得し、またそこ

で経済学者・統計学者の G. ハンセン（1842-47 年，ライプツィヒ大学教授）との交友をもつことになる。45 年にエルランゲン大学国民経済学の正教授として招聘される。さらにハンセンの推薦によって，47 年初めにザクセン王国内務省枢密参事官に就任し，商業・営業部門の指導を任される。そこでは全ヨーロッパにまたがった 1846 年の凶作による食糧品の物価騰貴という困難な経済問題に取り組むことになった。

　1848 年の社会革命の勃発にあって，ザクセンにも自由主義的な三月内閣（ブラウン-プフォルテン内閣）が誕生する。そこにおいて，経済施策の基礎資料として国土の営業状態に関する正確な知識の収集が急務とされた。ワインリヒの下で，営業関係と労働関係の究明のための特別委員会（先の第 3 章で述べられた「ザクセン王国営業および労働関係検討委員会」）が設立され，ザクセン全土にまたがる詳細なアンケート調査が企画・実行された。その後，新たな政治的出来事によって三月内閣は退陣し，49 年 2 月末に G.F. ヘルトを閣僚会議々長にした新たな内閣が誕生するが，ワインリヒはその内務大臣に就任している。しかし，49 年 3 月 28 日成立のフランクフルト帝国憲法の受け入れをめぐって，内閣内での不調和や国王側との対立が表面化し，受け入れを擁護したワインリヒは 5 月 2 日に大臣職を降り，内閣も瓦解する。ワインリヒは再び内務省局長の地位に戻っている。その後，ライプツィヒでの営業博覧会の主催，統計局の設立，技術学校制度の立ち上げ，外国における工業博覧会での政府代表，またザクセンにおける営業条例に関するその立案（57 年）と制定（61 年），イギリスの工場・労働者関係に倣った社会政策の提案，等々の場面で活躍している。さらに 67 年の北ドイツ連邦結成に伴ない，ワインリヒはその連邦参議院のザクセン王国議員を務めている。このように，ワインリヒは 40 年代以降のザクセンの改革期にあって，自由主義者として立憲体制を擁護し，また内務・財務官僚として経済改革の推進者でもあった。「ザクセンの経済政策の最も優れた専門家であったばかりでなく，それの真の指導者でもあった」[4] とされている。1873 年 1 月 18 日，ドレスデンにて死去。

　統計問題で看過できないことは，このワインリヒは内務省の枢密参事官に就任した翌年の 48 年 1 月に，早くも「統計局の組織に関する」建白書をまとめ，ザクセン王国の統計のあり方を抜本的に改革するプランを練っていたことである。[5] それによると，47 年から内務省内部において県に統計部門を設ける案が

浮上してきており，その部門をして中央からの統計報告要請に協働させるというものであった。また，すべての省庁に役立つ国家統計局が構想され，完全な統計データ収集のためにはそれら省庁のあらゆる機関が動員されることが必要とされている。例えば，統計業務と最も密接な関係をもつ内務省とその諸機関は，人口，自治体，警察，保健，貯蓄－貸付金庫，福祉施設，刑務所や介護施設，団体や協会，商工業や農業，地誌，これらの分野の統計作成に関与すべきである。同じく司法省，文化省，財務省，そして国防省もその所轄業務を通じてそれぞれ該当する資料提供をもって統計局の作業に協力すべきである。これがあって初めて，「定期的官庁統計」が可能となるのであり，統計局監理府は統計収集のプランを起草し，上の省庁の関与と協働を求め，そこから集められた資料は統計局職員によって整理・加工される。統計局長はその実施に責任をもち，新企画に関する該当省庁との審議と諒解の後，省代表を通じて統計問題ではあらゆる分野の役人に対して直接指令を下す権限を与えられる。これは既存官庁機構との協働の下で，国家機関としての統計局が主体となって統計作成作業を遂行し，そのために全官僚に対して報告を作成・提出させる権限をもつということである。さらに統計局の官庁統計作成を十全なものにするためには，①内外の文献資料に通じ，有用な情報を抜粋・整理・概括する力量をもった人員を配置する，②これまでの人口・農耕・営業統計にみられるような，既存官庁による「純粋に表式的で官庁的なやり方」は不完全で信頼できないものであり，今後これを排し，特別報酬を与えて非常勤職員に調査を委託する方式の採用が必要である，この2点が追加されねばならないとしている。この②では，調査委託という形ながら，調査員による直接調査を志向するということである。こうした統計局の運営経費には年間 7,000 ターレル，さらに当初の特別費用として 5,000 ターレルが見積もられている。

　三月革命の嵐の中での政治的改革が始まろうとする直前に，統計の意義と効用を認め，国家の責任において資料収集に当たる独立機関の設置を明示したのがワインリヒの建白書であった。これは社会的政治的動乱を予感しながら，信頼できる国土情報の収集を必須とする考えから出たものであろう。当時のザクセン政府高官を見渡して，統計に対する理解が最も深い人物としてワインリヒを挙げることができ，その国家機関としての統計中央部署構想の具体化されたものが 1850 年の統計局であるといえる。また，上述の営業アンケート調査の

経験から出てきた，全土にまたがる営業統計を必要とする声によって統計局設立の動きが加速している。従い，当人が所轄していた内務省第2局に統計局が附属することになったことは当然のなりゆきであった。

　2．統計局の代表者はワインリヒであったが，当人は内務省高官としての本務の経済問題に精力を傾けざるをえない。このため，統計局の実務統轄者として任用されたのがエンゲルであった。1850年から58年まで統計局の実質的主導はエンゲルに任される。この中で，ザクセン統計を相手にしたエンゲルによる統計近代化の試みは一部は実現し，一部では挫折する。社会統計の作成をめぐる難事業と取り組む中で，後にプロイセン統計局や関税同盟統計を舞台にしたドイツ社会統計のさらなる近代化推進に当たって必要とされる知見と経験を獲得することができた。

　エンゲルはもともと行財政官僚でも統計専門家でもなかった。1821年3月26日，ドレスデンにてワイン醸造所主任を父親とした家庭に産まれ，フライベルクにあるザクセン王国鉱山アカデミーで鉱山学と製錬学を学び，45年にそこを修了。[6] その後の数年間にまたがり，ドイツ各国，さらにベルギー・イギリス・フランスへ採鉱場と製錬場の研修旅行に出かける。その間に，ベルギーでケトレーの知遇を得ることができ，またパリの鉱山大学46/47年冬季ゼミナールでは，ル・プレイに接し実証的調査研究法について学び，またかれに従って冶金工場への実地見聞を体験している。これらを通じ，モノグラフィー（＝独立調査報告）による実態把握の意義，および統計の効用と統計学の役割を知得できたものと思われる。48年には既述のワインリヒの下での「営業および労働関係検討委員会」の委員に選ばれ，しばらくしてその議長に就いている。ここでは，48/49年の窮状下における生業と労働者の事情に関するアンケート調査を体験している（しかし，信頼できる回答は少なかったとされ，調査としては成功したとはいい難い）。ここで発揮された力量がワインリヒの注目するところとなり，50年にはライプツィヒでのドイツ営業博覧会の指導を内務省から依嘱されている。工業技術事情に詳しい技師であり，また労働者問題を調査究明する上での最適者とも目されていたわけである。

　そうしたエンゲルがワインリヒの推薦を受け，創設された統計局の実質的な業務指導者に就くことも自然な流れであった（職位は最初は内務省書記官，次いで5年後には試補）。書記官エンゲルの業務は上の規定・第3項で「局職員

全体ならびに書記作業に関する形式と人員での直接監督」にあるとされ，またエンゲル自身の言葉では，「あらゆる作業の独自の実施，計画と統計表の起草，業務機構の組み立てと監督，獲得結果の加工と有効利用，等々が義務づけられている」[7] とある。実質的に統計局の運営を司る主幹（Chef）ということである。設立から3年後には，統計局では書記官2名（上述のようにエンゲルとトレガー，この両者には国家官吏の地位が附与されている）の他に，会計掛2，作業掛11，図案掛1，給仕1，臨時雇人4の総計21人が就業していた。人員的には決して十分とはいえないが，これらを統率してザクセン王国統計に新機軸を築こうとするのがエンゲルである。つごう8年間にまたがるザクセン統計局でのエンゲルの活動は以下の5点にまとめられよう。

① 1849年人口調査結果の集計と再編集（ザクセン人口の就業構造と社会経済クラス別構成の提示）

② 1852年人口センサスの実施（1846年ベルギーでの先例を模範とした世帯個票を用いた最初の直接全数調査）

③ 1855年人口センサスおよび営業調査の実施（人口調査と併行しての46年ベルギーの先例を見本にした営業調査の企画・実行。だが，この営業調査は失敗に終わる）

④ ザクセンの生産・消費問題の検討（国内の生産／消費の均衡関係の検討とその中でのエンゲル係数とエンゲル法則の導出，また人口政策上の提言）

⑤ 『ザクセン王国からの統計報知』，『王立ザクセン内務省統計局雑誌』，『ザクセン王国統計および国家経済年鑑』を通じた統計の公開（原則として統計は公表され，社会の公器として利用されるべきものである）

ワインリヒの立てたプランにのっとり，各省から必要な資料・記録を収集し整理する，これを通じて定期的な公的統計を作成する，これが統計局の主要任務であった。エンゲルの統計局での仕事は内務省に保留され統計局に移管された49年人口調査の整理・加工から始まる。それらの結果は，「統計を実り豊かにする要素は公開性（Oeffentlichkeit）である」[8] とし，統計近代化には公開性が不可欠とみる当人によって，統計局の機関誌『ザクセン王国からの統計報知』（1851-55年，全4巻）で公表されてゆく。その第1巻（51年）は49年12月の人口調査の集計結果，第2巻（52年）は1834-50年の人口動態統計，第3巻

(54年)は49年調査結果の加工編集による就業者統計,第4巻(55年)は貯蓄金庫とその利用に関する収集資料,これらの公表に当てられている。この『統計報知』はドイツ圏において多くの識者の注目を受け,またその刊行によって53年4月にはテュービンゲン大学から国家科学の博士号を授与されている。それと併行して,収集された統計資料を概括化し,「公衆の知識に供ずる」ことを目的にして53年に『ザクセン王国統計および国家経済年鑑』[9]が発刊されている。エンゲルの構想ではこれは毎年継続されるべきものであったろう。しかし,実際にはその第1巻のみが「統計と国家経済の関係におけるザクセン王国」という副題を添えて出されただけに終わっている。これは,第1部・領土,第2部・人口,第3部・国民居住地,第4部・農業,この4部から構成された全560ページに及ぶ浩瀚な刊行物となっている。さらに,『統計報知』の後を継いで,統計公表と理論的実証的問題の検討に当たる『王立ザクセン内務省統計局雑誌』(1855年創刊,「ライプツィヒ新聞」の科学附録として原則月1回の発行)も公刊されてゆく。実際調査としては,1852年と55年のザクセン王国人口調査の直接指導に当たり,初めて世帯ごとの個票調査方式を導入している。55年調査では,人口センサスと併行して,農業と商工業に関する営業調査を試行している。さらに,ザクセンにおける生産と消費の均衡問題を検討し,その中でのベルギーを軸にした諸国家・地域の勤労者世帯の家計収支の資料から家計消費支出に占める食糧費割合にみられる規則性(いわゆるエンゲルの法則)の導出,等々を試みている。また,53年秋にブリュッセルで開催された国際統計会議に出席し,それ以降同会議に毎回参加し,統計の国際交流に貢献している。こうして,僅か8年間の活動ではあったが,ザクセン統計の近代化を推進し,ドイツ内外にその存在と成果を認知させる活動を示した。ザクセン王国統計局退職後の1860年に,プロイセン統計局長に招聘された要因は,こうしたザクセン時代の実績が評価されたことにあるとされる。

2. 1849年人口統計の加工＝就業統計の作成

エンゲルがザクセン統計局に入局して最初に取り組んだ作業は上述のように1849年人口調査の結果を整理・加工することがあった。すなわち,内務省から統計局に未処理のまま引き継がれた家屋リスト記録を整理・編集し,統計として公表する作業である。この結果は創刊された『ザクセン王国からの統計報

知』の第1号 (1851年) で，まずは人口静態統計として現われている。さらにまた，この人口統計を加工再編してザクセン国民の就業統計を作成するという新たな仕事に着手し，この結果を「人口と産業」のテーマで，さらには「職業-生業クラス別王国人口ならびにザクセンの営業地理と営業統計結果」とする内容表示を添えて，同じ『統計報知』第3号 (1854年) に公表している。[10] この中で，人口総数を越えて人口の就業構成という分野での統計処理を経験し，その際に突き当たった困難から，それを克服すべく次回の52年人口調査においては十全なセンサス様式を採用する，さらに後の55年には人口調査と同時に営業調査を直接調査として実施する，こうした考えが強化されたと思われる。52年ザクセン人口調査を検討する前に，まわり道になるが，ここで試みられている人口調査の加工から就業統計を作成するエンゲルの考えと方法をみてみよう。

49年調査は32年調査以来の家屋リストを用いた調査の最後のものである。先述したように，家屋リストには家屋居住者全員の諸属性が列挙され，その調査項目のひとつ (第11欄) に「身分あるいは営業」があり，さらに「生計分野および他の個人的事情の申告」と規定されている。いわば個々人の社会的身分なり経済的属性を申告する欄であるが，そこには，すべての者は「実際に営業を営み，ある特定の身分に属するか否か」に応じ，「何を営んでいるか，また何者か，あるいはその他の事情」を述べると指示されている。[11]

自立した営業をもたず，いまだ親の家で生活している者でも，当人が職人，手工業徒弟，ギムナジュウム生徒，技術施設や他施設の生徒，農業補助者，無就業者であるかどうかを記入する。また，既婚女性が洗濯女，給仕女，裁縫女としての副業をもっていれば，それを表示する。さらに複数業種が営まれている場合には，主営業を先にしてそれらを別々に書く (例，地主で飲食店経営者，旅館主で肉屋親方)。こうした注記が添えられている。ここからまず，特定職業に就き自立した層——これは自立活動者 (Selbstthätige)，あるいは職業従事者 (Berufausübende) ともよばれる——，自立活動者ではあるがいまだ親の家で生活している身内 (Angehörige)，そして無就業で被扶養者として身内，この3家族身分が区分される。

主眼は職業従事者の職種とその労働-勤務関係 (＝従業上の地位)，およびその被扶養者を申告させるものであるが，しかし職業とはいえない社会的身分

I. ザクセン王国統計局 | 213

(地主や家主といった所有者，また聖職者），職業として自立していたとは考えられない層（下僕，女中，料理人），また営業枠で分けられる者（木綿商品製造という業種での就業者）も混入している。これは当時の営業と職業が未分化の状態を反映し，かつ身分区分を混入させた分類といわざるをえないが，基本は職業を軸に，広く生業分野とそこでの個々人の就業事情を可能な限り具体的に申告させようとするものである。従い，これを編集した統計表の標題にも「身分，職業，あるいは営業別のザクセン人口」というあいまいな表現が残されることになる。

　実に多種多様な表示内容が盛り込まれた調査欄であったと想像されるが，この家屋リスト1枚ごとに記載されている各個人の申告内容をチェックし，そこから必要情報を引き出し，これを総括することでザクセン人口を身分・職業・営業別人口に分類加工することがその目的である。従い，営業統計が問題とする経営業務での人的ならびに物的構成の内，その前者を生業部門での個々人の就業種・地位別で表示する資料ということになる。統計局において，山積みされた個票を前に複数の作業者が配置され，かれらは家屋リストの記入事項から，一方で各人の性・年齢・家族関係，他方で第11欄からそれぞれが家長（Familienhaupt）としての自立活動者か，身内としての自立活動者か，それとも就業のない被扶養身内かを判別し，就業している者についてはその営業分野あるいは職業の種類とそこでの労働-勤務関係を取り出し，それら要素を別途に用意された転記用リスト（線リストといわれる）の該当箇所に横線を記入して集計してゆく，こうした作業に就く。従い，その組み合わせ（＝桝目）の数は膨大なものになる。家屋リストの第11項目にある個々人の属性を2面から識別して，この桝目の該当箇所に線入れするという根気の要る仕事が続けられる。この分類転記作業を済ませ，それをまず市町村表に数量集計し，次いで地方管区（郡と裁判区），県，そして最後に都市・農村別をもった国の全体表へと集約してゆく。

　その横欄（表頭）には，「活動と依存からみた個人の分布」として以下の分類が施されている。欄の数は46に及ぶ。

　　　自立活動者ないしは家長（a）
　　　　　主要年齢クラス別　性別の14以下／15-21／22-30／31-60／61以

　　　　　　　　　　　上
　　家族関係別　　　　性別の既婚／鰥夫・寡婦／その他
　　全体　　　　　　　性別合計　総計
　身内
　　営業実績あるいは職業をもつ者（b．これは先のaに含まれている）
　　　主要年齢クラス別　性別の14以下／15以上
　　　家族関係別　　　　既婚女性／性別のその他
　　　全体　　　　　　　性別合計　総計
　　営業実績あるいは職業をもたない者（c）
　　　主要年齢クラス別　性別の14以下／15以上
　　　家族関係別　　　　性別の既婚／鰥夫・寡婦／その他
　　　全体　　　　　　　性別合計　総計
　　身内合計（b + c）
　総計（a + c）
　　性別合計
　　全体

　また，その縦欄（表側）には，「身分，職業あるいは営業　労働と勤務の関係」として，6主要生業部門（農林業／工業／商業と流通業／科学的芸術的職種および軍人／個人的サーヴィス提供者／無職者と無申告者）とそこに含まれる営業種・職種とその中での社会的経済的地位別の計295の分類がある。例えば，第I部門の農林業では以下のような13分類になっている。

　　農民，農業経営者，借地農業者
　　高級経済官僚
　　野菜栽培者と園芸家，果樹栽培者（雇主／補助人と徒弟）
　　園丁（ゲルトナー）と日雇農夫（ホイスラー）
　　ブドウ栽培者（所有者，ブドウ園主）
　　羊飼，牧者
　　農業での監督職員
　　農業での下僕と使用人
　　農業での日雇労働者と脱穀者
　　森林役人
　　猟場番人と下級森林職員
　　伐木者，筏師，炭焼人，森林労働者

草地栽培人

　以下の第 II 部門の工業（127 種），第 III 部門の商業・流通業（81 種），第 IV 部門の科学・芸術従事者および軍人（40 種），第 V 部門の個人的サーヴィス提供（17 種），そして第 VI 部門の無職者と無申告者（17 種）において，第 VI 部門以外のそれぞれの部門で営まれている営業と職業が列記されている。ここでの 295 分類は同類職種を統合した結果であり，アルファベット順の職種分類では総計が 656 種に及んだという。

　こうしたクロス統計表が，統計表・1 の王国全体（王国都市／王国農村／王国全土），統計表・2 の王国 4 県（ドレスデン／ライプツィヒ／ツヴィッカウ／バウツェン），統計表・3 の王国地方管区，この 3 分野で作成提示されている。これらを通じて広く生業（Erwerb）といわれる社会経済部門と営業分野ごとのザクセン国民の就業構造（＝配置）に関する具体的映像が獲得される。

　エンゲルはそれらの統計表やそのバリアントの報知内容から，まずは自立活動者やその家族身内の性・年齢・家族関係別分類，生業部門の営業種・職種ごとの職業従事者あるいは自立活動者と従属者の総数と比率，雇用主と被雇用者の数量的関係，また営業での婦人や児童の参加度，家族身内の営業活動への影響，営業での自立化可能性の度合い，生産と消費の数量的関係，さらに各地方での営業の強度や営業上の特性，こうした点に関して具体的知識を獲得できるとする。標識が多数あることから，それらを組み合わせてさまざまなクロス総括表の作成とさらに多くの報知獲得が可能になり，国土の現況把握にとってその「国家経済的価値」がますます大きくなることを訴えている。

　そうした中でもとくに注目されるべきものに，統計表・4 として作成された職業と生業での社会的クラス別人口構成（＝「社会的職業クラス別と生業クラス別のザクセン王国人口」[12]）がある。これは人口の社会的構成を 7 つの階級（＝クラス），すなわち，I. 立場の不安定な労働者，II. 立場の安定した商工業経営者，III. 個人的サーヴィス提供者，IV. 官僚・職員，V. 科学・芸術従事者，VI. 軍人，VII. 無職者・無申告者に分け，ザクセンの総人口 189 万人が，直接就業者（世帯主としての就業者＋身内としての就業者）としてか，あるいは就業なしの被扶養身内としてか，それぞれどのクラスに帰属するかを表示したものである。当時のザクセンにおいて現われていた社会的身分，また職業と

営業の種類ごとの労働-勤務関係＝地位別区分を表面に出して，総人口の階層構造を立体的に映し出そうとする試みである（章末にある附表「ザクセン王国社会的クラス別人口構成（1849年）」を参照のこと）。ここでは階級（クラス）の概念規定は必ずしも明確とはなっていないが，人口の単なる営業部門・職業分野別の分類から一歩進み，その社会経済的区分に注目し，それを労働者／自立経営者／中間層といった大枠で捉えようとする意図が読み取れる。これは当時の人口総体の中にあった社会成層構造を縦断面から捉えようとする一種の階級-階層構成表ともいうべきもので，注目に値する統計表であることは間違いない。

II. 1852年人口センサス

1. 先例としての1846年ベルギー王国人口調査

1. 先述したように，これまでのザクセン人口調査では，まず18世紀中葉以降の消費者目録による，また次の1832年以降の家屋リストによる人口把握があった。いずれもが世帯個票によらない調査であり，人口センサスの前史に属するものといわざるをえない。こうした段階を越え，ザクセンにおける人口調査に対する画期的改革が試みられる。それがエンゲルの主導の下に実施された52年人口調査である。ドイツの諸邦を見渡して，世帯リストを用いた人口センサスの最初の事例といえるものである。これに向けてエンゲルを動かした契機として看過できないものがある。それが1846年のベルギーにおける人口センサスである。この46年調査は，翌年にはテュービンゲン大学のJ. ファラッティによって，『全国家科学雑誌』掲載の詳細な論文を通じてドイツへ紹介されている。エンゲルも後に触れる自身の文言からみて，この先例に触発されたことは疑いえない。かつ以前の外国旅行ですでにケトレーの知遇を得ており，ベルギーの統計を模範とすべきとする考えをもっていたのがエンゲルであった。また，ファラッティ自身はブリュッセルに出向き，内務省において統計中央委員の好意の下で46年調査の枠組みを直接に見聞する機会に恵まれており，それをドイツでの模範例として利用する意図の下でこの46年調査の内容を克明に伝えている。[13]

ベルギーではそのオランダからの独立以前の1829年の調査以降，局所的な

調査を別にして，全般的な人口調査は実施されていない。独立後の 31 年に内務省内に一般統計局が創設され（局長 É. スミッツ），41 年にはケトレーを議長とする統計中央委員会も設立され，その主導の下で 42 年にはブリュッセル市の人口調査が試行され，さらに王国全体に対する最初の人口センサス実施が目指される。また 43 年には知事監督下の州統計委員会が設立され，準備作業に拍車がかかった。45 年に入って，同年末の実施を予定した原案（国王への提案，調査命令，模範書式）が固まり，そこではただ人口調査のみならず，農業と営業（工業）調査を同時に実施する拡大案が採用された。しかし，同年の農業不作の影響があって，この調査は 1 年延期される。この間，ブリュッセル近郊の自治体モーレンビーク・サント・ジーンでの 1 万人強を対象にした小規模の実験調査を試み，成功への見通しを得ている。46 年 6 月 30 日に，調査時期を 10 月 15 日と定め，調査指令と書式が国王の承認を受けている。7 月には地方の知事への趣旨説明のための廻状が下され，さらに詳細事を規定するために知事は州統計委員会，県委員会，市長や参審員との会合をもち，そこでの審議内容は内務省に汲み上げられ，それを踏まえさらなる具体的指令が下りている。また，中央委員会委員が地方へ出張し当該地の役人との協議を行ない，これを通じて調査に関する意思疎通と周知徹底を計っている。

　こうして始動した 46 年調査であるが，業務全体の指導と監督はケトレーの補佐役で委員会書記の X. フシュランに率いられた統計中央委員会が担うにせよ，各地での調査実行は州統計委員会の責任となる。その下で，①調査員，②市町村審査委員会，③州政府暫定事務局，この三重の人員配置をもった調査体制が組まれている。まず，調査員に関して，当該地の下級官吏の中から調査に適した人物が市町村当局や県委員によって選定され（しかも有報酬），ひとり 100 世帯を対象にし，家屋リストにもとづき警察官の立ち会いの下で世帯ごとに調査用紙を配布・回収する任務をもつ。次に，市町村審査委員会，これは市長（あるいは参審員の中のひとり）を議長にし，それを含んで州知事や県委員によって選ばれた 3 人以上の常住々民から構成され，その仕事は原資料の管理と誤謬訂正にある。また，人口調査とは別種の調査である農業や営業の調査に際しては，これらの事情に詳しい当地の農業経営者や商工業者が優先的に委員に選ばれている。また，農業委員会や工業・商業会議所の協力も要請されている。最後の暫定事務局，これは州政府役人の若干名からなり，統計表作成，連

絡，調査用紙調達を任務とする。いわゆる「整理委員」とされる。

　2．人口調査そのものについて少しく詳しくみてみよう。初めての直接全数調査（＝人口センサス）を志向する46年調査では，表裏を使った1枚の調査用紙（46年6月30日の王国命令による「1846年10月15日の状態での人口調査用紙」）が調査員の手によって各世帯に配布される。調査用紙の表には州・行政県・市町村，さらに調査用紙番号・区画（区あるいは村落）・街・番地の事務処理事項の記載があり，加えて世帯用調査事項として，①地階を含み屋根裏を除いた家屋階層数，②家族の使用のためか，あるいは家族の占用している部屋数（居住されている屋根裏や地下室も含まれる），③家屋に遊園がついている場合，その広さ（ヘクタール・アール・平方メートル），④家屋が火災保険に入っていれば，その保険会社の名称・場所と保険額，この4項目への記入が課せられている。17欄にまたがる個人調査項目としては，以下の10項目が設定されている。[14]

1. 姓名
2. 年齢（年・月）
3. 出生地（州，外国人の場合は国）
4. 日常使用言語
5. 宗教
6. 家族関係（独身／既婚／鰥夫・寡婦）
7. 身分あるいは営業（営業従事者の場合には工業・商業・手工業の種類を申告）
8. 市町村での滞在（常住／一時的／旅行中）
9. 児童の教育事情
　　初等教育　学校で／家庭で
　　中・高等教育　寄宿学校・カトリック学院・ゼミナール・大学，
　　　　　　　等々で／家庭で
10. 家族あるいは個人への福祉事務局からの扶助の有無　家族扶助／個人扶助

　表ページに8名まで記入が可能であり，それを越える大家族の場合には裏ページにさらに10名分の記入枠がある。これらの申告内容に対して，「以下の署名者が回答し，真実を表明する。1846年　月　日」とする申告者の署名を求

めている。加えて，「回答を渋る者や服従しない者には 1818 年 3 月 6 日の法律第 1 条に示された罰が科せられる」との文言も表ページの隅に載せられてあり，違反者には刑罰をもって臨むとする調査当局の強い姿勢をみせている（実際には 10 件ほどの訴訟事例があったとのことである）。

　正確な現住人口数とその内的構成の把握を主目的とする調査であるが，これには 2 つの副次目的が結びついている。すなわち，市民名簿作成と代議員割当てのための基礎数として利用することである。前者に関しては，市町村の責任で個票にもとづいた市民身分目録を作成することであり，これはまた人口調査の行なわれないその後の中間年人口を推定する際の基準となる。後者は，州暫定事務局の責任で州人口概括を作成し内務省へ報告するものである。ベルギー憲法（1831 年）に規定されているように，人口数が代議院と元老院の 9 州での代表者数を決める基準となるからである。こうした目的を優先した作業が挟まったために，調査結果を統計的に利用するまでに 1 年以上の間隔が空き，州の暫定事務局が統計表作成に着手できるのは 48 年まで待たねばならなかった。

　ベルギー憲法の第 49 条には，代議院の議員選出に関して，「選挙区間における代議院議員の配分は，人口に比例して，国王によって行なわれる。この目的のため，10 年ごとに国勢調査を行なう。調査の結果は 6 ヶ月以内に国王が公表する」[15]とあり，また元老院議員は州人口比例選出議員，州議会選出議員，元老院選出議員の 3 者からなるが，前 2 者でも人口数が選出議員数確定の基準となる。まずはこれに応えるものとして，さらにはそれを越えてベルギー人口の社会的内部構造の把握を可能にする資料獲得を目指し，当国における最初の直接全数調査として実現したのが 46 年調査である。統計中央委員会が軸になり，内務省下の州 − 県 − 市町村の地方行政ラインを動かし，世帯個票を用い世帯構成員個々人に対して記名式で行なわれた悉皆調査である（結果的には，男性 216.4 万，女性 217.4 万，計 433.8 万の総人口が出てくる）。これが，ヨーロッパにおける近代的人口センサスの嚆矢とされ，以降各国の人口調査が模範とすべき目標となる。ザクセン統計局とエンゲルもまたこの 46 年調査に大きな教訓を得たことは間違いない。もともと，「ベルギーの統計に対する制度は一切の疑いなしに最も完成されたものであり，それは明確で統一的な，また時間的に継続したプランがその制度の基礎におかれている唯一のものだからである」[16]として，イギリスやフランスよりもベルギーの統計を高く評価してきたのがエ

ンゲルであり，また後に，ザクセンの統計局はそれが創設された後に，「1852年の次期調査に際してベルギーの先例に倣い，独立の世帯リストによる住民の記録化を取り入れた」[17]と証言している。このベルギーでの先行例を最も早くドイツ圏に導入したのがザクセンであった。

2. 1852年ザクセン王国人口調査

1．エンゲルとその統計局が整理・編集を担当することになった1852年12月3日の人口調査は，これまでの消費者目録や家屋リストを用いた前段階の調査から大きく飛躍し，近代的な意味での最初の人口センサスといえるものである。ここでは従前の家屋リストは単に建物調査および調査管理目録としてだけ用いられ，世帯個票，すなわち世帯リスト（Haushaltungs-Liste）を基軸にしたセンサス様式の調査が実施されることになる。

1852年9月18日，内務省と大臣フリーゼンの名で全9項からなる人口調査についての指令（＝「人口リストによる調査に関する指令」）が下され，同時にリスト記入に際しての「指示と説明」，および2様のリスト書式が公示されている。[18] それによれば，関税同盟条約に従って52年12月3日に人口調査が行なわれるが，それは各家屋所有者ないしは管理者から各世帯主に世帯リストが配布され，世帯主あるいは家長の責任において全世帯構成員を申告する様式によるとされる。また，多人数が滞在・居住している施設（旅館・修養施設・病院・扶養施設・救貧院・刑務所・兵舎）用には特別目録を用意し，その所有者ないしは管理者によって居住者・収容者全員が枚挙され記名されるとある。これまでの家屋リストによる表式調査に替えて，ザクセンにおいて初めて直接全数調査が志向されることになる。

まず，家屋リストが各家屋所有者ないしは管理者に手渡される。これは表裏1枚の調査用紙であり，表面には「家屋あるいは複合家屋の状態と特性」として，その存在場所・所有主体（国家／自治体／協同体／個人）・使用目的（住居／住居と農業・営業兼用／農業用／営業と工業用／部分的に営業と農業用）・価値（税査定／火災保険金額）が申告項目となっている。これは，いわば建物調査である。その裏面には，「世帯主申告の管理表」があり，世帯リストを配布した世帯ごとにその世帯主名・世帯構成員数を表記することになっており，これは世帯個票の管理リストとして機能する。さらに，建物内に住居以外に賃貸

されている場所（空間）があれば，その用途・階層・年間賃借料・家具保険（有の場合の保険額）を記入する表がある。従い，この家屋リストは，家屋所有者（管理者）に対して，建物調査への申告と世帯リスト管理のために必要な事項の記入を課すものとなっている。

　次に，世帯リストは，家屋に居住する各世帯を調査単位にその全構成員個々人に関する属性を調べる表裏1枚の調査用紙であり，全数調査のための調査書式となるものである。この世帯リストは，①住居特性，②世帯帰属構成，この2つの申告部分に大別されている。まず，前者に関しては，

1. 住居のある階層
2. 住居には1世帯のみが居住か
3. 複数世帯が居住か　是の場合その数
4. 家具に保険がかけられているか
5. その額
6. 年間家賃
7. 場所利用目的（居住専用／居住と営業兼用／営業専用）別の暖房有無別部屋数と台所数，それらの合計

この7項目が調べられており，世帯ごとの住宅調査となっている。

　後者が今回の調査の主対象となるべきものであり，世帯構成員個々人とその属性を以下の14調査項目で把握しようとする（欄数は計31）。

1. 世帯に属する個人の姓名
2. 性（男・女）
3. 年齢（年・月）
4. 肉体的特性（盲人・聾唖者）
5. 宗教
6. 教育関係
    教育を受けていない児童
    初等教育を受けている児童　a. 学校で，b. 家庭で
    中・高等教育を受けている児童　a. 学校で，b. 家庭で
7. 痴人と精神病者
8. 家族関係　独身，既婚（a. 同居，b. 別居），鰥夫・寡婦，離別
9. 身分，地位，職業あるいは営業　生業分野と生計源の申告

10. 労働関係あるいは勤務関係
11. 救貧受給者　a. 家族全員，b. 個人のみ
12. 地区あるいは市町村での滞在種類
    a. 土地所有で永住，b. 常住，c. 一時，d. 暫時（旅行通過中）
13. 一時的不在　a. 国内旅行で，b. 外国旅行で
14. 出生が調査地でなかった者の本国関係（その出生地の県名申告，外国人に対しては国名申告）
    ウェンド人

　みられるように，第4章でみた家屋リストの表示項目が大きく拡充されている。そして，世帯主の責任において世帯構成員すべての詳しい属性を申告させるセンサス様式の調査となっている。基本的にはベルギーでの先例に従い，国民一人ひとりの形式的ならびに社会的経済的属性を調べ，なおかつ精神的肉体的障害者，滞在様式，不在，出生地や外国人国名，さらにはザクセン東部のオーバーラウジッツ地方に多く居住しているウェンド人（＝ゾルブ人）を掴もうとしている。

　調査用紙一式は統計局から王国の各郡庁ならびに西部のグラウヒャウ事務総局へ郵送され（ドレスデンとライプツィヒには市当局へ直接に），郡庁と事務総局からそれぞれの地方当局（市町村）を経て各家屋所有者へ配布され，それは11月30日までに終了すべきとされる。そして家屋所有者から12月2日夕刻までに各世帯へ世帯リストが渡され，3日に外国人を含んでザクセンの当該の市町村にいるすべての者が被調査者として挙げられるとされる。さらに，12月4日までには世帯リストの回収，ならびに所有者自身による家屋リストへの記入が終了していなければならない。世帯リスト回収に際しては，家屋所有者がそれを点検し，誤りがみつかればそれを訂正しなければならない。同じく，地方当局も回収された家屋と世帯の両リストを点検し，その中に不正確なものがあれば修正することが義務づけられている。それを済ませた後に，12月28日までにそれら一式を郡当局へ，さらに郡当局はその市町村名の確認を行ない，それらを31日までに統計局へ返送しなくてはならないとされる。

　こうした住民特性の細部にまで及ぶ調査に対しては当初は抗議と抵抗があったといわれる。しかし，44万世帯にリストが配布され，回収されたものに当初は無効とされたものが60あったが，これも事後究明の結果，僅か5に減っ

たとされる。こうして，1,987,612 人という現住人口数が出てきた（後に，これは 1,988,043 人，さらに 1,988,078 人に訂正されるが）。世帯リストの導入によって正確性は大幅に増大している。前回の 49 年調査での結果は，総人口は 1,894,431 人であった。従い，この 3 年間の増加は 93,181 人となるが，これはこれまでの年平均増加率から推計される自然増加 63,000 人を約 3 万人越えることになる。これが調査方法の改善の成果とされる。既述のように，32 年調査で家屋リストが用いられた結果，消費者目録に較べて脱漏部分が減り，大幅な人口増がみられたが，それと同様の事態がここでも起きている。自然増加ではなく調査方式の改善による人口増である。このことにより，人口数を基準にした関税同盟からのザクセンへの収益配分が年 8,000 ターレル増加するという副産物までもたらしている。

この 52 年調査は，エンゲル自身の述べるように，「おそらくドイツ人口調査制度の転換，またそれはベルギーの人口調査への接近の開始」[19]とみなされるものであった。続く 55 年調査も同様の方式で実施される。ザクセンにおける近代的人口センサスが軌道に乗る。その後の 1860 年代に入って，これまでのような住民目録に依拠した机上計算による人口数算出という間接様式ではなく，世帯個票による直接調査がプロイセンやヴュルテンベルクでも開始されているが，ドイツ圏において，こうしたセンサス様式の人口調査に先鞭をつけたのがザクセンの 52 年調査であった。

2. このようなセンサス様式の多標識調査に対するエンゲルの期待は大である。それは，調査結果を単に総数表示するのではなく，さまざまな標識を組み合わせてクロス分析を施し，統計学をして「社会体（socialer Körper）の解剖学および生理学」，あるいは「可能な限り完全かつ信頼できるザクセン王国と国民の文明状態の解剖学的描写」たらしめんとする意図から出てきている。[20]エンゲルによれば，人口調査は住民総数を越えて，身体，精神，宗教，そして社会の 4 つの特性（Beschaffenheit）の把握に及ぶとみなされている。52 年調査用紙の調査項目に戻ってこれをみてみると，次のようになる。身体的特性とは性と年齢，身体的欠陥の有無であり，調査項目の 2・3・4 が該当する。精神的特性とは精神的欠陥の有無であり，調査項目の 7 である。宗教的特性とは信仰宗教がルター派・ドイツカトリック教・カトリック教・ギリシャ正教・ユダヤ教のいずれかを申告させるものであり，調査項目の 5 がそれである。そして，社

会的特性とは教育関係，家族状態，社会的身分・生業・営業あるいは職業，ならびに労働・勤務働関係，救貧事情，滞在様式や不在，また出生地や本国関係をいい，これは調査項目の6，および8から14までを指す。やはり，この中でとりわけ重要な調査項目としてあるのが9と10である。まず，「身分，地位，職業あるいは営業」があり，そこには「生業分野と生計源の申告」との副標題が添えられてある。従い，これは生計分野および就業分野を申告させるものといえる。続いて，「労働関係あるいは勤務関係」では，所有者・賃借人・店主・親方・企業家・職工長，等々／職人・補助人・徒弟，等々／労働者，等々／奉公人，等々，こうした例を挙げて，14歳以上の者すべて（さらに，農業や商工業での補助労働や工場労働に就いている13歳以下の者がいれば，それを含む）に対し，そのいずれかを記入させるものになっている。これは就業上の地位を明らかにさせる項目とみることができる。従い，この調査項目9と10によって，社会的分業体制の中での個々人の場所と地位を把握することが可能になり，人口の産業・営業別構成や社会階層別構成が明らかになる。このことは先にみた49年人口調査結果の就業統計への分類加工ですでに実証済みである。家屋リストでは就業分野と従業上の地位別表示が1欄で処理されていたのに対し，52年調査ではそれが生業分野と地位別区分の2欄に分けられ，しかも後者では当人の階級・階層帰属が明示される形での申告が要請されている。人口調査の項目設定としてはさらに前進したものといえる。

　このような特性を様々に組み合わせることから一国社会経済のさまざまな「解剖学的」映像が提示され，国家と社会が抱える具体的問題解決のための資料獲得も可能になる。例えば，特定職業帰属者層での年齢と労働・勤務関係に関する報告から，営業の独立がますます困難になり，被雇用者身分が一方的に増加することが判明する中で，これまで職人層の婚姻を禁止してきた婚姻法の妥当性が問題とされよう。また，性・年齢，家族関係・就業別の資料からは，さまざまな社会福祉施設や制度（年金受領者施設，児童養育金庫，寡婦扶養金庫，疾病金庫，埋葬金庫，等々）を今後どのように拡充してゆくべきか，これに関する指針が示されよう。さらに，こうした「生存の安全性」確保を目指した「自助」システムを将来的に拡充してゆく上で，人口動態資料から査定される住民の死亡率と妊孕度を各地域の身分・職業別人口と関連づけて調べ上げ，社会階層と地域ごとの生存確率を正確に計算してゆくことも必要になろう。こ

れらを通じて，国家・自治体による貧困の防波堤としての各種施策に有効性が保証されることにもなる。とくに社会的特性を重視しながら，それを他の特性と組み合わせることでザクセン王国の現状に関する立体的構造分析が可能となり，それをもって立法や国家行政と施策のための道標とみなし，結果として，統計を「祖国の公的福祉のための礎石」たらしめることができるというのである。

　エンゲルはこのように統計の効用を高唱し，統計学をして数量と尺度でもって人間共同体の諸現象を正確に観察し，自然科学的基礎に立脚した帰納的探求を国家科学の局面で実現するものとみなしている。「その原因と結果において存在するものを徹底的に調査すること，また統治側と同じく被統治側にも帰結をありのままに公示することからのみ，国家の真の利益，時代の要請，可能なことと不可能なことに関する正しい見解が出てくる。偽りのない事実表示を前にして，現実的な直感のみに依拠した見解の違いがあろうとも，それは必ずつり合い和解するはずである；このために，真実に満ちた統計は単に正義の手にある秤としてのみならず，正義を支える利剣ともなるが，それは知は力だからである」[21] と述べ，かつてのザクセン統計協会のシュリーベンや1846年にドイツ統計協会を立ち上げたレーデンと同じような観点に立ち，統計の効用を訴えている。

III. 1855年営業調査

1. 先例としての1846年ベルギー王国農業・営業調査

　1．上で述べたように，ベルギーでの46年調査は人口・農業・営業の3分野に及んでいた。ザクセンにおける55年調査では，再びエンゲルがこれを模範にして人口のみならず農業と営業にまで調査枠を拡げようとしている。従って，ザクセンの55年営業調査を検討する前に，ベルギーの46年調査に戻って，その農業と営業に関する調査様式がどのようなものであったかをみる必要がある。

　農業調査では，その目的が各市町村における「農業経済の関係」を知ることにあるとされ，この関係とは当該地における農業経営者の大／中／小クラス別分布割合，ならびにその違いから出てくる生産に対する影響度のことをいう。

これに応じて，行政側からの関心事項として具体的には農業就業者数・賃金額・家畜数・経営の広さ・個別耕作の割合・収穫・輪作の7つが挙げられている。人口調査での調査用紙配布に際して世帯主に農業経営の有無を問い，有の場合には，3ページの調査用紙（＝「農業統計 調査用紙」）を各農業経営者に交付する。ここでは，どのような小地所所有者であれ，また土地を賃借して自己消費用耕作に使っている日雇人や労働者，さらに別種営業経営者であれ，これらすべての者が農業調査の被調査者になる。調査項目の具体的内容は以下の通りである。[22]

　I．農業人口（12歳以上）　家族構成員／奉公人／日雇人，これらの性別人数（奉公人に関しては年間労働日数）
　II．馬と家畜　馬／驢馬・騾馬／牛／羊／豚／山羊，これらの1845・46年の数量（驢馬・騾馬以外にはさらなる細分がある）
　III．経営地面積　所有地・用益地／賃借地，これらの所在地（ベルギー国内／国外近隣市町村）別面積と合計面積
　IV．耕作種別面積　粉用穀物畑から始まり未耕作地・荒蕪地に至る14用途別面積　さらにここには二次作の種類とその耕作面積，また農業外営業の種類に関する質問も添えられている。加えて，このIVにはIIとは別にさらに詳しく，45・46年それぞれの所有乳牛頭数，肥育した牛（子牛／3月-2歳未満／2歳以上）・羊（1歳以上去勢雄羊）・豚（2月以上）の数量への質問がある

さらに，農業以外での馬と家畜の所有者を対象にした「特別用紙」を用いた調査も行なわれている。上の質問は1846年にかかわるが，家畜に関しては45年と46年の双方で答えることになっている。45年の農業不作（ジャガイモ凶作）の結果，46年には異常な家畜数減少が起こり，46年だけからは家畜所有の常態が掴めないことによる。国側の関心事にあった賃金額や収穫についての質問項目が削除されているが，これは被調査者側からの抵抗を避けるためであったろうと推測される。これに替って，46年と通常年の穀物・種物から始まる作物43種それぞれの収穫見積量一覧表（＝「査定表」）の作成が市町村の審査委員会に命じられている。ここには当該地の農業事情に通じた者が委員として任命されることになっており，委員会にはさらに，当該地での穀物・営業植物・根菜作物と飼料用植物の3類それぞれについて，それらが豊作／並作／不

作のいずれに該当するかについての46年収穫見積，等々に関する計14項目に渡る質問に回答して，それを州政府へ送付するよう命じられている。

2．次に営業調査がある。営業統計の眼目は，ベルギー国内における工業生産に関して，労働者数・賃金額・使用原動力ならびに使用機械の種類と数量，これらの項目を営業者に申告させ，その経営内容を把握することである。ここでいう営業者とは工場主，手工業者，原材料加工に従事するすべての者であり，流通・販売や保管にかかわる業種は含まれない。従い，営業の範囲が狭く捉えられ，広義の営業概念から商業・流通部門やサーヴィス部門を除いた工業部門が対象となっている。営業調査というものの，内容的には工業調査である。人口調査用紙配布に際して，世帯内に営業経営者がいれば，別に1ページの営業調査用紙（＝「営業統計1846年に関する調査用紙」）を渡し，後日記入済みの人口調査や農業調査の用紙と一緒に回収される。ただし，この営業調査票だけは数日の提出猶予が認められる。調査項目は以下の7点に及んでいる。[23]

1. 主営業の種類
2. 別種営業の有無　その種類
3. 就業労働者数　年齢別（9以下／10-12／13-16／17以上）と性別
4. 支払賃金額　年齢別（成人労働者／16以下児童）と性別での9段階別1日平均賃金
5. 稼動原動力　蒸気機関（数量・馬力），巻上機（数量・繋留馬匹数），水車と風車の数量
6. 使用機械・道具・装置の種類と数量
7. 使用炉と鍛冶場の種類と数量　使用燃料の種類

1の主営業というのは，複数業種が営まれている場合，最大特許税が支払われている業種である。営業内で労働者や機械・装置が副営業でも併行して使用されている場合には，それらは二重に計算されることなく主営業の下に算入される。3の労働者の中には職工長や業主の家族構成員で労働者として就業している者がいれば，それも含まれるとされる。4では時間制と出来高制，また業種の区別なく，労働者に支払われる1日平均賃金を記入するとされる（最低50サンチーム未満から最高5フラン以上までの9区分）。また，6と7は余白を大きく取り，営業にとって特徴的な作業機・道具・装置，および附置施設の種類とその数量を申告者が自由記入する，いわゆる開放式の回答となっている。例

えば，6では，布マニュファクチャーでの織機，染色業での染色槽，火酒製造業での蒸溜器や蒸溜装置が例として挙げられている。また，7では金属営業や陶器営業，ガラス工場，ガス施設や化学工場などの営業で使用されている炉や製錬施設が記入されるとある。45年の起草段階では，この他に，使用原材料の種類と数量，また生産物の種類と数量（価値）に関する質問が設定されていた。しかし，試行調査を通じて，これに対する回答は信頼性に欠けることが分かり，削除されている。個々の営業の経営内容に深入りすぎることが原因である。

　個別営業体における労働者・賃金・原動力・機械と装置（あるいは器具），この4類に質問を限定した最も基本的な工業経営調査といえるものである。この申告をあらゆる種類の独立営業経営者に対して，さらにまた個人経営とは別種の営業体，すなわち軍隊の製パン場，また兵站施設・刑務所や収容所・レース編学校・福祉作業場，等々でなされる一切の製造活動に対しても課している。加えて，他の工場主や商人の下で，家内手工業として自宅で就労している層もそれぞれ個別の被調査者とされている。

　市町村審査委員会は記入済み営業調査用紙をまとめ，その正確性の度合いについての判定，ならびに当該市町村の製品の国内外の販路報告を添え，州政府へ送付するとされる。

　人口調査と並んで，この営業調査を独立の調査用紙を用いた直接調査として実施した点は画期的なことであった。ヨーロッパ全体においても営業調査をセンサス様式で実施した先例はなく，とくにドイツ諸国における実情と比較した場合，はるか先をゆく調査であった。というのは，1819年以来プロイセンにおいて作成されてきた営業表，またベルギーの営業調査と同年に実施された46年関税同盟営業調査は基本的には税務記録の整理・集約という域を脱し切れず，営業税台帳に載っている項目が統計表の記載項目となり，営業の経営内容を直接調査によって統一的に調べるという点からは大きく遅れていたからである。48年には，ワインリヒが「有名なプロイセン営業表といえども，貧弱な骨組み（dünne Gerippe）にすぎない」[24]と酷評し，またエンゲルもプロイセン方式による営業表に対して，その図式がザクセンの工業関係にはほとんど適用されえないとみなしていた。従い，後に「関税同盟国の営業統計に較べてはるかに内容豊富で教義に富んでいるのが上述の時期（1846年のこと——引用

者）に成立したベルギーの営業統計である」[25]と述べているように，46年ベルギー営業調査もザクセンにおける調査の模範例として受け止められることになった。もっとも，こうしたベルギーの営（工）業調査に対しては，初めからあまりにも多くのことを望んだことにより調査が複雑になりすぎた，また農業調査での審査委員会からの生産量に関する報告には不信な点（＝過小報告）がみられた，こうした統計中央委員会自体の反省も後には出てきている。[26] しかし，ベルギーのこの先例は人口局面を越え，農業経営と工業経営の内情把握を目指した画期的な調査であり，これに倣った営業調査を55年人口調査と併せてザクセンにおいても敢行しようとするエンゲルの意図を誘引する。

2. 1855年ザクセン王国生産＝消費統計

1．ザクセンは他の領邦国家に較べ，採鉱・製錬業や繊維業を軸にして工業生産の盛んな地域を多く抱えており，従い営業事情に対する関心も高く，それに関する統計も30年代から作成されている。しかし，これらは工業博覧会用に作成された資料からの副産物であったり，また営業税や対人税の記録によった業種ごとの就業者や稼動機械・装置を地域に限定して表式表示したものであり，本来の営業統計といえるものではなかった。また，46年営業表の作成があるが，その作成様式と集約結果は統計局とエンゲルのとうてい納得できるものではなかった。さらに，先にみた49年人口調査結果の加工は就業統計作成を通じて営業統計へと進む一歩ではあった。しかし，それは本来の営業統計とはいえなった。なぜなら，そこには職業・生業別の人口統計はあっても，営業に配置されている物的設備（機械・道具・装置），また使用原材料，賃金・販売額，これらに関する情報をもたないからである。46年ベルギー営業調査との違いは明らかである。営業統計にはもともと，営業就業者に関する職業統計と営業体の経営統計という二面性が含まれていた。49年人口調査結果の加工による就業統計というのは，その前者を目指したものであったということになる。そこで，エンゲルが次に目標とするのが，ベルギーの先例に追いつくべく，営業の経営内容にも切り込んだ本来の営業調査を実施することである。

55年12月3日の調査では人口調査と併行して独立の営業調査ともいうべき「生産＝消費統計」調査が実施されている。ただし，ここで生産−消費というも，論じられているのは専らザクセン王国での生産状況とその成果，またその中で

の自家消費をいかに数量把握するかという問題であり，家計・政府における最終消費支出は出てこない。また，営業という概念が商工業全般ではなく最も狭く工業生産に限定されている。これらを念頭におき，この55年生産＝消費統計，とりわけ営業（＝工業）統計はどのような性格のものであったかをみてみる。ただ，結論を先取りすれば，この55年調査は失敗例に属するものといわざるをえない。その原因については後に検討するが，エンゲルと統計局に意気込みにもかかわらず，ベルギーとは異なり，いまだザクセン国民には経済局面での統計調査への理解が不足していたことが背景にある。さらにまた，この調査はエンゲルが統計局を退去せざるをえない要因ともなる。

　55年の生産＝消費統計は，王国全土に渡る農業／営業（＝工業）／商業の3大部門における業主層を網羅した直接全数調査を志向したものである。つまり，農業と商工業における経営に関する営業センサスである。このための全12項からなる指令＝「人口調査ならびに生産＝消費統計調査に関する指令」が内務省と大臣v.ボイストの名で55年10月10日に出されている。その前文には，この55年調査は関税同盟での3年おきの定期的人口調査として実施されるのみならず，「……また再び，関税同盟営業統計の作成が開始するので，農業と林業，営業と商業の領域での生産と消費に関する申告収集が（この人口調査と）結びつけられることになる」[27]と表示されている。これは，46年営業調査の後，実施が中断されていた第2回目の関税同盟での営業調査を念頭におき，ザクセンではこれに抜本的改革を施した調査を遂行するという意気込みの表われである。この55年人口調査，および生産＝消費統計それぞれに関するエンゲル自身の見解が『統計局雑誌』の55年11月号に提示されている。[28] それら内務省指令とエンゲル論文，および用意された調査書式とそれに添えられた説明文，さらに官庁に対する「全般的指令」，いくつかの添付文書，[29] これらによってこの調査の特徴をみてみると次のようになる。

　この55年生産＝消費統計においては，以下の9様の調査用紙が用意されることになる。12月2日に各世帯に人口調査リストが配布されるに際して，世帯構成員の中に下の9分野に従事する営業経営者のいることが判明した場合，該当する調査用紙が当事者に渡され，その営業経営状態に関する自計式記入として，すべて翌56年1月10日に回答終了とされている（人口調査リストへの回答は55年12月4日となっており，生産＝消費統計調査では1ヶ月以上の余裕が与

えられている)。それら調査用紙の末尾には,「示された回答すべては完全であり,かつ真実に沿ったものであることを証明します」という下で,申告者が自筆署名することになっている。回収された調査用紙は地方当局の点検と必要な場合には修正を受け,1月25日までに郡当局へ,さらに2月1日までにドレスデンの統計局へ返送されるものとしている。

農業に関して
1) 農業調査票
2) 家畜調査リスト
工業に関して
3) 営業調査票
4) 製造業調査票
5) パン屋・ケーキ屋調査票
6) 肉屋調査票
7) 印刷業調査票
商業・交易業に関して
8) 商業調査票
9) 書籍・楽譜・美術品取引商調査票

　従い,この生産=消費統計調査は3大部門・9分野(農耕・家畜・工業生産・製造・製パン・製肉・印刷・商業・書籍取引)に及ぶ広範な調査となる。農業と工業に調査範囲を限定したベルギーの46年調査の先例を越えることになり,ザクセンにおける基本的な経済活動すべてにまたがった包括的な経営調査として企画されている。以下,それぞれの調査票にそくしてその調査目的と調査内容をみてみる。[30] まず,農業調査,次いで商業調査の特徴を検討し,問題の大きな営業(＝工業)調査については最後に取り上げる。

　2．これまで,農業部門での調査には,それが「目的のない強制」,「私的関係についての好奇な探求」とする偏見があった。しかし,農業統計はこの部門での生産と取引についての正確な情報収集と公表を通じ,国民の公的福祉増大に大きな影響力を発揮することができる。農業統計調査はザクセン農業の規模と諸事情についての正確な知識を獲得し,それを通じてそのもたらす食糧の量,農業内部での消費量,他部門に残される量についての報知をまとめる。これはまた課税目的や個人的利益とは決してかかわることのない調査である。また,

その報知結果は農業生産者個々人にとっても，その合理的経営のための基本帳となる。この資料獲得のために，55年農業調査では，畑・菜園・牧場・牧草地・ブドウ畑・林地の所有者および借地農業者（賃借人）の約 23.5 万人を対象に，以下の 20 項目を容れた 2 ページの調査票（＝「農業質問」）を配布している（これに「農業質問に対する指示，説明，および設問動機」に関する 2 ページの文書が別に添えられている）。そこでは，やはり農作物の種類ごとの耕作面積・播種量・収穫量に調査の重点がおかれている。

1. 地所の所有者名（身分・職業・住所）
2. 地所の火災台帳番号とその所有称号（騎士領，農民農地，等々）
3. 所有者自身の自己経営か，賃貸経営か
4. 賃借人の名前と住所
5. 地所総面積
6. 地所に属する庭地面積
7. 地所に属する農耕地面積
8. 作物別耕地面積（32 種）
9. 作物別播種量（8 と同じ 32 種）
10. 作物別収穫量（8 と同じ 32 種）
11. 天候別（好天／悪天）収穫量（22 種）
12. 経営内消費量（11 と同じ 22 種）
13. 容量単位当たり重量（11 と同じ 22 種）
14. 収穫干草量
15. 消費干草量
16. 落葉消費量
17. 収穫果実量（4 種）
18. （果実栽培地賃貸の場合の）収得賃貸料（17 と同じ 4 種）
19. 収穫ブドウ量
20. 蒸溜・醸造での穀物消費量（5 種）

附随して 3 ページの家畜調査票（＝「家畜調査リスト」）も用意され，馬・牛・羊・豚・山羊・家禽・蜜蜂の 7 種について，それぞれの所有・飼育数量とさまざまな関連事項が申告される。例えば，馬については，所有総数，馬齢別の雄馬・雌馬・去勢馬数，馬齢別利用目的別数，死亡・退役馬匹数，保険加入の有無・保険会社・保険額，これら 5 項目の質問がある。牛に関しては非常に詳しく，その種類（6 種）別に年齢区分・評価額を示した数量，その種類（7 種）別の産地（8 区分）別数量，雄牛・雌牛・子牛の肥育用数量，牛乳利用（搾乳量・ミルクと乳脂販売量・バター製造量・チーズ製造量，等々），食肉利用

(6種別の販売数・経営用屠畜数・販売価格・廃棄数），保険加入の有無・保険会社・保険額，これらが問われている。また羊については，その種類（4種）別・年齢別の所有数量とそれらの評価額，品種名，各品種別数量，収穫羊毛量と販売価格，肥育羊数，販売羊数（屠畜用・肥育用別数量とそれぞれの販売価格），自己経営内屠畜数が質問されている。さらにまた家禽では，鶏・鳩・鴨・鵞鳥の4種につき，それぞれの所有総数・若鳥飼育数・販売数，鶏からの年間収穫卵数への質問がある。加えて，それら家畜の飼料消費についての設問もある。

　ほとんどの農業経営者は農業調査票とこの家畜調査リストの双方への回答記入を課せられることになる。これに対処するためには，かなりの時間と労力を要すると予想される。事実，このような詳細な項目を盛った調査用紙を人口調査用紙と一緒に与えられ，特定期日までの記入終了を求められた農民層には大きな動揺が生じ，これがさらには調査そのものへの反発となり，回答拒否・不完全回答が頻発し，結果的には55年農業調査不成功という事態を引き起こす。当時のザクセン農民にはこのような経営調査に対する理解は無理であった。

　次に，商業調査をみてみる。個人の利己と享受を契機にして多様に絡み合った有機体が人間社会といえるものであり，それら欲望実現は交換によって達成され，この交換を媒介する商業こそは生産と欲望充足のいずれにとっても不可欠な営為となる。F. バスティアに倣い，商業の有意義性をこのように認めるのがエンゲルである。最も重要な交換物の価値と流れを知り，交換の加速と安定を計ることは現代的課題のひとつである。商業統計こそがこのための資料を提供する。商業調査では，商人と仲介・発送業務経営者の約3万人を対象に，商号とその取得年，所有者名などの基本属性の後に以下の14の質問項目が設定されている。

　　5. 主な取引品目
　　6. 同時に工場主，工場商人，問屋・仲買人か
　　7. 食品雑貨の品目7類別の小売販売／卸売販売／総量・総価値
　　8. いわゆるマニュファクチャー商品あるいは繊維商品の製造国4区分別の小売販売／卸売販売／総額
　　9. 小間物商品の製造国4区分別の小売販売／卸売販売／総額
　　10. 紙と紙商品の製造国4区分別の小売販売／卸売販売／総額

11. 薬種・化学製品・国内特産物の品目10類別の国内／国外での小売販売／卸売販売／総額
12. 仲介発送財貨重量
13. 12の内のザクセンへの輸入財貨，3輸入先別の鉄道／荷馬車／船舶別利用重量と総量
14. 12の内の通過財貨，4経路別の鉄道／荷馬車／船舶別利用重量と総量
15. 12の内のザクセンからの輸出財貨，3輸出先別の鉄道／荷馬車／船舶別利用重量と総量
16. 委託販売品目記録
    人員関係：
17. 被雇用者（帳簿掛・出納掛・業務代理人／出張販売人／店員／徒弟／女店員あるいは女販売掛／市場人足・荷造人夫・日雇労働者・運送人別）の人数とそれぞれの内の既婚者数
18. 支払俸給・賃金総額

　商人に対しては，質問の7から11の5類に大別されたさまざまな品目につき，その小売販売額／卸売販売額／総額が問われ，また仲介運送業務を営む層には，質問の12から15において，扱った総財貨重量とその輸入／通過／輸出別の財貨重量がザクセンと他関税同盟諸国や（オーストリアを含んだ）非関税同盟諸国との出入別，関税同盟圏内外での通過経路別，また運輸手段別の下で調べられる。最後に人員関係（Personalverhältnisse）として被雇用者の地位別構成数（それぞれの人数／その内の既婚者数），ならびに被雇用者に支払われた俸給・賃金の総額についての2項目が挙げられている。この全質問項目18を容れた4ページからなる商業調査票（＝「商業質問」，この内の1.6ページは説明文）が用意されている。

　さらに加えて，ザクセンにとって大きな意義をもった約800の書籍・美術品・楽譜取引業には質問14項目の4ページの特別の調査票（＝「書籍・美術品・楽譜取引商に対する質問票」，この内の2ページは説明文）が配布されている。ここでは，業務を販売・問屋・委託に分け，販売については先の3品目についてその取次販売額（仕入問屋の5国別），問屋取引については取扱品目の種類とその額，製造費用（紙代・印刷費），著作者報酬，販売額（5販路別），そして委託販売についてその販売額（4委託受入地域別）が問われ，そして人員関係として先の商業調査と同様に，被雇用者の地位別構成ごとの人数／その

内の既婚者数，支払給与・賃金額への設問があり，そして最後に他営業との結合の有無が調べられている（計14項目）。

3．さて，問題はこの55年調査では狭く工業調査として捉えられた営業調査である。農業や商業とは比較にならないほどの大量の業種と関係し，その調査には大きな困難が立ちはだかる部門である。エンゲルの考えでは，ここでは競争が大きな影響をもつことから，工業統計はまず競争事情を局所／広域／国内／国外それぞれに関して伝えなくてはならない。さらに，工業調査は以下の点に光明を与えるべく実施されねばならない。

1. 独立工場・家内工業・手工業（ツンフト／非ツンフト）での工業生産量と就業者数
2. 国民生活の需要に対する各営業の規模と重要度
3. 使用原材料とその価値
4. 労働=勤務関係　雇用主と被雇用者の数量関係
5. 婦人・児童労働の割合
6. 賃金関係と賃金変動
7. 不況期における営業損失とその反復度
8. 機械力の種類と数量
9. 工業生産物の販路

55年営業調査においては，被調査者として工場主，工場問屋，家内工業の仲買人・問屋，手工業親方，ツンフト・非ツンフト営業経営者，機械技工が対象にされている。従い，ここでいう営業とは上述のように，狭く工業生産に限定されている。この点ではベルギーの46年調査と同じといえる。そして，工業生産の中でも後述される4業種は全般的営業調査とは別扱いにされ，それらには別種の調査用紙が配布されている。

この営業調査票（＝「営業質問」）での設問は9類からなり，そこには計44項目が盛られている。営業経営の商号，業務所有者名，商号取得あるいは開業の時期，業務所在地，主要製品の種類，等々の基本属性の後に，経営実態に関する以下の8類・38項目が設定されている（以下の貨幣表示項目ではすべてターレルが単位。類別の標題は著者による）。

製造業務
    7. 主たる製造（あるいは製造させている）商品・物件種
    8. 1855年の新規製造品目の販売額
    8a. 修繕品目の価値額
    9. 原材料費　　　　　　　10. その内の外国からの原材料購入額
    11. 労賃額
販売業務
    12. 公的販売業務の有無　　13. その業務で他からの購入産物の有無
    14. 購入産物の売上額　ザクセン／関税同盟諸国／オーストリア帝国／外国（イギリス・フランス・スイス）の購入圏4区分
家内工業
    15. 関与する買入・取引業務とのかかわり方　見本／（提供される）原材料／前払でもって
    16. その工場問屋・仲買業務の所在地
    17. 併行した自前勘定用作業の有無
就業者構成
    18. （工場問屋業務に対して）仲買人・問屋，等々の雇用の有無
    19. その現在人数　　　　　20. その居住市町村
    21. 就業者数　　　　　　　22. その構成と人数
    23. 妻・子による営業経営支援の有無
販売状況
    24. 当地販売／国内販売
    25. 国外販売にも及ぶ場合　ザクセン王国／他の関税同盟諸国／オーストリア帝国／他外国（全体と3小区分）の販売圏4区分での1855年販売額／これまでの最高販売額／その年
    26. 1855年の主たる販売品目　27. かかわる国内の大市・市
    28. かかわる国外の大市・市　29. 最重要な大市・市
    30. 商品のための出張販売の有無，そのための出張販売員数
競争状況
    31. 競争相手　地方／ザクセン／関税同盟／オーストリア帝国／アメリカ／中近東の市場6区分
    32. 最も不利な競争相手　　33. その理由
    34. それに対処する最も有効な手段
休業状況
    35. 業務休止期間の有無　　36. その月

37. その継続期間
38. 業務活動減少割合　3／4, 1／2, 1／2以下，全部
39. 業務休止中の労働者の退職の有無
40. 退職中の労働者の事情

生産手段
41. 作業機械力の有無　水力／蒸気力
42. （紡績場に対して）紡錘の数量
43. （梳毛糸商品製造に対して）仕入量
44. （織工と織物商品製造に対して）手織機／力織機／リボン織機の数量

　みたように，回答には数量表示でもってするものと，文章回答によるものとが混在した調査票となっている。従い，モノグラフィー的要素が加味された4ページの調査用紙となっている（その内の1.3ページは説明文に当てられている）。ともあれ，エンゲルの考える営業調査のエッセンスを具体的に表示した実に詳細な設問内容となっている。これが上記の営業経営者の約16万人に配布されている。エンゲルの持論によれば，この調査によって，ザクセンでの営業経営者の競争環境，生産・販売事情，営業内就業者構成，営業沈滞状況，生産手段的側面を知悉できる（すべき）ということになろう。調査項目に限ってみれば，模範例としたベルギーの46年営業（工業）調査をはるかに越えた内容となっている。

　ここでの特徴点を挙げれば，次のようになろう。営業経営の年間販売額・原材料費や支払賃金額といった経営の内部事情に関する項目が取り上げられている。生産の他に販売業務を営んでいる経営体には，自己製造品以外の販売用購入品の仕入先とその売上額を質問し，国内生産額との区別を行なおうとしている。就業者構成においては，以下の10区分が取られ，しかもそれぞれにおいて総数とその内の作業施設内就業者が分けて表示されている。業主層以外の中間層とさまざまな被雇用者層が区分された項目となっている。

　　商人としての修養のある者，あるいは会計職員
　　技術的修養のある職員，および職工長
　　手工業職人，および補助人
　　徒弟

工場労働者
婦女子（15歳以上）
荷造人夫，発送掛，および類似作業員
日雇労働者
就学義務のある男児（14歳以下）
就学義務のある女児（14歳以下）

　また，ザクセンの繊維業にとって大きな比重をもつ問屋制下にある家内工業を把握しようとしている。エンゲルが重要とみなす競争事情への詳しい質問が盛られている。製品販売を工業生産にとっての自然条件・人間労働・物的手段に次ぐ第4の不可欠要素とみるエンゲルは，ザクセンでの生産物の販売額・販路・関係市場を掴むために7つの調査項目を設定している。営業不振の状況やその中で休業中の労働者の事情に配慮されている。物的設備面では原動力と紡錘・織機の2機種に限定した簡単な調査になっている。以上である。

　だが，この全般的営業調査票によっては営業実態の掴めない業種も出てくる。とくに原材料獲得・加工業（金属・石炭採掘，石・スレート・石灰石・粘土・陶土・砂採取，製錬，レンガ焼）がそうであり，また製粉・パン製造・製肉，ビール醸造・火酒蒸溜・他蒸溜といった業種，薬剤業，さらに左官・大工，煙突掃除・道路舗装業もある。これら個々の営業の個別内容に及ぶ全体的な特殊調査は後日に期すとして，今回の調査では，製造業（これはさらに製粉業・製油業・製材業と皮揉業・火薬製造業の4亜業種に分けられている）・パン屋・肉屋，そして印刷業，この4業種に関してのみ，それぞれの経営実情にそくした特別の調査票が作成されている。例えば，製造業の中の製粉工場調査票には，製造方法，稼動碾臼の種類・数量，敷設設備，製粉目的（自前用／賃金用），材料別製粉量，パン製造・販売との関係，これらについての質問に加え，近くを流れる河川名と共に，異なった水位（高位／中位／低位）の下で動かされる碾臼の数量が問われている。これは製粉業においてザクセンの河川での水力利用がどのような事情にあり，その重要性はどの程度かを推量するためである。

　さらに，この55年生産＝消費統計調査と併せて，市町村目録，建物統計や移民統計，自治体所有物記録，これらの作成のための資料獲得も試みられている。全国の自治体当局を調査単位にした，領域，住居，住民（移出入関係），自治体そのものが所有する地所・物的生産設備・家畜・営業経営・公的福祉施設

(救貧院・病院)，これらについての計 18 の質問を容れた「質問点」票が配付され，これも生産=消費統計と同様に 56 年 1 月 10 日に回答終了とされている。

　4．ところで，エンゲルはこうした生産統計の意義について次のように考えている。[31] 最重要生産部門で創造された総体価値と国民資産の年増加分／そのために稼動する生きた力（労働力）と死んだ力（原材料や機械・道具・装置），この 2 つを調べるものが生産統計である。生産は自然の素材と力に人間の努力を加えることによって価値物を創造することである。この人間努力を労働とよび，加えられる労働の大きいほど消費された素材価値分を越えた価値創造分が大きくなる。生産には直接に自然を利用する素材的価値創造，すなわち農林業・畜産業と工業がある。しかし，これに劣らず場所的変化（＝空間的価値創造）に携わる取引や運送，また販売も生産にとって不可欠な部分となるところから，これらも生産の一枠に属する。さらに，科学・教育・工芸分野での精神的就業も，人間という資本の価値を高め収益性を増加させ，それを通じて生産促進という効用をもつがゆえに生産的といわなくてはならない（もっとも，これを統計的に捉える上での困難はあるが）。この広い分野にまたがるものが生産統計である。他方で，人間の欲望を充足（＝享受）し，人類を扶養するという目的でなされるのが消費（ここでの消費は国民最終消費支出のこと）である。「ザクセン国民によって，ザクセンおよび外国の産物に対して消費されるものは何か」についての報知は不可欠であり，消費統計は生産統計に劣らない重要性をもつことになる（しかし，その具体的内容の論述はここにはない）。生産は欲望充足を可能にし，消費は生産のための力を維持・強化することで，両者は一国経済において相互に不可欠で補完的といえる。

　今回実施される生産=消費統計調査から得られる映像は一国文明の進歩と退化を数量と尺度に照らして映し出すものといえる。生産活動，賃金や労働-勤務関係の統計的描写はその国民の姿について真の全体像を与えるものであり，国家運営や国民生活の道標になるのみならず，それを継続的に記録化することはその国の歴史像そのものを描き出すことに通ずる。経営当事者が調査に対し正確に回答することはこうした「歴史記念碑」の建立へ参加することであり，逆に，虚偽の申告はその記念碑へ汚名を残すことにもなる。

　このような生産=消費統計は国全体にかかわり公的福祉のためのものであって，個人的利益を侵害することは決してない。逆に，生産=消費統計の全体像

からは，農業や工業，また商業であれ，それら部門の経営者にとって有益な知識が引き出され，この点で測り知れない効用をもつ。いかにして自己の経営を所与の条件下で合理的に運営し，収穫・収益増加に結びつけるか。その各自の算段＝簿記の基本帳として役立つものが生産＝消費統計調査の結果に他ならない。

　エンゲルは統計の近代化にとって，初めから市民の協働と結果の公開性が不可欠の要件とみなしている。ザクセンの55年生産＝消費統計調査も，これまでヨーロッパ諸国にみられた各地域の統計委員会などによる局所的事例調査，推測と計算を取り入れた調査，また有給調査員による聴き取り調査といった方式ではなく，人口調査と同様に調査個票を被調査者たる農業経営者・工場主・手工業者・商業経営者，等々に手渡し，その自己記入による直接調査方式を採用している。イギリス・ベルギーでの有給調査員方式に較べて費用もはるかに低く抑えることができるといった利点もさることながら，これは確かに理論的にも正当な直接全数調査（＝営業経営センサス）というべきものである。また，なによりも調査への協力参加を通じ，統計の意義と効用に関する国民の理解を高めることができると考えられていた。

　既述したように，49年就業統計は人口調査における生業に関する申告を加工編集したものであり，経営体の使用原材料や物的設備，賃金や販売に関する表示はなく，本来の意味での営業統計までは進みえなかった。これに反し，55年調査は独立の直接経営調査であり，世帯調査用紙とは別に数種類の調査票が作成されている。ベルギーにおける調査を模範にしながら，人口統計を越えて経済統計の分野でも近代的調査を実施しようとするのが55年調査であった。確かに，55年調査の構想をみる限り，経済統計に新たな段階をもたらそうとする意図が読み取れる。しかし，後述するように，その実際はエンゲルの期待を大きく裏切ることになった。

　問題はこうした調査票がその回答者である業主層にどのように受け止められたかである。これは調査票の内容的豊富さや調査側の意気込みとは別問題である。あくまで統計目的用のものであり，課税問題や個人的利害関係には触れないとは公示され，さらに営業（＝工業）調査では比較的大きな営業体には密封形式での調査票提出も認められていた。また，調査票記入に際しては，地方行政官庁に対し，官庁自体とその要請を受けて自治体首長，農業協会や営業協

の幹部・委員，インヌング・営業団体幹部が被調査者側への支援を行なうべしとの指令も出されている。しかしながら，被調査者としての農業調査における農民層，また営業調査での工場主・工場問屋・手工業親方層にはこうした調査への回答に対する不信・不理解，逡巡，さらには抵抗・反発の方がそれへの理解・協力よりも多かったであろう。従って，後に識者によっては，まるで「異端審問的な」と評されるこのような詳細な質問に対しては，回答拒否・不完全回答が頻発したことは想像するに難くはなく，実際にも，信用でき利用可能な調査票の返送は少なかった。

3. 営業統計をめぐる難問

1．1855年生産=消費統計調査の経験を踏まえ，エンゲルは改めて「営業地理と営業統計に対する寄与」[32] と題した論文を56-57年にかけての『統計局雑誌』に3回に分けて連載して，営業（＝工業）調査に関する自説を敷衍し，その作成にまつわる困難を提示している。

営業統計は高度化した営業活動の包括的報知を提供すべきものであるが，いまだそのような例はどこにも存在していない。個別的にはいくつかの産業分野に関するモノグラフィー的研究（例，パリ商業会議所による1847/48年パリ工業統計調査）があり，局所的個別調査としてのその意義も否定できないが，営業全般にまたがった全体網羅的な把握とはいえない。現状はそうではあるが，あるべき営業統計は，①産業と産業人口の配置，②産業での生きた労働（就業者）と死んだ労働（機械）の数量，③生産と消費の規模，この3点の解明を課題にする。これを通じ，営業統計は文明化された国民の下にある経済活動・財産・力の具体的映像を示し，国民の就業のあり方に応じて経済的発展段階や文化段階の違いが出てくることを数量でもって明らかにする。しかし，その作成にはいくつもの解決されるべき難問が立ちはだかっている。

まず，営業統計では営業経営の形態や規模（大小）の区分を取り入れることが不可欠になるが，その定義づけと大小区分の境界設定には大きな困難がある。とくに工場経営と手工業との境界が流動的で，両者の区分はあいまいなものにならざるをえない。大規模な商品製造を販売用に営む者を工場主（Fabrikant），自前で他の小経営者に商品を製造させる，あるいは販売用に大量の商品を購入するものを工場問屋（Fabrikverlager）とし，局所的需要や顧客の直接注文に応

じる者を手工業者（Handwerker）とみなすのが一般的定義である。しかし実際には，ザクセンでは営業税を基準にして，5 ターレル以上の納税者が工場経営者・工場問屋，4 ターレル以下の層が手工業者として営業税台帳に登録されている。しかし，これでは実相は掴めず，工場と記載されたものが現実には手工業親方の経営であったり，手工業とされたものが工場問屋経営であったりする。営業税記録からは営業経営の正確な区分（工場工業／手工業）は出てこない。これらをどのように正確に規定してゆくか，これが営業調査の難問となる。確かに，エンゲルの指摘にあるように，工場と手工業，また経営の大小区分の境界基準をどこにおくかはこの後も大きな難問となり，ザクセンのみならず関税同盟や統一後のドイツ帝国における営業統計にあっても，意見統一を得ることの難しい課題となってゆく。

　次に，経営内容・販売関係・競争事情に関する報知も営業統計は伝えるべきではあるが，残念なことに多くの小経営者（手工業者や家内工業主）はそれらについては無知であり，質問に対し報告すべき材料をもたない。かれらは自分の業務についての正確な帳簿作りや会計（予算や決算）を怠り，ただ一時の幸運や賭けを頼りにして儲けたり，逆に競争や恐慌の波に流され自己破産してゆく。かれらにとくに必要なのは競争の本質と力を知り，その渦中にある自己の経済的立場について的確な判断をもつことである。国民経済の安定した進展，雇用主と被雇用者との良好な関係の確保，こうしたことのために不可欠の情報を提供するものが営業統計であるが，そのための営業調査の意義に対する理解が経営者自身に欠けている。これもまた，エンゲルのいう通り，後の営業調査でも営業経営者自体の無知や不信の壁が立ちはだかる。従い，生産額・販売額，また販路先といった情報が経営調査にとっていかに重要であるにしても，そうした記録はないとして無回答のままで調査票が返ってくる。さらには，記録・資料があったとしても経営の機微に触れるものとして，回答が忌避されたり，あるいは正確な申告が期待されないこともある。こうして，それら経営内容の深部に関する調査項目は初めから除外せざるをえないといった事態が出てくる。

　加えて，営業統計に不可欠の産業生産物の正しい分類も営業統計作成の困難のもとになる。これまで諸外国，またザクセンでも多くの産（工）業博覧会が催され，そのつど商品目録・報告が作成されてきた。しかし，分類基準が多様なため，統一的な産業分類というものがいまだ確立していない。こうした中で，

エンゲルがより優れた産業分類とみなすものは，以下の 11 分野（グループ）からなる分類であり，これが営業統計の分野区分の基礎におかれるべきとする。[33]（括弧内の数字は細分野数）。

  I. 耕地産業・粗生産物獲得（2） II. 金属工業（3）
 III. 機械製造（8）   IV. 器具製造（4）
  V. 金属商品製造（7）   VI. 鉱物工業（7）
 VII. 化学・薬学製品と消費財製造（12） VIII. 繊維工業（15）
 IX. 皮革・ゴム・フェルト・毛皮商品製造（8）
  X. 木材・角・鯨骨・象牙・類似商品製造（12）
 XI. 紙・類似資材製造と加工（8）

　これは，生産物の同類性を軸にしながら，これに使用原材料と製造過程の類似性を加味した分類基準によっていると思われる。ただし，この分類は商業や運輸部門，サーヴィス部門，さらにその有用性ゆえにエンゲルによって生産的とみなされた精神的就業をも含んだ全営業分類といえるものではなく，後にはIの粗生産部門も除かれることから，狭義の営業分類，すなわち工業分類というべきものに縮小されている。しかも，そこにはいくつか不明な箇所（例，VII分野では化学製品と粉やパンの日用消費財の製造が並べられたり，XI分野には印刷営業がつけ足されたりしている）が残っている。ともあれ，工場・工場問屋・家内工業・手工業というさまざまな経営形態の下で営まれていた当時の工業部門を網羅した分野区分とみなすことができよう。こうした区分を用い分野・業種間比較を行なうことで，現下のザクセン経済についての貴重な報知が獲得可能となる。例えば，とくに関税同盟加入以来，経営での新旧の闘いが進んでおり，ツンフト制に制約された小経営が多く残っている業種（例，製粉業・パン製造，衣糧・靴製造，陶器製造）においてさえ，より自由な営業や機械制工場が新たな生産様式として旧来のものを凌駕しつつある。また，「自由営業」として工場制にもツンフト制にも属さない，都市での貧困層や老人によるレース編・刺繍・婦人装飾品や人造花製造といった零細な手仕事があるが，実はこれが全体として多くの者にとっての収入源となり，ザクセンにおいてはその国民経済的意義を見落すことは許されない。こういった点が明らかにされうるとしている。この分類図式にのっとり，ザクセンの各工業分野の地理的配

置や時間的進展に関する概要が提示可能になってゆく。

　営業の分類問題はその合理的図式をめぐってその後も検討が継続されてゆく。これはまた国際統計会議での審議対象ともなり，さらにドイツ関税同盟統計拡充委員会ではそのための専門委員会も設けられている。前者ではハーグでの第7回国際統計会議（1869年）において工業統計の国際比較基準の立案者に指名され，後者では営業統計部門の取りまとめ役を務め（1870-71年），いずれの場面でもエンゲルの知識と経験が大きな役割を演じることになる。

　エンゲルが難問として挙げた上の3点いずれもが，その後の営業統計近代化にとって，その合理的解決が不可欠とされる課題となってゆく。55年営業調査を企画・実施する中から，いち早くそれら問題の所在と重要性を看取したのがエンゲルであったが，しかしザクセン時代にはこれらを自ら解決することはできなかった。

　2．以上のように，営業統計の意義を唱え，作成に当たっての障碍を挙げながら，いずれその克服が可能とみるのがエンゲルである。にもかかわらず，上の第2の問題と関連しながら，調査が経営当事者をその直接の被調査者とするところに最大の困難が待ち伏せていた。これはまた統計作成の近代化が抱える難問でもある。19世紀50年代には，国家統計の公共性や有用性に関する世論形成はまだできていない。統計調査に対する不信や無知がいまだに障壁として立ちはだかり，国民，とくに農民や営業経営者の不理解と抵抗は大きかった。農民にとり詳細な調査事項への回答は過重負担であり，また課税不安からする営業経営者の抵抗は大きく，調査票のほとんどの質問が無回答のまま返ってくることも稀ではなかった。私的利益と公的有用性がそこでは対立し，エンゲル自身も認めるように，「こうした申告の弊用に対するある恐れは，最も豊かで最も公共心のある人々の間でさえ支配している」。[34] そうした中では，調査がすべての該当者を網羅すること（＝完全性），また申告内容に正確性を期待することは不可能である。人口調査に対する国民の不安とは別種の，またより深刻なこうした営業調査に対する経営者の抵抗と反発は後にエンゲルをして窮地に立たせることになる。

　先に述べた55年生産=消費統計に戻ると，確かに経営調査としての構想は画期的なものであったが，実行に関しては大きな壁に突き当たる。公的調査が私的利益を侵害するのではないかという恐怖が根強く残る中で，エンゲル自ら，

55年調査では,「絶対的完全性の達成されるのは僅かであり,さらに申告の大きな部分では信頼性の名に値するものが僅かであった」[35]とその失敗を告白せざるをえない。実は,55年調査の内務省指令には,こうした不安を防止する手立てとして,「税目的には使用しないことの保証」とする条項（55年指令・第7項）が設けられ,そこでは回答が個々の経営の財政状態を論ずるものでは決してないことが明記されていた。すなわち,「政府は本調査に際し,個々人の状態の知識にはまったく関与せず,ただ全生産分野の状態全体の概括にかかわるだけである」とし,個別申告は「決して個々人の課税目的,あるいは個々人に関するいかなる他の行政施策にも利用されない」,「専ら統計局による全体結果の編集のために利用されるべきものである。……公表も全地方あるいは全営業分野について与えられた全体結果に関してのみ実施される」とする保証を提示している。[36] そして55年調査に用いられたすべての調査票の冒頭にこの規定が掲示されている。また,関係官庁に対しては調査結果の統計目的外利用を厳禁し,それに違反した場合には懲罰があることが表記されていた。しかしながら,こうした文言だけで被調査者の恐怖や危惧・不安が取り除かれることはありえなかった。55年調査書式に添えられた被調査者への「注意文書」には,確信できることとして,「厄介の出てくるもとになるという理由で,公的福祉にとって非常に重要なこの企ての実施を妨げる者はいなく,だれもが誠実な申告と回答を通じてそれを促進することになろう。提起された目標がよりよく達成されるほど,ザクセン国民がそのことによって自ら立てる身の証がより輝かしいものとなる。というのは,関与する住民の協働によってのみ,今回のようなプランを実行に移したいかなる地球上の国もこれまで存在しないからである」とあるが,これは調査者側からのあくまでも一方的な希望的観測にすぎなかった。

　ザクセン統計局史でも,「またとくに農業の生産=消費統計用の調査票は非常に詳細な申告を要求していたので,55年10月10日の該当する調査指令において,調査に際して要請される住居・保険・生産・営業経営と商業経営に関する申告は個々人の課税や個々人にかかわるある別の行政施策には決して利用されないということがはっきりと保証されていたにもかかわらず,全国土と主に農業圏では簡単には排除できない大きな騒ぎが起こった。公衆への多くの質問によるこれまでなかった大きな負担は人口調査の帰結を侵害し,とくに農業が

問題となる限り，生産＝消費統計の価値を貶めた」[37]と総括されている。

　結果的には，未回収や不完全回答の調査票が多くあり，回収された調査票だけからは全体数量を掴むことは不可能となる。ここから，例えば，工業での分野ごとの販売総額については，統計局は一方で王国各地の営業税台帳から当該分野の業務総数と納税総額を抑え，他方で調査によって捉えられた部分の営業税1ターレル当たりの平均販売額を調べ，それを全体に適用して総販売額を算出するという手段を取らざるをえなかった。また，機械・装置に関しても，その種類や数量の信頼性の判定には，同業組合からの報告や火災保険施設の保持している価値評価記録が利用された，等々。このように，営業センサスとして構想されはしたものの，実際には税記録による一部推算や業務資料による補完を挟まざるをえなかった。結果の加工・公表も製造業とパン製造業に限定され，獲得された資料の全体的な編集・公表までには進みえなかった。これが55年生産＝消費統計の実際であり，結果的にはセンサスとして成功したとはいい難い。営業経営者層に根強く残る経済面への調査に対する恐怖と不信は，国家統計調査へのエンゲルと統計局の意気込みによって払拭されるほどには軽いものではなかった。従い，人口調査では大きな飛躍を示しえたが，農業と商工業を対象にした経済統計では，その試みは挫折したといわざるをえない。

Ⅳ．エンゲルの退陣劇

1．1856年ブリュッセル「慈善会議」報告

　1．以上の成功例と失敗例を挟んだエンゲルのザクセン王国統計局での活躍ではあるが，それは次回の1858年12月の定期調査を主導しえないまま，58年8月に終了する。これはエンゲル当人にとっては不本意な退陣であり，周囲の反発に耐え切れないことからの辞職であった。直接の契機は後述する58年3月のザクセン国会でのエンゲルと統計局への批判・攻撃にあるのだが，伏線としてそれまでのエンゲルの政治的見解への保守層からの反感が潜んでいた。政治的見解というのは現体制下での社会的諸問題へのその厳しい論調に示された，一見したところ急進主義的にもみえる見解である。それを端的に表わす論文が1856年12月14日の『統計局雑誌』に掲載されている。すなわち，「1856年9月のブリュッセルにおける慈善会議と社会的貧困の克服」[38]という長文の

論文である。ここに盛られたエンゲルの社会批判はあたかも現状を革命的に変革しようとする社会主義や共産主義に迎合するかのように映り，こうした政治的論調の強い論文が公的機関誌に掲載されてよいものかが問題視されることになる。

　1856年9月15日，ヨーロッパ諸国から268名（ブラジルからの1名を加えて，計269名）が社会的救貧問題を検討するためにブリュッセルの「慈善会議」に参集した。この慈善会議は現下の緊急問題である大衆の貧困化を取り上げ，その解決策を検討すべく団体派遣や任意参加の各国代表によって開かれてきた会議である。エンゲルの論文はこの会議の内容（審議項目と会議経過）を伝えることを目的にしたものである。しかし，その紹介部分は論文の後半「II. ブリュッセルにおける慈善会議」に廻され，論文の前半が「I. 原因と結果における社会的貧困」とされ，そこに社会的貧困（Pauperismus）に関するエンゲルの個人的見解が提示されることになる。この中に，後にエンゲルと統計局への批判をよび込むことになる文言がいくつか含まれている。

　エンゲルの考えでは，労働者階級の窮乏がヨーロッパ全土にまたがった全般的現象として現われているが，この社会的貧困は一過的で局所的な現象ではなく，支配的な工業社会からの必然的帰結であり，まずその出てくる歴史的背景が問題とされなくてはならない。

　かつての旧体制（絶対王政）の下にあって，労働者階級をも含んだ第3階級は政治的経済的束縛を受け自由な活動を制約されていた。解放を目指した長い間の闘争を経て，第3身分が支配的党派として登場した。絶対王政を突き破ったブルジョア革命によって新たな社会秩序が産み出された。それは，「土地所有の専一的支配をも打破した。新たに産まれた立憲国家においていまや支配する階級として，解放された第3身分が，資本所有と知性が，以前の不労所得ではなく労働所得が立ち上がった。個人的自由の権利が獲得され，独占は崩壊し，労働が承認され，社会と政治の関係の展開は別の経過を辿ることになった。……技術と科学，商業と営業はいままでみられなかったほど大きく盛り上がった」[39]。これは新たな社会体制の光の部分である。だが，それと共にそこには社会的貧困という陰の部分がついて廻る。

　この新たな社会では資本と工業が支配する。工業生産において生産者は生産的操業を継続・反復し資本を蓄積し，資本家として自立する。これに反して，

ただ労働力しかもちえない階級のみが依存者として取り残される。第4階級としてのプロレタリアートである。労働者は資本の側のあくなき利潤追求と資本蓄積の圧力の下で低賃金と劣悪な労働条件や生活環境を強いられる。単なる労働力に対する資本の支配が確立する。労働力をその唯一の資本にもつ労働者は最低の賃金を余儀なくされ，その元手の労働力の維持もままならず，ここから出てくる社会的経済的窮状はこの階級をその生存の限界まで追い詰めてゆく。労働者階級のあまりにも低い賃金は，「早い時期での衰弱を加速させ，本当に恐るべき次元で社会的貧困を，大衆の貧困化と大衆の窮乏を産み出す。こうして社会的貧困が実際に工業システムの必然的結果となる。これについてはさらに同じく次の点をいい添えよう。すなわち，社会的貧困が工業国家における支配的秩序から出てくるという論理的帰結になるが，それはこうした致命的状態の変革に向けての社会主義的および共産主義的システムの母親になるということである」。[40]

この社会的貧困からの経済的・社会的・政治的結果によってもたらされる意味を考えなくてはならない。まず，経済的結果では，社会的貧困は労働者層の高い死亡率をもたらし，国家の富の減少となる。労働者は各世代ごとに子弟の養育と自己と家族の生活維持に費用を支出する。世代寿命と生産活動期が長いほどより多くの費用を投じ，次世代のより豊かな人的資本を形成することができる。さらに，それら次世代が新たな価値を創造し国富増加に寄与する。だが，社会的貧困による労働世代の早死はそのことを不可能にする。また不十分な賃金は労働者世帯の自立を妨げ，自治体や国家の公的扶養にとっての過重負担となり，結果的には社会全体の窮乏を引き起こす。

社会的結果は物的貧困に道徳的貧困が積み重ねられることによって，社会秩序を破壊する動きをも惹起することである。貧困ゆえに児童が早期から就労させられることによって，家族的絆から疎外され，調和の取れた家族生活を知らず，自助精神や責任感をもたない世代が育ってゆく。逆に，そうした層には動物的野性や社会に対する反逆心が増長し，これが機械破壊・工場放火といった不法行為や社会的犯罪の形で爆発する契機となる。L. シュタインと共にエンゲルも社会的貧困のもたらすこうした社会的危機状況を工業主義からの内的で必然的な結果と捉える。

しかしながら，こうした中から出てきた第4階級としての労働者階級ではあ

るが，それはいまや1個の自己意識をもった全体となっている。かつての第3階級がそうであったように，自己の解放を目指す内的に統一した社会的勢力となり，自己の権利のために闘っている。そうした層はいまや社会主義者，あるいは共産主義者という名称が烙印されている。そして，かれらは国家意思への参加を政治的目標に掲げている。歴史的推移からすれば，早晩にこの階級はその目標を達成するであろう。しかし，「かれ（第4身分）が国家における支配をやがて奪取するかどうか，この問題は時の懐に深く隠されている。望むべくは，それが起こるに違いないにしても，その社会秩序のシステムが神の創造たる法との調和を保つようになるまで先には起こらないことである」。[41] このように，社会主義や共産主義が一大勢力となり，やがて国政の場で権力把握に成功することがありうるとしながら，それが人間社会の既存規律には反しない形での達成が望まれるとするわけである。しかし，みたところ急進的イデオロギーに与したかのようなこの表現は直後に大きな波紋をよび起こす。

　では，こうした社会的貧困を克服する手立てはないのか。エンゲルは次に貧民救済の手段について考察する。救貧（制度）のあり方をめぐっては，これまで大きく分けて2つの考え方があった。①経済学者の立場。社会全体の物的生産力の上昇によって貧困は克服される。国家の手による公的慈善（救貧法・救貧税）を否定し，個人や団体（教会や慈善団体）の自由意思による私的慈善のみを認める。②博愛主義者（あるいは社会主義者）の立場。慈善を国家権力の義務とし，救貧制度の確立を国家と自治体の責任として捉える。労働者生存に対する責任は国家が引き受け，それは国家が法的な救貧システム（救貧施物，救貧院，捨子収容所，託児所，病院，扶養施設）を作り出し，それらを支える指導権力や救貧税制度を確立することによって可能となる。この例はフランスの社会民主々義的救貧政策やイギリスの国家救貧制度においてみられたものである。しかし，ここからもたらされたものは著しい国家負担の増大である。また，他者依存の増長と自助精神の欠落も否定できない。

　エンゲルはこのいずれの考え方にも与しない。こうした考えの中には，大衆の貧困化を根底から防止するのに適したものはごく僅かであるとみる。エンゲルが適切とみる救貧策は問題を経済的に把握することから出発する。すなわち，労働者のもつ人的資本，エンゲルの言葉では人力資本（Kraftcapital）を正当に評価し（=「人間の経済的価値計算」），それに見合った賃金を獲得する（資本

の側からすれば，それを支払う）ことである。物的資本はその使用によって磨滅する分を償却分として毎年留保することで，その補填にあって不都合がないようその価値が担保されている。それと同様に，人間という資本も労働による磨滅が続いた後に，それを完全に償却し，新たな世代にその価値が継承されうるようなシステムが確立されなくてはならない。いわば，労働力という人的資本の完全償却と補填（＝再生産）が円滑に行なわれうる条件を整えることである。いうまでもなく，その条件の最大のものは償却分に相当する賃金獲得である。これが十全であれば，人的資本の維持とそれを新たに補填する条件は出てくる。「社会的貧困を克服するための全システムは次の言葉の中に集約されている：人力資本の向上と増加のための配慮，人力資本の収益性安定のための配慮，そしてその全般的償還のための配慮，これである」。[42] これが社会的貧困を根絶する方法に対するエンゲルの見解である。従って，エンゲルにとっての次の課題はその人的資本の価値を合理的に算定すること，つまりは「労働の価格」と「人間の価値」の経済計算を正確に行なうことになる。これは後にプロイセン統計局時代の大きなテーマとなってゆく。

　この基本に立った上で，その他の種々の慈善活動や救貧施策にも有効性が出てこよう。それは教会などによる組織化された慈善，合理的な慈善であり，また労働者の側での協同（Association）としての貯蓄金庫や生命保険・年金保険の集中化，また国内植民指導であり，これらによって労働者の自立化に貢献する途が開かれてこよう。

　2．この慈善会議そのものは1846年のフランクフルト・アム・マインでの第1回の会議に始まり，翌47年のブリュッセル会議，さらに世界博覧会や国際統計会議の場での関係者の議論を挟み，56年に再度ベルギーで開催されることになったものである。参加者の圧倒的多数（164名）はベルギー，とりわけブリュッセル市からであったが，その他にはイギリス26名，フランス19名，オランダ15名の参加がある。ドイツ圏からは全体で13名が参加しており，その内の1名がザクセン王国からであったが，それがエンゲルその人であった。

　エンゲルの論文の趣旨はこの慈善会議の内容を報告することにあるが，これに関するエンゲルの論調はいささか醒めたものであった。つまり，慈善会議そのものの審議内容には満足できなかった。この慈善会議は前年8月のパリでの世界博覧会時になされた合意，すなわち第4階級の属する世界における詳細事

を取り上げ，その解決策を検討するという合意に立って開催されたもので，そのプログラム作成がベルギーの É. デュクペティオ（当時のベルギー王国刑務所・扶養施設総監督官）を中心にした組織委員会に任されることになった。「生活手段が不足し価格が騰貴すること，それらの価格と労働の価格が釣り合わないこと，住居が不足している状態，健康維持と肉体維持に必要なものを多く欠いていること：こうした苦しみは多くの国々の多数の住民にのしかかっている。会議はこうした社会的苦しみの本当の原因を認識し，その完全な廃棄とはゆかないまでも（これはほとんど不可能といってよい），しかしその根本的な緩和のための手段を検討し実行に移すことを課題に設定した」。[43] そこでは温情によるのではなく，合理的な国家経済と国民経済の基礎に立って社会的貧困問題を克服しようとする姿勢がみられ，エンゲルはこれをまずは諒とする。参加者はその多くが医者，弁護士，慈善関連の識者・行政官，内務官僚，教職者，農場・企業経営主，さらに都市一般市民であり，社会的救貧を現下の最大懸案事項とみた層である。また，それらには各国の政府や自治体，また団体・協会から派遣された者も多く含まれていた。代表を送った団体・協会は多岐多様である。例えば，イギリスのロンドン統計協会，医師協会や労働者住宅改善協会，プロイセンのベルリン労働階級福祉促進中央協会，フランスの慈善経済協会や科学アカデミー会議，ベルギーの医学アカデミーやブリュッセル王立博愛協会といった9ヶ国にまたがる計29の組織名が記載されている。

　エンゲルはこの会議の内容を後日に詳細報告することを自己の責務と感じながら参加したわけである。それによると，会議では以下の3つの部会に分かれ，それぞれにおいて大量の検討題目が掲げられている。

　第1部会・生活手段と農業：17項目に渡り，食糧生産を振興し，それによって飢餓を予防する方策が検討される。

　第2部会・生活手段と国家経済：21項目に渡り，生活手段の安定した調達とスムースな流通・販売のためのさまざまな経済政策が挙げられる。また自助施設（貯蓄金庫や年金々庫・老齢者扶養金庫）の設立・維持，賃金水準の確保，人口政策や労働力の適正配分にも視野が及んでいる。

　第3部会・生活手段と技術：10項目に渡り，食糧生産に役立つ工業技術が検討される。

　実に総花的に題目が掲げられているが，[44] 当時のヨーロッパ諸国における社

会的経済的窮状を知らしめる懸案事項が列記されているのも事実である。それらすべてを挙げることはできないが，例えば，第1部会の17項目は以下の通りである。

1. 土地所有分割・細分化の現状
2. 農業労働者と農業への需要との関係
3. 小作期間と小作条件
4. 雹・洪水・家畜伝染病保険制度
5. 土地信用組織と抵当制度の改革
6. 課税過重負担からの農耕の解放
7. 大資本の農業への導入
8. 協同方式の展開と拡大
9. 水利と植林
10. 通達方法改善
11. 荒蕪地開拓
12. 作業方法改善と土地改良拡大
13. 新種植物順化，等々によるジャガイモ栽培の代替
14. 畜産改良
15. 農業技術者・指導者団体の設立や農業教育の組織化，模範経営・試験場・博物館・展示会・協会設立，賞与，啓蒙活動
16. 農業統計の作成
17. 政府介入による農業の活性化

　これらの課題の解決策を実行に移すために，各国でのそのための特別委員会，あるいは土地改良評議会や医療評議会といった既存組織の下での特定代表委員会の設置が望ましいとされている。

　こうした検討題目をもった慈善会議であるが，エンゲルは今回の会議そのものの性格を科学者や専門家の会議というよりは，「議会的秩序が支配した」会議とみなしている。国際会議にありがちな儀礼的行事はなかったものの，そこでは全体会議と各部会で総裁・副総裁，事務局・書記が配置され，部会議長には上級国家官僚が就いたとされる。あまりにも多くの個別論点があるため，報告者の提示した論点に関する審議には十分な時間を取ることができなかった。報告は平板で討論は短絡なものに終わり，多くのことがあたふたと決議された。事柄に精通している専門家の意見よりも，そうでない意見が専門家とはいえない者や個人的関心から出席した一般市民の加わった多数決によって拙速に採択されることもあったという。つまり，形式が先行し，内容がそれに伴なわなかったということである。また，フランス語が使用言語とされたために，フラン

ス人とベルギー人にとっては好都合であるにしても，イギリス・オランダ・ドイツなどからの参加者にとっては論争参加に制約があった。さらに，会議が「劇場的」で，自由や人間性という言葉を盛り込んだ大向うを相手にした演説が歓迎された。総じて，エンゲルのこの会議に対する印象は好ましいものとはなっていない。

　以上が慈善会議報告の大要である。これに続けて，エンゲルにはこの会議参加者の間に窺える思想的グループ（経済学者，博愛主義者と道徳家，社会主義者，中立派と無党派層）の区分を行ない，それらの関連，その中でどれが支配的なものになってゆくか，これについての分析を予定していたと思われる。しかし，すぐ後に述べるような事情が加わり，この論文の続編が出ることはなかった。

2. 国会審議

　既述したように，エンゲルの論文が載った『統計局雑誌』は「ライプツィヒ新聞」の科学附録として公刊されている。一般市民も手にできる新聞に，あたかも大衆を煽動するかにみえるこのような論文が掲載されたことは多くの者にとって衝撃的であった。論文のとくにIで示されたような政治的見解を明白にした私的研究が，政府事業の一環として政府の指導と監督の下にある公の「ライプツィヒ新聞」に掲載されてよいものかどうか，これは統計局の行政的課題を越えたものではないのか，こうした疑問が出てきて国会でも問題にされる。この点を衝かれた政府は，掲載論文は政府の示唆とか告知といったものではなく，その内容については論者の自由に任されているとの見解表示を「ドレスデン・ジャーナル」で行なっている。しかし，『統計局雑誌』には中立的資料としての数量と事実のみが掲載されるべきで，理論を陳述することは官庁的性格の作業にはそぐわないともしている。もともと，統計局長のワインリヒも理論的考察や思弁的研究は統計局の公的作業領域には属さないと言明していた。こうした中では，エンゲルの救貧問題に関する論究は統計局の基本的作業領域から逸脱し，推論をもとにした非官庁的研究と判断されることになる（これが予定されていた続編休止の原因である）。こうしたエンゲルの政治姿勢への反感・批判が，統計局の実施した調査のあり方を疑問視する声と結びつき，それがエンゲルの退陣劇を引き出す流れとして出てくる。

上述した1855年調査，ことにその農業経営についての営業調査は国民の大きな不安と反発を招くことになった。調査に対するそうした不信は統計局の存続にとっての危機であり，さらにこれにエンゲルの上記論文への批判が加わった。この不信と批判が合わさって統計局に対する一大攻撃がくり拡げられ，国政レベルで統計局の調査に対する公然とした反発となって現われる。[45] すなわち，1858年3月20日に開かれた第41国会の上・下院で，統計局の提出した55年営業調査結果の整理費用を含んだ経費増加要請が審議される。その際，官庁統計のあり方と役割が問題とされた。その中でエンゲルと統計局の姿勢が複数の議員によって批判される。

　まず最初に取り上げられた点はエンゲルの見解には政治的偏向があるというものである。これは明らかに上でみた社会的貧困問題についての当人の見解が標的にされたといえよう。ある下院議員によって，エンゲルは数量を通じてみい出されたものを国民の前に知らしめるという本来の目的から逸れ，幻想と仮説から誤った結論を導いており，これは「政治的な操作」の混じった「統計的演繹」であると論断されている。現下の社会的矛盾の根源を工業生産システムにあるとし，やがては労働者階級による国政での覇権獲得がありうるとしたその見解が危険視されたのである。

　次に，統計局の調査のあり方が問題とされる。それは，①官庁統計があまりにも細部に深入りすぎること，②官庁統計が干渉主義的傾向を帯びていること，この2点である。①については，別の議員によれば，統計調査は個人的懸案事項にあまりにも深入りしすぎであり，そのことによって調査に対する被調査者の不信と虚偽申告が誘引されるとある。これに関しては，さらに別の議員から，統計局の調査は「すべてに介入しようとする質問と統計表への回答で人々を煩わせており」，そのことにより基本的に虚偽がもたらされると咎められ，農業調査ではあたかも「まだ産まれてもいない卵の数」までをも調べようとしており，そのような複雑で細部に及んだ統計は不要であるとされる。また出てきた数量結果にはとうてい信頼できないものもあると批判されている（例えば，家畜調査での家禽に対する最後の調査項目としてあった年間鶏卵獲得数に対する質問からは現実にありえない数量が出てきており，この例を引いて調査結果の不正確さが批判されている）。これは農民層には簿記をつける習慣などなく正確な申告など不可能なことを示している。加えて，自己の経営実態を正確に申告す

ることへの抵抗が大きく，しばしば虚偽申告を誘引するということ，また調査担当職員に金銭を支払ってリスト記入を依頼する者もいたことも指摘されている。

②については，上院副議長による統計局活動のゆきすぎを批判する発言がある。統計は国内のさまざまな要求や窮乏を探索し発見する力量をもっているが，それらを解決するための法的権限や財政力を備えているわけではない。結局，その後始末は統計から内務行政へと廻されてくるわけで，統計局はその領分をわきまえる必要があるという批判である。統計が行政に干渉する動機になることを止め，本来の境界内に引き戻すことが必要であるとする。

内務相 v. ボイストはエンゲルの活動を擁護したが（ボイスト当人は，若き頃シュリーベンの統計協会に席を有した経験があり，統計にはそれなりの理解をもっていたと考えられる），これは効をなさなかった。以上のような批判の中にあって，下院予算委員会では統計局の 8,000 ターレルから 1 万ターレルへの経費増加要請は僅か 150 ターレルの増加に抑えられ，またその中に含まれていた局長の給与引き上げ要請は拒否され，その分は下級職員給与分に廻されることになる。エンゲル個人への懲罰（＝「実際的警告」）の意味を込めたこうした措置は当人にとっては屈辱的なものであった。さらに，『統計局雑誌』の分量を年間 24 から 36 ボーゲンに増加したいとするエンゲルの要望も，議会圧力に押されて経費節約を余儀なくされた当の内務省から拒絶される。

それより先の 1857 年 6 月 17 日に，エンゲルは局長職に就き（職位も定員外政務参事官に昇格），ワインリヒに替り文字通り統計局を代表し，その運営に全責任を背負うことになっていた。当人には，統計中央委員会設置を初めとして，ザクセン統計のさらなる近代化を画したプランが腹蔵されていたと思われる。だが，議会で先のような反発と批判を受けては統計局に留まることはできなかった。58 年 8 月 1 日をもって，エンゲルは統計局からの引退を余儀なくされる。「ザクセン中央国家文書」に残されている上司ワインリヒへの辞職届には次のように記されている。[46]

　　気の進まないまま，貴下に［国会の］両院における最近の事件によって引き起こされ，固まった次の決断をお伝えすることをお許し願いたく存じます。それは，わたくしはもはや，ザクセン王国官庁統計の指導といった非

難と軽蔑さえもの災難に多く曝されるような役職に留まることはできない
と感じたということです。［……］尊敬する貴枢密参事官には十分にご承
知のことであるのは確かでありますが，わたくしはわたくしの職務に対し
多くの俗世的財産を犠牲にしてまいりましたし，その職務のために格段により
恵まれた収入のある多くの地位を断ってまいりました。また，張り詰めた
活動の 8 年，わたくしの義務の最も良心的な遂行，祖国の状態を最も正確
に探求し知悉するという最もねばり強い努力の後に，このような報いが与
えられるとするならば，わたくしの人格についての［……］大臣閣下の誠
に慈悲深い声明（内務相 v. ボイストによるエンゲル弁護のこと——引用
者）をもってしても，わたくしを再起させることはできません。このため
に，わたくしの奉仕した事柄はいつまでも屈辱を与えられたままですし，
統計局の名声は外国では失墜し，それが長いこと続くでしょう。

　いささか感傷的な文面であるが，エンゲルが辞職を決意した動機が窺える。
こうして，統計局に降りかかった「危機はエンゲルが公表した論文によって激
化し，かれが引退することによってのみ解決されえた」[47]とされる。両院にお
けるこの出来事に際しては，確かにエンゲルが批判の矢面に立たされているが，
その背景には当時のザクセンの国民各層にあった官庁統計調査への恐怖と不信，
さらに統計表作成を指令されていた聖職者や地方官庁の資料作成業務への嫌悪
と抵抗が根強く残っていたという事情がある。上記の一連の国会議員の発言に
はそうした統計に対する社会的不信が背景にある。確かに，開明度の高いザク
セン国民ではあったが，人口局面を越えてこと経済関係への国家当局の直接調
査は，とくに農民層にとっては大きな脅威と感じられたということである。
　エンゲルの退陣によって，統計局は「とくに外国に対してまでも高い信用を
もたらすことになったザクセン官庁統計の本来の創設者を失った」[48]のは事実
である。あまりにも時代の先をゆきすぎていたということであろうか。エン
ゲルの退局後，ワインリヒが再登場して 1858 年 8 月から 65 年に渡り統計局を主
宰した。しかし，統計局のその後の活動は停滞状態に陥ったとされる。
　ザクセン統計局からの辞職後，エンゲルは物的信用問題・抵当保険問題に取
り組み，ザクセン抵当‐保険会社の設立に尽力し，その責任者に就く。これは
労働者の生活改善には自助が不可欠とした自説を具体化した動きであったと考
えられる。

Ⅳ．エンゲルの退陣劇

おわりに

　1850年にザクセン王国内務省内に統計局が創設され，統計調査が国家権限下の業務となる。19世紀後半には三月革命の影響から中小領邦国家にも統計中央部署が陸続と創設されてゆくが，ザクセン統計局はこうした動きのはしりといえるものであった。統計局は中央官庁から経常的に資料を収集し，また各行政機関に対して資料を作成・提出させる権限をもち，それらの総括結果を定期的官庁統計として公表する業務を担う。こうしたより強力な国家調査機関として統計局のあり方を構想し，かつ統計作成のプラン作りに当たったのがワインリヒであった。このワインリヒの果した役割というのは，約半世紀前のプロイセン統計局設立に際してのv. シュタインのそれとほぼ同様のものであったといえる。すなわち，国制改革の一環に統計中央部署の創設を位置づけ，自己の所轄する機構内に統計局を設置したのがシュタインであり，またワインリヒであった。国制改革事業を推し進める上で，現下の社会経済と国民生活の状況を正確，かつ包括的に伝える統計情報を必須のものとする点で両者は同じ観点に立っていたのである。

　このワインリヒが統轄する統計局に業務統括者としてのエンゲルが登場する。その主導の下に，ザクセンの統計は大きな転換を迎え，獲得資料の公表を推し進め，人口，農業，そして営業の場面で立て続けにセンサス様式の調査を企画する。農業と営業でのセンサスは成功したとはいえないが，少なくとも人口センサスに限ってみれば，当時のドイツ圏で最も先進的な調査を実現しえた。それはプロイセンやバイエルン，ヴュルテンベルクのはるか先をゆく試みであり，ドイツ社会統計史において画期的な事例に属するといえるものであった。これは，若くしてベルギーのケトレーの謦咳に接し，その統計学観に学び，また当地での統計制度を模範として自国の統計作成を主導する，こうしたエンゲルの考えを具体化したものである。領域と人口が比較的小規模で，また人口密度の高い国土を対象にして，プロイセンなどと比較して統一的な全般調査実施の可能性がより大きかったとはいえよう。とはいえ，ザクセンの統計が50年代に大きく飛躍しえたという事実は，エンゲルの熱意と活動を抜きにしては語れない。

エンゲルの念頭にあったのは1846年のベルギーの調査であった。統計協会時代の計7回に及ぶ家屋リストによる調査の経験を踏まえながらも，人口調査をセンサス様式へとさらに発展させようとしたこと，かつ農業や商工業の経済部門におけるセンサスをも構想したこと，これらはベルギーでの先例を模範とし，それに追いつこうとした熱意の表われに他ならなかった。しかし，ザクセンにおいてはベルギーほどには統計に対する国民の理解は進んでいなかった。人口センサスでは成功したものの，生産=消費統計調査においては個々の農家や営業体の経営内容にまで踏み込む詳細な質問には不信感がもたれ，根強い抵抗に出会う。

　エンゲルと統計局の調査活動に対する各層からの反発は，急進的な社会革命に共鳴するかのような社会的貧困問題に関するその見解への批判と一体となって，世論と政治までをも動かし，結局エンゲルの統計局からの退場の契機となる。時代の抱える緊急の社会問題に関するエンゲルの鋭敏な反応，またとくに経済統計に関するその立案と試行は時代と歩調が合わず，国民全般の理解と支持を得るところまでは進みえなかったということであろう。[49] エンゲルの社会問題や経済統計に対する構想が実現するためには今しばらくの時間が必要であり，それは70年代以降の統一ドイツでの社会政策や営業調査まで待たねばならない。

注

1) Verordnung, das statistische Büreau betreffend, *Gesetz- und Verordnungsblatt für das Königreich Sachsen vom Jahre 1850*, S. 197. 以下，統計局の成立経過については次の文献による。*Das Statistische Bureau für das Königreich Sachsen in den ersten fünfzig Jahren seines Bestehens*, hrsg. von der Direction des Statistischen Bureaus, Leipzig, 1881, S. 25ff., A. Pfütze, *Die Entwicklung der amtlichen Landesstatistik in Sachsen*, Dresden, 1931, S. 7ff., J. Teschner, Zur Geschichte der amtlichen sächsischen Statistik 1831 bis 1950, *Statistik in Sachen*, 2006, Ht. 1, S. 9.

2) *Das Statistische Bureau*, SS. 25-26.

3) ワインリヒ（Christian Albert Weinlig）については，*Allgemeine Deutsche Biographie*, Bd. 41, 1896, SS. 508-10, J. Teschner, Zur Geschichte, *a. a. O.*, SS. 14-15, を参照。

4) G. Schmidt, Die Zentralverwaltung Sachsens von 1831 bis 1918, *Lětopis*, Reihe B, Bd. 27, 1980, S. 39, 松尾展成編訳『近代ザクセン国制史』九州大学出版会，1995年，28ページ。

5) *Das Statistische Bureau*, SS. 27-29.

6) エンゲル (Ernst Engel) の経歴については，エンゲルの後を継いでプロイセン統計局長職に就いたブレンクの追悼文に詳しい．E. Blenck, Zum Gedächtniss an Ernst Engel, *Zeitschrift des Königlich Preussischen Statistischen Bureaus*, Jg. 36, 1896, SS. 231-38. さらにまた，F. Hoffmann, *Quellenkritische Untersuchungen*, Stuttgart, 2012, SS. 151-69，森戸辰夫「エンゲルの生涯と業績」，エンゲル『労働の価格・人間の価値』(統計学古典選集・第11巻)，第一出版，1947年，所収，足利末男『社会統計学史』三一書房，1966年，第1章第1節，太田和宏「エルンスト・エンゲルの修業時代」『経済論集』(北海学園大学)，第59巻第3号，2011年12月，「ザクセン統計局時代のエンゲル」『経済論集』(北海学園大学)，第60巻第3号，2012年12月，をも参照．

7) E. Engel, Die amtliche Statistik und das statistische Bureau im Königreich Sachsen, *Zeitschrift für die gesammte Staatswissenschaft*, Bd. 9, 1853, S. 276.

8) E. Engel, Der Nutzen der Statistik, *Zeitschrift des Statistischen Büreaus des Königlich Sächsischen Ministeriums des Innern*, Jg. 1, 1855, S. 18. 統計の近代化にとって公開性を不可欠とみるのがエンゲルであるが，それは公開を通じて統計が社会の公器として使用されねばならないという意味と同時に，被調査者側にも公益のために真実を報告させる誘引になるとみている．これは，その後も一貫して保持されてゆく考えである．

9) *Jahrbuch für Statistik und Staatswirtschaft des Königreichs Sachsen*, Jg. 1, Bd. 1, *Das Königreich Sachsen in statistischer und staatswirtschaftlicher Beziehung*, 1853.

10) Die Bevölkerung des Königreichs nach Berufs- und Erwerbsclassen und Resultate der Gewerbs-Geographie und Gewerbs-Statistik von Sachsen, *Statistische Mittheilungen aus dem Königreich Sachsen*, Lf. 3, 1854.

11) Verordnung, die Aufnahme von Bevölkerungslisten betrffend, *Gt.- u. Verodbl. f. d. Könr. Sach. v. J. 1849*, S. 216, Die Bevölkerung des Königreichs, a. a. O., SS. 54-55.

12) Die Bevölkerung des Königreichs, a. a. O., SS. 212-15.

13) J. Fallati, Die Einrichtung der belgischen Volkszählung vom 15. Oct. 1846 und der mit ihr verbundenen landwirthschaftlich- und gewerblich-statistischen Aufnahme, *Ztsch. f. d. g. Staatswiss.*, Bd. 4, 1847, SS. 381-446. さらに，以下をも参照．N. Randeraard, *States and statistics in the nineteenth century, Euprope by numbers*, Manchester and New York, 2010, pp. 25-29.

14) J. Fallati, Die Einrichtung der belgischen Volkszählung, a. a. O., SS. 392-93.

15) 宮沢俊義編『世界憲法集』岩波書店，1983年，78ページ．

16) *Das Statistische Bureau*, S. 32. 統計局に入局して1年後にエンゲルは内務省の訓令旅行で外国の統計実情を視察する機会に恵まれ，ロンドンではW. ファー (人口登録局統計部長)，G. R. ポーター (商務省統計部長)，M. フレッチャー (ロンドン統計協会総書記)，パリではA. モロー・ド・ジョネ (フランス統計局長)，ブリュッセルでは再度ケトレー，また人口統計学者で統計中央委員会書記としてケトレーの補佐役であったX. フシュランと意見交換を行なうことができた．この経験の中から，イギリスやフランスの統計が幅広く詳細ではあるが，そのために調査が複雑となり，結果の正確さの点に問題があるのに反し，他方でベルギーの統計は統一的で時間的に継続したプランにもとづいていることで最も高く評価できるとする視察報告を内

務省に提出している。

17) E. Engel, Ueber die Bedeutung der Bevölkerungs=Statistik mit besonderer Beziehung auf die diesjährige Volkszählung und Productions= und Consumtions=Statistik im Königreiche Sachsen, *Ztsch. d. St. Bür. d. Könl. Säch. Min. d. Inn.*, Jg. 1, 1855, S. 150.
18) Verordnung, die Aufnahme von Bevölkerungslisten betreffend, *Gt.- u. Verodbl. f. d. Könr. Sach. v. J. 1852*, SS. 291-304.
19) E. Engel, Die Nothwendigkeit einer Reform der volkswirthschaftlichen Statistik, *Ztsch. d. Könl. Pr. St. Bur.*, Jg. 10, 1870, S. 144.
20) E. Engel, Ueber die Bedeutung der Bevölkerungs=Statistik, *a. a. O.*, S. 150. 統計学をして，「国家と社会の物理学」（E. Engel, Der Nutzen der Statistik, *a. a. O.*, S. 17.）とするすぐ前に用いた表現から進んで，有機体としての社会体の内部構造を解明するべく，ここでは生理学や解剖学との類似性を強調している。
21) E. Engel, Ueber die Bedeutung der Bevölkerungs=Statistik, *a. a. O.*, S. 150.
22) J. Fallati, Die Einrichtung der belgischen Volkszählung, *a. a. O.*, SS. 421-26
23) J. Fallati, Die Einrichtung der belgischen Volkszählung, *a. a. O.*, SS. 437-39.
24) *Das Statistische Bureau*, S. 28.
25) E. Engel, Die Reform der Gewerbestatistik, *Ztsch. d. Könl. Pr. St. Bur.*, Jg. 11, 1871, S. 392.
26) H. Westergaard, *Cotributions to the History of Statistics*, London, 1932, pp. 194-96. 森谷喜一郎訳『統計学史』栗田書店，1943年，245-47ページ，を参照のこと。
27) Verordnung, die Zählung der Bevölkerung und Aufnahme einer Productions= und Consumtionsstatistik betreffend, *Gt.- u.Verodbl. f. d. Könr. Sach. v. J. 1855*, SS. 622-27.
28) E. Engel, Ueber die Bedeutung der Bevölkerungs=Statistik, *a. a. O.*, SS. 152-58.
29) このエンゲル論文と上記内務省指令，それぞれの調査書式，およびワインリヒとエンゲルの連名の下で統計局から地方当局へ出された指示，「全般的指令」，また調査書式配付に関する3文書，これら一式が，Vollständige Sammlung aller der bei der Volkszählung und Productions- und Consumtions-Statistik des Königreichs Sachsen in Jahre 1855 zur Anwendung gekommenen Listen, Fragebogen und sonstigen Schriftstücke, Dresden, 1855, としてまとめられている。ただし，書籍の形を取っていなく，通しページ数も打たれていない。55年調査の資料として少数発行され，関係筋へ配布されたものと推察される。
30) 以下の説明は上の資料集（Vollständige Sammlung）所収の個々の調査票にもとづく。
31) E. Engel, Ueber die Bedeutung der Bevölkerungs=Statistik, *a. a. O.*, SS. 152-53.
32) E. Engel, Beiträge zur Gewerbegeographie und Gewerbestatistik des Königreichs Sachsen, I, *Ztsch. d. St. Bür. d. Könl. Säch. Min. d. Inn.*, Jg. 2, 1856, SS. 41-60, II, III, Jg. 3, 1857, SS. 25-44, SS. 45-68.
33) E. Engel, Beiträge zur Gewerbegeographie und Gewerbestatistik, I, *a. a. O.*, SS. 44-45.
34) E. Engel, Beiträge zur Gewerbegeographie und Gewerbestatistik, II, *a. a. O.*, S. 30.
35) E. Engel, Beiträge zur Gewerbegeographie und Gewerbestatistik, II, *a. a. O.*, S. 31.
36) Verordnung, die Zählung der Bevölkerung und Aufnahme einer Productions= und Consum-

tionsstatistik betreffend, *a. a. O.*, S. 625.

37) *Das Statistische Bureau*, S. 36.
38) E. Engel, Der Wohlthätigkeits=Congress in Brüssel im September 1856 und die Bekämpfung des Pauperismus, *Ztsch. d. St. Bür. d. Könl. Säch. Min. d. Inn.*, Jg. 2, 1856, SS. 153-72. これについては，太田和宏「ザクセン統計局時代のエンゲル（2）」『経済論集』（北海学園大学），第60巻第4号，2013年3月，をも参照。
39) E. Engel, Der Wohlthätigkeits=Congress, *a. a. O.*, S. 156.
40) E. Engel, Der Wohlthätigkeits=Congress, *a. a. O.*, S. 159.
41) E. Engel, Der Wohlthätigkeits=Congress, *a. a. O.*, S. 161.
42) E. Engel, Der Wohlthätigkeits=Congress, *a. a. O.*, S. 164.
43) E. Engel, Der Wohlthätigkeits=Congress, *a. a. O.*, S. 167.
44) 全3部会にまたがる題目は膨大であり，ここには，「国家経済のほとんど半分ほどの内容」が挙げられており，「科学がいまだにまったく解決しておらず，かつて一度も解決できなかった主要問題が眼一杯に枚挙されている」（E. Engel, Der Wohlthätigkeits=Congress, *a. a. O.*, S. 169.）。
45) 以下，1858年のザクセン国会でのエンゲルへの問責とそれによって引き起こされた退陣劇に関しては，以下の文献による。*Das Statistische Bureau*, S. 36, A. Pfütze, *a. a. O.*, S. 8, D. Schmidt, *Statistik und Staatlichkeit*, Wiesbaden, 2005, SS. 112-17, SS. 181-86, „Kenntniss ist Macht"-ERNST ENGEL in Sachsen, *St. i. Sach.*, 2006, Ht. 1, SS. 38-41, F. Hoffmann, *a. a. O.*, SS. 155-56.
46) これは「ザクセン王国中央国家文書」の内務省関連文書（第689号-51）所収のエンゲル自身のワインリヒ宛辞職届である。引用は，D. Schmidt, „Kenntniss ist Macht", *a. a. O.*, S. 39，による。シュミットはこれを「傷ついた自尊心の記録」とみている。これについては，拙稿「エンゲルのザクセン王国統計局退陣をめぐって」『オケージョナル・ペーパー』（法政大学・日本統計研究所），第32号，2012年4月，また，太田和宏「ザクセン統計局時代のエンゲル（3）」『経済論集』（北海学園大学），第61巻第1号，2013年6月，をも参照。
47) D. Schmidt, *Statistik und Staatlichkeit*, S. 117.
48) *Das Statistische Bureau*, S. 40.
49) 後のエンゲルのプロイセン統計局長就任に際して，その推薦者となったG. ハンセン（当時，ゲッチンゲン大学教授）ではあるが，当人の眼にも55年調査には「異端審問的な質問体系」（inquisitorisches Fragesystem）があったと映り，それがザクセン国会によって批判されたことがエンゲルの辞職原因としている。F-W. Schaer, Die Mitwirkung der nationalökonomischen Disziplin bei der Neuorganisation des Preussischen Statistischen Büros im Jahre 1860, *Beihefte zur Vierteljahrsschrift für Sozial- und Wirtschaftsgeschichte*, Bd. 56, 1969, S. 236.

附表　ザクセン王国社会的クラス別人口構成（1849年）

クラス／分野	自立活動者・家長 人数(a)	身内 営業実績職業あり 人数(b)	身内 営業実績職業なし 人数(c)	総計 人数 (a+c)
I. 地位の安定していない労働者				
a．農林業	93156	13814	125242	218398
b．粗生産物獲得	17963	5075	32104	50067
c．食糧製造・調達	16296	362	4085	20381
d．衣料調整	95225	3718	18567	113792
e．建物・住居の修理・建設	40052	6182	65166	105218
f．家内・工業・その他目の用営業	14476	942	5042	19518
g．工場営業での労働者	83026	3738	33768	116794
h．手労働者と日雇労働者	34872	4460	50162	85034
I 合計	395066	38291	334136	729202
II. 地位の安定した商工業経営者				
a．農林業	64808	36543	157209	222017
b．粗生産物獲得	107	18	333	440
c．食糧製造・調達	22611	6598	55722	78333
d．衣料調整	44166	12006	104085	148251
e．建物・住居の修理・建設	9976	2667	26130	36106
f．家内・工業・その他目の用営業	18743	5475	45935	64678
g．工場主と工場営業所有者	52302	14192	120851	173153
h．商業・流通業経営者	9981	2540	20380	30261
II 合計	222594	80030	530645	753239
III. 個人的サーヴィス提供者				
a．宮廷勤務者	360	36	646	1006
b．個人的サーヴィス提供者（例，執事）	196727	1037	8953	205680
c．他の個人的サーヴィス提供者（例，門番）	3492	173	2124	5616
III 合計	200579	1246	11723	212302
IV. 固定給のある官僚・職員				
a．国家・自治体官僚（上・下級）	5033	521	11777	16810
b．団体・民間組織役員・職員（上・下級）	5875	91	2372	8247
c．下級用務職員	7259	1422	14595	21854
IV 合計	18167	2034	28744	46911
V. 科学・芸術従事者				
a．司法勤務者	1097	38	2036	3133
b．医療勤務者	2306	182	3251	5557
c．祭式	1668	81	4249	5917
d．公的教育	10067	419	8793	18860
e．他の科学就業者	301	11	401	702
f．芸術家	3074	242	3602	6676
V 合計	18513	973	22332	40845
VI. 軍人				
a．制服軍事官僚	291	20	500	791
b．全兵科将校	279	−	121	400
c．全兵科下級者	14144	16	1363	15507
VI 合計	14714	36	1984	16698
VII. 無職者と無申告者				
a．金利生活者	39061	1544	15967	55028
b．年金生活者	4042	645	3557	7599
c．扶助生活者	8350	594	2916	11266

d.	扶養施設・刑務所収容者	7276	56	1171	8447
e.	無申告者	7551	711	5343	12894
	VII 合計	66280	3550	28954	95234
総計		935913	126160	958518	1894431

原表の表頭には，自立・従属区分の下で性別と年齢別，家族関係別の区分，および性別合計と総計のために計 46 欄が並んでいる。本表ではこの内の自立者と従属者ごとの人数と総計のみを挙げてある。

出所）*Statistische Mittheilungen aus dem Königreich Sachsen*, Lf. 3, 1854, SS. 212-15，より抜粋・作成。

附論

ザクセン王国における生産と消費の均衡問題
――エンゲル法則の起源をめぐって――

はじめに

　エンゲルが統計局時代に残した仕事として看過できないのは，ザクセン王国にける生産と消費の均衡問題の検討，およびその中でのエンゲル法則の導出である。統計局でのエンゲルの基本的スタンスは人口や営業といった局面での官庁統計の拡充であり，それをもとにして国土の現況に対する全体的把握（エンゲルのいう国民記述）を試みることであった。しかし他方で，この政府行政統計と並んで，アンケート調査やモノグラフィーの現状把握に対する意義を認めている。例えば，1855年のザクセン王国での営業調査に際して，46年ベルギー営業調査と並んでその模範例として挙げられているものに51年に公表されたパリの工業調査がある。これは，H. セイを中心にパリ商業会議所によって47/48年に実施された325営業経営体に関するアンケート調査である。また，エンゲル自身もザクセン王国内務省によるワインリヒの主導下に実施された48年営業アンケート調査に深くかかわった経験をもち，後のプロイセン統計局時代には自ら工業アンケート調査を行なってもいる。さらに，「ある営業を最も完全に叙述することは全般的統計ではなく，モノグラフィーというやり方でのみ達成可能である」[1]とも述べている。政府行政統計の全体的包括さと同時に，類的事例や局所的問題に対するアンケート調査や事例調査の実態把握能力を認めるのにやぶさかではなかった。

この方向に沿って，エンゲルの試みたことは，一方でそうした一部調査結果を用いてザクセンにおける家計消費総量とその部門間比率を算定し，他方で部門別の生産量を推計し，部門ごとの生産と消費の間の過不足を算定することであった。そして，その是正，つまり生産と消費の間の均衡を部門間の適正な人口配置によって達成すべきとする見解を提示している。これは当時のザクセンにおける経済問題の解決に一光を投じることでもあった。

　その場合，労働者世帯の家計消費支出に関するデータをヨーロッパを代表する2人の論者から借用し，これをザクセンにも類推適用し，全人口の消費総額と部門別消費額を算定している。19世紀中葉には労働者世帯の消費に関する公的統計資料は作成されていなかった。有効な資料は識者の一部調査結果に依拠するしかなかった。こうした部分調査をまとめた独立調査報告（＝モノグラフィー）に依拠すべき基礎資料を求めている。では，エンゲルはそれら消費に関する事例調査およびアンケート調査からいかなる命題を導き出し，それをどのように経済問題と人口問題での政策提言に展開させていったのか。これが本附論の検討課題である。

I. エンゲル法則

1. 2つの資料源

　人口統計のみならず，一国の生産統計と消費統計の重要性を主張してきたのがエンゲルである。その生産については，農業・畜産業，工業，商業の3生産部門で，どのような規模と内容をもった経営体がいかなる成果をもたらしたか，これに関する営業調査によって把握可能とみた。しかしながら，すでにみた通り，これが実際には55年調査においては成功していない。他方で，消費の方には一国の消費総額とその内訳（内部構成）に関する家計統計が必要になる。だが，すべての世帯の家計収支を伝える資料など存在しない。そこで，消費統計の場面では，一部の少数事例に対する研究の中から一国全体の消費状況を推論する標本調査方法に依拠することになる。この検討が1857年の『王立ザクセン内務省統計局雑誌』（第3巻第8・9合併号）に掲載された論文「ザクセン王国の生産および消費事情との関連における管区での支配的営業分野，II. 密度の法則」[2)] である。いわゆるエンゲル法則とエンゲル係数がこの研究の副産

物として産まれてくる。

　1853年にブリュッセルで開催された第1回国際統計会議において，統計作成体制＝調査組織を初めとしてヨーロッパ各国の統計家が解決すべき問題が提示・審議され，その第3部会の論題に，教育や犯罪と並んで労働者家計を把握するための統計が取り上げられている。これは19世紀に入って，主にイギリスで展開された労働者階級の貧困実態を究明する事例調査の経験を踏まえ，それを全ヨーロッパに拡大しようとする動きに触発されたものである。ベルギー統計中央委員会によって労働者階級と貧民層の生活実態を把握するための調査書式が起草され，その中で家計が収入部分（収入源とそれに寄与する構成員）／支出部分（1．物的支出，2．宗教的・道徳的・精神的必要，3．奢侈と不測の出費）にまとめられ，それを両親と子供4人からなる家族を対象に，貧窮／普通／富裕クラスそれぞれに分けて調べるものとされた。ベルギーでは，統計中央委員会からの委託を受けて，デュクペティオがベルギーとルクセンンブルクの調査を実施し，その結果が『ベルギーにおける労働者階級の経済予算』（ブリュッセル，1855年）として公表された。そこには全9州にまたがる計199世帯の家計収支記録，すなわち収入（労賃・臨時収入）／支出（上と同じ3支出分野）が提示される。そこに映し出された労働者の貧困実態から，当人は当時の自由主義＝マンチェスター学派の教義に反対し，労働者問題に関する調査委員会を設け，その中で救貧を国家政策課題として取り上げることを主張する。

　それとは別に，多年に渡る調査結果からのル・プレイ（パリ鉱山大学教授，鉱山総監督官にして国家参事官）による『ヨーロッパの労働者』（パリ，1855年）も刊行された。そこでの関心は，サン・シモン主義の影響を受け，七月革命下での惨状をくり返さないために，社会的友好を取り戻し，安定した関係を保証する社会形態を探求することであった。そのための鍵が労働者の家族生活にあるとみ，それを保全する規定要因をみい出すべく，31-48年に渡りヨーロッパ各地方への実地観察旅行を続ける。その成果としてまとめられたものが上記モノグラフィーであった。そこには，ウラル地方やトルコを含んで，主にヨーロッパ各国各地域の計36世帯に対する口頭での聴き取り調査による家計収入・支出資料が収録され，その中で，4つの源泉（動産不動産収入・補助金・主業での労賃・副業での労賃）をもった収入と，他方の1．食糧，2．住居・家具・光熱，3．衣料・洗濯，4．精神的必要・教育・保健，5．営業目的・債

務・税・賦課・保険，この5項目に分けられた支出が記載されることになる。

デュクペティオの場合のアンケート調査，ル・プレイの代表的事例調査，これはいずれも全体の中から一部標本を選び出し，それに関する調査結果から全体のあり方を推論する方式である。これが両者のモノグラフ的研究を支える資料獲得方式となっていた。ザクセンの国民消費を検討する上で，この2著に収められた資料が有効とみたのがエンゲルである。しかし，それら貴重な事実資料ではあるが，それを加工して普遍的結論を導出する作業が欠落したままである。そこで，エンゲルはそこに含まれた数量の総計と比較から，労働者家計の消費総額はどのくらいか，また消費支出の各カテゴリー間にどのような相互関連がみられるか，これを直観や暗示によらない「帰納的方法」によって究明しようとする。その結果として導き出されたものがエンゲルの法則であった。

2. エンゲルの法則

デュクペティオとル・プレイが用いている消費分類を統一し比較可能性を確保するために，エンゲルは当人が合理的と考える分類基準をもってくる。生産統計では原材料や製造物，製造方法の類似性に依拠した分類が採用されるが，消費では，「生産物の最終目的」という角度からの家計支出区分が合目的々であるとする。この考えにもとづいて，両者の消費類別を，1. 食糧，2. 衣料・洗濯・装飾，3. 住居，4. 光熱，5. 作業道具と補助手段，6. 精神的教養，7. 公安，8. 保健・保養・自己維持，9. あらゆる種類の奉公人による個人的サーヴィス提供，この9分野に再分類し，比較可能性を確保する。ここで，エンゲルの強調することは，「重農主義的観点」から生産を物的財貨の製造に狭く限定するのではなく，例えば，社会的治安維持を担う政府や司法当局の活動，また軍隊の存在（公安），教師や牧師による活動（精神的教養）までをも社会的に「有用なもの」であるがゆえに生産的とし，これに応じて生産的消費と不生産的消費の区分も撤廃し，J. B. セイに倣って非物質的財貨の消費をも取り込んだ支出区分を採用すべきということである。上の消費分類がそれである。この9分野分類，また生活需要の重要度に応じた第1から第9分野への順位づけ（「需要の秩序」[3]といわれる）はこの後の議論の基礎ともなる。エンゲルはまず上の2著にある資料に加工作業を施し，そこから次のような結論を引き出す。

第1に，デュクペティオの199世帯は圧倒的に各州の労働者世帯である。そ

のほとんどが農業労働者，草地労働者，工場労働者，日雇労働者，手工業職人（指物師・織物工・裁縫工，等々），左官や大工，鉱夫といった職種であるが，これらを裕福度別分類にかけ，I. 部分的に公的扶助を受けているような無資力な家族（窮乏家族），II. 小資力であるが公的扶助なしの家族（中間家族），III. 独立した有資力家族（富裕家族）に3分類する。同じく，ル・プレイの36世帯の家計は，地域的区分にもとづいた7グループ別の労働者世帯（1. ウラル遊牧民1世帯，2. ロシア4世帯，3. 北欧2世帯，4. 中欧7世帯，5. フランス近隣国7世帯，6. イギリス4世帯，7. フランス11世帯）にまとめられる。前者には家族構成員数が明示されていないが，平均5人家族（両親と子供3人）とみなし，後者では家族員数が示されているので，それぞれでひとり頭の家計支出額を算定することができる。双方の資料には，家族ひとり当たりの消費支出に大きな類似性のあることが認められる。いずれの資料の総平均からも，ヨーロッパではひとり当たりの年間総支出は185-200フラン，食糧支出は年間120フランというほぼ同じような数値が算出される。

　第2に，デュクペティオの資料には，裕福度別3グループの収入額が示されている。従い，この資料からは裕福度（収入レベル）ごとに収入-支出の対応関係も浮んでくる。これによって各グループの生活需要の「尺度」（Scale）が計算可能となる。すなわち，いずれのグループにおいても食糧・衣料・住居・光熱の順でその収入に占める需要の割合が下がってゆき，その中で食糧支出は第Iの窮乏グループから第IIIの富裕グループの順に絶対額では低下しているが，しかし全支出に占める割合では逆に増大している。また，裕福度が高まるに比例して，教育や保健・衛生への支出割合は上昇する。こうしたことは昔から知られた陳腐な真理ではあるが，エンゲルはこれを「真の帰納」（ächte Induktion）によってみい出された「命題」（Satz）であり，数学的一貫性をもった真理でもあり，地上の諸力をもっては抗しがたい自然法則の流出とみなす。いわく，「家族がより貧しければ，それだけ一層より大きな総支出部分が食糧調達に向けられねばならない」，あるいは「肉体維持に関する費用は，支出の処分できる分量が一般的により少ないほど，または必然的に少なからざるをえないほど，支出のより大きな分け前を要求する」，[4] さらには，「食糧，また肉体的維持全般に対する支出が全支出のより少ない百分率を要求すれば，また要求する必要があれば，この国民はそれだけより裕福であり，またそうでない場合には逆に

I．エンゲル法則　269

なる」。[5] 後いわゆるエンゲルの法則とよばれることになる命題である。そして，消費支出額に占める食糧費の割合がエンゲル係数とされるのである。従い，この係数は裕福度が上昇するのに伴なって低下する傾向をもつ。

このエンゲルの法則と係数は基本的にはベルギーの家計統計から導かれたものである。一時期の，しかも僅か 200 ほどの世帯に関する資料から下された結論がどの程度の普遍性をもつものかが問題になろう。デュクペティオの資料は，用意された調査用紙が地方統計局と当該地域の事情通暁者を介して，従属層／自立層／富裕層，この 3 グループそれぞれに該当する家族に配布され，1,000 を越える回収分の中から 199 が有効利用された。ル・プレイの場合には，当人の 15 年以上に及ぶヨーロッパ各地での実地調査の経験，ならびに当該地の地方官庁書記や教育関係者との協議の中から典型的とみなされる家族ひとつを選定したとされる（従い，そこには裕福度に違いをもった複数家族が出てこない。この点で資料価値が劣るとみなされる）。一般的にいって，このような調査は有意選出による標本調査といわれ，選ばれた標本の代表性，あるいは典型性が問われなければならないが，その問題は不問にされている。各地で典型的家族の選定を任された協力者の知識と判断に任されたままに終わっている。19 世紀中葉，イギリスに続いてこれまでほとんど不明であったヨーロッパ内陸の労働者家計実態にメスを入れるという点でこういった試みが評価され，エンゲルもまた代表性や典型性には深く配慮することなく，とくにデュクペティオの資料に依拠する結果になっている。

II. ザクセン王国における生産と消費

1. 正常消費と正常生産の均衡

エンゲル論文の主題は先の命題をザクセンの労働者世帯の家計に適用して，ザクセンにおける生産と消費の均衡の度合いを測ろうとするところにある。その際には，上のものにハイデルベルク大学の K. H. ラウによるバーデンの資料，ならびにザクセンの人口統計が追加利用されたという。

まず，正常消費の算定がある。細かな事情の相違はあるにしてもベルギーの国状とザクセンのそれとには大きな類似性があるとみ，前者にみられた第Ⅲグループ（富裕層）の消費支出分野間の構成割合をザクセンにも適用可能とし，

若干の修正を加えてそれを，1. 食糧 62％，2. 衣料 16％，3. 住居 12％，4. 光熱 5％，5. 精神的修養 2％，6. 公安 1％，7. 保健 1％，8. 個人サーヴィス 1％とする（先にあった 5 の道具・手段への支出は最終需要への中間段階にあるものとして，その部分は他項目へ割り振ってある。従い，消費支出 8 分野となる）。いわば，消費支出の標準比率というべきものである。さらに，ル・プレイの資料から国民ひとり当たりの年消費支出額を 200 フラン（＝ 50 ターレル）と見積り，これを消費の平均＝平均尺度（Mittelmass）とする。この消費平均を 49 年 12 月のザクセン人口調査からの結果である総人口 189 万人に乗じ，ザクセンにおける年消費総額（9,472 万ターレル）とし，それを先の消費支出の標準比率に応じて食糧・衣料・住居，等々の 8 分野に配分する。各分野の消費額が算定される。

　次に問題とされるべきは，そのような消費に対してザクセンでの生産はどのような関係にあるかである。正常生産の算定である。このために，まず生産者人口を調べる。家屋リストを用いた最後の 49 年人口調査結果から，総人口が就業分野別ごとに自立活動者／被扶養身内に分けて計上されている。既述のように，この作業はエンゲルが統計局に就任して最初の仕事として行なわれたザクセン人口統計の就業統計への加工において処理されたものであった。この自立活動者を生産者とする。次いで，この就業分野別生産者を先の各消費分野に対応した分野別の人口に組み替え，これを各消費分野の需要に応ずべき生産分野別人口とみなす。こうして総人口 189 万人が自立活動者／被扶養身内の区分を伴なって各生産分野別人口に割り振られる。

　営業調査が十全な形で実現しなかったために，いまだ全体的な生産統計が不在である。このために，エンゲルはあえて「消費が生産の最小限を示す」[6]を基本命題として掲げ，消費総額 9,472 万ターレルを生産額の最小とみなし，これを上の自立活動者総数で割ったものを生産性の指標＝生産平均とする。この生産平均に各分野の自立活動者数を乗じたものを各分野の生産推計額とする。また，これとは別に，消費平均（これは国民ひとり当たりの最小生産額ともみなされる）を各就業分野の人口数（自立活動者＋被扶養身内）に乗じたものを分野生産額とすることもできる。いずれもが，分野別の正常生産額とされる。エンゲルはこの内の後者を動揺の少ないより安定したものとして採用する。各分野の生産額が確定される。こうして，各分野の消費額と生産額のバランスの

測定が可能になる。その結果，生産過剰分野は2.衣料，3.住居，5.精神的教養，6.公安，8.人的サーヴィス分野であり，消費過剰分野は1.食糧，4.光熱，7.保健の分野であることが判明する。

　こうしたバランス表を前にして，それぞれの分野での過不足の要因を挙げ，ザクセン経済にとってのその意味を考察する。例えば，食糧生産の不足に関して，ザクセンでの著しい飲食生産物の不足分は結局は輸入によって調達されざるをえない。逆に，衣料では大きな生産過剰がみられる。これがザクセンの貿易輸出を支える分野であり，衣服・布製品・装飾品にかかわる営業，すなわち紡績業と織物業，靴下・縁飾・レース・縫物・刺繍・肌着縫物と造花・麦藁帽子の製造業，光沢仕上業，これらが産み出した増加分が他分野での輸入を可能にする。また，住居分野での生産も過剰であるが，ここでは室用緞子・カーテン・巻上カーテン・寝台掛布・総・縁，等々が輸出商品となっている。こうして，ザクセンでは国内食糧生産の不足は工業（繊維業）とその補助営業（機械製作と道具製造）によってまかなわれていることが分かる。以下の分野においても，ザクセンに特有の経済事情が指摘され，過剰と不足のよって出てくる要因が解明されてゆく。総じて，ザクセンが農業国であるよりも，繊維業を軸にした工業国であり，人的サーヴィス分野で家事労働と営業活動に従事する女性就業者も多く，同時に教育や科学・芸術での活動が活発で，また社会治安の保たれた国家であり，物的生産もさることながら非物的生産（＝サーヴィス提供）もそれなりに発達した国家である。こうした国家像が描かれている。

　エンゲルがそこから導き出す政策的提言がある。すなわち，現在吹き荒れている恐慌の嵐も，結局はこうした生産と消費の不均衡によるものであり，一国経済の安定と国民福祉の増大には，そうした生産におけるアンバランスを可能な限り調整し，消費の平均尺度に見合った生産を確保することが不可欠とする。平均尺度にもとづいた生産と消費の均衡が安定と安寧の条件となる。この平均尺度こそが営業政策や商業政策，また人口政策の基準に据えられねばならない。「消費の平均尺度の知識，これは時と共に変化するのは当然ではあるが，国家施策（Staatskunst）の真のバロメーターである」。[7]

　従い，ザクセンにおいてこの均衡を実現するために，生産者の分野別再編成が必要であり，食糧・光熱・保健分野での就業者不足が是正されなくてはならない。逆に，恐慌がひとたび襲ってきた場合，生産攪乱がまず最初に起こるの

は国内消費を大きく越え，輸出に向けた生産活動に傾いている営業分野，すなわち繊維業とそれに関連する営業である。このことが銘記される必要がある。

2. 人口密度の法則

以上の検討は最終的に国の人口政策に適用されるべきである。これを「人口密度の法則」(これはエンゲル論文の副題でもある) とし，エンゲルは最後にいくつかの人口政策的提言を示している。人口の集中・離散 (密度) はあくまでも消費の平均尺度と標準比率に調和した形で進まない限り，国民福祉の減少という災禍のもとになる。すなわち，一国人口の生産分野別構成が平均尺度やそれに対応した標準比率からかけ離れるほど，また物的生産とサーヴィス提供のバランスが崩れるほど，人口の増加や集中は不利益をもたらす。このことを勘案して，人口政策は以下のような考えにもとづいて立てられる必要がある[8](エンゲル自身は8点を挙げているが，これは以下の4点にまとめられよう)。

1) マルサスが人口増加に食糧生産が追いつかないとしたことは誤りである。[9] 自然の利用と生産力拡充によって人口増加を補うことは十分に可能である。さらに，消費水準に適合した人口配置によって食料需要と生産のバランスを確保することも可能である。このためには，生産者 (ここには農業経営者，工場主，親方，家内工業者，職人・徒弟，労働者の一切が含まれているが) の分野間移動がスムースに行なわれる必要がある。営業や農耕，土地所有での規制の強い国ではそれが阻害され，適正な構成比率の実現が不可能となる。消費の標準比率につり合った生産力増加を達成することが人口政策の目標であり，そのためには自由競争による労働者の分野間移動と数量調整が望まれる。

2) 消費の平均尺度と標準比率は常に安定しているわけではなく，状況に応じて変動する。可能な限りそれを安定した状態に保つべく，過去の労働成果 (価値) を蓄えそれを償却することで，とくに不況期の混乱に対処すべきである。このために，貯蓄・疾病・傷病・年金などの金庫や生命・年金・火災などの保険が普及することが望ましい。逆に，浪費は可能な限り制限されるべきものである。浪費の増加は国民福祉の減少と結びつき，奢侈分野の生産は経済的不況時に最大の被害を蒙るものであり，また精神的退廃のもとにもなる。このことは単に物的生産に限ったことではなく，学校教育，宗教，さらに公安での浪費 (=不釣合いに多数の軍人と官僚) にも妥当することである。

3）人口政策の目標とするものは人口の絶対数増加よりも世代の長寿化である。このためには，合理的生計と購買力・消費力強化が不可欠の要件となる。これによって国富増大と個々人の精神的道徳的改善も実現可能となる。その要件を阻害する一切の施策はすべての面での国民の貧困化の原因となる。

　4）このような合理的人口政策に要請されることは，人口の静態と動態，個々の職業クラスと人口クラスにおける消費の大きさ，そこから導かれる消費の平均，標準比率，これらに関する最も正確かつ信頼できる知識を確保することである。これこそが統計であり，従って，「統計なしの人口政策は羅針儀なしの船である」[10]ということができる。

　いうところの（人口）密度の法則とは，人口，とりわけ生産者の分野間配置の合理性を指摘したものである。国民経済の目的を消費＝需要におき，それを充足させる生産者数が確保されるべきであり，そのためには適切な生産人口構成が不可欠である。このことを説こうとするものである。その際の合理性の基準はエンゲルにあっては，ひとり当たり年平均消費額，消費支出での食糧費から人的サーヴィスに至る8分野の階梯，そして各分野の全体に占める標準的な構成比率であった。

　以上の資料加工に際して，その方法論的基礎として再三に渡り言及されているのが帰納的方法である。その拠所として，E. F. アペルト『帰納理論』（1854年）が挙げられている。アペルトは一方の数学などでの仮説的方法とは異なり，帰納的方法は「観察値と事実の整理からわれわれに法則を認識させる」，また「先に進むためには，帰納的推論様式には観察と経験が必要である。それゆえに，経験科学に適している」[11]とし，経験的事実の分析にとって帰納法が有効なことを説く。エンゲルも，一部事実の兆候から他の同類事実の質量を推論する類推（エンゲルはこれを総合判断＝Combination という）ではなく，確かな事実観察から法則導出を可能にする帰納法の効力を大とし，これを自分の研究の基礎におくとしている。確かに，エンゲル法則の導出の場面では，資料の収集から分類と系列化・比較を通じて規則性の定式化までゆき着き，その方法には帰納的性格がみられるとはいえよう。

　しかしながら反面で，ザクセンの生産と消費のバランスについての行論には，方法手続的には不明な箇所がいくつか残されている。まず，ル・プレイに従って消費平均をひとり200フラン（＝50ターレル）とみなすことは合理的か。

あまりにも多くの地域に散らばった異質な36世帯の収入総額を単に平均したものではないのか。また，労働者家計の消費総額を「最小限」とはしながらも生産総額とみなし，その後の議論を進めることには明らかに無理がある。そこには家計消費以外の企業や政府機関の支出が欠落しているからである。さらには，ベルギーの第Ⅲグループの消費支出関係（割合）をザクセンに類推適用できるとし，なおかつ支出間の割合＝消費の標準尺度を先のように修正算定する根拠が明示されていない。おそらくは前出のラウの見解などを参照したこととは思われるが，それを裏づけるバーデンの資料そのものが示されていないのである。論理展開や結論導出には，事実資料による根拠づけが不足しているところが残されており，少なからず主観的断定や類推が働いているといわざるをえない。

おわりに

エンゲルがザクセン統計局時代の最後に残した仕事が生産と消費の均衡問題に関する政策提言を打ち出すことであった。この中で，いわゆるエンゲルの法則，またエンゲル係数とよばれる命題と指標を導き出している。この後，エンゲル法則・係数がひとり歩きし，その現実妥当性をめぐって多くの経済学者や統計家の理論的かつ実証的研究が積み重ねられて，今日に至っている。そうした中で，エンゲル法則の普遍性に疑問が提示されることもあり，戦争時や大恐慌時における窮乏状態にあっては収入増加に伴ない食費の割合が上昇するといった逆転傾向のみられることも指摘されてきた。確かに，社会経済に破局的な様相の出来することもなく，労働者世帯の生活水準も緩慢ながら上昇傾向にあった19世紀後半期にはエンゲル法則の妥当する領域が拡がっていたとは考えられるが，20世紀以降の労働者世帯の人的物的構造変化の中でその成立条件や妥当範囲についてのより厳密な検討が必要であろう。

エンゲル法則はザクセンの生産-消費均衡問題に関する研究からの副産物ともいえるものであった。これまで不明であった労働者世帯の家計支出を項目別に類別し，その第1項目に食費を取り出し，それと収入との相関を調べたところ，特定の傾向がみい出されたということである。「昔から知られた陳腐な真理」を実際の家計支出データによって実証したということである。しかし，こ

れは議論の中筋で得られた一命題にすぎず，国民ひとり当たりの年間消費支出額を算定する作業の中から出てきたものであった。また，これを生産面にも適用し，国民総生産額を計算する基準ともされた。しかし，主目的はザクセンの総需要に対しいかに総生産を調和させるか，そのために生産人口の分野間配分にどのような比率が保たれねばならないか，この人口密度の原則を明らかにすることにあった。

ところが，この人口密度原則の展開には，かなりの論理的飛躍がみられるのも事実である。家計消費のみから生産調整問題を説明することは，生産それ自体のもつ拡大と蓄積のダイナミズム，また再生産のメカニズムから離れ，消費によって一国経済の動きが規定されるとする偏った経済構造を描くことになる。これには，経済理論的に狭隘な観点に囚われているとする批判が当てはまろう。ともあれ，この研究の中に窺いえたエンゲルの関心，すなわち労働者世帯の家計収支を実証し，その福祉度合を測定し，さまざまな施策を通じてその向上を実現してゆくこと，これは終生変ることなく，ベルギー労働者家族の生計費に関するその最後の仕事（1895年）にまで保持される。

注

1) E. Engel, Die Reform der Gewerbestatistik, *Zeitschrift des Königlich Preussischen Statistischen Bureuas*, Jg. 11, 1871, S. 391. モノグラフィーを重視するこの見解はル・プレイから継承したものであろう。数量的家計分析という面でル・プレイを継承発展させた人物としてエンゲルを捉える見解もある。H. Kern, *Empirische Sozialforschung, Ursprünge, Ansätze, Entwicklungslinien*, München, 1982, SS. 61-62.

2) E. Engel, Die vorherrschenden Gewerbszweige in den Gerichtsämtern mit Beziehung auf die Productions = und Consumtionsverhältnisse des Königreichs Sachsen, II. Das Gesetz der Dichtigkeit, *Zeitschrift des Statistischen Büreus des Königlich Sächsischen Ministriums des Innern*, Jg. 3, 1857, SS. 153-82. これは後に，E. Engel, *Die Lebenskosten belgischer Arbeiter-Familien früher und jetzt*, Dresden, 1895, にある「附録・I. ザクセン王国における生産および消費事情」(Die Productions- und Consumtionsverhältnisse des Königreichs Sachsen) として全文無修正のまま採録されている。いずれの邦訳も，森戸辰夫訳『ベルギー労働者家族の生活費』(統計学古典選集・復刻版・第5巻)，第一出版，1968年，に収められている。ちなみに，このエンゲル論文のIは「人口密度の基礎としての営業的性格」との副題で『王立ザクセン内務省統計局雑誌』の前号（1857年の第6・7合併号）に掲載されている。これは各行政区での人口に対する主要商工業種ならびに農業での業主

の数量関係を統計表にまとめたものである。

3) E. Engel, Die vorherrschenden Gewerbszweige, *a. a. O.*, S. 179, Die Productions- und Consumtionsverhältnisse, *Die Lebenskosten*, S. 48，前掲訳書，254ページ。

4) E. Engel, Die vorherrschenden Gewerbszweige, *a. a. O.*, S. 169, Die Productions- und Consumtionsverhältnisse, *Die Lebenskosten*, SS. 28-29，前掲訳書，224-25ページ。

5) E. Engel, Die vorherrschenden Gewerbszweige, *a. a. O.*, S. 180, Die Productions- und Consumtionsverhältnisse, *Die Lebenskosten*, S. 50，前掲訳書，257ページ。その最晩年においても，自らこれを「法則」(Gesetz)とし，それは「家族がより貧しいほど，それだけ総支出のより大きな分け前を食糧調達に向けなくてはならないということ，さらにまた，同一事情の下では，食糧のための支出度合いは人口全体の物質的状態の確かな尺度になるということ」(E. Engel, *Lebenskosten*, S. 26，前掲訳書，53ページ)，これを提示するものとしている。

6) E. Engel, Die vorherrschenden Gewerbszweige, *a. a. O.*, S. 172, Die Productions- und Consumtionsverhältnisse, *Die Lebenskosten*, S. 34，前掲訳書，233ページ。これは論文の中でくり返して用いられ，エンゲルによって「基本命題」とされるものである。しかし，資本制企業生産の比重が相対的に低い当時であったとしても，その資本形成や在庫形成，また政府支出を度外視し，労働者の消費平均を総人口に乗じた額をそのまま一国経済の生産総額とみなすこの見解には無理がある。

7) E. Engel, Die vorherrschenden Gewerbszweige, *a. a. O.*, S. 179, Die Productions- und Consumtionsverhältnisse, *Die Lebenskosten*, S. 48，前掲訳書，255ページ。

8) E. Engel, Die vorherrschenden Gewerbszweige, *a. a. O.*, SS. 181-82, Die Productions- und Consumtionsverhältnisse, *Die Lebenskosten*, SS. 52-54，前掲訳書，261-63ページ。

9) エンゲルの主張には当初から一貫してマルサス理論への批判が横たわっている。E. Engel, Ueber die Bedeutung der Bevölkerungs゠Statistik mit besonderer Beziehung auf die diesjährige Volkszählung und Productions゠ und Consumtions゠Statistik im Königreiche Sachsen, *Ztsch. d. St. Bür. d. Könl. Säch. Min. d. Inn.*, Jg. 1, 1855, SS. 146-48．自然の宝＝力を人間の資本・労働・交易によって開拓・利用し，増加する人口であってもそれに対し十分な食糧供給が可能とみるのがエンゲルである。

10) E. Engel, Die vorherrschenden Gewerbszweige, *a. a. O.*, S. 182, Die Productions- und Consumtionsverhältnisse, *Die Lebenskosten*, S. 54，前掲訳書，263ページ。

11) E. F. Apelt, *Die Theorie der Induktion*, Leipzig, 1854, S. 18, S. 28.

第7章

エンゲルとプロイセン王国統計改革

はじめに

　1860年にエンゲルはプロイセン統計局長に就任する。以降，82年までの22年間の在職期間を通じて，統計局の活動を主導し，それをドイツはおろか，ヨーロッパでも屈指の調査機関に仕上げている。このエンゲルの統轄するプロイセン統計局に先導されながら各領邦国家における統計業務の整備拡充が進み，ドイツ全体での統計作成体制の底上が可能になる。さらにドイツ統一後の80年代には「ドイツ社会統計」ともよばれうる社会経済と国民生活に関する資料の獲得・整理・公表システムが構築される。プロイセン統計局でのエンゲルの活動は実に精力的，かつ多面的である。まずは人口調査において，旧来の住民目録や家屋リストに依拠した表式集計方式を拒絶し，抜本的改革案として世帯個票による直接全数調査方式を提起し，それを60年代前半のプロイセン人口調査で実現させている。それに附随して，難関の営業統計の改革をも一気に推進しようとする。これはそれ以前のザクセン統計局時代に，結果的には挫折したセンサス様式での営業調査をプロイセン，さらには関税同盟全体で実施・成功させることである。営業統計は当時の経済統計を代表するものであり，その中に人口統計を越えた困難を理論と実務の両面に抱える統計であった。営業センサスの成就は社会統計の展開にとっては画期的事例ともいえるものであり，近代的レベルでの経済統計確立のメルクマールとも目される。しかし，60年

代初頭に，それがエンゲルの構想通りに実現しえたか。

ザクセンとは国家規模や国状において大きく異なったプロイセンを舞台にして，その人口と営業の2局面においてエンゲルの構想した近代化の途とはいかなるものであったのか。本章ではこの社会経済統計の近代化において示されたエンゲルの改革構想を検討し，それに導かれてドイツ全土にまたがった統一的な統計調査への展望が開かれえたことを明らかにする。それは，プロイセン国家統計表，またそれを下敷きにして作成される関税同盟統計のあり方を根本から批判する中で，エンゲルの提起した論点とその際に提示された統計観を検討することである。これを通じ，エンゲルによる旧来のプロイセン国家統計の批判的克服があり，これが19世紀後半ドイツにおける社会統計発展の一大契機となっていたことが解明されよう。

I. プロイセン王国統計局とエンゲル

1. 統計局長就任

1．プロセン統計局は1805年に創設されている。しかし，対ナポレオン戦争の影響を受け，その直後に活動停止を余儀なくされ，10年のホフマンによる再建から実質的な活動を開始している。10-44年の長きに渡り当人が局長職を勤め，続いてディーテリチが44-59年にかけてそれを継承している。59年7月末のその突然の死去以降の8ヶ月間，統計局最古参委員の枢密政務参事官A. グラーフフンダーが業務指導に当たっていたが，60年に第3代目の統計局長としてエンゲルがドレスデンから招聘されることになる。[1] 前任の2者と異なり，エンゲルは統計局長の職務に専念することができた。というのは，これまでの慣例であった局長とベルリン大学国家科学教授の兼職制が撤廃されたからである。国家科学教授と統計局長の職務内容が本質的に異なった力量を要請するものであり，これをひとりの人物に任せることには無理がある，また統計局の業務増加に伴ない，双方の兼任が実質的に不可能である，こうした内務省筋の判断があってのことによる。

プロイセンの国家官僚機構内の人事にあって，法律学や国家科学を修得していない人物が部局の長に就任するといったこうした例外事例（いわば「ツンフト外人物」[2] の登用）の認められたことには次のような経緯がある。

ディーテリチの死を受けて，その後の統計局のあり方に関してプロイセン内務省は新たな方向を模索していた。確かに，プロイセン統計局は成立時期では他領邦のそれに先んじていたが，その活動面からすると，決して模範例を示してきたわけではなかった。統計局が 1810 年代から定期的に作成してきた国家統計表も硬直した図式体系を遵守するあまり，現実に進展しつつある社会変化と経済発展を的確に映し出す枠組みを備えたものとはいえなかった。また，統計局の姿勢も体制擁護的であり，経済発展から引き出されてくる社会矛盾からは眼を逸らしているとする批判も出てくる。これはレーデンの統計協会からのプロイセン統計局に対する観方である。19 世紀中葉のプロイセン統計は明らかに沈滞していた。

　三月革命の社会動乱を経て，各国は国家統計中央部署を設立し，社会経済の動向を統計の網の目でもって捕捉する必要を感じ取る。1850 年以降，多くの中小領邦国家にも統計局が開設されてゆく。そうした中で，プロイセンの統計も改革を迫られる。ディーテリチ以降の統計局をどのような形で運営してゆくかが問題となる。これに関し，時の内務大臣の M. v. シュヴェリンはゲッチンゲン大学教授の G. ハンセンに今後の統計局のあり方について諮問を行なうことになる。諮問事項は，①官庁機構の中での統計局の位置，②ベルリン大学国家科学教授と統計局長の兼務の是非，③新たな統計局長の適任者，この 3 点に及んだ。ハンセンが諮問者に選ばれたのは，その農業史家および統計家としての見識，また以前（1846 年）のプロイセン統計局についての論評が高く評価されたことによる。

　この諮問依頼に対する 59 年 10 月 30 日づけの答申は以下のものであった。[3]まず，①について，統計局は内務省内の一機構として位置づけられ，他の上位官庁と密接な関連を保ちつつ統計作成を主導する必要がある。このため，内務大臣を長とし，統計局および諸官庁の代表から構成される「統計中央委員会」が設立されなければならない。それは各官庁や 25 の地方県庁がかかわる統計に統一性と整合性をもたせる統合部署として機能し，統計作成に対して適切な指示を与える機関である。②については，2 つの職務の分離を是とする。官庁統計での実務主導とアカデミーでの学生指導は別種の仕事であり，「優れた講師が同時に優れた官庁指導者であることは稀である」とする。国民経済の拡大や国家行政の複雑化に伴ない，正確な統計情報への需要が増大する中で，これ

までに較べより包括的で詳細な統計作成が要請されるが，それを統率する専一的な役職としてあるのが統計局長職である。従い，ベルリン大学教授と統計局長にはそれぞれ別の人物が就くべきである。

そして，③に関して，ハンセンは3名の候補者を挙げている。すなわち，ケーニヒスベルク大学の統計学と歴史学の教授F.W.シューベルト，ドイツの営業問題に造詣が深く関税同盟統計とも深いかかわりをもち，当時はオッペルンの地方長官に就いていたG.v.フィーバーン，そしてザクセン王国統計局からの辞職後，ドレスデンで抵当保険会社の業務に従事していたエンゲルである。しかし，3名を挙げることは推薦上の形式的要件を満たすだけのことであり，本命はあくまでもハンセンによって「偉大で重要な人物」とされたエンゲルであった。当人の卓越した業務指導・遂行能力と優れた国民経済学的素養，また数年間の主導を通じてザクセン王国統計局をしてヨーロッパ的名声をもった機関に高めた実績が評価されたことによる。

こうして，1860年4月1日，エンゲルのプロイセン統計局長への就任が実現する（職位は政務参事官）。また，分離されたベルリン大学国家科学教授職にはハンセンが就き，当人はまた統計局の委員を務めることになる。まず，統計局長としてエンゲルが行なったことは，任された統計局の十全な活動にとっての必須要件として次の3点を挙げ，それを6月24日に内務省に提示することである。すなわち，①統計中央委員会の設立，②統計局の作業人力（＝職員）の増加，③統計局公刊物の拡充，これである。[4] 以下，それぞれの点の要旨をみてみる。

上記のハンセンの諮問答申にもあったが，エンゲルの提案にもとづいて，「プロイセン統計中央委員会」（＝「プロイセン国家統計の全般的目的のための恒常的委員会」）が設けられることになる。その課題は国家の立法や行財政，また国民生活や科学にとって必要な統計の獲得・利用・公開に関して合目的々な様式を提示することであり，それぞれの官庁で収集される多岐多様な統計資料に全体的視野から統一的プランと体系性を与え，社会経済と国民生活に関する活きた全体像を提供できるシステムを構築することである。従い，統計中央委員会は統計局と行政当局との間に有機的関連を保つための合議機関であり，後者の統計部署に合理的指針を与える最高の諮問機関となるべきものであった。[5] 60年11月26日に，内務省の国務次官補ズルツァーを議長にして委員会

が招集される。そこには，統計局からエンゲルとハンセン，ならびに行財政官庁それぞれからひとりの代表が委員として参加している（文化省レーネルト，司法省フリードベルク，内務省ヤーコビ，外務省ヨルダン，財務省マイネッケ，商務省モーザー，農務省シューマン，そして陸・海軍省ツィンメルマン）。その中で，提起された統計問題に関しての専門的な諮問を行ない，統計局と行政当局分野との協働を実現させることに寄与すること，委員会自体はとくに内務省と連携を保ち，委員長の指名は内務大臣により，その決議は内務大臣の承認を受けること，これらの点が確認されている。翌 61 年 4 月から委員会は実際的活動を始めるが，そこでは単に行政当局から提起された統計懸案事項の審議に拘束されることなく，自ら積極的に問題を取り上げ，やがて官庁統計全体を主導する中心的位置に立つことができるようになったとされている。ベルギーでの先例にみならい，以前にエンゲルが統計の近代化にとって必須とみなしていた統計中央委員会がプロイセンにおいて実現している。この委員会は，その初期活動として 64 年までに，人口調査，統計ゼミナール，地方統計，移民統計，第 5 回国際統計会議，等々に関するいくつかの審議と諮問を継続している（その後，委員会の開催は 5 年間の中断を挟み 70 年に再開となる）。

2．この委員会の審議と了解を受けることで，プロイセン人口調査の抜本的改革，すなわち全土にまたがるセンサス様式の調査への展望が開けてゆく。委員会はその活動当初の 61 年 5 月前半に人口調査の方法を集中的に検討し，さし迫った同年 12 月の調査に際して，後述するエンゲルの素案にもとづいてその基本命題と調査・収集・点検・整理方式を検討している。それは，これまでの住民目録などによる方式に替えて，すでにエンゲルがザクセン時代に採用した直接調査方式，すなわち世帯個票によるセンサス様式を採用し，中央で集約・整理作業を集中的に実施することである。しかし，この様式の 61 年調査での全面的採用は見送られた。ただ，ベルリンを初めとする一部都市やいくつかの郡に導入されることによって，センサス実現への橋頭堡の役割を果すことができた。そして，64 年にプロイセン全土に渡りセンサス様式での人口調査が実現している。これは，人口調査を単に国民の数量確認に終わらせず，住民個々人の身体・精神・道徳・社会経済的属性の把握に拡張し，それらを組み合わせることで複合的な国民成層を立体的に描き出そうとするものであり，エンゲルのザクセン時代からもともと意図してきたこと，すなわち人口調査をして

包括的な国民記述（Volksbeschreibung）のレベルに引き上げることであった。これをプロイセン人口調査において実現しようとするのである。

さらに，統計中央委員会の下で，地方統計の組織化が計られている。すなわち，プロイセンの州・県・郡・都市それぞれに統計担当部署が設置され，委員会指令にもとづいた資料作成と報告のためのレールが敷かれる。そして，とくに県庁の下での統計の同一作成様式のための命題が提示され，統計専門官による収集・整理・点検・整理・公表の手順が定められている。こうして，県の市町村目録や地誌，継続的報告，個別重要統計，郡統計，局所的地域統計がまとめられてゆくことが可能となる。

統計局を内務省内に編入する案も浮上したが，これは採用されなかった。しかし，内務省の関連機関として，統計局との関係は他のどこよりも緊密なものとされる。作業人力の増加に関しては，若干の補強が行なわれている。すなわち，局長エンゲルの他に，ベルリン大学教授のハンセンとヘルヴィングが局委員で科学的顧問役として参加し，他の局委員としてこれまでのグラーフフンダー，エンケ（暦表担当），ドーヴェ（気象観測担当），シュミット（地図担当），シュマウヒ（会計担当，翌62年に死去）の5名が継続して勤務し，さらにベック，シュワーベ，ブレーマー（編集担当）が新たに補助研究員として任命されている。また，計算・事務作業のためにリーゼが臨時に雇われている。

予算面では，エンゲル就任以前の59年度には局経費15,810ターレル，他に気象観測用経費3,800ターレルの計19,610ターレルであったものが，63年には局経費19,210ターレル（内，13,140ターレルが給与分。従い，物的経費としては全体の32％の6,070ターレル），これに気象観測用4,000ターレルを合わせて，総額23,210ターレルへと増額されている。

最後に，統計局の資料収集活動の結果を可能な限り広範に公開することがある。統計局の公刊物の刊行に当たり，「公開性が統計にとってそれを実りあるものにし，誤りを正す要素となるからである」[6]として，帰結の表示についてのザクセン時代からの自説を敷衍するのがエンゲルである。このためにまず，『王立プロイセン統計局雑誌』が1860年10月から発刊されることになる。これはディーテリヒが公刊した48年来の『ベルリン統計局報知』（最終号は60年の第13号）を受け継いだ形で統計局の機関誌となる。統計は現在の状態を正確に叙述するものであり，それが有用性を保つためには，調査結果を速やか

に公開し公衆の批判に委ねること，また現在の関心事を取り上げた「国家経済学的ならびに統計学的内容をもった論文」を収録することが必須であり，この要請を満たすために刊行されるものである。続いて61年7月から，プロイセン国土に関する官庁資料集として『プロイセン統計』が刊行される。これは，エンゲル以前には『プロイセン国家の統計表』，さらには『プロイセン国家の統計表と官庁報告』として3年おきに公表されてきた国家統計の原資料集であり，これを『雑誌』の補完分冊として出すことである（従い，不定期刊行となり，エンゲル在職中には62号を数える）。さらに，62年5月からは『プロイセン国家官庁統計年鑑』を出し，それを通じ地誌・国家官庁と領域区分・居住地・人口（静態と動態）・土地所有といった体系的順序に沿って国土状況を簡単に概括できる統計の公開に進んでいる（エンゲル在職中には62-76年に渡り4巻が刊行される）。こうして，ザクセン時代の経験を活かし，新たにプロイセンにおいて原資料・年鑑・雑誌の3本立ての公表体制を早急に実現させることになる。これらより時期的にはかなり遅れるが，75年からは『統計通信』を刊行し，さまざまな調査結果を新聞報道に適した形で提示し，また統計局に届いた各国各地からの資料や統計的文献を紹介することになった。

　その他の物的施設面でも，エンゲルは統計局図書の充実，局建物の改築と新築（1867-69年）と拡張建設（74/75年），「王立統計出版局」（69年1月）の設立，等々を実現させている。こうして，統計局の通常業務を通じて統計の公共性と有用性を訴えてゆくと共に，後述する国際交流や人材養成を通じても，統計局の存在と活動がプロイセンの国家行財政や国民生活にとって不可欠なものであることを世に知らしめることになった。かつてのように官庁の経常的業務の片隅で副次的な作業としてしかみなされてこなかった統計作成・利用が国家業務の一環に，その不可分の要素として定着する形で大きく拡大してゆく道筋が示されることになった。

　3．先に指摘したように統計局長とベルリン大学教授との兼職制はすでに廃止されていた。そうした中で，エンゲルが必要とみなしたものは，統計局内部にアカデミーに相当する独自の修養機関を設置し，統計的素養をもった国家官僚を系統的かつ組織的に育成することである。エンゲルは1861年6月9日にその趣旨を盛り込んだ建白書を内務相F. v. オイレンブルクに提出し，11月14には中央委員会で改めてそれに関する提案を行なっている。それが内務省の賛

同を得ることになり，62年1月，統計局における「官庁統計における修養のための理論的-実践的課程」（いわゆる「統計学ゼミナール」）の設置が承認される。8月15日，内務相と財務相の地方長官宛の趣旨説明と志望者募集に関する廻状公示が出され，そこでは，プロイセン国家の官庁統計を完全なものとするため，統計的準備をもった国家官僚を育成することが急務であるが，そのためには実務教育が不可欠とされ，次のように述べられている。[7]

> 大学での統計学の理論的研究は，実務において非常に重大な本来の統計技術の修得とはかかわりをもつことができないために，特別の準備が必要となる。
> こうしたことを考慮した結果，王立統計局の下に，毎年くり返される「官庁統計における修養のための理論的-実務的課程（Cursus）」を試みに設けるという処置が取られる。

統計学ゼミナールは62年の夏に設立され，最大受け入れ人数8名として11月5日から開講となった。そこでは理論的領域（統計の理論と技術，同じく立法・行政と統計の相互関係）と実際的領域（経済・統計問題の修練，局の経常的作業での協働）にまたがった講義と実習が行なわれた。講師としては，国民経済学と統計学についてハンセンとヘルヴィング，農業統計はハンセン，工業統計はヘルヴィング，人口統計はベック，気象学・地理学はドーヴェ，そして統計理論と統計方法に関してはエンゲルが立った。その中でのエンゲルの「社会物理学」に関する講義は多くの者の興味を駆り立てたとされる。後の69年のハンセンとヘルヴィングの引退を受けて，前者の後任にマイツェン，70年には後者の後任としてA. ワグナーがゼミナールの講師に就任している。ゼミナールには若き行政官吏や学識者（政務試補，裁判医，裁判所試補，行政書記官，等々）が集まり，その中から後にドイツ各地の大学で経済学や統計学の教授を務めることになる人材が多く輩出してゆく（オンケン，シェーンベルク，クナップ，ヘルト，ブレンターノ，コーン，ミアスコフスキー，シュティーダ，エルスター，テンニース，等々）。ゼミナールのこうした一連の講義では講師と聴講生との間の討論を重視し，また聴講生に対してはプロイセンの立法や法的制度が行政の現場でどのように機能しているかを実証的に調べさせ，さらに工場・病院・施設への見学実習を経験させたとのことである。こうした統計学ゼミナ

ールはドイツにおける社会科学的実証研究，あるいは経験的社会研究の揺籃の地となり，その後のウィーン，イエナやハレ，テュービンゲンやライプツィヒ，等々の大学での経済学や統計学のゼミナール設立の模範としてみなされることになる。

このゼミナールで，エンゲルはその統計学に関する講義案を作成することになるが，その中で統計学を次のように定義づけている（これは1851年来の一貫した考えでもあるとされる）。すなわち，「統計学は状態描写全般である；狭義において，統計学はある所与の時点における人間共同社会とその構造の状態の描写あるいは記述であり，同じく特定期間におけるこれら状態ならびに構造の絶え間なく進む変化の表示と説明である」。[8] 人間共同社会を前面に押し出したこの見解をさらに敷衍して，10年後にそれに関する理論的構想を「デモロギー論（体系）」として提示している。[9] これは71年12月4日から開始される第9学年度に当たり，ゼミナールの趣旨説明に添付された構図である。その中で，エンゲルは国家をも取り込んだ巨大な人間共同社会の全体網羅的記述を構想し，そのための資料収集をデモグラフィー，状態描写（＝記述体系）をデモロギーとみなす。国家とは別に独自の有機体としてあるのが社会であるとし，両者は相互浸透的ではあるが異種の人間共同社会とする。人間共同社会は個人を原点にして同心円的に拡張してゆき，空間共同体としての家族と地域統合（市町村・郡・州）・国家・国家連合を形成してゆく。この同心円体に種々の方向性をもった利益共同体としての社会が放物線状に切り込み，それらの重なるところに多様な事実・過程，状態・関係が成立する。これらを分類整理し体系的に記述し，最終的には「デモロギーの提示する多様にもつれた諸現象を秩序づけ，この諸現象を複合的結果として引き出す個々の力を分解し，そのそれぞれの位置と度合いを指示する」[10] こと，これを成就させる。それを目指す人間共同社会の物理学，もしくは自然学をデモロギーとする。そして，このための方法を実際的デモロギーとし，そこに統計と統計的研究（観察・調査，資料収集，観察された現象の因果関連の探求，大数法則と確率計算，帰結表示）の占める場所を割り当てている。宇宙誌でA.v.フンボルトが試みたような壮大な系統的関連図を人間社会の体系的記述で追求しようとするわけである。

ケトレーの社会物理学から出発したエンゲルではあるが，有機体としての人間共同社会の存在に注目することで，それに関する自然学としてデモグラフィ

ーとデモロギーが構想されている。近時，シュタインやリール，またモールなどによって，独自の生活圏としての市民社会の存在が論じられることになった。これまで国家の枠内で論じられてきた人間の生活圏が決してそれに収まるものではなく，個々人と国家の中間に多数の生活圏が介在し，それが人間の禍福を左右する事実を看過することができない。いわゆる「社会の発見」といわれるものである。これまでの国家科学のように，社会を国家の一部分として論ずるのではなく，両者を本質的に異なった別種の存在として，それぞれを固有の対象にした2つの科学，すなわち国家科学と社会科学の併存を必要とする見解が出てくる。この中で，エンゲルは利益ゲノッセンシャフトの総体を社会とみなすモールの見解に大きな親近感を示し，それを正鵠かつ新たな理論と評価する。しかし，エンゲルはモールのいう国家と社会の分断論には与せず，両者の相互浸透性を認め，その上に立って，「それらの因果的な関連，自然的な構成，共通および独自の現象を解明しそれらを観察すること，また自然に結びつけられたものを体系的に総括すること」，[11] これらが中心問題になるべきとする。有機体としての人間共同社会全般を取り上げ，その状態と変化の記述と説明に当たる学問，これがいうところのデモロギーであり，エンゲル自身の考える社会科学となるのである。そして，思弁ではなく観察・記録・分類，また比較・説明・法則導出に依拠した自然科学的性格をもった研究として統計学があり，それはデモロギーの一枠を構成しながら，人間共同社会の物的・道徳的・精神的・政治的な文明状態，ならびにそれら状態の時間的場所的変化とその相互関連を事実と数量・尺度でもって記述・説明する，こうした役割をもたされることになる。

2. 統計局での活動

1. 中央委員会設立を初めとするいくつかの重要局面での改革作業からエンゲルのプロイセン統計局時代が開始され，それが82年の引退まで22年間に及ぶことになる。この間，ドイツ統一という歴史的出来事を挟みつつ，プロイセン統計を中軸にして，かつそのこれまでの欠陥を克服する中から，また関税同盟統計の抜本的見直しを通して，やがてドイツ全体の統一的な行政統計体制が形成されてゆく。では，エンゲルはどのような社会的立場でその統計局を運営しようとしていたのか。自身は穏健的な社会改良主義者であったとされるが，

経済理論ではアダム・スミスの自由主義経済学によりかかり，また社会思想的にはル・プレイを介してサン・シモン派の社会主義に接し，またドイツ社会政策学会の立ち上げにも協働している。従い，そこには一貫した独自の社会哲学・思想を読み取ることは困難である。しかし，当時のヨーロッパにおける労働者階級の窮状を眼前におき，自由放任主義の功罪を意識し，労働者の人間資本としての価値評価，それに対する正当な労働賃金の支払，純収益への労働者参加，労働者自身による自助体制の構築，これらを通じて労働者世帯の生活水準の底上を追及し続けた活動には，ル・プレイと同じく「労働者の友」ともいうべき姿勢がみられる。

　エンゲルはザクセン時代から国際統計会議の熱心なメンバーであった。9回に及んだ統計会議すべてに，ザクセンおよびプロイセン代表として参加している。また，1863年9月4日から12日にかけて，第5回ベルリン大会を主催し，それを成功させている。国際交流には積極的であり，統計局には近隣ヨーロッパ諸国からの文献資料や記録情報が経常的に届くことになっていた。若い時期から，自らも外国への視察旅行を何度も試みており，かつ門下のブレンターノやシュティーダをしてイギリスやフランスの現地調査に随伴したり派遣したりする。これらを通じてエンゲルの看取したことは，プロイセン，またドイツ全体における政治的経済的立ち遅れであり，それを反映した社会統計の前近代性である。イギリス，フランス，そしてとくにベルギーの統計との差は歴然としており，統一的国民国家形成の遅れはそのまま統計作成の停滞を伴なっていた。19世紀中頃に至っても，全ドイツの正確な人口総数が不明という状態であった。加えて，プロイセンの場合，中央の各行政官庁が地方当局を介して収集・備蓄する膨大な記録・報告は擬似統計ともいうべき数量表示（＝プロイセン国家統計表）を可能にし，ここから活きた社会的現実の捕捉作業たる直接調査の開始が遅れる，こうした統計作成の発展史にみられる転倒した事態も現われている。エンゲルのプロイセン統計局入局後の最初の仕事は，官庁文書に依拠したそうした旧態依然の統計作成を根底から改革することであり，さらにはこれまで見落されてきた国民生活の底辺にまで統計の網を拡充することであった。

　1874-84年の11年間に渡って，プロイセンの統計および資料の作成作業は以下のような分野にまたがっている。[12] これはエンゲルの就任後14年目から，その退任2年後に及んでいる。従い，エンゲルのプロイセ統計局22年間の活

動の内の後半9年間と関係しており，その大部分は当人の指導下にあったとみなしうる。

  A. 統計局で集中化される統計作成
   1. 人口調査
   2. 出生・婚姻・死亡を通じた人口変動統計
   3. 医療統計
   4. 災害・自殺統計
   5. 国籍取得・喪失統計
   6. 土地所有・建物統計
   7. 火災統計
   8. 土地利用・収穫統計
   9. 家畜調査
   10. 狩猟統計
   11. 職業調査
   12. 営業統計
   13. 蒸気罐・蒸気機関統計
   14. 鉄道統計
   15. 船舶交易統計
   16. 教育統計
   17. 刑事訴訟統計
   18. 救貧統計
  B. 官庁概括にもとづく作業分野
   1. 地誌（含，市町村目録）
   2. 自治体財政統計
   3. 市場価格概括
   4. 貯蓄金庫統計
   5. 宗教・教会統計
   6. 若年層保護制度の表示
   7. 暦表資料編纂
  C. その他の資料作成（一時的／継続的）
   1. 保険制度
   2. 商業会議所報告
   3. 労働者福祉制度
   4. 営業補助金庫
   5. 株式会社
   6. 気象観測

これらには，エンゲルの局長就任以前から統計局が継続して収集整理してきたものがあり，これまでのように業務記録の事後的編纂によるものも多い。この中には，例えば，営業統計にある鉱山監督局の業務記録から作成される採鉱・製錬・製塩統計や税務記録からのビール・火酒・甜菜糖製造統計，蒸気罐監督官報告による蒸気機関統計，また鉄道管理当局からの鉄道運輸統計といったものがある。エンゲルの考えでは，それらが正確な数値資料であり，今日的表現でいう第2義統計としてその意義を十分に認めうる。しかし，そうした中にも可能な限り調査用紙方式を導入し，統計の内容的質を高めるというのが当人の意図するところであった。その一例を挙げれば，上のAにある災害・自殺統計の作成は68年10月から始まったものであるが，これは採鉱・製錬・製

塩場，運輸関係，一般市民，軍人の4分野ごとの死亡・災害事例が関連行政官庁によって特定の調査紙に記入され，それが統計局によって集中して編纂される，こうした方法によるものである。このように，統計作成用の書式を予め用意し，関連省庁・機関・団体から返ってきたその記入内容を統計局において集中的に編集・整理する様式が採用されてゆく。エンゲルの後任統計局長ブレンクによれば，エンゲル時代にこうした「調査紙方法」(Zählkartenmethode) が大幅に採用されたとされる。[13] それはA分野に属する統計の多さに反映されている。また，なによりも人口調査において，これまでの市町村当局の作成するリスト集計から，世帯番号をもった個別調査用紙の採用とその集中加工へと調査様式の根本的転換を計ることになる。この中で，人口総数の正確な把握は当然のことにして，さらにこの調査によって国民の地位別構成や職業分布の具体的描写を意図し，加えて人口調査用紙に営業調査用紙を添え，営業体の経営内容を悉皆捕捉するという目的をもった営業センサスをも志向している。これらは後に説明される通りである。

　また，プロイセン統計を改革する上での追風もあった。それには，① 1866年の対オーストリア戦争の勝利を受けたハノーヴァー，シュレスヴィヒ＝ホルシュタイン，ヘッセン＝カッセル，ナッサウのプロイセン併合に伴なう業務拡大と職員増加，②国際的レベルでの統計への関心の高揚。すなわち60年のロンドンでの第4回国際統計会議における国際比較を可能にする統計作成のための決議，またさらに次回の63年第5回国際統計会議のベルリンでの開催，③70-71年の関税同盟統計拡充委員会の審議の中で明示されたドイツ全域にまたがる統計統一化の必要性，④ドイツ帝国形成に伴なう72年のライヒ統計庁の設立ならびにそれとの連帯，こうしたことが考えられる。とくに後の2点は，プロイセンのみならず全ドイツ的規模での統計改革にとっての契機になったともいえる。71年にドイツ帝国の形成があったが，それ以前の70年1月からドイツ統一を見越して来たるべきライヒ全体の統計作成を審議すべく関税同盟統計拡充委員会がベルリンで開催されている（至，71年8月）。それにエンゲルはプロイセン代表のひとりとして参加し，あるべきドイツの社会経済統計の青写真を練り上げるのに貢献した。最初から最後まで委員会の中心的構成員であり，とくに営業統計の部門責任者として，予定された72年ドイツ帝国営業統計のプラン作りに尽力した。72年調査は中止されたが，このプランは後に75

年の営業調査，82年の職業=営業調査に活かされることになる。72年7月のライヒ統計庁創設に関しても，エンゲルの推薦によりオルデンブルク大公国統計局のK. ベッカーがその初代長官に就くことになった。帝国形成後，74年からのライヒと連邦国家の統計中央部署幹部との会議にも積極的に参加している。

2. 局長在職中の1867-70年に，エンゲルはプロイセン下院議員（選挙区 Schleiden-Malmedy-Montjoie）に選ばれ，国民自由党に属することになる。同党は62年9月来のビスマルク政府にとっての与党であるが，その中にあってもエンゲルは自由主義者の立場を堅持し続けたとされる。当人の考えは後にいわゆる講壇社会主義とよばれることにもなるその政治的経済政策的立場の中に現われている。従い，時の政府にとって，エンゲルとその統計局の活動は決して好ましいものではなかった。エンゲル自身には当時の政治的問題に関する議会上での直接的な表明はない。しかしながら，『統計局雑誌』ではその論文や注釈において，多分に自由主義的かつ社会改良的要素を含んだ見解が表明されていたからである。こうした姿勢は政府見解と反目するものであり，ビスマルクとの確執が続くことになる。[14]『統計局雑誌』の論調は政府方針とは対立するものであり，政府筋からは再三に渡りそれを抑えようする試みがあったが，成功しなかったとされる。また，自由主義的議員のひとりとしての政府施策への批判的姿勢，労働者の自助を目的にした各種共同企業や株式企業の創設への参加，これらもビスマルクを苛立たせるもととなった。『統計局雑誌』の監査あるいは廃刊，またエンゲル自身を失脚あるいは免職させる策謀が計られたという。しかし，それらはみな失敗した。それはエンゲルの統計家としての国際的名声，その統計局での熱意ある精勤，また『統計局雑誌』への幅広い支持があってのこととみなされている。

また，ビスマルクの圧力をもってしてもエンゲルを抑えることができなかった要因には，プロイセン内務省の後盾があった点も指摘されている。エンゲルは就任の条件に，統計局の一定程度の自立性と独自性の保持を挙げ，この確約を内務省から取りつけている。これは時の自由派の内務大臣シュヴェリンの理解があってのことであり，それが同じ自由派の後継内相オイレンブルクによっても維持された。この2人の内務大臣が共にビスマルクに対する厳しい批判者であり，また国王ヴィルヘルムとオイレンブルクとが親密な関係にあったことから，他の大臣に較べてより大きな自由裁量が許され，その理解と擁護の下で

エンゲルの自由な言動が可能になったとみられている。

1873年10月に設立された社会政策学会もエンゲルとは切り離せない関係をもっている。労働問題や社会政策問題について話し合うべく，ベルリンのエンゲルの下に，シュモラーやクナップが再三に渡り訪問し，そこでブレンターノ，ヘルト，ワグナー，シェーンベルクらとの接触が生まれ，これが学会発足の足場になったといわれる。これは，統計学ゼミナールで社会改革推進の必要を説き，その熱意が受講生に伝授され（先のクナップ，ブレンターノ，シェーンベルクはいずれも統計学ゼミナールの出身者であり，またワグナーはその講師でもあった），それに賛同した同志が結集した，こうしためぐり廻った結果ともいえよう。72年7月にはハレでエンゲルを交えたシュモラー，クナップ，ブレンターノ，ワグナー，ロッシャー，ヒルデブラントらが学会創設について議論し，エンゲルを含んだ4名の準備委員を選出している（他にシュモラー，ヒルデブラント，エッカルト）。学会設立（73年10月13日）の契機となった72年10月6・7日のアイゼナハ集会では「社会問題」を検討課題に取り上げ，エンゲルも自ら「住宅難」と題する報告を行なっている。[15]

その報告でエンゲルの主張したことは次のような点である。家屋賃借人になんらの保護がなく，家屋所有者と賃貸人が土地と家屋を制限なく独占し，その独占価格のためにとくに下層賃金労働者層の住宅事情が窮境に陥っている。その原因は住宅建設用地の独占とそれに続く土地投機にあり，そこから引き起こされるのが営業的な家屋所有者による法外な高家賃であり，それが現下の住宅問題の元凶になっている。これをエンゲルは土地・家屋独占による「住宅封建主義」（Wohnungsfeudalismus）とする。そしてこれを克服する方法として，ひとつに国家と自治体による政策的救済，次に労働者自らの自助があるとする。前者は，例えば，公務員宿舎を建設する，法的規制によって企業家をしてその従業員住宅を建築させる，また交通手段を整備することで都心から郊外への移住を可能にする，こうした手立てを通じて独占による高家賃に対抗することである。後者では，賃借人自らの共同出資による株式会社の設立と家屋の建設，貯蓄銀行制度を利用した非富裕層のそこへの参加が考えられる。アイゼナハ集会では道徳的退廃を含めた下層階級の生活状況の悪化原因が劣悪な住宅事情にあるとし，その問題を工場立法（ブレンターノ報告），罷業・労働組合（シュモラー報告）に続く第3の議題に掲げている。エンゲルの報告はそれへの取り組み

であり，自説の労働者自助原則をここでも提示している。

後に，社会政策学会に参列する識者に対しては，揶揄を込めてであるが，上述のように講壇社会主義者というよび方がなされている。しかし，エンゲル自身はあえてこれを否定することはなかったといわれる。

以上のように，実に多面的活動を展開してきたエンゲルであるが，1882年4月1日にプロイセン統計局長職から降り，その後の7月1日に国家勤務から引退している。その背景には自身の健康問題（心臓欠陥）の他に，政治的圧力があったとされる。上で挙げた2人の内務大臣が引退したことによって，これまでの内務省の後盾を失う。81年にエンゲルが産業災害統計に関して政府の無知，ならびに穀物関税に関する政府の保護政策を批判したことを挙げて，82年に入りビスマルクと内務大臣 R. v. プットカマーがエンゲルに引退を強い，結果的にそれに成功したことによる。

統計局を退いた後の晩年には，いくつかの保険会社や株式会社の監査委員会の委員として活動しながらも，労働者の収益参加（産業共同）問題，以前からの課題であった福祉測定問題や勤労者階級の生計費研究に従事することになる。この後者に関しては，ブレンクの追悼文によると，エンゲルは「デモス」についての学問という下で，人間福祉測定を，まず「国民福祉の測定」，次に「家族福祉の測定」，そして最後に「個人福祉の測定」の順で3部にまとめようとしていたとある。[16] この内，個人福祉問題についての見解は，先に「労働の価格」（66年），また後に「人間の価値」（82年）という講演記録に収められている。この後者は，「デモス」の第3部「個人福祉の測定」の前半部分をなすものといわれる。また，これらはすでにザクセン時代に提示された労働者世帯の家計収支の実証研究に依拠したエンゲル法則の導出（57年）に始まり，最晩年のベルギーの労働者家族の生計費の研究（95年）に至る，労働価格・生計費研究を通じて勤労者階層の消費実態を究明しようとするエンゲルの一貫した関心の表われである。これらの中で，エンゲルは熟練労働者を機械と同じく資本になぞらえ，これが形成される若年期の育成経費，また労働期の生活維持費，さらに老年期の生活費（および葬儀費用）を合算し，労働者ひとり当たりの費用価格＝自己費用を計上し，その償却（＝回収）の必要なことを説いている。物的資本（機械）と違って，自由競争の下ではとかくこの人的資本の十全な償却はなおざりにされ，労働者に然るべき収益価格（＝賃金）が保証されていな

い。こうした状態が続けば、やがて人的国民資本の枯渇や破滅がもたらされよう。収益費用の確保が保証されなくてはならないが、たとえそれが不十分な場合にも、人的資本の劣化を防ぐ方策を社会施策、共同組合や労働者金庫などによる自助に求めようとするのである。

エンゲルの残した最後の仕事は、『国際統計協会紀要』に載った、上述のベルギーの生計費研究を通じた人間の費用価値に関する論文である。生活手段価格がほぼ同一の下で、ベルギーの労働者家族の生計費は1853年から91年にかけて著しく上昇し、労働と資本の対立なしに国民福祉向上という目標が達成されたことを実証している。すべての社会階層家族の生活費の調査を通じて、この費用格差がますます均衡化し、しかも最低費用が国民福祉段階とよばれる状態、すなわち飲食・衣料・光熱・住居の4費用からなる世帯の物的維持費が収入の80％以下になっていること、これを明らかにしようとした。それをさらに数年かけてアメリカ・フランス・イギリス・スイス、等々の国々の生計費研究にまで拡大しようとしたが、その意図は実現されえなかった。とはいえ、ザクセン統計局時代の初期構想は最後まで継続されていた。

II. プロイセン王国統計改革

1. プロイセン国家統計および関税同盟統計への批判

1. これまで、エンゲルのプロイセン統計局での仕事をその大筋において説明してきた。以降、論点を絞り、エンゲルは統計作成の旧様式をどのように克服しようとしたのか、つまりドイツにおける社会統計の前近代性をいかにして乗り越え、近代的レベルの社会経済統計を構築しようとしたのか、そしてそれが1860年代のプロイセンにおいて実現しえたのか、この点に関し人口統計ととくに営業統計に焦点を当てて検討してみる。

局長就任後1年して、エンゲルは「人口調査の方法、とくにプロイセン諸国家で適用されているものを考慮して」[17]と題する長大な論文を著わし、これまでのプロイセン国家統計に対する批判を通じ、社会統計のあり方と調査様式に根本的改革を施そうとする。これは上記の統計中央委員会の場で、さし迫った年末の人口調査様式をめぐる審議に改革素案として提出されたものである。同年12月3日はプロイセン（そして関税同盟）における3年おきの統計調査時

に当たっており、この機会にまずは人口調査から統計改革を進めることが必要である。こうしたエンゲルの強い意気込みが読み取れる提案である。

エンゲルがまず試みたことは、旧来のプロイセン国家統計の性格とその長所・欠陥を理論的に解明することである。第2章で説明したように、再建された統計局は地方官庁から送られてきた行財政記録・報告を集大成し、6部門・625欄に及ぶ膨大な統計表を作成した。これによって国民生活を支えるすべての基本的力と基本的関係を概括しようとするのがそれを起草したホフマンの意図である。ここでいう力とは国民生活と経済活動の物的設備や手段のことであり、関係とは社会経済における人間関係のことである。国土記述の集大成ともいうべきものであり、これまで各省庁に分散されていた報告・記録資料の整理が統計局による国家統計表作成という形で一元化されることになった。

網羅性あるいは包括性を別にして、このホフマン表の特徴を挙げれば、第1に、当時の社会的人間関係を「市民関係別分類」に掲げ、それを身分・職業面から可能な限り詳細に分類表示したこと、第2に、表示の重点が「生業手段」におかれ、これに414欄が当てられ分量的には統計表の2/3を占め、それによってプロイセンにおける経営（手工業やマニュファクチャー、工場や工場問屋、商業・運輸業）の物的設備面と人的構成面の現状が伝えられる経済統計となっていること、この2点が指摘されよう。第2の点にもう少し詳しく触れれば、それは農林漁業以後の物的製造・加工・精製、運輸・流通・販売、そしてサーヴィスの各局面にみられる経営体の物的人的構成をその外延量（物的施設と機械・装置の個数、職位別の就業者数）で捉えようとするものであり、後の営業表の原型に当たるものといえる。当時の社会経済を支える生産諸力と生産関係に迫った経済統計である。こうした形の国家統計表が1811・12・14年と継続して作成されている。とはいえ、こうした統計表体系に沿った形で報告作成を義務づけられた地方官庁ととくに市町村当局における担当者（多くは会計官）にとって、これは過重負担であり、返ってくる報告には年々無記入欄が増えていったとされる。一方の統計局の構想と意気込み、他方の地方当局での当事者の関心と担当能力、この間には大きなずれがあったということである。

統計改革に当たり、エンゲルがまず注目するのがこのホフマン表である。プロイセン統計の近代化をさらに推進する上で、この統計表の批判的克服を急務とみた。エンゲルは、ホフマン表に対して、まずはその包括さを認め、国家の

状態描写を完全なものにするとしてその意義を評価する。それは事柄の単なる数え挙げに終わらず，因果関係の表示を目的にし，「社会の物理学」としての統計学を構築する新たな試みともする。その統計表が因果関係を表わすというのは，やや過大評価と思われるが，国民生活と経済活動における人的構成と物的条件の数量把握を介し，社会的階層関係や生産諸力を知悉しうる報知を提供しようとする点に大きな価値を認めていたのであろう。しかし，そうした賛辞にもかかわらず，他方では厳しい批判を放つことも忘れてはいない。まず，この統計表が実用性に欠けていることを問題にする。統計を公にし，それを通じ国民の眼の前に国家と社会，国民生活の実態を概括提示するというエンゲルの観点からすれば，こうした統計表が煩雑すぎ，実際に50フィートを越える統計表ではその目的にそぐわないことは自明であり，そこに期待される概括性や明示性に欠け，実用に耐えない統計表でしかなかったとする。エンゲルはいう。もし，プロイセンの統計表が主題別に分かれて作成されていたならば，はるかに実りある成果を示しえたであろう。その意味は，個別分野ごとに同類・同質な対象をまとめることによって，より概括のきく統計表体系が可能であったということであろう。事実，事柄の推移はそのような方向を取る。まずこれまでの統計表（建物・人口・家畜の数量表示），および人口目録（出生・死亡・婚姻）の2本立てから，1819年には人口の職業区分表示が工場分野を添えて営業表として独立し，さらに22年には教会=学校表と保健表が新たに加えられる。こうして，つごう5本の統計が国家統計体系としてまとめられ，この体系が継続する。また，ディーテリチによって43年表が『1843年統計調査によるプロイセン国家の統計表』（1845年）として初めて公開されている。例えば，後にユダヤ人表が独立の統計表として加えられる，等々の若干の変更を含みながらも，こうした5本立ての国家統計表の作成と公開が3年おきに続けられてきており，エンゲルの統計局長就任前の58年にそのための最新の資料収集が実施されていた。しかし，こうした国家統計表ではあるが，それが体系的グループ分けに依拠したものというよりは，「さまざまな統計報告の集合体（Conglomerat）」であり，「異質なものを並べ，関連するものを相互に分断している；一面ではこの統計表には反復が含まれており，他面では非常に重要な対象を省略することでその価値を減らしている」とされ，要するに「統計表では多くのことが非科学的である」と論断するのがエンゲルである。

2．エンゲルが批判的克服の必要ありとみたもう一方の対象は関税同盟統計である。既述のように，34年1月に発足したドイツ関税同盟では，その条約の中で共通圏に入ってくる税収益はそれぞれの国家の人口数に応じて配分されることが取り決められ（第22条），そのために34年12月から3年おきに人口調査が実施されることになった。しかし，ここでいう人口調査とは，あくまで収益配分の基準としての住民の頭数＝関税決算人口を捉えることであり，用意された調査書式では，国民を市民身分／軍人身分に分け，その性別と14以下／15以上の年齢別の数量が把握されるだけであった。そこには，エンゲルのいう国民記述という性格が初めから欠けていた。しかも，現住人口把握を趣旨としながら，各国の足並みは決して揃わず，多くの国家では既存の住民記録を利用した「緑色の布を敷いた机」（＝事務机）での計算，つまり官庁での机上計算で書式の欄を埋めるというのが実情であった。関税同盟総会では調査の一様性を確保するための申合せや決議が再三に渡り行なわれたにもかかわらず，50年代終わりになっても統一的人口調査は実現していない。

さらに，関税同盟ではプロイセン営業表に準拠した形での営業調査を46年に実施している。43年11月の第6回総会でのバーデン大使の提案を受けて，適正な関税率設定のためには各国の営業関係の正確な認識が不可欠とする趣旨の下，同盟国全域にまたがる営業表が作成されることになる。その作成方式をめぐる議論の中で，19年以来の営業表の実績をもつと自負するプロイセンの主張が通り，その特徴である手工業者表と工場表の二分法にもとづいた営業表が作成されることになった。しかしながら，当時は直接調査によって営業事情を掴むことなど不可能であり，また営業表そのもの作成手順に統一性が確保されたわけでもない。「もともと，営業調査がどのようにして成立するかについてはだれも正しい知識をもっていなかった。というのは，その方法についてまったく何も指示されないし，また確定されていないためである」。[18] 人口調査と同様，多くの国では既存の税務記録などから，所定の書式欄に数量を転記することで営業表の作成を済ませている。

エンゲルの眼にはこうした関税同盟の統計が真の意味で統計の発展に寄与してきたかははなはだ疑問に映る。関税同盟はいままで全体としても，またあるなんらかの方向でも統計の形成に影響を与えることはなかったとし，その原因ともなっていた関税同盟収益の配分基準を人口数におくという財政的要請によ

る人口調査方式は放棄される必要があるとみる。あくまでも，正確で包括的な国民記述を志向し行政と学問の双方に効用をもたらすこと，これがあるべき人口調査の目的とされなくてはならない。こうした人口調査の方法を定め，かつ実施する責任はドイツの国家それぞれにある。しかし，これまで，それぞれの国家はこの方向で前進するための努力を怠ってきたとし，エンゲルは以下のように述べている。[19]

> この責任は，明らかに関税同盟そのものよりは，むしろその住民が関税同盟を構成する国家にあるのであり，またそうした国家においてはさらに官庁統計ないしは人口統計を指導する人物にあるのである。関税同盟統計に関する規定を統一化することにはかれらはほんの僅かな影響しかもたないということは措いておくにしても，なによりもまず先に問われるべきことは，なぜかれらが何の影響ももたないかということである。それに対する回答は，ドイツの官庁統計家はほぼ頭の数ほどの多くの意見をもっているということである。最も嘆かわしい分立主義（Separatismus）によって，かれらはその科学的信念で分断されている。相互に意見を交換し理解し合うための機会は一度もなかった。1857年のウィーンでの統計会議以降，ドイツ官庁統計家の統合に向けた努力は進歩するよりも，むしろ後退している。関税職員，郵便・鉄道・電信などの職員の定期的にくり返される会合と口頭での意見交換が非常に立派なことを行ない，これが最も注目に値する模範になりえたし，またそうであるべきであったのに反して，官庁統計では国際会議をもってしても解決不可能な分裂と混乱が支配しているだけであり，その理由はそれが国民の間になお非常に強くはびこり続いているためである。こうして，関税同盟での人口調査方法もまた非常にばらばらであり，あちこちでいまだ十全なものとはなっていない。最も不完全な調査が，比較にならないほどより完全な調査と併行している。事実の記録化における統一性と簡潔性，従い，関税同盟といった最も重要な全取引体（Handelsganze）を構成するすべての国家が簡単に相互に比較可能になること，これがほとんどまったく欠落している。

実に仮借のない関税同盟統計への批判である。分断に支配され統一性を欠いたこうした全般的な状況を極めて嘆かわしいことであるとしながら，まずはプロイセンの人口統計（附随して営業統計）に対象を絞り，その改革のために必要な方策を示すこと，それを不可欠としている。これが，統計局長に就任して

最初に手掛けたエンゲルの大きな仕事であり，論文「人口調査の方法」執筆の意図である。その際，文中にあった「比較にならないほどより完全な調査」，すなわち，かつて自らが実績を残したザクセンの人口調査を先行例にして，プロイセンの統計改革に臨むという意気込みがみえる。

2. 人口調査の改革

1．プロイセン統計の遅れた現状に対し，エンゲルがまず取り組んだのが人口調査の改革であり，これを突破口にして社会経済統計のより一層の近代化を推し進めようとする。エンゲルは「人口調査の方法」の中で次のような改革案を提示している。

人口調査は住民の総数を把握するだけのものに終わらず，国民記述を目的としなくてはならない。国民記述とは，すべての個々人のもつ次のような特性を調べ上げることである。

1) 性 2) 年齢
3) 肉体的特性 4) 精神的特性
5) 宗派あるいは信仰 6) 家族関係
7) 身分と職業，利得，財産 8) 労働-勤務関係，ないしは依存関係
9) 滞在種類，居住様式 10) 種族，言語

こうした多面的な特性把握はかつての住民名簿や税記録に依拠した，さらには40年時の調査以降採用されてきた住民リストを介した調査員による表式調査（＝他計式）では実行不可能なことである。そのためには3様のリストを用いた直接調査が不可避となる。すなわち，①世帯リスト，②家屋リスト，③市町村リストである。[20] この3書式が統計局において準備され，それが一括して県庁に送付され，県庁から市町村当局に市町村リストが，また調査員によって家屋所有者（または管理者）と土地所有者には家屋リスト，さらに家屋所有者によって世帯ごとに世帯リストが配布される。リスト記入では，12月3日時点の現況に関する被調査者の自己記入（＝自計式）による直接調査とし，4日以降に内容点検を伴なった回収を行ない，調査の完全性と信頼性を確保しようとする。以下，家屋，市町村，世帯の順でそれぞれのリストの性格を探ってみる。

まず，家屋リストについて。これは三重の機能を果す。すなわち世帯リストの管理表，また地所の状態・特性の調査用紙，ならびに農業と家畜所有に関する調査用紙としてである。この家屋リストはすべての家屋所有者，土地所有者，あるいはそれらの管理者，借地農業者に配布され，まずは家屋居住全世帯に関して通し番号でもってその世帯主（家長）名・家族構成員数が記入され，調査漏れを防ぎ世帯リスト全体を管理するための用紙として利用される。他方で，①当該地所に関して，その番号，所有者名，利用目的，地所内建物の有無と数量，土地現在価値と抵当債務額を回答させる土地調査，また②その地所が農耕地として利用されている場合，土地面積，用途別土地面積，耕作種別面積，所有家畜（馬・牛・羊・豚・山羊・騾馬・驢馬）数，被雇用者（作男・下働・作女・日雇労働者）数，他営業の有無を回答させる農業・家畜調査，この２つの調査のための用紙となっている。

　次いで，市町村リスト。これも家屋リストと同様に，まず一方で家屋リストと世帯リストの双方を管理するリストとして機能し，他方でさらに，①当該市町村にある公私の建物に関する調査用紙，②当該市町村の移出移入者調査用紙として利用され，こうした三重の機能をもたされる。これへの記入責任は市町村当局にあり，管理リストとしては配布された家屋リストと世帯リストが正確に回収されたかどうかを数量と配布・回収日付でもって点検するための一覧表として利用される。建物調査としては，当該地内の火災保険家屋台帳番号の数，地所通し番号の有無とその目的，用途別の公的・私的建物数，原因別年内破壊建物数，目的別年内取壊建物数，種類別年内拡張・新築建物数，当地の耕地特性（良／並／劣）別面積が調査項目に挙げられ，また移住調査では，プロイセン王国からの移出者と同国への移入者が記名され，それぞれの属性や事情（年齢・宗教・身分と職業・年齢14以下／15以上別随伴身内数・行先国と出来国・移住目的）が調べられる。市町村リストはこの建物統計と移住統計のための調査用紙として利用されるものとなっている。

　そして最後に，世帯リストに関して。人口調査の軸となるものであり，上で示された国民記述に直結する調査用紙である。これは1846年のベルギーでの人口調査を模範例としながらも，それを越えてこれまで実施されてきた人口調査の最も完成された様式，すなわち「世帯主による世帯リストを介した個々人の記名式調査」を行なうための調査用紙である。世帯個票として，「世帯帰属

者の個人的関係」と題されたこの世帯リストには以下の 16 の質問項目が設定されている（記入欄数は計 30）。[21]

1. 姓名
2. 性　男・女
3. 年齢　年・月
4. 身体的特性　盲人，聾唖者
5. 精神的特性　痴人・精神薄弱者，精神錯乱者・精神病者
6. 宗教
7. 家族関係　未婚，既婚（同居／別居），鰥夫・寡婦，離別
8. 就業，身分，地位，職業あるいは営業　生業分野と生計源の申告
9. 労働あるいは勤務関係　所有者・借地農業者・店主・親方・企業家，等々，職工長，等々，職人・補助人・徒弟，等々，労働者，等々，奉公人，等々，であるかについて申告
10. 調査場所での滞在種類　恒常的，一時的，暫時的
11. 被調査者の不在の種類　一時的旅行（国内／外国），暫時的旅行（国内／外国）
12. プロイセン帝国外で産まれた者の出生国
13. 調査地において家長は土地所有を伴なって定住か否か
14. 家族の日常言語
15. ドイツ語が家族の日常言語でない場合，その外国語の他に家族構成員のドイツ語に対する理解の有無
16. 救貧受給者に対して　世帯主のみ，あるいは世帯構成員のひとり，または複数がなんらかの種類の救貧を受給しているか否か

リストの最後には，申告が完全で真実であることを証明するとする，住所と日付を容れた記入者の著名が求められている。調査項目 16 の内，1 から 12 が世帯構成個々人に関する質問項目（計 26 欄），13 から 16 までの 4 項が「全般的質問」とされ，家長のみ，あるいは世帯構成員全般にかかわる質問項目とされている。これらの項目はエンゲル自身が設計した 1852 年ザクセン人口調査の場合とほぼ同じであり，そこにあった教育に関する項目が除かれ，逆に使用言語と家長の土地所有への質問が加えられている。また，旅館・保養-養老施

設・救貧院・拘留所と刑務所・教育施設・兵舎など居住する流動的人口には同じ質問を盛った特別リストが渡され，それぞれの管理者が記入責任を負うとされる。加えて，この世帯リストの裏面には営業調査としての質問項目が設定され，人口調査が商工業調査と併行することになる（この営業調査に関しては，次節で改めて検討する）。

2．エンゲルによる人口調査で取り上げられるべき質問に関する根拠づけ，また個々の質問項目に対する注釈・説明がある。すべてについてそれを論ずることはできないので，ここでは問題の多い項目 8 と 9 に関連する説明をみてみよう。[22]

既述したように，人口調査は単に国民総数を枚挙するのみならず，個々人の肉体・精神・社会的特性を捉えることで国民記述を達成させねばならない。この点に関しては，かつてのホフマン表の意義を認めるのにやぶさかではない。従い，個々人の性・年齢・肉体的精神的特性，宗教，家族状態，滞在様式，種族・言語を網羅し，かつ身分・職業と取得・財産，労働あるいは勤務関係をも調べるものが本来の人口調査ということになる。この内の最後の 2 項を別にすれば，それぞれの設定理由の理解は容易である。では，この 2 項の内の最初のもの，すなわち身分・職業と取得・財産とはどのような趣旨の調査項目となるのか。これに関連する統計としては，これまでのプロイセンならびに関税同盟における営業統計があった。しかし，手工業者表と工場表の性格が異なっていた。すなわち前者では手工業就業者の職業統計，後者では営業体の経営統計として別々の表示内容をもっていたために，全体的に職業統計あるいは営業統計のいずれとしても，不完全で中途半端なものに終わっている。その欠陥を克服すべく，まず肝要なことは，身分・職業は人口調査における個々人の職業調査，取得・財産は経営業務に関する営業調査の対象として峻別することである。前者は人口調査において個々人の身分と職業を取り上げ，全人口をその就業関係において捕捉することである。後者は営業調査において個人ではなく営業体そのものの経営内容を人的物的構成と業務成果から把握することである。こうして，同じ営業表に含まれていた記述内容の相違を明らかにする。以下，まずはその前者について考えてみよう。

人口調査での職業関連質問を通じて，人口統計に産業統計の意味合いをもたせることができるとするのがエンゲルの見解である。ここでいわれる産業統計

とは，人口を産業別職業別構成で表示すること，すなわち，プロイセンにおいて営まれているすべての産業と職業を網羅し，そこに就業する者を残らず部門分野別分類網で捉えることである。いってみれば産業別人口統計というものである。この産業は狭く物的生産分野に限定されることなく，精神労働（例，教育や学問研究）や所有保護活動（治安や軍事）をも含み，言葉の最も広い意味での収入（Erwerb）を目的とする人間労働全域が産業とみなされねばならない。従い，産業概念を工業（手工業と工場工業）のみならず，農林業・畜産・狩猟・漁業，採鉱・砕石業，また商業・流通業や保険業へと拡張したとしてもなお狭隘であり，さらに多くの非物的就業分野をも含ませる必要があろう。この点でこれまでの営業表は，農耕産業を欠き，非物的生産部門（保健，教育，公務，治安，等々）を無視することで，就業活動のいくつもの部門を欠いた不完全なものに終わっている。この点でザクセンの49年調査で採用された産業・職業分類が，イギリスやフランスでの実例を越えて，これまで最も優れたものとして参照されるべきである。これによって，全人口をその就業分野別に捕捉することが可能となり，自立した就業者が（その身内と共に）特定産業の特定職種に配置され，それは国民総数とも一致するはずである。従い，人口調査に身分と職業の調査項目を設けることで，国民総体の就業分野別配置（産業人口の分布）の記述が成立する。

　この職業調査には労働あるいは勤務関係の表示が連結する。これは，「人口の経済的意義を判断するための宝」であり，「個々の住民の労働あるいは勤務関係はかれらの社会的特性を認識するための鍵」となるものとされている。[23]人口調査の職業調査項目で，個々人の就業分野を明らかにした後で，そこにおける従業上の地位を問うものとなっている。

　次に，職業統計としての側面から，この人口調査用紙にある質問項目について具体的にみてみよう。調査用紙の質問項目8「就業，身分，地位，職業あるいは営業」と質問項目9「労働あるいは勤務関係」に対しては，まとめて8つの指示が添付されている。質問8に該当する記入指示と説明は次のような内容のものである。

　　14歳以下の者でも，家政あるいは営業経営で定期的に両親の手助けをしている，または（工場で）仕事に就いている者はそれを記入する。

15歳以上の者はその就業の種類を可能な限り詳細に記入する。商人・工場主・工場労働者といった表示では不十分であり，反物商人・木綿紡績者というように，取引と製造の物件も添えられるものとする。
　既婚女性が副営業に就いている場合（例，洗濯女・裁縫女・給仕女，等々）には，それを挙げる。
　一時的ではあるが，多少なりとも営業的で賃金のために働いている女性は，その就業を，例えば「一時刺繡」，「一時縫物」を添えて記入する。
　複数営業を営んでいる者，ないしは複数生計源のある者は，主営業を先にしてそれらすべてを記入する。
　職務も営業もない者は，例えば金利生活者・隠居者・退職年金受給官吏，等々としてその生計源の種類を記入する。
　1ヶ月以上の長期休暇にある兵士は，「帰休兵」を書添えてその営業を記入する。（質問9には，その労働あるいは勤務関係を記入）

　ただ単に就業部門のみならず，そこでの職種をも問うものとなっている。就学義務のある14歳以下児童，また婦人の就労も取り上げられている。続く項目9は，ザクセンの52年調査ですでに示されたように，「身分，地位，職業あるいは営業」とは別項目の「労働関係と勤務関係」として新たに設定された従業上の地位に関する質問である。その記入指示としては，次のひとつが該当する。

　　当該の者が所有者あるいは借地農業者，店主，親方，補助人，下僕，女中，等々，であるかを記入する。

　従業上の地位区分であり，これは当時の経済活動における階級・階層構成に最も切迫した調査項目となっている。この指示よりは，むしろ調査リストの質問9そのものに例示された所有者から奉公人に至る5地位分類，すなわちI. 所有者・借地農業者・店主・親方・企業家，II. 職工長，III. 職人・補助人（徒弟期間終了者）・徒弟，IV. 労働者，V. 奉公人の方がより具体的であり，この区分は60年代ドイツでの農業，商工業，手工業にみられた社会階級・階層構成を意識したものであることは明白である。その後のドイツ人口統計や営業統計で採用されることになる，業務所有者／中間管理職・専門職／被雇用者・労働者，この階級・階層3区分の原型がここに現われている。

　3．エンゲル提案の特徴のひとつに，こうした調査用紙によって得られた結

果を別様式の集約・公表体系にまとめることの意義を強調していることがある。上でみた調査用リストはあくまで原リストであり，それはそのままでは統計表とはならない。調査書式と集約・公表書式は別である。「リストと統計表は厳密に区分される。前者はつねに種，すなわち個々人にかかわる。後者では種，個々人はもはや認識されない；それに含まれるのはリストから集約された結果であり，表示の総括ならびにグループ分けである」。[24] 統計表は素材の明敏な区分に照応しなくてはならない。数量の獲得様式と公表様式を区別してこなかったのがプロイセン国家統計であり，この点に大きな誤りを犯してきたとするのがエンゲルである。草案では附録 III を設け，調査結果に概括性・明示性をもたせて集約・公開するための書式を「統計表体系」として提示している。集約リストは，人口 11，建物 4，農業 8，工業 4，商業・流通業 2 の計 29 表に及んでいる。それらの題目は以下の通りである。[25]

A. 人口
 1. 各市町村住民数
 2. 年齢1歳別・性別（州別）
 3. 年齢5歳別・性別（郡別）
 4. 肉体的精神的特性
 5. 宗教
 6. 家族関係
 7. 身分あるいは職業（主生業グループ別）
 8. 滞在様式
 9. 言葉と民族性
 10. 移出
 11. 移入

B. 建物と居住地
 1. 建物用途
 2. 取壊と新築
 3. 居住建物の広さと居住密度
 4. 都市での土地価値と負債実額

C. 農業
 1. 地所面積（面積 10 区分別）
 2. 耕地利用
 3. 耕作種
 4. 生産成果
 5. 家畜保有
 6. 土地所有規模（大／中／小）別家畜保有
 7. 経営種類（自己経営／借地経営別と主営業／副営業別）
 8. 土地価値と負債実額

D. 工業
 1. 小営業　人力と労働・勤務関係，販売額
 2. 大工業　人力と機械力，販売額，販路先

3. 印刷営業　　　　　　　　4. 被雇用者数別業務規模
　E. 商業・流通業
　　1. 商業と運輸営業　人力と機械力，販売額，販路先
　　2. 商号年数

　人口はこれまで説明してきた世帯リストからの数量による（ただし，移出・移入だけは市町村リストから）。建物と住所は市町村リストの数量，農業は家屋リストの数量，そして工業と商業・流通業は次節で検討する世帯リスト裏面の営業調査から獲得された数量を集約したものである。後述するように，この中の13表は統計中央委員会の審議の中で簡易化のために削除されている。従い，エンゲルの表体系は約半分に削られている。しかし，縮小されながらも，それをもって人口調査をして単に国民数確認に終わらせず，その肉体・精神・道徳・社会（経済），この4面において住民の特性を把握する国民記述たらしめたい，これがエンゲルの意図するところである。

　その一例を挙げてみよう。先にみた世帯リストの質問項目8・9の数量からは，人口の産業（就業）分野別分布，さらには社会的階級・階層構成の表示が可能となるはずである。これら双方の数量は，上述の非物的部門も含んで拡張された産業分野分類の下に総括されている。それは上のA. 7に対応する附録IIIにある集約表「A. 人口，8. 身分と職業，就業。扶養ならびに被扶養人口」の中で，以下の14部門区分と，それぞれに自立者／身内／合計の3区分が取られ，結局は42欄表示の統計表となっている。

　　1. 農耕　　　　　　　2. 工業　　　　　　　　　3. 商業
　　4. 流通　　　　　　　5. 個人的サーヴィス提供　6. 保養
　　7. 修養・教育　　　　8. 工芸・科学　　　　　　9. 祭礼
　　10. 国家・自治体行政　11. 司法　　　　　　　　 12. 陸海軍
　　13. 無職　　　　　　　14. 無申告

　1から12までの産業部門分類では，旧来の営業表段階の営業分類枠が大きく拡げられ，これまでは除外されてきた農業部門が加えられ，また教育や修養，行政や司法・治安などの物的生産以外の部門も取り上げられ，一国の全産業部門を網羅するものとなっている。被扶養者たる身内を一緒にして，国民総体の産業部門への帰属が一覧できる統計表が成立している。

ただ，注意しなくてはならないことは，ここでは職種分類までには細分されておらず，あくまで概括的な大分類に留まっていること，また調査用紙そのものでは職種と従業上の身分区分が質問されており，これらを組み合わせれば，職業分野別人口の社会構成に関する縦断的映像が獲得できたはずであるが，それが見送られていることである。これらはすでにザクセン統計局時代のエンゲルによって，49年調査結果の加工編集を通じて実績が残されていたはずである。集約段階では従業上の地位区分ではなく，自立者／身内という平板な組み立てに萎縮している。いかなる身分と地位で「自立しているか」が問題とされるべきところである。予想される集約作業の厖大さと複雑さを酌量して回避した結果なのか，それとも別に営業調査では就業者の地位構成が表示されることから，それをもって住民の社会経済分類が達成されるとみたのか。しかし，営業人口と総人口にはずれがある。残念なことに，国民総体にまたがる階層別区分表示はここでは行なわれていない。とはいえ，総人口がこの統計表によっていずれかの産業部門に帰属させられることが可能になる。これはこれまでのプロイセンの国家統計では不可能なものであり，センサス様式の調査をもって初めて成立しうる統計表である。

　以上，この産業部門別人口表ひとつを取ってみても，さらに他の統計表を加えて考えれば，これまでの国家統計表に掲示された数量と一見したところでは同じようにみえながらも，それとは形式と内容，また正確性や包括性を異にし，それぞれの標題に的確に対応した体系的表示が獲得されよう。直接調査から出てきた生の数量を活かして，人口・建物・農業・工業・商業と流通業，この5大局面にまたがる統計表示が達成可能となる。これは，かつてのホフマン表，またプロイセン国家統計表とは別種の相互に有機的関連をもった表体系であり，行政と学問の双方に最重要な認識を提供するという利点をもち，その国家経済的価値が大であることを強調するのがエンゲルである。

　4．調査の実施方式のあり方については，調査実施はリストの配布・記入・回収・点検，帰結の整理・集約・公表，そして原リスト保管と利用，この一連の手順からなるとみなし，さらに経費問題を加え，そのそれぞれに関し以下のような注釈を与えている。[26]

　1）まず，リストの配布と記入に関して。リスト配布は各県の県庁が中心点とされる。統計局から県庁に届いたリスト一式は市町村当局（大都市の市当局，

農村部の郡庁）に送られ，その内の市町村リストは当局に留められ，他の世帯リストと家屋リストはそこからさらに各家屋所有者（家主）に渡され，当人には世帯リストを各世帯に配布する義務が課せられる。世帯リストを調査日12月3日（火）のあまり前に配布することは不正確さのもとになるので，11月30日（土）に世帯主の手に渡ることが望ましい。ここで家主は世帯リスト配布の責任者であり，かつ回収にも責任をもたされ，正確な記入であるかどうかを点検すると共に，配布した世帯リストの通し番号順に，その家屋に居住している賃借家族ないしは世帯主の姓と構成員数を家屋リストに列記しなくてはならない。家主は個票の正確性を確保し調査漏れを防ぐ上で，重要な役割をもたされることになる。従い，家主には所有する家屋の居住世帯はもちろん，さらに又賃借人が居る場合でも，それらを正確にリストアップすることが要請される。調査はあくまで世帯主の自己記入による直接調査であって，とくにベルリンなどの大都会における，調査困難を理由にした既存の住民登録局のリストや警察署の管区帳簿などによる机上計算は絶対に認めることはできないとされる。ベルギーやイギリスのように，こうした住民登録制度が整備されている国でも，それのみでは正確な人口数は捉えられず，特定期間ごとに実際の「在庫調べ」，すなわち人口調査を行なって帳簿上の数量と実際の数量とを対照する作業が欠かせないのである。とくにベルリンでは，人口の流動が大きいためにこれまでの住民リストに依拠した人口調査では，そのつど首都人口の6-8％の調査漏れが出てきている。これは12月2日から3日にかけての短期間に世帯リストを用いた調査を集中徹底して実施することによってしか防ぐことができない。ましてや，人口調査は単に人口数把握に留まるのではなく，住民総体の特性を調べ上げ記述するものである以上，個票＝世帯リストの運用なしに済むことはありえない。この方針に例外はない。従い，例えば，これまでの調査では市民人口と区別され軍当局の保管する名簿から取り出されてきた軍人々口も，軍人を特別の身分としてではなくひとつの職業とみなし，61年調査では世帯リストによって，また兵舎に居住する兵士は特別世帯リストによって調べられることになる。

　イギリスやベルギーの調査で採用された特別有給調査員方式ではなく，住民（より具体的には学校教師，裁判所書記官，その他の団体や組織での書記役，等々）の中からの調査員の登用によるとする。特別調査員制は詳細な調査事項

を盛った調査用紙を1日で配布・記入・回収するという形の調査には必須であろうが（従い，その人員は多量で，費用も膨大なものになる），いま企画されているプロイセン人口調査ではそれは不要である。ザクセンでのこれまで3回の直接調査の経験からも示されるように，国民の協力によって，望ましい結果が獲得されるのは間違いがない。しかも，教養度が低いとされた農村部においてこそ，こと人口調査に関しては，その協力姿勢に望ましいものが多くみられ，それは半可通の多い小・中都市での住民が人口調査にもち込む混乱と不明瞭さとは対照的である。人口調査が単に行政施策に終わることなく，ひとつの国民問題，愛国的企画となる場合，プロイセンのような愛国主義の強い国にあっては，調査に対する国民の積極的協力が得られ，これによって特別調査員による聴き取り調査などに較べてもより正確な結果を獲得することが可能である。

　以上，被調査者としての国民の協力的参加に望みをかけ，これまでの人口調査方法の最高レベルのもの，すなわち，ベルギー・イギリスでの「世帯リストの利用を介した特別調査員による世帯ごとの個別記名調査」をさらに越えた，「世帯リストの利用を介した世帯主自計による世帯ごとの個別記名調査」を構想するのである。[27]

　2）次に回収・点検，および整理・集約・公開に関して。記入済みの世帯リストと家屋リストの回収は12月4日から開始され，7日までに終了する。それらは当該の市町村当局にまとめられ，そこで内容の点検が行なわれる。それ以降は順次，一様性と同型性をもった集約プロセスを通じて結果の集計が進んでゆく。もし，既存の官庁組織を通じて集約作業が行なわれるとすれば，1万人以上の人口を抱えた都市（83）では市当局がそのリストを自ら集約し，また1万人未満の都市とその他の農村地区（計323）のリストは郡庁によって集約される。こうした現場当局でまとめられた結果は県庁に届けられる。県庁で集約された表結果は最終的にベルリンの統計局に届けられ，そこで州と全土にまたがった結果がまとめられる。公表は上で述べたように，人口／居住地と住居／農業と家畜／工業／商業と交易，この5大部門にまたがる。ただし，それらの県結果すべてが統計局でまとめられ全国版として公表されるより前に，公報を通じた当該地での公開が推奨される。これは，共有財として統計に対する関心を惹起させると共に，あるかもしれない誤りをみつけ是正する手立てともなる。その好例がアイルランドの農業統計である。そこでは毎年の農業調査にお

いてその結果が迅速に公表されることで、大きな全体的関心が引き出され、また同時に質の高い統計が産み出される条件ともなっている。さらに、集約が進み、出てきた結果がより大きな数量になるほど、統計としての価値は高まる。しかし、それはそれぞれの都市や郡の直接行政目的にはあまりにも概括的で、当該地の詳細事を伝える資料ではなくなっている。そこで、とくに郡に対して、指定された形式での表への集約作業の前に郡結果への集約を優先的に認めるとすれば、これは郡当局にとってやりがいのある作業として受け止められ、郡統計の発展を促すことにもなろう。

　3) 原資料の保管と利用に関して。多くの自治体（とくに南ドイツの）では自治体帳簿が作成・保管され、自治体財産の記録のみならず、地域住民の個人事情、入来・滞在・退出に関する報告が収められている。県庁に保管されることになる原リストを利用させ、そのつどの人口調査によって得られる世帯や家屋、住民の就業区分、商工業、農耕と畜産、住民移動についての最新の記録をこの自治体帳簿に取り入れ、それによってさらに一層充実した目録作成を達成できる。自治体の正確で新鮮な在庫目録が作成可能となる。

　このように、統計局でまとめられる国家統計としてのみならず、最下級所轄当局としてある市や郡での調査結果の利用を誘引することで、国民生活に密着した資料として統計を活かし、またそのことを通じて統計と統計調査に対する理解を高め、さらに調査結果の整理要約作業にも積極性を引き出すことが可能とされている。

　4) 最後に、費用に関して。リストを用いた直接調査であることから、これまでの人口調査に較べ費用の増加が予想される。それは用紙＋植字＋印刷の費用であるが、プロイセンの1858年人口調査の結果から推定される61年の住民、世帯、市町村の数に合わせて、総額1.8万ターレルと見積られる。1,800万の人口のひとり当たり1/1,000ターレル（＝約1/3プフェニヒ）となる。これに較べ、集約・整理作業での出費はそれが特定プランにのっとり組織的に行なわれれば、それほどのものとはならない。このひとり当たり費用は諸外国の経費と比較すれば、はるかに低額である。有給の特別調査員制度を採用しないからである。また、かりに超過出費があったとしても、正確な人口数把握はそれを補ってあまりあるほどの収益をもたらす。関税同盟共通収益の配分が人口数を基準にして行なわれており、世帯個票による正確な調査によって0.5％程度の

調査漏れが是正され，約9万人分の収益増加が見込まれるからである。これはすでに1832年と52年のザクセン人口調査で経験済みのことでもある。「人口調査がまさに国民的企画とされる場合，比較にならないほど僅かな費用で，しかもより完全に目的が達成されることが望まれないのであろうか」[28]。当然，望まれて然るべきとなる。

　以上，みてきたように，この改革案はベルギーにおける46年調査を模範とし，かつザクセンの52・55年調査でのエンゲル自身の経験にもとづいていることは明白である。さらには60年のロンドンにおける第4回国際統計会議での決議，「望ましいことは，センサスは記名式であること，また実際人口の原則に立つことである。また同時に，調査時に一時的に不在な者を挙げることによって，正しい人口を確定できる手立ても取られるべきである」，また「各家族には独立のリストが渡され，そこにはその構成員に関して集められるすべての報告が記入されるものとする」を味方にもしている。エンゲルの構想にのっとり，プロイセンでも近代的人口センサスの実現が直後に迫っているかのような期待がもたされる。

III. 営業調査の新機軸

1. 1861年営業調査に向けて

　1．再三述べてきたように，1861年は3年おきの定期的な人口調査の年であったが，同時に第2回目の関税同盟営業調査の実施年でもあった。エンゲルが，人口調査に劣らず強い関心をもって改革を模索するのが，プロイセン王国ならびに関税同盟の営業統計である。ザクセン統計局での経験を踏まえ，これまでのプロイセン営業統計への批判を込めて，先の論文「人口調査の方法」では，人口統計と並んで営業統計への抜本的改革案，そのためのあるべき営業調査用紙の素案も提示されている。その前に，エンゲルをして抜本的改革案を提示する必要を感じ取らせた営業統計の前史が問題とされねばならない。エンゲルの考えでは，人口の産業部門別配置にかかわるものが先の職業統計であり，産業の利得と財産に関する資料がこれから述べる営業統計である。これまでの営業統計＝営業表はそれをどのように扱ってきたのか。

　営業統計は，既述したように，16年の人口統計にあった36種の機械技工と

手工業者を別枠に取り出し，その就業者数を職業身分別に表示したことに起源がある。[29] 19 年には，この手工業者表に工場部門と商業・その他部門を加え，これらの業務内容を 1 枚の統計表で表示したものが営業表として独立している。ここでいう業務内容とは，手工業者の職業身分別分類，工場経営での物的条件（施設・機械・道具・装置）の配置，その他の商業・運輸業・サーヴィス業における人的物的構成である。営業表では，表示項目をそれぞれ異にしたこれら 3 つの部門が一連の欄で連結されている（例，43 年営業表では，計 165 欄）。そこには手工業での職種別人的構成，工場での物的経営手段配置，商業・流通業における人的ならびに物的構成といった異質な表示方向が混在しており，それらが類別されず，各方向に沿った要素が整合性を欠いたまま記載項目に掲げられ，1 枚の統計表の中に収納されている。表示欄の設定には統一的原則が欠けており，統計表としてはまことに未成熟なものに留まっていた。とくに問題となるのは，同じ工業生産の担い手を小（手工業）経営と大（工場工業）経営に 2 分割し，前者には就業者の職種別区分，後者には主に物的設備（機械・道具・装置）区分からなる（就業者の表示は限られた業種に留まっている）統計表を当て，その他産業（商業・運送・サーヴィス）部門では，ある業種では人的構成，別の業種では物的配置を掲示する表を用意し，結果的には 3 部門分割にもとづく統計表を作成し，これでもって国民経済の体系的表示を可能とする。工業生産を大小（手工業と工場）に 2 分し，残余の業種を第 3 部門として一括する。これがプロイセン方式ともいうべき独特の営業統計の作成方式である。

　こうした特異な方式が出てきたのは資料源に制約されてのことである。個々の営業経営体へ独自の調査書式をもって臨むことなど不可能な当時，こうした営業活動を映し出した資料としては営業税記録しかなかった（また，その補完としての階級税記録）。プロイセンでは 20 年営業税法にもとづくこうした営業税記録が営業表の資料源に指定されていた。ここから営業税の対象範囲が営業表の部門・業種区分の基礎におかれることになる。手工業／工場／商業の 3 区分は営業税の対象区分（11 クラス）を集約したものである。既述した手工業部門での表示項目もこの資料に制約されている。営業税の対象としての手工業では，零細手工業者を免税とし，在庫所有と 2 人以上の成人職人・徒弟を抱えた層を納税義務者とみなし，そこでは単にその職種分類と地位別就業者数しか課税台帳には記載されていないからである。また，工場部門に出てくる営業では

使用される特徴的要素（原材料，原動力，機械・装置）が「外的標識」として課税の査定項目とされることになり，これらが税務当局の営業税台帳に記載され，それがそのまま工場部門の物的設備欄の表示事項に転用されているのである。営業課税の枠組みによって営業表の表示方式が規定され，課税のための査定項目がその表示内容を構成している。少なくとも60年代までのプロイセンでは，こうした税記録が利用可能で，かつ最も信頼できる営業統計の資料源とみなされてきたのである。

　1846年にプロイセンを越えて関税同盟全体で営業統計の作成が試みられる。43年の関税同盟総会で営業表作成の必要が提起され，その作成方式，それに関連してプロイセン方式の変更をめぐってさまざまな議論が引き起こされ，いくつかの改革点も示された。しかし，これまでの営業表との継続性を理由に，大幅な変更を認め難いとするのがプロイセン統計局であった。最終的には，関税同盟内でのプロイセンの力に押され，その営業調査も基本的にはプロイセン方式を踏襲することになった。ただ，表示欄の連結様式が廃止され，初めて手工業者表（ただし，これには商業・運輸業以下の各種業種が併合され，内容面では手工業者表とは大きく異なっている）と工場表に2分され，また工場表には物的設備の他に就業者（多くの業種では性・年齢別の労働者）の数量が記載されることになった。こうした修正（前進）点はあるものの，基本的構成ではこれまでのプロイセン方式が大枠において採用されることになる。

　2．46年調査に続く第2回目の関税同盟営業表作成への動きは54年の第10回関税同盟総会から始まる。統一的な営業調査の実施を指示すべく，そのための検討委員会が設けられている。これを積極的に訴えたのがザクセンとバーデンの関税大使である。そこでは当然に，これまでのプロイセン方式の改革が問題となる。しかし，変更を極力抑えたいとするのがプロイセン統計局である。プロイセン統計局と他国当事者とのやり取りが続く。関税同盟は営業問題に詳しいプロイセンの財務官僚フィーバーンに次回営業調査の草案作成を委託する。その草案をめぐって5ヶ国代表からなる検討委員会の審議が，1854年8月下旬にミュンヘンで開催される。ここでまとめられたのがミュンヘン案であり，それは，①営業表を3分割し，「手工業者と主として局所的需要のために就業している営業経営者と機械技工」，「主として大取引のために活動している営業施設」，そして「商業，運輸業，サーヴィス業，書物取引関連施設・企業」のた

めの統計表を別々に立てる，②それぞれの統計表では就業者身分構成を詳述する，③商工業に関する営業調査とは別枠で，農業，家畜，採鉱・製錬・製塩経営に関する調査を行なう，等々の点に特色をもっていた。

　しかし，これが55年調査としてスムースに実施に移されることはなかった。歴史的な実績をもつとする営業表をあくまで遵守しようとするのがプロイセン統計局（局長ディーテリチ）であり，その側からの抵抗が強かったためである。プロイセンの同意なしに，関税同盟統計を作成することは不可能である。関税同盟での55年営業表作成作業は頓挫する。

　その後の57年9月のウィーンでの第3回国際統計会議時には，オーストリアの提唱でドイツ圏15国の代表が集まり（ただし，統計会議の誘致争いに敗れたプロイセンからの政府代表はなし。2名の任意参加に留まる），ドイツ全体にまたがる統計作成統一化のための「綱領」が作成・提示され，各国統計の同型性と比較可能性を確保するための算段が検討されている。この綱領作成者はザクセン王国統計局長に昇任直後のエンゲルその人であった。しかし，こうした統一化に向けての気運の盛り上がりはあったものの，それによって関税同盟営業調査の停滞が打開されることはなかった。先に引用したエンゲルの関税同盟統計批判にあった，ウィーン会議以降に統合化への動きはむしろ後退したとする文言はこのことを指している。

　59年に入り，一方のミュンヘン案での実施を是とする財務省と商務省，他方のプロイセン方式に固執する統計局とその後盾の内務省，この間の政治レベルでの折衝が加わり，商務省高官デルブリュックの仲介を得て，統計局から修正案提示があり，それを容れて61年営業統計作成へ向けての途がようやく開かれることになった。修正案は3統計表分割を認めてはいるが，それぞれの形式と内容ではこれまでのプロイセン方式を多く採用したものとなる。例えば，問題が多いとされた織物業では，以前と同じ不明瞭な区分が残され，織物工場と稼動織機が別々の欄に分かれて計上され，工場内織機の二重計算がそのままに放置されたりしている。ミュンヘン案の表示分野・欄の大幅な削減もあり，その工場部門では「過度の赤字が暴威を振った」[30]とはエンゲルの表現である。61年営業表はいわば妥協案ではあるが，しかし内実はこれまでの方式を踏襲したものといってよい。

2. 1861年営業調査構想

1. 上のような方式にもとづいて長年に渡って作成されてきたプロイセン王国、そして関税同盟での営業表ではあるが、それをもってしては現実の国民経済の現状描写には成功しないとするのがエンゲルの考えである。すでに、ザクセン時代の1857年に、以前の46年関税同盟営業表を取り上げ、それが王国営業の実態を映し出す統計表とはなっておらず、その図式はザクセンの工業関係には適用不能として否定的評価を下していた。それは、例えば、ザクセンの織物業では個々の業務分野が重なって営まれており、関税同盟から指令された統計表図式にあるような細かな分類は不可能なために、ザクセンの国状に不適合である。また同一業種での就業者数について、営業表の数値と近接した人口調査結果の間には信じられないくらいの違いが出てきており（信頼性は後者の方がはるかに大きい）、その原因は統計協会の杜撰な集計作業に加えて、関税同盟営業表の作成指示に大きな不備があったことにあるとする。

自然／労働／資本／販売、この4要素からなり立っているのが国民経済であり、独立の調査書式を介してその現状を的確に描写するのが産業統計である。これは従前からのエンゲルの持論である。成功したとはいい難いが、これをすでにザクセンの55年営業調査で試みている。これに照らしてみた場合、プロイセン、そして関税同盟の営業表の非科学性は歴然であるとし、真正面からこれまでの営業統計に対する次のような批判を展開する。[31]

エンゲルの考える産業統計は職業統計と営業統計から構成される。この2つは別種の統計である。プロイセン（および関税同盟）の営業統計はこの双方の違いを看過し、これまでの営業表はそのいずれの統計表としても失敗している。営業表で不明瞭にされてきた職業統計と営業経営統計が分離独立させられ、それぞれにまったく異なった調査項目をもった調査書式が当てられる必要がある。これが、61年調査において、人口調査用紙の裏面に別途、営業調査項目を添えた理由である。

一国の産業の把握には、①各産業とその就業者の配置（産業の地理的分布とその就業人口）、②利用される力（生きた力としての労働者と死んだ力としての物的設備）、③その生産成果（生産額と販売額）、この3面からの接近が不可欠である。上でみたように、各産業の就業者に関しては、これを職業統計の対象

とみなし，人口センサスの職業調査欄を利用して産業別就業者統計に編成することで概括が可能となる。この職業統計によって就業人口の配置に関する報知は獲得されるが，営業で使用されている労働力と機械力，その成果については不明なままである。これは別に営業統計によって捕捉するしかない。ここでは，個々人ではなく業務組織としての営業経営体が調査されるべき対象となる。しかし，それをこれまでの営業表に求めることはできない。というのは，生きた力と死んだ力，さらに成果に関する満足ゆく数量はプロイセンと関税同盟の営業表からは獲得できないからである。営業表には労働力や機械力のいずれに関しても十全な表示はなく，また成果についての統計はまったく欠落している。営業表は営業統計としては失格である。

　営業統計は，上述の人口の特性記述との関連でみれば，国民の取得と財産に関係する統計ともいえる。取得とは生産額と消費額，財産とはそのための物的生産手段のことであり，営業経営の所有する資本（不動資本・可動資本）を指す。これらは，具体的には農業経営での土地所有規模，田畑・牧場・草地・森林などの土地利用，禾穀類・飼料用穀物・球根植物・油脂作物・果実などの耕作種別使用，そして家畜所有，また工業と商業・流通業では，作動機械・道具・装置，生産額や販売額，販売先，さらにそれらから推定される資本規模，こうした項目によって統計の中に映し出されるべきものとなる。

　この内，農業経営の調査は行なわれていない。商工業に関しては，プロイセンと関税同盟の営業表がなんとかその人的物的経営内容を掴もうと試みてきた。ところが，そこでは「まったく意味もない事柄に注意が払われ，本質的に重要な事柄は無視されている」。[32] とくに工場表にある物的設備欄では，ただ単に各営業種での機械・装置の数量のみが表示され，その内容的性格が不問にされている。例えば，ガラス工場では炉の数量のみが挙げられている。この炉にはいくつかの種類の炉が使用されているのだが，それらすべてが溶解炉と解され，しかも溶解炉自体にある生産能力・性能の違い（木材燃料の炉と石炭燃料の炉）とそれぞれの生産成果の差が明らかにされないままである。同様の事態は，製粉業での碾臼の種類別区分や工場施設での原動力（水力・蒸気力）表示についても妥当し，その内実に踏み込んだ細かな区分が取られていない。こうした括り方ではその中にある機種ごとの生産能力の違いが見逃され，従って，力の正確な測定は不可能となる。機械力をその詳しい内容区分を伴なった形で統計の

中に映し出す作業が必要となる。しかし，それがこれまで実施されたことはない。61年営業調査用紙において物的機械力に詳細な質問項目が設定される根拠である。

また，成果というのは生産の結果と販売であるが，この両者共にこれまでの営業表では表示対象にされたことはない。プロイセンの自由主義的経済政策の下，こうした経営の機微にかかわる事項との接触は意図的に回避されてきたためである。だが，これを欠いては，生産と消費（販売）の規模という国民経済の基軸にかかわる重要側面が不明なままに残される，というのがエンゲルの考えである。

こうして，「現在のプロイセンの表（営業表のこと——引用者）を，同じように非常に欠陥のある新たな関税同盟諸国の表のために提供し，全体的に変革すること，これはほとんど無駄な努力である」[33)]とされる。プロイセン方式の営業表ではなく，まったく別の観点に依拠した営業統計が志向されねばならない。これまでの営業表では脱落していた営業業務での詳細な人的物的構成，生産と販売の規模，商業活動での販売方向，とくに農業経営での土地所有における評価価格と負債額の現状，これらをも含んだ営業調査が構想されることになる。農業経営に関しては，商工業とは別に家屋リストにある土地調査用紙と農業・家畜調査用紙がその実情把握に当たる。商工業に関しては，世帯リストの裏面にある営業調査用紙を使ってその経営内容に迫る。これは営業統計を広く産業統計の一方の柱とし，営業体の力と成果を示す統計として改編し，生産力／生産関係／生産成果に関する情報を含んだ経済統計を作成しようとするものといってよい。

2．こうした批判的検討を通じ，エンゲルの構想した61年営業統計は直接全数調査である。まず，家屋リストを用いて土地・農業・家畜保有に関する調査（土地価値と負債，経営面積と経営種，保有家畜の種類と数量，等々への質問）を独自に行なう。次いで，工業・商業・運輸業に関して，それを「営業・商業・交易に関する質問」として，規模の如何を問わず，なんらかの営業（＝商工業），あるいは運輸業を自立して営んでいる者（＝独立営業経営者）すべてに対し，次のような8つの質問項目を盛った営業調査書式を設計し，[34)] これを世帯リストの裏面を使った独立調査に向けている。

1. 業務の一般的名称
2. 商人権をもった商号の有無，その名称と成立時期
3. 主に製造している，あるいは製造させている商品・物件の種類，また取引でのその名称
   （商業に対して）主な取引商品種類
4. 営業経営者とその家族身内を含めた業務で直接に就業している者の数量

    雇主

    商人としての修養を受けた者あるいは会計職員

    技術的な修養を受けた職員，職工長

    手工業職人と補助人，徒弟

    日雇労働者

    荷造人，市場人足，運搬人

    15 歳以上就業女性

    就学義務のある 14 歳以下男児・女児

    家屋外で間接的に雇用している労働者の概数
5. 業務で使用されている

    機械力

    水力　　平均水位でのその馬力

    蒸気力　その馬力

    蒸気力はただ渇水期の補助としてのみの使用か否か
6. 業務での使用道具・器具・装置・機械の種類と数量
    a) 冶金と採鉱での装置としての炉（16 種別）と溶解容器
    b) 紡績・織物・染色・捺染・光沢仕上の装置

       紡錘（7 用途別）

       織機（製品 2 類別の計 18 用途別力織機・手織機）

       捺染机，輪転印刷機，平版印刷機
    c) 印刷営業での印刷機（6 種別）
    d) 製造工場と製紙工場での碾臼と類似装置（9 種別）
    e) （交易目的用）輸送装置（5 種別）
7. 年間販売額
    a) 1860 年の直接生産商品・物件の価値総額
    b) 1860 年の販売商品・物件の価値総額

       販売先別の販売価値額割合概要（販売圏 9 区分）
8. 兼業農業の有無

所有農耕・園芸地の有無，その面積
　　　賃借農耕・園芸地の有無，その面積

　ここでいう業務とは，製錬・製粉・紡績・染色・印刷などのための工場施設・作業場・製造場での製造と加工活動，また製品卸問屋や書籍販売店での取引活動を指す。これまでの営業表への批判から，当然のことに，この調査用紙では手工業者表／工場表への二分法は取らない。大小すべての営業経営体（手工業，工場工業，問屋工業，商業，運輸業）に対し同一調査用紙をもって臨み，営業の全数調査を実施しようとするのである。そこには営業税記録からの制約もなく，これまでタブー視されてきた経営体の生産額や販売額にも調査項目を延ばす。また，人口センサスと連動させることで，実査をスムースに遂行することも可能となる。これらを通じて，商工業部門での営業センサスが志向され，これまでの税務資料からの副産物という段階を一気に克服した形で，近代的レベルでの営業統計像が描かれている。

　この調査用紙では，就業者に関する詳しい区分を設け（質問4），人口調査と同様に，それを雇用主／商人や技術者としての修養を積んだ者・職工長／職人・補助人・徒弟／労働者／その他の被雇用者という地位構成で表示しようとしている。さらに業務場所以外で雇用されている層（その多くは家内労働者）も計上されるとしている。また，物的生産手段への実に詳しい質問設定がある（質問5ととくに質問6）。これは先に指摘したように，プロイセン営業表のあまりにも平板な機械・装置の数量表示によっては実際の生産能力把握が不可能になっているとする批判から出てきている。次の特徴は，経営内容そのものに関する質問項目が設定されていることである（質問7）。生産額・販売額・販路，これらはいずれもエンゲルによって生産と消費の規模の捕捉にとっては不可欠な事項とされたものである。

　農業部門と並んで，このような商工業に対する営業調査を人口センサスと併行して実施しようとするのである。この方式は，46年のベルギー，55年のザクセンでの調査で実施済みであった（ただし，既述のようにザクセン営業調査は失敗に終わっている）。加えて，60年のロンドンでの国際統計会議決議の1項に，人口調査の他に，「さらに，経済的ならびに社会的状態の完全な認識に寄与する他の報告が，それが極めて望ましいために，人口調査の機会に大きな

費用増大もなく調べられる場合には，その調査が実施される」があった。これらを踏まえ，エンゲルの考えでは，人口調査と併行させて，農業と商工業でのセンサス様式の調査を同時に実施することが可能とされ，それへの見込みも大きかったと思われる。

　3．ところが，この調査書式での質問は次のような形で集約・公表されることになる。上の「統計表体系」の「D．工業」と「E．商業と流通業」がそれであるが，ここでは工業についてみてみる。工業部門では小営業／大工業という，エンゲルが拒否したはずの二分法が採用されている。これがプロイセン営業表に伝統的な手工業と工場企業の区分であることはいうまでもない。従い，前者では専ら営業の人的構成に焦点が絞られ，後者では人力と機械力（発動機と作業機・道具・装置），および経営成果の3面に表示がまたがっている。[35]

1. 小営業（手工業者，および主として局所的需要に従事している営業経営者と技工）
　　営業種
　　業務あるいは施設　単純業務数（単一営業が営まれている）
　　　　　　　　　　　複合業務数（複数営業が営まれている）
　　人力　　雇用主　　店主・主人・親方，等々，企業家（性別）
　　　　　　被雇用者　技術的あるいは商人としての修養を積んだ監督
　　　　　　　　　　　職員（性別）
　　　　　　　　　　　職人と補助人（性別）
　　　　　　　　　　　徒弟（性別）
　　　　　　　　　　　その他の労働者（性別）
　　　　　　　　　　　日雇労働者（性別）
　　　　　　　　　　　14歳以下児童（性別）
　　　　　　　　　　　就業者総数

2. 大工業（工場，および主として大取引に従事している営業施設）
　　営業種
　　業務あるいは施設　単純業務数（単一製造が営まれている）
　　　　　　　　　　　複合業務数（複数製造が営まれている）
　　人力　　雇用主　　店主・主人・企業家，等々（性別）
　　　　　　被雇用者　技術的あるいは商人としての修養を積んだ監督

```
            職員（性別）
            職人と補助人（性別）
            徒弟（性別）
            その他の労働者（性別）
            日雇労働者（性別）
            14歳以下児童（性別）
            就業者総数
機械力  発動機   蒸気機関  蒸気機関全数
       （原動力）         上の内の補助機械数
                       蒸気機関全体の馬力数
                       補助機械の馬力数
            水馬力
            馬作業場  その数量
                    そこで作業している馬匹数
       作業機・道具・装置（各工業分野用特別欄が設けられる）
   製造．取引と販売  価値総額  製造（ターレル）
                         取引・販売（ターレル）
            販路先別販売価値総額（販売圏11区分）（ターレル）
```

　このような二分法はエンゲルのそもそもの構想に反するものであった。営業調査用紙そのものには，そうした区別はなくすべての営業経営に対して同一調査項目が設定されていた。にもかかわらず，集約表示の段階になって二分法を採用したのは，関税同盟での統一表示の必要から余儀なくされたものである。また，営業分類も関税同盟で用意された手工業16分類と大営業9分類が利用される。しかし，上述したように，エンゲルの持論からすれば，工業を大営業と小営業に区分することは薦められない。というのは，経営の大小区分に的確な基準を設けることは不可能であるからである。ここから，就業者の規模と就労関係に応じて全営業体の区分を考えてゆく方向が取られるべきであるとしながらも，関税同盟諸国間での協定があるために，不本意ながら二分方式に従ったと釈明している。[36] 職業統計としての手工業者表，経営統計としての工場表，この異質な要素の寄木細工（さらには，商業表も加わる）がプロイセン営業表であり，それに依拠した関税同盟営業表であった。すでに，ザクセン王国統計

局で統一的な営業調査を起草した経験をもつエンゲルには，そうした大小分割が恣意的であり，さらには手工業者とされながらも自立性を失った労働者同然の零細業主，逆に手工業の中に輩出してくる工場企業，また工場といわれるものの中にある手工業レベルの作業場，こうした実態を見落しているとみえた。しかし，関税同盟全体でこの分類の採用が決まっている以上，本来ならばその採用を見送るべきであるが，それに従わざるをえない。いわば，妥協の産物ではある。

IV. 改革案をめぐって

1. 統計中央委員会における審議

　1．とはいえ，以上はあくまでも 1861 年調査に関する統計中央委員会に提出されたエンゲル個人の草案である。中央委員会での審議を受けなければならない。審議の結果，エンゲル草案には調査項目と統計表体系の大幅な縮小が加えられている。そこには，調査の簡易化という下で，内容的萎縮ともいうべきものもみられる。

　61 年 5 月 3，8，11，15 日の 4 日間をかけ，エンゲル案をめぐって集中的審議が行なわれている。[37] これに参加した委員には，先述した当初の中央委員会メンバー 11 名の内，モーザー，マイネッケ，ツィンメルマンが抜け，それに替ってデルブリュック（商業・営業・公的労働省），ギュンター（財務省），ケーラウ（国防省）の名があり，議長ズルツァーと他の 7 委員は以前のままである。また，統計局のベックが議事録作成を担当している。この中で，デルブリュックは 61 年関税同盟営業表をめぐるプロイセン統計局と他国との意見相違を調停した人物である。

　エンゲル案における 4 様のリスト採用，すなわち世帯リストでの自己記入による現住人口把握，世帯リスト裏面を使った営業調査，家屋リストを使った農業と家畜調査，市町村リストを使った建物調査，施設などでの特別リストの使用，この基本様式に関しては原則的承認を得ることができた。つまり，人口，農業，商工業における直接全数調査＝センサス様式が認められたということである。ところが，それぞれの個別リストではいくつかの，また場面によってはゆきすぎともいえるほどの修正と簡略化を受けざるをえなかった。以下，それ

らの主要点をみてみると以下のようになる。

 1) 家屋リスト。世帯リストの管理リストとしての意義が認められる。また，地所の正確な捕捉のために，リストの最初に地所番号を街・区画番号と一緒に記入する。しかし，地所統計としては地所の価値と負債に関する質問がすべて削除される。これは所有者から正確な回答を得ることが不可能との委員会の判断による。

 2) 市町村リスト。世帯リストと家屋リストの管理表として使用される。このリストを用いた建物調査の最後に当地の耕地特性（良／並／劣）別面積を問う質問があったが，これは不要とされる。さらに，エンゲル案にはこの市町村リストから移住統計が作成されるとあったが，これは委員会によって否定される。これまで県庁が継続作成してきた移入–移出報告に新たなものを加えることは不要とされたからである。

 3) 世帯リスト。特別リストの配布対象に「修道院と僧院」がつけ加えられる。世帯個票の精神病者・白痴への質問項目 5 はそれらの識別が難しいという理由で削除される。家族関係の質問 7 にあった既婚者の同居／別居の区分は不要とされる。滞在様式に関した質問の 10 と 11 は詳細すぎ，これは関税同盟指令に合わせて「一時的滞在者」と「一時的不在者」の 2 項に減らす。出生地への質問 12 は単に国家レベルに留まらず，「調べられた州の外で産まれたプロイセン住民の出生州名」が追加され，回答欄が 2 に増える。質問 13 には単に家長のみならず，身内をも含ませる。質問 14 は重要な情報を提供するとしても，関連した次の質問 15 は正確な回答は無理との判断から削除される。最後の，救貧受給に関する質問 16 はいまのところ不必要との理由で除かれている。

 こうした細かな修正・削除を受けて，世帯リストでは質問項目数が 16 から 11 に，回答欄数で 30 から 23 に減少している。住民の社会経済関係への質問 8 と 9 はそのまま承認され，これによって「総人口をその主要生業クラス，同じく自立者と身内，すなわち扶養者と被扶養者へグループ分けするための有効な基礎が獲得される」ことが期待されるとする。この点を含めて，世帯リストに関しては，抜本的な変更は加えられずエンゲル案の趣旨がほぼ認められたということになる。

 他方で，営業調査は中央委員会でどのような審議と修正を受けたであろうか。世帯リストの変更にはさほど大きなものはなかったといえるが，農業と営業

（商工業）への質問は重要項目の削除により，大幅な変更を蒙ることになる。

　4）農業統計。家屋リストを用いて行なわれるとされた農業と家畜保有に関する調査では，その土地面積・用途別利用・耕作種別利用に関する質問が全面廃棄されている。これは，目下プロイセンの上下両院で地租問題が審議されており，やがて全般的土地台帳が作成され，それをもとにした農業統計の編成が見込まれる中，そのような調査を先行させることは適当とはみなされないという理由からである。従い，質問は家畜保有（7種）と農業での被使用者（下僕，また現物受給なしの日雇労働者，インステロイテといった現物受給者をも含む），および専業／兼業関係の3類に留まり，結果的には大幅に萎縮された農業調査ということになる。これでは全般的農業調査にはほど遠く，家畜保有に大きく偏った調査に矮小化されているといってよい。

　5）営業統計。世帯リストの裏面を使った工業と商業・流通業に対する調査であるが，委員会は次のような変更を必要とみる。商号への質問2は削除する。質問4は簡略化が必要とされ，職員・職工長以下の被雇用者への質問は単に労働者という枠で一括され，その性別と年齢別（14以下／15以上）表示のみで諒とされる。質問5には馬力のみならず，蒸気機関そのものの数量を取り入れ，他方で水馬力への質問はその測定が困難とみなされ削除される。さらに，営業の生産額・販売額，また販路についての質問7はすべてが廃棄されている。これはエンゲルによって営業統計に欠かせない表示項目とみなされたものであるが，たといかに貴重な情報ではあろうと，それについては直接質問によって正確な回答を引き出すことは不可能であろうし，またこの質問ひとつによって営業経営者の反発が引き起こされ，調査全体が挫折する危険性さえ感受される，委員会がこう判断したためである。商工業での農業兼営への質問はここでは不要とされる（世帯リストの質問13でカヴァー可能とされる）。

　エンゲル案の特徴のひとつに，質問6での詳細な物的生産手段（＝物的力）への設問があった。ここでは，輸送装置への質問を別にして他はそのまま承認され，エンゲルの意図が活かされている。しかし他面で，エンゲルの考える営業統計の柱ともなる調査項目，すなわち工業生産における人的力とその成果については，前者では草案にあった被雇用者身分5区分が「雇用主／技術的また商人としての修養を積んだ職員／労働者」の3区分に短縮され，後者は上述したように全面的に削除されている。この後者に関しては，エンゲル構想にある

営業調査からの後退は明らかである。

　6）統計表体系。以上の修正を受け，当然のことに表体系も大きな変更を余儀なくされる。当初のエンゲル案にあった29表は下のように16表に縮小されている。しかも，人口部門の家族状態，滞在・不在，言葉と民族性に関するそれぞれの表では表示項目数が減らされ，工業部門の大工業分野の表では上で述べられたようにその生産・取引額と販路先別販売額，また集約段階で官庁の作業に過重な負担になるという理由で就業者数別規模分類が削除されている。さらに商業・流通業部門ではその機械力と販路先別販売額が全面削除されている。簡略化という下で，こうした重要項目の削除が行なわれている。

　　A．人口
　　　　1．各市町村住民数　　　2．1歳別年齢・性別（州別）
　　　　3．5歳別年齢（郡別）　　4．聾唖者と盲人
　　　　5．宗教　　　　　　　　6．家族関係
　　　　7．滞在と不在　　　　　8．身分と職業，就業
　　　　9．言葉と民族性
　　B．建物と住所
　　　　1．建物用途　　　　　　2．取壊と新築
　　C．農業　7種別家畜保有
　　D．工業
　　　　1．小営業　　　　　　　2．大工業
　　　　3．印刷営業と書籍企業
　　E．商業・流通業　商業と運輸営業における業務数と人力構成

　分量的には約半分に縮小されたことになる。量もさることながら，やはり問題は，数値資料を通じて一国社会経済の基底に迫りうる可能性をもった統計表であることは認められながらも，現況の下でのその実現性が疑問視され，表そのものが削除される，あるいは削除されないまでもその中の重要項目が落される点にある。これは委員会内部にいまだ61年調査に向けての慎重な意見が強かったことによると考えられる。すなわち，国民諸階層にまだ残っている官庁統計に対する不安観や被調査者としてのかれらにかかってくる負担に配慮し，また調査に伴なう官庁業務での負担増加を回避することを考慮した，こうしたことによろう。エンゲル自身はこの機会にプロイセン統計の遅れを一気に取り

戻すべく，あるべき統計調査を全面に渡って構想した。しかし，各行政業務責任者の眼には，プロイセンの各地各分野での現状からして，それがそれほどに簡単な作業とはみえなかった。従い，エンゲル草案にゆきすぎがあることを感じ取った結果である。統計局長と省代表者の考えの間にはこうしたギャップがあったと思われる。エンゲルは，「統計中央委員会の審議に引き入れられた人口・農業・工業・商業のより完全なプロイセン統計の草案はかなり弱体化された形で（in ziemlich verdünnter Gestalt），中央委員会の手で再生された」[38]とする悔しさを滲ませた一文を残している。

　2．とまれ，エンゲル案は以上のような簡易化を受けて中央委員会案として内務省に提出されている。簡易化を受けたとはいえ，とくに世帯リストを介した人口調査プランをみる限り，これだけでも実現に漕ぎつけたとすれば，プロイセン統計調査史において画期的段階をもたらす調査といえるものではあった。しかしながら，実行を前にした段階で地方の現場当事者からの大きな抵抗に出会い，それが実施不可能となる。というのは，次のような経過が挟まったからである。すなわち，中央委員会提案を受けて，5月後半から6月をかけて内務省と財務省から地方長官に対しその実行可能性が諮問に出され，各州それぞれの県や郡において統計業務に通暁した者からの意見徴集が行なわれることになった。その結果，ブランデンブルク州とザクセン州では多くの関係者の賛成があった。またシュレージエン州とライン州でも，少数ながら誠意ある賛同者が得られた。しかしながら，他の州の現場当事者の圧倒的多数からは，こうした様式による調査には反対との意見が提示された。その理由は，人口数把握を越えた詳しい国民記述，また自己記入方式に対する不理解と抵抗にあったとされる。[39] 7月3日の中央委員会ではセンサス様式の調査の実行は不可能と判断される。反対意見を斟酌して新たな方式を練ることは時間的にみて無理となる。

　結局，61年調査は40年来の旧方式，すなわち市町村当局が調査員を動員して家屋・地所ごとの住民をリストに記入する，こうした方式で行なわれざるをえなかった。ただ，一部の都市と郡部，またとくにこれまで問題の多かったベルリン市の人口調査では世帯リストによる自計式が導入され，後日，これが好ましい効果をもたらすことができたとの報告が提出されている。

　その後，この61年のプロイセン人口調査をめぐって出てきた新たな動きを背景に，63年のミュンヘンでの第15回関税同盟総会では，次回64年の関税

同盟人口調査時には，加盟国家全体においてこの世帯個票方式が採用されるべきとの決議を引き出すことができた。これを受けて，64年調査にあっては，プロイセン全土で新方式の全面的な採用をみることになる。のみならず，この方式採用はプロイセン以外にも波及してゆく。例えば，ヴュルテンベルク王国では，リューメリンの指導の下に世帯個票による64年人口調査が導入されている。次回の67年12月3日の関税同盟人口調査においては，関税同盟未加盟国を含んでドイツの全国家が同時に人口調査を行ない，かつ北ドイツ連邦では世帯リストによる直接調査が導入されている。さらに71年12月1日には統一後のライヒ全域においてセンサス様式の人口調査が初めて成立することになる。[40]

　61年調査で人口調査用紙が実際に利用されなかったことは，いうまでもなくその裏面の営業調査用紙も未使用のままに終わったということである。旧来通り，主に税務記録に載った数量を営業表書式に転記する方式で事柄が処理された。もし，推測が許されるとして，こうした調査用紙を用いて61年調査が施行されたとして，人口調査はともかくとして，エンゲル構想にのっとった営業調査がこの段階で果して完遂されえたかどうか，疑問の残るところである。営業調査用紙もなるほど中央委員会の審議で大きな簡易化を受けている。しかし，それをもってしても，営業調査には人口調査以上の壁が立ちはだかったであろうことは想像するに難くはない。なによりも経営業務内容に関する詳しい質問には営業経営者の抵抗・反発がより強く，また集約整理に当たる官僚機構の協力を得ることも困難であったろうからである。従い，企画倒れの公算の方が大きかったと思われる。個々の業務内容への立ち入った質問設定による営業調査には一般的にいっても抵抗が強く，しかもそれを人口調査と同時に行なうことは，被調査者たる営業経営者にとって大きな負担となりその反発を増幅させ，また現場市町村の調査担当部署に過重負担を強いることも明白である。配布された調査用紙ではあったとしても，利用に耐えうるものがどれほど回収しえたか，これは大いに疑問とされるところである。このことは55年ザクセン営業調査でエンゲルが実際に失敗体験し，ために引責辞職という苦汁を嘗めさせられたことではなかったのか。

2. 再び関税同盟統計批判

1. 統計中央委員会の手で簡易化された人口調査プランであったにもかかわらず，その実行可能性をめぐる現場当局側からの疑念が優勢となり，改めてどのような方法で12月の調査を実施するか，これについて8月末までに結論が出る見込みが立たず，結局は旧様式での実施ということになった。

こういった事態を前にした9月に，エンゲルは『統計局雑誌』に小文「1861年12月3日の人口調査」[41]を載せ，61年調査が新構想ではなく旧来の方式で実施されるに至ったことをやむをえないとしながらも，新たな方式への批判には根拠がないとする反論を提示している。そこには新方式による61年調査の挫折を前にして，当事者の無理解に対し憤懣やるかたなしといった感じが出てきている。

エンゲルは次のように述べる。新方式に対する疑念は，提起された自計という方式があまりにも複雑すぎ，国民の大部分の教養程度からみて実行不可能である。よしんば実施されたとしても，不首尾な調査に終わり，結果的に国家財政に大きな負担をかける。こうした点にある。しかし，これら批判が根拠のないものであり，以下に説明するように，旧方式が提起された世帯リスト方式に較べてもつ利点はひとつもない。

旧方式，すなわち3年おきの関税同盟人口調査で使用される原リスト方式はその目的を関税収入配分におき，そこには国民記述という要素は欠けている。従い，人口の性・年齢を越えて，他の精神的・社会的・経済的特性といった側面には関心が払われず，ひとえに人口数のみが関心の対象となっていた。しかし，関税決算人口把握が主眼とされながらも，この調査には多少なりとも詳しい情報収集が挟まれてきたのも事実である。プロイセンではこの人口調査に際して内務省が現地当局に原リスト作成を課し，そこでは家屋リストを運用した家屋住人からの聴き取りによって，決して少ないとはいえない住民情報が獲得されてきた。住民はこれら複雑な聴き取り調査に十分対応してきたし，調査側もその煩雑な集計・整理作業に従事してきている。これは9項目13欄に渡る家屋リストであり，そこには住民各人の個別的属性（性・年齢の他に，宗教や身体的特性，家族関係，社会的身分，職業や営業関係）に関するいくつかの情報が収録されている。そして，これらの多くがプロイセン国家統計表の資料源と

されてきた。これとの比較でみれば，世帯リストが複雑すぎるとする批判は当をえないことは明白である。また，新たな構想ではそのような世帯リストには世帯主（あるいは家長）が記入することになるが，かれらはこの自計に対する能力を十分に備えているとみて間違いない。少なくともザクセンでの経験が示す限りでは，「それが見込まれない場合でさえ，自計は可能である」[42]とみなして可である。プロイセン国民の微々たる部分しか自計能力をもっていないなどとは考えることができない。エンゲルのいうところによれば，国民の能力を過小評価することからのこうした批判は，住民がこれまでさまざま行政官庁の質問票やリストに回答してきたし，しかもそれらの多くは課税目的と関連したものであったにもかかわらず，記入が頓挫したことがなかった，こうした事実とも矛盾している。また，これまでいくつかの都市では自計によるリスト作成が実施されてきた経験とも合わない。被調査者たる国民の力量への過小評価には根拠がない。

　一歩譲って，国民全体に自計力量がいまだ十全にゆき渡っていないとしても，自計式を継続してゆくことによって，そのつどの調査を通じてかれらの能力を段階的に高めてゆくことが可能である。旧方式にはこうした統計教育的側面がまったくない。エンゲルはいう，「自計という方法は自制（Selfgovernment）の現われなのである；これに反し，原リストの方法はそれ自体が官僚的な監督体制の性格を多分に負ったものである」。[43]

　このように世帯リストによる調査の実現可能性に展望をもつことができれば（また，それは十分可能であるが），実行の失敗から国家財政に損害を与えるとする上の批判にも根拠がなくなる。

　さらに加えて経費に関していえば，確かに家屋リスト方式に較べて世帯リスト方式には6-8倍の費用がかかる。しかし，この全費用も調査結果から出てくる人口数によって正当にまかなわれるはずである。というのは，6万人の調査員を動員し，そのひとりに300人を割り当て，世帯リストによってはるかに正確な人口数が獲得されれば，これによって総人口計上に対し約0.25-0.5％の正確性の向上が望まれ，それによって自計による超過費用をはるかに越える関税収益配当分の増加が見込まれるからである。

　以上，自計式に対する批判すべてに妥当性のないことが説明された。現実をみても，世帯リスト方式による調査がますます拡張されており，それはベルギ

ー・イギリス・フランス・スイス・アメリカ，等々の国において人口約 1.42 億人に及んでいる。他方，原リスト方式はその不備と欠陥のためにますます縮小を余儀なくされている。複雑で費用が嵩むとする先に掲げられた世帯リスト方式への批判はそのまま原リスト方式にはね返ってきているといってよい。

最後に確認しなくてはならないことは，双方の人口調査はその基礎と目的において根本的に異質なものであることである。関税同盟の人口調査は関税収益配分という税財政関心のために実施され，他方の各国で採用されつつある世帯リストによる人口調査は全体的な社会経済的関心から企画されるものである。前者は財政管理施策用であり，「税財務的人口調査」(die steuerfiscalische Volkszählung) といってよく，後者は国民経済的施策を目的にした「国民経済的人口調査」(die volkswirtschaftliche Volkszählung) というべきものである。一方では人口の頭数に関心が集中し，それが間接税課税や関税収益配分の基礎となるだけであるが，他方では国民の数量のみならず科学と行政の双方に必要なその肉体的精神的・社会的経済的特性の把握が目的とされるのである。

こうした異なった観点に立った調査を併行させる必要はまったくなく，税財務的調査は関税収益の合理的配分の必要から3年おきに実施されるにしても，国民経済的調査の方にはその必要もなくそれほど急激な社会変化も少ないところから9年あるいは10年おきの実施でも差し支えないであろう。そして，今後，関税同盟統計はその領分を専ら税財政的分野に限定され，国民経済的統計の作成は（統計局を含んだ）当該の国家官庁に譲渡されるべきであり，それら官庁は直ちに全般的ドイツ国民経済統計の創造に着手してゆくだろう。これからの3年間はこの2つの異なった統計体系を峻別し，国民経済体系に沿った統計を構築してゆくための期間とならねばならない。

このように，頓挫した新方式による人口調査であるが，それが時代の要請するものであることを強調し，国民記述としての人口調査が不可避なものになっているとし，関税同盟人口調査との訣別を主張するのがエンゲルである。

2．61年調査はまた関税同盟全体での第2回目の営業表作成と重なっていた。上でみたように，46年関税同盟営業表以来，紆余曲折を経て15年後の61年に再度，営業表が作成されることになった。プロイセン統計改革の一環としてこの営業調査に新機軸をもち込もうとしながらも，関税同盟の二分方式を採用せざるをえず，さらにはその妥協案ですら見送らざるをえなかった。旧来の

方式による営業表作成を受け入れざるをえなかったエンゲルの胸中は複雑であったと考えられる。

調査実施の2年後には,『統計局雑誌』で61年調査の集約結果を概括し,その末尾に「統計表への説明と注釈」[44]を添え,その中でエンゲルはとくに営業表に対してさらに次のような厳しい批判を下している。

営業表にある経営の大小区分は,大小間での移行が多く,区分自体が微妙であるためにもともと大きな困難をもっている。小営業と大工業というだけでは経営形態の違いが出てこない。実際に,手工業者表では,小都市において手工業親方による営業とされながらも,実は工場とも目されるべき経営が皮革・石鹸製造・金属製品製造などの分野で輩出している事態が見落される。逆に,工場表では,経営形態の違いが表示されていないために,とくに織物業にある工場工業とその他の経営の違い,とくに家内工業の特異な存在がみえてこない。零細な家内工業の存在は不問のままである。従って,本来の独立手工業者も家内工業主も同じく親方身分の営業経営者とされている。しかし,後者の自立性は疑問であり,独立経営者と工場労働者の中間に位置するというべきものであるが,こうした実態が看過される。工業はただひとつであり,そこに恣意的な区分をもち込むことは許されない。今後は,施設・その所有者(企業家)数・補助人数と徒弟数を計上し,雇用主/被雇用者,自立企業家/労働者,また共同雇用主/単独雇用主といった区分の下で営業統計を作成することで,その数量に経済的社会的意義を与えることができる。

その他,手工業者表ではその業種分類に経済学的観点からみて不明な点がみられる。それは,例えば,「自由営業」とされる業種(浴場・洗濯場所有,楽師や役者),また個人的サーヴィス提供,これらが他の本来の手工業と同列に扱われていることなどに現われている。また,「親方と店主」とよばれる層には,職人・徒弟をもたない,いわゆる「自前で働く者」とされる零細手工業者が区分されずに一括されている,こうした不合理がある。工場表とは離れるが,商業表に至っては,それがさまざまな資料から該当分を寄せ集めた合成報告,いわば統計報告の「万華鏡」であるとして,その統計表としての意義が一蹴されている。これまでの営業表にあって,商業部門には異質な業種が混在しており,その表示方式には一貫した分類原則がなく,いわば雑多な営業種の「一時しのぎの避難所」ともいうべきものであった。これをエンゲルが厳しく批判し

ている。

　これらは要するに，統一的調査書式をもって全営業経営体に臨む直接調査でないことに起因する。少なくとも工場表に関していえば，そもそも同じ工業生産の担い手であるにもかかわらず，それを前もって大小に分け，それぞれの統計表に違った表示内容を割り振ることが間違いのもとである。ひとつの工業生産があるとみて，その業務主体を就業者の構成と規模によって経営形態別分類にかけ，それぞれにおいて特徴的な物的生産手段を調査項目に盛ってゆく。こうした独自の調査書式にのっとった直接調査の方法によってしか，これまでの営業表の欠陥を克服する途は開かれてこない。さらに61年調査後に，エンゲルはプロイセン各地でどのような手法で調査が実施されたかをアンケートによって調べたという。その結果，手法の「雑多性」が白日の下に曝され，営業表の信頼性と比較可能性には信がおけないことが判明し，公刊物の内容的価値も劣るとされている。[45]

　先にみた営業調査用紙はこうしたエンゲルの考えを実現させる手段ともなるべきものである。その前提に統一的な産業（営業）分類と職業分類をおき，さらに職業地位分類を加え，まず部門別経営体の人的構成・規模，経営形態の違いを抑え，次いでその物的側面を動力源・機械，道具・装置の種類と数量から捉える。そして営業活動の結果としての生産額や販売額をも調べ上げる。こうした営業センサス様式によって初めて一国経済の具体像が獲得可能になるというのがエンゲルの主張である。旧来の営業表方式がもはや時代の進展に対応できず，その歴史的使命はすでに終了していることを告発するのがエンゲルの調査用紙である。しかし，そうした構想は60年代初頭のドイツではあまりにも先駆的すぎ，それに沿った形での営業調査の実施はとうてい不可能であった。営業センサスという経済統計の近代化実現の前には，調査という国家介入に対する経営者層の従前からの抵抗と保守的頑迷さがまだ根強く残っていた。営業調査以前に，市町村目録，土地所有と建物，人口とその移住，商品流通，税・関税，等々の局面でなお解決されるべき多くの統計問題が残されている。営業活動へ公的調査を導入する段階にはまだほど遠く，営業調査は後送りされざるをえなかった。

　その後，1869年ハーグでの第7回国際統計会議では，工業部門の国際比較を可能にする統計作成のためのプラン作りがエンゲルに任されている。これは

各国の現状を比較可能にする統計を目指して，経済統計部門（土地所有・農業・畜産・採鉱業・工業・商業・運輸業，等々）ごとに分業体制を敷き，それぞれの部門の統計作成計画の立案を各国に委ねたものである。この中で，工業統計部門に通暁した専門家としてエンゲルが指名されている。この作業遂行に当たり，各国の職業，営業，工業統計，商品分類（目録）の収集・比較に努め，ヨーロッパ全領域でのこれまでの職業統計と営業調査の実例をつぶさに調べ上げることができた。これによっても，エンゲルはドイツ営業統計改革の必要性を前にも増して感じ取ってゆく。

おわりに

　以上，エンゲルのプロイセン統計局での活動の大筋を説明し，その中でとくに入局1年後に提示されたプロイセン国家統計，ならびに関税同盟統計に関する改革提案とそれをめぐる議論の推移を検討してきた。もし，61年調査がその提案そのままに沿って実行されえたとすれば，これは人口調査，農業調査，また営業調査，そのいずれにあってもプロイセン統計にとって画期的事例となりうる要素を含んでいた。エンゲルにはザクセンでの2度の人口センサス実施の自負があったろうし，また国際統計会議ロンドン大会にみられた統計近代化の動きを背景にして，その波に乗って，61年調査の機会にプロイセンの統計改革を一気に推進しようとした。エンゲル自身はそれに自信をもち，十分可能とみていた。しかし，ドイツ諸国家の中で国土と人口の規模で突出し，加えて社会経済構造の異なる地域を東西に抱えていたプロイセンにおいて，センサス様式の調査を人口と経済の両域で実現させることはエンゲルの考えるほどには容易ではなかった。さらに，半世紀近く続けられてきた国家統計表の作成様式になじんできた官僚機構からは，エンゲル案があまりにも斬新すぎ，実行への見込みは立たないとされ，その賛同と協力を得ることもできなかった。すでに統計中央委員会の審議にそうした点に配慮した慎重論が少なからず現われており，さらには県や郡の地方官庁の統計業務担当者の圧倒的多数がエンゲル案には否定的であったことがそれを物語っている。

　しかし，少なくとも人口調査に限ってみれば，エンゲルの構想を下敷きにした形で，その後比較的速やかに直接全数調査にゆき着くことができた。63年7

月17日の第15回関税同盟総会において，64年調査に際しては，①然るべき調査リストを介したすべての個々人に関する実際調査とする，②リストには個々人すべてを記名する，③集計式調査や既存の居住記録あるいは他類似資料による机上計算で代替することは許されない，この3点が決議されている。[46]
事実，64年プロイセン人口調査では全土にまたがったセンサス様式が採用されている。それより前の52年からのザクセン，55年からのオルデンブルクでの人口調査を先行例にして，プロイセンにおいてもセンサス様式の人口調査が実施された。プロイセンでのこの人口センサス実現の影響は大きく，上述したように，67年調査では北ドイツ連邦全体の現住人口を捉えるべく世帯リスト利用が原則とされている。従い，こと人口調査に関しては，エンゲルの61年構想はその後間もなく現実化したということができよう。

しかしながら，他方の農業調査と営業調査の実現にはなおまだ大きな困難が立ちはだかっていた。それらの改革には，プロイセン一国内の統計問題としては埒が明かず，ドイツ統一を前にした関税同盟統計全体の抜本的見直し，すなわち70-71年の関税同盟統計拡充委員会での審議が必要となり，それを待って全ドイツ規模の統計問題として改革への動きが出てくる。とはいえ，営業調査がドイツ全体にまたがる営業センサスとして実現するのは75年の第2回ドイツ帝国人口調査時であり，農業センサスに至っては約20年後の82年ドイツ帝国職業=営業調査までもち越される。

こうしてみると，61年段階でエンゲルの提起した改革案はあまりにも時代の先を走りすぎ，当時のプロイセンの実情の下では，その実現可能性との距離が極めて大きかったということになろう。ザクセンにおけるかつての55年営業調査時に経験した同じ挫折をここでもくり返しているわけである。人口局面は別にして，経済局面に直接全数調査を導入する上で，現状に対する楽観論（別にいえば，見通しの甘さ）が働いていたと思われる。営業経営者，とくに農業経営者層の国家調査権の介入に対する抵抗と反発，また官僚組織側にある直接調査への不理解と逡巡，これらは人口調査での世帯個票導入にはない別種の頑強さをもっていた。ザクセンの場合と同じ壁がここでも前進を阻んでいた。それはエンゲルとその統計局の意気込みをもってしても容易に解ける問題ではなかった。46年ベルギーの人口・農業・営業調査を模範とし，それをザクセン王国の統計で一部実行し，その実績をもってプロイセン王国統計という大舞

台でさらに拡充したい，またそれが可能というのがエンゲルの念頭にあった考えであろう。しかし，その壮大な構想は時代的制約に拘束され，あるいは変形され，あるいは萎縮した形で，しかも構想時からかなりの遅れをもってしか実現されえなかった。

注

1) 以下，プロイセン統計局でのエンゲルの活動に関しては，以下の文献を参照。E. Blenck, Zum Gedächtniss an Ernst Engel, *Zeitschrift des Königlich Preussischen Statistischen Bureaus*, Jg. 36. 1896, S. 232ff., 足利末男『社会統計学史』三一書房，1966 年，120 ページ以下。
2) 後に，クナップのいうところでは，エンゲルはドイツの学界では「ツンフト外人物」(Unzünftige) であり，そうしたエンゲルがドイツ統計に残した大きな業績に注目している。G. F, Knapp, Ernst Engel, *Grundherrschaft und Rittergut*, Biographische Beilagen, Leipzig, 1897. S. 149.
3) 諮問に対するハンセンの答申とエンゲルの局長就任に関しては次の資料による。F-W. Schaer, Die Mitwirkung der nationalökonomischen Disziplin bei der Neuorganisation des Preussischen Statistischen Büros im Jahre 1860, *Beihefte zur Vierteljahrsschrift für Sozial- und Wirtschaftsgeschichte*, Bd. 56, 1969, S. 233ff.
4) R. Boeckh, *Die geschichtliche Entwickelung der amtlichen Statistik des preussischen Staates*, Berlin, 1863, S. 93.
5) *Festschrift des Königlich Preussischen Statistischen Bureaus zur Jahrhundertfeier seines Bestehens*, Berlin, 1905, S. 173.
6) Programm, *Ztsch. d. Könl. Pr. St. Bur.*, Jg. 1, 1861, S. 1.
7) E. Engel, Ueber die neuesten Fortschritte in der Organisation der amtlichen Statistik in Preussen, *Ztsch. d. Könl. Pr. St. Bur.*, Jg. 2, 1862, S. 175.
8) E. Engel, Das statistische Seminar und das Studium der Statistik überhaupt, III. Mein Standpunkt der Frage gegenüber, ob die Statistik eine selbstständige Wissenschaft oder nur eine Methode sei, *Ztsch. d. Könl. Pr. St. Bur.*, Jg. 11, 1871, S. 195, 森戸辰夫訳『労働の価格・人間の価値』(統計学古典選集・第 11 巻)，第一出版，1947 年，「附録・第一」，432 ページ。
9) E. Engel, Das statistische Seminar, IV. System der Demologie, *a. a. O.*, SS. 198-211, 前掲訳書，「附録・第二」，453-519 ページ。
10) E. Engel, Das statistische Seminar, IV, *a. a. O.*, SS. 208-09, 前掲訳書，505 ページ。
11) E. Engel, Das statistische Seminar, III, *a. a. O.*, S. 196, 前掲訳書，439 ページ。
12) E. Blenck, *Das Königliche statistische Bureau in Berlin beim Eintritte in sein neuntes Jahrzehnt*, Berlin, 1885, SS. 25-26.
13) E. Blenck, Zum Gedächtniss, *a. a. O.*, S. 233.

14) エンゲルおよびその統計局と時の政府との間の確執については，E. Grimmer-Solem, *The Rise of Historical Economics and Social Reform in Germany 1864-1894*, Oxford, 2003, p. 62ff., を参照。ここでは，プロイセン内務省に残されていた文書から，統計局の姿勢とその『統計局雑誌』の論調に対してビスマルクがその苛立ちを隠さなかったこと，また最終的に内務大臣を動かしてエンゲルを引退に追い詰めたことが明らかにされている。

15) この報告は翌年に次の著作となって現われている。E. Engel, *Die moderne Wohnungsnoth, Signatur, Ursachen und Abhülfe*, Leipzig, 1873. 報告の意義に関しては，U. G. Schäfer, *Historische Nationalökonomie und Sozialstatistik als Gesellschaftswissenschaften*, Köln und Wien, 1971, SS. 252-54, I. Gorges, *Sozialforschung in Deutschland 1872-1914*, 2. Aufl., Frankfurt a. M., 1986, S. 86, を参照のこと。

16) E. Blenck, Zum Gedächtniss, a. a. O., S. 236.

17) E. Engel, Die Methoden der Volkszählung, mit besonderer Berücksichtigung der im preussischen Staate angewandten, *Ztsch. d. Könl. Pr. St. Bur.*, Jg. 1, 1861, SS. 151-212.

18) E. Engel, Die Nothwendigkeit einer Reform der volkswirthschaftlichen Statistik insbesondere der Gewerbestatistik, *Ztsch. d. Könl. Pr. St. Bur.*, Jg. 10, 1870, S. 172.

19) E. Engel, Die Methoden, *a. a. O.*, SS. 161-62.

20) E. Engel, Die Methoden, *a. a. O.*, SS. 162-63, SS. 179-91.

21) E. Engel, Die Methoden, *a. a. O.*, SS. 188-89. 世帯リストそのものの訳が，足利末男，前掲書，170-71 ページ，に収められている。

22) E. Engel, Die Methoden, *a. a. O.*, SS. 157-60.

23) E. Engel, Die Methoden, *a. a. O.*, SS. 160-61.

24) E. Engel, Die Methoden, *a. a. O.*, S. 163.

25) E. Engel, Die Methoden, *a. a. O.*, SS. 164-65, SS. 192-212. この内の D. 4「被雇用者数別業務規模」表は，附録Ⅲで具体的に提示されたその統計表体系では E. 2 に移されている。そこではすべての営業主要分野が挙げられるとあり，工業のみならず商業・運輸業にもまたがった商工業全体の被雇用者数別規模分類が構想されている。

26) E. Engel, Die Methoden, *a. a. O.*, SS. 166-69.

27) イギリスの 1841・51 年調査とベルギーの 1846 年調査では世帯リストが採用され自計が原則とされている。しかし，実際には，自計能力を欠いた住民が少なからずおり，そこでは調査員が被調査者からの聴き取りによって質問欄を埋めている。エンゲルはこうしたやり方を世帯リストを用いた「特別調査員を介した」調査と規定し，同じく世帯リストを用いるが，調査員ではなく「世帯主を介した」調査を最も進んだ調査方法であるとし，これが 61 年調査で採用されるべきという。E. Engel, Die Methoden, *a. a. O.*, S. 162.

28) E. Engel, Die Methoden, *a. a. O.*, S. 169.

29) プロイセン王国および関税同盟での営業表の作成経過，またそれら営業表の特徴づけには以下のものを参照されたい。拙稿「ドイツ社会統計における国家営業表の成立——1822 年プロイセン営業表について——」『社会システム研究』（京都大学），

第 3 号，2000 年 2 月，「ドイツ社会統計と営業調査――1843 年プロイセン営業表について――」『経済学研究』(九州大学)，第 66 巻第 3 号，1999 年 12 月，「ドイツ社会統計と関税同盟営業表」『統計学』(経済統計学会)，第 80 号，2001 年 3 月，「1846 年ドイツ関税同盟営業表について」『調査と研究』(京都大学)，第 21 号，2001 年 4 月，「1861 年ドイツ関税同盟営業表について」『調査と研究』(京都大学)，第 24 号，2002 年 4 月，および，拙著『ドイツ社会統計形成史研究――19 世紀ドイツ営業統計の展開を中心にして――』京都大学大学院人間・環境学研究科 社会統計学研究室，2006 年，第 II 部。なお，ホフマンはプロイセンの西部地域 (ライン州とウェストファーレン州) での事例を取り上げ，統計局から営業表作成を指令された地方官庁での資料獲得の態様を明らかにし，その中で「質」と「言明力」に劣り，信頼性を欠いた帰結しか出てこざるをえなかった要因を析出している。F. Hoffmann, *Quellenkritische Untersuchungen*, Stuttgart, 2012, Teil 1, 2.

30) E. Engel, Die Nothwendigkeit, *a. a. O.*, S. 166.

31) 以下，エンゲルによる旧来の営業表に対する批判は，E. Engel, Die Methoden, *a. a. O.*, S. 159, による。

32) E. Engel, Die Methoden, *a. a. O.*, S. 159.

33) E. Engel, Die Methoden, *a. a. O.*, S. 160.

34) E. Engel, Die Methoden, *a. a. O.*, S. 190.

35) E. Engel, Die Methoden, *a. a. O.*, SS. 207-08.

36) E. Engel, Die Methoden, *a. a. O.*, S. 207.

37) E. Engel, Die königlich preussische Centralcommission für Statistik und ihr Gutachten über die Massregeln zur Volkszählung im December d. J., *Ztsch. d. Könl. Pr. St. Bur.*, Jg. 1, 1861, SS. 231-36. この中央委員会の審議では，デルブリュックの意見が大きな影響をもったと推察される。当人はプロイセンの国状に最もよく通じた官僚のひとりともいえる人物であり，かつ商務省側からこれまでのプロイセン国家統計表，とくに営業表の作成に立ち会ってきた経験を有し，それが多くの問題を抱えた困難な仕事であることを熟知していた。

38) E. Engel, Die königlich preussische Centralcommission, *a. a. O.*, S. 235.

39) R. Boeckh, *a. a. O.*, SS. 101-02.

40) Die Volkszahl der Deutschen Staaten nach den Zählungen seit 1816, *Statistik des Deutschen Reichs*, Bd. 37, 2. Teil, 1879, S. 10，桜井健吾「ドイツにおける国勢調査の成立と展開」，安元稔編著『近代統計制度の国際比較』日本経済評論社，2007 年，第 2 章。

41) E. Engel, Die Volkszählung am 3. December 1861, *Ztsch. d. Könl. Pr. St. Bur.*, Jg. 1, 1861, SS. 301-03.

42) E. Engel, Die Volkszählung, *a. a. O.*, S. 302.

43) E. Engel, Die Volkszählung, *a. a. O.*, S. 302. これは実に至言かと思われる。当時のドイツにあって，統計調査における自記式をこのような表現をもって意義づけた人物はエンゲル以外には見当たらない。

44) E. Engel, Land und Leute des preussischen Staats und seiner Provinzen, nach den statistischen

Aufnahmen Ende 1861 und Anfang 1862, *Ztsch. d. Könl. Pr. St. Bur.*, Jg. 3, 1863, SS. 79–80.
45) E. Engel, Die Nothwendigkeit, *a. a. O.*, S. 172.
46) Die Volkszahl der Deutschen Staaten, *a. a. O.*, S. 9.

第8章

営業統計の近代化
―― 営業表から営業センサスまで ――

はじめに

　ドイツにおいて，営業統計調査が直接調査の形を取って実施されるのは1875年12月1日である。この年は71年の第1回目に次ぐ第2回目のドイツ帝国人口センサスの実施年である。これに連結した形で懸案の営業調査が初めて実現している。とはいえ，75年実施は当初の構想からは3年の遅れである。もともと，関税同盟統計拡充委員会での審議の最終段階（71年8月）において，営業調査の実施規定や調査書式，営業分類，集計・公表書式の一切が取り決められており，それが人口調査の毎翌年に独立の調査として実施される，このことがすでにその規定に盛り込まれていた。従い，72年5月に最初の営業調査が実現するはずであった。しかし，71年の第1回人口センサスの集計・整理作業が予想以上の負担となり，72年に営業調査をセンサス様式で実施することはとうてい無理なことが分かり，1年延期となる。ところが，翌73年に入っても営業調査実施の動きは出てこない。営業調査は構想だけが先行し，実施の具体的条件がそれに見合わなかったということである。対象と範囲を限定したアンケート調査や個別的な独立調査報告（＝モノグラフィー）ではなく，全ドイツにまたがる経済センサスとして営業調査を実施する上での困難はまだ大きかった。従い，61年の関税同盟営業表以来，広域ドイツにまたがる営業統計は不在のままということになる。

74年に入って，こうした状態をドイツ統計にとって由々しき事態とする声が出てくる。そうした動きを背景に，まず連邦参議院において，帝国宰相が営業調査実施に向けてのイニシャティブを取るべしとの決議が採択される。これを受けて，帝国宰相府によってそのための検討委員会が設置され，営業調査を実現させる上での具体的方策の審議が開始する。75年に営業調査を実施するに際し，それを阻む障碍とみなされたものには，ひとつに人口調査と営業調査の同時遂行が禁止されていたこと，次に72年調査案が実に細かな項目を盛り込んだ調査書式を作成したことにある。後者に関しては，とくに営業経営の物的構成面に関してあまりにも深入りしすぎた調査項目を設定し，これは全般的統計調査の枠を越えたものといわざるをえなく，被調査側と調査側のいずれに対しても回答と整理で過重負担を強いることは明白であり，その実行可能性に対し疑念がもたれたからである。予定されていた72年調査が中止され，73年以降も延期が続いた原因はそこにある。従い，調査項目を大幅に簡略しながらも，しかしセンサス様式を保ったまま，人口調査と併行させて営業調査をどのようにして実現するか，これが問題となる。

　本章では，まず初めに，営業調査の再構成の起点として位置づけられる上の関税同盟統計拡充委員会での審議とそこから提起された72年営業調査の構想をみてみる。次に，75年営業調査の実施を目的にした検討（＝改定）委員会での審議を追跡し，その中でエンゲルが果した役割に注目しつつ，取り上げられた論題と論点を整理し，その統計方法論上の特質と難点，さらにはドイツにおける最初の営業センサスとしての歴史的役割を明らかにする。結論を先取りすれば，実施された75年営業調査ではあるが，改定委員会とエンゲルの尽力にもかかわらず，それは営業センサスとしては失敗事例とされる。その経験を踏まえた7年後の1882年に，独立した形での最初の営業調査が実施された。そこで最後に，この82年調査の成立経過と調査そのものの方法的特徴を検討してみる。

I. 関税同盟統計拡充委員会と営業統計

1. 営業統計をめぐる審議

1．エンゲルの改革提案があったにもかかわらず，プロイセンおよび関税同

盟における1861年営業表はこれまでの方式にもとづいて作成された。この後，プロイセン統計局，また関税同盟による営業表の作成は停止されたままとなる。やがて，関税同盟では人口調査を初め営業表をも含めて，旧来の方式による統計作成に対する徹底的検討の機が熟してくる。改革への意向はプロイセン以外から発せられる。まず，停止中の関税同盟営業表の作成再開を必要とするバーデン政府の提議があり（1868年6月），それを受けて関税同盟参議院は，プロイセンとその統計局に対して，その主導の下で営業表の作成作業の再開を必要とするとの決議を行なっている。

　より根本的な改革への動きが同年11月のヘッセンの関税大使A.ファブリチウス（前ヘッセン大公国統計局長）による参議院議長・プロイセン王国首相ビスマルク宛の建白書「関税同盟統計に関する報告」[1]によって引き起こされる。この中でファブリチウスによって，これまでの関税同盟統計では，その作成に関してなんらの統一的基準がなく，経済生活に重要な意味をもつ事柄が調査されておらず，従い，政策立案や実証研究での有効利用に応えうる信頼できる統計資料が確保されないことが指摘され，それを克服することの必要性が訴えられている。さらに同報告では，人口や営業などの5分野にまたがる統計の問題点が具体的に指摘され，人口調査では個別調査用紙にもとづく直接全数調査（センサス）を採用すべきとされ，営業分野ではこれまでのような狭義の営業経営に縛られず，農業に始まる一国の生業関係全体にまたがった産業統計として再編されるべきとしている。

　この報告は参議院とその中の経済関連委員会を動かし，翌69年6月に関税同盟統計問題を審議する専門委員会の設置が承認され，12月に各国委員の招集令が下される。70年1月12日，ベルリンにおいて関税同盟統計拡充委員会が発足する（11ヶ国から16名の代表が参加）。委員会の審議はドイツ帝国形成を挟み71年8月19日までの約1年半にまたがり，4会期に分かれ，計81回の会議が開催されている。[2] 会議での審議結果は人口や生産，また商品流通と関税といった6つの個別テーマごとにまとめられ，つごう18の報告が連邦参議院に提出され批准を受けることになる。審議の先頭におかれ，また最も重視されていたのは帝国全体にまたがる人口センサスをいかに実施するか，そのための具体的方式を練る人口統計分野（これには市町村目録作成や人口動態統計調査も含まれる）ではあるが，しかしそれに劣らず深刻な議論の下に投じられた

のが営業統計問題であった。

　営業統計の審議は会議の終わりの時期に集中している。[3)] 他の統計にはない理論的・技術的困難を多く抱えていたからである。拡充委員会発足とほぼ同時に営業統計小委員会が設けられ，営業統計に対する構想がいち早く立てられている。しかし，その具体的検討は後日に廻すとされ，今後の営業統計に関する検討の部門責任者（Referent）としてプロイセン統計局長エンゲルが指名される。実は，このエンゲルこそ以前のザクセン統計局時代，そしてプロイセン統計局長就任時から，これまでの営業表，とくにその二分法に対する最も厳しい批判のもち主でもあった。後の審議のたたき台となる上の構想では，最初から営業が広く8部門にまたがる産業として捉えられ，それらが独立した統計表の中に括られるとされた。この中で狭義の工業分野においてはこれまでの3分割方式（また，その基礎にある二分法）は採用されず，使用素材や製造方式，製品の利用目的の特徴からみた営業グループ別分類（その他分野を容れて計17グループ）が提示される。調査項目は独立経営ごとに就業者（雇用主／被雇用者別），発動機，特徴的な作業機械・道具・装置，支払賃金，社会福祉関連事項，最多量の販売商品とその価格（最後の3項目は任意調査事項）に及ぶ。肝要な点は，これらが当該地での独立の調査委員会もしくはそれに類似の機関の下で，営業経営者に対する個票を用いた直接調査，しかも全数調査として構想されていることである。ドイツで初めてセンサス様式の営業調査が企画されたという点で，この構想のもつ意義は大きい。

　2．営業統計に関する審議は後廻しになる。やはり，それ以前の緊急課題として人口センサス，人口移動，人口動態，商品流通，農・畜産，税・関税，等々に関する統計問題が検討されねばならなかった。営業統計問題の審議が再開されるのは，1年以上も後になってからである。この間に，対フランス戦争が起こり，会議の審議そのものが大幅に延期されるという事態も生ずる（第2会期から第3会期の間には約9ヶ月の中断が挟まれる）。

　しかし，全体会議での審議とは別に，営業統計のプラン作りは着実に進められていく。最初の会期で営業統計についての検討が済むのは無理と判断され，上記の小委員会構想に対する各委員の反応を待ち，それを踏まえて後に予定された営業統計に関する報告作成が部門責任者のエンゲルに任されることになる。エンゲルはこの報告作成の中で，資料として収集したさまざまな事例・記録を

整理し，それを通じて来たるべき営業統計の筋道を探索する論文を公表している。すなわち，『統計局雑誌』掲載論文の「国民経済統計，とくに関税同盟，ならびにすべての他ヨーロッパ諸国の営業統計の改革の必然性」,[4] およびその続編「営業統計の改革」[5] であるが，そこにおいて営業統計をめぐるこれまでの内外の経験をつぶさに検討し，新たなドイツの営業統計は行政，国民経済学と社会経済学，そして工学に対してその最上の奉仕をなし遂げなくてはならないとし，あるべき営業統計の方向を追求している。この前編はまた，拡充委員会の第2会期に入って早々の第28会議（70年7月8日）で報告され，ドイツ営業統計の遅れた現状を拡充委員会の場で明らかにするものともなった。

　エンゲルによれば，これまで生業という概念と必ずしも明確に区分されてこなかったのが営業概念である。営業を生業と同じものとすれば，そこには粗生産から始まり工業，そして商業といった全経済活動が含まれることになる。まず確認されるべき点は，生業統計という下で，先の領域すべてを包括した営業統計の作成は不可能ということである。経済活動の内容に違いがあり，それに関する統計も別様の作成方式に依拠してきたからである。農林業統計と商工業統計を分ける必要があり，営業統計はその後者，つまり狭義の産業，すなわち商工業と関係する。

　では，営業統計を狭く商工業統計に限定したとして，そこで対象領域が一義的に規定されるだろうか。そうはゆかない。というのは，少なくとも3つのカテゴリーがそこに含まれるからである。職業，経営，そして商品の生産・消費である。

　職業統計は個人に関係し，人口調査において国民全体の職種と地位を捉えることによって作成可能になり，全体網羅性にその最大の長所がある。しかし反面，生産現場での具体的就業関係や物的構成の映像はそこからは獲得できない。経営場所での調査によるのが営業統計であり，これは地位の安定した営業経営者からその経営場所での人的力（被雇用者や労働者）と物的設備（機械・装置・他生産手段），さらに支払賃金額，等々の申告を要請することであり，網羅性では職業統計に劣るが，それにはない別種の報知内容をもった統計である。従い，職業統計でもって営業統計に代替できるという考えもあるが，これは謬見である。また，商品統計は，国内消費と対外取引用の全製品の種類と数量を記録化するものであり，その消費面では個人と，生産面では営業と関係してく

る。

　この 3 カテゴリーに沿って，エンゲルはこれまでのドイツ，ならびにヨーロッパと北アメリカにおいて実施されてきた職業統計と営業統計の調査事例，および商品分類例を取り上げ，実に詳しい相互比較にかけている。これは 1869 年ハーグでの第 7 回国際統計会議の委託を受けての資料収集の成果でもあり，エンゲルのこの問題にかける熱意の現われともみなされる。そこでは，プロイセンと関税同盟における少なからざる偏向と対立を含んだ営業統計の作成経過，および第 1 回から第 7 回までの国際統計会議における営業分類と商品分類の様々な観点からの提示とこれらに関する総括，さらに国内外で経済統計の進展を阻んできた要因の析出が試みられている。

　こうした事例枚挙とその比較検討，および歴史総括を通じて，まず，エンゲルは関税同盟で実施されるべき次の営業統計を，上の第 2 カテゴリー，すなわち経営場所での雇用主に対する営業経営調査とする。しかも生業全般ではなく，次のように狭い産業分野に限定すべきという。営業統計としての対象領域の縮小（いわば「純化」）であるが，そこでは粗生産部門（農林漁業）や採鉱・製錬・製塩業，鉄道・郵便・電信経営，医療関連営業，音楽場・劇場・展示場が除外され，また軍事関連営業，施設内営業，家計用経営や副営業も取り外され，生産物の製造・加工・精製とその販売・流通にかかわる部門と業種が取り上げられることになる。そしてこれらに対して，叙述対象をそれぞれの経営関係・経営形態・経営職員・経営規模・経営設備（とくに原動機 Kraftmaschine と作業機 Arbeitsmaschine）とし，それらに関する質問を設定した調査用紙を用意する。まず「事前リスト」によって営業体捕捉の完全性を計り，次いで「良好で有効，かつ完全な結果を獲得する上で唯一の手段」としての「直接質問」という新たな方法を利用し，上の調査用紙の質問項目によって営業の特性描写（Charakteristik）を実現するという。

　これは，すでにザクセン時代に会得し，またプロイセン統計局での活動開始の 1 年後にして陳述した，あるべき営業調査の形式と作成方式についての考えを敷衍したものでもある。これらを実行に移すための調査規定・営業分類・調査票書式・集計書式，等々が拡充委員会で順次，検討決議されてゆき，その集大成として「営業統計調査に関する規定」，ならびに「営業統計に関する報告」がまとめられる。[6] そして，これをいち早く上記論文「営業統計の改革」の附

録として公表し，時間をかけて公衆の理解を得ること，場合によっては批判に応えてゆくこと，これを新たな大規模調査を実施してゆく上での必須条件とみなしている。

3．営業調査に関する実質的審議はドイツ帝国形成を挟み大幅に遅れ，第3会期に入ってからの71年5月の第55会議以降のことになる。そこでは小委員会から提示された「実施規定」，さらには調査用紙そのものをめぐりきめの細かな検討が続き，センサスとしての営業統計調査の具体像が描かれてゆく。実施規定は先の構想をさらに具体化した11項目からなり，そこでは「調査は営業経営者への直接の質問を通じて行なわれる」自計式を原則とし，「可能な限り特別の調査委員会の指導の下で実施されるべきである。自由意志による調査員をできるだけ広範囲に採用すべきである」と明記されている。調査用紙には一般営業調査，原動力・使用機械調査，福祉関係調査のための3様の書式が用意され，メインの一般営業調査用紙では営業経営者に対して，営業種類とその主営業／副営業別，とくに農業との兼業の有無，主生産物・作業種，手工業的注文生産用／大規模生産用／工場問屋・商人用（この場合，かれらによる原材料・道具提供の有無）別の営業目的，被雇用者（地位別，性別と年齢別人数），支払賃金総額，これらが問われた経営内容に深く立ち入った調査が想定されている。

全数調査を方針とはしながらも，実際に全営業体に同一調査用紙を配布するのか，それとも小営業経営には質問内容を簡略した別の書式でもって臨む方が効果的ではないか，この調査方式をめぐって見解が分かれる。審議の結果，微妙な差でもって2様の書式を採用することが決議される。すなわち，手工業的な小営業経営に対しては質問項目を減らした調査紙，それ以外の経営には本来の調査票を作成することである。しかし，両者の線引きをどこで行なうか，これがその後に問題とされる。

調査用紙には個々の営業体の経営内容が記載されることから，その秘密保護が考えられなければならない。密封形式の回収が認められることになる。記入済み調査用紙がそのままで回収された場合には調査員の点検，さらに調査委員会による回収されたすべての調査用紙の点検・訂正・補完が義務づけられ，信頼性確保に配慮されている。これらは要するに，営業表の作成段階にはなかった直接調査に固有の問題に直面せざるをえないということである。

第3会期終了の1871年5月末までに以上の点での合意を得た後，拡充委員会は営業統計調査の審議にはまだ相当の時間を要するとし，約2ヶ月の中断を挟んだ後の最終会期に検討を先送りすることになる。その間，ベルリン滞在の委員による実施規定と報告作成のための詰めの作業が続けられている。再開された拡充委員会の最終会期（第4会期）では18回の会議中その16回で営業統計の検討に時間が割かれている。中断中に修正提案として準備された26項に及ぶ実施規定が検討材料になる。これにいくつもの変更や整理，表現訂正が加わり，最終的には全25項の「営業統計調査に関する規定」としてまとめられる。そこにドイツ社会統計家の叡智の結集を読み取ることが可能である。とはいえ，調査の組織化と調査様式に関する規定の多くはすでに人口調査の審議過程から出てきた「人口調査に関する報告」（委員会報告・第1号）と「ドイツ関税同盟人口調査に関する一般規定」を継承している。調査のレールはすでに敷かれており，その上を営業統計という新たな調査が走ることになる。

　この規定では，先の実施規定原案で示された営業調査用紙に以下のような調査項目が設定されることになる。すべての現存する営業経営に対して以下の8つの申告項目が課せられている。

- a) 所在地
- b) 所有者名（商号のある場合にはそれを記す）
- c) 経営対象
- d) 経営形態
- e) 業務所有者（雇用主）の性別人数
- f) 業務所有者以外の経営内就業者（被雇用者）の性・年齢別人数
- g) 発動機の種類と数量，また可能な限りその力
- h) 特徴的な作業機と装置がある場合，その種類と数量

さらに可能ならば，次の2つの質問に調査を拡げるとされる。

- i) 年間支払給与・賃金総額（含，現物給付のある場合にはその貨幣額）
- k) 労働者のための制度

　これを直接の全数調査として行なうことができれば，これまでの営業表段階のものとは本質的に異なった統計表が獲得されるはずである。そこでは経営内容／経営形態／就業者（雇用主と被雇用者）／使用原動力・原動機と機械・装

置，つまり営業経営の大小を問わず，その業種ごとに人的構成と物的装備が悉皆把握される統一分類コードが用意されている。

いま，経営の大小を問わないとしたが，これは小規模営業経営をも排除しないということである。だが現実には，調査の合理化のために委員会において，大小を区分して大経営には本来の調査票，小規模経営にはそれを簡略化した調査紙を配布するという方針が採択されている。問題は経営の大／小区分の基準をどこにおくかであり，これは最終会期にまでもち越された難問となる。営業経営すべてに同一の調査用紙をもって臨むべしとする原則論も残ってはいたが，議論は就業者何人以下をもって小経営とすべきかをめぐって錯綜する。当初の2人以下という基準ではあまりにも低すぎ，10人以下とすべしという見解も出てくる。最終的には営業所有者を除いて就業者5人以下の営業を小経営とみなし，それには調査紙ないしは調査当局による（表式調査用）リストでもって簡略化するという妥協案が通る。調査用紙の具体案は調査紙と調査票ごとに会議の最後まで審議の対象となり，前者は文字通り1枚の用紙の表裏を使って経営の人的構成と物的側面（使用機械・装置と動力源・原動機）を調べる簡易調査用紙である。後者の調査票は，①経営形態と人員関係，②機械と装置に分かれた4ページにまたがる大掛かりな調査用紙となる。とくに②は高度の専門知識を応用した詳細を極めた動力源と原動機，ならびに作業機と装置に関する調査となっている。そこには調査側の意気込みが感じられるが，反面では被調査者の負担の大きさが予想されるところである。

さらに第4会期では，残された課題であった営業分類図式と業種名のアルファベット順索引，地方官庁のための集計表とそれをもとにして作成・公表される全体結果の総括表，そして照査・点検用の事前リスト書式，これらについての審議を済ませた後，最終会議（第81回）で帝国議会に提出される「営業統計に関する報告」（報告・第18号）の推敲と仕上をエンゲルに委ねることを承認し，1871年8月19日に審議終了を迎えた。これは同時に関税同盟統計拡充委員会の終了解散を告げるものでもあった。

4．拡充委員会で構想された営業統計調査は市民社会で初めて可能になる統計に大きく近づいたものと評価できる。とくに調査様式をみればそのことは瞭然である。そこでは調査が一般行財政の副次的業務としてではなく，統計そのものの獲得を固有の目的にした独立の営為と捉えられている。これまで営業表

の中身をなしていた税務記録は営業経営の所在を確認する事前（＝照査）リスト作成のための一資料として利用されるだけであり，統計そのものは独立した調査によって直接に獲得される。独立営為であることから調査委員会の設立と任意の調査員の導入が最大限必要とされる。市町村当局のみならず，調査委員会と調査員に対しては調査に関する事前の説明と理解，また実施要領の周知徹底方を計り，個票の点検作業を義務づけ，他方で被調査者にも理解・協力を要請しながら調査の秘密保護（＝密封形式）にも配慮が払われている。事前のリスト作成−調査用紙配布・回収−集計表作成−総括表作成と公表，こうした調査の実務過程全体を一貫するプランも立てられている。これらはいずれも自計式にもとづく近代的レベルでの統計調査を実施する上で直面する問題であり，営業表作成では出てこなかったものといえる。

　では，この営業統計の構想で十全かといえば否であり，構想自体には少なからざる後進性を残さざるをえない。近代化達成はさらにいくつかの段階を踏むことなしには不可能である。問題の第1は営業概念が狭く捉えられていることにある。営業を広く解釈し，それを産業統計に膨らませるようとした関税同盟で当初に考えられた案は断念される。すなわち，営業から農林業，牧畜・漁業・狩猟が取り除かれ，また採鉱・製錬・製塩業や鉄道・郵便・電信経営に関しては営業統計とは別の資料作成に委ねられ，保険業や巡回営業も直接調査からは除外され，さらに非営利的部門（公務・軍務，宗教・教育，文化・芸術関連分野）は営業調査の対象としてはみなされないことになった。こうした点では営業表にあった旧来の狭義の営業概念に制約されることになる。これまで同様に営利活動が狭く捉えられ，従い，産業統計としても，また職業統計としても該当分野全体を包摂するものとはなっていない。第2に，営業経営体が単に技術的単位としてのみ捉えられ，広く有機的関連の中に組み入れられた経済的単位として把握するための調査項目は設定されてない。すなわち，経営体はあくまで一区画で営利活動を行なっている点の存在であり，それら点を結ぶ経営内の縦横の関係（多角的経営関係，複合的組織関係，支配系列関係）は不問にされている。すでに企業系列化の進行がみえるのが19世紀70年代以降のドイツ工業である。しかし，それらの事態に対する営業統計の反応はない。独立手工業者層を点的存在として概括するところに始まったのが営業統計であるが，その歴史的端緒がまだ影を落しているというべきか。

しかしながら，営業表の制約を突き破りセンサスとして営業経営の全体把握を志した最初の構想に完全を期すことは無理であろう。そうではなく，人口統計を越えて経済統計の分野で，なるほど部分的にはこれまでの様式に制約されながらも，基本的な点では一気に近代的統計調査レベルに達し，旧営業統計の桎梏から脱しえたことの意義の方が評価されるべきであろう。営業統計こそは社会構成体の深部により迫りうる資料提供の可能性を秘め，またそれだけにその獲得には他にはない難問を抱えた統計だからである。

2. 1872年営業調査の構想

1. 上述の「営業統計調査に関する規定」の第1項には人口調査の毎翌年に営業調査が実施されるとある。従い，第1回帝国人口センサスが行なわれた71年（12月1日）の翌年，72年の5月1日に予定されたのが最初の営業調査である。だが，これは諸般の事情から実施不可能と判断され，75年まで延期とされる。実現にまでは至らなかったとはいえ，この72年調査の構想の中に営業調査の具体像が塗り込められ，それ以降の営業調査の枠組みを規制する。この「規定」，「調査書式」，またエンゲルの手による「営業統計に関する報告」で構想された72年調査の内容をいま少し詳しくみてみる。[7]

まず営業調査の課題である。どの営業も生産を目的にするところから，営業統計は生産の3要素＝自然・労働・資本の内，主に後の労働と資本の2つにかかわり，それら要素を最大限の正確さをもって質的量的表示にかけることを課題にする。それは実際の調査では，①経営の形態と人的構成，②物的設備への質問として具体化される。まずは営業の経営形態を大経営と小経営の相違に留意しながら，独立した工場施設での本来の工業生産／小規模経営を傘下においた問屋制生産／自前の手工業経営／問屋制に組み込まれた小規模家内工業の類別を設け，小経営での業務所有者／被雇用者，比較的大きな経営での業務所有者／中間管理者／被雇用者を性別区分（被雇用者には年齢区分も加えられる）の下で数え挙げる。次いで，動力源と資本として現存する原動機・作業機・工作機・作業装置の種類と数量を調べ上げる。加えて，可能な場合には，③労働者のための福祉・厚生制度，そして④労賃総額に関する報告収集も望まれる。手工業／工場という二分法ではなく，経営形態別分類が前面に押し出されていることが確認される。さらに経営関係として，その所有主体（小経営の場合の

個人を別にして，比較的大経営での会社／協同組合／同業組合／自治体／国家）が調査者側から類別され，当該営業体の特徴が経営形態と経営関係から捕捉可能になる。

では上の課題はどのような質問項目の設定となって調査用紙に現われているか。既述のように，72年調査は就業者5人以下の経営を小，6人以上を大とし，前者には調査紙，後者には調査票が当てられることになった。調査紙にある質問項目は以下のようになっている。

1. 業務所有者名
2. 商号のある場合にはその名称，商業登記簿への登録の有無
3. 経営種（最主要生産物・商品・作業）
4. 農業の兼業の有無
5. 経営形態（自前経営／問屋傘下経営，後者の場合には提供される原材料・道具の有無）
6. 就業者構成（業務所有者／被雇用者，すべてに渡り性別，さらに被雇用者に対しては年齢別区分）
7. 使用動力源（水力／蒸気力／他原動力）の種類とその馬力，賃貸関係
8. 使用作業機（10業種別のそれぞれに特徴的な作業機・工作機）
9. 福祉基金への性別加入人数

この調査紙では家内工業の析出に力点がおかれる。それらのほとんどは小規模経営であり，工場施設ではなく自宅を作業場とし，使用者（工場商人あるいは工場問屋）の指揮の下にあって，多くの場合にかれらから原材料と道具（例，金属製靴下編機，ミシン，等々）の貸出しを受け，大規模製造・販売活動のために働いている独立あるいは非独立の営業経営者層である。一方で文字通りの独立営業経営者（＝自前で働く者）と他方のこの問屋制家内工場としての小営業経営ならびに家内労働に従事する者＝他人の勘定のために（für fremde Rechnung）働く者を経営形態別分類で取り上げるのである。

次は人力と機械力である。人力では所有者（性別）／被雇用者区分が取られ，後者には年齢3区分（19以上／15-18／14以下）と性別区分が施されている。さらに，19歳以上の者の内の既婚者数をも調べている。機械力の調査では使用原動力（水・蒸気・他）とその能力（馬力），また手工業生産で利用されている作業機・工作機の申告となっている。ここで当時の代表的な手工業が10

グループに分けられ，それぞれに特徴的な機種が列記され，該当するものをマークするようになっている。さらに調査紙の裏面では動力源と原動機についての詳しい調査となっており，水力ととくに蒸気力を動力源にした場合，それで動かされる機械の種類とその数量を挙げることになっている。手工業生産にも浸透しながら，経済発展にとり功罪両面をもつとみなされる蒸気機関と蒸気罐の利用実態捕捉を目指したものである。

最後に，上の③の課題のために，疾病や損傷のための共済金庫に加入している就業者数（性別）を答えさせている。④は手工業の下では賃金支払制が取られていないために調査紙では省かれている。

小経営に対する調査は簡易調査である。しかし，経営形態と人的ならびに物的構成に関する最小限の調査項目でもって当時の手工業生産の特徴づけを試みている。

調査票が配布される就業者6人以上の比較的大経営の場合には，上でも述べたように，I. 経営形態と人員関係（質問項目の1から10），およびII. 機械と装置（質問項目のAとB）に調査項目が大別され，とくにIIで大経営に固有の物的設備面に関する詳細な調査となっている。その質問項目は以下の通りである。

  I. 経営形態と人員関係
    1. 業務所有者・代表者名
    2. 商号のある場合その名称，商業登記簿への登録の有無
    3. 経営種（最主要生産物・商品・作業）
    4. 業務区域内生産商品・物件・作業
    5. 業務区域外生産商品・物件・作業
    6. 就業者構成（調査時での業務所有者／管理職員／被雇用者，すべてに渡り性別，さらに被雇用者に対しては年齢別区分）
    7. 年間平均就業被雇用者数（性別）
    8. 業務区域外被雇用者（調査時での独立経営者／性別の非独立経営者，当該市町村居住者／他市町村居住者）
    9. 支払給与・賃金総額（管理職員／業務場所内就業者／業務場所外就業者，単位・ターレル，現物給付のある場合にはその貨幣額）
    10. 使用動力源（水力／蒸気力／他原動力）の種類，賃貸関係

II. 機械と装置
　　　　A. 動力源と原動機（畜力／風力／水力／蒸気力／熱気／ガス力別の動力源とそれに結びついた原動機の種類と数量，馬力，等々）
　　　　B. 作業機と装置（工業生産12グループ別のそれぞれに特徴的な作業機・道具・装置）
　任意調査として　福祉制度

　Iでの主たる質問は独立営業体（工場）の他に，業務区域外にある小経営体を傘下においている営業経営を把握することに向けられている。調査紙にあった問屋制に組み込まれた営業経営者の数量を，調査票では支配する経営の側から独立／非独立別（性別）・居住地別に捉えようとするわけである。人員関係の調査では業務所有者（性別）／支配人・監督者・帳簿掛（性別）／その他（年齢3区分と性別）の3職業身分別区分が取られ，雇用主／中間管理職／被雇用者という階級・階層構成が浮び上がってくるようになっている。

　機械と装置に関する調査は全4ページの調査票の3ページを占め，A. 動力源と原動機とB. 作業機と装置に分かれ，調査紙の場合と異なり，このBでは工場生産に特有の種々の物的設備が取り上げられることになっている。Aでは各種の動力源とそれと結びついた原動機，調査紙と同様にとくに蒸気機関と蒸気罐に関しての詳しい調査となっている。とくにBでは12工業生産グループ別にそれぞれに特有な作業機・道具・装置の現存について該当する機種をマークするようになっている。これは近年の工業での機械化の著しい進展が具体的にはどのようなものか，これを地域別と業種別分類における機械配置の分布から窺うことはできないかというものである。このような目論見の下，営業調査としては物的設備面に大きく傾いた調査票となって現われてきている。この調査票設計には当時の著名な技術的専門家の参加が得られた。しかし，この物的設備面の調査はあまりにも詳細すぎ，エンゲルのいうところのモノグラフィー的調査といえるものであり，統計調査の枠を越えたものといわざるをえない。

　報告にある課題の④に関して，営業経営者が支払った年間賃金総額（含，現物給付の換金額）が任意項目として問われている。これまでの営業調査では経営の資本額や生産高，販売額や利潤量，また賃金額について触れることはなかった。そもそもの資料源である税務記録には営業経営の内面に深入りしたこのような項目についての記載がなかった。それらのひとつ賃金額に統計調査が踏

み込んだ最初の事例である。とはいえ，労働（作業）時間や価格水準と対になって賃金総額が賃金統計としての意味をもってくるわけで，この方向での追求は今後の問題になる。ここでは支払賃金総額によって経営での作業総量，つまり（申告取得の困難な）生産高について間接的報知を得ようとする意図が含まれている。

　課題③に関しては，アンケート形式の特別の調査用紙が別途添付されている。ここでは労働者のための制度の有無とその種類が4項目に渡り問われ，進歩的福祉制度のドイツ国内での伝播を知ることが目的とされている。

　2．これまでの営業表を縛ってきた二分法，さらにそれにもとづいた3部門分割を克服するためには，産業全体を網羅した統一的分類図式＝営業経営分類が必須なものとなる。この営業分類には可能な限りの整合性が求められる。これは経済活動と製品の面からみて同種的な業種をまとめ配列することである。関税同盟統計拡充委員会の営業統計部門責任者エンゲルを初めとして多くの論者によって整合性をもった分類図式が不可欠とされてきた。旧営業表では職業分類と営業分類が混在していた。72年調査では分類は個々人の就業ではなく，営業経営それぞれの活動の特徴にもとづいたグループ分けの必要性が確認された。このためには，国際的レベルで検討の始まった工業分類や産業分類，工業製品カタログに関する研究が基礎におかれる。結果として17グループ／77クラス／445細目を容れた「営業経営の体系的分類」が用意された。[8] また，拡充委員会終了間際にはアルファベット順索引も作成され，集計・総括に際しての業種帰属がスムースに運ばれることに配慮されている。

　この営業分類からは農林業などの粗生産部門や非営利的部門は排除されている。また，鉄道・郵便・電信経営といった公益分野も除かれている。さらに採鉱・製錬・製塩分野では鉱山監督業務からの資料によって営業統計とは別種の定期的統計報告書が出されている。こうした点で全般的産業分類には届いていない。しかも，職業統計的要素を払拭して営業分類としての一貫性をもつかと問えば，これも疑問の余地の残るところであり，細目分類には職業分類としての側面が部分的に入り込んでおり，営業と職業の未分化が残存している現状に制約を受けている。こうした欠陥をもちながらも最初の営業分類が提示され，これによってともかくも営業表の枠組みから抜け出す足場が築かれたとはいえよう。

営業調査で次に考えなくてはならないのは副経営の問題である。これに関しては，まず小経営に多い農業経営の併存を調査紙で問い，さらに調査紙と調査票の双方で主営業と併行して営まれている副営業が挙げられることになっている。副業経営の大きな特徴はそれが主営業休暇中に営まれる暫時的または短期間の営業ということにあるが，それをも取り上げることは調査に混乱をもち込むものとみなされ，今回の調査範囲からは外されることになった。ただし，こうした主営業の休業中に営まれる副営業の大部分は家内工業に属するとして，調査紙と調査票のいずれにもこの家内工業の実態を把握する目的の下で質問項目が設定されている。これは既述の通りである。これによって，たとえ一時的副業であっても，それらは家内工業の質問枠で把握可能というのが拡充委員会の見解である。また，家内工業への質問の主目的はとりわけ織物業で広範にみられる問屋制システムを把握するところにある。営業表の枠組みではこうした農村家内工業に潜伏している零細小経営の実態が析出できなかった。この反省に立って，72年調査では調査紙において問屋商人に組み込まれた営業経営者を，調査票において傘下に組み入れた業務区域以外の営業経営者＝家内工業経営者を調べ出そうとしている。プロイセンやザクセンに多くみられる木綿や亜麻の織物業での農村家内工業を汲み上げることの重要性を主張してきたのが他ならぬエンゲルでもあった。

　3．関税同盟統計の資料獲得（＝調査）方法に抜本的改革を施そうというのが拡充委員会の趣旨であった。これはいち早く人口調査において世帯に対する個票を介したセンサス様式の調査として構想されている。すなわち，全世帯構成員の記名の下で世帯主による世帯個票への「自己記入」＝自計式が規定され，すでに71年12月の第1回ドイツ帝国人口調査では実際にその方式が採用されている。これを人口調査よりも複雑な営業調査にも適用しようとするわけである。被調査者たる個々の営業経営者は自分の営業経営の内容に知悉し質問の意味を理解し，かれらから正確な回答を期待できるとするのが委員会の判断である。とはいえ，上述のように原則は自計式とはしながらも一部他計式も許されていた。本来の調査票の他に小経営用の調査紙が作成され，しかもリスト（＝表式）化されたものも用意され，場合によっては調査員の聴き取りによって記入欄が埋められることが認められていたからである。このため完全な自計式ということにはならないが，これは営業調査に応じることが被調査者にとって煩

雑な仕事であることを配慮してのことである。従い，72年調査では調査票・調査紙・調査リスト，この3様の調査書式の使用が予定されていた。こうした様式が全数調査に適っているかどうかは問題のあるところで，また経営の大小を分ける客観的基準の確立は難しく，さらにリスト運用に関しても委員会内部には反対意見が最後まで残っていた。

　営業調査を成功裡に完了するためには経営者層の理解と協力が不可欠である。調査内容には経営の機微に触れるところがあり，経営者をして調査に対して消極的にさせざるをえない要素となる。従い，事前の説明を徹底し，人口調査に倣って当該地に設立される調査委員会に営業経営者自身を取り込み，さらに営業関係者に調査員の仕事を分担してもらう，こうしたことが極力薦められている。上（＝行政官庁）からの強圧的調査ではなく，下（＝市民階級）からの自発性を最大限汲み上げようとするわけである。調査委員会に当該地の開明的な営業経営者の多くの参加があれば，かれらの地域事情通と専門知識を援用してスムーズな調査が実現されよう。これが拡充委員会の見込みである。

　全数調査を全うするためには営業経営（者）の所在確認に漏れがあってはならない。このために入念な準備作業を経て事前リストが作成される。当該地の官庁の所有する営業申告記録・営業税名簿などのさまざまな記録・資料がそのために利用される。これはまた調査員がその業務遂行を自己点検するための管理リストとしても利用される。リスト作成と同じく，それぞれ200の営業経営を含んだ調査区の割り振りが行なわれ，各調査区に調査員1名が張りつけられる。調査員には自発的に参加した市民（退役官吏や教師など），また既述の営業関係者（営業体の職員や会計掛など）が多く採用されるべきとされた。これら事前リスト作成，また調査区や調査員に関する調整と問題解決はすべて調査委員会に委ねられ，さらに回収されてきた個票の内容，重複調査や調査漏れのチェックもその任務とされている。調査委員会のあり様とその活動に調査の成否がかかっているといっても過言ではない。

　この営業統計はただ行政資料としてのみ利用されるのではなく，科学的研究や営業経営者自身の利益に繋がるとみなされている。そのためには調査結果の統一的様式にのっとった公開が必要であり，その実行が規定の最終項目に定められている。

　72年営業調査構想は企画から実査，集計・総括，公表に至る調査過程に関

する一貫した方針をもっている。営業という枠で括られた経済部門，すなわち商工業と流通・サーヴィス部門における生産力と生産関係へできうる限り接近した信頼性ある資料獲得が目論まれている。とはいえ，営業は産業全体をカヴァーするものではないし，調査書式には資本主義的企業化が進む中での経営間の組織的関連は不問にされ，また経営内での資本－労働関係を表示する点での不十分さ（資本規模や労働者地位別構成への質問欠如）も残されている。70年代には統計調査をしてそこまで踏み込ませる条件がいまだ成熟していなかったとも考えられる。

　このように，当時のドイツ統計家の大きなエネルギーを費やし，帝国最初の営業調査として構想されたのが1872年調査であった。しかし，これは構想に終わり，予定されていた72年5月には実施不可能とされた。前年末の人口センサス結果の集計・整理に時間がかかり，それに勝るとも劣らないエネルギーを要する営業調査を実施するには力量不足であったからである。

　国内での実施は延期されたものの，このプランは72年サンクト・ペテルブルクでの第8回国際統計会議に，その組織責任者ペー・セミョーノフ（中央統計委員会議長）の事前了解を得て提出され，国際的レベルでの営業統計問題の検討材料となる。すなわち，同会議において，エンゲルが中心となる工業部会と採鉱・製錬業部会での討論対象とされ，それを軸にして総会提出案が作成されることになる。総会では，可能ならばすべての国で工業の大規模営業に関する直接調査を10年おきに実施することを決議し，そのための2様の調査書式（A．個別経営の調査用紙，B．労働者に関する制度へのアンケート形式の質問用紙，ただし，Bへの回答は営業経営者の自由意思に委ねられる）を承認している。Aの営業調査用紙の質問項目設定ではドイツでの72年営業調査構想が基礎におかれている。もし，この方式で営業調査を実施できた国があれば，それはかつて人口センサスでベルギーが果たしたのと同じ役割を演ずることになり，ドイツにはその可能性が大きいとされる。

II. 営業統計改定委員会

1. 改定委員会発足

　1．予定されていた72年営業調査は1年延期となった。ところが，73年に

なってもその実施への動きは封印されたままである。74年8月5日から11日にかけて，翌年12月に予定されている第2回目の人口センサスをめぐる帝国統計庁（長官ベッカーとマイツェン）と各国統計中央部署幹部（13ヶ国からそれぞれ1名。プロイセン代表としてエンゲルが出席）との会議がベルリンにおいて計6回開催され，75年人口調査の方式に関し審議が行なわれることになった。その中で職業統計や営業統計についても議論が波及し，72年営業調査構想の凍結状態は問題であるとされ，これを打破すべく営業調査を75年人口調査に連結させて実現したいという意向がエンゲルやマイツェンの主張に現われてきている。さらに，拡充委員会構成員のひとりでもあったメックレンブルク＝シュヴェリン代表ディッペが，「営業統計の作成，同じく関税同盟統計委員会によって提示されたこれに関する規定の改定が望まれることを明言すべきである」[9]との提言を行ない，それが承認されている。そして，審議終了後にまとめられた会議提案の冒頭に，翌75年に営業統計を作成する点での枷となる後述する人口調査規定・第4項の廃棄が提起されている。75年2月13日の連邦参議院第10回会議でこれが取り上げられ，同院の第III委員会（関税・税制度）と第IV委員会（商業・流通業）の名でもって，「ドイツ関税同盟における人口調査に関する70年に定められた全般的規定の第4項を廃棄する必要がある」と決議され，「営業統計に関する関税同盟統計拡充委員会の提案の改定を，しかもそれを大幅に簡略するという意味で，審議結果を連邦参議院の決議のために提出するという条件の下で，一委員会に委託されたい」[10]とする要請が帝国宰相ビスマルクに提出されている。

　71年8月にまとめられた72年営業調査プラン（＝72年構想）を簡略化して実施に移すという趣旨であるが，その前にひとつの関門があった。それは，先の関税同盟統計拡充委員会で取り決められた「ドイツ関税同盟における人口調査に関する全般的規定」の第4項では，人口調査と他の統計調査の連結が以下のように禁止されていることである。[11]

> 人口調査の確かな遂行は本質的に次のことによって規制される。すなわち，調査リストの配布と回収，ならびに当地での調査指導を委託された者がそのすべての注意を調査に結びついた個々の業務に向けることができ，またあまりにも複雑な指令や，ことに調査対象が非常に大きく異なることによって混乱させられないということである。このため，委員会構成員の多数

意見によれば，調べられる人口そのものの個人的属性とは別の対象にかかわったり，また別途に指定された書式を介して行なわれるいかなる調査も人口調査とは結びつけられないことが望ましい。こうしたものに属するのは，（人口調査にある——引用者）被調査者の身分や生計源の申告から農業や営業の諸関係が取り出されない場合に，その際にさらにこのような調査は部分的には人口調査と較べてそれほど煩雑ではないやり方でもって実施可能と考えて，とくにそれら農業や営業の諸関係に関する調査を行なうことである。

　この規定によれば，人口調査と全般的営業調査との連結は実行不可能となる。これは調査員の負担が過重になり，注意力散漫のために信頼できる調査結果が確保できなくなる，こうした事態を避けようとする意図から出てきたものである（ただ，その例外としては住居関係の調査があるのみとされる）。しかし，前年の帝国統計庁と各国統計中央部署幹部との会議では，この規定が各国の統計調査にとって大きな障碍となっていることがいくつかの事例でもって示され，採択された会議提案の初めでその撤廃が進言されたわけである。そこで連邦参議院の上の委員会はその提案を受け，まずこの規定の破棄を決議し，その上で改定のための委員会設置を要請することになった。

　2．連邦参議院の要請を受けて，帝国宰相府は75年4月に入り，72年構想の改定を目的にした「ドイツ帝国における営業統計作成に関する提案改定のための委員会」（以下，これを改定委員会とよぶ）を招集する。帝国宰相府から派遣された帝国枢密上級政務参事官メラーを議長にして，のべ13名の代表（当初は帝国行政から4名，その内の2名は帝国統計庁，プロイセンから3名，バイエルンから2名，バーデン，そしてハンブルクからそれぞれ1名の計11名。途中からザクセンとヴュルテンベルクの代表それぞれ1名が加わる）がベルリンに集まり，同月26日から5月7日にかけての計8回の会議を通じて，先の関税同盟統計拡充委員会の連邦参議院への報告（第18号）にあった営業調査の作成方式の改定を審議することになる。[12] 改定委員会構成員の顔触れをみると，帝国行政側からの参加が多いこと，またエンゲルやベッカー，またマイヤー，マイツェン，ネスマンの5名は5年前の関税同盟統計拡充委員会メンバーであり，かつ前年の帝国統計庁と各国統計中央部署幹部との会議参加者であったことが分かる（ちなみに，マイツェンはプロイセン統計局統計学ゼミナールの講師，ベ

ッカーは 73/74 年度の受講生でもあった）。

　この会議の眼目は 72 年構想をどこまで簡略化できるか，そしてそれをもって第 2 回人口調査と連結させて 1875 年 12 月 1 日に営業調査を実施することが可能かどうかを探ることにあった。

　第 1 回会議で，まず初めに，最大の問題である営業調査の人口調査との連結可能性が問題となる。多くの委員の考えはそれを可能とするものであり，これは 72 年構想にあった物的構成（＝機械）面での調査を簡略化すること，人口調査用紙の一部分を営業調査用に振り向けること，また人口調査と同じ組織を使って営業調査を併行させること，以上によるとされる。そして，61 年関税同盟営業表の作成以降，営業統計が欠落したままの状態は（ドイツの統計にとっての）窮境（Kalamität）であるとするマイヤーの意見が構成員の間で賛同を得ている。そこには，簡略化を推し進め，大きな欠落であった営業統計調査をなんとかして実現させたいとする強い願望がみえる。

　人口センサスとの併行ということで，例えば，単独経営者や被雇用者のごく少数な，あるいは使用機械なしの経営といった小規模の営業には人口調査用紙や管理リストを有効利用して，そこへの記入で処理できるのではないかという意見が早々に出されている。特定規模以上の営業経営に対してのみ独自の営業調査書式をもって臨むという様式である。これによって圧倒的多数の営業が本来の営業調査の枠から人口調査に廻され，準備や実査，集計・加工・公表の労力の大幅な軽減が可能になる。しかし，これに反対し，全営業経営者に対する独自の調査用紙を用意するのが営業統計であるとみる原則論も出される。これは後々まで尾を引く難問となる。

　会議中に，エンゲルは営業調査に関する素案を提示する用意ができており，同意があればそれを印刷に廻し委員会に提供したいと発言している。これが承認され，また同時に帝国統計庁のベッカーとマイツェンから別様のプランも用意されているとあり，それも同じように会議に配布されることになる。

　第 2 回会議でエンゲル案と統計庁案が提示される。さらに，プロイセン王国からの委員シュテューヴェによる，補助人 5 人以下の小経営を営業調査から除外し人口調査書式で処理する，また所轄官庁からの別途資料を活用することで調査対象（業種）を削減する，これを通じて簡略化を一層推し進めることができるとするプラン提示が加わる。審議の結果，以上の 3 案の内，今後の審議の

基礎としてはエンゲル案が採用され，統計庁案はその修正（Amendement）として活用され，またシュテューヴェ案はそのつどの関連個所で参照されるべきものとされる。これは簡略化という面ではエンゲル案がより合理的なこと，またこれまでのドイツ営業統計に関するエンゲルの造詣の深さに敬意が払われたこと，以上によると考えられる。そもそも関税同盟統計拡充委員会での72年構想作成を主導したのがエンゲルその人であった。エンゲルは，①営業統計調査に関する規定（全15項），②営業経営の体系的概括（20グループ／79クラス），③独立営業経営者に対する調査紙，この3つの素案を提示している。以下の審議では，この①の調査規定の全15項目について逐次検討し，修正案の検討を含めながら，その1項ごとを賛否採決によって確定し成文化してゆくことになる。

2．主要論題

　これらの審議を論題ごとにまとめて整理すると以下のようになろう。それらは，委員マイツェンの責任の下に収録された議事録，ならびに後にエンゲルがまとめた「改定委員会報告」[13]から浮び上ってくるものである。（なお，調査用紙の設計も重要論題であるが，これについては項を改めて説明する）。

　1）調査対象範囲と営業分類。エンゲル案では少数の特殊営業だけを除いた「全般的」営業調査が構想されていた。すなわち，農業，林業，畜産業をも含んだ営業経営が対象枠に含まれている。しかし，これに対しては，それらが他の営業とは異質な要素を抱えており，連邦参議院でも別様な調査が予定されていることとして異論が出る。これが採択され，対象範囲としては園芸業，漁業，採鉱・製錬・製塩業，工業（含，建設業），商業・運輸業，飲食業・宿泊業に狭められる。また，エンゲル案では当初から，軍管理下にある工業，郵便・電信・鉄道経営，保険業，医者・弁護士・芸術関連職員，更正施設・刑務所での収容者による作業，また自家消費用経営といった公益関連や非営利分野の業種・職種は除外されている。さらに，エンゲル案にあった行商営業も，発布された鑑札の記録によってはその正確な捕捉が難しいとされ，調査対象から外されることになる。

　営業経営の所有関係に関しては，私人／法人（国家・自治体，組合，株式会社，インヌング，等々）による所有すべてを含み，それら一切が取り上げられ

るものとする。

　営業統計用の営業分類は先の 72 年構想で作成済みである。その後，ヨーロッパ全体に共通する営業分類が問題となり，サンクト・ペテルブルクの国際統計会議でもそれが重要論題とされ，さらに 75 年のウィーンでの世界博覧会での審議対象にもなっている。しかし，この時点でいまだ国際的に統一された分類体系は確立してはいない。こうした中で，72 年調査構想にあった営業経営分類をベースにウィーンでの審議結果を踏まえ，さらに簡略化を目指しながら，エンゲルの提案した「営業経営の体系的概括」の審議に取りかかる。しかし，ことは技術的専門知識の要求されるところであり，委員会にはその力量不足ということで，さらなる詳細規定は下部委員会に委ねられるとされ，エンゲル・マイヤー・ネスマンの 3 人が委員に指名されている。こうして最終的に，営業 19 グループ／94 クラス／200 細目（この内の 60 は細目なしのクラス数であり，その数がそのまま細目数につけ加えられている）の分類が採択される。72 年構想に較べ，グループでは 2，クラスでは 17 の増加となるが，しかし，細目数の大幅な減少（72 年分類では 421）によって調査や集計・公表の簡略化が計られる。従い，対象枠を狭めた営業調査が想定されている。19 グループは以下の通りである（括弧内はクラス／細目数）。

1. 園芸と野菜栽培（1）
2. 漁業（1）
3. 採鉱・製錬・製塩業（4/10）
4. 土石産業（6/7）
5. 金属加工（3/18）
6. 機械・道具・器具・装置（8/5）
7. 化学工業（8/3）
8. 光熱工業（4/9）
9. 繊維工業（8/25）
10. 製紙業と皮革業（5/8）
11. 木材・木片業（10/3）
12. 食糧・嗜好品工業（4/19）
13. 衣料とクリーニング業（4/9）
14. 建設業（12）
15. 複写業（4）
16. 営業目的用工芸（1）
17. 商業（7/21）
18. 交易業（2/3）
19. 飲食業・宿泊業（2）

　72 年構想との対比では，増加グループとして 1，2，3，19（これは 72 年構想では 18 の交易業の 1 クラスであったものがグループとして独立）があり，削除されたのは保険業と行商である。差し引き 2 グループの増加となる。

　2）独立営業概念。エンゲルのいう独立営業経営とは，場所的な集中・分散

にかかわりなく同一所有者に属する異種営業それぞれ，場所的に分断されている同一所有者の同種営業それぞれ，複数所有者の下にある営業，これらを指し，そのそれぞれに独立の調査紙が配布されるとする。従い，同じ所有者が同一営業場所内で異なった種類の業務を行なっていれば，そのそれぞれの業務区画が，また同人が異なった場所で同じ種類の業務を遂行していても，そのそれぞれの場所が営業経営とみなされることになる。これは，これまでのドイツ営業統計に特徴的な場所的単位としての営業体を捕捉するという観点に導かれたものといえよう。

　エンゲルの考えでは，同一経営者が多数業種を営んでいる，あるいは多数営業場所を所有している場合，帳簿管理のあり様が独立性の判断基準となり，会計処理が別々なものをそれぞれ独立経営にみなしうるとする。しかし，委員の中には簿記が決定的基準にはなりえないとする意見もあり，この点に関するあいまいさは残される。[14]

　さらに，この独立経営概念の説明だけでは調査側にも被調査側にも多くの混乱が残るとされ，より細かな規定が必要とする意見が出る。それは例えば，顧客の家で賃作業に従事している層や他人勘定のために自宅で営業している層（家内工業従事者のこと）を独立営業者として明記すべきである，現場の調査員に独立経営の判断を任せ，そのために調査員指令などに詳しい規定を盛り込むべきである，といったものである。しかし，それらの意見は採択されず，結局はエンゲルの規定のままとされる。ただし，顧客の家で賃作業に従事している層や他人勘定のために自宅で営業している層も営業経営者に含まれることは，規定ではなく調査紙そのものに記入要綱として明記されることになる。

　3）営業の大小区分。エンゲル案では経営規模に関して予め大小区分を設け，小経営を本来の営業調査の枠外に廻すという考えを取らない。もともとから経営主体を大小に分けることを困難としてきたのがエンゲルであり，72年構想にあった就業者数5／6人区分でもって別様の調査書式を当てるとする方式を，合理的根拠のない「妥協の産物」であったとみていた。従い，エンゲル案では，「すべての営業経営者にとって同一でできうるだけ簡単な調査紙が利用されるべきである」[15]という方針から出発している。

　しかし，これでは簡略化が阻まれるとし，前もって小経営を区分し，それには簡易な調査で臨むとする意見が会議の半ばに再浮上する。これを熱心に主張

するのはマイヤーである。マイヤーは補助人 5 人以下のものを小経営とし，それに対しては管理リストを用い，その種類・数量・補助人数を把握するだけで十分とみなす。これに対しては，前と同様に，小経営の意義は否定されえない，5／6 人区分は経営の大小区分には必ずしも繋がらない，管理リスト運用が煩雑になり調査員の負担増となる，重複や脱漏の原因となる，等々の批判的意見が出され，結局この修正提案は否決されている。

　これで，その問題は解決されたかのようにみえる。ところが，会議の終盤になって，再び大小区分問題が取り上げられる。これは調査用紙の内容を審議する中から，そこに盛られた質問項目に対応するのは営業経営の一部にすぎず，零細な経営にとっては無関係な項目が多すぎる，こうしたことが明らかになってきたからである。例えば，ヴュルテンベルクでは 20 万人の営業経営者の内，17.5 万人は業主ひとりか，もしくはごく少数の補助人しか抱えていない，しかも機械なしの経営主である，またオルデンブルクでも 1.7 万人の営業経営者の内，1.1 万人がそうした零細経営者層である，こうした事例が引き合いに出されている。そのような小経営に対し，それに無関係な調査項目を盛り込んだ調査用紙を配布すること自体が無駄であるとする見解が根強く残り，再三に渡り浮上してくる。これを一貫して主張するのがマイヤーであるが，かれによれば補助人あるいは使用機械なしの単独業主は全体の約 2/3 にも及び，これを人口調査に廻すことで営業調査の負担を大きく節減できるとする。終盤の第 7 回会議に至って，エンゲルもこうした現実的意見に耳を傾けざるをえない。結局，補助人 2 人以下で単純な機械利用だけの経営を小経営とみなし，それに対しては後に述べるような人口調査紙の裏面を使った簡単な質問で処理する，こうした提案を行ない，それがマイヤーとベッカーの強い賛同を受け全体の承認を得る。こうした形で経営の大小区分問題は決着する。[16]

　4）調査組織。12 月 1 日の人口センサスとの連結を前提にして考えると，調査のための組織系統は帝国統計庁を軸（あるいはセンター）にして，連邦国家それぞれにおける現地の市町村当局が，さらに調査委員会が設置されたところではそれが実施責任部署となり，また人口調査の調査区と調査員が利用される（人口センサスの調査員には当地の事情に明るい退役官吏や学校教師，等々が選定される）。そして，「調査は可能な限り営業経営者への直接質問を通じて行なわれる」との規定が採択され，そのための調査指令作成と配布が各国政府に任

されている。エンゲル案では直接質問が不可能な場合をも想定して，調査紙と調査リストの併用が認められ，調査員が被調査者から聴き取ったものをリストに記入する方式もありうるとされていた。しかし，これは削除される。あくまでも直接調査をもって臨むという方針である。

5）構成単位と調査単位。営業調査では集団の構成要素＝単位はあくまでも個々の営業経営体であるが，人口センサスと連結するために，調査単位は世帯となる。ここにひとつの難問が潜み，調査結果の信頼性を損ないかねないような要因が隠されている。すなわち，人口調査紙に記入責任をもつのが世帯主であり，かつ当人が営業経営者である場合には，営業経営の捕捉はスムースに行なわれうる。だが，世帯主ではない世帯構成員の中に営業経営者がいる場合，果して正確にそれが調査単位として把握され，当人に営業調査紙が手渡される保証はあるのか，という問題である。調査が経営場所で行なわれ，調査員がその所在場所に向かうとしたのが72年構想であったが，75年調査では世帯内の営業経営者をまず掴み，そこから営業経営についての回答を引き出すという迂回を経ることになる。人口調査と同時遂行ということのために，調査は経営場所＝業務区画ではなく，営業経営者＝業務指導者の居住地で行なわれることになり，その際に人口調査紙の中から正確に営業経営者を割り出せるかどうか，これが問題となる。だが，委員会構成員でこの点での不安や危惧を表明した者は少数である。

6）集計・整理。総括表作成案もエンゲルによって提示されている。それは，以下の3様であるが，72年構想にあった7表に較べると大幅な縮小である。統計表の数そのものの削減に加え，細目数が大幅に減らされたことによって，集計と表作成の労力が節減されるとされる。

①すべての個別営業経営の暫定概括
　　一国全体の営業分類（グループ／クラス／細目）に沿った主経営数と性別就業者数・合計
②確定概括・I
　　一国とその比較的大きな行政管区別の営業分類に沿った小経営での
　　　主／副別経営数
　　　性別地位別就業者数・合計
　　　使用機械数（3機種）

同じく比較的大経営での
　　　主／副別経営数
　　　経営主体別経営数
　　　就業者数　性別地位別就業者数（調査時，被雇用者に関しては年齢区
　　　　　　　　分と徒弟数の計上あり）
　　　　　　　　性別年間平均被雇用者数
　　　就業者規模別経営数（就業者数 10 以下／11-50／51-200／201-1,000
　　　／1,001 以上の 5 区分）
　③確定概括・II
　　一国とその比較的大きな行政管区別の営業分類に沿った比較的大経営での
　　　回転機（畜力／風力／水力／蒸気力／ガス力／熱気で動く機械の種類
　　　　と数量）
　　　作業機・装置（7 業種別の特徴的使用機械・道具・装置の種類と数量）

　留意点は，確定概括・I の比較的大経営での経営主体別経営数では「私人／経済組合／自治協同体／国家」に 4 区分されていること，また同じ比較的大経営での性別地位別就業者数では，後述される調査紙にある，「1. 業務指導者，2. 商人としての，および技術的な修養を積んだ監督職員と会計職員，3. その他」の 3 分類が取られ，その内の「3. その他」では性別のみならず，年齢 4 区分と年間平均数がつけ加えられていることである。また，規模別分類では，上のように（業務指導者を含んだ）就業者数別の 5 区分が提示されている。

　以上，みてきたように，人口センサスと連結する，あるいは上乗せさせることで，ともかくも実現に漕ぎつけようとするのが 75 年営業センサスの趣旨である。先に挙げられた問題を解決しながら，エンゲル案の 15 の規定を 14 項に整理し（章末の附録「ドイツ帝国における営業統計調査に関する規定（1875 年）」を参照），[17] 5 月 7 日に改定委員会の審議が終了する。作成された規定・調査書式・総括表・営業分類は議長メラーを通じて帝国宰相府へ伝えられる。それを受けて，5 月 20 日づけの帝国宰相名（代理，デルブリュック）で，29 日に連邦参議院へ文書伝達の形で営業調査の実施プランが渡され，その妥当性について速やかに決議されたいとの要望が伝えられる。連邦参議院の関連委員会がそれを審議し，6 月 10 日，提出された改定委員会案が原則的に承認される。原則的というのは，いくつかの修正を含んでいるからである。後述するように，そ

こには75年調査の有効性を大きく左右することになる修正点も含まれている。

連邦参議院での承認を受けたことによって，12月実施に向けて営業調査の準備が始動する。帝国統計庁の名で，調査規定，調査書式（小経営用・比較的大経営用），いまみた暫定概括と確定概括のための総括表，体系的営業分類，以上6つが各国政府へ送付される。

プランには，関税同盟統計拡充委員会による72年営業調査構想を，たとえ簡易化された形であるとはいえ，それを人口調査の場を借りて直接調査として実施したい，こうした意向が込められている。上述のように，構成員13名中の5名はかつての拡充委員会のメンバーであり，かれらには72年構想の実施は果されなかった課題として残っていたからである。中でもエンゲルは72年構想の立案者としてその意義を熟知していた。簡易化に対する自身の疑問は少なからずあったと思われるが，それを抑えて75年調査の実施に向けて最大の配慮を払ったものといえよう。原案提示を初めとして改定委員会における文字通りの中心人物をして活躍することになる。さらに，改定委員会の5月7日の最終会議で，審議結果を「改定委員会々議報告」としてまとめ，それを連邦参議院に提出する編集委員会の責任者としてエンゲルが指名される。そして，6月30日，メラー・エンゲル・ベッカー・マイツェンの連名による報告提出の趣旨説明が帝国宰相府長官デルブリュックへ提出され，エンゲルの手による改定委員会報告がその附録として添付されることになる。[18]

III. 1875年営業調査用紙

1. 2様の営業調査用紙

改定委員会の第4回会議の後半から第7回会議にかけて，エンゲル案に沿って，調査書式をいかに設計するかが中心問題となる。改めて，設計された調査用紙そのものから75年営業調査の特徴を探ってみる必要があろう。

既述したように，審議の結果，想定された全質問項目をすべての営業経営に一様に適用することが不合理とされ，当初の方針に替って，小経営に関する営業調査は人口調査紙を利用することになった。75年人口調査では世帯現住者・不在者の目録としての調査リスト（いわゆる世帯リスト）とすべての個人用の調査紙の2つが作成され，そのどちらかが利用されるものと規定されている。

そのいずれにも姓名・世帯内地位・性・出生年・家族関係（独身・既婚・離別）・宗教・主職業と主生業（分野と勤務関係）・副業・国籍・住所・現役軍人の所属先，この11項目が質問されている。この職業・生業欄で独立営業経営者と答えた者に対しては，改めて人口調査紙の裏面に「2つの特別質問」として，次のような設問がある。すなわち，今回の営業調査で対象となる独立営業者の営む業種が列挙された後で，以下のような項目が質問されている。[19]

1. あなたはその種の営業経営に際して3人以上の補助人，徒弟，等々を使っていますか。
2. あなたがその種の営業経営で2人以下の補助人，徒弟，等々でもって，あるいはただひとりで営んでいる場合には，次のことを申告してください。
　　補助人数（性別）
　　徒弟数（性別）
　　各種織機数
　　各種編機数あるいは靴下製造機数
　　足踏式ミシン数
　注意　この質問は，当該営業が農業の傍らで営まれている場合にも，回答されるものとする。

　この2が小営業経営に関する，主営業／副営業区分を伴なったその就業者関係と使用機械への調査項目である。小経営に関しては経営の種類と数量・被雇用者数で十分としたメイヤーの主張に，最低限度の使用機械の種類・数量の表示を加えたものといえる。明らかに，繊維業（織物業）分野での零細手工業を想定した設問であるが，営業経営調査としてはそれ以下のものはありえないほどの簡略化といえる。各国における営業の現状からみて，この織物業ではいまだに零細な手工業が広範に残存しているとの判断から導かれた設問と考えられる。こうして，小営業経営に関しては人口調査紙の裏面を使った簡易調査で処理されることになる。

　上の質問1で是と答えた者には別途に，「1875年12月1日の営業統計調査補助人3人以上の独立営業経営者に対する調査紙」が配布される。そこには営業経営者の名前・商号・住所の後に，次の8つの質問項目が設定されている。[20]

1. あなたはどのような営業を営んでいますか。
2. 経営場所はどこですか。市町村　街　家屋番号
3. あなたはこの営業経営の単独所有者，賃借人，あるいは業務指導者ですか。
あるいは営業経営は複数仲間，あるいは合資会社，あるいは株式合資会社，株式会社，労働組合，団体，インヌング，あるいは他協同体，あるいは自治体，あるいは国家の所有ですか。
4. あなたは先に挙げられた営業の他にさらに副営業を営んでいますか。それは何ですか。
5. 調査時にあなたの作業場・工場空間・建築場と仕事場・穀倉・倉庫・帳場・店舗・売場内で，あなたの船舶で，また出張店員として，何人が営業に従事していますか。
    a) 所有者，賃借人，業務指導者（性別）
    b) 商人としての，また技術的な修養を積んだ監督職員と会計職員（a を除く）（性別）
    c) その他
        1. 17 歳以上（性別）
           （その内の既婚者　性別）
        2. 15-16 歳（性別）
        3. 13-14 歳（性別）
        4. 12 歳以下（性別）
        合計（性別）
        その内の徒弟（性別）
6. あなたは 5 の c に属する者を 1875 年の平均で何人雇っていますか。（性別）
7. あなたはあなたの営業経営で次のものを利用していますか。
    a) 畜力巻上機　その数
    b) 風力：ドイツ式風車数，オランダ式風車数
    c) 水力：その馬力，連結したタービンの数とそれに向けられる馬力
    d) 蒸気：罐数
        蒸気機関数とその内訳：常設蒸気機関数，その馬力，移動蒸気機関を含んだ運送可能機関数，その馬力
    e) ガス力機械数　その馬力
    f) 熱気機械数　その馬力
8. あなたがあなたの営業の経営のために，上の数字 7 で挙げられた原動

力で動き，以下の主要グループの中で示された作業機を利用している場合，該当するところでその数量，同じように，質問が該当することの明らかな場合には，人によって動かされる作業機，また装置の数量を申告してください。

  I. 採鉱業と土石産業（17 機種） II. 食糧品産業（8 機種）
  III. 木材産業（8 機種）   IV. 繊維産業（34 機種）
  V. 金属産業と機械産業（22 機種）
  VI. 製紙業と印刷業（13 機種） VII. ミシン（2 機種）

　以上の質問が表裏1枚の調査紙に収められ，とくに7項と8項が収縮されたことで，簡潔な質問用紙となっている（ただし，各国の営業状態に応じて，先の調査紙に増加項目を容れることが認められており，その設定は当該政府に委ねられている）。72年営業調査票では，とくにこの8項が大きなスペースを占めることで4ページの調査票となっていた。確かに，7・8項での簡略化は合理的とみなされうる。しかしながら，それ以外の標識設定は営業調査として理にかなったものか。これについては評価の分かれるところである。

2．72年営業調査票との対比

　1．72年構想にあった営業調査票との比較でその特徴を探ると，まず経営形態での家内工業の有無を問う質問が削除されている点が問題になる。72年構想では，一方の小経営用の調査紙で家内工業の問屋への従属，他方の比較的大経営用の調査票には工場問屋による家内工業の支配が問われ，この両面から家内工業の存在，その数量・規模（人数）・貸与生産手段と原材料の有無をあぶり出そうとしている。[21] この質問が削除されたということは，家内工業の工業生産に占める比重が無視できるほど軽いものになったということなのか。そうでは決してない。というのは，審議中，ベッカーが家内工業就業者数を把握すべく，営業経営者に対して，「あなたはあなたの業務空間の外で何人を雇っていますか」という質問を設定すべきと提案しており（しかし，これは採択されなかった），また次回の82年営業センサスではこの設問が復活しているからである。これは，専ら調査項目の縮小という目的に合わせたものである。しかし，改定委員会の審議中にマイツェンが簡略化について，本来的に質問すべき項目を削ってまでもの省略が果して妥当なものかどうか，疑問の残るところも

あるとする発言を行なっているが，その疑問はこの件に関しても当てはまる。

次に，賃金支払額や労働者福祉面に関する設問はない。当初のエンゲル案では，「1875年に支払済み，また支払予定の俸給と賃金の総額」を問う項目が設定されていた。しかし，これはエンゲル自らによって取り下げられている。その根拠は，ドイツにおける所得税改革によって被調査者からの申告に較べてより信頼できる回答が税台帳から獲得可能になるためである，こう後に説明されている。この他にも，労働者福祉面に関する質問がまったく姿を消している。審議当初には「労働者社会統計」への配慮が必要とする意見もあったが，これは考慮外とされる。また，災害・傷害保険との関連で60歳以上の層を析出する，また労働者の内の家屋所有者の割合を掴む，こうした設問も提案されたが，いずれも採択されていない。

調査項目5は就業者の地位別構成と，とくに被雇用者と労働者の年齢・性別構成に向けられている。72年構想にもあった業主／専門職員／被雇用者・労働者という3分類が取られている。ただ，調査紙にあるbとcの境界を明確にするためのより詳しい規定が要るのではないかとする意見も出されている。また，cのカテゴリーの年齢区分は72年構想ともエンゲル案のものとも違ったものが採択されている。これは議長からの提案によって，営業条例に規定された就業可能年齢に対応させた結果である。

最大の特徴は営業の物的構成面への質問，すなわち7と8にみられる質問量の大幅な減少にある。すなわち，72年構想にあった原動機への質問項目数では216から15に，さらに作業機への質問では，挙げられた機種総計が945から，「簡略化のぎりぎりの線」[22]とされる106に削られている。72年構想では，エンゲル自身も認めるように，モノグラフィーの領分に入り込みすぎ，「あまりにも大きな注意が技術的部分に払われた」，すなわち個別業種での特徴的作業機・道具・装置の枚挙に過度の注意が払われ，全般的営業統計としては明らかに境界線を越え，全体のバランスも欠くことになった。また，その枚挙が可能とする「錯覚」[23]もあった。エンゲルも会議当初から，簡易化は機械に関する質問の整理を通じて可能になるとみなしていた。この面での72年構想でのゆきすぎは否定できなく，75年調査では全般的調査として標準的な形を取ったものが志向されている。こうしたことを通じ，集計と整理の作業分量は全体として1/15に減ったとされる。

2. いま少し，この点について検討してみよう。72 年構想では小経営用の調査紙では，水力／蒸気力／その他の動力源の使用とその馬力が問われ，続いて使用作業機・工作機の数量申告が要請されている。使用動力源に該当するものがあれば，さらに調査紙裏面にある水力と蒸気力によって動かされる原動機に関する詳細質問に答えることになっている。作業機・工作機では紡績業，織物業からパン屋，印刷屋に至る 10 業種において，それぞれに特徴的な機械・道具・装置の種類があらかじめ列記され，該当するものがあれば，その数量を記入することになっている。その機種総数は 36 である（業種ごとの重複を含む）。比較的大経営用の調査票では，上と同じ動力源への質問に続いて，紙面を改めて詳細な質問への回答が求められている。それには「機械と装置」という設問枠の下で，さらにこれが A. 動力源と原動機と B. 作業機と装置に分けられ，A においては，畜力／風力／水力／蒸気機関と蒸気罐／蒸気罐用燃料／熱機関／ガスエンジン／圧縮機の 8 項に渡り，その使用数量と多くの場合にその馬力が質問されている。とくに，蒸気機関と蒸気罐では，I. 農業用機関，II. 船舶用機関，III. 蒸気罐に分け，それぞれについて使用されている原動機・装置がほぼ網羅され，その機種名と部品名が列挙された実に詳細な調査となっている。

同じく，B においても営業分類 12 グループに対応させて，土石産業，金属工業から建設業，印刷業に至る 12 業務分野ごとに特徴的な使用作業機・道具・装置が挙げられ，その使用が問われている。その種類たるや膨大であり，例えば，取り上げられた機種の最も多い営業 VI グループ・繊維業では，その A. 紡績業にのべ 107 種，B. 織物業にのべ 39 種，C. 靴下商品製造に 24 種，D. レース製造と刺繡物で 6 種，E. 漂白・染色・捺染・光沢仕上で 64 種，総計 240 の機種，最も少ない X グループ・衣料と清浄産業でも 30 機種が並べられている。関税同盟統計拡充委員会ではこのために営業統計下部委員会を設け，ドレスデンやハノーヴァーの高等工業学校から専門家を招集し，その審議を踏まえて調査票を作成している。しかしながら，この物的側面への入れ込みは営業センサスという全般的統計調査とは必ずしも調和しない。確かに，営業調査は経営体の人的構成のみならず，その物的構成の把握をも目的とする。そこに営業統計の特徴もある。しかし，72 年構想にある「機械と装置」の調査項目は全般的統計調査の域を越え，先にも述べたように，工業生産に関するモノグ

ラフィーという領分に深入りしすぎていると評価されよう。明らかに，被調査者たる営業経営者にとっては過重な質問であり，当人にしてみても細かな機種や品名を識別し正確な申告を行なうことが可能か，これは甚々疑問とされるところである。また，それをどのように集計・整理し公表するのか，調査側にも大きな困難の予想されたところでもある。これが，上でみたように，原動機で約 1/14，作業機で約 1/8 と大幅に縮小・整理されたことは，調査用紙自体の簡略化を含んで，統計調査としては本来の水準に戻ったと考えるべきものであろう。

　従前から，プロイセン統計局長としてのエンゲルは蒸気機関の利用に強い関心を向けていた。統計局はその発足以来，蒸気機関設置を生産力増進の象徴とみなし，その伝播・拡張の数量把握に大きな努力を払ってきた。エンゲル案にある調査紙の蒸気を動力源とする場合の質問項目では，もちろん72年構想に較べると大きく整理簡略されたものであったが，それでも15項に及ぶ設問があった。すでにみたように，これが5項に減っている。それは，簡略化という目的に加え，今回の調査から農業部門が除外されることで，その分野の利用蒸気機関が脱落することにより，営業調査時に全般的蒸気機関統計を志向することがそもそも無理と判断されたからである。しかし，帝国レベルでの蒸気罐・機関に関する統計作成は必須のものであるので，これを営業調査とは別途の調査として実行すべく，その検討のための特別委員会を招集するよう連邦参議院に提案したい，こうした議長提案が承認されている。[24]

　以上，物的構成面での調査項目の抜本的省略を通じて，分量的にみて簡略化という目的は達成されているのは確かである。また，人的構成面での設問数とのつり合いからみて，調査の全体的バランスも改善されている。調査紙での質問を概括する限りでは，実査や集計・整理における大きな困難はみえてこない。

IV. 1875年営業調査の諸問題

1. 人口センサスとの連動

　実施された最初の営業調査結果の概括は，「1875年12月1日のドイツ営業調査の帰結」として『ドイツ帝国統計』第34巻第1・2分冊ならびに第35巻第1・2分冊の計4冊（1879年）の中で公刊される。とくにプロイセンとオル

デンブルクが詳しい加工と公刊を実施している。またそれより先に，プロイセン統計局はその機関誌『統計局雑誌』で，エンゲル自らの手による「1861年調査の帰結と比較された1875年12月1日の営業調査の帰結」を公表している。[25]

　統一ドイツにおいて最初に実施された営業センサスであり，そうした意義を75年営業調査に認めることにやぶさかではない。しかし，それは方法論的観点，とくに統計調査論からみて問題がなく，期待された成果を十全に伝えるものとなりえたか。こうした角度からの評価とは別である。後に，75年調査はドイツ営業統計史における失敗例に属するものと評価されることになるが，それは以下のような問題点を抱えていたからである。

　先に述べたように，70年2月に採択された人口調査に関する規定では人口調査に農業調査や営業調査といった包括的調査を結びつけることが禁止されていた。その規定の撤廃が連邦参議院によって承認され，75年人口調査に営業調査を連結することが可能となった。そこには，人口センサスに上乗せさせる，つまり調査区，調査委員会と調査員は人口調査と同一のものを利用することで，72年から延期されたままの営業センサスをともかくも実現させようとする意図が強く働いている。これによって人的労力と経費の節減が実現する（同一調査員によって人口調査と営業調査の双方がまかなわれる。また経費の点では，例えばプロイセンでは独立営業調査には書類作成・梱包・発送分だけで2.9万マルクの出費であったが，結合の場合には人口調査を含めて4.4万マルクと見積られる）。確かに，営業調査を人口センサスに上乗せさせることに利点のあることは否定できないし，それによって実現の展望がより大きくなるようにもみえる。しかし反面，それら利点を帳消しにする次のような難点を避けることができなくなる。

　1）世帯主と営業経営者。人口調査の回答責任は世帯主にある。営業調査の回答責任者は経営主である。既述したように，人口調査の世帯個票が先導することで，世帯構成員に世帯主以外の営業経営者がいる場合，それが正確に捕捉されず，結果的に見落しが起こりうる。改定委員会でも，例えば，オルデンブルクの1861年調査では世帯主以外の営業経営者は全体の20-25％を占めたと報告されている。かつての手工業経営が支配的であった時代には，世帯主はそのまま手工業親方として営業経営者のカテゴリーに直結していた。しかし，経

営が多様化し世帯と営業の分離が進む中で，世帯調査紙を配布する際に，同時に世帯主以外の営業経営者を正確に割り出し，別途に営業調査紙を漏れなく渡せるかが問題となる。

　2）営業経営者と経営場所。調査単位は世帯内の営業経営者個々人である。しかし，営業統計の構成単位は個々の経営場所（業務区画）である。本来の営業調査であれば，事前リストで業務場所を捕捉し，そこに調査員が出向き調査用紙を配布するという手順が取られなければならない。72年構想もそうした方式を想定している。しかし，人口センサスと連結するために，営業調査においても世帯が調査単位とされることで経営者と営業区画の所在地の乖離が生じうる。

　そうした場合，ひとりの経営者が業務場所を複数場所にもっており，しかもそれが他国家に属しているような事例では，営業経営のその国家への帰属処理が正確になされうるかという問題が出てくる。これは調査当局の事後処理問題であり，自国の営業経営者が他国家領域で営んでいる経営のある場合には，そうした事例は調査側の国家から当該国家の統計中央部署へ伝達されるというルールが定められている。しかし，果してこれが規則通りに正確かつ合理的に遂行されうるか，脱漏の可能性はないのか。問題とされるところである。

　また，一個同一の業務場所がそれぞれ所在地の異なる複数経営者の共同所有ということもある。こうした場合には，複数の調査用紙に同一経営が重ねて記載されることはないか。調査用紙にはその点に関して，複数の経営者（所有者・賃借人・業務指導者）によって営まれている業務の場合には，経営者自身が，「同じ営業経営に関してはただ1枚の調査紙だけが回答される，この点についてお互いに意思疎通されたい」[26]とする注記が添えられている。しかし，問題の処理を調査当局が行なうのではなく被調査者自身に任せることで，これが徹底するかどうか。そこに重複記載の可能性はないか。

　3）調査時期。関税同盟の最初の人口調査が1834年12月1日に実施され，それ以降毎3年ごとの12月（後に3日に固定される）に調査時が設定されている。人口調査にとって12月は合理的な調査時期である。相対的にみて出稼ぎや季節労働がより少なく，他出していた住民も自宅所在地に帰省し，人口の静態度が最も高い時期だからである。しかし，営業調査にとってはこの時期は不適合である。営業活動という面では弛緩期に入り，営業の常態が統計に映し出

されないからである。[27] 確かに，今回の営業調査から農業部門が除外されたことによって，緊張と弛緩の差が大きい農業経営でのこの問題はなくなっている。しかし，他産業にとっても 12 月はやはり不活性期であり，活きた営業像は獲得不可能とされる。この点を考慮して，同じく農業部門を除いていた 72 年構想の営業調査でも 5 月 1 日がその調査日として設定されていたのである。人口調査との連結は 12 月調査期を与件としなくてはならなかったためか，改定委員会でこれが問題にされたことはない。

2. 調査様式での難点

　72 年の営業調査構想が大幅に簡略化され，実行可能な形で企画され，かつ実施されたのが 75 年の営業調査である。人口センサスと連動することで初めて実現しえたという側面をもち，またそのことによる制約をも受けざるをえなかった。さらに，狭義の統計調査方法の面からみても，以下のようないくつかの難点を抱えることになったのが 75 年調査といえる。
　1) 調査対象範囲。既述のように，調査の対象範囲からいくつもの部門や分野が除外されている。エンゲル案にもすでに公益部門や非営利的業種の除去があり，また審議経過から素案にあった農業・林業・畜産，行商も外されている。全般的営業調査というエンゲル案から「全般的」を削除せざるをえなかった。従って，75 年営業調査から除外されるものは，以下のようになる。

　　1. 農業，林業，畜産　　　　2. 陸海軍管理の営業的性格をもった作業
　　3. 鉄道・郵便・電信経営　　　4. 保険業
　　5. 保養施設，医者・助産婦・医療補助職員の営業，埋葬業
　　6. 音楽営業，劇場営業，展示場　7. 行商
　　8. 更正施設・刑務所内収容者の作業
　　9. 営業経営者の自家需要用生産物のための経営

　他方，カヴァーされる部門・分野・業種は先に示した通りである。ところで，エンゲル案に当初想定されていた農林業や畜産は，一体どのような様式で調査されようとしていたのか。もちろんのこと，異質な要素をもった農業経営を他営業と同類なものとみなし，同一調査用紙でもって臨もうとしていたとは考えられない。しかし，農林業用に独自の調査紙が別に提示されているわけでもな

い。この点のエンゲルの考えは不鮮明である。75年調査にさらに農業調査を加えることは、さらなる困難をよび起こしたであろうことは想像に難くない。従い、それを除外したことは結果的にみて是とせざるをえない。しかし、問題は未解決のままくり延べされただけである。以前から、関税同盟や連邦参議院、農業団体、等々で全ドイツにまたがる農業調査の必要性が再三に渡り主張されてきている。しかし、地域ごとの農業経営の異質性、地主や農業経営者による公的調査介入への抵抗はそれを阻んできた。全般的営業調査の下で、全土にまたがる農業経営調査が実施されえたとすれば、それは画期的事例ともいえたであろう。確かに、75年調査では園芸・野菜栽培が独立したグループとして調査範囲内に組み入れられてはいた。しかし、農耕基幹分野を欠いているために、これを農業部門全体をカヴァーしたものということはできない。75年段階では、問題を先送りせざるをえなかった。これはセンサスとしての1882年農業経営調査まで待たねばならない。そこでは、一般的営業調査と併行しながらも、別に農業経営調査紙が用意されている。75年の改定委員会はその問題を避けて通ったことになる。

　公益性の高い業種や非営利業種・職種が営業調査から外されるとある。それらは郵便や電信、軍管理下業務、また医療関連業種・職業、収容所内作業といったものであるが、それらを他のものと同じ枠で括って、営業種から除外する根拠は明らかでない。これは72年調査にも当てはまることでもあるが、公益／私益と営利／非営利の境界づけは必ずしも明確とはいえない。また、営業それ自体の概念規定と共々、営業調査に終始つきまとう難問ともいえるものである。

　2) 経営の大小区分。エンゲル案には経営の大小区分はなかった。しかし、審議の結果、補助人なし（つまり、ひとり親方や単独営業者）か、補助人2人以下のものを小営業、それが3人以上のものを比較的大経営とし、別様の調査用紙を当てることになった。大小区分の基準をめぐっては先の関税同盟統計拡充委員会の審議でもさまざまな見解があったが、所有者を除いた就業者5／6人でもって大小区分し、それぞれに別様の調査項目を設定することになった。改定委員会でも、小経営と比較的大経営の境界線をどこで引くか、これは最後まで縺れた難問であった。会議終盤で、「最良の境界をめぐっての争いが新たに始まった」[28)]とされるが、補助人2人以下をもって小経営とし、それには手

工業経営の実際に見合った簡便な質問を用意することで決着した。人口調査紙の裏面利用というのはいかにも姑息な様式ではあるが，調査項目に限ってみればまずは妥当とすべきであろう。これは，実際にそのような小規模な零細手工業経営が織物業において広範に存続していた当時の状況に対応していたということである。ただ，後にゾンバルトが批判しているように，そうした層を「独立営業経営者」と規定することへの疑問は残る。[29] 法的身分的区分ではなく，経済的実態からすれば労働者層との違いはないとするのがゾンバルトの見解である。

　ところが，この問題はそれで解決されたわけではない。改定委員会の規定・書式を帝国宰相から受け取り，その審議に当たった連邦参議院・第 18 会議における営業統計関連専門委員会（第 III，第 IV 委員会，その代表は枢密顧問 v. シュピッツェンベルク男爵）での 6 月 10 日の決議によって，経営規模の大小区分にある小経営の範囲規定が先の補助人 2 人以下から 5 人以下へと引き上げられることになったのである。[30] その理由は明示されていないが，人口センサスとの兼合いで営業調査の比重を落すことで，専ら調査全体の負担軽減を計ったことによるのは間違いない。この結果，圧倒的多数の経営体が人口調査紙の裏面にある調査項目＝簡易調査で処理され，本来の営業調査の対象からは外されることになった。ここから新たに出てくる問題として，小経営の枠を補助人 5 人以下に拡めたことにより，もともと想定されていた織物業での零細経営以外の多くの営業がそこに含まれることになる。そうしたものを加えた中・小営業経営全体の調査において，先にみた小経営用の調査項目，すなわち主に織物手工業を想定した質問項目（補助人と徒弟の性別数量，織機・編機・ミシン使用数）だけで当たるのは，それら営業経営全体の実態を把握する上ではあまりにも短絡ということになる。従い，営業経営の特徴的属性が調査紙から漏れてしまう。この点に関しては，調査実施後，内務相と商業・営業・公的労働相の指令を受けて，プロイセンの各県庁から取り寄せられた鑑定報告においても，多くの営業関係は今回の小経営用の質問枠には収まり切らないと批判されている。[31] 同じような小経営用の 72 年営業調査紙と較べてみても，75 年調査紙の狭隘さと平板さは歴然としている。小経営を補助人 5 人以下とするなら，改定委員会での議論も違ったものになったはずであり，それに対する質問項目も別様に設定されたであろうと推測される。

IV. 1875 年営業調査の諸問題　｜　379

3) 調査項目。既述したように，72年構想にあった物的構成面での調査のゆきすぎを是正し，調査項目を大幅に縮小したことは合理的な処理といえる。しかしながら，合理化とはいえない簡略化と平板化を見逃すことはできない。簡略化と人口センサスとの連結という二重の契機から，調査項目が圧迫され，本来の営業調査の形からの後退を余儀なくされたといわざるをえない。経営の大小区分問題と関連しながら，調査項目にも矮小化が出てきている。

まず，小経営用の調査項目については，すでに述べたように，それによって営業実態の把握が可能かは疑問の出るところである。補助人5人以内の就業構成また特徴的物的手段の配置を捉える上で，設問はあまりにも貧弱であるからである。72年調査の小経営用調査紙では，営業種，農業の兼業，自前かそれとも家内工業として商人問屋へ従属しているか，業務所有者（性別）／その他（性・年齢別，19歳以上の性別既婚者），使用動力源（水力／蒸気力／その他），使用作業機・道具（10業種・36機種），福祉金庫への加入者（性別），これらへの質問が設定されていた。調査紙の裏面には，動力源と結びついた原動機のさらに詳しい申告も課せられていた。たとえ補助人5人以下の小経営といえども，これだけ入念な設問が用意されていた。それとの比較で考えると，75年調査の小経営用調査紙によっては，織物業での小経営以外の各種営業に関してその経営実態の把握は困難となってしまう。

比較的大経営用の営業調査用紙そのものに関しても，同じことがいえよう。営業の社会的側面への問いは萎縮している。それはまず，既述したように家内工業への質問が削除されていることである。75年当時のドイツ経済にあって，問屋制家内工業は，とくにプロイセンやザクセンでの木綿・亜麻織物業においていまだ大きな比重を占め，家内工業という形態を取った手工業生産の規模や全体に占める割合を把握することの意義は大きく，ザクセン出身のエンゲルもそのことを従前から主張していたはずである。しかし，「家内工業は帝国のあらゆる部分に同じような形で拡まっている経営形態ではない」[32]という理由で，それを簡易化の対象とし，それについての質問を調査紙から排除したとされる。

さらに問題なのは，進行しつつある経営の多角化・複合化や系列化には一切配慮がないことである。既述のように，この点ではこれまでの営業統計に特徴的な観点が踏襲されているといわざるをえない。すなわち，プロイセン営業表と関税同盟営業表では営業経営を同質単一な物的作業場としてある点的存在と

みなし，その場所的配置と総数を捉えること，つまり営業単位の外延的拡張（全体的拡がり）を抑えることが目的とされており，これが 40 年代以降の一貫した考え方であった（例，ある経営者による繊維工場で，織物・染色・捺染業務が併存して営まれている場合でも，それぞれの作業場が独立の営業単位として計上される）。[33)] 経営主体別分類には私人と協同体・団体・組合・合資会社・株式会社・自治体・国家の主体（所有者）区分があるにもかかわらず，資本制企業の発展に伴なう営業経営の縦（系列）と横（複合）の関係の進展には配慮がない。上述の 72 年調査票では当該営業が家内工業を傘下に収めているか否か，是の場合，その就業者を地域区分と地位（独立／非独立）区分でもって表示しようとしていた。これが縦横関係に触れる唯一の標識といえるものであったが，75 年調査紙からはこの設問すら姿を消している。ましてや資本制経営でさらに展開する企業系列や多角経営への配慮はみられない。

さらに支払賃金の内訳と総額に関する質問も削られている。また，72 年構想では労働者福祉関係の調査に大きな注意が払われ，調査票には別途「労働者の利益のために当てられている制度」と題されたアンケート用紙（青色調査用紙）が添付され，そこには給与支払制度／貯蓄金庫／疾病・扶養金庫／福祉制度・施設の 4 点に関する詳しい質問が盛られていた。回答は任意とされたが，これを通じ当時のドイツでの労働者福祉の実態を把握しようとする意気込みがみえた。

経営の内部情報ともいえる生産額や販売額，支払賃金額，また労働者福祉に関連する制度的事項，これらが果して一般的営業調査の調査項目として可能であり，また適切なものかどうか。確かに，これについては議論されるべき点は今日においてすら多く残っている。つまり，狭義の経営調査，アンケート調査，そして一般的営業調査，これらそれぞれに固有の領分はどこにあり，その境界づけと関連づけはどうあるべきかという問題である。もちろん，これらに関する方法論的検討を踏まえて 75 年調査用紙が作成されたわけでは決してない。それが不問にされたまま，ひとえに調査項目数を絞るという誘因から出てきた結果がそれら福祉関連項目の削除である。

V. 1875年営業調査の補充

1. プロイセン統計局の対応

1．上でも述べたように，75年人口調査ならびに営業調査の書式は帝国統計のものを基準にしながらも，調査項目の削減は許されないが，各国の事情を加味した変更と拡張は認められている。プロイセンでは，人口調査紙にあった個々人の就業関係の調査をより明確なものにすべく，その裏面にあった営業関係に関する「2つの特別質問」に替えて，全6項目の質問から構成された「生業活動（Erwerbthätigkeit）に関する質問」を取り入れている。[34] 人口調査用紙では，全11項の設問のその質問7で，「主要職業，主要生業，あるいは生計分野。その名称。労働あるいは勤務関係」を，続く質問8で「収入と結びついた副就業」を問うている。この2つの質問をさらに明敏化するために，まずすべての個々人に対して，次の4点を質問している。

    9. 営んでいる主職業，生業，あるいは生計分野
   10. その際の属性　a) 自立している：所有者，共同所有者（共同経営者），賃借人あるいは業務指導者（管理者，監督者，等々），あるいは自宅で他人勘定のためにか，または顧客の家で賃金のために働いている
                  b) 不在の所有者，等々のためのその代理人
                    c) 管理人，支配人，帳簿掛，計算掛，技師，職工長，監視人，鉱夫長，等々として配置されている
                    d) 補助人，店員，職人，鉱夫，徒弟，工場労働者，日雇労働者，等々
   11. 収入と結びついた副就業の有無，その種類
   12. その属性（10のaからdまでの地位）

就業分野とそこでの地位（属性）の質問欄を峻別し，後者の地位分類では4区分を明示した設問となっている。また，副就業があればそこでの地位も明らかにしようとしている。これは職業調査の補完である。

さらに続けて，当人が自立した営業経営者，あるいはその代理人，および農業の傍らさらに別の営業を営んでいる農業経営者であれば，営業調査として次

の2点を質問している。

13. 主職業，あるいは副就業を6人以上の補助人，徒弟，等々でもって営んでいるか
    あるいは，畜力・水力・風力・蒸気力・ガス力を利用しているか
    （この双方の質問のどちらか一方，また双方に是と回答した場合には，別途に大経営用営業調査用紙が渡される）
14. 双方の質問で非の場合には次の申告を行なう
    a) 営業経営の場所（調査場所と異なる場合）　市町村　街・地区　家屋番号
    b) 主職業／副就業別，また性別での補助人・徒弟，等々の数とその内の徒弟数
       主職業／副就業別での織機・編機（3類）の数量とその内の一時使用分数，足踏式ミシンの数量

　従い，これが帝国統計の「2つの特別質問」に相当する設問となる。帝国統計の設問をより厳密に規定し直す試みであり，これはプロイセンの他にも，ブラウンシュヴァイク・ワルデック・シャウムブルク＝リッペの3国家，および帝国直轄領エルザス＝ロートリンゲンで採用された方式となる。
　2．営業調査そのものに関しても，その実施に際して，多くの個別国家は帝国レベルの調査紙を補充した調査用紙を用意している。プロイセン統計局の場合にも，帝国の営業調査紙では小経営や家内工業の実情把握が不可能になるとし，その欠損修復のために，次の2つの手立てを取っている。すなわち，下にみるように，別に補助人5人以下の製造営業に対する調査紙を用意し，これを営業調査紙に挟んでいる。さらに問題とされた家内工業経営の捕捉に関しても，事後の12月末に別途アンケート調査の形で全国各地の商業会議所（商人団体）や営業協会に調査を依頼している。
　既述のように連邦参議院の補助人5人以下とする小経営規定によって，大量の経営がそうでないにもかかわらず小経営に押し込まれることになった。こうして，ほとんどの製造工場（Mühle）が小経営に廻され，帝国の調査からは有効な製造工場統計を獲得することが不可能となった。また，時計製造，金銀加工業，また多くの商業営業（銀行業務，書籍商，植民地商品取引，反物商，等々）に関しても同様のことが当てはまる。たとえ，それらでは5人の補助人

で営まれているにせよ，これらを小経営とみなすことはできなく，それに対して小経営用の調査紙でもって臨むことは，商工業経営の実態を見過ごした調査に終わってしまう。さらに，このような経営が複数経営者の共同所有であれば，そうした関係も小経営用の調査紙からは浮き上がってこない。要するに，連邦参議院が調査の簡易化のために行なった境界変更は，事柄に対する正しい把握と表示を頓挫せる要因となってしまった。ここから，プロイセン統計局は工業部門において，5人以下の補助人をもった製粉，製材，製紙，搾油，ガラス製造，等々を業務とする製造工場に対して特別の調査紙＝「製造者用調査紙」(Fragekarte für Müller) を作成・配布している。これが 33,164 分回収されている。この調査紙での質問は以下の8点に及んでいる。

1. 場所　市町村　調査区番号　郡
2. 工場名（それがある場合）
3. 使用原動力（水力・風力・蒸気力）とその馬力，蒸気機関は渇水期の補助としての利用か
4. 所有者・賃借人・業務指導者の名前
5. 職人あるいは補助人，徒弟の人数
6. 使用されている特徴的機械・装置（13種）の数量
7. 他営業経営への動力譲渡の有無
8. パン製造場附設の有無，他営業経営の有無

帝国統計の調査紙に較べ，原動力と機械・装置への質問がより詳細なものになっている。とくに，後者では織機・編機・ミシンの3種から，脱穀機・碾臼・鋸・揉用突棒・砥石，等々の各種製造業務に特徴的な 13 機種へと大幅に増加されている。さらに，採鉱業 (3,110)，鉄道作業場 (485)，私的営業経営者のために賃金を払って行なわれている刑務所収容者の作業 (55)，これらに関してもそれぞれの管理当局へ独自に調査用紙を作成・配布し，回収している（括弧内の数字は回収数）。

加えて，家内工業の種類と規模を調査するための商業会議所と営業協会に対するアンケート調査を実施している。今回の営業調査では家内経営への質問は最初から設定されていなかった。というのは，使用された営業調査紙の設問（質問9）は企業家の作業空間内部で直接に就業している被雇用者の数量に向けられるだけであり，その外で就業している者（その多くは家内工業就業者）

は不問にされていたからである。しかし，その問題を避けることができないとみる統計局は，プロイセン国内における家内工業の実情把握を独自のアンケート調査によって補おうとする。このために 75 年 12 月末に全国の商業会議所（商人協会）へ「祖国工業のよりよき認識のために大きく貢献する」べく，その協力を訴えた依頼文をプロイセン統計局長エンゲルの名で発送し，次のような項目からなるアンケート「家内工業−企業の調査」への回答を求めている。

1. 各市町村の家内工業分野において最も卓越した経営者の商号
2. その仕事が主に行なわれている市町村
3. 家内工業分野就業者　その地位別・就業形態別（主業／副業，通年／臨時）人数
4. 臨時雇人の家内工業停止期の収入源
5. 監獄と刑務所の収容者の就業の有無
6. 被雇用者の就労はひとりの家内工業企業家のためか，あるいは同時に複数企業家のためか
7. 企業家と被雇用者とのやり取りは直接か，あるいは仲介人を通じてか
8. 企業家による被雇用者への家内工業生産物のための原材料の提供の有無
9. 企業家による被雇用者への機械・道具の提供の有無
10. 家内工業産物は主に輸出用か
11. 家内工業分野の趨勢（高揚／後退）と範囲（全体／個別品目），その原因
12. 家内工業の工場経営への移行，あるいはその逆の有無，その原因

　エンゲルと統計局の関心は家内工業の種類と規模，そしてその動向である。ここでいう家内工業とは，「ある取引店（Handlungshaus）が，自立したあるいは自立していない，しかしその自分の居住家屋で働いている営業経営者にこれら商品あるいは商品部品を，特定の指示あるいは見本にのっとり出来高払いのために製造させ，通常はさらに商品あるいは商品部品のための原材料をも提供するような営業企業ないしは経営形態」[35]のことである。問屋制下の家内工業であり，これが工業生産の重要な担い手であるとし，それがプロイセンのどの地方でどのような種類と範囲で拡がっており，その動向はいかなるものか，これについての資料が営業経営把握に欠かせないとみるわけである。これは，エンゲルの 61 年プロイセン営業調査案ですでに設定されていた質問であり，ま

た72年構想でも重要視されていた項目でもある。

　回答は商業会議所（団体）ないしはそれぞれの協会によって，その管区内で一定規模で経営されている家内工業分野の実際的関係にそくして記入され，翌76年2月末あるいは3月初めに統計局に回収されるとされた。また，商業会議所（団体）を経ることなく，直接に個々の家内工業企業家に対してアンケート用紙を配布する方が効果的と指摘された場合には，会議所のリストに従って基本的には同じ質問を収めた別種アンケート用紙がかれら企業家の下に送られている。

　この依頼に対して，約1,400の記入済み調査書式がプロイセン統計局へ送られてきた。その内の1/3は重複調査であった。有効なものは約80の郡と都市にまたがり，衣料，繊維，金属加工，木材・木片加工，タバコ製造，紙・皮革工業などの計984企業会社に関する報知を含んでいた。しかし，予想されていたことではあるが，商業会議所（協会）に送られたアンケートのかなりは無回答のままであった。最も営業の盛んで家内工業が密集している地方からの回答が期待されたのであるが，当該地の団体の多くからは，家内工業関係を解明することはあまりにも範囲の広すぎる作業であり，適切な人力が不在の下では，それを引き受けることはできないとする答えが返ってきた。このような事情の下で，プロイセン国家の家内工業の全般的探求は断念せざるをえなかった。プロイセンの家内工業の一端は掴みえたかもしれないが，こうしたアンケート調査によってはその全容解明は不可能となる。[36]

　同じように家内工業を調査問題として取り上げた国家にザクセンとバーデンがある。そこではいずれも，営業調査紙そのものの中に工場空間外で雇われている（働いている）者の数量を問う質問を設けている。プロイセンはこれをアンケート用紙を用い，家内工業就業者数のみならず，それを越えてさらに詳しい情報を収集しようとした。エンゲルはもともとアンケート方式の有用性に対して大きな期待をもっていた。しかし，任意回答という形を取るアンケートに協力した商業関連団体と企業家は決して多いとはいえなかった。エンゲルと統計局の思惑は外れる結果となった。

2. 75年営業調査への批判

　1．プロイセンでの75年営業調査の整理終了を受けて，エンゲルは上述し

たように77年の『統計局雑誌』にその調査結果を公表し，その中で75年調査の難点を自ら指摘している。その最大の弱点は経営規模を被雇用者数だけに依拠して恣意的に大小区分し，しかもそれに関する改定委員会提案が連邦参議院によって簡略化の目的で一方的に変更された点にあるとしている。連邦参議院のこの変更は取消しのできないものとして，それを甘受せざるをえなかった。このために，多くの比較的大経営が小経営に閉じ込められ，そのことによってドイツにおける製造工場の態様，さらには工業生産のあり方を探求するためのデータが喪失されることになる。「要するに，連邦参議院がそれを通じて調査簡略化の達成を望み，かつ可能と考えた境界変移は，逆であり，データ整理に際して，しばしば事物的に正しい事柄の把握と表示を難破させる恐れのある岩礁となった」[37]とする。

　さらに翌78年2月9日，エンゲルはベルリン国民経済協会で「1875年末のドイツ帝国とプロイセン国家における工業アンケートと営業調査」と題する講演を行ない，その中で75年営業調査の意義を陳述しながらも，否定できないいくつかの「著しい欠陥」として次の5点を指摘している。[38]

1. 営業の独立性と独立経営の定義が不正確である
2. 家内工業人口の大きさに関する経営者への質問が落ちている
3. 規模別と企業形態別の経営区分が不十分である
4. 作業機に関する表示が不完全である
5. 雇用主から被雇用者へ支払われた年間の俸給と賃金への質問が落ちている

　多大な人的経済的エネルギーがこの営業調査に払われたにせよ，それら欠陥は否定できなく，これは調査を制約する連邦参議院規定に原因があるとし，その規定作成に自らも委員として，しかも立案者として携わった改定委員会の責任が大であるとする。こうした自己批判を表明している。ただし，プロイセンでは中央集計・加工が行なわれたことで，問題のひとつであった重複調査は除去できたともする。上の1，2，5については本論でもすでに言及済みである。3についてはより細かな就業者規模別と経営形態別の分類が必要であったということであろうか。4については，小経営については妥当するが，しかし，大経営用調査紙にある物的装備面への質問は全般的営業調査としては妥当なものと考えられ，自己批判は不要と思われる。

このように，75年営業調査に対するエンゲル自身の受け止め方は一筋ではなく，公に批判点を開陳するなど，いささか屈折している。先の引用文では連邦参議院の変更に対する憤懣ともいえるものが感受される。しかし，自らが参画した72年構想を実行に移し，懸案であった営業調査を自らの企画した直接調査方式でもって達成しえた75年営業調査に対し，それを，「集中化された加工を経験した最初にして最大のプロイセンの営業調査である」[39]とし，統計局長としてそれを正当化する言明を残している。その裏には，プロイセン統計局の手によって帝国レベルの調査を可能な限り補充しえたとする自負もあったろう。また，この75年調査結果を61年営業表と比較しながら，プロイセンと連邦諸国家における営業の進展を概括した著作『1875年と1861年のドイツ工業』[40]（1880年）を公刊してもいる。

　2．結果的にみれば，75年営業調査は実現はしたものの，人口調査に圧迫され本来の営業調査としては萎縮したものに終始したといえよう。ともかくも，人口センサスの余勢を駆って営業調査の実績を積むこと，これが優先させられたという感じが否めない。従い，後にこの75年調査には厳しい批判が浴びせかけられる。その代表例は，『ドイツ統計の現状』において，それまでのドイツ営業統計史を総括したモルゲンロートによる評価である。[41] そこでは，75年調査は「包括的な計画と較べて，著しく後退したものであった」と否定的な判断を下されている。包括的計画とは72年構想のことである。その批判の要点は以下の通りである。まず，関税同盟統計と同じく人口調査と結びつけられることによって，営業調査にとっては不適切な12月が調査時期とされる。また，この結びつきから問題設定での欠陥，調査の重複や脱落の可能性が生じ，さらに小経営調査に関してはごく限られた質問による不十分な調査に終わっている。小経営規定を被雇用者5人以下とする「境界はあまりにも高く引かれすぎ」，多くの営業がその不十分な調査に廻されている。加えて，多くの排除部門・業種が含まれている。こうしたことから，75年営業調査は「関税同盟の調査に対しては進歩が非常に大きいとしても，人口調査から切り離されたより新たな調査とは較べられるべくもない」と論断され，人口センサスとの結合がその失敗の最大の原因であると指摘されている。

　問題設定の不十分さという点に関しては，次のように考えられよう。72年構想での小経営用調査紙も同じく就業者5人以下を対象にしているが，その設

問ははるかに充実し，それだけをみても他調査とは違った営業調査の独自性を窺わせるのに十分であった。比較的大経営用の調査票に至っては，統計調査としての実施可能性を疑わせるほどの細事に及ぶ設問もみられた。こうした先例との比較で，75年調査用紙の内容が貧弱な点を批判している。重複調査と調査漏れについては，一般的に社会調査にはとくに脱漏はつきものであるが，これを事前の管理リストの正確な作成でもっていかに防ぐか，これが統計の正確性を規定する要因となる。しかし，75年調査の管理リストは人口調査用のものであっても営業調査用のものではないために，営業経営場所とその経営者の的確な捕捉が不十分となり，そこに重複や脱落の原因が潜むということである。

さらに，既述のように，小・零細経営が圧倒的比重を占めていた当時の状況にあって（75年調査の結果によれば，プロイセンにおいて，1,667,104の営業の内，小経営は1,623,591で全体の97.4％，比較的大経営は43,513で2.6％となる），ほとんどの営業経営が本来の営業調査の枠から外され簡易調査の対象となり，先述したようにプロイセンでは製造工場に対する特別調査で補充したとはいえ，全ドイツ規模の営業経営に関する包括的な実態把握が初めから不可能であるという欠陥をもつことに問題があった。加えて，対象範囲を狭めることによって，産業統計としても，営業統計としても不徹底なものにならざるをえなかった。こうしたことから，75年調査ではなく，人口調査とは切り離されたその後の82年と95年の独立した営業（経営）調査からドイツにおける本来の営業統計調査が開始するとされる。これらがその批判点である。

モルゲンロートの評価がすべてではないが，しかし，他にも，以前の営業調査同様に，「なおかなり不完全な全般的営業調査」[42]と評されてもいるように，ドイツ営業統計史での75年調査に対する評価は決して高くない。確かに，帝国統計史上では，「ドイツ帝国における最初の包括的な営業調査」，またプロイセン統計史でも「最初の大規模な経営統計調査」，また「これまで実施された一切の経営統計調査の最大のもの」として語られてはいる。[43] しかしながら，82年以降の営業調査に較べ，75年調査を本来の営業調査として位置づけることにはためらいがみられる。

75年調査の経験から出てきた教訓は，人口センサスと連結させて営業調査を行なえば，後者は矮小化された調査に終わらざるをえないということであった。それぞれの目的を十全に遂行する上で，この異質な2つのセンサスを重ね

ることには無理が生じ，必ず人口調査が優先させられる。このことによって営業調査は萎縮せざるをえない。営業調査はそれ自体が独立の調査として実施されなければならない。従い，75年営業調査は72年調査構想からみてもその後退は否定できなく，調査時期，経営体の網羅の完全性，調査項目の内容，こうした点から総合的に判断して営業センサスとして成功したとはいい難い。

人口センサスに連結させることでセンサスとしての営業調査を比較的容易に実施できる。しかし逆に，人口センサスとの結びつきは営業調査の簡易化（＝平板化）を不可欠の条件とする。結局，このジレンマから抜け出すことができなかったといえるであろう。これまでのドイツ営業統計への取り組みにみられたエンゲルの執念が実り，当人が実質的設計者となった75年調査が上のような事情から中途半端な営業調査に終わった。これは皮肉な結果ではある。

75年調査の後，営業統計の作成は再び中断する。ドイツにおける本来の営業センサスはそれから7年後の82年に実現する。この間，エンゲルは80年人口調査時に，再び人口センサスに連結させて農業-家畜調査と営業調査（一般営業調査／鉱山調査／鉄道管理作業場調査／家内工業関係調査の4調査から構成される），さらに建物調査と居住地目録作成を実施することを構想し，それを79年7月に『1880年末のドイツ帝国における調査作業の課題』[44]と題した草案にまとめている。これはプロイセン王国統計中央委員会での審議素材に提供されることになるが，しかし80年調査に営業調査を加えることは，75年営業調査結果がまだ完全に整理加工されていない段階で，時期尚早であり不必要と判断され，その実施は見送られることになる。同じく，農業-家畜調査の方も，80年調査からは外されている。実現した82年営業調査ではあるが，これにエンゲル自身がかかわることはなかった。これはちょうど，諸般の事情から当人が統計局からの引退を考えていた時期とも重なる。

VI. 1882年ドイツ帝国職業=営業調査——エンゲルの遺産——

1. 82年調査に向けて

人口の職業関係に関する調査は営業統計だけに任されるわけではない。人口調査において個々人の職種と職業身分を申告させる方式がすでにヨーロッパ諸国の人口センサス，またドイツにおいても北ドイツ連邦と関税同盟での1867

年調査で採用されている。関税同盟統計拡充委員会の審議でも人口調査用紙に「職業，あるいは生業分野」という項目を設けて人口の職業構成を把握することが決められ，71年の第1回センサスでそれが実施されている。だが，これが標識設定の不十分さと分類の平板さ，結果編纂に対する統一的基準の欠如などの理由で信頼に耐えうる結果を保証しえないと判断され，結果の利用が差し控えられることになった。75年の第2回および80年の第3回人口センサスでも同様な方式が取られたが，諸般の事情からその整理・加工は見送られ，全ドイツにまたがる職業統計は作成されないままに終わる。

　また他方で，75年営業調査の失敗後，80年代に入るまで営業に関する統計は作成されないままに経過する。だが，国民生活において家計とは別の経済基盤である職業ならびに営業活動そのものに関する統計への志向は底部に残り続ける。加えて，社会政策的立案や施策のための基礎資料にそれらを欠かすことはできない。時のビスマルク政権は一方の社会主義鎮圧法（78年）で批判勢力を弾圧し，他方で営業条例の改定（78年）やその後の一連の労働者保護立法（83年の疾病保険法，84年の傷害保険法，さらに89年の廃疾・養老保険法）を通じて労働者階級の体制内への取り込みを計ろうとしていた。そうした政策立案を前にして，全国民の職業帰属に関する統計は不可欠の資料となるはずであった。皇帝ヴィルヘルムⅠ世の意を受けた形で，まずは81年末に翌年に職業統計調査を独自に実施することが議会で承認され，そのための立法措置が取られ予算措置と法的整備も済まされる。[45] 議会での審議結果を受けて調査枠が拡大され，この職業統計はただそれだけに留まらず，農業経営と商工業経営を含んだ営業統計をも同時に実施することになった。従い，「全般的職業調査」という名称で，①職業調査，②農業経営調査と③狭義の営業調査，この3本立ての調査となり，農業も商工業も共に営業であるところから，82年調査は職業調査と営業調査を併せて6月5日に実施されることになった。[46] ここでは職業と営業が初めて分離され，また農業経営が行政調査網にかけられることになった点に画期的な意味がある。

　議会での規定採択，帝国統計庁による調査書式や管理リストの作成，ドイツ官庁統計代表者会議の開催と実施要綱の採択，これらを通じて入念な準備と市民層の理解と協力へのアッピールがなされる。これらは先の1872年調査構想にあった調査様式をほぼ踏襲し，いくつかの点でさらに細かな詰めを施したも

のである。とくに縦の行政機構，すなわち帝国統計庁－各国政府－地方官庁（県庁と郡庁）－市町村のラインを通じて調査要綱の周知徹底が計られ，市町村当局に調査委員会設立や調査区編成，また有能な調査員確保などの具体的作業が一任された。調査は市町村様式で行なわれることが規定に明記され，県庁や郡庁よりも地域により密着した行政機関である市町村当局に実査の実質的責任が負わされている。[47] 帝国形成後の地方行政機構の整備，また中央権力の地方への浸透を受けて末端行政機関が調査に組み入れられ，市町村当局（調査委員会）に対する中央からの「指示」も用意され，その任務が細かに定められている。また当該地区の総括表である市町村票の作成・提示も義務づけられている。センサス様式の調査はこうした末端行政機構の効果的な取り込みなしには成功はおぼつかないわけで，これは調査完遂の条件となる。調査員には「調査員指示」を，他方の被調査者には「記入手引」を配布し，具体例を多数例示しながら統一した様式での正確な調査が指示され，とくに営業での調査漏れや重複調査の回避に注意が払われるべきとされている。[48] さらに，手引では被調査者に対する協力依頼と同時に虚偽申告や申告拒否に対して罰金刑（30マルク以下）をもって臨むことが明記され，調査側の強い姿勢を印象づけてもいる。

2. 職業調査

1. 1882年6月5日にドイツ帝国全般的職業調査という下で，独立の職業＝営業調査が直接全数調査として実現する。この82年調査は3本立ての調査とされ，2様の調査用紙が準備された。その第1は4ページからなる個人職業調査用と農業経営調査用の書式，第2は商工業を対象にした表裏1枚の営業調査用紙である。

まず，職業調査についてみてみよう。ここでは，全世帯に対して個人調査用紙（別に世帯リストとよばれる）を配布し，14歳以上の世帯構成員すべてを明記させ，その内の就業者についてその職種と職業上の地位を申告させ，また家内奉公人や非就労の家族身内をも世帯主や扶養者の職業との関連で取り上げている。さらに無職者，職業準備・修養中の者，諸施設収容者の場合にもそれが別途に計上されることによって，全人口の職業・社会構成を把握可能にさせる統計となっている。調査用紙では全20項目の質問がセットされ，まず人口調査と同様に姓名，年齢や性，世帯主との続柄・家族関係，宗教といった個々人

の属性が取り上げられ，続いて，「職業，身分，生業，営業，業務，あるいは生計分野」という大項目の下で職業調査固有の質問として以下の8から16までの9項目が設けられている。[49]

8. 主職業分野の正確な名称
9. 主職業における地位（業務関係，労働=雇用関係，他人勘定のための自宅での就業者）
10. 独立営業経営者の場合　補助人，就業共同所有者の有無
11. 同じく　使用物的設備（連動機・蒸気罐・移動蒸気機関・蒸気船）の有無
12. 副職業分野の正確な名称
13. 副職業における地位（業務関係，労働=雇用関係，他人勘定のための自宅での就業者）
14. 副職業分野での独立営業経営者の場合　補助人，就業共同所有者の有無
15. 同じく　使用物的設備（連動機・蒸気罐・移動蒸気機関・蒸気船）の有無
16. 以前の職業

　そこでは世帯主と世帯内職業従事者それぞれに対して，その主職業の正確な名称とその従業上の地位が問われ，さらに独立営業経営者か否かが就業者関係と営業設備面の双方から聞き出され，経営者として該当する場合には別途に営業調査用紙へ向かうとされている（これらと同様の質問が個々人が副職業就業者の場合にも設定されている）。加えて，以前の職業という項目で，①高齢・傷害・疾病のために就労不能となった者の場合にはその以前の職業，②寡婦の場合には夫の以前の職業／当人の以前の職業が問われている。家族構成員の内の不在者に関する同様の質問項目も載せられている。また，非就労の13歳以下児童はただ性別の総数が記載されることになっている。さらに，調査時の6月4日夜から5日にかけて一時滞在者がいる場合には，その住所・地名・国名を問い質している。このように，この調査用紙は個人の職業帰属性という切り口からする総人口リストともいうべきものであり，人口センサスとは別にこのような網羅的調査を行なおうというのである。

　上の質問項目の中軸となるのは，やはり就業者の職種と地位である。職種帰

属のためには75年調査時に用意された分類コードが利用されている。これは農業に始まり，採鉱・製錬業，製造業を経て非営利的部門に至る5部門分割をベースに，それぞれの部門に営業グループ分け（総計23）と職種分類（総計145）を加味した詳細な分類図式である。国民経済全体を網羅すべく産業分類を基礎におき，そこにこれまでの営業分類をはめ込み，個々人の経済活動をその産業部門ならびに営業グループのどれかに帰属させ，その中に列挙されている職種名で割り振ることが可能な仕組みになっている。核は営業分類にある。既成の営業図式に農業と採鉱・製錬業，ならびに非営利部門を加えてそれを産業分類に拡大させ，営業内での特徴的作業を職業分野として列挙している。とはいえ，ここで職業分野というのは個々人の経済的属性としての職種そのものではなく，それを包摂した営業種である。従い，職業区分といいながら本来の職業分類ではなく，職種の属する営業（産業）分類に留まっている（ただし，部分的には左官や大工といった職種そのものが挙げられているところもある）。営業と職業が未分化，職業自立・分化の未成熟な段階の痕跡を残しているといわざるをえない。とまれ，国民経済全体にまたがる職業分野分類が用意された。

地位分類では職業ないし業務で本人が自立しているか否かが分類の基準であり，自立層がa）業主（土地所有者・企業家・親方・指導的管理者や監督者・家内営業経営者など），非自立層がb）中間職員層（管理者・監督者・支配人・会計掛・書記など）とc）広義の労働者層（農業での下男と下女・鉱山労働者・工場労働者・職人と徒弟・家内労働者・奉公人・店員など）とされ，結局3階級区分が取られている。これは人口センサスを初めとして当時の行政統計で採用されている，土地や工場の所有者・経営者・業務主導者／中間管理職・専門職／被雇用者・労働者への就業人口の3地位分類であり，職業調査ではそれにより細かな規定が加えられている。営業表段階での地位分類には多分に不明瞭さが含まれており，これは主資料源の税務記録には就業者の階級や階層区分を明示する標識がなかったからである。しかし，貴族・市民・農民といった旧来の身分制度が崩壊し，土地と資本の所有関係を軸にした新たな階級・階層構造が出現しつつあるいま，職業身分にもとづく人口区分の必要性が認められたということである。72年調査の構想以来，こうした3地位分類が採用されることになるが，そこには当時の社会的階級構造が大枠で反映されているとみなしえよう。

さらに，農業分野と家内工場分野では上の基本的分類をより複雑にした分類コードが用意されている。すなわち，農業では独立の農業経営者の中にあってさらに賃労働者を雇っている層（aT）を特別に計上し，また農業就業者層を家族・世帯身内（c1）／下男・下女・補助人（c2）／日雇労働者（c3）に細分している。家内工場では繊維業（とくに織物業）に多くみられる問屋制下にある業主層を析出するべく，他人の勘定のために自宅で就業している営業経営者（afr）というカテゴリーがつけ加えられている。

　2．この職種分類と地位分類は調査用紙の性や年齢などの基礎的標識とクロスさせられて各種の総括表に活かされることになる。そうした統計表の中で，とくに注目すべきことはこの職業統計によってのみ獲得可能な資料が出てくることである。それは他ならぬ個々人の職業への帰属と職種分類・地位分類そのものを組み合わせて全人口の階級・階層構成を描き出す表，いわばドイツ国民の階級構成表ともいうべきものである。これが帝国統計庁によって「職業区分と職業地位」表という題目で『ドイツ帝国統計年鑑』（第6巻，1885年）に公表されている（章末の附表「ドイツ帝国総人口の職業区分と職業地位（1882年）」を参照）。[50] この表の表頭には①就業者，②家内奉公人，③世帯身内の枠が設けられ，表側には国民経済6部門分割（AI．農業・畜産業，AII．林業，B．工業，C．商業・運輸業，D．各種賃労働と家内サーヴィス，EI．軍務，EII．公務・教会勤務，FI．無職者・無申告者，FII．施設収容者と職業修養中の者）が設定され，その各部門に上の職業地位区分コード（a，b，cの一般的区分，また農業における細区分 aT，c1，c2，c3，さらに繊維業での afr）が挿入されている。そして，4,522万人強の国民それぞれがこうしたクロス表のどこかの桝目に配列される図式となっている。ただし，既述したように，ここで職業区分とされているものが実は営業（＝産業）区分であり，職業は産業区分の中に埋没してはいる。ともあれ，この図式によって職業との関連の有無，有の場合の直接間接のかかわりに中で国民全体の悉皆把握が可能となる。先には，1849年のザクセン王国での社会的クラス別人口構成表をみたが，これは個別国家を越えたドイツ帝国全体の総人口を対象にしたものであり，その社会成層の縦断面を描出したかかる統計表の作成が有する歴史的意義は大きい。かのリューメリンもこの統計表が就業面からドイツの全社会構成を表示するものとして，その意義を高く評価した論評を残している。[51] このことには統計が社会構成体の基底に届いたこ

と，他面で国家当局による国民階級・階層の具体的（数量的）構造把握が成功したこと，この二重の意味がある。

　質問項目や調査方式で人口調査と多くの類似性をもつこうした統計を全数調査として別に作成する意義はどこにあるのか。全人口を職業帰属性の面から把握するのが職業統計である。それは就業者の直接的帰属性のみならず，家族身内や被扶養者といった層の間接的帰属性，また退職者の以前の職業や寡婦の場合の亡夫の以前の職業といった過去の帰属性，失業者の無帰属性にまで拡がる。さらに就業者の主職業／副職業種，その就労形態・地位にまで質問が及ぶ。人口調査では果しえない職業面に関するこうした調査項目の拡充がある。また，職業面から人口総体の特徴を捉えるためには調査時期が問題となる。人口センサスでは住民の自宅滞在度の最も高い12月が選ばれ，ここでの人口は「住居人口」という性格をもつ。これに反し，職業と営業の統計では一国経済活動の最も高揚する夏季が調査時期として適合する。6月が選ばれる理由である。ところで，季節労働にみられるようにこの時期には就労のため住居地を離れて作業地で生活する人口が増加する。従い，人口センサスでいう人口とこの職業や営業統計での人口とは概念的に異なり，後者は住居人口とは別の「職業人口」ともいうべき性格を有する。

　さらに，双方ともセンサスであるからその人口総数は原理的には一致するはずである。しかし，実際には住居人口に較べ職業人口の過小傾向が明瞭である。人口流動性の高い時期に行なわれる職業調査には，悉皆把握という点でより多くの困難が待ち構えているためである。従い，計上された人口数の精度では人口センサスには及びえないのが職業センサスである。しかし，その弱点を割り引いてなお，経済活動に従事する全人口の構造把握を可能にするというところに，他にはない職業センサス固有の長所がみい出されるというのが作成者側の考えであろう。

3. 営業調査

　1．82年調査の大きな意義のひとつにドイツで初めて農業経営に関する全土にまたがる直接調査が実施されたことがある。これは規模を問わずすべての農業経営者を対象にした農業センサスといえるものである。職業調査票にある主たる職業，もしくは副職業を申告する欄に農業と記入した者が別途「農業経

営調査」[52]表(これは職業調査票の最後の4ページ下半分を使ってある)に向かうことになっている。農業も商工業と並んだ営業のひとつであるから、上で述べたように、82年調査には個々人の職業調査、および農業経営と狭義の営業経営を対象にした営業調査が含まれることになる。「1882年ドイツ帝国職業=営業調査」とよばれる所以である。

では、農業経営調査では何が調べられるのか。まず農業経営の定義であるが、質問には「世帯によって直接に農業が営まれているか」とあり、世帯全体、あるいは世帯構成員のある者によって農地が利用されている場合が農業経営に該当する。その際、耕作されている土地の広さにかかわりなく、また耕作者の身分も土地所有者、借地人、管理人・支配人とさまざまなものがあるが、それらに関係なく、農地利用者すべてが農業経営にかかわるとみなされている。従い、例えば賃金の一部として経営者や雇用主から土地を貸与され、それを耕作している労働者や奉公人がいれば、その者も農地利用者として申告義務を課せられる。かれらに対する調査項目は下にあるように大きく分けて3つある。土地利用、家畜、利用農機具である。土地利用では農耕用総面積とその内の借地面積・土地利用内訳(田畑や果樹園などの耕作地と牧場・牧草地/森林・伐木場/家屋敷などのその他)・牧草地共同利用参加の有無、家畜では馬から山羊までの6種につきそれぞれの所有数量とその中での耕作使用の馬・牛数、農機具では蒸気犁から蒸気罐に至る8種の利用状況、これらにつき回答が求められている。

1. 総面積(以下1・2・3に関してはすべてヘクタール・アールで表示)
2. 1の内の借地面積(含、代理小作地)
3. 総面積内訳
    A. 田畑・菜園・牧場・牧草地・果樹園・ブドウ畑
    B. 森林(森・伐木場・林・叢林)
    C. その他(家屋敷・遊園・放牧場・未耕作草地、河川・道路、荒蕪地と未開拓地)
4. 未配分牧草地の共同利用への参加の有無(是・非)
5. 家畜(以下のAからFまではすべて数量で表示)
    A. 馬(農耕用、繁殖・飼育用)・子馬総数/この内の耕作用使用数
    B. 雄牛・去勢雄牛・子牛総数/この内の耕作用使用数

        C. 雌牛・子雌牛総数／この内の耕作用使用数
        D. 羊・子羊総数
        E. 豚・子豚総数
        F. 山羊・子山羊総数
    6. 利用機械（自己所有か借用かにかかわりなく，昨年の農業経営で利用した機械種に下線を記す）
        蒸気犂，播種機，刈取機，蒸気脱穀機，他脱穀機，移動蒸気機関，連動機つき／なしの常設蒸気罐

　農業経営調査としては調査項目を土地・家畜・機械に絞ったごくごく簡単な調査である。そこには農業経営における人的経済的関係（就業・雇用関係や副業実態，播種量や収穫量，等々）へ立ち入った項目は欠けている。従い，最も要素的な項目の調査に留まっているといわざるをえない。内容面でのこの平板さを別にすれば，82年農業経営調査の意義はこれまでみられた局所的実態調査や一部アンケート調査，さらにはいくつかの領邦国家やその行政管区内部で実施されてきた農業調査を越えて，ドイツ全土にまたがったセンサス様式の調査が実現したというところにあろう。[53] 19世紀に入って，農業経営に関する全般的調査の必要性が関税同盟を初めとしてさまざまな場面で再三に渡りさけばれてきた。既述の関税同盟統計拡充委員会においても土地利用・収穫・家畜に関する農業統計の作成は最も差し迫った要請とみなされていた。しかし，土地所有者が強権をもって支配している農場経営を含んで，一切の農地利用に公的権力にもとづく調査が進出することには大きな壁が立ちはだかっていた。そうした現状を前にして，上の拡充委員会の農業統計調査にあっても，それは直接調査ではなく，行政当局と農業関係者の協働による表式調査としてしか構想されざるをえなかった。こうした制約を突破して，農業経営を直接全数調査の網にかけることのできた歴史的意義を確認すべきである。

　2．営業調査のもう一方は狭義の営業，すなわち商工業とその他営業に対する調査である。これはこれまで営業表の枠内で捉えられてきた粗生産以降の物的財貨の製造・加工・精製，販売・仲介，運輸，サーヴィス分野にある営業経営を核にして，さらにこれまで取り上げられてこなかったいくつかの分野や新たに出てきた業種を包摂したものである。

　職業調査票にある職業上の地位への質問欄に業主ないしは他人勘定のための

自宅就業者と記入したすべての者が営業経営者とされる。ただし，協働者や機械的営業手段をもたない，いわゆる「単独経営」は職業調査のみの対象となり今回の営業調査からは外されている。従い，ここでは，①共同経営者，あるいは補助人・労働者をもっている，②基礎的動力源と結びついた連動機・伝動なしの蒸気罐・移動蒸気機関・蒸気船を所有している，これらの最低ひとつが営業経営者の条件となる。かれらは職業調査票とは別に添えられている表裏1枚の「営業調査紙」[54]に申告しなくてはならない。この営業経営者にはその地位区分からみて所有者・賃借人・親方・企業家・支配人・業務指導者などがあるとされ，また経営形態でも独立作業場・家内工場・取引先作業であれ，さらに家族関係別，主／副業別，単一／複数営業別，農業経営や別種就業の有無別，設備所有の法的形態別，これらにかかわりなくすべての営業単位が調査の対象に挙げられている。

調査対象の確定では職業調査票から営業経営者を割り出すことになり，72年構想にあったように，営業経営体に関する事前リストを作成することで先にその所在を把握するという方式を取っていない。このため，75年営業調査と同じく営業経営の全体網羅性が問題となるが，職業調査を徹底することで，独立営業経営をくまなく枚挙することが可能になるという判断があったと思われる。

営業分類では，上述のように若干の変更が加えられている。これまでの営業分類では排除されてきた採鉱・製錬・製塩業や漁業などの分野，新たに輩出してきた業種（例，作業斡旋業・葬儀業）が追加され，営業枠が拡められている。非営利部門や公務分野が除かれているのはこれまで通りである。これには関税同盟統計拡充委員会で構想され，さらに75年調査でエンゲルによって作成された営業分類図式を下敷きにして，平たくいえば第2・3次産業部門にある営業経営を包括的に捉えようとする意図がみえる。この調査紙には以下の12項目の質問設定がある。

1. 営業経営者・業務指導者の名前（商号のある場合にはそれを記入する）
2. 営業経営者の住所
3. 営業経営（業務）の場所　2の住居と別の場所の場合にのみそれを記入する（住居と営業場所が異なる場合には，調査紙にはそのどちらか

一方で記入し，その場所を明記する）
4. 営業種　営業の特殊性を明確にする　一般的名称で不十分な場合には加工・製造・取引上での主対象を挙げて補完する（例，絹洗濯業・絹帯織業・絹糸染色業・綿布捺染業・亜麻織物光沢仕上業・機関車製造工場・ミシン製造工場・農機具製造工場・大型木製品製造者，等々）
5. 主業／副業の別　営業経営者にとって当該の営業遂行は主職業としてか，それとも単に副職業なのか
6. 営業経営者の地位区分（後述）
他人勘定用の自宅内作業者か否か（後述）
7. 共同所有者の有無　業務指導に際して関与する共同所有者（共同賃借人，等々，協力者）の有無　有の場合にはそれらの名前と住所を記入する
8. 営業経営の所有別区分　個人・複数仲間・同盟・合資会社あるいは株式会社・共同組合・インヌングあるいは他経済団体・自治体あるいは自治団体・国家・帝国の別
9. 就業者数とその地位別分類（後述）
10. 物的設備（機械・装置）の利用（後述）
11. 9以外の別種就業者の有無　業務遂行で自宅（家内工業）内就業者／施設（刑務所・更正施設）内就業者を雇っているか
是の場合にはその年平均の性別人数を記入する
12. 当該営業が統合営業経営（＝統一業務）を構成しているか，是の場合にはその全体経営（全体業務）の営業名と就業者総数を記入する

　これは72年調査構想の営業調査票にあった「Ⅰ. 経営形態と人員関係」の質問項目を基本的に踏襲したものであるが，他面で「Ⅱ. 機械と装置」にあった物的設備面に関する質問を大幅に縮小し，その結果，書式としては調査票から調査紙へ簡略化されることになった。この内，6の営業経営者の地位では，職業区分の業主層にある所有者・賃借人・他業務指導者（管理者・監督者，等々）の区分が設けられ，さらに独立してはいるが他人の仕事（勘定）のために自宅で就業している層を別に取り出そうとしている。ここで他人というのは企業家・工場主・問屋・商店のことであり，それに従属している家内営業経営者層の識別を試みるわけである。これは質問11とも関係し，そこでは逆に家内就業者を働かせている側への質問として支配下にある家内経営就業者数を答えさせている。また，9の就業者数とその地位分類では職業調査と同様にa.

業主層／b. 専門的職員／c. 被雇用者の3区分が取られている。調査紙には具体例として，aには実働所有者・共同所有者・賃借人・業務指導者，bには学問的・商人的・技術的修養を積んだ管理職・監督職・事務職，cでは他補助者・職人・徒弟・労働者，等々が挙げられている。上でみた就業者の3地位区分である。それら各々の調査日と年平均での性別人数が計上されることになる。

　また，営業経営が生産技術的な点的存在として捉えられているのも72年構想と同じであり，同一経営者の下での複数異種営業，同種営業の別々の場所での本店・支店（さらには支社・支所）別営業，このいずれにおいてもそれぞれの営業場所で1枚の調査紙への記入が課せられている。例えば，ある布地製造場所有者の下で，空間的にまとまって紡績場・織物場・染色場・光沢仕上施設が併行経営されている場合，それぞれの業務は1経営とみなされ4枚の営業調査紙が記入されるとある。

　ただ，質問12で営業経営の統合関連が問われ，全体（＝統一）営業下にある部分経営かどうかが質問されている。これは72年構想にはなかった設問である。経済過程に現出しつつある新たな傾向を前にして，それら営業経営の横断的多角化や縦断的系列化へ接近しようとする試みである。しかし，19世紀末からの高度資本主義段階を前にして，より複雑な経営構造をもった企業形態が現われてくる中で，このような全体経営と部分経営の関係に関する質問だけで足りるのか。この問題の克服には多角的複合経営や経営系列化を捕捉するための調査項目を盛り込んだ調査用紙が必要であり，つまりは経営調査としての方向をさらに追求することである。要は手工業生産ではなく資本主義的経営を眼前に据え，営業調査紙にあった最後の質問をより充実させてゆくことである。

　既述のように，72年構想では営業調査には4ページの大掛かりな調査票が用意されていた。今回はこれが表裏1枚の調査紙に収縮している。それは営業の物的設備面への調査が大幅に縮約されたことによる。72年構想では調査票の「II. 機械と装置」枠で，動力源と原動機が問われ，かつ12営業グループごとにそれぞれに特徴的な機械・道具・装置が詳細に列挙され，当該営業での利用機種にマークする方式が採用されていた。これが被調査者にとって過度の負担となり，また整理・集計に際しても大きな困難を引き起こすことは容易に予想され，全般的統計調査としては明らかにゆきすぎであった。他方で，国際的レベルで産業統計や工業統計の統一化を目指した動きが出てくる。そうした

中で簡略化とそれを通じた国際間での比較可能性の確保が必要になってゆく。特殊統計や個別調査報告とは別の目的をもつのが全般的営業統計であり，物的設備面に関してあまりにも詳細な72年調査の方式はその趣旨にそぐわないとされた。また，82年調査の主眼が社会階級における労働者階級の実態を掴むところにあり，それに較べ営業における物的構成面への関心は希薄であった。その結果が質問10であり，そこでは「基礎原動力（風力・水力・蒸気・ガス・熱気）を利用した常設連動機（回転機・原動機）・動力伝達なしの蒸気罐（化学的目的・浄化目的用，等々）・移動蒸気機関・蒸気船の使用があるか否か」が質問されるだけであり，是の場合にはその利用種にマークすることになっている。この点では統計調査としては無難な方向を選択したといえるが，営業経営をその人的構成（＝生産関係的側面）と物的設備（＝生産力側面）から把握するところに営業統計の核心があるとすれば，果して質問10で物的側面の特徴づけが済むのかは問題の残るところである。72年調査構想への反省に立って，物的設備面での調査内容の簡略化は確かに必要であったが，ゆきすぎた簡略化によって，逆に情報喪失が起こりえないのか。生産力を支える設備（機械・装置）の配置状況を統計調査の枠にどのように取り込んでゆくか。また営業経営にとって機械・装置配置はいわば業務秘密に属する事項であり，多くの不正確な回答が予想されるが，この壁をどう破ってゆくか。こうしたことが営業統計にとっての残された難問となってゆく。

おわりに

1. 75年調査にゆき着くまで，エンゲルは営業調査に関してこれまで3度の実施を試み，そのいずれにおいても不成功に終わっている。すなわち，55年ザクセン営業調査では，調査用紙は配布されはしたものの営業経営者と農業経営者からのその回答に大きな不備が出てきたため，整理・公表まで進まず頓挫している。次に，61年プロイセン営業調査案は現場当事者の反対に会い，プラン倒れに終わった。そして，関税同盟統計拡充委員会での審議を経てドイツ統一後の72年に予定されていた営業センサスでは，それが実施不可能と判断され延期された。

こうした苦い経験を挟み，ようやく実現に漕ぎつけたのが75年営業調査で

あった。しかし，これはエンゲル自身にとっては不本意な調査であったといわざるをえない。プロイセンではいくつかの補完のための調査が挿入されてはいるが，ドイツ全土にまたがる営業センサスとしては不満の残るものであった。エンゲルがかつて主導したザクセンでの55年調査で，人口調査と生産=消費統計調査（=営業調査）を併行させた経験をもとにしたのかもしれないが，範囲も規模もまったく異なる統一ドイツでの営業調査を人口センサスと連結させた点に，75年営業調査を萎縮させた原因があった。関税同盟人口調査とは別様の方式で，また5月という時期に予定されたのが72年営業調査であった。しかし，これが延期され再び75年12月の人口調査と結びつけられたことは，いまだ関税同盟統計に束縛されているかのようでもあり，そこに安易な妥協と一種のあせりすらを看取することもできよう。かつ，改定委員会提案の経営の大小区分が連邦参議院によって一方的に変更されたことは，75年調査に大きな禍根を残すことになった。これはエンゲルの承服しかねるところでもあった。

　そうした否定的側面を別にして，75年営業調査の歴史的位置づけを試みると以下のようになろう。それは営業統計の前近代から近代レベルへの展開において，その橋渡しの役割を演じている。すなわち，61年関税同盟営業表から82年職業=営業調査にゆき着くまでの過程にあって，75年調査は後者が出てくるための踏台となっている。欠陥をもちながらも，人口統計や商業統計からは窺えない経済主体=営業経営の分布と人的物的構造，つまり生産力と生産関係の現況を伝えようとしたのが75年営業統計であった。かかる資料としては営業統計しかなく，それが一国の社会経済統計に必須のものであることが再確認される。営業調査は社会経済の根幹に迫る他にない調査であり，それだけに調査項目の設定と配置には慎重な検討が要求され，またそれに対する被調査者側の反応に大きな困難が予想されるものでもあった。計画倒れに終わった72年営業調査の方式を継承し，過度の簡略化を取り入れながらも，ともかくも直接センサス様式で営業調査が実現しえたことは，社会統計作成におけるひとつの難関が突破されたということである。統計が人口や流通というレベルから下向していって，社会経済の基底部に及んだということである。エンゲルの言葉を借りていえば，営業統計を通じて一国経済における工業の分布，労働配分（社会的分業）の進展度合，機械と装置の遂行・生産能力という3つの重要事実が開示されることになる。[55] 人口調査組織を利用したとはいえ，独自の調査書式

を準備し，ドイツ全体にまたがる営業経営の現状把握が1875年に実践されたという事実が成立する。後は，その開かれた途をどのように拡張整備するかということになる。調査時期，経営の大小区分や設問，等々において批判されるべき点を少なからずもった75年調査ではあるが，この経験を反省材料にすることによって，より十全な形の営業調査として82年調査が成立しえた。ちょうど統計局からの引退時期と重なる82年にドイツ全域にまたがる実質的に最初の職業センサスと営業センサスが実現したことはいささか皮肉な事態ともいえるが，エンゲル自身の関与はなかったとはいえ，それが当人の長年描き続けてきたあるべき経済統計を職業と営業の局面で体現させたものであることは間違いのないところである。従い，これをドイツ営業統計に残したエンゲルの遺産として述べても，決して誤りにはならないであろう。[56)]

　2．82年調査は職業と営業を区分した調査である。営業と職業が未分化の状態を反映して，その両者を混在させてきたのが営業表段階の営業統計であった。営業は複数の職業を含んだ経営体，職業は個々人の経済的属性であり，両者はまったく別概念である。82年調査に至って，職業調査では世帯リストによって世帯構成員一人ひとりの職業帰属分野とその帰属内容が問われた。また，営業調査では農業を含んだ営業経営に対して，その経営者ごとに独立の調査用紙が準備され，経営体の人的物的構成が質問されることになった。従い，ここで職業と経営とが分離され，職業統計と営業統計は調査対象を異にする統計という分別がなされた。

　職業調査は以前の営業表では手工業者表に現われていた。しかし，これが主として都市手工業者層を対象にした範囲の狭く，表示も親方制度下の就業関係に偏った統計作成に終わっていた。産業や営業部門を問わず，すべての国民に関して職業への帰属の有無，有の場合の直接間接帰属性，直接的帰属の場合にはその内容（業種と就業身分）を調査するセンサスが82年に実現した。人口センサスでの職業調査に較べより充実した報知内容が保証されることになった。

　営業調査においては，営業税の課税単位と標識が統計表の中身を構成していた帝国形成以前の営業表が克服されることになった。税行政と別れ，営業経営それ自体の悉皆把握を目指すところに近代的営業統計が出てくる。それを積極的に推進したのが関税同盟統計拡充委員会であった。プロイセンの力に押され，いびつな営業表を作成せざるをえなかった段階が克服された。経営の大小別に

異なった書式を用意することなく，単独経営を除いてすべての営業経営に対して単一調査紙で臨むとされ，これによって72年構想や75年調査においてさえ残されていた恣意的な大小区分が避けられ，統一的営業調査として実施されることになった。このような近代的レベルでの営業統計を構想するまでに半世紀以上の営業表作成の経験が必要であり，実現までには構想からさらに10年を要した。

　人口センサスを越えてこのような国民経済の根底に届く調査を営業センサスとして構想した例は他国にはなく，それを実現しえたことにドイツ社会統計の確立をみることができる。統計後進国ドイツがその遅れを取り戻しヨーロッパで最も抜きん出た統計作成体制を作り出したことの証とすることが可能である。

　では，この82年調査によって，とくにセンサス様式の経済調査にまとわりつく難点すべてが克服され，実際にもこのような調査がスムースに実施されたか。もちろん，否である。やはり調査漏れの問題があり，国民各層の調査に対する理解や自発的な市民参加も必ずしも十分ではなかったとの報告がある。センサスで，しかも個人や営業体の経済関係に迫ろうとする深刻な調査である以上，これは避けることのできない問題でもある。

　この82年，さらに95年と1907年の3回の職業＝営業調査（ただし，1907年調査は職業＝経営調査と改称）を経験した後の1909年，プロイセン王国統計局による都市と地方当局（県庁）へのアンケートの形で直前の1907年調査の総括が行なわれている。[57] 直接には1907年調査を対象にしたものであるが，それ以前の調査を含めて職業＝営業調査に共通する難点が浮き彫りにされている。それによれば，調査漏れと重複調査が減少したことをまずは諒とするも，しかし調査側内部で運用上のさまざまな齟齬があり，また現場における調査委員会設立が大都市や比較的大きな自治体を除いて少数に留まり，多くで既存の行政官庁（市町村当局）によって調査が主導されている。調査員への市民の自発的参加も少なく，期待された教員と公務員の調査員受諾は予想外に少なかった。自計式もベルリン市などではほぼ完全に近い形で実施されたが，小手工業者や農民層，また労働者階級には調査への不理解と記入負担，課税不安などから不完全回答や調査拒否が多発し，調査員が記入と補完を引き受けざるをえなかった。また，リトアニア人やポーランド系の住民には調査への拒否的態度が顕著であった。他方で，上層市民や商人階層にも調査に対して意外に冷ややかな態

度がみられ，[58)] 総じて国民全体にとっては質問範囲が広く，項目も多すぎ，内容理解にも困難を伴なうというものであった。さらには，調査拒否に対する罰則適用事例や調査妨害のあったことも報告されている。1907年調査でさえ実情はこのようなものであったとすれば，国民の理解と協力がなお不足していたであろう82年段階での困難の大きさは推して知るべしである。近代的職業＝営業調査の調査側からする方法論的枠組みと組織的作業体制はでき上がった。しかし，被調査者側の国民と営業経営者をそこに引き入れる上での障碍はまだ大きいといわざるをえない。

　3．82年調査そのものに戻ると，そこに隠された理論的難点も指摘される。まず第1に，職業と営業は調査としては分離されはしたが，実際には職業調査に営業調査の要素が混入している点である。職業調査の職種欄への回答は多くが営業種のそれであり，職業上の地位で初めて職種が判明するという結果になる。[59)] 例えば，職種としては織物業，地位で撚糸女工や織工といった回答が出てくる。こうしたことは手工業段階にはなく，同一営業内にいくつもの職種を内包した工場制織物業で全般的に現われてくる現象である。とくに労働者階級は手工業者のような長い修養期間をもたないため職業意識が希薄であり，ここから職種欄には自分の属する製造分野，すなわち営業種を記入する傾向をもっていることが指摘されている。営業がそのまま職業になり，その身分が地位を表わす手工業生産段階にはない問題である。営業と職業が一致するその段階では，例えば，靴屋という営業経営者は製靴業が職種で手工業親方がその地位であった。ところが，職業分類を前面に押し出すのではなく，まず営業分類を設定しその中に職種分類を取り入れるのが72年構想来の方式であった。手工業生産がまだ大きな意義をもっていた82年時の調査では，こうした分類方式の破綻はまだ先送りされている。だが，営業の主軸が手工業生産から工場制へ移行するにつれ，このことは被調査者の職種回答に大きな混乱と不正確さをもたらす原因となる。例えば，錠前師が機械製造工場内で就業している場合には，職種で機械製作，地位で錠前職人と，また鉄工場で働いていれば，職種では製錬経営に，地位で工場内手工業者と回答することもあり，他方で自前で営業している錠前師は職種で錠前職，地位で親方と答えるであろう。同一職種でありながら，異なった「職業分野」に帰属させられることになる。こうしたことは分類図式問題として後に少なからざる論者によって取り上げられ批判されると

ころである。[60] 営業と職業の分離のさらに進むそれ以降の時期の調査では，営業分類とは別の職業分類を作成することの必要性が明らかになってゆく。

　第2に，営業経営が経済的単位としてではなく，依然として技術的単位で計上されていることがある。経済的にまとまった企業体がそこに含まれている生産技術的単位に分解され，それぞれが独立の営業経営とみなされている。後の95年営業調査ではこの点で，営業とは「まとまってひとつの独立した経営部門に統合されている技術的生産プロセスの各段階」とされ，技術的観点からする対象規定がより明確になっている。[61] これは経済的単位として実際に存在する経営統合体（＝企業）を統計の上で部分経営に分解することであり，この分解には経営者や業務指導者の恣意的判断が入り込み，また分解度が大きいほど経営数も増加するという問題を残すことになる。そこでは営業経営が点（＝場所）的存在として捉えられ，その場所的拡がりの捕捉が主眼におかれ，経営の有機的関連や立体的構造に迫る調査とはなっていない。上でみた営業調査紙では，小規模生産とは別様の混合経営ないしは複合経営とよばれる経営形態が進出し経済構造全体が変化しつつある事態に対応できない。つまり，このような分解方式では現実に進む経営の多様化や集中化を捉えることができず，経済構造の実態を描写することができないということである。[62]

　統計は現実を映し出すべく作成される最も包括的具体的資料ではある。しかし，統計調査には現実の進行を時をおかずそのまま映し出すほどの力量はなく，結果的には少なからざる時差をもって事態を後追いする形でしか作成されえない。なるほど82年調査はこれまでの営業統計調査にはない包括性と具体性をもったものではあるが，すでにドイツの経済構造の基軸をなしつつあった資本主義的工場経営を全面的に特徴づける調査にまでは進みえず，手工業生産が主軸であった段階の統計からの影を少なからず引きずっている。これはその後の1895年と1907年の調査をも制約する。

　営業表段階を克服し，近代的枠組みで構想された営業統計を作成しえた82年職業=営業調査から，統計形成史上で有するその経済統計として大きな意義，だがそれを十全に展開させえなかった現実的ならびに理論的制約，この双方を看取することが可能である。

注

1) A. Fabricius, Bericht des Grossherzoglich Hessischen Zollvereins-Bevollmächtigten für Hannover, betreffend die Statistik des Zollvereins, *Statistik des Deutschen Reichs*, Bd. 1, 1873, SS. (12)-(18).
2) この拡充委員会の議事日程は次のようになっている。
第1会期（第1-23会議）1870年1月12日-2月12日
第2会期（第24-33会議）1870年7月4日-7月16日
第3会期（第34-63会議）1871年4月13日-5月27日
第4会期（第64-81会議）1871年7月31日-8月19日
委員会の審議と報告はすべて、帝国統計庁の機関誌として創刊された『ドイツ帝国統計』の第1巻に収録されている。Die Anordnungen des Bundesrathes für die gemeinsame Statistik der Deutschen Staaten, *St. d. D. R.*, Bd. 1, 1873, SS. 1-416.
3) 拡充委員会における営業調査に関する審議については、拙稿「ドイツ関税同盟統計拡充委員会と営業調査」『社会システム研究』（京都大学）、第6号、2003年3月、および、拙著『ドイツ社会統計形成史研究——19世紀ドイツ営業統計の展開を中心にして——』京都大学大学院人間・環境学研究科 社会統計学研究室、2006年、第8章、を参照されたい。
4) E. Engel, Die Nothwendigkeit einer Reform der volkswirthschaftlichen Statistik insbesondere der Gewerbestatistik, *Zeitschrift des Königlich Preussischen Statistischen Bureaus*, Jg. 10, 1870, SS. 141-232.
5) E. Engel, Die Reform der Gewerbestatistik, *Ztsch. d. Könl. Pr. St. Bur.*, Jg. 11, 1871, SS. 391-408.
6) Bericht, betreffend die Gewerbestatistik, Berichte der Kommission zur weiteren Ausbildung der Statistik des Zollvereins, Nr. 18, *St. d. D. R.*, Bd. 1, 1873, SS. 340-50、規定そのものは、前掲拙稿、37-39ページ、および、前掲拙著、147-8ページ、に訳出されてあるので参照のこと。
7) 「営業統計に関する報告」から窺える72年営業調査構想については、拙稿「1872年ドイツ帝国営業調査の構想——『営業統計に関する報告』を中心にして——」『社会システム研究』（京都大学）、第7号、2004年2月、および、前掲拙著、第9章、を参照されたい。
8) この営業分類は、前掲拙稿「ドイツ関税同盟統計拡充委員会と営業調査」前掲誌、40ページ、および、前掲拙著、149ページ、に訳出されてあるので参照のこと。
9) Protokolle über die Verhandlungen der Vorstände Deutscher statistischer Centralstellen in Betreff der Volkszählungen im Deutschen Reich, *St. d. D. R.*, Bd. 14, Theil 1, 1875, S. I. 7.
10) Auszug aus dem Protokoll der zehnten Sitzung des Bundesraths, *St. d. D. R.*, Bd. 20, Theil 1, 1876, S. I. 2.
11) Bericht in Betreff der Volkszählungen, Berichte der Kommission zur weiteren Ausbildung der Statistik des Zollvereins, Nr. 1, *St. d. D. R.*, Bd. 1, 1873, S. 69、桜井健吾訳「国勢調査に関するドイツ関税同盟統計改善委員会報告（1870年）」『南山経済研究』（南山大学）、第20巻第3号、2006年3月、350ページ。

12) 以下，改定委員会での審議については，Protokolle der Kommission für die Revision der Vorschläge über die Ausführung der Gewerbestatistik im Deutschen Reiche, *St. d. D. R.*, Bd. 20, Theil 1, 1876, SS. I. 2-15, による。

13) E. Engel, Bericht über die Verhandlungen der Kommission für die Revision der Vorschläge, betreffend die Ausführung der Gewerbestatistik im Deutschen Reiche, *St. d. D. R.*, Bd. 20, Theil 1, 1876, SS. I. 50-72.

14) エンゲルは同一所有者による複数営業，所在地を別々にする営業それぞれに対し，そこで会計簿記が独自に作成されているかどうか，これが独立性の基準になると考えている。しかし，例えば，ベルリンの業務場所のみに簿記があって，営業施設は全土に拡がっているような株式会社の存在が指摘され，簿記が独立性を判断する上での決定的基準にはならないという意見も出る。Protokolle der Kommission, *a. a. O.*, S. I. 11. 独立営業経営の規定に関しては，改定委員会の審議からは明確な結論が出てきていない。

15) E. Engel, Bericht, *a. a. O.*, S. I. 66.

16) 営業経営体の数量をそのまま自立経営者のそれと同一視できる点に小経営とみなす基準を設け，具体的には，「営業経営の大小の境界は補助人2人以下の下でかなり正確に把握される」(E. Engel, Bericht, *a. a. O.*, SS. I. 71.) とするのがその結論であり，現実に対応した判断である。ただし，補助人3人以上の営業経営を，「比較的」としながらも「大営業経営」(der grössere Gewerbebetrieb) とする用語を当てることが妥当なものかははなはだ疑問であるが，議事録やエンゲル報告にある表現のままにする。

17) エンゲルの提示した規定15項は，委員会において先に説明された審議といくつかの修正を受け，大筋において採択されることになる。Protkolle der Kommission, *a. a. O.*, SS. I. 36-38. しかし，後述するように，経営の大小区分に関する連邦参議院の変更を受けることになる。

18) 改定委員会報告は委員会名ではなく，この4名の名で提出されている。審議の中で多くの意見が交錯し，エンゲルの手による報告草案が妥当なものかどうかに関して委員全体の諒解を得たものでないためとされている。帝国宰相府を通じて，営業調査に関与する官庁に営業調査規定の「基本と傾向」を知悉してもらうことがその趣旨であるとされる。Bericht der von der Kommission für die Revision der Vorschläge, betreffend die Ausführung der Gewerbestatistik beauftragten Redaktions-Kommission, *St. d. D. R.*, Bd. 20, Theil 1, 1876, SS. I. 49-50.

19) Protokolle der Kommission, *a. a. O.*, S. I. 38.

20) Protokolle der Kommission, *a. a. O.*, SS. I. 39-40.

21) 72年構想にある小経営用の営業調査紙と比較的大経営用の営業調査票については，前掲拙稿「1872年ドイツ帝国営業調査の構想」前掲誌，22-23ページ，および，前掲著，162-63ページ，を参照のこと。

22) 7業種で総計106機種というのは，全般的営業調査としてはまだゆきすぎがあるとも考えられるが，エンゲルにとってはこれが最低の範囲ということになる。E. En-

gel, Bericht, *a. a. O.*, S. I. 69. 営業統計がいかに当時の物的生産手段の構成とその数量に関心をもっていたかの表われであろう。

23) E. Engel, Bericht, *a. a. O.*, S. I. 65.

24) 議事録には参考資料としてプロイセン王国における蒸気罐・機関統計の作成書式が添付されている。Protokolle der Kommission, *a. a. O.*, SS. I. 78-81. 委員会はこうした調査を別の機会にドイツ帝国全体に拡大すべきとし、今回の営業調査ではこの点の大幅な簡略化を図っている。既述のように、これが物的側面の調査での縮小の大きな要因となっている。

25) Die Ergebnisse der Gewerbezählung vom 1. Dezember 1875 im Deutschen Reiche, *St. d. D. R.*, Bd. 34, Theil 1, 2, 1879, Bd. 35, Theil 1, 2, 1879. 結果の大略をまとめたものとして、A. Thomaschewski, *Die Gewerbezählung im Deutschen Reiche am 1. Dezember 1875*, Berlin, 1879, がある。これ以前に、プロイセン王国での結果が、E. Engel, Ergebnisse der Gewerbezählung vom 1. December 1875, verglichen mit denen der Aufnahme vom Jahre 1861, *Ztsch. d. Könl. Pr. St. Bur.*, Jg. 17, 1877, S. 239ff., として公表されている。また、E. Engel, *Die Gewerbezählung vom 1. Dezember 1875 und ihre Resultate*, Berlin, 1878, が独立に公刊されている。さらに、確定結果が資料集『プロイセン統計』に2回に分けて公表されている。Die definitiven Ergebnisse der Gewerbezählung vom 1. December 1875 im preussischen Staate, *Preussische Statistik*, Ht. 40, 1878, Ht. 41, 1880.

26) この注記は質問項目3に添えられているものである。Protokolle der Kommission, *a. a. O.*, S. I. 39. しかしながら、被調査者自身に対し、重複調査を避けるべく「意思疎通」を図られたいとするのは調査側の安易な願望にすぎず、これは調査当局の業務責任に属すると考えられる。このことは、重複調査の大きな原因となる。従い、後に「営業経営と所有者住居が場所的に分かれている場合、あるいは複数所有者のいる際に、どの程度に調査用紙が複数回記入されるか、これについての一切のコントロールが欠けている」(A. Hesse, *Gewerbestatistik*, Jena, 1909, S. 11.) とする批判が出てくる。

27) 「夏には営業活動がその全体的規模でより具合よく把握されることは疑いない。夏は手工業と工業が全面的に稼動し、冬では営業活動はさほどの拡がりをもたず、いくつかの営業では経営が部分的に停止する。それらは把握困難となり、とくに休止中の小経営が調査から容易に見落される」(A. Hesse, *a. a. O.*, S. 11.)。

28) E. Engel, Bericht, *a. a. O.*, S. I. 67. 先にも述べたように、この境界づけによって、小営業経営者にはこれまで手工業者とされてきた営業経営人口のほとんどすべてが包摂されるとされる。この点での合意が得られ、営業経営の大小区分に関する懸案事項は解決する。

29) W. Sombart, *Die deutsche Volkswirtschaft im neunzehnten Jahrhundert*, Berlin, 1903, S. 332ff. 当初からドイツ営業統計で採用されてきた「独立営業経営者」というカテゴリーに対し、それは資本主義経済機構の歯車のひとつにすぎず、統計によっては、いまなお真に独立した経営者なのか資本主義的企業の支配下にあるのか、そのことは不明なままであるとして、その概念設定に反対するのがゾンバルトである。

30) Auszug aus dem Protokoll der 18. Sitzung des Bundesraths, *St. d. D. R.*, Bd. 20, Theil 1, 1876, S. I. 49.
31) プロイセン統計局もこれと同様に，とくに3-5人の補助人を抱えた営業経営に対し，小経営用調査紙でもって臨んだことによって著しい結果利用での困難が生じたとみる。Zur Ausführung der Volks- und Gewerbezählung vom 1. December 1875, *Ztsch. d. Könl. Pr. St. Bur*, Jg. 17, 1877, S. 152.
32) E. Engel, Bericht, *a. a. O.*, S. I. 68. しかし，プロイセンではこの家内工業の存在を看過することはできず，後述するように独自調査を75年末に別途アンケート用紙を用いて実施している。
33) 定式化された調査規定の第2項にある，「どの独立営業経営も次のようにして調べられるものとする。すなわち，空間的にまとまっているか別々であるかにかかわりなく，同一の所有者の異なった営業経営に関して，また空間的に相互に離れて独立している同一所有者の同種の営業経営に関しては，それぞれが独立に一度だけ調べられる」（Protokolle der Kommission, *a. a. O.*, S. I. 37.）はこの観点を受け継いだものであり，プロイセン王国や関税同盟における営業表作成で採用されてきた考えである。これに関しては，拙稿「1846年ドイツ関税同盟営業表について」『調査と研究』（京都大学），第21号，2001年4月，14ページ，および，前掲拙著，108ページ，を参照のこと。
34) 以下，プロイセンでの修正および拡張の試みに関しては次のものを参照のこと。E. Engel, Ergebnisse der Gewerbezählung, *a. a. O.*, S. 242ff., Die Ergebnisse der Gewerbezählung vom 1. Dezember 1875 im Deutschen Reiche, *St. d. D. R*, Bd. 34, Theil 1, 1879, S. (129)ff.
35) E. Engel, Ergebnisse der Gewerbezählung, *a. a. O.*, S. 243.
36) E. Engel, Ergebnisse der Gewerbezählung, *a. a. O.*, S. 244.
37) E. Engel, Ergebnisse der Gewerbezählung, *a. a. O.*, S. 242.
38) E. Engel, *Die Industrielle Enquête und die Gewerbezählung im Deutschen Reiche und im Preussischen Staate am Ende des Jahres 1875*, Berlin, 1878, SS. 17-18.
39) E. Engel, Ergebnisse der Gewerbezählung, *a. a. O.*, S. 244.
40) E. Engel, *Die Deutsche Industrie 1875 und 1861*, Berlin, 1880, 2. Aufl., 1881.
41) W. Morgenroth, Gewerbestatistik, *Die Statistik in Deutschland nach ihrem heutigen Stand*, hrsg. von F. Zahn, Bd. 2, München und Berlin, 1911, SS. 219-20.
42) F. Zizek, *Grundriss der Statistik*, 2. Aufl., München, 1923, S. 346, 竹田武男訳『應用統計学』有斐閣，1925年，286ページ。
43) Die Arbeiten des Kaiserlichen Statistischen Amts im Einzelnen, *St. d. D. R.*, N. F., Bd. 101, 1897, S. 50, および, *Festschrift des Königlich Preussischen Statistischen Bureaus zur Jahrhundertfeier seines Bestehens*, Berlin, 1905, S. 62. いずれにあっても，ドイツ，従ってまた，プロイセンにおける最初にして最大の営業調査とされているが，モルゲンロート論文や本論で指摘された方法論的難点の検討は欠けている。モルゲンロートは人口調査との結びつきを絶った独立営業調査として実施された82年調査から「新たな調査」が開始したとみている。W. Morgenroth, Gewerbestatistik, *a. a. O.*, S. 220.

44) E. Engel, *Die Aufgaben des Zählwerks im Deutschen Reiche am Ende des Jahres 1880*, Berlin, 1879. このエンゲルの構想をめぐる統計中央委員会での審議については，E. Engel, Die Aufgaben des Zählwerks im Jahre 1880, *Ztsch. d. Könl. Pr. St. Bur.*, Jg. 19, 1879, SS. 367-76, を参照のこと。

45) 法律の全文は以下の通りであり，*Reichsgesetzblatt*, 1882, Nr. 5, S. 9, に収録される。
「神の恩寵によりドイツ皇帝，プロイセン国王，等々たる朕ヴィルヘルムは帝国の名の下で連邦参議院と帝国議会で議決された合意に従い，以下のことを命ずる：
§ 1. 1882 年に帝国を範囲にした全般的職業統計調査が実施される。
§ 2. 統計調査は各国政府によって実施される。必要な調査書式の提供と原資料の加工は，それが各国政府によって引き受けられない場合には，帝国の側から行なうものとする。必要な調査書式の提供と原資料の加工とで各国政府にかかった費用は，連邦参議院によって規定されつつある率にのっとり，帝国からまかなわれるものとする。
§ 3. 提示された質問は，個人身分や家族身分，宗派を別にして，ただ職業関係やその他の定期的な就業活動にかかわるに留まる。財産関係や所得関係へのいかなる介入も排除される。
§ 4. 連邦参議院は統計調査日を決め，本法律遂行に必要な指令を発令する。
§ 5. 本法律をもとにして，当人に向けられた質問に対し意図的にあいまいな返答をしたり，あるいは本法律とその実施のために下され周知された指令（§ 4）にのっとり当人に義務づけられた申告を拒否する者には 30 マルク以下の罰金刑が科せられる。
　　　　　　　　朕自筆の署名ならびに傍らに刻された皇帝印で証明する
　　　　　　　　1882 年 2 月 13 日，ベルリンにて授与する
　　　　　　　　　　　　　　　　ヴィルヘルム
　　　　　　　　　　　　　　　　侯爵 v. ビスマルク」

46) 以下，82 年ドイツ帝国職業=営業調査に関しては，Die im Laufe des Jahres 1882 ergangenen Anordnungen für die gemeinsame Statistik der deutschen Staaten, *St. d. D. R.*, Bd. 59, Theil 1, 1883, SS. I. 1-35, Berufsstatistik nach der allgemeinen Berufszählung vom 5. Juni 1882, *St. d. D. R.*, N. F., Bd. 2, 1884, SS. 1-13, SS. 164-91, を参照。また，拙稿「1882 年ドイツ帝国職業=営業調査」(1), (2), (3),『経済論叢』（京都大学），第 176 巻第 4 号，2005 年 10 月，第 177 巻第 1 号，2006 年 1 月，第 177 巻第 2 号，2006 年 2 月，および，前掲拙著，第 10 章，を併せて参照されたい。

47) 「§ 2. 調査は市町村様式（gemeindeweise）で実施される。その直接の遂行は市町村当局の責務となり，当局はその一貫した責任の下で，このための特別の調査委員会（比較的大きな市町村にあっては複数の調査委員会）を設立することができる」(Berufsstatistik, *a. a. O.*, S. 164.)。

48) 71 年調査の反省点として調査の手引作成の不十分さが挙げられていた。「今後の調査において比較可能な結果を得るためには，調査に際しての職業欄の記入への，また総括に際しての各職業種の配列への正確な手引が不可欠なものとなる」(Die

Volkszählung im Deutschen Reiche vom 1. Dezember 1871, *St. d. D. R.*, Bd. 14, Theil 2, 1875, S. VI. 192.)。82年調査はこの点を踏まえ，可能な限り具体例を挙げた入念な手引が準備された。これは調査や総括に際して多くの誤謬と混乱を回避するに役立ったといわれる。

49) Berufsstatistik, *a. a. O.*, SS. 166-67.
50) *Statistisches Jahrbuch für das Deutsche Reich*, Jg. 6, 1885, S. 5.
51) これによって就業面からする全社会構成が表示され，ヨーロッパで最も進んだ職業統計が獲得されたとするのがリューメリンの評価である。G. Rümelin, Die Bevölkerungslehre, *Handbuch der Politischen Oekonomie*, hrsg. von G. Schönberg, 2. Aufl., Bd. 2, 1886, SS. 932-33, S. 938.
52) Berufsstatistik, *a. a. O.*, S. 169.
53) H. Schmelzle, Die landwirtschaftliche Betriebsstatistik, *Die Statistik in Deutschland nach ihrem heutigen Stand*, hrsg. von F. Zahn, Bd. 2, München und Berlin, 1911, S. 52.
54) Berufsstatistik, *a. a. O.*, SS. 170-71.
55) E. Engel, Ergebnisse der Gewerbezählung, *a. a. O.*, S. 242.
56) ドイツ営業統計史に関するその著作の中で，ホフマンは営業統計の近代化に果したエンゲルの大きな役割について再三言及している。ザクセンの49年人口調査結果からの就業統計の作成作業を通じて，エンゲルは営業統計の二義性を峻別することの重要性を感受し，そこから「職業調査と経営調査の基本的相違への洞察は生業統計（Erwerbsstatistik）の基礎的概念的問題の解明への第1歩を示し，それは後にエンゲルがプロイセンの生業統計の改革に取り組み，ドイツ帝国における近代的生業統計の構築へ大きく貢献することになる上での基礎となった」(F. Hoffmann, *Quellenkritische Untersuchungen*, Stuttgart, 2012, S. 153.)。また，71年の関税同盟統計拡充委員会の審議の中で，エンゲルの責任の下でまとめられた「営業統計に関する報告」は，「ドイツにおける近代的生業統計の本来的な出現を示すものであった。その最も重要な基礎命題は半世紀以上に渡りドイツにおける生業統計調査の規範的な指針を構成した」(F. Hoffmann, *a. a. O.*, S. 164.) と評されている。
57) Erfahrungen und Beobachtungen bei der Berufs- und Betriebszählung vom 12. Juni 1907, *Zeitschrift des Königlich Preussischen Statistischen Landesamts*, Jg. 49, 1909, SS. 1-24.
58) 国民各層の内，調査員に対して，それを「不愉快で厚かましい侵入者」として抵抗を示したのはとりわけ所有者層と教養市民層であったとされる。A. Hesse, *a. a. O.*, S. 16.
59) 当時の職業統計の職種分類がその基礎に経営（＝営業）分類をおいていることは，すでにフュルストによって看取されている。G. Fürst, Zur Methode der deutschen Berufsstatistik, *Allgemeines Statistisches Archiv*, Bd. 19, 1929. S. 9ff.
60) 後に，この点を一貫して批判し続け，統一的職業分類の必要を訴えるのがメーアワルトである。R. Meerwarth, Über Beruf und Berufsschema, *Ztsch. d. Könl. Pr. St. Lndsam.*, Jg. 54, 1914, SS. 365-80, *Einleitung in die Wirtschaftsstatistik*, Jena, 1920, S. 63ff.
61) 1895年職業=営業調査の指示には，同一営業内に複数の営業分野が包摂されている

場合，「各営業分野ごとに別々の営業調査票が記入される形で申告される」（Anordnungen über die Berufs- und Gewerbezählung vom 14. Juni 1895, *St. d. D. R.*, N. F., Bd. 102, 1897, S. 9.）とある。これは続く 1907 年職業=経営調査でも同様である。

62) R. Meerwarth, *Einleitung in die Wirtschaftsstatistik*, SS. 6-52, R. Passow, Kritische Betrachtungen über den Aufbau unserer gewerblichen Betriebsstatistik, *Zeitschrift für Socialwissenschaft*, N. F., Jg. 2, 1911, SS. 219-25, SS. 323-38. 先の 1907 年調査の総括でも，このような分解方式が限界にきていることが調査当局側からも指摘されている。Erfahrungen und Beobachtungen, *a. a. O.*, S. 22.

附録　ドイツ帝国における営業統計調査に関する規定（1875年）

第1項　1875年12月1日の人口調査と営業統計調査が結びつけられる。

第2項　この調査は園芸業と野菜栽培業，漁業，採鉱業，製錬業，製塩業，建設業を含んだ工業，商業と交易業，飲食業と宿泊営業のすべての独立経営に及ぶものとし，その所有者が私人あるいは法人であるかの区別は行なわない。

どの独立営業経営も次のようにして調べられるものとする。すなわち，空間的にまとまっているか別々であるかにかかわりなく，同一の所有者の異なった営業経営に関して，また空間的に相互に離れて独立している同一所有者の同種の営業経営に関しては，それぞれが独立に一度だけ調べられ，また複数所有者に属している営業経営も，ただ一度だけ調べられるということである。

第3項　特別調査が指示され，従って，全般的調査から排除されるものとして鉄道管理，郵便管理，電信管理の下におかれた作業場がある。

第4項　調査から取り除かれるものには次のものがある：
a) 陸軍管理と艦隊管理によって営まれている営業性格をもった作業
b) 鉄道経営，郵便経営，電信経営
c) 保険業
d) 療養所，あらゆる種類の医者，助産婦，医療補助職員の営業経営，埋葬
e) 音楽営業，劇場営業，あらゆる種類の展示場
f) 行商での営業経営
g) 矯正施設と刑務所で収容者の就業のために行なわれている作業
h) その生産物がただ営業経営者の自己家計の需要用である経営

第5項　調査に際しては，補助人のない，あるいは6人以上の補助人を有さない営業経営は，その他の営業経営とは次のようにして区別される。すなわち，そこでは補助人数への，また利用されているかもしれない織機，靴下編機，ミシンの数量への質問は，人口調査の世帯リストないしは調査紙と一緒に調べられるか，あるいは別の適当なやり方で設定されるということである。

6人以上の補助人を有した営業経営に対しては，独立した調査紙を通じて以下のことが調べられることになる：
a) 場所
b) 業務指導者（営業で仕事をしている所有者，賃借人，管理者）名，およびある場合には業務の商号
c) 経営の対象
d) 業務指導者数（性別）
e) 業務指導者以外に経営内で働いている人数（性別と年齢別）
f) 回転機の種類・数量，できれば力も
g) 営業の下で特徴的な作業機と装置の種類・数量

第6項　標準調査日としては12月1日が設定される。通年に関する申告が問題となる場合には，1875年平均が関係してくる。まだ年が経過していない時期に対しては，平均を基礎にした査定が推定的に行なわれるものとする。

第7項　調査は，地方政府によって例外とされない限り，人口調査の実施用と同じ調査員により，同じ調査区において，および同じ市町村官庁あるいは調査委員会の指導の下で行なわれ，また可能な限り営業経営者への直接質問を通じて遂行される。

第8項　質問は業務指導者の居住地で行なわれる。人口調査の世帯リストないしは調査紙と結びつけられた比較的小営業経営者への質問設定の仕方と様式は見本Aによって具体的に示される。比較的大営業経営者への調査紙の見本は設計Bに含まれる。

質問に際しては，個々の世帯構成員の営業経営，同一営業指導者の多重営業経営，不在の営業経営者に対してとくに配慮すること。

415

第 9 項　地方政府は調査官庁ないしは調査委員会と調査員に先の規定に対応した指令を用意することになろう。

さらに，調査の組織化が地方政府に任されることになる。

第 10 項　調査によって獲得された資料はさらなる加工の前に調査官庁によってその完全性と正確性が点検されるものとする。

第 11 項　地方政府は収集された資料の第 12 項で指令される統計表への統計的加工が専門的なやり方でなされるよう配慮するであろう。加工に際しては，個々の営業経営は経営場所がおかれている国家ないしは地方に対して計上される。この目的のために，それぞれの国家は他のドイツの国家におかれた経営場所に関するその営業経営者の申告をその他国家の統計中央部署に伝えることになろう。

第 12 項　それぞれの国家から，統計表が設計 C から E を通じて指令される，ないしは明示される形と完全性をもって帝国統計庁へ伝えられる。

これら統計表の基礎には設計 F に含まれた営業経営の体系的概括がおかれる。

体系的概括でのすべての個別的営業経営の一様な配列を確実にするために，帝国統計庁は諸国家の統計中央部署に個別営業のアルファベット順索引を送付するであろう。

第 13 項　これら統計表は帝国統計庁に以下の期限までに送付される：

1876 年 12 月 1 日まで	見本 C	体系的順序で国家全体に対してのみ，すべての個別営業経営の暫定的概括が作成される。
1877 年末まで	見本 D	大行政区と国家にある全営業経営の人的関係，同じく補助人なし，あるいは 5 人以下の補助人をもった営業経営における織機，靴下編機，ミシンのグループ／クラス／細目の区分を伴なった確定概括
1877 年末まで	見本 E	大行政区と国家にある補助人 6 人以上をもった営業経営の回転機と最も重要な作業機と装置のグループ／クラス／細目の区分を伴なった確定概括

第 14 項　第 3 項で考察された鉄道管理，郵便管理，電信管理の下にある作業場に関する報告は調査紙の見本（設計 B）に倣って作成される。最上位の帝国官庁ないしは国家官庁はその管理下にあるものに関してその際に必要なことを指示し，提出された調査紙が 1876 年 3 月 1 日までに，あるいは見本 C から E までに倣ってそこから作成されてきた総括が第 13 項で指令された期日までに，帝国統計庁に届くよう手配することになろう。

規定中にある見本・設計とは，帝国指令に添付された調査紙書式（A と B），集約表書式（C から E），および営業分類表（F）を指す。

出所）Die Ergebnisse der Gewerbezählung vom 1. December 1875 im Deutschen Reiche, *Statistik des Deutschen Reichs*, Bd. 34, Theil 1, 1879, SS.（63）-（64）.

附表　ドイツ帝国総人口の職業区分と職業地位（1882年）

職業区分	職業区分	職業帰属区分			総計
		就業者	家内奉公人（非営業）	不就業か，あるいは単に副次的に就業している身内	
1	2	3	4	5	6
AI. 農業・畜産業・園芸業	a	2269163	388892	6255223	8913278
	b	49713	6787	83702	140202
	aT	866493	9154	2377427	3253074
	c1	1934615	104	97316	2032035
	c2	1626760	514	93057	1720331
	c3	1373774	5393	1402731	2781898
	AI 計	8120518	410844	10309456	18840818
AII. 林業・狩猟業・漁業	a	18870	5881	54543	79294
	b	16931	6503	44330	67764
	c	80177	1685	155717	237579
	AII 計	115978	14069	254590	384637
	A 合計	8236496	424913	10564046	19225455
B．工業（含，採鉱業と建設業）	a	1861502	263323	4141344	6266169
	afr	339644	2787	432489	774920
	b	99076	14157	158087	271320
	c	4096243	22294	4627134	8745671
	B 合計	6396465	302561	9359054	16058080
C．商業・運輸業（含，旅館経営・酒場経営）	a	701508	266656	1618141	2586305
	b	141548	20571	188460	350579
	c	727262	8224	858710	1594196
	C 合計	1570318	295451	2665311	4531080
AからC．粗生産・工業・商業	a	4851041	924752	12069245	17845038
	afr	339646	2787	432495	774928
	b	307268	48018	474579	829865
	aT	866493	9154	2377427	3253074
	c	9838831	38214	7234665	17111710
	A-C合計	16203279	1022925	22588411	39814615
D．賃労働と家内サーヴィス		397582	2189	538523	938294
EI．軍務と軍行政		451825	15334	75123	542282
EII．国家・自治体・教会勤務，いわゆる自由業		579322	149236	952142	1680700
	E 合計	1031147	164570	1027265	2222982
	A-E合計	17632008	1189684	24154199	42975891
FI．無職者と無申告者		1022233	134925	751151	1908309
FII．職業準備・修養中の者と施設収容者		332253	315	5345	337913
	F 合計	1354486	135240	756496	2246222
	A-F 総計	18986494	1324924	24910695	45222113

職業地位欄にある，aは業主，bは中間管理職，cは広義の労働者，afrは他人勘定のために自宅就業の営業経営者，aTは農業での賃労働者雇用主，c1は農業経営者の家族・世帯身内，c2は下男・下女・補助人，c3は日雇労働者を指す。
出所）*Statistisches Jahrbuch für das Deutsche Reich*, Jg. 6, 1885, S. 5，より作成。

終章

19世紀ドイツ社会統計形成の特質

はじめに

　19世紀初頭から80年代にかけてのドイツにおける社会経済統計の形成過程を追及してきた。1805年のプロイセン統計局創設から82年の職業=営業調査の実施に至るまでの社会統計の成立と展開がその具体的な検討対象であった。最後に，それらの過程を概括しそこにみられた特質の析出を試みる。

　まず第1に，ドイツにおける統計の形成は19世紀に入っての社会経済の変動を背景にした国家体制の改革運動の中で，公的あるいは半公的な調査機関の設立とその下での資料収集作業をもって開始されることを明らかにした。これは社会的危機状況に対処し改革を遂行する上で，正確かつ包括的な統計情報の不可欠なことが周知されたことによる。本書ではプロイセンとザクセンにおける国家統計から題材を選び，この形成プロセスを検討してみた。

　第2に，確立した国家統計ではあるが，19世紀前半には統計局なり統計協会が主体となった統計作成体制は出てこない。あくまで経常的な行財政業務の附随物としての統計作成であった。これを変革し，統計局が企画から公表までの全行程を一貫して主導する作成体制を作り出すことが必要となる。それはまたセンサス様式の直接調査を導入し，これを人口から始め，農業や商工業の分野に及ぶ調査にまで拡張することでもあった。しかし，ドイツではこの歩みは遅々として進まない。ザクセンにおいて1852年調査で初めて人口センサスが

実施されるが，これを突破口にして他国家でもそれに続くという流れの出てくることはなく，旧態依然とした既存資料による間接的な人口計上が続く。関税同盟人口調査でも直接調査によるその改革が再三に渡り申し合わされるが，これも実効を伴なうことはなかった。問題はプロイセンの統計改革であるが，ここでは60年代に入ってようやくそれが始動する。こうしたプロセスに現われた変革のための構想とその試みを，その中でとりわけエンゲルの果した役割に焦点を当てて検討してみた。

そして第3に，当時の経済統計を集約した営業統計の形成を辿り，国家統計表の一要素としての営業表の段階から独立の直接全数調査結果として営業統計が産み出されてくるプロセスを追及した。営業表の果した統計形成史上の歴史的役割を確認しながらも，その限界を明らかにし，営業表ではなく直接調査として営業調査を実現させた契機を取り出すことである。当時の最も重要な経済統計であり，かつその営業表段階の克服に大きな困難を抱えていたのが営業統計であり，その近代化プロセスにこそ，人口統計を越えた統計調査に固有の難問が集中的に現われてくる。それがどのように解決されていったかを究明することによって，行政統計作成のドイツにおける拡充を促し，のみならず他国にはみられない高度の統計制度を作り出した要因を析出することが可能になると考えられるからである。

以上の3点を明らかにすることによって，19世紀ドイツを舞台にして展開した社会統計の形成をその基本的契機から解明し，さらにその展開過程にみられた特質を把握することができよう。

I. 国家統計と国土記述

1. プロイセン王国統計局と国家統計表

1．ドイツにおける社会統計の作成事例はすでに18世紀以前に散見できる。しかし，それらは散発的一過的なものにすぎず，組織的継続的な調査とはいえなく，そうした事例の多くはその時々の政策目標なり緊急課題に応える即時的な資料調達に終始している。例えば，伝染病流行による人口減の実態を測る，あるいは特定地域での手工業とマニュファクチャーでの特徴的営業種の振興を把握する，こういった時局的関心からの資料獲得である。

近代以前に統計を含んだ組織的といえる資料獲得が現われるのは，絶対王政の下での行財政機構の集中化過程においてである。これを，プロイセンを事例に取れば，18世紀20年代以降の総監理府制下，各地方官庁からの定期的な行財政報告の整理・総括とそこからの統計表の作成がある。またその後の国家行財政機構の見直し，すなわち財政委員会の検討の下でのさらに包括的な資料収集とそれにもとづいた統計表作成もある。建物と住民，また生産物と家畜に関する統計表といったものが時局的関心と結びついて産み出されてくる。絶対王政の強権下，地方官庁からの定期的報告の義務化がそれらの資料獲得の源になっており，これが統計作成を可能にするものであった。しかしながら，そこから信頼性・正確性や継続性・体系性において十全な資料が獲得される保証はなかった。統計作成は本来的な官庁業務の末端作業にすぎなく，地方当局にとっては過重負担であり，またその意義に対する理解も不足し，正確な資料提出への誘引は欠けていた。

　統計作成が軌道に乗るのは，統計資料の収集・分類と整理・総括を専門に所轄する機関，すなわち統計担当部署の確立を待ってのことによる。プロイセンでは，他の領邦国家に先駆けて1805年に統計局が創設される。プロイセン改革の一環に統計局創設が盛り込まれるが，それを提唱したのが改革の主導者となるシュタインその人でもあった。これには総監理府に収集されていた資料を利用したクルークによるプロイセン国家経済に関する実証的研究，ならびに時の国王の関心が絡み，勅令の形を取って意外に早期の統計局設立が実現している。統計局固有の仕事として国家統計表の作成もすばやく完了している。総監理府に集まった業務報告のこれまでの整理作業を引き継ぎ，人口と地誌に始まり，農業・商工業・流通，消費税，道徳・文化に及ぶ国家統計表をいち早く完成させる。行財政業務から距離をおいた独立機関として位置づけられ，文字通り統計作成業務そのものを一手に所轄する中央部署として，統計局独自のさらなる活動が期待された。しかし，ナポレオン軍のプロイセン侵略は統計局の活動停止を余儀なくさせ，統計表作成も中断され，統計局の存在は宙に浮いたものになる。

　1810年のホフマンを中心にした統計局再建が実質的な活動の開始となる。当人はベルリン大学国家科学教授と統計局長を兼ねながら，統計局長としては独自プランにもとづいた統計局再建案を提示し，その実現に向けて後盾である

内務省を通じて財務省へ働きかける。しかし，統計局を独立機関とすることには反対でその活動拡大に消極的な見解をもっていた財務省側の壁を前にして，その構想は縮小せざるをえない。ところが，同年の政局変化の中でハルデンベルクが登場し，財務大臣アルテンシュタインが引退することによって，ホフマン構想が復活することになる。しかし，再建されたとはいえ統計局の専任職員は僅か4名である。これは統計局がそれに独自の資料獲得活動というものをもたなく，これまで通り既成の行財政機構を介して収集されてきた報告資料の整理・総括を専務とする機関であるということである。ただ，プロイセン改革における中央での内閣制の確立と地方行政機構の整備拡充を背景にして，中央省庁－在地官庁の行政ラインを通じたよりスムースで系統的な資料収集は可能になっている。

　2．こうした資料収集とその整理から産み出されてくるものが国土記述の性格をもった統計表である。ホフマンの構想にある統計局の任務は，プロイセンの国力を認識するための素材を収集し，現状を把握し立法と政府指令が国力とその増減に与える影響を判断するため，それら資料をその判断材料として提供することであった。このためにホフマンと統計局が用意したのが1810年統計表であり，これは局に取り寄せられた行財政報告の集大成ともいうべきものであり，建物・人口に始まり生業手段に至る表示欄が600を越す膨大な数量表であった。

　このような統計表であるが，これをこれまでの国状記述とは性格の異なった国土記述のための総括表と性格づけることができよう。国家顕著事項（または国家基本制度）の特徴づけではなく，統計表の表示対象の重心を国民の階級・階層構成とその生計を支える経済活動（農耕・畜産や手工業・商工業）に移し，いわば人口の社会成層と国民経済の人的物的構成の数量記述を目的にし，それらに関する主要項目を配列した統計表だからである。これは国状記述とは性質を異にする国土記述というべきものである。ホフマンの統計表はこれまでの国家の法制度や行財政機構の記述を中心にした統計表ではなく，住民の社会的経済生活に直接間接にかかわる項目が前面に現われてくる。そこでは住民の生業手段としての各種営業での人的物的構成が最大項目となり，いわば経済関係を主軸とする統計表となっている。しかも，それら項目はすべて数量でもって表示されている。ホフマン表には広義の「政治算術」という意味が込められ，そ

れは数量をもってする全体概括，地域間比較と時間的比較を可能にするものであった。旧来の国状記述的な統計表から後の統計調査報告への過渡的段階にあるものとしてこの国土記述としての統計表を位置づけることができる。

　こうした統計表の原資料は直接調査によって獲得されたわけではない。プロイセン改革によって地方からの定期的報告の提出がそれまで以上に系統化する。19紀中葉，既存の行政組織として中央省庁と全国にまたがった州－県－郡－市および多数の町村といった内務省権限下にある地方自治機構があった。この中で，統計作成に関しては中央では内務省と当の統計局が，また地方では県と郡が深く関与してくる。郡当局と郡長に定期的な報告提出が義務づけられ，こうした郡単位で作成され県を通じて収集される報告資料が国家統計の源泉となるのである。郡統計と各県でまとめられる報告こそ当時最大の社会統計の資料源であった。プロイセン国家統計表は19世紀前半ドイツの社会統計を代表するものといえるが，この統計表もプロイセン各地で作成された郡統計の直接の延長線上にあって，それら郡統計の統計局による整理・集大成以外の何物でもなかった。しかしながら，これが下位地方官庁の資料作成・提出者（多くは地方当局の会計官）に過大な負担をかけ不備な報告を余儀なくさせ，また出てきた統計表そのものも実用性に欠け，関心のもたれた一部分が当該中央官庁によって断片的に利用されたにすぎない。あまりにも煩雑すぎ，統計表に要求される概括性と明示性をもたず，その意味で統計表としていまだ純化されない形での数量羅列に終始したものとなる。後にエンゲルによって，プロイセン統計の発展を阻害する「紙の堤防」であり，管理不能な「紙の束」と揶揄されたものである。

　3．こうした統計表作成の試みはその後も続く。しかし，統計表としては簡略化が必要である。簡略化は一連の数量欄を同質なものごとにまとめ，それぞれを独立の統計表として分化させる方向を取る。こうして，ウィーン会議後の領土拡大を機に新たな国家統計表が構想される。当初は建物・人口・家畜の数量表示を統計表とし，これに従前からの人口動態を示す人口目録を添え，これが国家統計表とされた。この人口分野では国民の総数が性・年齢・家族関係・宗派といった属性分類の下で表示されるが，さらに手工業者層につきその就業身分別分布が加えられ，これが後に営業表として独立する。

　さらにその後の1822年に至り，先のホフマン表にあった教会と学校，また

医療に関連する欄がそれぞれ単独の表として加えられることになる。その結果，①統計表，②教会・学校表，③保健表，④営業表，そして⑤人口目録，この5つの統計表を柱とするプロイセン国家統計表が成立し，この5本立ての体系がその後の国家統計表の枠組みをなす。プロイセン統計局によって3年おきにこのような統計表が作成されてゆく。しかし，それはあくまでも国家行財政担当部署の内部資料に留まり，それを利用しえたのは一部の中枢官僚に限られ，公開性という近代統計の条件を欠いていた。

　地方当局からの業務報告にもとづくこうした統計表作成作業が1810-60年代の約半世紀に渡り継続されてゆく。しかし，作成が定期化されたとはいえ，これら資料が領邦国家の内政からの副産物に留まっている限り，それを本来の社会経済統計とみなすことはできない。行政報告の概括という制約がつきまとうためである。なによりも，本来の観察対象たるべき国民や国民生活，社会経済が直接の調査対象に据えられ，その生きた現状が調査用紙の中に映し出されることがない。また，統計局が調査の企画から実査，結果の整理・公表までを一貫して主導することもなく，統計局が主体の調査とはなりえていない。また逆に，このような行政資料が豊富なほど直接調査への動機づけが出てこない。内部行政報告とそこからの業務統計が充実する分，統計の近代化達成が遅れるという逆転的現象である。プロイセンを典型にして，ドイツほどこうした豊富な内部資料を抱えたところは他になく，それが統計表の豊富な記述内容を支える源泉となっていた。しかし，そこで統計表とはいわれているが，ホフマン表ですらこれはあくまで近代以前の要素を多く抱えた統計表とみなさなくてはならない。なるほど，国土記述としての国家統計表というものは，対象領域を国家諸制度から国民の経済生活にシフトさせ，社会構成体の下部構造に迫ろうとした点での前進をみせはする。しかし，資料調達の面では旧態依然のままであり，行政ラインを通じた下位官庁からの業務報告の集大成という制約がついて廻り，これを引きずったままに終始している。

　国状論を背景にした事後的かつ静態的で，固定した枠組みをもってする資料収集では，社会経済や国民生活の新たな動きに対応できない。これを一歩進めて，生業関係という下で物的経済的側面に視野を拡げ，これを国土記述にもってゆこうとしたのがプロイセン統計局にみられた国家統計表作成の試みであった。しかしながら，この国家統計表もその作成様式の面ではこれまでのやり方

に変革をもたらすことはできなかった。直接の統計調査ではなく，既存の行財政資料の事後的な編纂から統計表が出てくる，こうした作成様式の点ではこれまでとはなんら変りはなかったからである。

2. ザクセン王国統計協会の資料収集活動

1．ドイツ連邦にあって，プロイセン王国に較べて領土と人口において格段の差をもたされ（プロイセンに対して，1816年時点で領土は1/13，人口は1/7.7の規模），全体的な経済発展の面でも停滞していたのがザクセン王国であり，またその国制上での近代化もはるかに遅れて始動している。フランスの七月革命の余波を受けて，遅ればせながらザクセンでも国制と行財政の改革が始まる。プロイセンと同様，改革に際しての緊急課題を解決するための基礎資料として活きた統計の欠落が問題となる。だが，プロイセンのようにこの問題を国家統計局の設立とその下での資料収集によって解決しようという動きは出てこない。この事態を憂慮した啓蒙的官僚層が立ち上がり，31年に「ザクセン王国統計協会」が設立されている。中心人物は地理測定専門家シュリーベンと在ドレスデンの官僚であった。祖国々家情報協会として出発し，時の国王の裁可を受け統計協会となる。必要経費は国家支弁の形を取り，従って，統計協会は半官的組織ということになるが，独自の裁量によって全土の現状を示す資料収集に当たり，その結果を中央官庁の求めに応じて提供することになる。その際の資料調達ルートには2つあった。ひとつはとくに内務省とそれに所轄される地方官庁の行政機構を通じて資料・記録・報告を獲得すること，次には各地の統計理解者を支部構成員として組織化し，それらから当該地での状況に関する資料提供を受けることである。まず後者については，協会幹部のよびかけに対し，またたく間に多くの賛同者と協力者が地方支部に組み入れられ，そこからの現地報告が期待されることになった。これは当時のザクセンにおいて，いかに全土の状況を伝える統計情報が欠け，それを渇望している多くの市民がいたということの反映であろう。統計協会活動に参加した層はそれぞれの地域での行財政担当官（含，森林や鉱山の管理役人），裁判所業務関係者，大学教授，聖職者と教師，医者，軍人，また商工業の盛んな地域では商人や企業家・手工業者，等々であり，いわば全国各地の進歩的市民層というものであった。そうした地方支部に特定書式にのっとった定期的統計報告が要請されている。また，協会

は発足と同時にその機関誌『ザクセン王国統計協会報知』を公刊し，最新の人口調査結果などの資料公開に踏み切っている。さらに，そうした国家統計と並んで多くの地方支部からの資料提供が幾度となく現われている。少なくとも，創設から10年の間は，そうした地方支部の資料獲得・提供面での積極的姿勢がみられる。これもまた，国民生活の現況を伝える国土記述というべきものである。

資料獲得面での前者のルートについては，問題は資料調達面で既存官庁機構との協力体制を十全に打ち立てることができるかどうかにあった。当初は協会が必要とする資料は中央官庁を通じて獲得されるとされ，中央官庁は協会の意を受けて地方官庁に資料提供を命ずることになった。しかし，地方官庁はそれに対して鋭敏に反応することはなかった。結局は最後まで両者の間にはスムースな協力関係が築かれることはなかった。プロイセンの場合と同様，末端の地方官庁にゆくほど，こうした統計作成のための報告作成は経常的業務を越えた過重負担であり，なんら益のない無駄な労力支出としてしか受け止められなかった。従い，こうした資料獲得のために現地住民との直接接触や記録作成を要請された層，例えば人口動態統計のもとになる教会簿の作成に当たる聖職者，また定期的に報告作成・提出を命じられる地方自治体の担当者には統計に対する嫌悪感が増大してゆく。

統計協会の調査権はそうした壁を打破できるほど強力なものではなかった。これを弱点とした協会はより強い調査権限を確立すべく政府に働きかけ，実際にも国王指令でもって協会には資料獲得のために直接に地方官庁と交渉する権限が与えられた。官庁・団体・公的個人には協会の求めに応じて必要資料の提出が義務づけられ，協会の要請に応じない場合には懲罰が下されることにもなった。しかし，協会の半官的性格は行政機構におけるその立場を中途半端なものに終始させ，協会の要請に対する下位官庁からの資料提出は必ずしも円滑に進まなくなってゆく。シュリーベンを失った40年代に入ると，地方支部の活動も停滞してゆき，その中で各地の情報提供源も枯渇してゆかざるをえなかった。

2. 1839年を頂点にして，その後の統計協会の活動に高揚はみられない。多くの支部協会は姿を消していった。下部行政官庁からの報告伝達もますます遅滞するようになる。『統計協会報知』刊行も定期性を失い，数年間隔でしか

出されず，刊行された分も専ら人口調査の集約結果に限られ，地方支部からの報告はなくなる。40-50年の最後の10年間には，協会の創造的活動はまったくなかったと評されている。

　統計協会の最終段階が近づいてくる。3年おきの人口調査と同じく家畜調査の集約と結果公表，これに加え46年営業調査の結果集計を委託された統計協会ではあるが，その力量をもってしてはそれらの処理を十全には行ないえないことが判明する。このことを協会幹部（監理府）自らが認め，その改善を政府に訴えている。当座は経費増加と臨時雇員採用で凌ぐことになるが，抜本的改革としては国家当局の直接責任下で統計懸案事項の処理に当たる機関が必要になる。このことを協会は政府に直接意見具申している。こうした末期状況にあって，協会に委託された統計処理作業も杜撰なものになり，後に禍根を残すことになる。政府（内務省）も，協会からの意見を受けて，47年から国家統計局の設立の具体案を練り始める。その当事者が47年からザクセン王国内務省に勤務することになったワインリヒである。ザクセンにおける経済改革の推進者であり，内務省の経済問題担当部局の局長となった当人はなによりもまず経済不況下におかれたザクセンの営業経営の現状把握を急務とみなし，大規模なアンケート調査を企画・実行する。このアンケート調査そのものは煩雑すぎて成功したとはいえなかったが，それを通じて営業問題の一端が明らかになり，そのさらなる究明には国家統計局とその調査によるしかないことが判明する。こうして，政府の重い腰を上げさせたのが営業統計の重要性への認識であり，それを待って50年7月末に統計協会はその終焉を迎え，8月1日，統計中央部署として統計局が内務省内に開設されることになる。

　3. 1831-50年に渡る統計協会の活動であった。決して長い期間とはいえないが，その20年間，とくに前半の10年間の活動は統計を通じてザクセンの国土状況に国民の眼を開かせ，統計の効用を訴えたということができよう。その機関誌『協会報知』にはさまざまな統計資料の掲載があるが，それらは中央官庁資料，国家統計の収集整理結果，都市記録，地方支部報告，学術団体資料，等々と多岐に渡る。その中で，内務省が実施し，その結果を協会が集約したものとして人口と営業に関する統計を取り上げ，当時のザクセンの社会統計の進展度をみてみた。

　まず人口調査があるが，人口の静態については消費者目録，その動態では教

会簿による資料収集が長く継続している。注目に値するのは前者の消費者目録による人口数の計上である。これは18世紀中葉以降の食糧危機に対処すべく，食糧の供給と需要のバランスを計るために，行政当局（商業委員会，後の国家経済委員会）によって各地の消費者数調査が行なわれ，この消費者数が住民数の近似値とみなされた。しかし，この数量は住民数の近似値，あるいは最小値ではありえても，実際の人口数にはなりえない。

より正確な人口調査の方式として採用されたのが1832年の家屋リストによる調査方式である。また，その結果の編纂が発足した統計協会の最初に手掛けた国家統計の集約整理作業となる。これは次回の34年調査以降，3年おきに継続され49年まで計7回実施され，その整理は最終回を除いて協会への委託業務となっている。これは1軒ごとの家屋を調査単位にし，家主（あるいは家屋管理者）を回答責任者にして，そこに居住する住民すべてを枚挙し家屋リストに記名する直接調査であり，そこから把握された現住人口数は消費者目録に較べて格段の正確さをもつことができた。32年調査によってザクセンの人口総数は大幅な増加を示すが，この増加分の圧倒的部分は人口の自然増ではなく，調査方式の改善による調査漏れの防止によるものとされている。この家屋リスト方式の採用によって，19世紀中頃にはザクセンの人口調査は人口センサスの入口にまでほぼ到達していた。家屋リストに連記された世帯を切り離し，回答責任者を世帯主とすることによって，それは人口センサスの個票に転化されうるからである。34年からは関税同盟人口調査と連携することになるが，同盟加盟国中でザクセン王国の人口数は最も正確度の高いものであった。

次に，営業表作成がある。繊維業を軸に工業生産が盛んであったザクセンではあるが，これまで全土にまたがる営業活動についての統計はなかった。個別論者の研究，また協会に届いたいくつかの地域からの報告には，営業経営についての統計が記載されてはいたが，それらは断片的なものに留まり，全国にまたがる営業統計とはなっていない。ザクセン全土の営業資料として初めて作成・公開されたものは，営業税改定に伴なって作成された36/37年営業税記録からの営業目録である。これは業種5分野別の営業経営数を伝えるだけに終わり，経営体の人的物的構成にはまったく触れていないために，それを営業統計とよぶことはできなかった。

46年の関税同盟統計における営業表の作成結果がザクセンにおける最初の

営業統計である。関税同盟方式，従い，プロイセン営業表方式に大枠では従いながら，ザクセン独自の体系を模索している。7本立ての営業表を提示し，可能な限り同質な営業経営をまとめようとした。しかし，プロイセン営業表で踏襲されてきた方式，すなわち工業生産の二分法（小経営としての手工業／遠隔地取引にかかわる工場経営）を取らざるをえないことによって，工業経営の実情究明には不明な点を残したままに終わっている。

さらに問題とされたことは，その集約を委託された統計協会の杜撰な作業結果であり，これは後にエンゲルにより厳しい批判に曝されることになる。集約作業に当たった臨時雇人とそれを指導する者の力量不足が合わさって常識では考えられない数量が計上され，このことが後にエンゲルの再集計によって判明する。総じて，46年営業表は利用に耐えうる統計表とはなっていない。プロイセンやザクセン，そして全ドイツの統計で営業統計が近代的な形で作成されるのはさらに後の帝国統一を待ってのことになる。

統計作成における前近代から近代への過渡期に現われた公的調査機関としてあるのが統計協会であった。しかし，法的に裏づけられた調査権をもたず，人員的にも経費的にも限られた枠の中でしか資料収集に当たらざるをえなく，そこにその限界があった。当初期待された各地の「統計の友」の協力，地方支部体制もやがて衰退の一途を辿る。

プロイセン統計局では行財政の末端業務として，ザクセン統計協会では行財政の外郭業務として行なわれていた資料収集と報告作成ではある。確かに，これによって統計資料が時局的問題検討のための政府と一部官僚の専有物に留まっていた旧い体制は克服されはした。散在的であった資料が統計局なり統計協会によって集約整理され，しかもザクセンではそれが即座に公開されることにもなった。しかし，両機関の活動の内実は統計調査を主体的に展開することではなく，あくまでも既存官庁の収集した資料・記録を集約することに留まっていた。双方にはこうした共通の制約があった。

3.「ドイツ統計協会」と国民議会での統計問題

19世紀中葉には，ドイツ連邦全体を対象にした統計体系と統計局についてのハノーヴァー出身のプロイセンの官僚レーデンの壮大な構想もあった。これは，ザクセンと同様に，統計理解者＝「統計の友」による情報網を今度はドイ

ツ連邦全体を対象にして，その枠を大きく拡げて構築しようとしたものである。レーデンの発意を促した要因は当時のドイツの遅れた統計作成状への批判にあった。どの領邦国家を見渡しても，「社会的貧困」問題を初めとして現下の社会経済や国民生活の緊迫した諸問題を正確かつ包括的に映し出した統計が不在である。そこで，既存の官庁機構に頼ることなく，自らの長年に及ぶ資料収集の経験を活かし，統計理解者と協働組織を巻き込んで連邦全域にまたがる統計網を私的統計作成体制として構築すること，これがその狙いであった。そのよびかけによって，1846年にドイツ統計協会が発足する。ザクセンの場合と同じく，多くの賛同者と複数の団体が協会に参加する。社会窮状に対する「調査・確認・公表・救助」が協会活動のモットーとされる。調査を通じて問題の所在を把握し，それを公表し，社会的困窮を救済するというのがその趣旨である。

協会は発足早々に，当時の社会的に最底辺層であった手労働者の実態に関する調査を企画し，そのための資料収集を協会構成員（組織）に依頼している。また，レーデン自身は連邦全体を対象にした統計体系を提示し，あるべき統計収集の方向性を指示している。また，機関誌『ドイツ統計協会雑誌』の発刊を通じて，各国各地の現況が報告される。後に，これは当時の状況を伝える最も豊富で有益な資料源であったと評価される。さらに，連邦全体の統計中央機関として機能する統計報告局の設立を構想している。この構想は48年に入って出てきた新たな連邦体制設立への動きの中で，独立した連邦統計局構想へと拡大し，その必要性を連邦議会に陳述してもいる。

しかしながら，これらレーデンとその協会の企ては実現に向けて一歩踏み出しはしたが，軌道に乗り切らない間に，ドイツにおける統計問題は新たな局面を迎えることになる。48年の三月革命の勃発とフランクフルト国民議会の開催，そしてそこでの統計問題の審議である。レーデンは改めて国民議会を舞台にしてドイツの遅れた統計の打破を計画する。国民議会ではそのレーデンの外にも，少なからざる議員によってドイツ統計の欠陥が指摘されている。ドイツの現状を把握し，再統一されるべき連邦像を描くにしても頼るべき統計資料が欠落していることが問題とされる。そうした中で，議会審議の最重要項目とはなりえなかったが，ドイツ統計のあるべき姿について議論されることになる。すなわち，中央統計局の設立，中央政府と議会に付与されるべき調査権限，全

般的人口調査の実施である。しかし，これらはいずれもが構想練り終わり，どれひとつとして実現したものはなかった。憲法を初め国民議会の立案そのものが反動勢力によって押しつぶされた以上，当然の結果でもあった。

　レーデンは議会内での営業問題や統計問題についての審議でその専門知識と経験にもとづく活動を示し，また蓄積してきた自身の資料を公開してフランクフルト市内の一角に統計局を開設し，それを議論の根拠づけのための基礎資料として議会と議員に提供している。しかし，これもまた徒労に終わった。ドイツ統計協会も48年には活動停止を余儀なくされている。僅か3年間のその活動であった。

II. 統計改革

1. ザクセン王国統計改革

　1. 19世紀前半には統計作成は行財政業務の附随物であった。このことの克服がそれ以降の課題となる。これをザクセンとプロイセンにおけるエンゲルによって主導された統計改革において検討した。この改革は一部は実現し，また一部では頓挫している。

　社会統計そのものには無縁であったエンゲルが統計局に就任した契機は，上記ワインリヒの推薦を受けたことにあった。営業関連アンケート調査やライプツィヒでの営業博覧会などで示されたエンゲルの卓越した実務能力がワインリヒに高く評価されたことによる。時代の趨勢の中から，国家統計局によるより強力な統計作成体制の構築を必要とする考えをもっていたのもワインリヒその人であり，当人の所轄する内務省・第2局の下で統計協会の統計局への昇格が1850年8月に実現している。しかし，局長職にはワインリヒが就いたものの，当人は本務として，とくに経済問題（経済改革の推進，営業の実情把握と営業条例の改定，等々）の処理に当たらねばならない。従い，創設された統計局にはワインリヒに替る実質的な業務指導者が必要であり，これにエンゲルが推薦されることになり，書記官として内務省統計局に就任する。以降，8年間に及ぶエンゲルのザクセン統計との取り組みは以下の5点にまとめられよう。

　1) 1849年人口調査結果の集計と再編集を通じたザクセン人口の就業構造と社会的クラス別構成の提示。家屋リストによる調査方式の最後の事例が49年

調査だったが，その集約資料は内務省に留めおかれたまま，結果の整理は大きく遅れていた。この整理作業は設立された内務省統計局の最初の業務，従って，エンゲルが手掛けた最初のザクセン統計の処理となる。これは49年人口調査結果の総括として，その人口静態統計が創刊された統計局の機関誌・第1巻に掲載される。さらに，49年家屋リストにある「身分あるいは営業」という調査項目には，ザクセン国民一人ひとりの社会経済的属性が示されているが，それを特別の集計表に転記してゆく作業を通じて，職業-生業クラス別人口として国民の就業分野別分布が把握される。さらにこれが地位分類と組み合わされることによって階級・階層構成の面から全国民の社会的地位での帰属性が明らかにされた。人口調査の定石としてある人口の一般的分類（地域分布，性・年齢・家族関係・宗派別区分，等々）による表示を越えて，国民総体を社会的クラス別分類，すなわち階級・階層区分にかけてその縦断面を描写する。人口集団の表層から実体に切り込むという点で，それは社会統計として有意義な統計表ということができる。

　2) 1852年人口調査の実施。統計局が手掛ける最初の調査は52年人口調査である。この調査において，先例としての1846年ベルギーでの人口調査を模範にして，世帯個票を用いた最初の直接全数調査=人口センサスを敢行する。従前から関税同盟では，正確な現住人口把握を目指した直接調査の実施を申し合わせてきていた。しかし，この直接調査実行は加盟諸邦にとって難題であった。多くの国では既存の資料（住民名簿，等々）に依拠した机上計算で人口数（=関税決算人口）を計上してきた。そうした中で，ザクセンでは他の国家に先駆けて世帯個票による直接全数調査を実行している。これによってザクセンではドイツ圏でいち早く人口調査の近代化が達成された。これは画期的な事例といえる。また，これを受け入れたザクセン国民にもこと人口での直接調査に関していえば，さほどの抵抗感はなかったとみられる。

　3) 1855年人口センサスおよび営業調査の実施。次回の55年調査では人口調査と併行して46年ベルギーの農業・工業調査の先例を見本にした直接調査としての営業調査を企画・実行している。人口調査の方は前回と同様にほぼ成功裡に終了した。ところが，営業調査の方は成功したとはいい難い。否，明らかに失敗例とみなされるべきものであった。やはり人口局面を越えて，個々の営業経営体の内部事情にまで入り込む国家統計に対しては，営業経営者層，と

くに農業経営者からの反発と抵抗が大きかった。営業調査票の回収はスムースにゆかず，また回収された調査票であっても不完全回答が多く，その記載内容の信頼性は低かったとされる。経営統計としての全体的な集約と公表は行なわれなかった。

4) ザクセンの生産・消費問題の検討。ザクセン国内での生産／消費の均衡を測定する作業を行ない，その中でエンゲル係数とエンゲル法則を定式化している。行政統計を拡充するという方向とは別に，モノグラフ的研究に依拠した資料から労働者世帯の消費状況を実証的に把握し，それと国内生産のバランスを測定しようとする。まず，労働者の家計収支に表われた数量にもとづきエンゲルの係数とその法則とよばれるものを導き出し，さらに国内の消費総量（額）・分野別消費額を計算し，それを生産総量（額）・分野別生産額とみなされたものと比較し，8 分野ごとの需給の均衡／不均衡を論じている。経済的安定を確保するためにはそこに出てきた不均衡を是正することが必須であるが，そのためには（就業）人口の分野別配置が適正でなければならない，こうした人口政策的提言が提示される。しかし，行論中には少数事例からの一般化や理論的な展開に不明さがあり，この均衡問題に対するエンゲルの考察が説得力をもつようには考えられない。

5) 統計の公開。原則的に統計は公開されるべきであり，公開性こそが統計の命であるとする信念の持主がエンゲルであった。19 世紀前半には統計の公開原則は確立していなかった。エンゲルは統計局就任当初から統計の全面公開に踏み切っている。すなわち，『ザクセン王国からの統計報知』の全 4 巻を 51-55 年の間に刊行している。引き続き，『王立ザクセン内務省統計局雑誌』を 55 年から発刊している。これは政府公認の「ライプツィヒ新聞」の科学附録として月 1 号を原則にして刊行されている（実際には，複数月の合併号が多かった）。さらに，収集された統計資料を概括的に集約し国家と国民経済・生活の現状を一目瞭然化し，「公衆の知識に提供する」ことを目的に，53 年には『ザクセン王国統計および国家経済年鑑』を発刊している。その第 1 巻が「統計と国家経済の関係におけるザクセン王国」をテーマとして，第 1 部・領土，第 2 部・人口，第 3 部・国民居住地，第 4 部・農業，この 4 部から構成された全 560 ページの浩瀚な刊行物となっている。

統計局の立ち上げに際してワインリヒの設計したプランにのっとり，各省か

ら必要な資料・記録を収集し整理する，これを通じて定期的に公的統計を作成し公表してゆく，これがエンゲルに任された当初の統計局の主要任務であった。しかし，単なる資料収集・公表に留まることがなく，その枠から出て積極的に自己の統計観を打ち出し，また実践していったのがエンゲルであった。人口統計での社会クラス別表示，人口センサスの敢行，営業調査への踏み込み，統計を通じた人口配置政策の提唱，等々にそれが見受けられる。こうみてくると，エンゲルは統計協会段階のザクセン統計を継承しながらも，事後的な資料整理・公表に終わらず，統計局の主体的活動として調査実践を捉え，人口調査ではセンサス様式による近代化を実現し，ベルギーの統計に近づくために努力し，ドイツ内外にその存在と成果を知らしめる活動を展開した。

　2．人口センサスと同じく，エンゲルの念頭には模範とすべき事例として 1846 年のベルギー営業調査があった。既述のように，55 年 12 月 3 日の調査で人口調査と併行して独立の営業調査ともいうべき「生産=消費統計」調査が実施されている。

　55 年の生産=消費統計は，王国全土に渡る農業／工業／商業の 3 大部門における営業経営主を網羅した全数調査を志向したものである。まず，農業調査がある。ここでは各種農作地の所有者および借地農業者を対象に，その農業経営に関する農業調査票が配布される。附随して家畜調査リストも配布されている。次に工業部門の調査がくる。企業家や仲買人・問屋，また手工業者を対象にまず一般的質問を盛った営業調査票を用意している。さらに製造業の 4 業種には特別の調査票を配付している。最後に商業部門がくる。商業調査では，商人と仲介・発送業務経営者を対象に商業調査票，さらに書籍・美術品・楽譜取引業には特別の調査票が配布されている。こうして，55 年営業調査においては，9 様の調査用紙が用意されることになる。従い，55 年営業調査は 3 大部門・9 分野に及ぶ大掛かりな経営調査となる。

　しかし，問題は非常に広範囲で詳細な調査項目を盛ったこうした営業調査の趣旨が国民に理解され，実査がスムースに行なわれえたかというところにある。最大の難関は調査が営業経営の内容面に触れるところにあった。19 世紀 50 年代には，国家統計の公共性や有用性に関する世論形成はまだできていない。国家による統計調査に対する不信や無知はいまだに大きかった。国民，とくに農民や営業経営者の不理解と抵抗は大きかった。農民にとり詳細な調査事項への

回答は過重負担であり、また課税不安からする営業経営者の抵抗は大きく、未回収や不完全回答の調査票が多く出てきた。私的利益と公的有用性がそこでは対立し、正確な申告から不利益を蒙るのではないかとする恐れは多くの人々に共有されていた。そうした中では、調査の全体網羅性＝悉皆性、また申告内容の信頼性と正確性を期待することは不可能である。人口調査とは異なり、こうした営業調査に対する経営者の抵抗と反発はエンゲルと統計局の熱意によって解消できるほど軽いものではなかった。

55年営業調査は確かに経営調査としての構想面では画期的なものであったが、実行に関しては大きな壁が立ちはだかっていた。公的調査が私的利益を侵害するのではないかという恐怖が根強く残る中で、十全な調査結果を獲得することはできなかった。55年調査の内務省指令（第7項）には、調査結果は生産分野全体の概括用のものであり、税目的には使用されないことが定められ、それぞれの調査票の冒頭にそのことが明記されていた。しかしながら、こうした文章だけで被調査者の恐怖や危惧・不安が取り除かれることはありえなかった。しかも、この55年営業調査時の国民の国家統計調査に対する不信感は大きく、後にエンゲルを窮地に追い込む要因となる。

3. 以上がザクセン王国統計局におけるエンゲルの活動であった。そこには人口調査での成功例と営業調査での失敗例の双方が含まれている。しかし、その活動も58年8月1日には終了している。それはエンゲル当人にとっては不本意な退職によるものである。統計局退去の直接の原因は、エンゲルのワインリヒ宛の辞職届にみられたように、58年3月に開催されたザクセン王国第41国会で統計局とエンゲルの調査姿勢が数人の国会議員によって批判され、エンゲルのそれまでの尽力が否定されたことにあった。しかし、それら議員による激しいエンゲル批判を誘引した要因として、それまでのエンゲルの政治的見解に対する不信のあったことが考えられよう。すなわち、56年9月にブリュッセルで開催された「慈善会議」に出席したエンゲルはその内容報告を『統計局雑誌』に掲載するのだが、その中に示された社会的貧困問題に関する見解は現在の窮状を革命的変革によって打破しようとする急進的陣営に与するように捉えられ、その社会的見解が危険視されたことによる。そのような政治的論調をもった論文が『統計局雑誌』に掲載されてもよいものかが問題とされた。そうしたエンゲルの社会問題に対する姿勢を問題とする保守的見解の持主が国会議

員の中に複数いたということであり，かれらの不満が統計局予算の審議という場面で，55年営業調査のあり方と関連してエンゲルと統計局に対する批判という形で一気に噴出したといえる。

　1855年の生産=消費統計調査はザクセン経済の現状に切迫した実に詳細な営業調査として企画された。しかし，そのあまりにも詳細で経営の深部に及ぶ調査は，営業経営者，ことに農業経営者層に大きな不安と反発を引き起こすもとにもなった。統計局の調査姿勢にゆきすぎと脅威を感じ取った国民層が存在し，そうした考えを代弁したのがエンゲル批判を行なった国会議員ということになろう。この55年営業調査への不信と反発，先の社会的貧困問題に関するエンゲル論文への批判，この2つが合わさって国会の場で統計局に対する一大攻勢が展開された。

　批判点は3つある。1) エンゲルは数量を通じて事実を公表するという本務から逸脱し，独自の見識にもとづく偏った結論を引き出している。社会的貧困問題についてのエンゲルの見解には問題があるとされたのである。次の2点は統計局の活動そのものへの批判である。すなわち，2) 官庁統計が被調査者の個人的内実に深入りしすぎることによって，調査そのものへの不信を招き，結果として虚偽申告を引き出すことになる。そして，3) 統計は国内にあるさまざまな問題点や窮状を調べ出す力をもってはいるが，それらの解決に直接かかわるわけではない。それには法的権限や財政的措置が必要であり，これは内務行政問題として初めて解決可能となる。統計のもつそうした制約を認め，統計調査が内政に干渉することがあってはならなく，統計局はその本来の領分をわきまえる必要がある。このように，これまでのエンゲルの姿勢と統計局の活動が否定されている。以上のような批判の中で，議会の審議では統計局の経費増加要請は減額され，また局長エンゲルの給与引き上げも拒否される。これは実質的にはエンゲル当人に対する懲罰であり，これを受けて辞職の決意を固める。

　国会という公の場でのこうした統計局批判であるが，その背景にあるものとして当時のザクセン国民各層に残存していた国家当局による統計調査への根強い不信と反発を考えなければならない。さらに，定期的な統計報告を指令されていた末端行政官庁の担当者や教会関係者には官庁統計への嫌悪感すらあったといわれる。複数議員による批判はそのような統計に対する社会的不信を背景にして初めて理解がゆく。そうした不信をもとにした一連の厳しい批判であっ

たとみることができる。当時のザクセン国民によっては，人口調査はともかくとして，詳しい経営内容の申告要請は個人的事情への明らかな干渉であり，また課税増加を引き出す脅威としてしか受け止められなかった。

2. プロイセン王国統計改革

1．1860年4月，エンゲルはハンセンの推薦を受けてプロイセン王国統計局長に就任する。爾来，82年4月の辞任までの22年間に渡る精力的な活動を通じて，プロイセン王国，関税同盟，そして統一されたドイツ帝国における社会統計の近代化達成に向けてその牽引役を務めることになる。

まずは，プロイセン統計におけるエンゲルの仕事がある。統計局長としてエンゲルが最初に取り組んだのは統計中央委員会を設立することであった。ザクセン時代にすでにその構想をもっていたが，これを実現しえないままに統計局を辞任せざるをえなかった。中央委員会は内務省を軸に各中央省庁の代表者が集まり，王国の統計懸案問題を審議する恒常委員会であり，各省の統計部署に指針を与える諮問機関となる。内務省次官補を議長にして，統計局からのエンゲルとハンセン，他省から8名の委員による構成である。これによってプロイセン国家統計の軸が形成され，委員会の審議と提言にもとづいてさまざまな改善が施され，停滞していた統計局の活動に活気が戻る。委員会では，人口調査，統計学ゼミナール，地方統計，国際統計会議，等々についての審議と諮問が行なわれ，プロイセン統計の再編成が進展する。また，統計局は内務省の関連機関として位置づけられ，それとの強い関係を保ちながら，エンゲルの局長就任と同時に人員面での増強と予算面での増額を受けることができた。

人口調査では64年にプロイセン全土にまたがるセンサス様式の調査が実行されている。ザクセンに較べ12年後であるが，強大国プロイセンでの人口センサスの実現は，全ドイツ規模でのセンサスに向けての大きな一歩となる。次回の67年関税同盟人口調査では，12月3日に関税同盟未加盟国を含んで全ドイツにまたがる人口調査が実施され，しかも形成された北ドイツ連邦では世帯リストによる直接調査方式が導入されている。

地方統計の組織化も進む。プロイセンの各地方官庁に統計所轄部署が設置され，とくに県庁とそこの統計専門官の下で地方統計の集約が行なわれることになり，統計作成面での中央－地方の行政ラインのさらなる拡充がみられる。

エンゲルは国際統計会議にはその第1回会議から毎回参加していたが，その第5回会議を63年9月にベルリンで主催することに成功し，そこには約400名の参加があった（その1/4はプロイセン外の外国人）。会議の組織，統計中央委員会，センサス，労働者の相互扶助と保険制度，等々に関する議論が展開された。ベルリン大会はドイツ国内に統計問題に対する全般的関心を引き出したという面でも大きな意味をもつことになる。

　統計学ゼミナールが62年末に統計局内に開設されている。エンゲルやハンセンらを講師陣とし，当初は僅か8名の受講生から出発しながら，次第に多くの若手官僚や研究者がそこで統計の理論と実務を修得し，やがてそうした層がドイツ各地の統計業務指導者，また大学での経済学と統計学の講義担当者となってゆく。クナップやブレンターノ，エルスターやテンニースらである。またこのゼミナールを模した経済学と統計学のゼミナールが各地の大学に開設されてゆく。統計学ゼミナールはドイツにおける実証的社会研究の揺籃の地であった。

　統計の公開を原則とするエンゲルはプロイセンでも当初からこの方針を貫いている。すなわち，機関誌『王立プロイセン統計局雑誌』，資料集『プロイセン統計』，概括報告『プロイセン国家官庁統計年鑑』という，機関誌・原資料・年鑑という3本立ての公表制を敷いている。さらに後には『統計通信』を通じて，調査結果を報道し，統計局に送られてきた資料の紹介に当たっている。

　2．以上はエンゲルの局長就任後の数年間にみられた制度面での改革事例であるが，底辺部分でその後のプロイセン統計改革はどのような方向に沿って進められたのか。それは十全な形で達成されえたのか，どのような変更を余儀なくされたのか，それとも挫折せざるをえなかったのか。

　まず，統計局に上がってくる資料を系統化し，統計数量としての質を可能な限り高めることが必要である。依然として，60年代当初段階では統計の資料源としては行財政からの業務記録・報告の比重が高かった。それは，①統計局の集中的作業を介して統計に転化される資料，②官庁報告の要約表示，③その他の資料・記録，この3つに大別されよう。いずれの分野においても，やはり，これまで通り行財政機構を通じて中央に集まってくる記録・報告が圧倒的に多い。しかし，旧来のやり方と異なり，エンゲルの段階に入ると，とくに①の分野において，それら資料が統計作成に合った特定書式にのっとり作成・報告さ

れ，それが統計局において集中的に整理・編纂されることになる。単なる業務報告としてではなく，あらかじめ統計作成を想定した書式が採用され，表式による調査ながら，そこから統計数量が直接に計上される様式が採用されている。これがエンゲル時代に大幅に採用されることになった。これは統計の質の向上にも繋がった「調査紙方法」とよばれるものである。統計作成での中央 - 地方の行政ラインが完備してくると，こうした調査紙方法による資料収集はますます重要性を増してゆく。これが①の分野の統計作成の拡大となって現われてくる。

次に，直接調査方法の理論化が計られている。局長就任の1年後に，エンゲルはプロイセン王国統計の抜本的改革を唱えた論文を著わし，それを統計中央委員会での検討素材に提示し，人口，農業と商工業のこれまで調査様式の一大変革を計る。

人口局面でのセンサス様式の調査を遂行することはプロイセンにとっても緊急の解決課題であった。人口センサスの実施は国家統計近代化達成のメルクマールとみなされていたからである。上述のように，64年にそれが実現するが，これは人口調査に関するエンゲルの理論的定式化を受けてのことである。これまでの関税同盟人口調査を，それが不統一な集計方式による平板な人頭数の計上にすぎないと批判し，あるべき人口調査は国民記述にとって合目的々な項目を調査標識として多く取り入れた独立個票を用い，それを調査員を介した世帯ごとの直接調査とすることである。調査個票としての世帯リストにはすべての世帯構成員に関し，その形式面（性・年齢，等々）から社会面（身分・生業・職業，等々）に及ぶ属性を汲み上げる調査項目が盛られることになる。とくに，重要視されるのは社会的属性に関する標識設定であり，個々人の社会的経済的特性の把握を通じてプロイセン人口総体における階級・階層構造が浮び上がるような項目の設定とその配列である。さらに，調査の実行プロセス面でも，リスト配布から集約・公表に至るその全行程の合理的進行に対するきめ細かい考察を行なっている。そこには，今日までに及ぶ近代的レベルでの人口センサスのあり方が描かれている。

統計は公表されるべきものである。しかも，公開される統計表は合理的な分類と体系にもとづいていなければならない。ホフマンの統計表に対するエンゲルの批判はすでにみた。統計の表示対象を同質的グループごとにまとめ，その

項目配列に合理性をもたせることを必要としていた。業務資料から出てきた統計の体系的表示もさることながら，直接調査から出てきた結果はより合理的な根拠にもとづいてグループ分けされ，公表されなければならない。「紙の束」ではなく，一貫した方向性をもった統計表の体系を提示することである。直接調査は最初から公表を前提にして，社会経済と国民生活の構造的特徴を具体的に描写することを意図して企画されたものだからである。エンゲルは人口と営業の直接調査の結果を想定して，人口・建物・農業・工業・商業に渡る5部門からなる統計表体系の見取図を描いている。

3．エンゲルによる直接調査構想は人口を越えて営業局面にまで及び，営業調査の方法論を提示し，懸案であった営業統計作成に新機軸を打ち出す。その構想によれば，人口調査と併行して農業と商工業に対するセンサスの実施を可能とみる。農業調査では土地所有・農業経営・家畜保有に対する質問項目を容れた調査用紙を用意する。そして，商工業では人口調査用世帯リストの裏面を使った営業・商業・交易に関する調査紙を設計している。この調査書式にエンゲルのこれまでの営業統計に対する自身の研鑽と経験が反映されている。

ザクセン時代に事後的ながら46年営業表の再点検を通じ，エンゲルはその枠組みが工業生産全般やザクセン工業の実情に合わないことをいち早く看取していた。最大の批判点は営業表にある工業生産の手工業／工場への二分法に向けられた。同じ工業生産に属しながら，前者では手工業での就業者構成，後者では問屋制家内工業を含んだ工場生産での物的設備配置という，それぞれ重点を異にする統計表であるとし，この分割には根拠がないと判断する。経済発展に伴ない，またツンフト制の崩壊の中で，両者を分けることの意味は消失し，また実際にそれぞれを正確に区分することが不可能になってきているのが現状である。プロイセンと関税同盟の営業表に伝統的なこの二分法を放棄し，それに替えて両者を同じ工業生産単位とみなし，一様の調査書式でもって臨むべきとする。こうしてエンゲルの手によって，直接全数調査としての営業調査の模範様式が描かれることになる。

それによれば，規模の大小を問わず，商工業と運輸業に従事するすべての独立営業者を対象にして，営業種／従業員の職位と数量／使用原動力／道具・装置／生産額・販売額・販路／兼業農業の有無，これらを質問した独立の営業調査用紙が用意され，経営体の人的および物的構成と経営内容が把握されるもの

とされる。これは，これまでの営業表の弱点と歪みを克服し，直接調査結果を資料源にして商工業での生産力／生産関係／生産成果に関する全体的営業統計を作成する意図の表われである。ザクセン時代に挫折した営業センサスをプロイセンで実行しようとするというわけである。

しかし，これは関税同盟の第2回目の61年営業調査には間に合わなかった。すでに，加盟国の間で46年営業表の枠組みを踏襲した統計表作成が進行していたからである。加盟諸国との比較保持のために，上の営業センサス様式ではなく，旧来の小経営／大工業の二分法に従った営業表を作成せざるをえなかった。エンゲルにとっては不本意なことではあった。

4．61年に統計中央委員会に提示されたこのエンゲル案は委員会でその実効性に関して審議を受けなければならなかった。そこではエンゲル案は原則的に承認され，世帯リストを使った人口と営業の直接調査の方針が認められている。人口センサスでは細かな修正はあったもののエンゲル案がほぼ全面的に承認されている。ところが，営業調査ではいくつかの重要項目が削除され，あるいは短縮され，エンゲル案からの大きな後退が顕著である。それは例えば，営業経営での経営内容（生産額・販売額・販路）に関する項目は全面削除され，就業者面での被雇用者区分が5から3に簡略化されている，等々に現われている。委員会の多くのメンバーにとって，エンゲルの営業調査を実行に移すにはまだ大きな障碍があるとみえたのである。従い，人口・家屋・営業調査の調査結果から作成されるはずの統計表体系も大幅に縮小され，表の数はエンゲル案の約半分に削られている。これらに対しては，エンゲル自身の承服しかねるところであったが，行財政担当者には経営内容に深入りした調査を危ぶむ考えがあり，また実際にもその判断の方が当時の社会情勢に沿っていたとはいえよう。

世帯リストを使った人口と営業の全数調査がもし実現していれば，プロイセンの統計はこれまでの遅れを一気に取り戻し，ドイツ圏はおろかヨーロッパでも最も先進的な統計作成を誇ることができたはずである。統計中央委員会も大筋ではエンゲル案の採用に傾いていた。しかし，これまでの国家統計表の資料調達に従事してきた現場の地方官庁担当者の眼には，エンゲル案はあまりにも現実を無視した理想案としか映らなかった。原則的には是とされた人口調査でのセンサス様式もその後の地方官庁からの意見徴集では，多くの否定的返答を受け，その採用が断念される。大幅に簡略化された営業調査ではあるが，人口

センサスが無理と判断された以上，当然のことにそれも不可能となり，結局，61年12月の調査は旧来の方式で執り行なわれることになった。やはり，61年の段階ではエンゲルの構想はあまりにも現実の先を走りすぎていたことになる。ただ，人口調査に限ってみれば，既述したように，センサス様式は61年時には採用不可とされたが，一部の地方やとくにベルリン市などでの実施が試みられている。そして次回の64年調査ではプロイセン全土にまたがった人口センサスが実現している。しかし，他方の営業調査の近代化過程では事柄はそう簡単には進まない。

III. 営業統計の近代化

1. 関税同盟統計拡充委員会と72年営業調査構想

1．営業統計の展開の中にドイツ社会統計の近代化プロセスが集約して現われている。それはプロイセン王国営業表，1846年と61年の関税同盟営業表にみられた旧い営業表様式から営業センサスへと営業統計調査を展開させるプロセスである。この展開をもたらした契機は70-71年の約1年半に渡る関税同盟統計拡充委員会での審議である。ヘッセンのファブリチウスの発案によって関税同盟統計の全体的見直しを計るべく拡充委員会が開催されることになり，各国の叡智が集まりドイツの統計改革を主題にして密度の濃い議論を行なっている。その中での最重要課題のひとつに営業調査のセンサス様式での実行問題があった。会議での審議結果は人口や生産，また商品流通と関税といった6つの個別テーマごとにまとめられ，つごう18の報告が連邦参議院に提出され批准を受けることになる。審議の先頭におかれ，また最も重視されていたのはドイツ全体にまたがる人口センサスの実施であるが，しかしそれに劣らず深刻な議論の下に投じられたのが営業統計問題であった。

営業統計の審議は会議の終期に集中している。営業統計小委員会が早々に設けられ，営業統計に対する構想はいち早く立てられてはいた。しかし，他の統計にはない理論的・技術的困難を多く抱えていたために，その具体的検討は後日に廻されている。また，その後の営業統計に関する検討の部門責任者としてエンゲルが指名されている。拡充委員会の審議の中で，エンゲルはザクセンでの経験，またプロイセンでの営業調査の新機軸提示を踏まえ，懸案の営業セン

サス実現に向けて中心的役割を果すことになる。営業統計部門の統括者として改革案を提示し，調査規定・調査書式・概括統計表を作成し，さらに委員会報告の起草に当たる。

　後の審議のたたき台となるこの構想では，最初から営業が広く 8 部門にまたがる産業として捉えられ，それぞれが独立した統計表に括られるとされた。この中で狭義の工業分野においてはこれまでの二分法は放棄され営業グループ別分類が基礎におかれ，調査項目として独立経営ごとに就業者構造と物的設備，経営内容と福祉関連事項が取り上げられている。さらに，これらが当該地での市町村当局の責任，またできうる限り独立の調査委員会の主導の下で，調査員による全営業経営者に対する個票を用いた自計式調査として，すなわち営業経営に対する直接全数調査として構想されている。そこでは，これまで営業統計の進展を阻んできた営業表の桎梏から解放され，「脱プロイセン方式」によるドイツで初めてセンサス様式の営業調査が企画されている。すでに構想の段階で営業表との訣別は済んでおり，問題はいかにしてセンサス様式の営業調査を立案し実施するかである。

　上の構想に立っての実質的審議は大幅に遅れるが，拡充委員会審議の終盤に入って（最終の第 4 会期の 71 年 7-8 月）集中的に営業統計問題が処理される。そこでは小委員会から提示された実施規定や調査書式をめぐり詳細な検討が続き，センサスとしての営業統計調査の具体像が描かれてゆく。

　審議を経て描かれた来たるべきドイツ営業調査は次のような形で実施されるものとされている。まず，構想にあったように，この営業調査では調査委員会の主導，自発的調査員の採用，経営者個々人の自計による直接全数調査とされる。調査用紙では，営業経営者各人に営業種類とその主営業／副営業別，とくに農業との兼業の有無，主生産物・作業種，手工業的注文生産用／大規模生産用／工場問屋・商人用別営業目的，被雇用者（地位別，性別と年齢別人数），支払賃金総額，そして物的生産設備，これらの質問に申告させる。要は，経営体の人的物的側面を包括的に捕捉する経営調査ということである。

　次に，統一的な全数調査を基本原則とはしながらも，実際には 2 様の書式，すなわち手工業的な小経営に対しては質問項目を減らした調査紙，比較的大規模な経営には本来の調査票を作成する。調査労力の節減を考えてことである。そこで，両者の線引きをどこで行なうかが問題になる。原則論が最後まで残る

Ⅲ. 営業統計の近代化

が，結局は大小区分の基準を就業者規模におき，小経営の調査には簡略化された調査紙（ないしは調査当局による調査リスト），大経営に対しては本来の調査票でもって臨み，それぞれの経営形態・人的構成／機械・装置配置の両面を調べようとする。とくに大経営の機械・装置面では高度の専門知識を応用した詳細を極めた物的側面に関する調査項目が掲示されている。ただし，この大小区分は営業表にあった二分法とはまったく異なった区分であることに留意しなくてはならない。調査紙と調査票いずれにあっても，営業経営の人的物的構成の捕捉を目指す点では同じであり，違いは単にその調査項目の多寡（とくに物的設備面での）にあるからである。

　営業分類体系と業種名アルファベット順索引，地方官庁集計表，全体結果総括表，そして照査・点検用事前リスト書式，これらすべても用意されている。つまり，近代的センサスに必要な書式一式が完備されている。そして最後に，議会に提出される「営業統計に関する報告」（報告・第18号）の推敲と仕上がエンゲルに委ねられ，1871年8月19日に審議終了，同時に関税同盟統計拡充委員会の閉会・解散ともなった。営業統計こそは社会構成体の深部により迫りうる資料としての可能性を秘め，またそれだけにその獲得には他にはない難問を抱えた統計であった。関税同盟統計拡充委員会の集中的審議を通じて，人口統計を越えたこうした経済統計の分野で，一気に近代的レベルに達した統計調査が企画されている。このことの意義は実に大きい。

　2．営業調査規定には人口調査の毎翌年に営業調査が実施されるとある。従い，第1回人口センサスが行なわれた1871年（12月1日）の翌年，72年（5月1日）に最初の営業調査が予定されていた。エンゲルの起草による「営業統計に関する報告」で構想されたこの72年調査の骨子は以下の通りである。

　まず，営業とは本来的に生産にかかわる経済活動であるとして，生産の3要素（自然・人間・資本）を可能な限り正確な数量描写にかけるものとしている。営業統計では，その自然力は動力源という面から間接的に，人間では就業者，資本では営業施設・機械・装置，この面から直接的に表示可能であるとされる。さらに就業者面に関しては雇用主と被雇用者それぞれの数量と性・年齢別分類，また資本面においては利用原動機・作業機・装置の種類と数量（場合によっては力量）が具体的調査項目となろう。加えて，労働者のための福祉制度や労働者への支払賃金総額も任意の調査事項とされている。

既述のように，調査労力の節約のために，営業経営の大小区分が取られ，就業者5人以下を小経営とし，それには簡易調査書式（調査紙）を配付し，生産物，就業者，動力源（馬力表示），特徴的作業機・工作機を問い，経営形態として，当該営業が自立しているか／それとも工場商人・工場問屋の傘下にあるか否か，提供される原材料と道具の有無，これらを問題にしている。そこでは，問屋制家内工業の存在を明らかにすることに力点をおいている。

　就業者6人以上の経営を比較的大経営とし，それに対しては本来の調査書式（調査票）を用い，その質問項目は「経営形態と人員関係」と「機械と装置」の枠に2分され，前者では調査紙と同類の項目がやや詳しく，また後者では業種12グループごとにそれぞれに特徴的は物的設備面に関する実に詳細な質問が設定されている。ここには調査側の意気込みが感じられるが，反面では被調査者の負担の大きさが予想されるところである。上の経営形態では業務区画外で雇っている家内就業者（独立／非独立）を聞き出し，問屋制の所在を雇用主側から析出しようとしている。

　当初の全般的産業統計という線は放棄されている。農林漁業などの粗生産部門を営業調査にかけることの困難が意識されている。しかし，二分法に替えて統一的営業分類が用意されねばならない。岩石・土壌，金属，機械，化学，油脂から始まり，通信・交通，行商に至る17営業グループが可能な限り生産物と生産活動の同種性に依拠して区分されている。全般的営業調査に届かず，営業枠を狭く捉える点では旧営業表の枠組みを背負ってはいる。

　決定的な点は，調査方法に大きな進展がみられることである。それは，調査の企画－実査－点検・集計－総括・公表という一連の調査行程にセンサス様式での営業調査を実施するための一貫したルールが定められていることである。調査様式からみる限り，営業表段階の偏った資料獲得方式は完全に克服され，営業経営者を取り込んだ市民社会の調査スタイルにのっとったものいえる。

　しかしながら，この72年営業調査は実施されていない。前年の人口センサスの集計・総括作業に大きなエネルギーが費やされ，これに営業センサスを重ねることには無理があるとの判断から実行不可能とされる。実現にまでは至らなかったとはいえ，この72年構想は机上のプランに終わったわけではなく，基本設計図としてその後の営業調査の枠組みをなすことになる。また，そこには営業統計部門の責任者としてのエンゲルの年来の営業統計構想が色濃く反映

されていることが看取できる。

2. 1875年ドイツ帝国営業調査

1. 1872年調査構想は凍結されたまま，営業調査実現への動きは出てこない。これが問題とされ，75年の第2回目の人口調査時にそれと併行させて営業調査が実施されることになる。本書ではこの75年調査に関してより多くの紙幅を割いて論じている。72年構想と後の82年調査についてはすでにその内容が解明されてきているが，ドイツで最初の営業センサスでありながら，この75年調査に関しての究明が十全に果されていないためである。エンゲルの尽力にもかかわらず，結果的にはセンサスとしては失敗したと評価されるのが75年調査である。その根拠を探ると共に，その経験に立って82年調査が実質的に最初の営業センサスとして実施されえた，このことを明らかにすることが必要と考えられるからである。

75年人口センサスに関する帝国統計庁と各国の統計中央部署責任者の会議が74年に行なわれるが，その中で61年以降の広域ドイツでの営業統計の欠落状態は遺憾であるとされ，早急に営業調査の実施を目指した審議を開始すべきとされる。そこでの問題は2つあり，ひとつは先の拡充委員会で取り決められた人口調査に関する規定において，人口調査と他の大規模調査の同時実施が禁止されている点，72年構想にある調査項目があまりにも詳細すぎ，実施に関して大きな困難に突き当たることが予想された点である。まず連邦参議院によって上の禁止項目が破棄され，また営業調査の簡略化を目的にした改定委員会の発足が認められる。

75年4月26日に開始された改定委員会であるが，いくつか出された修正素案の中からエンゲル案が検討素材に選ばれ，そこにある調査規定・営業体系・調査書式について短期間に集中的な審議が行なわれる。

まず，農林業を含んだ営業全般ではなく，枠を狭めて，これまでのように商工業を軸にした調査とする。そこには所有形態の違いにかかわらず，園芸業から飲食・宿泊業に至る19グループ（94クラス／200細目）の中で，それら商工業での独立した営業経営が汲み上げられる。このグループ分けにはこれまでの経験と国際的標準化の動きが活かされる。

経営を大小区分せず，一様な調査書式を用意するというのがエンゲル案であ

ったが，しかしこれは簡略化の趣旨にそぐわないとされ，小経営には簡易調査紙でもって臨むとする案が採用される。どの線で大小を分けるかが問題となるが，結局は被雇用者2人以下を小経営とし，3人以上をそれと比較して大経営とみなしている。

　この調査は人口センサスと同時に行なわれるために調査行程は人口調査の世帯リスト運用に上乗せさせた形で進行し，世帯リストの記入結果から営業経営者の所在を掴み，それが小経営の場合には世帯リスト裏面の営業調査項目で処理し，大経営の場合には別途に営業調査用紙を配布して独立の営業調査とする。

　調査結果の総括面でも簡略化が計られ，エンゲルによって提示された3様の概括表（全体概括表・経営内容概括表・大経営での物的設備概括表）が採用されることになる。

　こうして72年構想を大幅に簡略化した75年調査の規定がほぼエンゲル案通りに承認され，また連邦参議院に提出される報告作成も72年構想と同じくエンゲルに委ねられ，5月7日に審議を終えている。

　調査書式については，既述したように，小経営では簡易化された調査紙で主営業／副営業区分の中で就業者構成と使用機械を調べるものとなっており，明らかに繊維業での零細・小規模営業を想定した項目が挙げられている。他方の大経営の調査紙では本来の営業調査として，経営での就業者構成，原動力と使用機械・装置についての詳しい調査となっている。しかし，この動力源と機械・装置に関する項目は72年構想に較べて大幅に縮減されている。これは，72年構想ではこの物的設備面へのモノグラフィー的調査ともいえる偏重があり，これは明らかにゆきすぎであったとの反省から出てきている。この点では全般的営業調査としては望ましい形を取ることになったとはいえよう。

　調査書式をみる限りでは，簡略化という目的は果されている。とはいえ，簡略化のあまり，問うべき質問までも削除されてはいないかという疑問が残る。それは，72年構想で問題とされた繊維業での問屋制家内工業の存在を映し出す項目が欠落したことである。また，賃金や福祉関係の質問が落されている，就業者構成が3区分に縮約されている。簡略化という下でこうした本来問うべき質問までをも削除してよいものか，こうした疑義が参加委員の中から出されている。

　2．75年調査の最大の問題はそれが人口調査と同時併行で実施される点に

ある。これは人口調査のルートに乗ることで，営業調査用紙のスムースな運用，また調査労力の軽減という面では利点をもつ。しかし，これにはまた極めて微妙な問題が絡んでくる。それは人口調査リストから営業経営者を悉皆的に割り出せるかという問題である。本来の営業調査では営業区画が調査単位となるが，世帯が調査単位となる人口調査では世帯主以外に営業経営に携わる層がいたとしても，それが的確に営業調査の被調査者として捕捉されるかどうかという問題である。その保証はなく，少なからず調査漏れが生ずると考えられる。また，営業区画が調査単位とされないことによって，重複調査や営業体の国家帰属などでいくつかの困難を抱えることになる。さらに，12月は人口調査には適時とはいえても，営業活動が不活発であり，営業調査にはふさわしい時期とはいえない。

　こうした難点をいくつか抱えながらも，あえてそれに眼をつぶり，なんとか最初の営業センサスとしてその実現に漕ぎ着けたい，これが改定委員会の本音であったろう。確かに，簡略化された75年調査はその実行に関していえば，さほどの困難はみえてこない。しかし，その後の6月になって営業調査としての成否を左右するかのような変更が加えられる。改定委員会の審議結果を受け取った連邦参議院の経済専門委員会は，一方的に営業の大小区分を就業者規模2／3人から5／6人に変更している。人口調査との兼ね合いで営業調査の比重低下を計り，全体として労力軽減を考えてのことである。しかし，この変更によって，圧倒的多数の営業経営が小経営とみなされ，簡易化された調査項目による調査に廻され，明らかに織物業での零細手工業を想定したそのあまりにも短絡な調査項目によっては，その他の営業での生産活動の把握は不可能となり，営業実態を全体的に映し出すことはできなくなるからである。こうした事態が出来する。後に，75年調査は営業センサスとしては失敗例に属すると評価される最大の原因がここにある。

　エンゲルにとってはこれはまったく納得できない処置であった。後に，これを厳しく批判した言明を残してもいる。しかし，連邦参議院の決定に従わざるをえない。だが，プロイセン統計局の独自作業として，人口調査の職業・生業・生計に関する質問を拡充する，営業調査用紙に別途に被雇用者5人以下の製造工場用調査紙を挟み工場生産の実情把握を試みる，さらに家内工場の実態を捉えるために全国の商業会議所にアンケート用紙を配布する，こうした補充

のための作業を行なっている。プロイセン王国では可能な限り75年調査の補完を行なったわけであるが，これは全ドイツにまたがった営業センサスとは別の措置である。

　従い，75年営業調査は実施されはしたが，それがドイツで最初の独立営業センサスとして認知されることはない。ドイツ社会統計史においても，やはり次回の82年調査から営業センサスが開始されたと語られることが多い。75年調査のこの苦い経験から出てきた教訓は，人口調査とリンクさせて営業調査を行なえば，必ず前者が優先されるために，本来の営業調査としては萎縮したものに終わるということである。営業調査は独立の調査として営業区画を調査単位に，そこの営業経営者を被調査者にして，しかも営業活動が活性化する夏に実施されなければならない。このことを改めて認識させることになったのが75年営業調査であった。

3. 1882年ドイツ帝国職業＝営業調査

　1．1871・75・80年人口調査には職業調査項目（職種と地位）が盛られており，その結果を職業別人口構成表としてまとめることが望まれたが，これは実現していない。また，営業調査としての75年調査は失敗例に属した。従い，80年代を迎えても全ドイツを対象にした職業統計，ならびに十全な営業統計は不在ということになる。

　1882年に入って，時代的要請を受け，とくに社会政策的な面から労働者階級の数量的確認が急務とされ，それを受けて職業調査実施への気運が高まる。連邦参議院と帝国議会での集中的審議の結果，82年6月に「全般的職業調査」として，職業調査のみならず農業経営調査と営業調査が加えられ，この3つのセンサスを併せて行なうことが決められ，そのための法律と予算措置も承認されている。

　72年構想をほぼ踏襲した調査様式ではあるが，ライヒ統計庁によって調査の一般的指令，市町村当局と調査委員会・調査員への実施指示，被調査者への記入手引，調査用紙書式，管理リスト，市町村リスト，総括指示，総括書式，分類コード，等々の直接全数調査のための一切の必要事項がきめ細かく取り決められている。指令にはまた82年調査では市町村様式に依拠することが明示され，末端での調査様式の周知徹底と統一的な実査遂行を狙っている。

82年調査の主軸は個人職業調査にある。これは全世帯を調査対象にして就業者個々人の職業分野と職業地位を問い質すものである。ここで初めて営業と職業が分離され，後者が独立の職業センサスとして実施されることになる。6月4日夜から5日にかけて当該世帯に居住している14歳以上人口（含，賃金目的に就労している13歳以下人口）について，その名・姓・世帯主との続柄・性・年齢・家族関係・宗派の7基本属性を調べ，続けて「職業，身分，生業，営業，業務，あるいは生計分野」という枠に9つの職業調査項目を設定し，主職業と副職業についてその職業分野と従業上の地位を申告させている。さらに家内奉公人や非就業者で被扶養者たる家族身内，職業修養中の者や失業者，施設収容者，退職者のかつての職業，寡婦の場合には主人の以前の職業をも調べ上げることで，全国民の職業の有無，有の場合の職業帰属内容を把握しようとする。

　この職業調査では職種分類のための統一的分類コードが用意されている。これは，これまでの営業分類の枠を拡大し，農林漁業・園芸・畜産・狩猟，採鉱・製錬・工業，商業・運輸業，家内奉公・賃労働，軍務・公務・教会勤務，無職者・無申告者，この6部門に23グループ／145職種を容れた分類コードとなっている。粗生産部門や非営利的分野を加えることで狭い営業枠を越えて大きく産業分類に近づけ，その内のグループ分類では営業分類を取り入れるという方式となっている。従い，職業という概念が不明確であった当時，個々人の経済的属性である職種を前面に出した職業分野分類には達しておらず，営業分類を下敷きにした職業分類に留まっている。

　地位分類では人口センサスでも採用されている就業者の独立層／非独立（従属）層への分類が基準とされている。前者はこれまで業主といわれてきた所有者や企業家，親方，また管理者・監督者や業務指導者といった層であり，さらに自宅で「他人の勘定のために就労している」家内工業就業者もこれに加えられ，特別枠でその層だけが別記されている。後者はひとつに商工業での中間管理職員や専門職員，また他に被雇用者一般，工場・鉱山労働者，農業での下男・下女といった広義の労働者階級があるとされ，非独立層がさらに2分されている。従い，業主／管理職員および監督職員，会計職員と事務職員／その他の被雇用者，この3階層区分が採用されている。また，農業でのより込み入った地位構成のために，独立自営農民／その中の日雇農場経営者／家族身内／被

雇用者（含，下男・下女）／日雇労働者といった5分類が別に設けられている。

　分野と地位の分類にはその後になお検討されるべきいくつかの問題が残されてはいる。しかし，この職業統計調査によって単独国家の枠を越え，統一ドイツでの国民一人ひとりの社会的分業における経済的属性の調べ上げが完了している。加えて，それを地位分類とクロスさせることによって，一種の階級・階層構成表作成にまで達している。国家当局による国民総体の構造的従断面の把握に成功したということである。これは老リューメリンも称賛したことであった。

　2．職業調査とは別に営業調査が実施されている。職業調査で有職者と答えた者に対し，さらに営業経営者として被雇用者と共同所有者，また機械的営業手段をもっているか否かを問い，最低そのひとつの条件を満たす場合には別途に営業調査の対象に廻される。また，農業を職業（主・副）に挙げた者も職業調査用紙の最終ページ下半分にある「農業経営調査紙」に申告しなくてはならない。従い，営業調査は農業経営調査と狭義の営業（＝商工業）調査の2つにまたがる。

　まず，農業経営調査がある。職業調査で世帯全体かその構成員のいずれかが独立に農地を利用している場合が農業経営とされ，「農業経営調査紙」に向かうことになる。利用農地の規模・利用形態・所有形態にかかわりなく，利用面積とその内の借地面積（含，代理小作地），利用面積内訳（田畑・森林・他），未配分牧草地共同利用への参加の有無，家畜（馬・雄牛・雌牛・羊・豚・山羊の6種），利用機械（蒸気犂・播種機・刈取機・蒸気脱穀機・他脱穀機・移動蒸気機関・常設蒸気罐の7種），この6項目への回答が要請されている。

　農地耕作者を対象に，耕地・家畜・機械の3つに絞った最も要素的な調査といえる。従い，農業経営でのそれ以上の人的経済的関係（例えば，就業者関係や作業実態，副業の実情，播種量や収穫量，借入金，等々）に深入りすることはない。とはいえ，土地利用や生産結果に関して，既存行財政資料（土地台帳，地租資料，家畜目録，播種・収穫記録）からの間接的な，また局所的調査や実態事例調査による部分的な資料収集に留まっていたこれまでの農業統計の場面で，全ドイツにまたがる農業経営調査を全農地利用者を直接の被調査者としたセンサスとして実施しえた。このことは画期的なことといわなくてはならない。

　次に，狭義の営業調査，すなわち商工業調査がある。これはそれまでの営業

統計を継承したものであるが，狭義の営業概念を少しく拡大し，3部門分割（A. 園芸業・営業用家畜飼育・漁業，B. 採鉱業・製錬業，工業・建設業，C. 商業と通信・運輸業）と，さらに20グループ／96クラス／248細目を容れた営業分類を用意し，職業調査でこの3部門にかかわる営業経営者と申告した者に別途「営業調査紙」が配布されている（除，単独経営）。質問項目は72年構想の「経営形態と人員関係」にあったもの，すなわち営業経営の業種・主業／副業別区分・経営者身分・他人勘定用自宅就業の有無・共同所有者の有無・所有形態別区分・就業者地位別構成・基礎的原動力と使用機械の有無・業務区画外での被雇用者の有無・全体経営との関連，これらからなり立っている。設問では経営者自体の身分（所有者，企業家，親方，業務指導者，等々）を問い，加えてその中で当人が他人勘定のために自宅で就業しているかどうか，つまり問屋制下での就業であるかを問うている。他方で，経営者が業務区画外で雇っている自宅就業者の性別年間平均人数を質問し，この双方を通じて家内工業のあり様を捉えようとする。72年構想にあった問屋制家内工場への関心がこうした設問となって復活している。就業者構成では，職業調査と同じく，業主／中間管理職員・専門職員／被雇用者・労働者という3区分が取られている。

　経営形態や就業者構成の面での調査項目には大きな違いはないものの，72年構想からみて大幅に縮小された営業調査紙となっている。これは「機械と装置」面での項目が大きく削られ，物的側面での最低必要項目が問われるだけに留まったことによる。基礎的原動力利用による常設連動機，蒸気罐・移動蒸気機関・蒸気船使用の有無のみが質問され，作業機などへの細かな質問が一切省略されている。

　最後の設問は72年構想にはなかったものであるが，当該営業内で複数業種が営まれている場合，それらが統合された統一的営業下にあるか否か，是の場合には全体経営の名称と就業者総数を答えるものとなっている。80年代にはすでに見過ごすことのできなくなった企業の複合化・系列化をこうした質問形式で把握しようとするわけである。

　営業表を制約してきた二分法は消失している。単独経営を別にして大小すべての営業経営に対して同一調査用紙をもって臨み，就業者構成から規模別分類が可能となり，経営形態（独立自営／他人勘定傘下）と所有関係（個人所有／団体・組合所有／合資会社・株式会社／自治体・国家・帝国所有）も調べ出され，

営業経営の社会経済的特性が明らかにされるようになっている。簡易化された営業調査ではあるが，営業経営に関する必要項目を盛った調査書式（表裏1枚の調査紙）であるとはいえよう。

以上の82年調査の結果は『ドイツ帝国統計』新シリーズの第2-7巻（1884-87年）で公表されている。農業経営調査は商工業に対する調査とは分けられ，その後独自の展開を示すことになるが，職業と営業に関する調査は1895，1907，1917，1925，1933，1939年と不定期ながら継続され（1907年からは「職業=経営調査」として），ドイツ国民経済の基底部分にかかわる貴重な資料提供を続けることになる。

75年調査の失敗を反省し，かつ当初の72年構想に戻りながらも，そこにあった不明さと煩雑さを整理し，当時のドイツ経済の構造的特色を描き出そうとしたのが82年調査であった。職業と経営を分離させ，かつ経営体として農業経営を初めて取り上げ，物的設備面での調査項目を簡略化することで調査書式を合理的に調整し，なお生産関係と生産力の基本的側面を映し出す形で調査用紙が用意されている。本文中にも触れたように，職業調査また営業調査としても，後に解決されるべきいくつかの理論的問題を残し，また被調査者側にも，こうした全数調査を嫌悪しそれに反発する層（少数他民族者，一部教養市民）があったのは事実である。だが，全般的職業調査という下で職業・農業・商工業の3部門での独立センサスが実現し，統計調査が一国全体における社会経済の基底部に到達したことの歴史的意義の方を評価すべきであろう。

おわりに

1．19世紀初頭のドイツには，近代的レベルに達した社会統計の作成はなかった。確かに，各領邦国家の行財政業務の中で大量の資料・記録・報告が収集され，そこからの副産物として統計が作成されることはあった。しかし，それらは組織性・継続性，また体系性を欠き，独立の営為としての調査活動から計画的に産み出された資料とはいえなかった。

こうしたものが特定の形式を備えた統計表にまとめられ，国家統計として自立するのは，社会経済の変動と国家体制の改革気運が進行する中で，現状把握と改革推進のための基礎資料として統計が必須のものとされたことによる。こ

のことを本書ではプロイセンとザクセンの2つの王国の統計作成を事例にして究明してみた。この両王国での公的統計の作成開始には，プロイセンが10年代，ザクセンでは30年代と時差があるが，しかし，いずれもが時の改革運動の一環に組み入れられた統計中央機関の開設によるものであった。プロイセンでは，その統計局開設を待って厖大な資料が国家統計表として，当初は1枚の総括表で，後には複数の独立した統計表の体系の中にまとめられ，数量でもってする社会経済と国民生活の包括的描写が試みられた。国土記述を目的にした行財政資料の集大成からの国家統計表である。また，ザクセンでは市民階級の自発的参加にもとづく統計協会の活動の下で，統計の作成・公開が始動する。統計協会は中央官庁に集約される資料・記録や内務省実施の調査結果を整理・編纂する一方で，可能な限り各地の現況を伝える情報を取り寄せ，ザクセンの国状の報知に努めた。

　統計中央部署の開設を踏まえて一国の統計近代化の幕が開けられるが，ドイツ連邦内の領邦国家の多くではそうした機関設置までは進まず，旧態依然の方式による資料収集が続く。ドイツ圏では収集方式が不統一で雑多な質をもった統計資料の獲得に留まり，全体として統一した統計作成システムが構築される兆しはみえてこない。こうした社会統計作成面でのドイツの立ち遅れた状況はレーデンによるドイツ統計協会の設立を促し，またフランクフルト国民議会でも問題とされ，その改善をめぐる審議からいくつかの提言も出てきたが，これが実行に移されることはなかった。

　2. 開設された統計局なり統計協会ではあっても，19世紀前半にはこれら機関が統計作成を主導するところまでは進んでいない。経常行政の附随業務，または外郭業務としての統計作成という域を越えた進展はみられなかった。統計近代化のより一層の展開契機は，そうした段階を越え統計局が主体となって統計作成業務を統括する，すなわち統計作成の企画・実査・整理・公表の行程を一貫して主導するところにある。この点では，遅れて出発したザクセンの統計がプロイセンのそれに先行する。すなわちザクセンでは，弱体化した統計協会を国家統計局に格上げしその立て直しを計る中で，ワインリヒとエンゲルの協働が産まれ，いち早く1850年代に人口センサスの実施に向かって歩み出し，ベルギーを模範とした統計作成体制を志向している。ただし，経済局面でのセンサス実施では挫折し，これがエンゲルの退陣の要因ともなる。

プロイセンでは沈滞していた統計局活動ではあったが，ザクセンからエンゲルを迎えることで活気を取り戻し，60年代以降のさらなる近代化に向かって邁進する。すなわち，統計中央委員会と統計局の連携の下で，業務統計の整備拡充，人口センサスの実施，統計専門家の養成，統計公開，等々の面で改革を実現してゆく。確かに，エンゲルの活動はプロイセン統計局をしてその向かうべき方向に眼を開かせ，60年代以降の局の活動をして統計近代化の成就に大きく貢献させることになった。とはいえ，エンゲルの改革プランがすべて実現したとはいえず，とくに人口局面を越えた経済面での直接調査の導入ではザクセン同様に大きな壁に突き当たる。

　3．三月革命の影響を受け，50年代以降には多くの中小領邦でも国家統計局の開設がみられ，ドイツ全土に渡って統計の網が拡がってゆく。社会的事象・過程の全体的捕捉とその数量表示のための基盤が整ってゆく。こうした動きがさらに進展し，また政治的にもドイツ統一が展望される中で，これまでの関税同盟統計の抜本的見直しが必要となる。関税同盟統計こそ当時の広域ドイツにまたがった唯一の統計であり，その拡充は来たるべきドイツ帝国における統計作成の基本構造を設計することにもなるからである，70-71年の1年半に及ぶ関税同盟統計拡充委員会の集中的審議の中から，統一ドイツでの新たな統計作成体制の構想が産まれている。とくに，営業統計をめぐる徹底した審議はプロイセン方式という壁に大きな風穴を開けるものであり，そこにはエンゲルを中心にファブリチウス，リューメリン，マイヤーといったプロイセン方式に拘束されない論者の活躍があった。ドイツ統一という歴史的転換を条件にして，社会統計の近代化が完遂されてゆく。巨大な社会経済圏の出現を前にして，手工業段階の営業を想定して継続作成されてきた営業表の無力さが露呈されていた。直接全数調査によってしか，そうした中での多様な経済活動が把握されえないという認識が共有される。プロイセン方式による営業統計作成の支持者はすでに消えていた。さらに，人口静態・動態，税・関税，鉱山業，流通業，商業，農業，等々の分野での統計作成，また統計中央機関（帝国統計庁）創設，これらに関する審議結果からその後のドイツ社会統計の骨格が形成されることになる。

　統計近代化達成のメルクマールは人口センサスの実現におかれる。しかし，これはあくまでも一般論であり，近代化達成の実質的な契機は別のところに求

められるべきである。人口総体という表層からさらに進んで一国社会経済の根幹に統計の網が及んだこと，しかも経済センサスという形でその全体構造を把握したこと，これをもってその近代化成就のメルクマールになると考えられる。人口センサスはその後のあらゆる全数調査の基礎となり，それが敷いたレールの上を走ることで経済センサスも成立可能となる。しかし，経済センサスは統計調査として人口センサスにはないより困難な理論的実務的問題を抱え，それを克服することで社会統計による社会経済と国民生活の構造的把握が成立する，こうみることが合理的と思われるからである。そして，本書では当時の経済統計の集約としてある営業統計の展開を題材に選び，その営業表段階から営業センサスの実現までを追跡することでこの論題の究明に当たった。プロイセンと関税同盟での営業表作成から始まり，先の拡充委員会での検討を経て，75年営業調査の失敗を経験し，構想から10年の経過を踏まえて82年に全般的職業調査という名の下で経済センサスが実現する，このプロセスを明らかにした。

4．82年調査は時の社会政策的課題との関連で要請されたものであるが，それをドイツの統計家は懸案の営業調査完遂のまたとない機会，独立した経済センサス実施の場として捉え，可能な限り十全な調査体制と調査様式をもって臨み，職業・農業・商工業の3局面でのセンサスを成功させている。この82年ドイツ帝国職業=営業調査の成立によって，国家統計が社会経済の基底部分に届いたとし，また国家当局による国民階級・階層構造の悉皆把握が可能になったとみることができ，これをもってドイツ社会統計の実質的確立の証左とするのである。また，このような3つの経済面で同時にセンサス様式の調査を実施しえた国家は他になく，統計後進国ドイツがその遅れを克服し，ヨーロッパで最も充実した統計作成体制をもつことになったともいえるのである。さらにそれを受けて，1880-1930年代にまたがり，帝国統計庁を軸にした質量共に他国を凌駕する社会統計の作成体制，また「ドイツ社会統計学」という固有名詞をもってよばれる最高度の理論的構築物を産み出しえた。

営業統計の近代化プロセスの中で果したエンゲルの役割には実に大きいものがあった。エンゲルは一般的には家計調査や消費統計分野の開拓者，またプロイセン統計局の指導者といった側面が注目され，ドイツ営業統計，従い，経済統計の推進者という点でその仕事が正当に評価されることは少なかった。だが，ザクセン時代に起点をもつ営業統計への取り組みは，プロイセン統計，関税同

盟統計，ドイツ帝国統計においても継続され，その中で一貫して「プロイセン方式」からの脱却と近代的統計調査としてそれを再構築することの必要性を主張し続けたのである。72年構想はエンゲルの腹案を大筋で成文化したものであり，75年調査はエンゲルの簡略化プランを実行に移したものといえる。しかし，72年調査は構想倒れに終わり，75年調査は失敗例に属するとされ，実現した82年調査ではあるが，統計局辞職と重なりエンゲルがこれに直接かかわることはなかった。とはいえ，82年の営業調査の方法論的枠組みはそれまでのエンゲルの主張を基本的に踏襲したものとみなすことができ，従って，それをエンゲルのドイツ社会統計に残した貴重な遺産として語ることが可能である。

索　引

[人名索引]

ア行
アインジーデル（Einsiedel, D. v.）　87
アウエルスワルト（Auerswalt, H. J.）　19, 21
アッヘンワール（Achenwall, G.）　29
アペルト（Apelt, E. F.）　274
アルテンシュタイン（Altenstein, K. v.）　21, 23-25, 63, 422
アントン（Anton）　85, 91, 123, 133
ヴィーク（Wieck, F. G.）　150
ヴィルヘルムⅠ世（Wilhelm, Ⅰ）　292, 391
ヴィンケ（Vincke, F. v.）　47
エーレンシュタイン（Ehrenstein）　110
エッカルト（Eckart, J. v.）　293
エルスター（Elster, L.）　286, 438
エンケ（Encke. J. F）　284
エンゲル（Engel, E.）　2, 41-42, 70, 76, 85-86, 99, 112-13, 130, 151, 153-58, 205ff., 220-21, 224, 226, 229ff., 238-45, 247-59, 265-66, 268-76, 279-80, 282-300, 302ff., 312ff., 320-23, 325-36, 342ff., 358-68, 372ff., 385-88, 390, 399, 402-04, 420, 423, 429, 431-42, 444-48, 454-57
エンゲルハルト（Engelhardt, F. B.）　23, 26, 36
エンゲルハルト（Engelhardt, K. A.）　91
オイレンブルク（Eulenburg, F. v.）　285, 292
オンケン（Oncken, A.）　286

カ行
ガーゲルン（Gargern, H. v.）　190
ギュンター（Günther, W. v.）　323
クナップ（Knapp, G. F.）　286, 293, 438
クニース（Knies, C.）　75, 176
グラーフフンダー（Graffunder, A.）　280, 284
クラウス（Kraus, C. J.）　21
クラウト（Kraut, J. A.）　4
クルーク（Krug, L.）　12-15, 17-20, 25, 30, 36, 421
ケーラウ（Köhlau）　323
ケトレー（Quetelet, A.）　210, 217-18, 258, 287
コールシュッター（Kohlschütter, K. L）　97, 108
コーン（Cohn, G.）　286

サ行
サン・シモン（Saint-Simon, C. H.）　289
シェーンベルク（Schönberg, G.）　286, 293
シャルンホルスト（Scharnhorst, G. v.）　25

シュヴェリン（Schwerin, M. v.）　281, 292
シューベルト（Schubert, F. W.）　185, 189-90, 192, 282
シューマン（Schumann）　283
シューレンブルク（Schulenburg, F. v.）　5, 11
シュタイン（Stein, K. F. v.）　12, 14-15, 17-19, 24, 30, 47, 85, 114, 258, 421
シュタイン（Stein, L. v.）　185, 249, 288
シュティーダ（Stieda, W.）　286, 289
シュテルツナー（Stelzner）　207
シュテューヴェ（Stüve）　361-62
シュトルエンゼー（Struensee, K. F. v.）　5, 12
シュピッツェンベルク（Spitzemberg）　379
シュマウヒ（Schmauch, F. H.）　284
シュミット（Schmidt, O.）　36, 284
シュメアリング（Schmerling, A. v.）　189
シュモラー（Schmoller, G.）　293
シュリーベン（Schlieben, W. E. A. v.）　90-91, 93-101, 106, 108, 113, 115, 155, 226, 256, 425-26
シュレーダー（Schröder, A.）　36
シュレーツァー（Schlözer, A. L. v .）　29
シュワーベ（Schwabe, H.）　284
シンドラー（Schindler, F. H. W. v.）　91
スミス（Smith, A.）　289
スミッツ（Smits, É.）　218
ズルツァー（Sulzer）　282, 323
セイ（Say, H.）　265
セイ（Say, J. B.）　99, 268
セミョーノフ（Sémenov, P. P.）　358
ゾンバルト（Sombart, W.）　379

タ行
ツァーン（Zahn, L. v.）　97
ツァハリアス（Zacharias, E. W.）　97
ツィンメルマン（Zimmermann）　283, 323
ツェッシャウ（Zeschau, H. A. v.）　93, 110, 133
ツェルニヒ（Czoernig, K. v.）　189-90, 194
ディーテリチ（Dieterici, W.）　21, 27, 45, 49, 60, 167, 280-81, 284, 297, 315
ティーリオト（Thieriot, J. H.）　97
ディッペ（Dippe）　359
デルブリュック（Delbrück, M. F. R. v.）　315, 323, 367-68
デュクペティオ（Ducpétiaux, É.）　252, 267-70
デュボイス（Dubois）　24
テンニース（Tönnies, F.）　286, 438

ドゥクヴィッツ（Duckwitz, A.）　191
ドーヴェ（Dove, H.）　284, 286
ドーナ（Dohna, A. v.）　21, 23-26
トレガー（Tröger, J. F.）　207, 211

ナ・ハ行

ナポレオン（Napoléon, B.）　29, 43, 47, 85, 114, 280, 421
ニーマン（Niemann, A.）　73-75
ネスマン（Nessmann）　360, 363
ハイニッツ（Heinitz, F. A. v.）　5, 8-10
バスティア（Bastiat, F.）　234
ハルデンベルク（Hardenberg, K. A. v.）　25-27, 36, 45, 63-64, 85, 422
ハンセン（Hanssen, G.）　188-92, 208, 281ff., 437-38
ビーネングレーバー（Bienengräber, A.）　52
ビスマルク（Bismark, O. v.）　292, 294, 343, 359, 391
ヒルデブラント（Hildebrand, B.）　187, 190, 192, 293
ファブリチウス（Fabricius, A. K.）　343, 442, 455
ファラッティ（Fallati, J.）　168-69, 185, 189, 193, 196, 217
フィーバーン（Viebahn, G. v.）　52, 69, 282, 314
フシュラン（Heuschling, X.）　218
プットカマー（Puttkamer, R. v.）　294
プフォルテン（Pfordten, L. v. d.）　112, 208
ブラートリング（Bratring, F. W. A.）　24
ブラウン（Braun, A.）　112, 208
フリーゼン（Friesen, R. v.）　112, 221
フリードベルク（Friedberg, H. v.）　283
フリードリヒⅡ世（Friedrich, Ⅱ）　3, 5
フリードリヒ・アウグストⅠ世（Friedrich, August, Ⅰ）　85
フリードリヒ・アウグストⅡ世（Friedrich, August, Ⅱ）　91, 95, 123, 133, 206
フリードリヒ・ヴィルヘルムⅠ世（Friedrich, Wilhelm, Ⅰ）　3, 5
フリードリヒ・ヴィルヘルムⅢ世（Friedrich, Wilhelm, Ⅲ）　1, 5, 63
フリードリヒ・ヴィルヘルムⅣ世（Friedrich, Wilhelm, Ⅳ）　195
ブレーマー（Brämer, K.）　284
ブレンク（Blenck, E.）　291, 294
ブレンターノ（Brentano, L.）　286, 289, 293, 438
ブロイエル（Breuer, F. L.）　90, 97
フロットウェル（Flottwell, E. H. v.）　44
フンボルト（Humboldt, A. v.）　25, 287
フンボルト（Humboldt, W. v.）　24, 169
ベイメ（Beyme, K. F. v.）　12

ベグエリン（Beguelin, H. v.）　15, 17, 19
ベッカー（Becker, K.）　292, 359-61, 365, 368, 371
ベック（Boeckh, R.）　284, 286, 323
ペリッツ（Pölitz, K. H. L.）　89
ヘルヴィング（Helwing, E.）　284, 286
ヘルト（Held, A.）　286, 293
ヘルト（Held, G. F.）　208
ボイスト（Beust, F. F. v.）　97, 231, 256-57
ホイム（Hoym, C. v.）　5, 14
ホーベルト（Hobert）　23-25
ホフマン（Hoffmann, J. G.）　19-21, 23, 26-27, 29-30, 36, 38, 41, 47, 49, 57-60, 64, 73, 75, 167, 280, 296, 421-22
ボルクシュテーデ（Borgstede, A. H.）　6, 10-11

マ行

マイスナー（Meissner, F. A.）　97
マイツェン（Meitzen, A.）　286, 359-62, 368, 371
マイネッケ（Meinecke, R.）　283, 323
マイヤー（Mayr, G. v.）　360-61, 363ff., 455
マルサス（Malthus, T. R.）　273
マンケ（Mancke）　4
ミアスコフスキー（Miaskowsky, A. v.）　286
メラー（Möller）　360, 367-68
メルケル（Merkel, D. F.）　89
モーザー（Moser）　283, 323
モール（Mohl, M.）　190
モール（Mohl, R. v.）　288
モルゲンロート（Morgenroth, W.）　388-89

ヤ・ラ・ワ行

ヤーコビ（Jacobi, L.）　283
ヤゴフ（Jagow, G. v.）　44
ヨハン大公（Johann, Erzherzog, v.）　188
ヨルダン（Jordan）　283
ライニンゲン（Leiningen, K. z.）　188
ラウ（Rau, K. H.）　270, 275
リーゼ（Riese, A.）　284
リール（Riel, H. W.）　288
リューダー（Lüder, A.）　75
リューメリン（Rümelin, G.）　328, 395, 451, 455
リンデナウ（Lindenau, B. A. v.）　87, 95, 123, 125
ル・プレイ（Le Play, F.）　210, 267-71, 274, 289
レーデン（Reden, F. v.）　84, 99, 109, 165-74, 176-77, 179-80, 182-88, 192, 196-97, 226, 281, 429-31, 454
レーネルト（Lehnert）　283
レーマー（Römer, R. B. v.）　97
レオンハルディ（Leonhardi）　108, 110

レオンハルディ（Leonhardi, F. G.） 89
レスィッヒ（Rössig, K. G.） 89
レック（Reck, F. v. d.） 15
ロールマン（Lohrmann, W. G.） 91, 97, 100-01, 103-06, 108, 113
ロコフ（Rochow, G. v.） 43
ロッシャー（Roscher, W.） 293

ワインリヒ（Weinlig, C. A.） 70, 110-13, 206-11, 229, 254, 256-58, 265, 427, 431, 433, 454
ワグナー（Wagner, A.） 74, 286, 293
ワグナー（Wagner, L. v.） 97

（索引人名は本文中のものに限っている）

［事項索引］

あ行

アンケート調査（方式） 83, 111-13, 169, 208-10, 265ff., 333, 341, 355, 381ff., 398, 405, 427, 431, 448
ウェンド人（＝ゾルブ人） 126-27, 131, 223
営業および労働関係検討委員会（ザクセン王国での） 111, 208, 210
営業センサス（＝経済センサス） 231, 241, 279, 291, 320, 333, 335, 342, 373, 375, 390, 403-04, 441ff., 456
営業調査（調査用紙による営業調査）
　1846年ベルギー王国営業（＝工業）調査 151, 156, 158, 226ff., 238, 241, 259, 265, 312, 320, 335, 432, 434
　1855年ザクセン王国営業調査 211-13, 226, 230ff., 255, 259, 265-66, 316, 320, 328, 335, 402-03, 432ff.
　1872年ドイツ帝国営業調査（＝72年調査構想） 160, 291, 341-42, 351ff., 400ff., 442ff., 452ff.
　1875年ドイツ帝国営業調査 160, 292, 335, 341-42, 366ff., 386ff., 402-05, 446ff., 453ff.
　1882年ドイツ帝国職業＝営業調査（＝全般的職業調査） 160, 292, 335, 342, 371, 389ff., 419, 446ff., 453ff.
　1895年ドイツ帝国職業＝営業調査 389, 405, 407, 453
　1907年ドイツ帝国職業＝経営調査 405-07, 453
営業統計改革構想（1861年エンゲル案） 279-80, 296, 300, 312, 316, 318, 323ff., 334-36, 385, 402, 439-42, 455
営業統計改定委員会 342, 358ff., 377-79, 387, 403, 446, 448
営業統計小委員会 344, 347, 442-43
営業表（表式による営業調査）
　プロイセン王国営業表（1819年以降の） 36, 40, 47-49, 59ff., 137, 146, 149, 156, 172, 229, 296-98, 303, 312ff., 333, 341, 355, 380, 404, 407, 420, 440ff., 452ff.
　1846年ザクセン王国営業表（調査） 106, 138ff., 230, 427-29, 440
　1846年プロイセン王国および関税同盟営業表（調査） 36, 65ff., 106ff., 127, 138ff., 156ff., 172, 229ff., 298, 303, 314ff., 322, 331, 380, 428, 441-42, 456
　1861年プロイセン王国および関税同盟営業表（調査） 36, 69ff., 149ff., 243, 312ff., 323ff., 331ff., 361, 380, 388, 403, 441-42, 456
営業目録（＝営業表示、1836/37年ザクセン王国での） 105, 132ff., 428
エンゲル係数・法則 205, 211-12, 265ff., 294, 433

か行

階級・階層構成表（全ドイツ人口の） 395, 451
家屋リスト 20, 58, 218ff., 279, 300-01, 307ff., 318, 323-25, 329-30
家屋リストによるザクセン王国人口調査
　1832年以降の人口調査 104ff., 114, 120ff., 158, 160, 213, 217, 221, 224, 259, 312, 428
　1846年人口調査 106, 109-10, 127ff., 147-50, 159
　1849年人口調査 110, 127ff., 150ff., 211-14, 224-25, 230, 271, 304, 308, 428ff.
関税決算人口 53, 55, 57, 298, 329, 432
関税同盟営業調査　営業表（1846・61年関税同盟での）をみよ
関税同盟化条約 51, 54, 298
関税同盟商業統計（＝いわゆる「商業報告」） 51-53, 66
関税同盟人口調査 36, 51ff., 66-67, 105, 125ff., 231, 295ff., 328ff., 359, 376, 403, 420, 428, 439
関税同盟中央局（＝計算局） 52ff., 66, 111, 141, 155
関税同盟統計 35-36, 58, 75-76, 114, 205, 210, 280ff., 295ff., 315, 331ff., 356, 388, 403, 429, 442, 455-56
関税同盟統計拡充委員会 58, 160, 197, 205-06, 245, 291, 335, 341ff., 355ff., 368, 373, 378, 391, 398ff., 442ff, 455-56
記名式調査（＝記名式記載） 57-58, 124-25, 127, 220, 301, 310, 312, 335

軍事＝御料地庁　4, 6-7, 19-21, 42, 46
郡統計　43, 45, 284, 311, 423
経営統計（＝営業経営統計，経営調査）
　　62ff., 72ff., 139, 150ff., 230, 241ff., 303, 316,
　　322, 346, 381, 389, 401, 433-35, 443
経済統計　40, 62-63, 73, 76, 137, 160, 241, 247,
　　259, 279, 296, 318, 333, 346, 351, 404, 407,
　　420, 444, 456
ゲルマニスト会議　184-85
現住人口　55, 57, 123ff., 224, 298, 323, 335,
　　428, 432
公開性（＝統計の公開）　114-15, 195-96, 211,
　　241, 282ff., 297, 310, 424, 429, 433, 438-40
公器としての統計　28, 89, 196, 206, 211
工業調査（センサス）
　　1846年ベルギー王国工業調査　営業調査
　　　（1846年ベルギー王国での）をみよ
　　1855年ザクセン王国工業調査　営業調査
　　　（1855年ザクセン王国での）をみよ
工場表
　　関税同盟での工場表（1846・61年）　67-
　　　71, 138ff., 298, 303, 314ff., 332-33
　　ザクセン王国工場表（1846年）　141-43,
　　　147-50
　　プロイセン王国工場表（統計局による）
　　　46, 49, 147, 156, 298, 303, 317, 322, 332-33
講壇社会主義者　292, 294
国際統計会議　70, 205, 212, 245, 267, 283, 289,
　　291, 312, 315, 320, 333-34, 358, 363, 437-
　　38
国状記述（＝国状論）　29-30, 35, 73-76, 89,
　　98, 114, 172, 176, 422, 424
国土記述（＝国土誌）　9, 27-30, 35, 37, 48, 51,
　　75, 109, 172, 196-97, 296, 420ff., 454
国富研究（クルークによる）　12, 14
国民記述　265, 284, 298-301, 303, 307, 327ff.,
　　439
国家経済委員会（ザクセン王国での）　89, 98,
　　121, 132, 428
個票による直接（実際）調査　56, 147, 212,
　　344, 428, 439, 443

さ行
財政委員会（プロイセン王国での）　2, 5, 7, 9-
　　11, 17, 421
産業統計　72-73, 303, 316, 318, 343, 350, 389,
　　445
自計式（＝自己記入方式）　131, 231, 300ff.,
　　323ff., 347, 350, 356, 443
慈善会議　247-48, 251-54, 435
市町村リスト　300-01, 307, 309, 323-24, 449
社会解剖学および生理学　224
社会的クラス別人口構成（ザクセン王国で
　　の）　216-17, 395, 431-32

社会的貧困（問題）　167, 175, 247ff., 430,
　　435-36
社会物理学　41, 286-87, 297
私的統計　165, 176-80, 430
就業（者）統計　127, 131, 139, 212-13, 225,
　　230, 241, 271
住民名簿（目録）　18, 57, 61, 124, 129, 224,
　　279, 283
住民リスト　57-58, 300, 309
手工業者表（営業表における）　61, 67-71,
　　138, 140, 298, 303, 313-14, 320, 322, 332,
　　404
商業委員会（ザクセン王国での）　国家経済
　　委員会をみよ
商業・その他表　70, 72, 332
商業統計調査（1855年ザクセン王国での）
　　232, 234-35, 434
状態科学としての統計学　100, 168, 196
消費者目録　104, 120-24, 126, 217ff., 427-28
職業人口　396
職業センサス　営業調査（1882年ドイツ帝
　　国での）をみよ
職業統計（調査）　61, 66, 68, 71ff., 136, 139,
　　156, 159, 230, 303-04, 312, 316, 322, 334,
　　345ff., 359, 382, 396, 404, 449, 453
人口調査
　　1846年ベルギー王国人口調査　217ff., 226,
　　　228, 259, 301, 312, 335, 432
　　1852・55年ザクセン王国人口調査　58,
　　　158-59, 211ff., 221ff., 258-59, 305, 310ff.,
　　　335, 419, 432, 434
　　1855年オルデンブルク大公国人口調査
　　　58, 335
　　1864年ヴュルテンベルク王国人口調査
　　　224, 328
　　1864年プロイセン王国人口調査　224, 283,
　　　328, 335, 437, 439, 442
　　1867年関税同盟および北ドイツ連邦人口
　　　調査　328, 335, 390, 437
　　1871年ドイツ帝国人口調査　328, 341, 351,
　　　356, 391, 444-45, 449
　　1875年ドイツ帝国人口調査　335, 341, 359,
　　　361, 365, 368, 375, 382, 391, 446, 449
人口調査改革構想（1861年エンゲル案）
　　279-80, 283, 295-96, 300, 312, 323ff., 334-
　　36, 439-42, 455
人口密度の法則（原則）　273-74, 276
枢密国家記帳署　11
生産と消費の均衡問題（ザクセン王国での）
　　85, 211-12, 265-66, 270ff., 433
生産＝消費統計（調査）　営業調査（1855年
　　ザクセン王国での）をみよ
政治算術　16, 21-22, 24, 75, 176, 422
世帯リスト（＝世帯個票）　42, 53, 58, 131,

158-59, 217ff., 279, 283, 300ff., 318, 323ff., 356, 368, 375, 392, 404, 432, 437ff., 447
総監理府（＝財務-軍事-御料地総監理府）2-6, 10ff., 27, 43, 59, 421
祖国々家情報協会（ザクセン王国での）90-91, 425

た行
他計式（＝他計式調査）300, 356
地籍人口　57, 125, 129
調査委員会　344, 347, 350, 357, 365, 392, 405, 443
調査紙方法　291, 439
デモグラフィー・デモロギー（エンゲルによる）205, 287-88
手労働者（＝手労働国民階級）67, 109, 172, 430
ドイツ社会統計（学）　2, 29, 76, 158, 205-06, 210, 279, 405, 455-57
ドイツ帝国（ライヒ）統計庁　190, 205, 291-92, 359-61, 365, 368, 391ff., 446, 449, 455-56
統計学ゼミナール
　　ザクセン統計協会での構想　96
　　プロイセン統計局における　205, 283, 286-87, 293, 360, 437-38
統計協会
　　イギリスにおける都市統計協会　83, 165-66, 169, 252
　　ザクセン王国統計協会　83-84, 88ff., 119ff., 132, 147, 150, 153-55, 158, 160, 166, 169, 173, 195, 206-07, 226, 256, 259, 316, 425ff., 454
　　全フランス統計協会　94
　　ドイツ統計協会　84, 99, 165ff., 182, 185, 195-96, 226, 281, 429-31, 454
　　ポンメルン統計協会　172-73
　　リューベック統計協会　84, 169, 173
統計局
　　ヴュルテンベルク王国統計-地誌局　89, 98
　　オルデンブルク大公国統計局　292
　　ザクセン王国統計局　83-84, 109ff., 120, 127, 131, 147, 150, 155, 205ff., 230-32, 246-48, 254-59, 265, 271, 279, 282, 295, 308, 322, 344, 427ff., 454
　　プロイセン王国統計局　1-3, 12ff., 35ff., 66ff., 75, 114, 138, 146, 167, 172, 179, 205ff., 251, 258, 265, 279ff., 308ff., 323, 331ff., 343, 346, 374-75, 382ff., 404-05, 419ff., 429, 437-39, 448, 454-57
　　ベルギー王国一般統計局　218
統計中央委員会
　　ザクセン王国統計協会中央委員会　92ff., 103, 108, 115, 124ff., 133

プロイセン王国統計中央委員会　281ff., 295, 307, 323-29, 334, 390, 437ff., 455
ベルギー王国統計中央委員会　218, 220
統計的解剖学　181
統計の友　101, 170, 178, 196, 429
統計表
　　ニーマンの統計表　73-75
　　プロイセン王国統計表体系（エンゲルによる）306-08, 321ff., 440-41
　　プロイセン国家統計表体系（統計局による）35-36, 40ff., 59-60, 75-76, 89, 114, 156, 280ff., 295-97, 306, 308, 329, 334, 420ff., 441, 453-54
　　ホフマンの統計表（＝ホフマン表）36ff., 47-48, 59-60, 75, 296-97, 303, 308, 422-24, 439
　　レーデンの統計表（＝ドイツ連邦全統計体系）171-72, 176, 182, 196, 430
統計報告局　180-82, 430

な・は・ま・ら行
二分法（＝プロイセン方式）40, 67ff., 138, 140, 157, 159-60, 298, 313-15, 318ff., 331, 344, 351, 355, 429, 440ff., 452, 455, 457
農業調査（＝農業センサス）
　　1846年ベルギー王国農業統計調査　226ff., 335, 432
　　1855年ザクセン王国農業調査　212, 232-34, 242, 246-47, 255, 434, 436
　　1882年ドイツ帝国農業経営調査　335, 378, 391-92, 396-98, 449ff.
比較統計学　175
表式調査　150, 221, 300, 349, 398, 439
フライベルク鉱山アカデミー　86, 105, 113, 210
フランクフルト国民議会における
　　憲法委員会　186, 190-91
　　国民経済委員会　184, 186, 188, 190
　　財政委員会　186, 192-93
　　全般的人口調査　188ff., 195, 197, 431
　　帝国（ライヒ）統計　189-90
　　帝国統計局（＝中央統計局）187ff., 195, 197, 430
　　統計局（レーデンによる）168, 186-88, 431
プロイセン方式　二分法をみよ
密封形式　241, 347, 350
ミュンヘン案（関税同盟営業表に関する）70-72, 314-15
モノグラフィー（＝独立調査報告）210, 238, 242, 265-67, 341, 354, 372-73, 433, 447
労働者自助（原則）225, 249-50, 257, 289ff.

（索引事項は本文中のものに限っている）

著者略歴

長屋 政勝（ながや　まさかつ）
1943（昭和18）年10月　満州国吉林省蚊河県老爺嶺生まれ
1966（昭和41）年3月　北海道大学経済学部卒業
1968（昭和43）年3月　北海道大学大学院経済学研究科修士課程修了
1968（昭和43）年4月　龍谷大学経済学部助手
1971（昭和46）年3月　大阪市立大学大学院経営学研究科博士課程単位取得退学
1971（昭和46）年4月　龍谷大学経済学部講師
1973（昭和48）年4月　龍谷大学経済学部助教授
1981（昭和56）年4月　京都大学教養部助教授
1992（平成4）年6月　京都大学教養部教授
1992（平成4）年10月　京都大学総合人間学部教授
1992（平成4）年11月　京都大学博士（経済学）
2003（平成15）年4月　京都大学大学院人間・環境学研究科教授
2007（平成19）年3月　京都大学停年退職
2007（平成19）年4月　京都大学名誉教授　現在に至る

著書
　『ドイツ社会統計方法論史研究』梓出版社，1992年
　『ドイツ社会統計形成史研究——19世紀ドイツ営業統計の展開を中心にして——』
　京都大学大学院人間・環境学研究科 社会統計学研究室，2006年
共編書
　『統計的方法の生成と展開』産業統計研究社，1982年
　『統計と統計理論の社会的形成』北海道大学図書刊行会，1999年
共訳書
　J.アーヴィン他編書『虚構の統計——ラディカル統計学からの批判——』梓出版社，
　1983年
　L.ハイデルベルガー他編著『確率革命——社会認識と確率——』梓出版社，1991年
　T.ポーター著『統計学と社会認識——統計思想の展開 1820-1900年——』梓出版社，
　1995年

近代ドイツ国家形成と社会統計
──19世紀ドイツ営業統計とエンゲル──

2014年11月5日　初版第1刷発行

著　　者　　長屋　政勝

発行者　　檜山　爲次郎

発行所　　京都大学学術出版会
606-8315　京都市左京区吉田近衛町 69
　　　　　京都大学吉田南構内
電話 075(761)6182　FAX 075(761)6190
振替　　01000-8-64677
URL　　http://www.kyoto-up.or.jp/

印刷所　　株式会社太洋社
装　幀　　鷺草デザイン事務所

ISBN978-4-87698-540-1　C3033　　Ⓒ Masakatsu Nagaya 2014
定価はカバーに表示してあります　　Printed in Japan

本書のコピー，スキャン，デジタル化等の無断複製は著作権法上での例外を除き禁じられています。本書を代行業者等の第三者に依頼してスキャンやデジタル化することは，たとえ個人や家庭内での利用でも著作権法違反です。